無錫文庫

第三輯

錫山秦氏宗譜
先城集補
膠山安黄氏宗譜（一）

鳳凰出版傳媒集團
鳳凰出版社

ISBN 978-7-5506-1386-7

9 787550 613867 >

圖書在版編目（CIP）數據

錫山秦氏宗譜等 / 秦毓鈞等纂修. -- 南京 : 鳳凰出版社, 2012.6
（無錫文庫. 第3輯）
ISBN 978-7-5506-1386-7

Ⅰ. ①錫… Ⅱ. ①秦… Ⅲ. ①氏族譜系—無錫市
Ⅳ. ①K820.9

中國版本圖書館CIP數據核字(2012)第111658號

責任編輯　王　劍
裝幀設計　姜　嵩
出版發行　鳳凰出版傳媒集團
　　　　　鳳凰出版社(原江蘇古籍出版社)
　　　　　南京市中央路165號　郵編 210009
　　　　　發行部電話 025－83223462
集團網址　鳳凰出版傳媒網　http://www.ppm.cn
印　　刷　無錫市證券印刷有限公司
　　　　　無錫市揚名高新技術産業園B區75號　郵編 214024
開　　本　889×1194毫米　1/16
印　　張　98.75
版　　次　2012年6月第1版　2012年6月第1次印刷
標準書號　ISBN 978-7-5506-1386-7
定　　價　1290.00圓(全二册)
　　　　　(本書凡印裝錯誤可向承印廠調换,電話:0510－85435666)

無錫文庫工作委員會

無錫文庫編輯委員會

主　編

王立人

副主編

須　儉　姜小青

編　委（按姓氏筆畫排列）

王進雄　王賡唐　卞惠興　全　勤　吴　迪　沙無垢

金其楨　夏剛草　倪培翔　徐志鈞　浦學坤　陳文源

過旭明　過耀華　許墨林　張志清　程勉中　湯可可

蔡家彬　劉桂秋　錢建中　錢菲菲　顧文璧

執行編委

王華寶　王　劍　薛　飛　陳紅彦　林世田　謝冬榮

徐憶農　陳　立

編務人員

顧志堅　李翟光

無錫文庫學術顧問

（按姓氏筆畫排列）

朱玉麒　朱維錚　江慶柏　李文海
沈衛榮　武秀成　金良年　胡福明
莫礪鋒　徐中玉　陳熙中　許倬雲
張仲禮　張廷銀　彭　林　程章燦
馮　遠　馮其庸　楊天石　趙生群
劉玉才　錢　遜　錢中文　錢文忠

總序

七千年文明史，三千年建城史，江南名城無錫，襟長江依太湖，自古以來就是魚米之鄉，禮儀之邦。無錫文化自泰伯南奔以來，騰蛟起鳳，尚德崇文，在數千年的傳承發展中，教化常持，經世務實，人杰輩出，大家林立，文藻絢麗，錯彩鏤金。舍南舍北皆春水，欲與湖山作主人，數千年的人文傳統，賦予了風光秀美的無錫以獨特的文化魅力，鑄就了城市剛柔相濟、秀逸清麗的的文化品格。

無錫是中國吴文化的發源地。早在商代晚期，周太王古公亶父的長子泰伯三讓王位，攜其弟仲雍奔吴，定居無錫梅里，建『勾吴國』，『端委以治周禮』，施以禮儀教化；興修水利，授以農桑，不數年而『民人殷富』。泰伯帶來的中原文化與無錫本地土著文明相結合，吴文化以及作爲其重要組成部分的無錫文化就此發端。晋室南渡，北方人群大量南遷，帶來了中原的文化技術，促進了無錫農業、水利、手工業和商業的發展，中原文明再度與吴文化進行融合互滲。在本土文化與异地文化的碰撞和交融中，不斷推動着無錫這座城市的文明進步。

無錫歷史文化『迨歷七千餘載歲月滌蕩，遂經四大轉折而成其廣大深厚：泰伯西來，吴文化成焉；永嘉南渡，江左文脉振焉；宋室波遷，江南文風始焉；歐風東漸，錫邑占風氣之先，民族工商文化始焉。數百代鄉彦賢達智慧與創造累積，文獻足徵，無慮百千』（《錫山先哲叢刊》重版弁言）。無錫文化以兼容并蓄多樣化的形態不斷發展。

崇文尚教，以教促文。北宋嘉祐三年（一〇五八），無錫始設縣學；北宋政和元年（一一一一），理學傳人楊時在無錫創建東林書院，此後無錫出現了喻樗、尤袤、李祥、蔣重珍等一批知名的教育家。至明代，顧憲成、高攀龍等在東林書院講學，此後又有許多書院相繼而起。古代無錫對教育的重視，促進了『崇文』和『尚教』的風氣，也造就了大量的人才。自隋朝開創科舉取士到清末廢除科舉，無錫共出了五名狀元、三名榜眼、六名探花和三名傳臚，并有五百四十名進士，一千二百多名舉人；『一榜九進士』、『六科三解元』，自古傳爲佳話。近代以來，經濟的繁榮進一步帶動了教育的興盛。無錫籍國學大師錢穆曾説：『晚清以下，群呼教育救國，無錫一縣最先起。』此後無錫的實業家紛紛出資興辦文化教育事業。教育的繁興，在極大程度上促進了無錫的文化發展，出現了空前的文化人才崛起的高峰。

文脉綿延，後出轉强。歷來『文化』的概念有廣義和狹義之分，這裏的『文脉』之『文』，用的是狹義的概念，即指經史、文學、藝術等人類所創造的精神財富的總和。在無錫的歷史文化傳統中，自古及今，悠悠文脉，如瓜瓞之綿綿。必須指出的是，從文化發生學的角度來看，早期中華文化的中心是在黄河流域的中原地區，無錫在宋元以前，雖有像顧愷之、李紳、尤袤、蔣捷、倪瓚等一批人文英才，但在整體上，無錫的文氣是自明清以迄近現代達到巔峰。在整個江南地區文教昌明和無錫經濟繁盛、教育勃興的大背景下，無錫地區在經史、文學、繪畫、音樂等諸多領域中，建樹卓越，俊才雲蒸，真正呈現出『人文之盛，冠於南國；碩彦輩出，著述繁富』的局面。

求實務本、重工崇商。無錫自古爲江南富庶之地、魚米之鄉。明代東林講學者將士商并列爲『本行』，講求經世致用；近代早期維新的思想家、實踐家薛福成提出『黜浮靡，崇實學』，大力倡揚『工商爲先，耕戰植其基，工商擴其用』的觀念，這些都成了近代以來無錫人求實務本、重工崇商的重要的思想根源；兼以明清時期，封建自然經濟解體，資本主義開始萌芽，無錫經濟日趨繁盛。鴉片戰争以後，上海開埠，由於商品經濟的發展和商業資本積累的增加，逐步形成了一個以上海爲中心的，北接江陰、靖江，西連蘇州、無錫、常州的經濟區域。有布、米、絲、錢『四大碼頭』的無錫，被譽爲『小上海』。到了十九世紀末、二十世紀初，無錫許多有識之士積極引進西方生産技術，大力興辦工廠，形成了近代六大資本系統，無錫成了近代中國民族工商業的發祥地和蘇南經濟中心。經濟的繁盛，不僅爲無錫文化的不斷發展提供了堅實的物質基礎，而且也形成了無錫文化的主流形態之一的，具有鮮明特色和豐富内涵的『工商文化』。

文化源長，文獻宏大。在歷史上，無錫有過兩次較大規模的文化整理。一八九九年，《常州先哲遺書》是包涵無錫在内的第一次區域性文化整理集成。一九二二年，《錫山先哲叢刊》是無錫真正意義上從城市角度進行的一次文化整理。當時，國家積貧積弱，社會動蕩離亂，身處亂世的有識之士高擎文化的旗幟，以縱覽千古的魄力和毅力致力於城市文化傳統的繼承與弘揚，爲無錫地方人文教育提供了文化楷模，對增强無錫崇文興教氛圍發揮了重要的作用，爲無錫躋身江南名城提供了文化動力，其意義至今爲後人感念。

滄桑巨變，天上人間。經過近一個世紀的奮鬥探索，特别是改革開放三十多年來的迅猛發展，中華民族强勢崛起。國運昌隆，盛世修典。中共無錫市委、市政府高度重視地方傳統文化的整理弘揚工作。自二〇〇七年提出『建設文明無錫，打造文化名城』以來，無錫全面深入開展歷史文化遺産的挖掘、清理、保護和修復工作，傳承弘揚優秀傳統文化，彰顯城市人文歷史底藴，掀起歷史文化名城建設新高潮。此後，市委、市政府在《無錫市文化大發展大繁榮行動綱要》中明確要求全面整理出版地方歷史文獻，市委、市政府在《關於深化文化體制改革加快文化强市建設的决定》中再次明確要求編纂《無錫文庫》，正式啓動迄今爲止無錫地區規模最大、綜合性鄉邦文獻集成的修編工作。爲確保《無錫文庫》的編纂工作順利進行，市委、市政府專門成立了『無錫文庫工作委員會』，由市委宣傳部牽頭，設立了『無錫文庫編輯委員會』，計劃用三年時間完成編纂出版工作。《無錫文庫》的編纂，將以嶄新的學術角度和現代學科框架對城市歷史文化進行全面梳理和弘揚，站在時代的高度，充分展示城市深厚的歷史底藴，彰顯先賢哲人的智慧創造，解讀無錫文化的獨特個性，提煉升華無錫的人文精神，光前裕後，古爲今用，以文化人，由人化文，以史爲鑒，開啓未來。

《無錫文庫》的編纂出版必將發揮重要的文化功能：首先是搶救文獻。無錫自古即有豐富的地方文獻，無論經史子集，都有重要著作流傳於世。然而無錫近代歷經戰亂，一些重要典籍已毁佚，僅有書名存留；還有一些珍貴的明清地方史籍，也以孤本存世，處於若存若亡之間。由於各種原因，一些代表無錫文化的典籍保存於國内外各大圖書館中，在無錫不易見到。從清末到民國期間，在文化上有不少重要成果，而這部分書籍因長期被忽視而處於毁佚的邊緣。《無錫文庫》的編纂就是爲了搶救文獻，保存文脉。其次是古籍整理。無錫先賢留下的載籍很多，但現存書籍，版本雜亂，良莠不齊，整體而言没有經過系統編排梳理，使用不便。《無錫文庫》的編纂就是從版本目録學的角度加以梳理，每書皆撰提要，鈎玄指要，便於閲讀使用。第三是服務大衆。《無錫文庫》所收皆爲地方古史遺文，是研究無錫歷史沿革和文化傳承的必讀書目。《無錫文庫》的編纂出版，使這些書籍的使用更加便捷和廣泛，對無錫的文化建設、城市規劃、古迹保護、名勝開發都具有很高的學術價值和實用價值。

歷史唯物主義觀是《無錫文庫》編纂出版工作的重要指導思想。《無錫文庫》是一部具有社會主義新時代特點的典籍集成，編纂理念和選編觀念更加科學，注重學術性、實用性和經典性相結合，并且儘量收入古籍版本研究的新成果，廣泛收集流散在國内外的珍貴典籍。編纂工作中，始終堅持『尊重歷史、尊重科學、尊重規律、尊重專家』的原則，堅持『雙百』方針，對傳統文化中重要的不同學派、不同觀點的資料兼收并蓄，力求客觀、完整和全面。當然，《無錫文庫》不可能包羅萬象，而以文史哲爲主要内容，兼顧其他類别著述，整體呈現出無錫歷史文化的發展脉絡。强化編纂工作的學術規範，提倡實事求是的良好學風，對文庫的整體規模、體例框架、所收書目、版式裝幀等進行反復論證，反復比較，多方聽取意見，慎之又慎，力争使《無錫文庫》成爲一部真正代表無錫文化的綜合性鄉邦文獻集成。

編纂出版《無錫文庫》的盛舉，得到了海内外衆多著名的文史專家、學者教授的熱烈響應。許倬雲、馮其庸、楊天石、李文海、徐中玉、馮遠、胡福明等無錫籍文化名人和劉玉才、程章燦、江慶柏、張廷銀、金良年等專家學者應邀擔任《無錫文庫》的學術顧問，他們扎實的學術功底、嚴謹的治學風範、卓越的學術見識，爲《無錫文庫》提供了有力的支撑。

千年吴地文明，百年工商繁華，賦予無錫人聰慧和靈秀，創造了具有獨特品質的城市文化和城市精神。當我們手捧先哲留下的珍貴文化遺産，不僅滿懷感恩、敬畏之心，更涌動着不負前賢、勵志圖新的激情，去努力創造城市文化嶄新的輝煌，讓無錫文化大發展大繁榮的春天更加姹紫嫣紅、繽紛燦爛！

無錫文庫編輯委員會

二〇一一年一月

凡例

一、《文庫》所收爲無錫籍作家的著述和與無錫相關的歷代文獻，分爲《官修舊志》、《地方史料專著》、《年譜家乘》、《無錫文存》和《近現代名家名著存目》五輯。

二、無錫地域範圍以現行行政轄區爲準。《文庫》立足無錫市區，兼顧江陰、宜興，適當選收江陰、宜興具有代表性的著作。

三、《文庫》所收著作，以史料價值高、使用價值大爲原則，適當兼顧其版本價值。

四、《文庫》主要采用影印方式出版，《近現代名家名著存目》收入作家小傳和主要著述目録。

五、《文庫》所收著作，其編纂年代下限爲一九四九年；《近現代名家名著存目》則不受此限。

六、《文庫》所收著作，原書如有蠹損、殘缺、漫漶不清處，原則上以相同版本予以换頁、補頁，使全書清晰、整齊。

七、《文庫》對所收每種圖書，均撰寫提要，置於每種書扉頁之背面；每册均新編頁碼，自爲起訖。

八、《文庫》編制書名索引和著者索引，以方便讀者使用。

第三輯編輯説明

本輯為《無錫文庫》之第三輯《年譜家乘》，收録無錫（含江陰、宜興）歷代名人年譜以及部分著姓望族家譜。

年譜是史籍中一種人物傳記體裁。但和一般的傳記有所不同，一般的傳記主要紀傳主的生平大要，而年譜則是以譜主爲中心，以年月爲經緯，比較全面細緻地叙述譜主一生事迹。所謂『叙一人之道德、學問、事業，纖悉無遺而系以年月者，謂之年譜』（朱士嘉《中國歷代名人年譜序》）。家譜是一種以表譜形式記載一個以血緣關係爲主體的家族世系繁衍及其重要人物事迹的圖書體裁，主要包含譜序、題辭、恩榮、凡例、像贊、世系、傳記、宗規、家訓、祠墓、義田、藝文等内容。

它們都屬於史籍中較爲特殊的體裁，過去由於歷史研究中理論的誤導，不重視或忽視人的主體性，對名人與望族的研究相對來説顯得薄弱。隨着思想禁錮的打破以及地方史研究的逐步深入，纔慢慢爲學界所重視，並成爲熱點。今天我們将此列爲專門研究对象，着眼點是它的社會意義，具體一些説，就是某一望族在它所處的社會制度下，對政治、經濟、文化、社會生活諸方面所發生的正負影響，又從某一望族的興衰過程透視其社會歷史的宏觀背景。同時望族的研究離不開個體研究，離不開對名人和精英在歷史發展中所處的地位和發揮的作用、功過善惡給予合乎歷史真實的評價。無論是群體或個體研究，其結果都對現實生活有借鑒的作用。

無錫，地靈人傑，截至二〇一一年，産生於此的百餘名科學院、工程院、社科院院士（學部委員）已使它成爲名副其實的『院士之鄉』、『人才高地』，無錫的人文之厚，正源自這片熱土千百年來所湧現出的衆多風流人物與著姓望族。本輯首次較全面地彙編了這些名人的年譜和部分著姓望族家譜共約一百三十種，爲學界研究提供參考。需要説明的是，考慮到文獻資料的完整性、實用性、稀見性，個別年譜家乘會突破一九四九年的年代下限；而當代編寫出版的無錫歷代名人年譜，坊間易得，不在此次收録之列；另有十一種年譜因已分别附録在《無錫文庫》第二、三、四輯的相關書内，也就不再重復收入，它們是：《梁溪先生年譜》（譜主李綱，李綸編）收入第四輯之《梁溪先生文集》，《修敬公年譜》（譜主秦旭）、《端敏公年譜》（譜主秦金）、《從川公年譜》（譜主秦瀚）、《海翁公年譜》（譜主秦德藻）收入第三輯之《錫山秦氏宗譜》，《盛顒年譜》（譜主盛顒）收入第三輯之《勾吴盛氏宗譜》，《顧端文公年譜》（譜主顧憲成）收入第四輯之《顧端文公遺書》，《師竹廬自述》（譜主竇鎮）收入第二輯之《師竹廬隨筆》，《孝侯公年譜》（譜主周處）、《簡惠公年譜》（譜主周葵）、《少宰公年譜》（譜主周家楣）收入第三輯之《國山周氏世譜》。

本輯排列順序，先年譜後家乘，無錫、江陰、宜興各自分編。年譜依譜主歷史年代爲序，全文收録。家乘依姓氏筆畫爲序，視其文獻價值，全文收録或選擇收録，選擇收録者，在提要中加以説明。

目録

錫山秦氏宗譜

（民國）秦毓鈞 等 纂修

《錫山秦氏宗譜》十二卷首一卷末一卷，（民國）秦毓鈞等纂修，民國十七年（一九二八）木活字本。

秦毓鈞（一八七三—一九四二），字祖同，號平甫，别號一鳴，無錫人。日本弘文學院師範科畢業，歷充濟南、青浦、松江及本邑師範中小學堂教習，嘗主上海《申報》、《時報》諸報筆政，後任無錫縣立圖書館館長，又任《錫報》總主筆及《無錫新聞》負責人兼總主筆，無錫縣立歷史博物館館長。一生服務文教事業，尤爲留心鄉邦及先人文獻，著述甚富，編有《錫山秦氏文鈔》、《錫山秦氏獻徵録》、《無錫縣立圖書館善本書目》等，後人贊其『文獻獨集大成，致力祖宗，先生亦千古；家乘主修九次，不辭勞怨，吾族無幾人』。

錫山秦氏始祖秦觀，宋高郵人。子湛，卜居武進新塘鄉，遂名秦村，爲常州始遷祖。觀十一世孫惟禎，世家武進新塘鄉秦村，宋淳祐間入贅無錫富安鄉胡埭王氏，爲錫山秦氏始遷祖。明中葉以來，秦氏素稱邑中望族，秦金、秦松齡、秦蕙田、秦邦憲等人均出此族。《錫山秦氏宗譜》嘉靖戊子（一五二八）始修，萬曆丙辰（一六一六）重修，順治庚子（一六六〇）三修，康熙甲午（一七一四）四修，乾隆丙寅（一七四六）五修，乾隆甲辰（一七八四）六修，嘉慶己卯（一八一九）七修，同治壬申（一八七二）八修，此係九修。卷首前宗譜源流、例言、列祖遺像、墓圖、寄暢園圖、宋元世系譜圖、錫山譜宗支圖，卷首世德編，卷一世系前編，卷二世系源流合編，卷三至卷十二世系編分支，卷末附譜。秦毓鈞學養深厚，對秦氏文獻素有研究，因此民國譜在前人八修的基礎上增加了許多内容，頗具史料價值。

本書據民國十七年（一九二八）木活字本影印卷首前、卷首。

（陳小青）

民國紀元丙寅重輯

錫山秦氏宗譜

戊辰秋覆校

錫山秦氏續脩宗譜序

族之有譜猶國之有史史者善惡備紀垂示千秋譜者統系詳明流傳萬禩命意雖各不同要之藉以徵信則一也吾族上追淮海下迄今茲已三十餘世年幾及千不可謂非源遠而流長矣雖其間朝市遞更滄桑迭變而何代何派何派何人一經翻閱歷歷可考且自宋末瑞五公遷錫後代經二十餘易列祖墳塋皆信而有徵無一模糊影響尤爲事之難能而可貴者審是而譜之係於族也顧不重哉雖然譜者迹象也必有主宰此迹象者迹象乃足爲重所主宰此迹象者維何無他孝弟而已矣亞聖有言人人親其親長其長而天下平天下者家族之所積而成也蓋孝弟爲脩齊之本有孝弟而族之品望由此立睦誼由此敦糾紛由此息如爭繼也爭產也螟蛉也皆可迎刃而解即全譜之精神亦於此寓焉不然皮之不存毛將安傅若夫門第之鋪張勳階之敘述乃其後焉者耳此次續修宗譜發起於遜清末葉民國己未設局開辦矣嗣以各房觀望不前事遂無形擱置閱六稔歲丙寅又提議接續與修稿之送者仍寥寥延至客夏族孫毓鈞鑒於一再之因循

坐誤非具決心毅力不足以竟全功於是偕宗人之賢者不避嫌怨悉心負責復經重重波折朞年而後始蕆厥事嗟乎此非所謂落落難合有志者事竟成耶稿集徵序於余竊維余行能無似深愧不文節言亦何足以爲輕重惟念孝友家風傳之自昔謹承此旨貢獻族人至發祥緣起考獻徵文有舊譜之各序在故不贅云

民國戊辰年冬月朔日錫山世系二十世孫光磊謹序

續修錫山秦氏宗譜序

吾家宗譜之修創議於光緒戊申進行於民國己未而卒不果忽忽二十年滄桑遽易人民已非今而不圖後將無及此丙寅之所以續修宗譜也戊辰夏族姪毓鈞郵示修譜會議錄並告宗譜垂成請以一言詔後裔是役也毓鈞實主之敦世昔以史職羈京竊名丹鉛負罪滋大自維衰邁失學慮貽先人之辱懼不敢應繼而思之譜系斷自錫山世德當溯之淮海歷世三十歷年九百先人之遺澤至深且遠發祥於明方伯端敏中丞三公大昌於清順康雍乾嘉五朝兄弟雙鼎甲祖孫十詞林極風虎雲龍之際會而宮諭文恭司寇三公尤以綱紀人倫文章山斗爲一代有數之人物何其盛也烏虖今何時乎今非天下蕩蕩無綱紀文章之時乎吾祖宗本支百世之元氣其不爲滔天之洪水所汩陳者幾希矣不思所以負荷之九百年之喬木世家將自此而斬其可以不言乎或謂科舉廢而爲學校世家亦不廢而廢竊謂不然科名祿位固足爲門戶之榮而醴泉芝草之根源則不在此所謂根源者何也則敬告之曰吾秦氏有家法有學統抱拙貞靜養恬務本卑牧

樂易太清公菴海翁訒庵溪隱世萊諸公立家法者也侍
御宮諭燈巖給諫文恭司寇諸公立學統者也家法立則
積厚者流光學統立則父作而子述合而言之則爲吾秦
氏歷世相傳之文獻其有經明行修者卽陋巷之逢掖可
以與文獻之傳其有材不稱位者雖王陽之子弟不得與
文獻之傳然則世家視文獻爲消長不以科名祿位爲廢
興可斷然也語云再實之木其根必傷嘉道而後亦少衰
矣從祖都轉公獨起而承其衰屹然主東南壇坫而世父
臨士公及先府君先後以師道主東林講席先兄濟叔樸

學能詩文並左右而輔翊之族祖蕚翹芝珊二公以趾美
雙孝旌於朝而族伯笠亭公之鉅人長德儼然彝鼎之重
皆爲吾族培養元氣之人流風未沬矩矱猶存而與於文
獻之傳者寥寥可數今則躬逢鼎革更無論已敦世不肖
夙受教於從祖都轉公膺學統絕續之寄而蹉跎白首訖
無一成懍懍乎付託之失墜然自古無久而不變之學農
工商之並列於學官者關係於民生學術甚大吾子孫其
各求有以自立發皇其參贊天地經綸民物之大業以實
吾空虛之中國不特爲貨殖傳別開生面且羽翼儒林文
苑而爭光他日必有合道藝而一之文字爲學統之中興
光大吾家秉九百年之喬木世家可固如金湯矣此則余
小子所馨香而祝者也
民國十七年戊辰九月無錫支二十一世孫敦世謹序

續修錫山秦氏宗譜序

吾秦氏自宋淮海公迄今閲九百年子姓殷繁有明中葉後奕世不顯不徒科第簪纓文字著作後先輝映尤足稱者世崇德行獨厚本原遠在成化養恬公昆季孝行雙旌嗣之以樂易止庵二公降迨清季復繼之以蕚魁芝珊兩族祖均弟兄濟美異世同符不媿傳家孝友之褒足式後昆而光家乘實東南望族所不逮焉毘陵洞庭諸裔本出同源而吾端五公後之宗譜獨以錫山支爲斷自明嘉靖戊子端敏公刱修迄兹所續亥列第九距同治壬申續譜

已歷五十六年久逾端敏公三十年一修之例然康熙同治兩譜亦各上距五十餘年而萬曆丙申之重修且距嘉靖刱編遠歷八十餘年以今視昔未爲緜邈猶得强假以自寬惟此次續修倘自光緒戊申剏議首尾二十餘載中輟遷延編者三易始幸觀成閲時之長前所未有僅譜世系耳非若全譜綜十四集之襃輯有待需時纂刻也而其藏事之難若此大抵費艱籌措且不復有可信從之名德足收提倡督率之效而叔季詖淫之習固尙不與焉今昔往來一爲俯仰繫乎吾宗之隆替者足感關乎世運之變遷者尤足變政衰俗敝人心日錮惑博愛尙同之教而不識施由親始炫軍國武斷之制而不思邦本在家甚至師楊墨之爲我無父更何有於同氣一本之親古之宗法久廢乃倂祈及近世寖衰之族制而欲去之循是不已更越數十年其猶有譜而爲此奠世繫辨昭穆以求敬宗收族之道者否耶文未喪天剝窮必復古無論已即今名世耆出撥反創垂固亦未嘗不重天倫而尊血統崇信自古修齊之訓欽尙數千百年孝敬仁愛之風以維吾固有之文化國粹振吾最古且獨繁滋之民族初非蕩禮教悖民彝

以爲治然則際此横流遺經獨抱國無籍而家有譜不賢識小固非泥乎古而有戻乎時幸我後人能永孝弟之家聲纘緒重光不至以此爲續修之殿可耳至譜例歷承端敏公之舊略彭修改而兹有獨異者士農工商苟能自立例均得書非復如前獨重科名仕宦詩文著述屏浮槃而嘉勤業旨較通博要亦因時異用非敢誇勝前人又別刊附譜以息異姓爲後之爭援古證今衡情準理於逷亂宗而容繼絶兩得其平足矯舊譜三世存名之失此皆變通而得其宜然前者實隱符端敏公序稱分有親疏族無貴

賤及大音公序稱勉爲善之遺意後者亦於愼庵公例裁附麗於祖强爲之後者仍存所後之下而著其本來姓氏之旨實相吻合特師其意而善用之謂之有因無革也可是編之續費均力節人皆會推族兄寶瓚玉書集其資同宗諸膺選者任其勞而實總厥成始終堅毅心力交瘁者則以族姪毓鈞爲之最獨玠頻年宦梗未得躬與斯役昔文恭公之序陡門族譜也有曰吾人一生筆墨之搜輯不少而致力於祖宗者幾何物力之浪費不少而致力於祖宗者又幾何以文恭公之學問名位德業成就遠大上足

光耀祖宗猶以未多致力爲憾況卑陋如玠樹立顯揚百無一逮數典徒忘負咎自尤倍蓰什百過之豈惟無以對先人而已顧幸而猶有致力於文恭所欲致力者竟獲欣覩是編不至失修寖廢此則內疚之餘竊可爲吾宗差慰者也爰姑自恕而謹述之以志慨並深用自懺焉

民國十七年戊辰冬月朔日無錫支二十一世孫瑞玠謹

序

錫山秦氏宗譜目錄

錫山秦氏宗譜　目錄四

錫山秦氏宗譜　目錄五

修敬公支養恬公派 存赤公系耆長房 十七世至廿一世

公普第三支以緒公派　以雪第一支開鑾公派
以雪第二支位西公派　太寧第一支汝澤公派
太寧第一支辰高公派　太寧第三支汝崇公派
太函第二支公玉公派

修敬公支養恬公派 存赤公系耆長房 廿一世至廿五世

以雪第二支位西公派　太寧第一支汝聲公派
太寧第二支長高公派　太函第二支公玉公派

卷之九 世系編分支七

修敬公支養恬公派 徽泉從川間詹二三四房 九世至十三世

養恬第二支徽泉公派　養恬第三支從川公派
養恬第四支間詹公派

修敬公支養恬公派 徽泉從川間詹二三四房 十三世至十七世

徽泉第一支紹衡公派　徽泉第二支處仁公派
從川第一支虹洲公派　虹洲第一支龍標公派
虹洲第二支元峯公派　虹洲第三支玉峯公派
虹洲第四支壽峯公派　從川第二支龍淵公派
龍洲第一支五河公派　龍洲第二支蔚源公派
龍洲第三支劍峯公派　龍洲第四支文峯公派
從川第二支玄洲公派　玄洲第一支蘿石公派
玄洲第二支混塵公派　玄洲第三支獻可公派
間詹第二支龢詹公派

修敬公支養恬公派 徽泉從川間詹二三四房 十七世至廿一世

徽泉第二支處仁公派　虹洲第一支龍標公派
虹洲第二支元峯公派　虹洲第三支玉峯公派
龍洲第一支五河公派　龍洲第二支蔚源公派
蔚源第二支運之公派　龍洲第四支文峯公派
玄洲第一支蘿石公派　玄洲第二支混塵公派
混塵第一支儼海公派　混塵第二支儼塵公派

間詹第二支龢詹公派

修敬公支養恬公派 徽泉從川二三四房 廿一世至廿五世

徽泉第二支處仁公派　虹洲第一支龍標公派
虹洲第三支玉峯公派　龍洲第二支蔚源公派
蔚源第二支運之公派　龍洲第四支文峯公派
玄洲第一支蘿石公派　混塵第一支儼海公派
混塵第二支儼塵公派

卷之十 世系編分支八

修敬公支務本公派 九世至十三世

務本第一支止庵公派　務本第二支鶴亭公派
鶴亭第一支振庵公派　鶴亭第二支裕庵公派
鶴亭第三支慎庵公派

修敬公支務本公派 十三世至十七世

鶴亭第一支振庵公派　鶴亭第二支裕庵公派
鶴亭第三支慎庵公派

修敬公支務本公派 十七世至廿一世

鶴亭第一支振庵公派　鶴亭第二支裕庵公派
鶴亭第三支慎庵公派

修敬公支務本公派 廿一世至廿五世

鶴亭第一支振庵公派

卷之十一 世系編分支九 以下俱梅隱公支

抱拙公派 九世至十三世

抱拙支怡曉公派　怡曉第二支卑牧公派
卑牧第一支端敏公派　端敏第一支小山公派

錫山秦氏宗譜源流

嘉靖戊子宗譜初編

瑞五公七世孫 金

鏜

銳

宗譜續編

八世孫 瀹

九世孫 梁

十世孫 燿

十二世孫鎡 鏞 鍈

萬歷丙辰重修宗譜編校子姓

九世孫 粲

十世孫 延燾

十一世孫擱 達璁

順治庚子第三次修輯宗譜編校子姓

十二世孫鏞 鍈 公鑲

十三世孫德藻 淙

十四世孫松齡

康熙甲午第四次修輯宗譜編校子姓

十三世孫沘 之鴻 鄴洛 源寬

十四世孫松齡 松期 松喬 松如

梟 巽權 樹績

十五世孫道然 朱干 靖然 軒然

乾隆丙寅第五次修輯宗譜編校子姓

十四世孫本始 秉丰 仁 果誠

樹卿

十五世孫道然 孝然 實然 敬然

始然 祉然 榮然 壽然

瑞熙 丙熾 元馴 元騶

十六世孫芝田 致 藍田 昆山

東田 旬 莘川 琦

雲翼 勇均 蕙田 雲衢

雲萬

十七世孫鉌 鉌 元釗 銘思

鑽

乾隆甲辰第六次修輯宗譜編校子姓

十四世孫樹翊　夢蘭
十五世孫雄飛　心　雲錦　雄升
十六世孫紹登　筠　玉輿　藝川
十七世孫元鎬　嘉錫　朝釪　黍鈞
鎏　銓　廷鉽　震鈞
鼎雲
十八世孫泉　湖　瀛

嘉慶己卯第七次修輯宗譜編校子姓

編纂十八世孫瀛

校對十八世孫沅　江　大昭　大治
十九世孫大樸　廷標
採訪十五世孫若鴻　世熙　鶴
十六世孫城　琳　元善　瑞皋
存城
十七世孫鈴　鍪　宏鈞
十八世孫景洛　治　玉海　大中
景瀛　景衍　若礪
十九世孫文楷　雲梯　國楠

同治壬申第八次修輯宗譜編校子姓

瑞五十八世孫淑曾　芝清　殿颺　採訪
十九世孫爾枝　樹　緗業　編纂
文楨　彙輯
相　鳳翔　參校
二十世孫賡彤　堯曦　編纂
呂業　校閱
璪　家駒　鴻彥　採訪
廿一世孫玉禮　國瑚　寶瑚　寶璣　採訪

原序

嘉靖戊子譜序　吾宗先塋會稽後徙淮海中間世系顯晦之詳譌經兵燹莫可考據其見於圖者由宋贈直龍圖閣觀始觀歷太學博士國史院編修坐貶卒於藤殯於潭子湛政和間通判常州遷葬無錫之璨山子南翁爰念祖墓在錫乃籍晉陵新塘鄉因名所居曰秦村祗祟時祀南翁生四子小五小十十一二十小十承事生三子念一念二念八念八承事生三子三十五名宗雅鄉進士三十七名宗華四十七名宗選三十七承事生三子細二細五細八細二承事生二子六一六二大一秀才生六子萬一萬八萬九萬十萬十一萬十二萬九秀才生三子三一三二三三三二秀才生二子曾三曾四曾四秀才生二子瑞三瑞五瑞五秀才婿於錫之富安鄉禮所謂始遷之祖繼別之宗也故譜以瑞五府君始志所知也自少游先生以及瑞五府君止另摘爲圖附紀傳生之次志所出也南翁以下名皆行稱然舉承事秀才之號雖或不識何爲而亦不敢去者蓋示文獻之徵惟仍其舊也嗟夫以千萬人而視一人則固有間矣以一人而視千萬人豈有間乎分有親

疏族無貴賤情也支分派別譜不能悉者勢也勢吾無如之何也已後之觀者孝弟之心油然而生使之無至忽忘而相視如塗人可也譜云譜云尙思敬承而光大之哉毋徒視爲文具而已也七世孫金

嘉靖戊子譜序　秦氏世譜譜秦氏在錫之族也秦之先自淮海遷晉陵由晉陵遷無錫見於系圖可考也譜則例而不錄者何也蓋年代既遠雖竭之以心思窮之以歲月欲成全譜不可得也昔歐陽文忠公本出廬陵而家於滁南北族屬不能以時通問故其譜中有闕而無傳者乂多與廬陵諸歐譜不合當時文忠公之心豈不欲詳且備哉顧亦不可得也吾譜以始遷祖瑞五府君爲第一世其殆百中之一耳譜則仍繫先生遺像傳贊年譜者蓋念家所由起而不敢忽也凡居錫者自一世以至十百千萬世其必人人篤倫理厚恩義敦詩書紹箕裘茂揚前烈祗服忠孝以不克丕承爲懼則思之敬也弗渝而芳之流也罔墜使斯譜續續於無窮而庶幾焉附名於是譜者爲不忝矣詩曰無念爾祖聿修厥德予願與後世子孫所共勉也七世孫鏜

萬歷癸未全譜原序

吾秦氏之譜抱拙府君嘗有志焉而未逮以屬其從子景美是時去始祖甫三世耳目所逮必加詳景美不能從曳以成更歷四世至世父端敏公及樂易草軒兩公始克成之自四世以上生年卒月事行皆所未備非不欲備也不可知則其不能備也固宜淪自早歲有志纂輯顧以困於科舉不能從事而予年亦既老矣追念先德不能已已乃從從姪子高氏處借得世父舊本族姪某氏處沙頭小宗譜本汝立氏處誌四府君之後集錄諸名字世次生年卒月婚配子姓本而諸家送到文字

十已八九則發累世之故藏日夜殫精覃思歷數寒暑一再易稿始克成編凡若千萬言爲卷二十有三分爲十有四集集各以其義名其先後之次皆有可言者蓋自先世以來所得累朝朝廷文字君之賜也君賜不可不重故尊而寶之首以絲綸集在國曰君在家曰親其尊一也德容如在瞻仰思慕故次以丰範集本之則一族散而殊統同辨異源深流長故次以宗系集璨山之陽卒宮來郎肇基發祥實惟伊始故次以龍圖集魁橋賦詠作配于王卜世其昌歷年滋大故次以魁橋集名公鉅卿言出爲史刻之

金石垂之無窮故次以金石集交遊往來投贈篇什可愛可傳家之珪璧故次以瑰琰集立朝疏議鑿鑿可行匪苟言之縣官利益故次以奏疏集百行之本莫先於孝婦人首善莫大於節故次以樹聲集發跡科名榮身仕宦功光祖宗業垂孫子故次以流芳集功德在人人不能忘生則有生祠遺愛之祠歿則有鄉賢名宦之祀載在祀典膾炙人口故次以俎豆集魂氣無不之也骨肉則歸於土愛護封植永言孝思故次以先城集故家風範閫闈攸瞻禮儀卒度見者欽仰故次以家訓集保族宜家莫善役田後有

興者方册可師故次以役田集終焉夫生於八世之後而欲講明於八世之前一難也才乏三長學慚游夏二難也先時文字頗簡合之以三父之力而猶假手於夢卜湯公今日文字繁多任之以一人之身而筆石皆自己親三難也然則覆餗之虞雖已幸免而續貂之誚奚能終逃顧七世以前之人文考之舊譜而可見十有二世以來之事業驗之今日始可徵則所以繼前人之業而俟後人於無窮者庶幾不無小補云爾萬歷癸未七月既望錫山世系八世孫淪

謹按是序愼庵公序全譜也全譜之作季時公嘗續之近端敏公支有諱棫桂者又續之惟　本朝以來文獻闕如全譜亦迄無刊本而愼庵公實爲權輿仍存是序以志厓畧

萬歷丙辰譜序　甲寅歲棨年已七十有五矣閒中偶撿篋中得從伯祖端敏公暨都事韋軒公所輯錫山秦氏宗譜其凡例曰後世子孫凡爲宗之子者每三十年一修如坐視其廢弛者以不孝論時蓋嘉靖七年也迄今已八十餘年而未有續修者爰進從子允揚謀予之允揚泫然涕洟曰

此先君子孝廉府君先叔父中舍府君夙志而致於天年以我祖宗之靈叔父儼然命之敢不以竊有聞於庭訓者佐末議乎遂相與考世系源流別族屬之支派閱數月而犂然具矣族有難者曰以八十年而遥人心不同有如其而族姓日蕃於是譜以外將有跂而思入者何收何擯譜以內將有疑而未剖者何存何去今之爲此將任受怨乎任受德乎余應之曰唯唯否否予不任受怨人亦不任受德也宗譜者我曾叔祖一誠公曾草創於家未卒業而亦未諗之族至端敏公暨都事韋軒公輯宗譜則聚族定議於淮海以下十一世爲圖以紀其傳生之次而名之曰世系舊圖自瑞五以下始列爲大宗小宗諸圖而冠之曰錫山秦氏世譜亦既有說蓋謂瑞五府君始自武進新塘婿於無錫富安禮所謂始遷之祖繼別之宗故冠之以錫山而其說確乎不易矣時則從伯祖都事樂易公實序之亦既詳言之其後從叔父文學愼庵公附續輯世系於家而莫之改也余何人亦惟奉端敏公之遺法守而不易已耳是役也凡宗人所在家至戶到悉核其名行仕宦生卒嫁娶墳墓無漏無訛迄三年而就緒諸宗人亦多有捐助遂

得付之剞劂至其序例一遵端敏之舊非敢自專自用也允揚氏起拜曰此先端敏遺訓也九原可作吾二父且曰有合哉若其告戒宗人者端敏暨兩都事公之言已備余何敢置喙凡所謂睦族以遠葛藟之刺亢宗以紹箕裘之業者吾宗人共勉之萬歷丙辰陽月九世孫棨

順治庚子譜序　我秦氏宗譜有世系集者特全譜之十一耳然其所係爲尤重云曩者季時弟仰承端敏愼庵兩先生之遺緒纂修全譜而於世系獨缺若曰吾姑先其難而後其易以待後人云爾族叔居易翁奮然起曰吾本宗

艮老笠源翁嘗獨輯世系矣非吾誰當繼之於是孜訪勤勞靡間寒暑窮鄉僻壤靡不親歷鏞則執筆以隨其後按圖綴緝稍有微勞功罪兩不任也自己丑至己亥稿凡三易而對巖氏長安歸遂命諸梓譜既成鏞不可無一言以識歲月序曰嗟乎尊祖敬宗之道不可不講也禮以始遷爲祖繼(爲)別宗若我秦氏始遷之祖有三處度府君始遷毘陵之祖也瑞五府君始遷無錫之祖也遜軒府君始遷邑城之祖也今淮海祟祀而三祖皆不列於宗祠凡爲子孫者所當深念也若夫宗法久湮尤宜商榷古者爵位世

及宗定於一是爲百世不遷之宗今則士無世官惟紀昭穆是爲五世則遷之宗通於五世則遷之義而其旨微矣吾秦以松隱爲大宗固已然十世以後不絕如綫而必欲以大宗屬之則泥矣竹隱之四世以忠若孝起家梅隱之五世以忠起家此吾秦兩大宗也固不得以小宗目之也由是而推之各宗支派莫不皆然儉節公之後有若一誠公約軒公之後有若恒軒公中齋公之後有若原山公至我二孝子之後有若通參府君暨永昌公三孝子之後有若鶴亭公而端敏公之後則有若次山公凡此五六支者

其始固皆小宗也今數傳而蕃盛如此其將不得爲大宗乎哉凡此皆所謂五世則遷者也其遷也不獨以世或以貴或以賢或以子孫蕃碩一言以蔽之曰勉爲善而已勉爲善則大宗可以不廢而小宗可以崛起是故觀於譜圖而亢宗之義亦在其中矣然則宗法可盡廢乎非也各宗其宗而派別支分共祖其祖而情親意睦其嘗爲大宗之後者雖甚寡弱而不可不與於祭祀之列此雖變而不失常者也若夫修明宗法非亢宗者其誰宜爲雖然欲跡遠之相聯屬也則必自一氣之無乖離始欲子孫之無忘其

祖宗也則必自子弟之能敬其父兄始此又由近及遠之義而愚敢僭揭兩言以告我宗人云若夫祖訓諄切則前序具在鏞勿敢贅是役也執筆佐余者余弟小匡氏醵金勸義者族弟章甫氏而捐金好義者登名與數別書於册至若全譜之不能悉刊限於力也亦曰先其易而後其難以待後人云爾宗英飈起鏞則不能無望順治庚子臘月

錫山世系十二世孫鏞

順治庚子譜序

族之有譜所以尊宗祖序昭穆明倫理惇恩義也吾宗之有譜久矣一修於端敏公再修於愼庵

公越百年而譜牒散亂季時族祖彙而纂之待御大音族祖修而成之居易章甫兩族祖後先襄助之而譜成以小子齡與聞其事命爲後序小子齡叨先人餘蔭備員史職尋以薄譴放歸懼不克負荷先德何足序宗譜哉無已則以古者聚族之法與吾祖宗之行事告之宗人可乎古之制凡月之吉少長咸會於先祠拜謁畢齒坐命一人庭誦古訓誦已長且賢者繹其義而諷導之書會者名於册再會互陳其所爲其行有孝弟忠信者俾卑且幼者旅拜之而著於其名之下有悖戾之行者命遍拜群坐之尊者以

愧之而亦著於其名之下踰月而能改者如初否則擯不使坐踰年不能改者斥勿齒同姓之人疾相撫患相拯貧相賙死相葬老弱癃殘者相養祭醮相召昏嫁喪災相助不能然不使與會斯數者本於周制而損益於諸大儒吾祖宗之所奉而常行也今或一行之未必無笑以爲迂者是可嘆也吾祖宗自淮海公以文章節義爲元祐名臣處度瑞五兩府君再遷而至無錫抱拙貞靜兩公耆年碩德推重鄉邦厥後科名鼎盛位方岳掌兵柄秉旄節勳名炳於史乘而考其行事無不以敦倫睦族爲後世法今吾宗

人能推念其所以流慶綿遠傳之於今者此則祖宗之幸而諸族祖輯譜之原意也若夫世次之分合譜序之遠近大音族祖序之詳矣小子齡何贅焉順治辛丑錫山世系

十四世孫松齡

康熙甲午譜序

期不敏勉修宗譜世系集成欲請伯兄序而刻之而已不可得也因記歲月而書其後曰期之修是譜也敬承先君子志郎大音叔祖遵端敏之凡例三十年一修之志也譜以敦倫睦族尊祖敬宗諸先人及伯兄以前之序詳矣而舉其要則不外乎大音叔祖勉爲善之

一語夫勉爲善則必毋爲惡無辱其祖宗無慢其父兄無遊佚其子孫乖離詬誶之習泯而後欺凌澆薄之氣除廉恥退讓之行修而後睦婣任邺之風著天德王道無不由是推之也小子期偕伯兄受業於大音叔祖時年尚稺凡叔祖提命之所及不能領會其微獨此修家譜勉爲善之言怦然動於心至於今不忘雖老而猶若言之在於耳叔祖之言曰三十年爲一世人生自少而壯而老大抵閱三十年其事之變者變定者定矣家譜之修如未及三十年則爲時太近或將苦於冗費過三十年而不修則爲時太

遠或多至於遺忘今自庚子至庚寅已逾三十年又閱四年至癸巳始脫稿其間字號官爵子姓婚配生卒年月塋墓應改者改之應增者增之應收者收之應別者別之自九世至十七世大率已楚楚亦大音叔祖所謂先其易而後其難者也後其難奈何蓋世系不過爲全譜之什一全譜之修難在刻全譜之未修難在修自萬歷癸未愼庵公編輯以來季時叔祖續編之今時日益多卷帙益繁踵而刻之猶爲有待而期愧未逮也期於大音叔祖無能爲役適偕鹵纘弟襄輯付梓後有繼者期目望之獨是期與伯

兄同爲校訂先五月而伯兄没不及執筆一書其槩而期廼獨序其後也深隱痛焉康熙歲次甲午陽月錫山世系

十四世孫松期

乾隆丙寅譜序

吾秦宗譜始編於仁七世祖端敏鳳山公暨七世族祖都事樂易公時爲前明嘉靖七年歲在戊子洎萬歷丙辰登源公重輯厥後族祖大音公一修於清順治庚子上邇丙辰四十有四年族兄漆圃公再修於康熙甲午上邇庚子五十有六年雖歷年多寡有殊而總奉端敏公三十年一修之凡例蓋三十年爲一世人生自少而壯壯而老閱三十年事之變者變定者定未及三十年而修時太近近則苦於冗費過三十年而不修時太遠遠則或至遺忘斯大音公之言正申明端敏公之例顧自甲午迄今日又三十餘年不在應修之會乎譜之所以專名錫山者何也吾秦以淮海公爲始祖淮海公子濟川公倅常郡遷葬公於錫之璨山子孫家於常十傳至瑞五公婿於錫遂爲錫始遷祖故宋元世系圖雖列瑞五公以前而衍派分支提綱列目凡名字生卒娶嫁與爵位行實一切大書分註以成譜者必自瑞五公始蓋子姓聚居雖繁衍

而確有承傳專名錫山以示愼也會少宗伯味經省假旋里仁先以內艱家居因共商斯事就甲午以後之繩繩繼繼者詳彙嚴覈廣賡載於分支之下淮海四傳有諱宗邁者遷於洞庭之西山向藏譜稿今茲修輯來訂同刊而錫山洞庭支派各殊毘陵一支且不敢混況洞庭耶遂謝之吾宗自瑞五公一傳爲松隱竹隱梅隱三公而竹隱公之後發祥於修敬公今日最爲繁衍梅隱公後之發祥於先端敏公彪炳史册至本朝廉使公而外科第寥寥仁能無望乎詩小宛之四章曰我日斯邁而月斯征夙興夜寐無忝

爾所生文王之六章曰無念爾祖聿修厥德仁老矣支離小草白首無成明發有懷騂顏汗背齋心祓志告我宗人嗚呼尙其念之哉嗚呼尙其勗之哉乾隆丙寅錫山世系十四世孫仁

乾隆丙寅譜序

氏族立而宗法興宗法衰而譜系作譜系者宗法之一耳古者胙土命氏因以爲族而別子立宗故宗有五繼別者一百世不遷者也繼高祖者四五世則遷者也別子有三公子之別於諸侯也始遷之別於本國也始爵之別於庶姓也是皆得立廟百世宗之五世親盡則各宗其小宗是故奠繫世辨昭穆周官掌於小史先王之爲此所以篤親親正倫理而奠天下於磐石之安也夫自一人而分至什百千萬人由什百千萬人而追本於一人爲之敘其尊卑合其宴饗郵其喪災維其禮讓薰涵漸漬而風俗成本支固宗法之所繫大矣故曰譜系者宗法之一也去古既遠胙土受氏之別子不可考而庶姓之崛起爲大夫者又不立宗宗不立故收族之法廢往往相祖視如途人分不足以相統恩不足以相固誼不足以相聯親睦之意微矣其名家右族尙有歷數百年而不替者或其

祖宗盛德餘善有以基之家法之防範稍得以維持其變而族譜之書遂迄於今不墜吾宗秦氏自受姓以後避聖門者有四唐時籍屬會稽天寶末分徙高郵左廂里今譜之可考者則自宋淮海先生始先生之子處度公爲常州倅遷葬先生於無錫之寨山因家武進新塘鄉是爲毘陵始遷祖十傳而瑞五公遷無錫今之譜自瑞五公始而別圖淮海世系於前故曰錫山秦氏宗譜也譜初輯於族祖大司馬端敏公爲集十有四而世系居其一嗣族祖愼庵季時大音叔祖漆圃諸公相繼修之期以三十年爲斷漆圃公書成於康熙甲午越今三十有二年矣歲乙丑族祖郡守蘄巖公旋里大人與諸叔父謀繼先烈而年及大耋弗克任厥勞丙寅小子蕙以予假在籍得從尊長後與聞其事爰依考舊例分支辨派搜羅編校任諸宗人之賢者五閱月而事竣迺按丁田集費而付諸梓冬暮假滿還朝從兄暘谷郵書京師命序其事小子蕙何敢妄贊一言哉惟是敬宗收族之訓聞於過庭者素矣昔宋范文正公置義田以贍族至今賴之近世如漳浦李氏彭城李氏吾鄉華氏亦有踵而行之者吾錫秦氏自元以來歷四百年祖

宗之勳德文章赫然著於史册今子姓日繁科名相望何莫非祖宗遺澤而宗法未立收族無聞非後起者之責歟夫欲維節禮遜之教行必先敦睦赒䘏之誼篤舉其事者厚其資公產之所入實賴宗子族望之名分整齊而約束之然後可以久存而不敝則由譜系而思收族因收族而思立宗庶不失先王篤親親敦倫理之義此則大人平居所以述祖宗之遺志而族祖諸父昆弟與修是譜者咸有同心小子蕙不敢不握筆而敬爲述也方今聖天子德洽化成章明百度敕諭禮臣纂修禮典小子蕙荷承恩命襄

理厥事凡臣庶宗法廟祭冠婚葬喪之節等級隆殺之文犁然大備將以頒行天下小子蕙當敬與吾宗人恪遵而奉行之乾隆丙寅錫山世系十六世孫蕙川

乾隆甲辰譜序　歲在丙寅吾宗有修譜之役樹翃隨諸宗老後與校讎焉今忽忽三十八年矣又值修譜之期諸宗人以樹翃昔嘗從事於斯也鄭重諈諉屬爲校定樹翃因念前之輯是譜者皆當代名人績學著文宦望通顯樹翃孤陋寡聞自慚顏厚顧有不敢辭者以樹翃於吾族最爲長年適方伯雄飛編修泰鈞曹州守震鈞中翰瀛俱在

籍謹與商榷擇宗人之賢者搜羅編校不濫不遺集矜開雕既成謹以一言弁諸首白虎通云宗者尊也謂宗人之所尊也族者湊也聚也謂恩愛相流湊也吾宗自瑞五公遷錫以來分爲八支今存其六歷四百餘年見於譜者二十世其間仕宦甲第名臣接迹以起海內稱爲鼎族惟是吾宗之所以盛者要不出大音公勉爲善之一言而爲善之實則莫大於孝友夫父兄之教不先子弟之率不謹今恭逢聖天子親灑宸翰特賜孝友傳家四字表宅里而樹風聲吾願登茲譜者服膺聖訓景仰前型則樹翃今日所

云如木鐸之徇路工師之相規不以農里之言而忽之是吾宗之澤當永永而未有艾也乾隆甲辰錫山世系十四世孫樹翃

乾隆甲辰譜序　乾隆己亥雄飛方承乏江右適從叔樹翃與諸宗人裒輯宗譜辱寄時族諸孫曹州守震鈞中書舍人瀛俱讀禮在籍議以繼別爲宗始遷毘陵祖處度公及始遷無錫祖瑞五公均宜從祀淮海先生祠雄飛甚韙其議僉名呈請督學使者得允行是時震鈞方倡修淮海祠宗族懽然樂從而宗譜之成業已先之竊念吾宗數百

年來所以世稱鼎族者端由祖宗之勛德文章重以家有孝友之傳戶著睦婣之德用能纘承先烈佑啟後昆自茲以往深願吾宗子姓謁宗祠則思祖宗貽謀之遠讀宗譜則思古人收族之忱慶弔相共德義相規於以盡敦親睦無墜箕裘不徒以子孫之蕃衍甲第之綿延翊詡相誇耀而敬承先德於勿衰此則吾祖宗所厚望也乾隆乙巳八月錫山世系十五世孫雄飛

乾隆甲辰譜序

乾隆甲辰宗人有輯譜之役泰鈞以久返初服閒居襄事因敬取前人譜序盥手莊誦至先文恭

公丙寅宗譜序作而歎曰至哉公之言也公以尊祖敬宗莫大乎收族吾秦氏自元以來歷四百年而宗譜未立收族無聞切切以文正義田責後起者蓋文恭公文章事業彪炳國史而肫篤倫理復以文正之心爲心故於序內三致意焉丁丑春文恭公屆蹕南巡至家與從伯溪隱公商榷及是卒卒未暇無何文恭公卒越十餘年從弟虔鈞官中度州牧溪隱公命節縮廉俸倡置義田百畝而泰鈞在籍亦捐田百畝以成文恭公之志於戲自致胙之誼不講視其族人漠然不相關弗啻秦越人之視肥瘠惟文正范義川之設所以生相養死相恤者用意厚而立法善而名家巨室封殖自私絕少踵而行之者何耶溪隱公耄年倡始不負宿諾吾宗之人聞風景從余小子亦得藉成先志誠爲厚幸今去文恭公作序時已四十年而又適當宗譜之成泰鈞其前無一言以綴丙寅譜序後乎至譜系始末以迄續修歲月俱見於他序不復贅乾隆甲辰錫山世系十七世孫泰鈞

嘉慶己卯譜序

瀛自辛未回籍隨有修志之役閱三年無錫金匱志成因念吾家宗譜修於乾隆甲辰譌舛蕪雜

殊非善本今又逾三十年不修不可。不亟圖編輯卷帙浩繁工費較鉅謀諸宗人罕有應者三四年來雙目益以瞀精力日以衰此事幾輟昨春始邀族祖之居鄉者若鴻而商之族祖欣然爰又謀諸臨川弟流及從弟江共躅綰倡始其他子姓不計贏縮多寡量力爲助議既定旁搜博采凡涉先世掌故悉資考證族姪廷標假館於吾家之遂菴瀛窘於目輒令旁誦相與商榷井日投而書之一切詳見凡例既付梓屬族弟大昭大治族姪大樸分任校對吾家淵源淮海支派幾徧天下惟譜系之出自毘陵者最爲可

考吳之洞庭爲毘陵分支顯於南宋見長沙陳恪勤所爲
洞庭秦氏宗譜序吾無錫以宋末自武進秦村遷富安鄉
之胡埭至明成化以來中齋端敏兩公始大譜創於端敏
體例謹嚴足爲後人法式瀛輯是譜原本端敏遺法加以
變通質諸先人可告無罪雖然瀛於此抑不能無慨焉唐
襄文之表樂易府君墓曰裦衣矩步恂恂然不問而知爲
秦氏子弟蓋吾秦氏之在無錫衆推巨族不獨以科名宦
閥相誇耀亦以孝弟忠信廉謹家法相承緜延以永於弗
替瀛幼時隨祖父朔望展謁祖祠子弟望見郎趨而前肅

然拱侍否則面叱之方今習俗日偷蕩軼規矩易謹愿爲
佻張變禮讓爲囂陵甚且蔑棄祖宗不復知有尊親倫誼
之重此其積漸非一日之故而吾宗之衰兆已形履霜堅
冰不可不撫編而知懼也瀛官侍郎時蒙上召見當諭及
宗室子弟如不安分房族長不能無咎瀛聞而悚然今歸
川九歷寒暑忝爲族望且房長也尋繹聖諭不勝慚恧是
譜之成願讀之者油然生尊祖敬宗之心改過遷善以求
無忝於吾祖則吾族人其庶有賴乎至鳩貲刊刻次第給
發之人則從弟治實司出納云嘉慶二十四年己卯九月

既望無錫支十八世孫瀛謹序

同治壬申譜序　吾秦氏系出有宋淮海先生其後一遷
武進再遷無錫遷錫者自瑞五府君始子孫蕃衍雖派別
支分尠有他徙故海內言氏族者必首推錫山秦氏今高
郵之秦猶爲巨族武進亦存秦村別有一支遷於蘇之洞
庭者歷數百年聚族於斯皆吾宗也然是譜爲錫山秦氏
而作則當以錫山爲限他固不遑及也譜刱自錫山支七
世孫端敏公金迨嘉慶己卯先侍郎遂庵府君予告在里
嘗手輯之則已重修者七次矣端敏譜例有云凡我子孫

必三十年一修違者以不孝論自己卯至今癸酉且五十
有五年於所謂三十年者幾倍之當道光季年正值應脩
之會既不果修及咸豐同治閒粵寇難作縣城淪陷人民
蕩析流離吾族亦多散之四方或以身殉誠有不暇及此
者會逢聖主中興三吳戡定始得言旋言歸安我鄉士而
兵燹之後譜牒散亡子姓凋零不但年遠遺忘而已於是
乎修譜之舉尤爲亟亟而其難且數倍於遂庵府君時矣
歲壬申二十世孫堯曦首貲白金爲倡其他亦多量力助
之復有田捐丁捐之議始集貲若干緡而公舉十八世孫

淑曾十九世孫蘭枝樹鳳翙文楨二十世孫賡彤臻昌業等分任採訪編輯校讐諸事閲一年有奇而譜克告成其體例一本端敏及遂庵府君雖闕畧舛錯之憾或所不免而大致備(俱)可俾後之復修是譜者有所考焉惟吾秦氏當前明中葉及本朝乾嘉間服官中外者一時恒有數十人而應春秋二試亦如之榜發必有掇巍科登上第者而出爲名臣爲循吏處爲文學爲醕儒爲孝子悌弟者又歷歷可數吁亦盛矣乃十數年來薦經喪亂死亡顛沛之餘饑寒日廹舍本逐末惟利是趨讀書稽古之士百無一二其赴童子試者且不如曩時鄉會之多而名列賢書者已寥寥無幾何其衰也安得子孫之賢而有力者以養以教培植成材庶幾科名復顯於今孝友無忝乃祖乾嘉兩朝之盛又何不可再覩乎小子業少孤失學中年奔走衣食僅得一官垂垂欲老菟裘未營既以需次攸羈不獲躬與纂修上繼先人之志嘗思興復義學以薰陶族子弟並法笠源公續編家乘搜羅先世遺文佚事都爲一集均牽率未遑白首無成於斯益見濡筆以序兹譜其能無恧於中也夫其能無慨於中也夫同治十二年歲次癸酉冬十月

無錫支十九世孫緗業謹序

同治壬申譜序

吾秦氏錫山譜刱始於前明端敏公凡閲三十年一修前譜修於嘉慶己卯先司冠遂庵公迄今已逾五十年非敢緩也中更世變也同治庚午冬彤自京師乞假旋里會族弟尭曦亦自豫藩謝病歸議及庚申之變吾宗族或流離散亡舊譜亦失亟宜重輯因會集宗人於祖祠鳩貲集事尭曦實爲之倡司其事者族叔樹與文楨而族叔祖淑曾族叔蘭枝鳳翙恩延及弟臻等分任校對採訪之役焉竊念錫山秦氏系出淮海自觶橋發祥子姓蕃衍數百年來不惟科名鼎盛而理學忠節勳業文章後先輝映推其原皆出於孝友傳家天章褒美允光家乘今更世變子姓之蕃衍已不如昔將有由盛而衰之懼登斯譜者可不惴惴然思所以振起之歟抑彤尤有慨焉吾秦家世讀書而今子弟之讀書就試者鮮夫不讀書則不能明理不明理則孝弟忠信禮義廉恥之道皆闕焉不講不但文藝之末也自時厥後凡我同宗尚其以讀書爲務淵源家學有行有文庶幾勿墜厥緒而振起有自哉同治十有二年歲在癸酉十月朔無錫支二十世孫賡彤謹序

端敏公初編錫山秦氏世譜凡例

一秦自受姓以來中閒或避聖門或登要路代有其人唐時籍屬會稽東海鈎者系其遠祖也天寶末避亂分徙淮海高郵武寧鄉左廂里逮五季喪亂相仍天下多故譜牒燬失蔓延十八世祖少游先生以文學顯于宋遭譖謫雷陽建中靖國改元起旋路卒于藤藁殯于潭政和閒子湛倅常郡遷葬無錫璨山子孫因家武進新塘鄉人稱秦村至七世祖瑞五府君出贅於錫之富安鄉胡埭元鴻禧監簿王野舟女以居遂爲錫人爰檢宗圖

所載自少游下及占錫世系十二用爲圖紀以遡源本之隆自瑞五府君傳今九葉彙譜以表支流之正蓋先後相去幾四百年其在武進者尚不可考況望其他乎詮次之意竊有在也姑寘顛末于首敬識先猷昭垂永久

一譜準漢史記年表唐書世系表參酌歐蘇二氏譜例列遺像以昭世德別宗法以統元會圖倣周官大宰九兩五宗首提其世大書其名以爲綱分註行字號配仕否年壽卒葬子女之屬爲目自初祖下及五世以見五服之親其第五世復列于初祖之左亦系之以五世是二圖爲九世以見九族之親由九族而至于無宗則第世次列之

一祖宗以仁義忠孝之道傳於世世故所書必先德行而後事功苟能忠於君孝於親友于兄弟信于朋友睦於姻黨此皆修身之大者故謹書之或反是數者上悖先王之教下違祖宗之訓雖有聰明材智所不取也

一或者謂女歸有家則畧而不書外他姓也今則詳而錄之非有宜然者昔魯伯姬歸于宋致女以卿三國來媵

春秋皆不一而書之有以見伯姬之賢也故得書者亦必出其孝悌節義之足稱焉耳

一女婦之行不出閨門詩曰無非無儀當其哀苦之餘載其貞淑者有之苟於無事之時不敢以善自聞故多忽畧是譜之修蓋欲垂憲後世使男位乎外女正乎內永綿雍睦之風凡有懿行錄之以爲閨式一切浮辭溢美不錄

一三殤登譜於禮有礙如有長殤以上記名於本生左中間或是關繫教化重爲世則者表而出之

一舊有名無字及行名者因之不知其事行之詳者闕之
不敢妄自誣俙
一生者雖賢不得立傳蓋倣史家通例也
一凡出繼異姓及異姓來繼止記名於本生及所後父名
之左以絕冒亂如從釋老教者不錄
一列祠墓以重本之所出別從派以溯支之所由分
一譜以三十年爲率宗子訪求闔族新生嫁娶卒葬等項
事實務要代相增入毋致坐視廢興如出三代不修作
私譜與人致他姓竄入者俱以不孝論

一瑞五而下至現在世數凡十三世每五世爲一圖圖凡
三
一凡無嗣者竟書絕於其下恐有伺隙而竄入者是以雖
當爲後五世之宗亦不收載

愼菴公續修錫山秦氏世譜凡例

一譜作于世父而修于今日原命曰錫山秦氏世譜譜爲
錫山秦氏作也秦氏非五祖之後産于錫者不登于譜
一自絕于祖爲異姓後者不登于譜
一自棄于祖流爲異端者不登于譜

一自遠于祖遷徙他郡邑者不登于譜
一辱及于祖身陷大戮者不登于譜
一不念厥祖降爲皂隸者不登于譜
一附麗于祖强爲之後者仍存所後之下而著其本來姓
氏使他人觀之不知其爲絕之也自夫人觀之則知天
親非可以人爲矣
一三支分爲八宗蓋煩簡之別大要則不出五宗之法
一內外傳皆據先今見在文字次第其語爲之間亦竊附
已意然皆見聞故實其三世以前原無文字故其辭略

四世以後始有文字故其辭詳若生雖近世而原未有
文字或雖有而不存或雖存而不蒙送到並闕之此亦
文獻不足之驗也
一生者雖賢不傳
一子孫輩雖賢雖故不傳其有科第仕宦實跡誌銘等項
文字並從記錄以備他日修譜者有所考據而爲之傳
一譜主書美不書惡凡事有功光祖宗者因事起例各以
其類爲集而表識之若其有惡則直削之而已
一孔子歎文獻之不足徵文與獻相資而互發者也凡先

世文字或往或來有關道德性命文學政事教化勸率者並皆登錄其或煩猥不堪者則直例去若詩文等集之類則但錄其序文以見編纂之旨

一每集每項之後空其左方以俟後日漸次補入

笠源公重修錫山秦氏世譜凡例

一日月居諸支姓繁衍或有以孫繼祖則上栘有以弟繼兄則下移尊卑昭穆奚容紊置僭爲正之雖起端敏諸祖先於地下必不易鄙言也

按笠源公譜例云尊卑昭穆不容紊置雖起端敏諸祖

先於地下必不易鄙言嗚呼何其思深而慮遠也近世有姪可嗣而嗣姪孫者以愛憎爲取舍其紊序實甚遂過飾非至摭據高忠憲事爲口實不知高氏三世單傳繼成公又無弟可嗣事理情勢實有萬難非若再宗子孫繁衍明有可嗣之人徒爲亂宗之舉反欲藉口忠憲欺人乎欺祖宗乎今敬遵笠源公例願吾宗族永守家法毋紊世次是所望也松期謹識

小峴公續修錫山秦氏世譜凡例

一吾秦氏家世姚遠有唐中葉籍屬會稽其後分徙高郵武寧鄉左廂里少游公始顯於宋世稱淮海先生以黨籍竄雷州建中靖國初起廢官路卒於藤藁殯於潭政和間子處度公湛判常州葬先生於無錫惠山之第一塢俗名團瓢子孫遂家武進新塘鄉是爲毘陵始遷祖宋季瑞五府君婿於無錫富安鄉鴻禧監簿王野舟先生家依之以居占籍無錫是爲無錫始遷祖端敏公始輯宗譜曰錫山秦氏宗譜以別於毘陵蓋云愼也而更繫自淮海以下世系圖於首簡用示追遠之義又毘陵支派有遷吳縣洞庭山及上海者洞庭於南宋時頗繁

盛其後子孫多賈於湖湘今長沙有秦氏固洞庭支也瀛輯是編一遵端敏公遺法斷自瑞五府君爲始

一是編冠以嘉慶二年瀛所刻淮海公年譜本大音公舊槀重加蒐輯凡上下二卷

一笠源公編家乘首絲綸集而丰範宗系龍圖魁橋諸集次之分爲十有四集爲卷二十有三纂有成書未付剞劂嗣後續纂者不一家都存槀本大約至崇禎之季而止瀛晚歲歸田不獲續事纂述而家貧又不能刊刻遺書今謹就先世之有功德在人暨孝友文學者綜括生

乎附識於生卒年月之前稍見崖畧書譜於著述有載有不載茲無論已刻未刻並附載

一瑞五府君婿於富安鄉占籍無錫當在宋季瀛已據碑記辨正是府君之考曾四公尚係宋人而舊傳宋元世系圖始自處度公終於曾四公似誤以曾四公爲元人但相沿既久瀛不敢妄改姑仍之

一舊譜稱毗陵譜無南翁錫山譜有南翁錫山之譜本於毗陵不識何以互異大音公謂南翁疑即振南翁年代久遠文亡獻佚竊謂古人義重闕疑寧存無漏不敢刪

也

一端敏公輯譜時事經創始氏族未繁義例謹嚴未暇詳備茲閱三百餘年事漸增而例亦漸有變通祗期無戾乎歐陽氏蘇氏收族之義而已

一封贈爲國家鉅典應從其實甲辰譜有書例封例贈者並有書例貤封例貤贈者跡涉誇耀實近虛誣茲概不書

一異姓亂宗者不載以甥爲後亦異姓也茲概不錄惟無子議嗣本有定例生前立愛亦自有說近日吾宗子孫愛利忘義人苟貧乏即應嗣之人亦不肯嗣房長儒弱輒聽之不敢置喙此吾宗風俗之一大變也至立嗣當循昭穆次爲序登源漆園兩公屢屢言之今則世次紊亂者已有之藉口於高忠憲家譜也

一無嗣者舊本書絕今概書無嗣不忍絕之也說本崔文敏銑

一舊例自遠於祖宗者不載蓋爲遷徙他邑者而言瀛謂遷徙他邑大都由於游幕及商賈既沒於外力不能歸葬子孫因而僑居皆出於不得已如湘侯公之後有國

士者其後居於廣州中齋公支有煦者其後亦在廣州大音公之後鉅贅於天津塗氏今其子居天津他年伊等子孫如有不忘祖宗仍歸原籍譜中仍當錄入蓋彼始雖自遠於祖宗終未嘗自絕於祖宗也

一女子出嫁皆登於譜其再醮者不錄

一是譜體例畫一考核精詳後人永當奉爲法式

同治壬申續修秦氏宗譜公議

凡子壻外孫妻姪均屬螟蛉槩不登譜所以絕冒亂之原因異姓不得亂宗故也　祖訓綦嚴子孫允宜遵守

以昭畫一但世俗有義養子撫育成人不忍割愛故前譜

景儀公支養子敬亦登譜查先少司冦小峴公己卯譜常

援此例姑存其名仍限三世以後不准再上以爲區別此

次修譜有亮之子世勲柄之子燧安同宗目爲養子而撫

育之者固請爰仿司冦公例加按以表明之俟後續修譜

者定奪癸酉中元節樹邀族公議

同治壬申宗譜第十一卷附註

次山公一支徙居王莊界常熟江陰金匱三邑之交城鄉

遠隔信息罕通譜未註明餘山公派住處無從採訪直至

今歲夏秋閒芝珊因忠節祠書捐到王莊談及渠等始知

城中修譜嗣郎送稿來局而全譜刷印告竣如欲印入必

須更動數十紙殊非易易若竟任其遺漏又違收族　祖

訓再四商量惟有將來稿刷印附入本卷之末統俟下屆

續修再按支派鑲入似屬兩便爰特加按語以聲明緣起

云同治癸酉秋月裔孫樹註

同治壬申宗譜申說明晳碑

此次修譜有誤將同姓不宗之瑞山祥山竹山雲焜貞焜

揷入豹軒公支派散譜後始知有錯因公議將此五人削

去抽換一頁更正補入宗譜業已裝訂完備誠恐前散各

房之譜有未經抽換齊全者不能一律下次三十年續修

時或致轇轕兹特立碑於淮海先生祖祠内申說明晳永

以此碑爲憑庶宗支不致冒亂是實此訂光緒二年歲在

丙子孟夏闔族公立

以上三則雖未定名凡例然皆足爲救濟法式附錄於

後以示準則考錫山秦氏夙號三宗八支乾隆甲辰譜

八支已存其六今則理初公支贅壻養子不絕如線而

所謂八支者又乏其一抱拙公支之半農公查無的嗣

郎吾修敬公後子姓繁衍當日號爲十八派者此次修

譜據調查所得全數僅存其半返而求之吾以時以新

公後二十四房今所存者亦寥寥可數總五大支計之

現丁約得一千三百有奇嗚乎何其衰也至吾宗之遷

徙他邑舊例以自遠於祖者不載然小峴公修譜時已

於淵侯公中齋公後之居廣州大音公後之居天津者

聲明他年伊等子孫如有不忘祖宗仍歸原籍譜中仍

當錄入據先祖訓導公所錄務本公支有名武游者遷

居江陰東常樂山公之鴻支有名鶴者遷居蘇州吳縣

慕廬公孝然支有名永義者贅居揚州其子封珍封珠占籍於揚自經洪楊兵亂流離蕩析遷徙益多其音訊不通者槩焉從畧至若振瑄公炳章之後居於雲南端崖公瀏支之光圻光堉兄弟居於河南開封及周家口黼儀公鏜後之恩培德培兄弟居於北平作霖公大用支之以杰以熙兄弟居於彰德文奮公昆田後之元培居於河南洛陽酉山公湘支之福培居於開封容庵公仁鉷支之德培居於陝州浩如公淙後之煥猷煥經居於開封謹遵來稿一一加入固亦猶是小峴公收族之義云爾笠源公有言曰亢宗以紹箕裘之業睦族以追葛藟之刺吾勉之吾與宗人共勉之民國十八年仲春

裔孫毓鈞附識

民國丙寅修譜會議錄

丙寅宗譜者繼民八己未之志事而溯流尋源實發軔於光緒三十四年戊申其時先叔牧卿董莊事創議修譜先師鼎臣族兄草布傳單因欵未集事不果行迨民八己未莊董岐蓀族叔等集有現欵重行提議閏七月十四日遂開闔族大會選舉兩蒼曾叔祖岐蓀琢如潤之三叔鼎臣兄效曾弟爲局董設總董一主任四分採訪經濟編輯稽察四部推悅庭叔衡平弟肅佩姪爲採訪駐局辦事嗣因他項問題發生未及三月遽行撤局論者惜之迨民國十五年丙寅正月十七族人在公學會議由琢如叔提議委毓鈞收稿公決照辦遂勉力從事登報催稿翌年二月公推振鎬加入籌備員決意進行遂有三月二十三日之城鄉闔族大會按支推舉四十一人經濟校閱而外決定將編輯採訪合而爲一曰編採部並推各支中年高德劭者組織評議部議決附譜問題迨九月初七上午十時在淮海祖祠行開盤禮決定辦事細則印刷校讐督促工人由特甫叔實任其勞毓鈞仁存相與輔相之以彌其闕而屬辭比事分支纂輯仍以毓鈞振鎬勉承其乏遇有不逮商

諸仁存以折其衷因吾宗初次修譜嘗假手於夢卜湯公稟命族尊禮延遂初丁君元釗襄同編纂每一稿出必經毓鈞振鎬相與商榷并口授而書之人無取乎其多畧且繼之以夜傳鈔刋誤從事獨賢鄉居諸宗人則由毓鈞命舟親往家至戶到再閱月而就緒其先後佐我執筆者族叔耐銘族弟仲穆而族姪瑞延亦嘗躬與校讐之役至開示大義戮力觀成者則如叔丹族曾祖仲雲少巖兩族祖執中族叔效魯頌石冰臣諸弟毓鈞等追隨編次藉免隕越又期年而始克蕆事至論此次譜欵之所自集各支後

裔計丁書捐外餘則由義莊撥欵千元墳基浜百歲坊族產售去得欵六百五十元而欵由琢如叔經理八年來子母相生之欵數且以倍蓰計在事之勞尤不可没回溯歷屆修譜之役閱時長者自己丑至己亥亘十二年其至速者且僅僅以五閱月竣事此次由提議以迄於今歷時二十年編稿三易手先叔先師之墓木已拱其間如雨著曾叔祖潤之族叔亦先後殂逝撫今追昔其愴懷爲何如者庸述艱苦告我族人自丙寅一月爲始歷屆議案備列左方其戊申傳單己未公布並以附焉

光緒三十四年創議續修傳單

一譜捌自端敏公其譜例有云凡我子孫必三十年一修違者以不孝論自同治壬申重輯至今戊申計三十有七年矣孳生丁口嫁娶卒葬官階事實爲前譜所不載者已多失今不輯遺忘可慮願我宗人急起圖之

一非瑞五公後產於錫者不登於譜譜爲錫山秦氏作嘗有限斷也爲異姓後者不登於譜以其自絕於祖也螟蛉子不登於譜懼亂宗也遷徙他郡邑者不登於譜爲其無可考也身陷大戮者降爲皂隸者不登於譜爲其貽祖宗羞故絕之也凡此皆舊譜之例當申明而謹守之者

一據慎菴公譜序萬歷癸未譜分十有四集曰綵綸曰丰範曰宗系曰龍圖曰魁櫺曰金石曰瑰琰曰奏疏曰樹聲曰流芳曰俎豆曰先城曰家訓曰役田嗣後續纂者不一家大都祇存藁本未付剞劂今且不可復見矣遂庵公修嘉慶己卯譜撮先世之有功德在人及孝友文學者綜括生平識於生卒年月之前以見崖畧茲擬仍其例而別搜掌故如祠墓祭田義莊書塾之類詳悉記

載附刊於淮海年譜之後俾於闔族之公產有所稽考

一同治壬申譜有挿支之弊今宜更正惟以一人或數人主纂輯之事不肖者且因以爲利即賢者亦未免受欺今擬先修支譜由大支析爲小支選各小支中之通文學者任編纂先將本支各房世系編成再從各大支中任選數人司校勘之事其有訛誤則糾正之查無弊竇然後彙交總纂如此他姓自無從竄入

一分纂之譜自同治壬申起至光緒戊申止取足補前譜所未備其前譜有訛誤者各由本支子孫簽出糾正官階卒葬子女人數缺者補之名號更換者改之仍注原名

一纂輯之例一人名注某某子次字次官階次行誼著作次生卒年月日次配某氏爲何人女生卒年月日次子女次葬地

一修輯支譜事本簡易擬各盡義務概不支費俟各支譜稿修齊然後設局彙總校刊約計刊貲抽取丁捐

民國八年公布編輯大綱

舊譜首淮海公年譜擬仍其舊而刖增秦氏掌故於其後畧如左項

一淮海祠圖　坿列祭田

一雙孝祠圖　坿列祭田

一千休館圖

一祠祭考

一墓圖　坿列祭田

一義莊記　坿列祭田

一公學始末記　坿田房各產

一秦氏軼聞

一秦氏著述總目

一族居一覽表

一職業統計表

一子弟學統計表

一現存人數統計表

宗支圖擬仍其舊但將壬申譜未列人名按支增入世系編自同治壬申以前悉仍其舊惟以嘉慶己卯譜對校有訛誤則改正之官階卒葬子女人數爲壬申譜所缺者補之名號更換者改之仍注原名今續纂之譜自同治壬申

起至民國己未止
譜式分列五層大書其名以爲綱分注字號行次官階行誼著作生卒婚配子女葬地之屬以爲目一如舊例惟增加住址職業兩項
譜例有端敏小峴二公之凡例在可以依據不另擬

民國八年公布送稿條例

一此次修譜取補壬申舊譜所未備彙輯世系一遵曩例先由各小支編纂本房世系自壬申以迄今日按代排比送局彙總但今昔時宜各有不同擬加入學校職業

住宅三門學校自初小以至大學或普通或專門或肄業或畢業均宜詳載職業不論政學農工商醫均宜詳載業之自業者曰營某業佐人營業者曰業某不久於一業者曰曾營曰曾業住宅則以堂名爲斷或舊自何堂分出今住何地更或舊自何鄉遷出今住何地悉宜開列

一開送譜稿仍遵舊譜五層之式人名悉用大字於第一代下旁注某某公子另行低格先字號次科名官階或學校職業次行誼著作次生卒年月日次配某氏爲何人女及生卒年月日其素嫻文學輯有專集及守節旌表者概宜詳注次子女凡有繼配者書所出次住宅詳列巷名堂名次墓地凡能詳注字號畝分尤佳以上各項依次填寫無者缺之

一壬申舊譜所已列者或更易名字或洊升官階或後加封贈或續有著作或增添子女或未書卒葬若此者皆宜補輯完全一併開送

一舊譜有訛誤者各由本支子孫簽出開送照錄原文並附糾正於後

一世系不過全譜之十一吾宗歷次纂修大約僅世系一門至愼庵季時兩公舊譜全文今且不可復見此次修輯擬稍列秦氏掌故兼欲考訂舊譜如存有墓銘傳誌以及本人著作悉由各支子姓開示送局其著作原本並須附送由局編號保存事畢發還

一舊譜之例非端五公後不載辱及於祖身陷大戮者不載從釋老教者不載遷徙他郡邑無可稽考者不載出繼異姓及異姓來繼者止記名於本生及所後父名之左凡此各條均宜遵守

一譜稿上角宜注明某某公支某某公派其旁宜注明瑞五公後第幾世以便檢查排比

一各支開送請自開局日起以三月爲率請勿遲延

一丁捐滿十六歲者每人小洋六角未滿十六歲者每人小洋三角隨譜稿繳局掣取收條爲憑欲領譜者須於送稿時預先聲明先付大洋三元爲定譜之費以後按定價七折計算

毓鈞按以上三則皆 先師鼎臣族兄遺著爲第九次輯譜嚆矢先後閱二十年稿經數易甄錄所及不

必盡同惟兢兢於族產之公布彝訓之時陳則固猶是 先師志也採而輯之以示先河

民國十五年夏歷丙寅正月十七日族人在公學會議由琢如提議文曰

逕啓者吾秦氏宗譜自壬申年修刊至今已五十餘年上次己未設局採訪送稿未達半數因經費中止迄今停頓已閱六年如再不採訪送稿恐年遠湮沒殊非敬祖睦族之道至於經費在己未閏七月義莊撥到洋壹千元是年設局共支洋貳百零叁元於庚申年三月又撥到田雞浜基地欵洋四百五十元至壬戌年十月又百歲坊巷基地捐洋壹百五十元及滾存利息至今十一月底止共計存洋貳千四百十七元七角八分有恆升莊秦氏譜局摺一個計數好在現時吾族平甫任縣立圖書館長請盡義務借該館爲收稿之處祇要支出登報採訪費及收稿後謄錄之費所費不多收效宏大俟稿收齊再行設局公議刊譜辦法今日乘修葺世綵族人會議之候玉書特提出請同族諸公議決施行

提議人玉書謹啓

公決照辦

民國十五年夏曆七月廿八日族人在公學提議譜事琢如函陳意見如左

謹啓者三日前義莊通知今日下午開會本應到會昨忽發寒熱以致不克出席查本族譜事理應早觀厥成當時主任共有六人兩耆長輩及鼎臣潤之均已故理應改選及補選應請同族諸公議決可也 玉書謹啓

公決俟開局日照辦

民國十六年夏曆二月初三日在淮海祖祠春祭由平甫

提出議案其文如左

啟者吾宗自光緒三十四年倡議修譜未觀厥成迨民國八年續議重修籌欵開局選舉董事訂有編輯大概送稿條例會以譜稿未齊又告中輟此次自上年一月由琢如叔提議委毓鈞收稿登報迄今已逾一年經各支絡繹送來不在少數而七月間琢如叔又經提議以上次票選各董事故者過半亟宜舉行改選或補選藉資籌備當經公決俟開局日照辦目下稿雖未齊然已收有成數一切懸案各問題均待解決此項董事是否

改選或補選定期開局除登報奉聞外敬俟公決 收稿員毓鈞提議

民國十六年夏曆二月初五日三時在抱經堂開會到者

執中 效魯 頌石 孟奏 卓桴 平甫

公決進行辦法如左

一先將採訪稿件整理俟有頭緒卽行開局選舉董事公推卓桴擔任籌備員會同進行

二採訪由編輯者兼任

三添設評議部其舊時稽察主任及總董一職均行裁減

四登報催稿卽行暫緩俟定期開局再行登報

民國十六年夏曆三月廿三日在義莊開闔族大會是日城鄉共到三十四人

叔丹 季純 鶴洲 岱靑 仲雲 吉生 竹卿

九華 念椿 少巖 亮祖 春霆 振滄 克訒

執中 鵠臣 特甫 伯先 健歐 有成 韞明

耐銘 頌石 亮工 冰臣 晃臣 孟奏 滌新

秉衡 福鈞 昌鑑 瑞延 卓桴 平甫

公推平甫爲臨時主席冰臣記錄

一分部辦事本屆擬分四部職責如左

評議部解決一切糾紛事宜

編採部專司編採各事負編輯採訪之責

校閱部專司稽核稿件負付印之責

經濟部負籌欵之責

並聲明舊譜編校混列至嘉慶時始分三部有編纂校閱採訪諸名稱同治譜分五部一曰編纂二曰彙輯三曰採訪四曰校閱五曰參校此次酌度情勢編輯與採訪互相關連似宜合而爲一以省手續卓桴附議並主

評議部人選以年高德劭者方爲合格
公決照辦
二名稱　委員名稱似不適用於家族制且以子姓而委託家長言之亦屬不順請酌定
公決四部除評議外餘三部均稱員編採校閱兩部推舉總編採總校閱以昭慎重
三人數　舊譜人數以乾隆丙寅爲最多列名編校者三十五人至嘉慶譜列名二十八人同治譜列名十八人請酌定

公決無定數按支推舉後分部治事即席推定
以時新公支　二十一人　從川公支　六人
梅隱公支　四人　庶渠公支　四人
以寧公支　三人　太寧公支　一人
丞安公支　一人　中齋公支　一人
分部如左
評議部　叔丹　鶴九　竹卿　九華　仲雲　少巖
子明　菊廷　吉生　文若　頌春　岐蓀　效曾
編採部　季純　振滄　于卿　執中　健歐　訒青
頌石　亮工　冰臣　卓桴　平甫
校閱部　特甫　悅庭　耀南　耐銘　孟奏　韞明
有成　肅佩
經濟部　月洲　培基　春霆　琢如　綱孫　瑞廷
廷芳
總編採　湘臣
總校閱　晉華
四期限　公決假定二年以一年半爲限
五局所　公決設印刷局於淮海祠編輯不另設局由平

甫負責處理
六譜價　公決游藝齋開眼以百部爲率舊譜一千五六百頁每頁連紙洋四角三分新譜加五百頁約計洋八百餘元連裝釘九百餘元以一百部計算每部計原價洋十二元定價洋九元預約減收價洋六元分兩期交先交洋三元預約定十月三十日截止
民國十六年夏曆四月二十日下午四時在義莊開會商酌修譜編採入手事宜到會者
仲雲　朗清　執中　冰臣　健歐　頌石　卓桴

平甫
一議決　分任編採辦法公請仲雲先生兼任編採
對巖公支　頌石　健歐
邳仙公支　執中　卓桴　冰臣
梟仙公支　亮工
吳川公支　于卿　平甫
庶渠公支　季純　振滄
梅隱公支　仲雲　勖清
公安公支　請綱孫協助

以雪公支　請有成　瑞延協助
從川公支　請少巖　琢如　耐銘協助
二議決　推舉編採主任　平甫　卓桴
三議決　推舉經濟主任　琢如
四議決　譜載出身自高小畢業起職業則凡政學農工商醫等均應載入
曆法紀年干支外概用夏曆例如民國十六年丁卯四月二十
螟蛉以本房舉發爲斷繼配稱繼妾稱側非妾非配則稱婦或有驟難判斷者則空一格以俟考證
葬地某山某向及字號畝分俱照來稿詳註
曾充各局及各公團董事執委等俱宜載入惟諮議顧問等名譽職一概從畧

民國十六年夏曆八月廿三日下午三時在義莊開譜局全體職員會商榷開盤事宜到者十七人
仲雲　少巖　竹卿　九華　吉生　鶴九　菊亭
培基　執中　特甫　琢如　頌石　卓桴　亮工
冰臣　耐銘　平甫

一議決　丁捐問題俟開局後照前議決案收取收取時應請歸各房編採分任帶繳
二議決　附譜問題凡本房認爲螟蛉者載入附譜此案由編採部提議其文如左
舊譜通例螟蛉不載立法綦嚴惟量存三世以昭收族此次宗老中頗有主張一體修入惟註明原姓以示區別一說應列入附譜與本宗子姓截然兩途究應如何取決之處請公評主持仲雲少巖竹卿九華吉生執中等贊議附譜

公決另刊一本附於全編之末
三議決　組織評議部公推竹卿九華仲雲少巖效魯五
人爲主席由特甫代竹卿駐部接洽並請待時爲法律
顧問
四議決　開盤日期爲夏曆九月初七日十時祭告淮海
祖祠行開盤禮
民國十六年夏曆九月初七日上午十時在淮海祠行禮
到者五十九人
叔丹　季純　鶴九　竹卿　九華　吉生　培基

念椿　克訒　振滄　竹屏　寄雲　月舟　琢如
文若　特甫　麟祥　執中　邦禮　耀南　耐銘
惠歐　葆秋　綱蓀　振蓀　亮工　冰臣　孟奏
韞明　頌石　翔臯　鏡清　志道　仲穆　有成
慰祖　海秋　衡平　金培　振華　仁卿　勛淸
卓桴　平甫　竹銘　厚臣　平源　柳亭　培榮
鳴臯　松年　錦德　裕寶　仁祖　海寶　顯烈
燊根　銀根　煥根
報告兩次職員會議決各案

一推舉平甫卓桴爲編採主任公請仲雲兼任編採從川
公安以雪三支請他部各職員協勵並推仲穆爲駐部
辦事員全場一致通過無異議
二推舉評議部主席公推竹卿九華仲雲少巖效魯菁特
甫代竹卿駐部接洽并請待時爲法律顧問全場一致
通過無異議
三議決丁捐問題附譜問題均照案通過無異議
報告收稿淸稿兩處賬略計自十五年夏曆正月十七日
起截至十六年九月初六日止用大洋一百二十二元

四角七分七釐
報告一年來收稿情形接收民國八年來稿十三件此次
續收五十七件
民國十六年夏曆十月初八日在義莊開職員會到者
仲雲　執中　特甫　頌石
冰臣　亮工　卓桴　平甫
一議決公請仲雲少巖爲駐局監察督促編採校閱兩部
員負責進行
二議決淮海祠駐兵印刷局暫移義莊開盤先印舊譜

三議決請石泉顧先生海容顧先生臨時帮忙每月津貼
洋四元出外帮採時酌加旅費洋兩元
四議決開收丁捐發行宗譜預約劵限期截止逾期改收
洋八元
民國十六年夏曆十月二十日在事務所開職員會到者
少巖　特甫　執中　耐銘　頌石　冰臣　卓桴
平甫　健歐
一議　公閱樣本
二議　公閱賬目

三議決宗譜以百二十部爲標準
四議決宗譜預約劵准於月底截止過期預約定價八元
五議決兼祧子於本生承祧下各自垦線後列者删去表
註
六議決燒香浜來稿同姓不宗淮海祠有碑可稽礙難編
入將原稿退還經手人所徵丁捐一律壆還將原收條
撤回
民國十六年夏曆十一月十八日在事務所開職員會到
者

仲雲　少巖　振滄　特甫　執中　頌石　亮工
孟奏　卓桴　平甫
一公閱新修譜稿　決議由各支携回自閱如有不合簽
註交局相機處理
二張涇橋支入譜問題　決議准與心經橋支一律按支
入譜以與前譜不觸不背爲宗旨
三河西支會議未決各題　決議論事實不務紛更由局
通函耀南邀集培榮兄弟到城進稿將五福問題解決
其庭培錫圭兩承繼問題統俟耀南到城相機解決

四開化安新安兩血抱子問題　決議由局通函雙方來城
理處
五荆南公支同治譜失修問題　決議俟調查後覆核相
機入譜
六兼祧子承祧兩房以上問題　決議查照會典核奪
議畢公閱賬目
照錄江陰心經橋支議決列譜原案
編採部請議函　約軒公支藕塘公曾孫美中譜載庚
子譜註候查明登譜歷甲子至今仍無查考按所謂庚

子譜者卽順治間大音公主修之譜此次忽據江陰宗人子建丕揚步鶚玉麒明齋等來局聲稱美中有二子一爲心經橋派一爲章家灣派迭次修譜別爲一派此次閱報知無錫正在修譜可否准其量予修入以補歷屆之闕經紘釗稟商各位長輩准其於送稿後酌量辦理今稿本業已送來究應如何編入之處請公評後諭遵惟順治迄今已歷三百年譜稿須補至百頁左右是否於丁捐外收特別捐以資補助請公評主持

評議部覆函　敬復者接閱來函已悉提議三件一以

約軒公支年遠失修事一以次山公支螟蛉糾葛及實璀揮支問題當於夏曆九月十一日在義莊召集會議到者六人議決如下藕塘公曾孫美中前譜註明查登今子建等聲稱美中有二子分爲兩派統緒既可追求自應按支加入惟該支代遠年湮一切手續十分繁重當於丁捐外收取特別捐以字數之多寡爲衡（下略）

民國十六年夏曆十一月廿五日河西宗人培榮恩榮錦德性礽來城開評議會解決爭嗣問題到者

吉生　少巖　特甫　耀南　卓桴　平甫

一五福承繼問題　決議照五福批撥不立承繼人遺產歸河西宗人調處酌定

二賡培承繼問題　決議暫緩承繼遺產另議

三元大煥生鳳雖捐助衡初公支祠祭田問題　決議既有成言在前應請勸其照捐勉盡義務

民國十七年夏曆二月十九日以舊譜業已印竣新譜將次付印淮海祠駐兵撤退印刷局已照原議遷移在義莊召集全體職員會到者

叔丹　月舟　竹卿　仲雲　少巖　九華　吉生

振滄　文若　岐蓀　特甫　執中　琢如　頌石

冰臣　叔佩　平甫　卓桴　朗清

參加者

衡平　明卿　孟堅　海秋　鳳皋　榮泉　耀鈴

公推平甫爲臨時主席

一主席報告西黃埏頭荆南公支同治譜失修此次來稿及實地調查情形

議決根據本人問答及調查情形與同治譜失修問題殊多牽附俟覆查後再核

二主席報告約軒公支於同治譜誤修淮海宗祠有碑可稽此次來稿又堅請一體修入究應如何辦法

議決當遵從淮海祖祠碑文不得已祗准修入附譜

三主席報告新塘橋啟龍後人道通送稿來局聲稱自城遷鄉已數代遠祖何人不知詳細查鳳橋公支啟龍之後傳至鬥元而止是否可以比附修入附譜肓至此梅涇支炳謨後人榮泉錢家橋支慶熊星杰登壽後人燦綸等亦起立聲稱要求入譜查務本公支有秉模者譜註住梅涇上至慶熊兄弟譜所未詳應如何辦法

議決辦法同西黃埏頭調查後決定

四主席報告海秋送稿來局與同治譜不同且分發傳單堅執一子三祧之說指同治譜為誤註如何辦法

譜局案語　禮部則例獨子兼祧兩房宗祧如以大宗子兼祧小宗或以小宗子兼祧大宗均以大宗為重如以小宗子兼祧小宗則以所生為重等語尊支應照同治譜所載世昌掛綫於家𤏲下至一子不兩祧禮學家已有定論同治譜於世昌下亦未註明兼祧各房應仍其舊

傳單大意　毓鍾謹案世俗有大宗不可絕小宗可絕之說本於我國古代宗法與現在家制迥不相同今則法律具在不容於法外別有主張查大理院判例上字四五八號載律文所謂亦准其承繼兩房宗祧者乃謂承繼本房兼繼他房之意自不能僅摭拾兩房二字即解為不能承繼三支又上字九八六號載同父周親雖為現行律獨子兼祧條件之一但已經親屬同意而無告爭之人乃遽因親屬會之請求撤銷自屬不合又上字一六二號載凡兼祧子之子當然兼承其父所兼各

房之後各等因據此則譜局主任所據禮學家言顯見謬誤

議決家勳邦勳准照同治舊譜世昌列詳表於家勳下邦勳下但註世昌而不列表輔德承祧問題俟得本房同意再行解決

五主席報告芝珊公後睿燦至中穀四代單傳均掛綫於萼喬公下芝珊公後缺如今援兼祧例於芝珊公下掛綫而不列表以昭一律請公決

議決照辦

六請月洲朗清通知河西各宗人來城解決懸案各題
七公決以閏二月底爲合盤日期登報催各支未送稿
者從速補送以便彙修
議畢公閱賬目
民國十七年夏曆五月廿九日爲五福承繼問題在事務
所開會到者
仲雲　耀南　培榮　恩榮　平甫　河西宗人
培榮恩榮各有主張爭議良久由仲雲提議景大爲汝
松後大宗不可無後應以壽保子培榮嗣景大後貞全

爲鐘長孫不可無後應以恩榮子純熙嗣貞全後國榮
爲恩榮胞弟且承繼錫光本支不可無後應以恩榮子
崇熙嗣國榮後五福爲鐘亥子生前既未立嗣可毋庸
議
公決照辦
民國十七年夏曆八月初十日下午二時在義莊開會商
量譜事到者
叔州　季純　振滄　鶴九　竹卿　九華　仲雲
吉生　少巖　執中　頌石　亮工　平甫　冰臣
孟奏　晝堂　培基　卓桴　椒佩　衡平　倬雲
念椿　賡謨　康梁　康植　翔皐
公推平甫爲臨時主席
一主席提議閏二月底合盤迄今已逾半載各支譜稿仍
未送齊當將晉華來信油印宣布其文如下
某某等迄未送稿自有同慨刻既有人向之疏通勸導
或當幡然一致否則無異彼等自外上無以對祖宗下
無以對子孫實不足以挾制破壞譜局而徒自取損闔
族公益決不能因極少數人之遷延而牽動停期似可

一面酌定期限婉切勸導冀其覺悟開送或就詢照錄
一面照常進行如逾期始行開送而全譜業已印釘竣
工祇可另刊補遺惟須酌估字數紙張工本增加應需
之款併經繳足始爲補刊以示儆戒而資策勵決不能
以多數轉屈於少數此乃公理使然是否可行尚祈商
諸族中諸共事詳酌定奪倘經切實勸導而竟仍不悟
祇可註明從闕不能因此牽阻否則一面勸導一面囑
由近支房族就所確知負責代爲開送嗣後本人不得
稍有異議此亦不得已之變通辦法總之現未送稿諸

人如於本支事實未詳儘可缺其所疑若不識字或不能動筆亦儘可到局或向採訪者詳細口述若別有用意則爲闔族公益計殊難原諒如何之處統希公決瑞玠白

議決除函催各處外一面輾轉勸導一面登報催稿以九月十五日爲限不再展期

通函

逕啟者吾宗譜局自開盤以來編印已將竣事茲定夏曆九月十五日爲合盤之期尊處所有譜稿務祈於期前彙集送局以便編印設再遲延愆期譜局不負

任何之責矣譜局謹啟

登報

啟者吾宗譜局上年開盤後茲已將次印竣尚有少數人未及送稿當經開會公決以夏曆九月十五日爲最後截止期過期即行合盤恕不再待免妨大局除函催外特行登報通知務請速送如屆期不來即爲甘自放棄其咎不在本局也此布

二主席提議亮工建議譜首恭錄先人遺像問題

議決以列入淮海雙孝兩祠祝文者爲標準

三主席提議荊南公支失修問題西黃埝頭及長大厦兩支經送稿人併爲一談由長大厦附近失支宗人洲芳來城舉發經迭次調查初稿與二次來稿不合而長大厦支國榮之父爲有祖非永鏞西黃埝頭支譜一本前後筆跡不符且載同甫串賣中齋公墓地畝分甚詳有調停人悅庭叔甫佩字榛討論良久

議決以同治譜爲準新送各稿列入附譜言至此鶴九提議中齋公淮祭田向由湘庭管理請歸入義莊祭掃由非支値當經平甫宣言此田爲中齋公後見川公與端敏公後次山公合置由湘庭仲雲兩房輪値提議人爲

中齋公後紹山公派此案是否與仲雲長輩接洽得其同意西黃埝頭事亦非湘庭舉發負責有人今日儘可公布會仲雲到場詰以此田爲見川公與次山公所置分先後兩批第一批銀五拾兩置田若干畝第二批銀五拾兩係次山公獨置事經三四百年何田爲第一次何人所置何田爲第二次所置請長輩分晰清楚再議移管鶴九語塞無結果而罷

四主席報告調查新塘橋支及錢家橋支結果

議決准入附譜

五主席提議世勲燧安兩養子問題

議決照右靑公癸酉原議與各養子一律登入附譜

民國十七年夏曆九月初七日在義莊開會到者

叔丹　季純　竹卿　九華　仲雲　吉生　少巖

振滄　培基　執中　頌石　亮工　冰臣　瑞延

平甫

首由平甫宣布叔（肅）佩因成均立嗣問題來局閲譜當出晉

華信交伊閲看大致謂成均隨宦雞澤五十餘年杳無

音信近據新任警佐姚潤生調查覆稱雞澤確無秦典

史後裔叔（肅）佩閲後謂此時尚討論成均後裔存在與否

實屬不成問題遂自由行動將編成譜稿撕去兩頁照

此情形譜事萬難袖出辭職書其文如左

族祖諸父伯兄仲叔季弟賜鑒毓鈞以非材謬膺重任

荏苒三年心餘力拙其所以不遽告勞者不敢委長者

之命於草莽也此次叔（肅）佩來局撕譜循省愆尤實皆鈞

之不德有以致之請予解除一切職務另推族賢德望

允孚者竟此一簣之功大局幸甚毓鈞幸甚專此敬頌

公安族孫毓鈞叩啟

經衆一致挽留並作書告仲芳認爲叔（肅）佩此舉自甘放棄

其文如下

仲芳再姪台鑒日前令弟叔（肅）佩至平甫處索閲譜稿將

伊送之稿撕去兩頁平甫因而辭職叔丹等接閲之下

不勝駭異故於九月初七日在義莊内開會僉以平甫

任職以來煞費苦心任勞任怨事關宗譜全局斷不能

以一人之搗亂致虧簣功惟有一致懇切挽留請其依

舊進行至叔（肅）佩此舉諒係自甘放棄不願列名譜中以

足下係家長地位爰特奉告即希收閲爲幸順頌日祉

叔丹等十四人謹啟

民國十七年十月初七日下午三時爲成均立嗣事開會

到者

九華　念椿　執中　頌石　亮工　卓桴　冰臣

孟奏　平甫　晃鈞　申潔　竹雲

議決依據晉華來信托新任雞澤縣警佐姚潤生調查覆

稱雞澤確無秦典史後裔照民國十一年正月及八月兩

項親族公議准以翼鈞承嗣成均爲學圃公長房起潤公

後

民國十七年夏曆十一月十二日下午二時在義莊開全體職員會到者

叔丹　季純　竹卿　九華　仲雲　吉生　春霆

培基　振滄　文若　執中　卓桴　頌石　亮工

冰臣　有成　孟奏　平甫

當經宣讀琢如交來悅庭等原信照錄如下

琢如族兄族叔叔祖大鑒逕啟者此次續修宗譜未免違反祖宗成規弟等不敢贊同貿然送稿所存尊處之款項查當時除義莊撥付千元外尚有種種餘款均係

弟等竭力設法及歷年存息方成如此鉅數不料以有用之金錢完此違背祖訓之殘譜以開此惡例言之殊覺痛心用特專函務請執事關於此項用途即日停付倘有擅給情事不得已訴諸法律請勿見怪其餘一俟全部解決再定辦法諒吾哥亦表同情也專此即請裁安族弟悅庭族姪衡平姪孫肅佩仝啟

議決辦法公函琢如勸其始終維持照付款項原文如下

琢如宗台大鑒逕啟者今日因譜局支款問題在義莊開全體職員會由平甫交閱悅庭等函件並稱宗台面辭經濟主任另舉賢能等語當經提出討論僉以修輯宗譜事關合族全局一切辦法均經歷次大會通過至本局經濟均係公款宗台所任經濟主任亦由大會公推諒不至徇一二人之私意即據爲停付之根據尚希執事始終維持照付款項是所至企附上支條一紙希即察閱爲盼專此順頌台綏叔丹仲雲季純竹卿九華吉生振滄春霆培基文若執中亮工頌石有成冰臣卓桴孟奏平甫仝啟

此信去後琢如手復一函文云

今日譜局開會抱病不能列席殊爲歉仄至於來示諒不至徇一二人之私意即據爲停付之根據等語玉書不欲有所論列請另舉接管以維始終不勝盼禱之至肅此敬復諸尊長宗台台鑒附支条一紙玉書頓首

衆以慰留無結果即席公推叔丹仲雲效曾等三人爲經濟主任定期接收遂致函琢如其文云

接讀還雲溯洄奚自伊人秋水悵何如之譜事承足下連年維持得臻鉅款功在全宗同深感戴近忽矢志高蹈避焉若浼季純等勉承尊意謹擇替人即席推定叔

丹仲雲效魯等三人爲經濟主任請執事擇日交替以
維始終至禱此請琢如宗台大鑒季純九華竹卿吉生
春霆振滄培基文若執中亮工頌石有成冰臣孟奏卓
、桴平甫仝敂
分致叔丹仲雲效魯等三人公函如下
敬啟者譜事將終經濟主任琢如忽聲請辭職前日開
職員會議慰留無效即席公推足下等三人繼任經濟
主任除琢如處已備函通知請其擇日交替外專此奉
聞即希會同接收以維公款毋任盼禱即請大鑒具名

如前十一月十六日
當於夏曆十一月二十日由琢如交來經手譜款細賬一
紙照錄如下
收義莊撥售田欵 洋壹千元
收前譜局丁捐 洋叁拾壹元 洋四拾柒角
收墳基浜售地欵 洋肆百五拾元
收百歲坊基地捐欵 洋壹百五拾元
收又超先海秋息 洋五拾元
收恒升莊己未七月初起至戊辰二月底止息 洋壹千陸百零肆元叁角陸分
收裕源典戊辰三月初起十一月底止息 洋壹百零貳元肆角玖分
付前譜局用 洋貳百零叁元 洋拾貳角
付因墳基浜地送祝三喜分 洋肆拾元
付因小河上基地送藝圃壽分 洋貳拾元
付平甫收稿處 洋柒拾元 洋叁拾五角
付現譜局 洋貳千零五拾元
結存裕源典洋壹千零零肆元捌角五分
戊辰十一月二十日琢如手鈔
即日由叔丹仲雲效魯三人書據簽名蓋章接收嗣經開

會議決互推結果以效魯爲主幹遇編採部支欵時商
承叔丹仲雲處理
民國十八年夏曆二月二十四日下午四時在抱經堂開
會討論譜事問題到者如下
叔丹 季純 九華 少巖 吉生 春霆 培基（兒訥代）
振滄 文若 執中 頌石 亮工 冰臣 平甫
一公閲附譜新稿 議決付印另訂一本作爲第十七册
二討論南通支失修問題 議決照新塘橋梅涇上各支
例准入附譜

三討論修譜餘款問題　議決此次修譜不另設局用款概從撙節俟譜事告終由經手人核實報銷後餘款刊印三府君集秦氏文鈔搜集寄暢園帖或有不足再設法另募以竟全功並公閱三府君集原稿及秦氏文鈔例目而散

右自丙寅一月起至己巳二月止歷屆議案大畧具此爲第九次修譜所依據者是役也文加於在昔而費省於預計荏苒三年幸告厥成慰先叔之心郎藉以竟先師之業文加於在昔者何吾宗舊譜僅述世系不過全譜之什一

耳雖經八修僅述世系而止自愼庵季時二公著述散佚靡遺時日益多卷帙益煩全譜之修猶爲有待小峴公以淮海先生年譜冠諸卷首吾宗子姓於是紹聞衣德數典不忘此次續修毓鈞無似匯例綴以修敬端敏從川海翁四公年譜綜凡前明遜清時之吾宗軼事稍稍見其涯畧末復綴以祠墓莊學諸記載而先靈之棲託闔族之公產釐然可稽類皆取諸先人之遺文間有未備則由毓鈞參舊聞以傳益之下武之詩曰世德作求取以名編此其一也吾宗占籍錫山歷五百年政事文章孝友德行代有聞人其名登於郡志省志一統志及他省縣宦望傳者指不勝屈卽以邑志而論宦望二十六人附傳十二人儒林五人附二人文苑廿五人附八人忠節三人孝友十四人附六人行義四人耆碩十人附五人隱逸二人藝術一人附一人舊譜缺而未備此次就所聞見附註生卒之後以徵家獻而昭國庥此其二也元（宋）世系傳聞異詞大音公歷貢所疑著爲後跋族祖綬卿方伯繼之作志疑一篇載入同治譜中毓鈞不揣冒昧以次大音公跋而正其名曰後跋二並據尹邦詹題瑞五公遺像知公卒於王野舟先生前

而王野舟先生之卒據貧福菴碑記尚在淳祐以前證明瑞五之壻王在宋而不在元據雍正上諭以溯吾秦誤傳檜後之誣始辨證昭然事可覆按而別之爲後跋三後跋四以竊附於大音綬卿兩公之後極知非分而謬事祖述此其三也吾宗譜例最號謹嚴養子不得亂宗量存三世洎乎今日而挿支之獘以見此次修輯以養子失支附於譜後別爲一編與吾譜相附麗不與吾譜相混雜謹嚴之中畧寓變通之意告諸宗老咸曰可行所以杜亂宗之獘者在此所以維量存之意者亦在此此其四也附譜之議既

定而於是失支宗人紛然羣起允之不可拒亦無從其有曾入他譜而別之爲錫山瑞五支者傳次世系釐然可稽如約軒公後之美中支徙居江陰敔麓次山公後之文煥支徙居張涇橋各附列於本支之後其或數典忘祖據故老之流傳述始遷所自出來稿絡繹別爲一編附於全譜之末然如東鄉新塘橋支之啟龍而舊譜鳳橋丞支亦有啟龍北鄉梅涇支之炳謨而舊譜鶴亭公支亦有徙梅涇者但名秉模而非炳謨南通石港支之南山而吾譜東隱公支亦有南山按之墜緒隱若可尋僭加附註以俟他年

續修譜者之論定此其五也他若列祖神像墓圖園圖皆前譜所未備爲吾秦氏所不可或缺者神像以淮海雙孝兩祖祠爲斷墓圖摹繪未易姑就歸山龍山兩處付印園歷五百年秦不易姓前清仁廟純廟疊經臨幸堂額撤去幾爲御書所掩洪楊兵火悉付一炬今從南巡盛典中追摹清代舊圖庶他年賢孫子恢復全園克篤先人成烈此其六也舊譜目列某公某派分支僅列眉端以示簡易後之讀者往往於三支八宗不能悉舉其名而修敬公後支裔尤爲繁衍展卷幾莫明其所自出往往累日而不能卒

其業此屆於宗支圖首列二表列三支八宗以溯其源列修敬公支十八派以別其流提綱挈領釐然可尋頁旁照書眉加註次其世數詳其支派庶由後溯前開卷有得可免後人檢閱之煩此其七也至譜經八修增益因革可得而言譜初輯於端敏樂易韋軒三公自瑞五一世以至九世爲戊子稿本譜所謂世系源流合編是也其九世以下之譜曰世系編分支者則愼菴公以次續修之譜期以三十年爲斷者也淮海一世至十二世則大音公所增輯譜稱世系前編原本端敏遺意而加以變通者大音公有言

其說雖前人所未備其義則前人所不非今者或以侈於前人爲口實此則不善讀書之過余小子當垂涕泣而道之耳且其間反復尋繹亦尙有證明者如洞庭支之出自世威公陡門支之出自隱南公洛陽支之出自志道丞水南支之出自仲輝公推之皆淵源於淮海對巖公晉莊公嘗論及之舊譜書缺有間今加附註以會其通餘如誤淮海一世至十三世之爲十世誤宋代世系爲宋元世系誤愼菴公家乘爲笠源公誤初輯之譜爲集十四誤愼菴季時兩公所輯之家乘爲一不名之曰全譜而直題爲續譜

今輯舊譜訂誤以附於世德編之末凡若此者非炫飾前賢以文已過要本證明疑誤之初心冀不負乎小峴公欽者補之誤者辨之之微旨耳此其八也費省於預計者何譜事之難難在修設局經年調查累歲莫殫莫究耗費無形此次編輯不設專局輸譜稿以自隨毓鈞振鎬仁存勉盡義務不供膳不僱僕役不資助力於調查員徵稿者一載藉登報以通消息稿既集矣寫鈔雪纂按支排比附設印刷所於祖祠招致手民按頁計工一家之力或有不逮則另招他家以輔相之錫地之窮濟以滬上選模壘更校

稿三易又二年而用告厥成方事之初預備金二千六百元耳三歷寒暑子母相權纔得洋五百元有奇譜事而外擬以其餘梓行先人遺集搜集先人遺墨請命宗老公決進行猶憶民八創議時岐蓀叔云此次修譜至於變產方有墊欵應先列預算表具有約數庶免後路經濟困難今得全譜告成困難悉過在事宗人各盡心力此則毓鈞等始願所不及有斐君子終不可諠者矣世變風移人心不古小峴公修譜時已致慨於宗法之不振矣論今日自維德薄不足以孚眾望慨念民八譜事不幸中輟前軫俱在足資殷戒因之不免開罪一方譜稿之來遲遲有待加以聚族而居人事紛錯睚眦之微浸成積釁族誼所關難分左袒集矢之端往往出人意外登報迭催熟視無睹函商面乞筆舌俱窮甚且有唆爲以小人度君子者既迭復撤協謀破壞屢議暫輟靜以待時而諸宗老因鑒前事僉謂少數宜屈從於多數況譜價預收勢難延約更番督促欲罷不能日月逝矣歲不我與僅將此次未來各支一一註明稿未送從畧字樣庶後之續修是譜者依次徵求以補吾過知我罪我所不暇計矣至校讐之疏自知不免訪求

之漏咎亦難辭我宗人其諒諸民國十八年夏曆仲春毓鈞謹跋

民國十五年丙寅第九次修輯宗譜題名

戊申創議子姓

瑞五廿一世孫謙培 牧卿

廿二世孫寶鐘 鼎臣

己未籌修子姓

瑞五十九世孫霖 雨蒼

廿一世孫岐蕘 以字行 玉書 琢如

瓚 潤之 漢墀 悅庭

廿二世孫寶鐘 鼎臣 毓鎏 效魯

錫山秦氏宗譜 題名一

文銓 衡平

廿三世孫昌源 肅佩

丙寅修輯子姓

瑞五十八世孫湧濤 鶴九 評議

十九世孫本中 叔丹 評議兼經濟主任

楨 月洲 經濟 振夏 季純 編採

二十世孫煐 竹卿 評議主席 堯勳 子明 評議

炳蔚 九華 評議主席 炉綬 吉生 評議

光磊 少巖 評議主席兼編採監察

煇祖 仲雲 評議主席兼經濟主任編採監察

培基 康年 經濟 昱 菊亭 評議

光大 振治 經濟 光燦 春靄 編採

景阜 穎春 評議 煥章 文若 評議

廿一世孫岐蕘 以字行 評議 敦世 湘臣 總編採

玉書 琢如 經濟主任 寶璋 特甫 評議校閱

瑞玠 晉華 總校閱 權 執中 編採

同培 于卿 編採 漢墀 悅庭 校閱

寶琰 耀南 校閱 恩培 耐銘 編採

錫山秦氏宗譜 題名二

康圻 健鷗 編採

廿二世孫文錦 絅孫 經濟 振鎬 卓梓 編採主任

毓鈞 平甫 編採主任 銘光 頌石 編採

毓鎏 效魯 評議主席兼經濟主任

蓉鏡 朗清 編採 仁存 克工 編採

金鑑 冰臣 編採 鎔 有成 校閱

聯奎 待時 評議 鏡 韞明 校閱

彥釗 仲彝 編採

廿三世孫昌源 肅佩 校閱 宗瀛 延芳 經濟

中毅瑞延　經濟

錫山秦氏宗譜

列祖遺像

淮海公　處度公

瑞玉公　修敬公

養恬公　樂易公

鳳山公　文橋公

舜峯公　太清公

公蕃公　海翁公

漆園公　卧雲公

亦仙公　耐圃公

味經公　桂川公

蓉莊公　小泗公

仲剛公　蓴翹公

芝珊公　澹如公

臨士公　縵卿公

昂千公

淮海公像

處度公像

瑞五公像

修敬公像

養恬公像

樂易公像

鳳山公像

文橋公像

舜峯公像

太清公像

公蕃公像

海翁公像

漆園公像

卧雲公像

亦仙公像

耐圃公像

味經公像

桂川公像

蓉莊公像

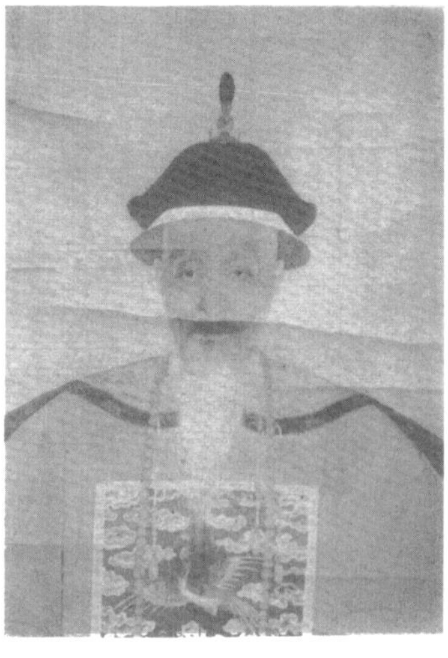

小泗公像

萼喬公像

仲剛公像

澹如公像

芝珊公像

臨士公像

縵卿公像

昂千公像

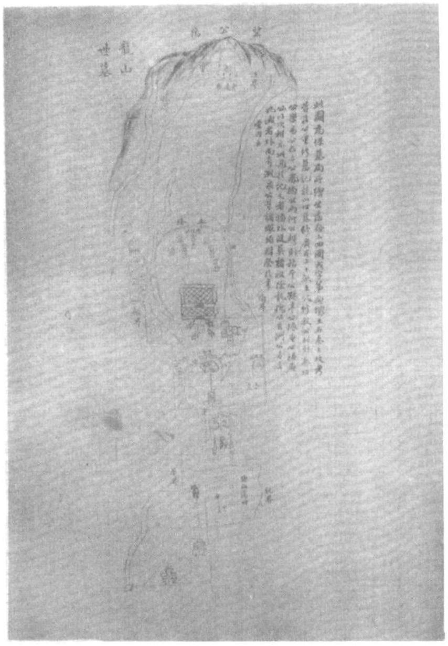

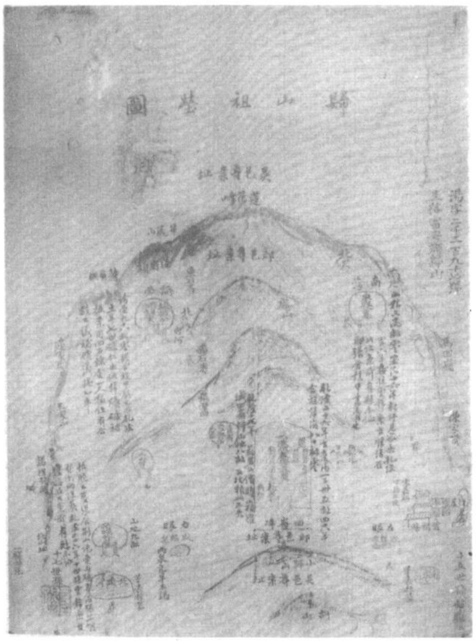
錫山祖塋圖

寄暢園全圖

宋元世系譜圖序

吾宗之以淮海爲始祖所從來遠矣然錫山新譜止以始遷之祖瑞五府君爲第一世而自瑞五以上接淮海凡十餘世皆畧而弗詳所存舊圖止列行名及承事秀才之稱諱號履歷既不具存旁分支派亦無可考憶往時有族人望祠門不肯入曰吾惡知若之爲吾祖也而趨拜之夫苟不得其源流之詳則其說亦未可盡非也一日有毘陵族某公挾其先世樂畊公譜以遊於錫寓族長老家鏞聞乃求而得之則淮海源流洞然可考遂錄副本秘笥中幾二

十年會新譜成乃出是本校正之又演之以圖而附於追遠集之後使後之子孫考而知焉庶有所據依而知其不可誣矣爰考淮海之生實維宋皇祐元年巳丑迄今已丑凡六百年錫山新譜則自國初至今後三百年之譜也毘陵舊譜則自宋迄元前三百年之譜也故名之曰宋元世系譜圖以別於今之譜圖示不敢有加於前人也或有難鏞者曰譜圖之始於瑞五前序已備言之矣今乃踵而增之以侈於前人何哉鏞應之曰世道之變也有慕今人之顯者而冒之以爲宗者矣有慕古人之賢者而冒之以爲祖者矣雖高下不同而其誣則均也既冒人之宗以爲宗矣返而考其朞功之族屬而不相往來也既冒人之祖以爲祖矣返而問其高曾之規矩而茫然不辨也此亦勢之所必至也今鏞之爲此圖也夫亦求詳焉以別於今之欺冒者而已然則譜圖雖前人之所未備而其義則前人之所不非也用述其意以告我宗人故爲之序

順治己丑八月淮海二十二世裔孫鏞百拜撰

錫山譜宋元世系本支圖

觀
- 湛 通判常州 — 南翁 武進新塘始祖 — 小十承事 — 念八承事 — 三十七承事
  - 細三承事 — 六一秀才 — 萬九秀才 — 三三秀才 — 曾四秀才
    - 瑞五秀才 贅居無錫胡埭始祖

毘陵譜宋元世系圖

觀 — 湛 字處度號濟川任常州通判
- 小十 諱聰字世和號振南 — 念八 諱師曾又諱同倫任蘭溪主簿 — 三十七 諱宗舉號彥用例授冠帶 — 細三 諱時暘字應和號復菴
- 六一 諱董字德威又名韶庠生 — 萬九 諱充字文實號樂閒 — 三三 諱懷又諱州字克義號耦閒 — 曾四 諱謹字禹卿號我軒
  - 瑞五 諱維楨字國祥號起山

按南翁一代錫山譜有毘陵譜無說見後跋

宋元世系統宗圖

觀 — 湛 — 南翁
- 小五照
- 小十煦
- 十一熙
- 二十烈

大宗圖一之一

照
- 師尹
  - 宗器 字彥成任迪功郎
    - 時安 絶
    - 時福
  - 宗道
    - 時禮
      - 葵 無考
      - 菊 無考
    - 時望
      - 賁 無考
  - 宗學 絶
  - 宗立 仕工部架閣
    - 時言 無考
    - 時化 無考
- 師傅
  - 宗文
    - 時譽 無考

宗祿 絶　宗仁
時覺 無考　時正 絶　時行　時治 字應奎 將仕郎
莊　家　芊　藕 絶　萱 絶　莫　藏 絶
庠 字養才　序　廉 字養介　如 字學蘇　廣 字養心　麋　庫　庇
悅 字孫之　恬　惕　憤　惴　性　悼　懌　怍　恃 絶　愷　悌 絶　惇　憫 絶　悟　愷 絶　正四 號肅敬

錫山秦氏宗譜

大宗圖一之二

宋元世系圖五

悅　恬　惕　憤　惴　性
讃 絶　詔 絶　訍 絶　信　讜　訓　誘　謔　謁　譔　註
崇道 絶　崇德 絶　崇古　崇善　崇仁　崇義　崇禮　崇樂　崇謙　崇約 絶　崇簡　崇潔　崇厚 絶　崇裕　崇雅 絶　崇正 絶
正心　正巳 絶　正君　正民　正原 絶　正德 絶　正道　正家　正國　正禮　正綱 絶　正紀　正紳
昌 絶　昱 絶　晃 絶　旦　晨 絶　昊　晟 絶　杲 絶　星　景　昂 行第五　昇 行第六 今爲高鄉始祖　昜 行第八　昆 絶　昺　杲 絶
志逵　志達　洪善　洪道　洪德　洪澤　元善　案　集　樂

悼　懌　怍　愷　惇　悟
試　諴　訥　諳　談　誓　許　謀　議　誦　謳　謹
崇用　崇祖　崇聖　崇智　崇儒　崇教　崇毅　崇業　崇化　惟吉　崇寬
正黼　正黻　正袞　正冕　正冠　正履　統　緯　緒　經　綸　繹　正倫
昕　昉　暄　明　曜　曠　晥　旻　昇　晏　呂　炅　彥武　彥文　彥淮　子美
槃　○

錫山秦氏宗譜

小宗圖二之一

宋元世系圖六

朐
師孔　師孟 絶　師曾
宗進　宗雅　宗舉　宗選
時雨 絶　時春　時泰　時亨　時暘　時瑞　時禎　時習　時啟　時偉 俱　時敏 絶
芝 字德 絶　蘭 芳　莅 絶　蓮 俱　苗 無　黃 考　藥 絶　莘　英　葑 絶　董　藎　蔓　華　蔭　芬　茂
立 字彥文　音　章 俱絶　彥　奇　產 絶　京 字彥文　袞　允　方　玄　奕　豪　亮　高　亶　商　元 絶　雍　率 字用文　哀　臺 絶　亭 絶
恢　極　憚　懦 絶　惟 絶　情　懷　恒　慈　愈　恩　懲　愁 絶　憲　懿 絶　懋　本忠　忠親　思用 絶

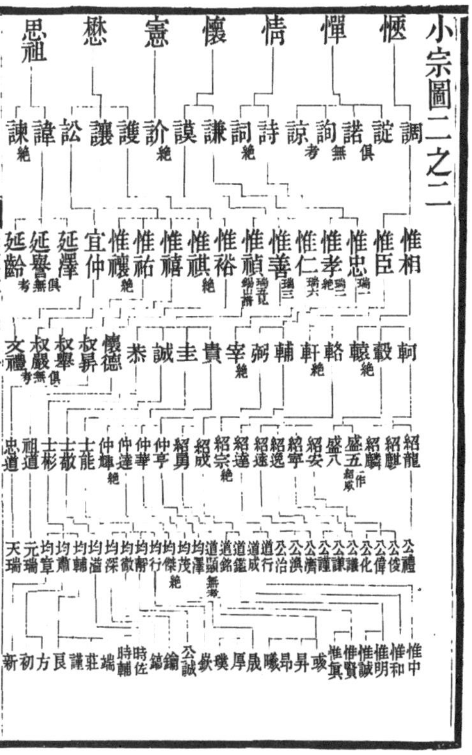

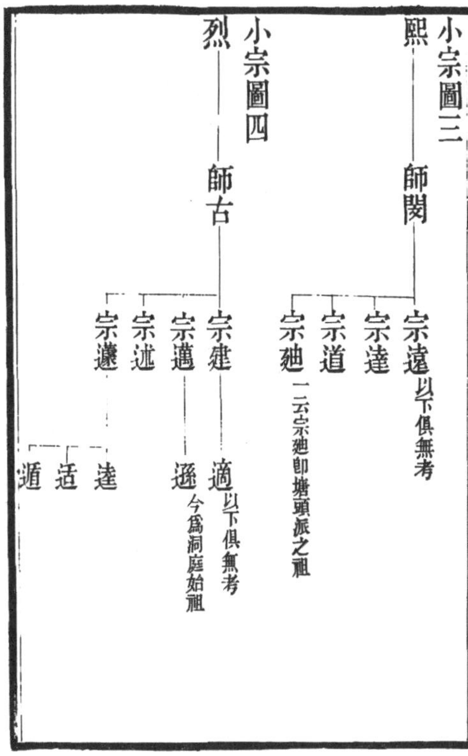

宋元世系圖後跋一

按毘陵宋元世系譜與錫譜所存舊圖世次皆合而不合者獨南翁一人據錫譜則處度公之子爲南翁南翁之子爲小十承事據毘陵譜則處度公之子即爲小十承事振南翁而無所謂南翁也或曰小十以南翁爲父故號振南愚以爲不然若以南翁爲父而爲之子者皆以南爲號則皆當有企慕肖似之意而小五承事不當云隱南也且所云南翁者非諱非號疑即振南翁之稱而後人脫誤畧之云爾蓋自江北遷江南自處度公始故處度公之子共一

則曰吾殆將隱于江南乎故曰隱南也其一則又曰吾後人其將大振于南乎故又曰振南也雖不可知其然否庶幾近之不然此譜諱號履歷世次莫詳焉而獨缺此一代何與但錫邑譜圖相傳已久故並列本支兩圖於全圖之前傳疑焉可也抑譜中傳疑者又有二如大宗十二世之禍陞今爲高郵始祖而譜云無考小宗六世之萬一今爲上海始祖而名諱不同是皆可疑豈因世亂遷徙故莫得而詳耶然考之世次時代皆合故並論著之若本支一派當止於瑞一瑞三瑞五以接錫山之譜而今又過五世者

以瑞一派之槳畊公輯毘陵譜瑞三派之茂稷公見錫山志皆不可缺而又以畧識瑞一瑞三兩宗之大槩云鏞百拜跋

宋元世系圖後跋二

堯曦謹按淮海公年譜生於宋仁宗皇祐元年己丑處度公以後至遯軒公生卒皆無考成趣公生於明洪武十五年壬戌自宋皇祐己丑迄明洪武壬戌凡三百二十三年自淮海公至成趣公爲第十五世歷年與世數相符合是南翁一代本無可疑也可疑者譜中瑞五公宋淳祐間壻

於王野舟家一語耳稽諸正史宋理宗改元淳祐自辛丑至癸丑又改元寶祐凡十二年上溯仁宗皇祐己丑相距一百九十餘年自淮海公至瑞五公爲第十二世歷年何其少又自宋淳祐辛丑至明洪武壬戌凡一百四十一年中祇隔竹隱公遯軒公兩代歷年又何其多且考淳祐距宋亡祇二十餘年以成趣公生卒而上推之則瑞五公之壻於富安鄉在元而不在宋可知矣況壻必年已及冠若淳祐間爲壻則生必在宋甯宗嘉定年間距淮海公之生僅一百七十餘年距成趣公之生且一百五十餘年有是理乎總之以王野舟先生爲淳祐間人則可以瑞五公之贅婿爲淳祐間事則不可善夫端敏公暨笠原先生原序並云壻於富安而不言何年何代也因續修宗譜而志其疑如此

同治十有二年歲次癸酉十月望日淮海三十世孫堯曦謹識

宋元世系圖後跋三

舊譜載瑞五公淳祐間壻于王野舟家而緩卿先生疑之謂瑞五公之壻在元而不在宋壻王必在淳祐以後竊案

兩說皆非也瑞五公生年月日不可知若王野舟先生之卒則在嘉熙三年已亥而瑞五公之卒尚及野舟先生未死且因愛壻之卒而爲之悼歎焉攷脩沖希賚禪菴觀音記曰嘉熙丁酉春用齋王公挈家遊古華山及莽而歸中流遇風公曰有大士慈航護我言未幾而恬濟已亥之夏不豫因疾有感不囑他事惟欲造大士像置廩僧莊爲急未幾凝然而逝核以李兆洛紀元編則理宗在位端平之後改元嘉熙其年爲丁酉至已亥而用齋王公卒則爲嘉熙三年越一年而改元淳祐是王公之卒尚在淳祐以前

明其至瑞五公壻王年月雖未詳于何時攷公襟弟尹邦詹題公像曰秦君以幼失怙恃艱阻備嘗不得已而蒞錫邑布政鄉岳丈野舟王公一見如故遂以女妻之君志酷嗜長松翠竹故以松竹梅名其子嶄然見頭角以未及見三子之成立而賫志以沒後以暴疾猝終海署岳丈爲之悼歎是瑞五公之壻王因用齋王公相攸而定及其卒而用齋王公更爲悼歎不已舊譜知賚禰菴建于淳祐丁未而不知己在王公身沒之後八九年矣緩卿先生據成趣公生於洪武壬戌以上溯至淳祐辛丑中間相距一百四

十一年祇隔竹隱遯軒兩代遂疑及瑞五公之壻王在元而不在宋不知此亦無可疑者瑞五公生前雖未及享大年安知竹隱遯軒兩公非俱以晚年得子耳攷成趣公于兄弟行年齒最幼堂兄坦率公行中生洪武壬子則長于成趣公十歲而物初公樸生元至正庚子則長成趣公者二十二歲夫竹隱公兄弟三人兄爲松隱弟爲梅隱物初公爲三房之孫以常例論則其年應更幼于次房之孫乃今物初公之年且長于成趣公者二十二歲則遯軒公之晩年得子已無疑義吾國男子生育例不限年假如竹隱公生遯軒公在七十以後而遯軒公生成趣公亦在七十以後則祖孫相距一百四十一年更不必疑其多況按之宗乘竹隱公二子而遯軒公居次遯軒公四子而成趣公又居季乎因綜兩說而誌其所見如此

民國十七年戊辰四月淮海三十二世孫毓鈞謹識

宋元世系圖後跋四

吾宗淵源淮海自處度公徙居常州之秦村由常遷錫世系秩如元明兩代無有疑爲檜之後者偶閱錢塘梁紹壬兩般秋雨盦隨筆有無錫秦氏的系會之之後然無不詭

爲淮海裔孫者紹壬嘉道時人會之卽檜字也而邑中故老流俗相傳有純廟垂詢先文恭公是否檜之後公舉一朝天子一朝臣以對心竊疑之嗣知此語亦有所本考雍正五年六月十六日諭斥查弼納覆查蘇努子孫應照叛逆例治罪奏云嘗觀自古以來亂臣賊子傾刻滅亡者無論矣如王莽曹操僥倖成事而受千古之罵名其依附莽操之人實爲千古所不齒卽本人之子孫皆避忌而不認其祖父現今秦道然實系秦檜之後裔衆所共知伊則廻護支吾不以爲祖此卽惡人之報昭昭不爽甚於國法者

也原論見雍正硃批諭旨亦載王輯東華錄而削去此段不知何故以專制帝王之淫威而竟欲變易人之祖宗可畏哉世人不察積久成誣是不可以不辨道然字雒生諱稱南沙先生以康熙四十二年仁廟南巡隨蹕進京奉旨在九阿哥處教書九阿哥即允禟也旋中進士授職翰林改禮科給事中雍正嗣位與九阿哥不洽以先生爲九阿哥府管領于懲辦伊府太監何玉柱案內革職監禁其時殆雍正元年也見二月初十日上諭事具東華錄兼詳雍正硃批諭旨在獄十四年以季子文恭公及第上書求代得釋覯先生于嚴旨詰訊時猶復抗顏力辨不肯自誣片

在子孫當可以惕然悟矣

辨證一　（補茵隨筆）兩般秋雨菴謂錫山秦氏明係秦檜之後而偏欲冒認淮海之裔是何言哉果後也江西嚴氏不聞諱惟中之後南軒張氏不聞不居張浚之子也如非也則安可誣耶且秦檜中王府尙在金陵金陵亦有秦氏吾家不聞有自金陵遷居無錫者至淮海公世數更載之家乘班班可考公本高郵人子處度公通判常州遂居于常後子孫繁衍所居

遂名秦邨十傳至瑞五公始遷于錫夫人而知此非一人之私言也

辨證二　（錫金考乘）秦淮海先生墓在惠山其子湛倅常州時遷葬于此後裔因遷居常州並分徙無錫以奉祭祀宋開禧間邑令應純之以墓地荒廢慨然封植擇秦氏諸孫知學者肄學職得月給使具祭祀是無錫秦氏實淮海先生的裔可知秦會之本無後人見于宋史而世人每以無錫秦氏爲會之後不可爲據

辨證三　考秦檜本無子以王喚子爲子是名秦熺孫塤堪曾孫鉅殉難蘄州玄孫浚瀰俱從父死（揮麈餘話）秦熺本王喚孽子嫡母鄭妒熺既誕逐所生以熺爲檜之乞子（鴻慶居士集）秦檜之跋後山集後有云病起聞雞唱不寐書此以付塤堪塤堪檜之二孫也（香東漫筆）宋史秦檜曾孫鉅通判蘄州金犯蘄偕郡守李誠之竭力捍禦城破與李率兵巷戰歸署赴一室自焚老卒冒火挽出之叱曰我爲國死擧衣就燄子浚先出兵至還同弟瀰從父死（金壘子）秦檜之

孫爲大兵所殺遂無後

要之梁氏因讀上諭而信以爲眞耳食者流沿訛踵謬致有此誤實則淮海公生前愛慕無錫山水子處度公湛紹興間通判常州嘗斂門錫山之下見處度公自著西菩山寺記並承遺志遷葬公于惠山之原見咸淳毘陵志號稱秦龍學墓歿後而子孫流寓常州之新塘鄉聚族而居地號秦村歷十二傳至瑞五公惟禎贅于無錫富安鄉胡埭王野舟主簿家爲遷錫始祖其間世系章章可考孰謂無錫秦氏可誣以檜後哉因錄宋元世系而書以辨焉

民國十七年戊辰四月淮海三十一世孫毓鈞謹識

錫山秦氏宗譜宗支圖

瑞五公後三宗八支圖

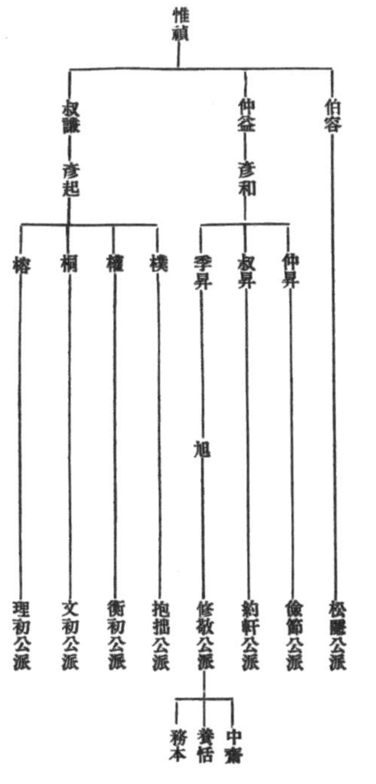

修敬公後十八派圖

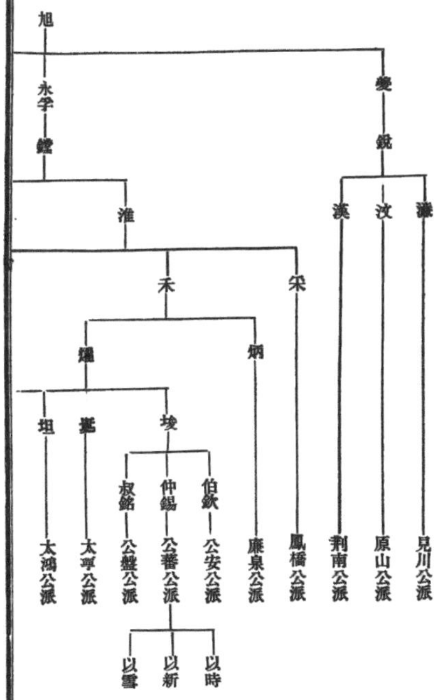

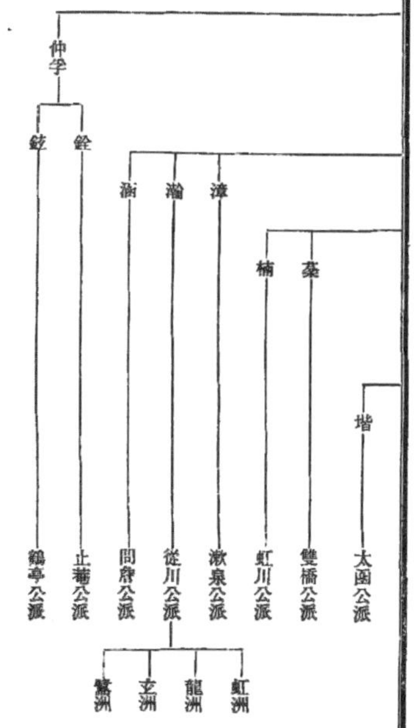

錫山秦氏宗譜　宗支圖　二

錫山譜一世至二十五世分支圖

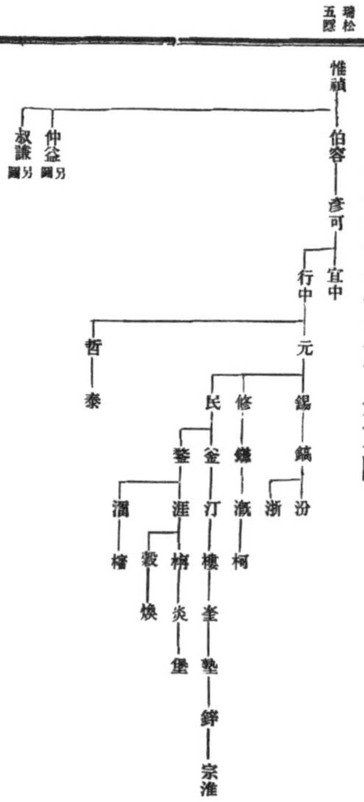

錫山秦氏宗譜　宗支圖　松隱公派　三

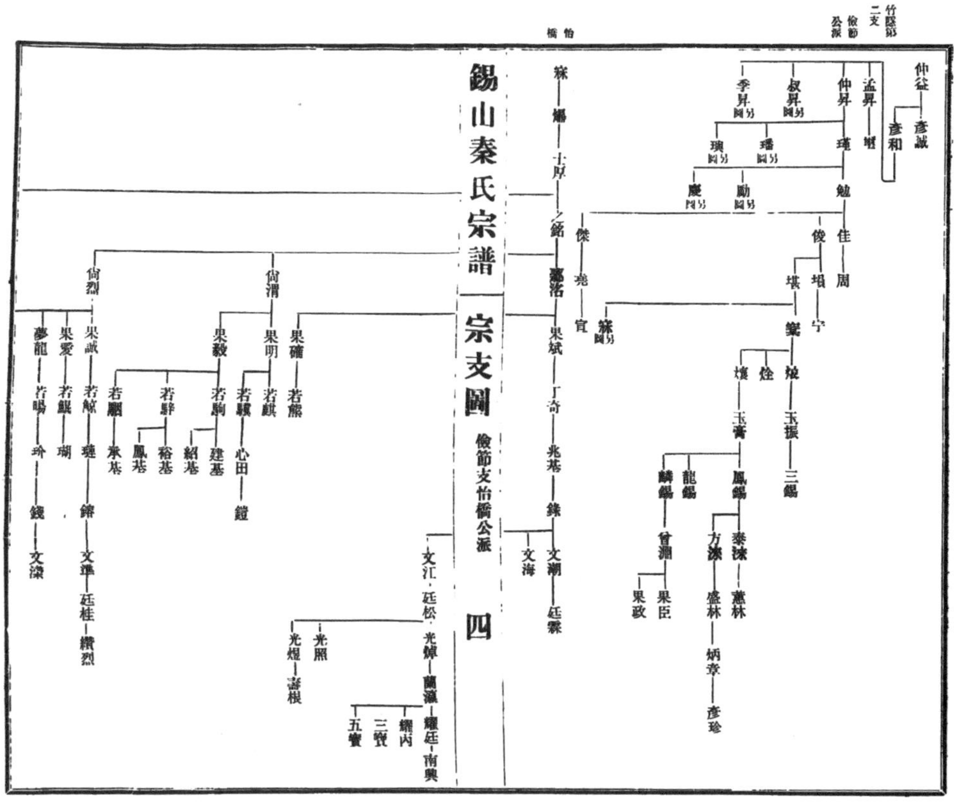
錫山秦氏宗譜
宗支圖
儉節支怡橋公派
四

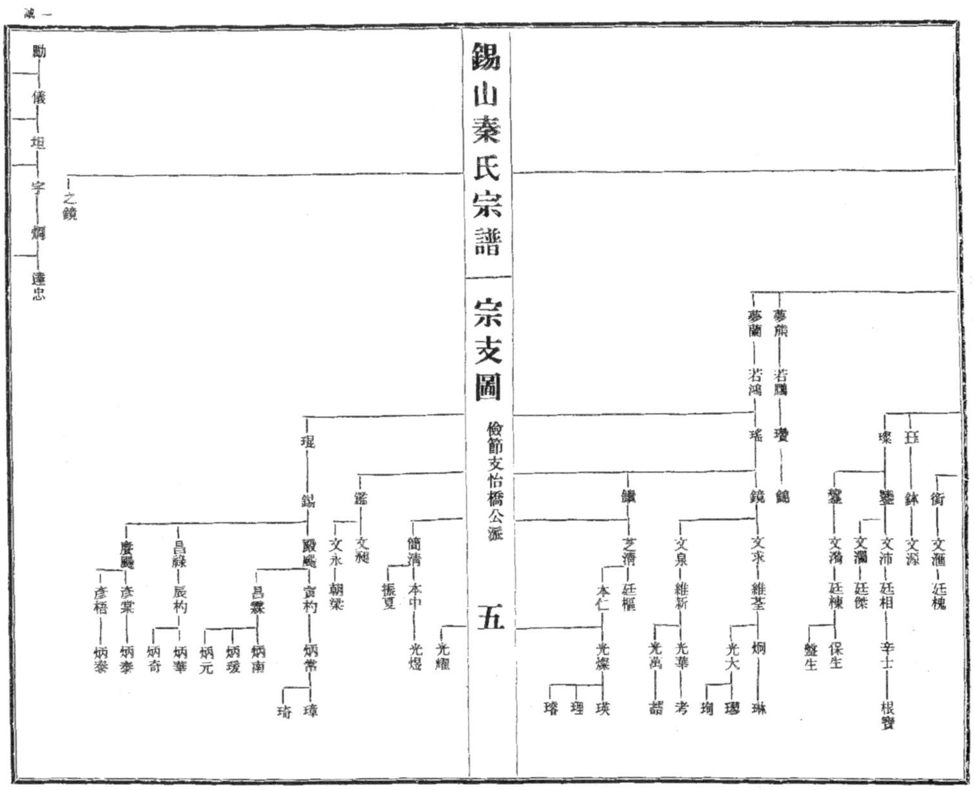
錫山秦氏宗譜
宗支圖
儉節支怡橋公派
五

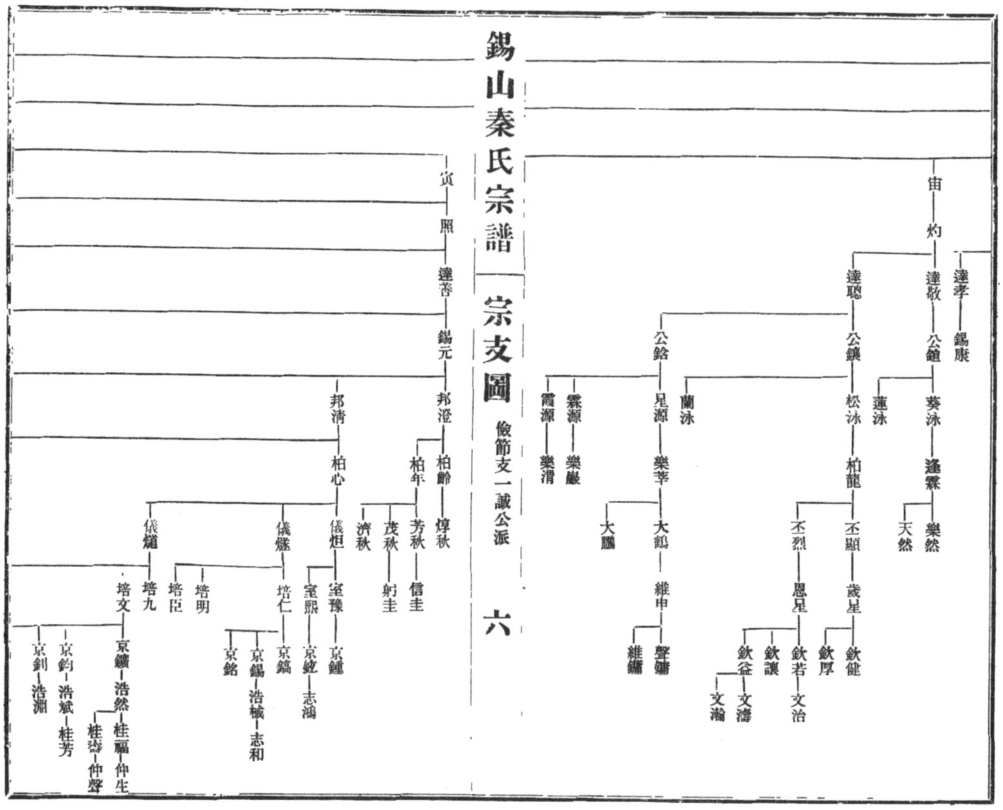
錫山秦氏宗譜
宗支圖
儉節支一誠公派
六
達孝
錫康
達敬
公鐘
葵泳
逢霖
樂然
天然
蓮泳
達聰
公鎮
松泳
柏龍
丕顯
歲星
欽健
欽厚
丕烈
恩星
欽若
文治
欽讓
欽谷
文濤
文瀚
公銘
星源
樂莘
大鶴
維申
聲鏞
維鏞
大鵬
蘭泳
霖源
樂巖
震源
樂清
達善
錫元
邦澄
柏齡
焞秋
柏年
芳秋
信圭
茂秋
射圭
濟秋
邦清
柏心
儀桓
室豫
京鍾
室熙
京鋆
志湯
儀鑅
培仁
京鎬
京錫
浩棫
志和
京銘
儀櫄
培九
培臣
培明
培文
京鑛
浩然
桂福
仲生
桂濤
仲聲
京鈞
浩斌
桂芳
京釗
浩淵

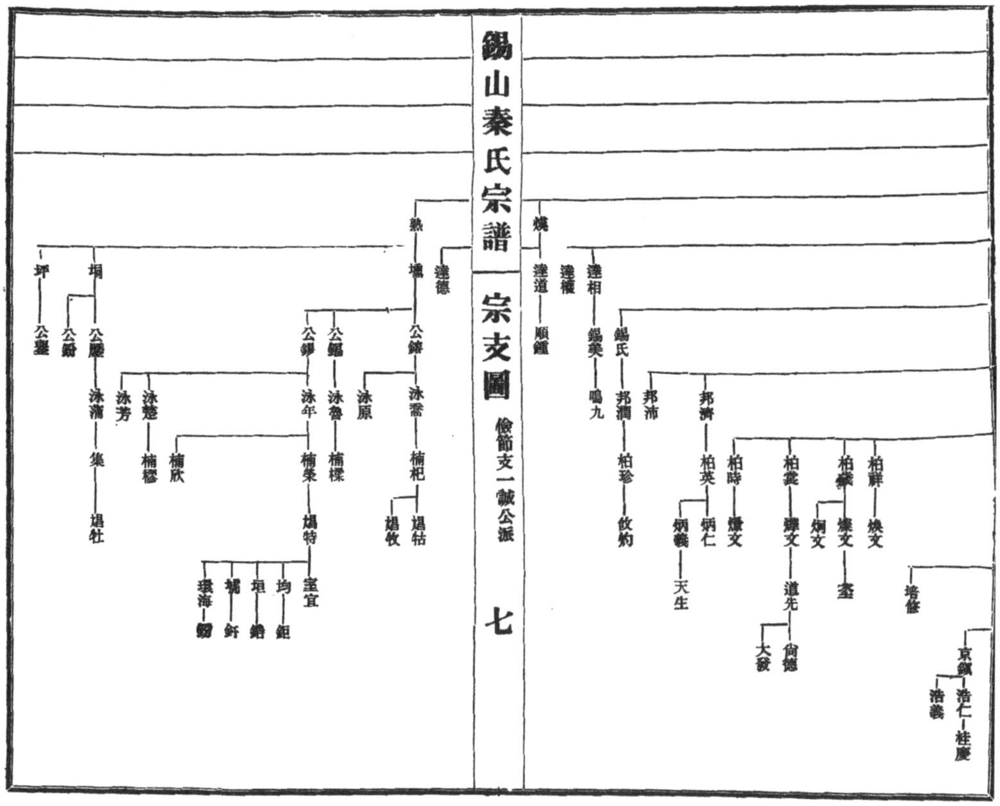
錫山秦氏宗譜
宗支圖
儉節支一誠公派
七
達相
錫奚
鳴九
錫氏
邦潤
柏珍
攸約
邦沛
邦濟
柏英
炳仁
炳義
天生
柏時
燡文
柏霙
燡文
道先
尙德
大發
炯文
柏蘩
燦文
柏詳
煥文
培修
京鐵
浩仁
桂慶
浩義
達權
達道
順鍾
達德
公鋒
泳需
楠杞
熀牯
熀攸
泳原
公錕
泳魯
楠櫟
公鏐
泳年
楠象
熀特
室宜
均
鉅
垣
錩
埔
釬
琛海
公慶
泳濟
集
熀牡
公鏄
泳芳
泳楚
楠樛
楠欣
公璽

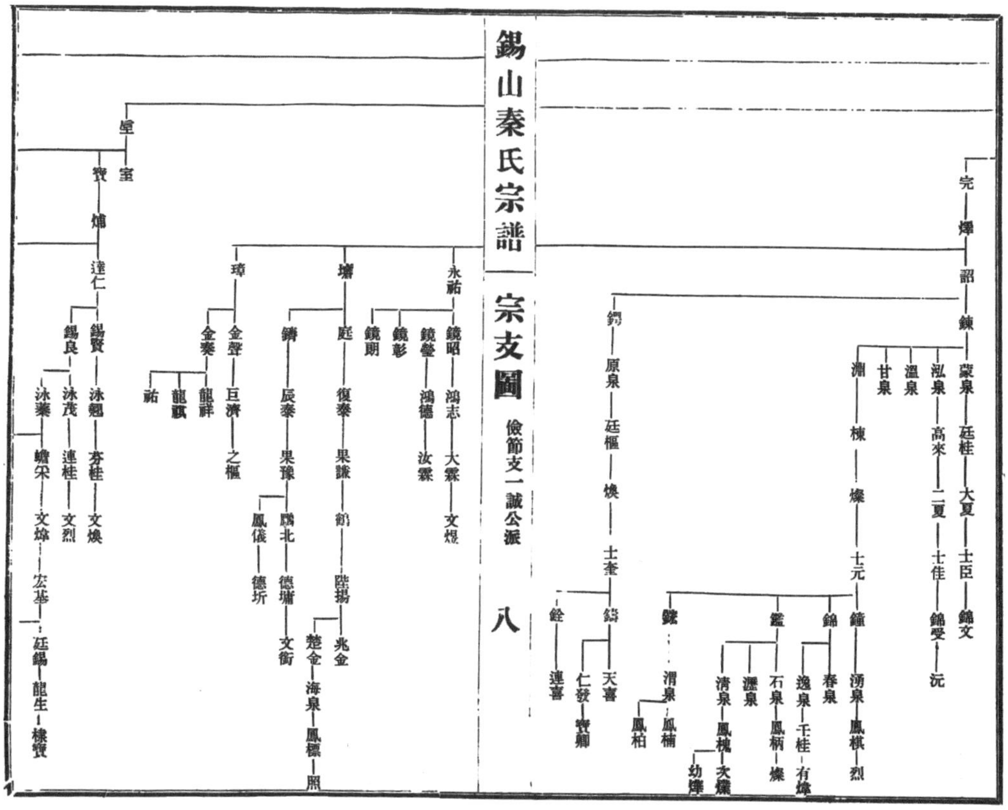
錫山秦氏宗譜
宗支圖
儉節支一誠公派
八

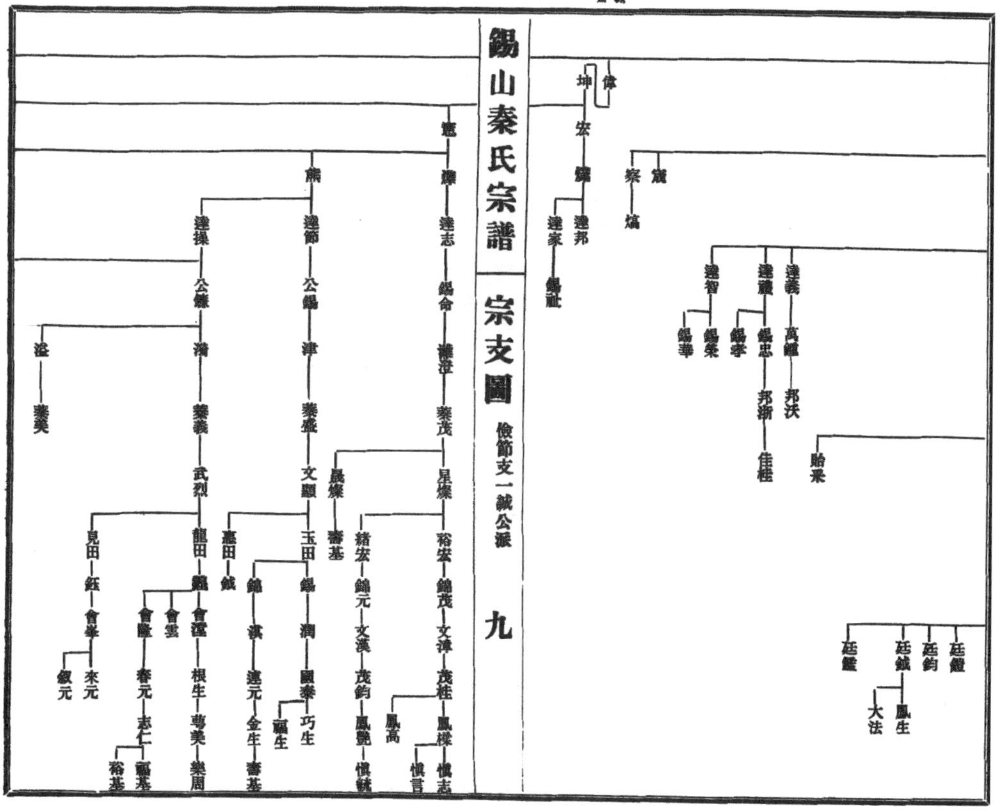
錫山秦氏宗譜
宗支圖
儉節支一誠公派
九

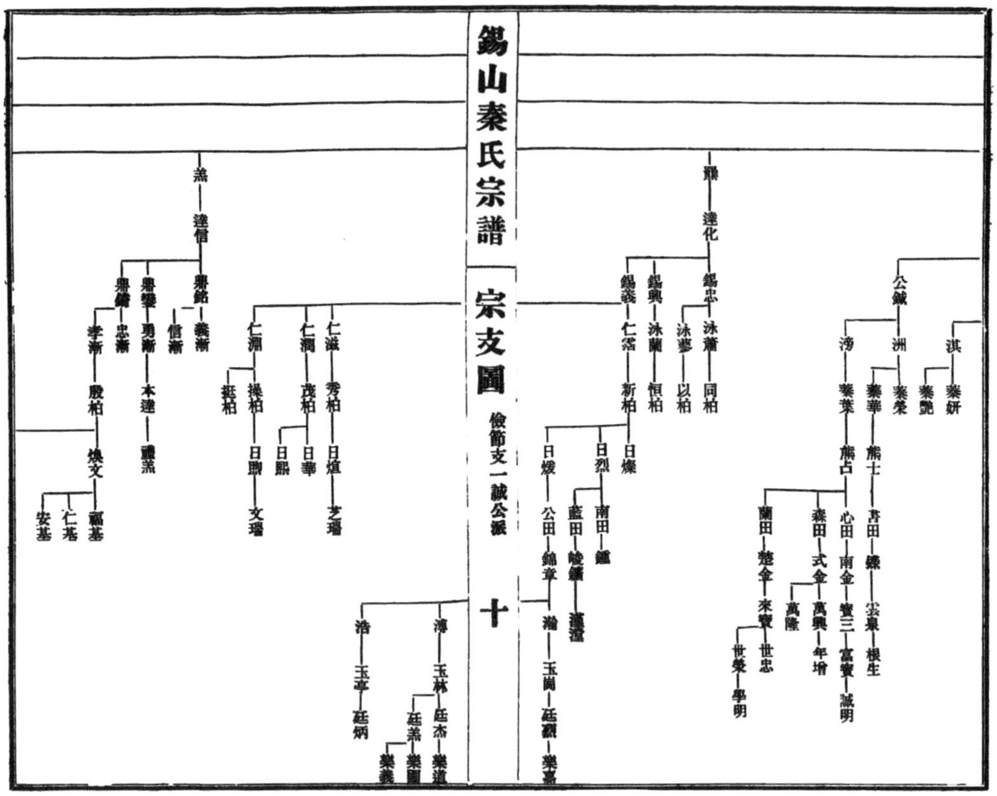

錫山秦氏宗譜
宗支圖
儉節支一誠公派
十

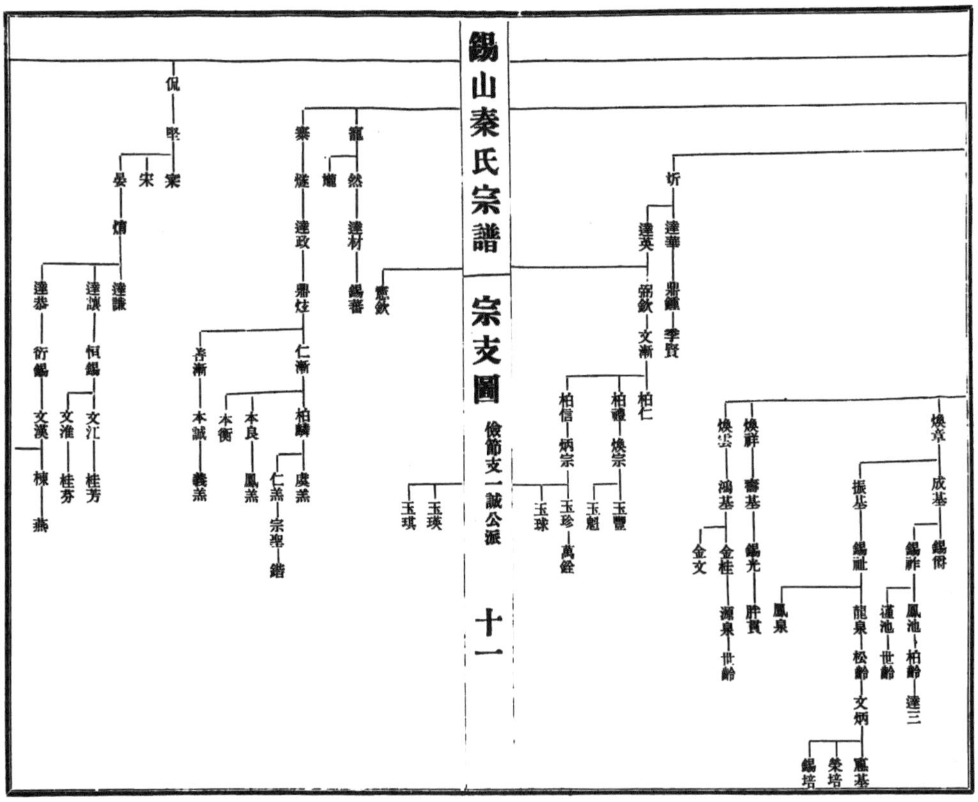

錫山秦氏宗譜
宗支圖
儉節支一誠公派
十一

錫山秦氏宗譜 宗支圖 儉節支一誠公派 十二

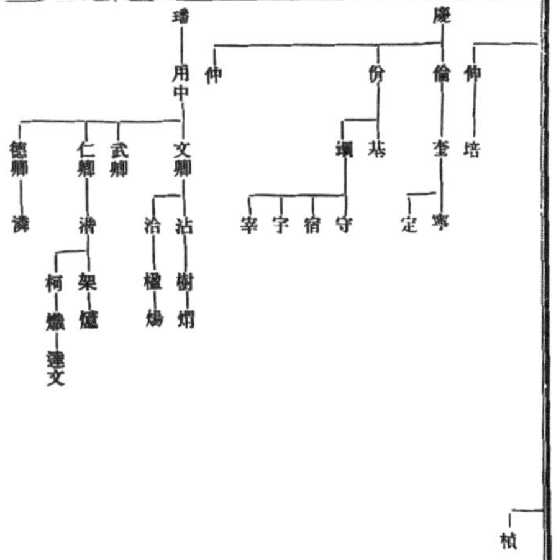

瑛

訂第三支約軒公派

竹莊

愛竹

錫山秦氏宗譜 宗支圖 約軒支容庵公派 十三

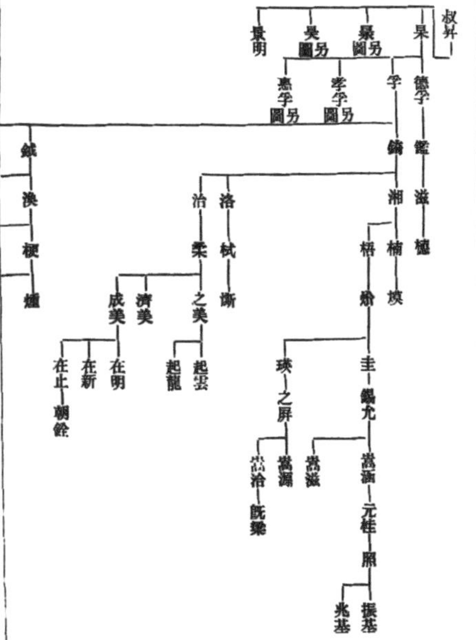

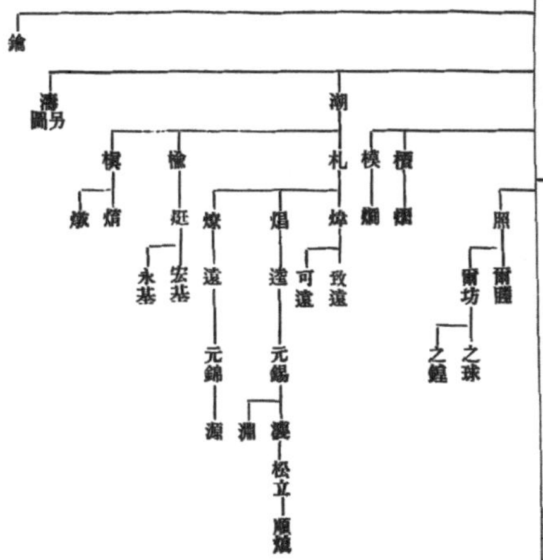

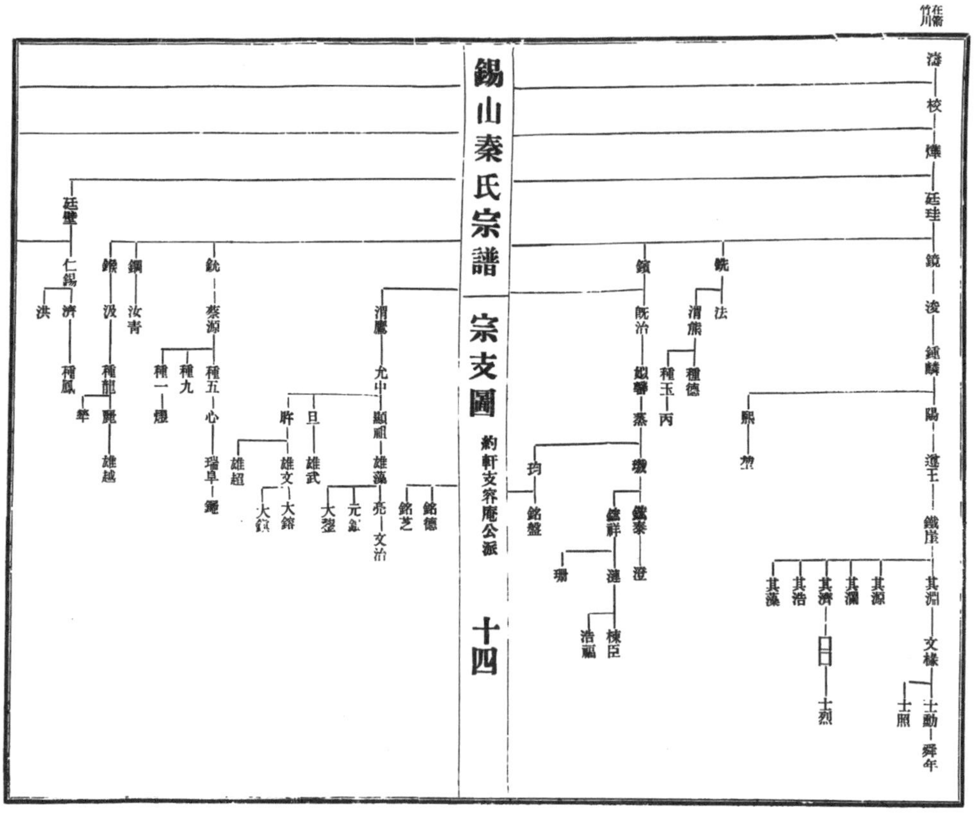
錫山秦氏宗譜
宗支圖
約軒支容庵公派
十四

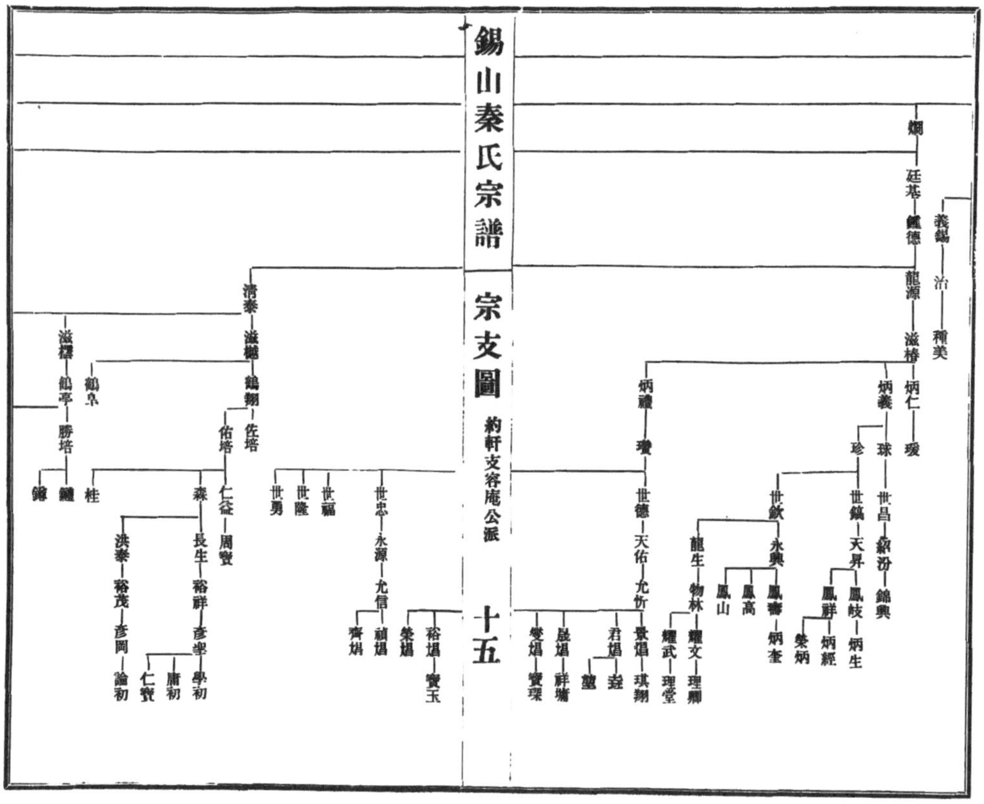
錫山秦氏宗譜
宗支圖
約軒支容庵公派
十五

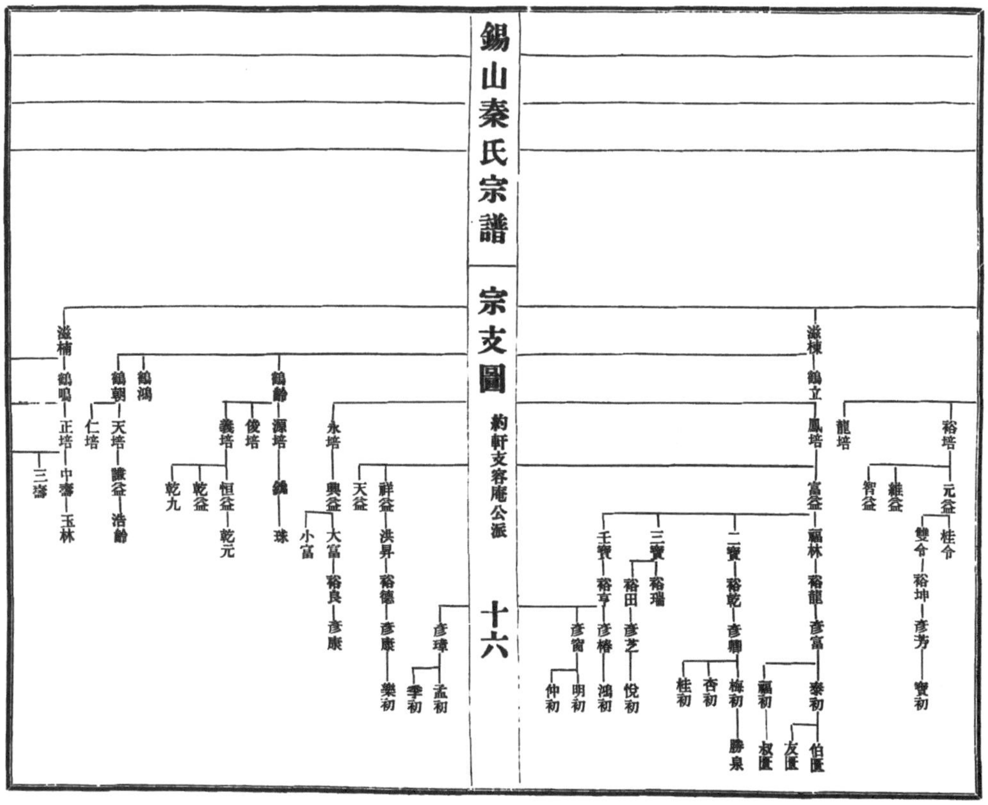
錫山秦氏宗譜
宗支圖
約軒支容庵公派
十六

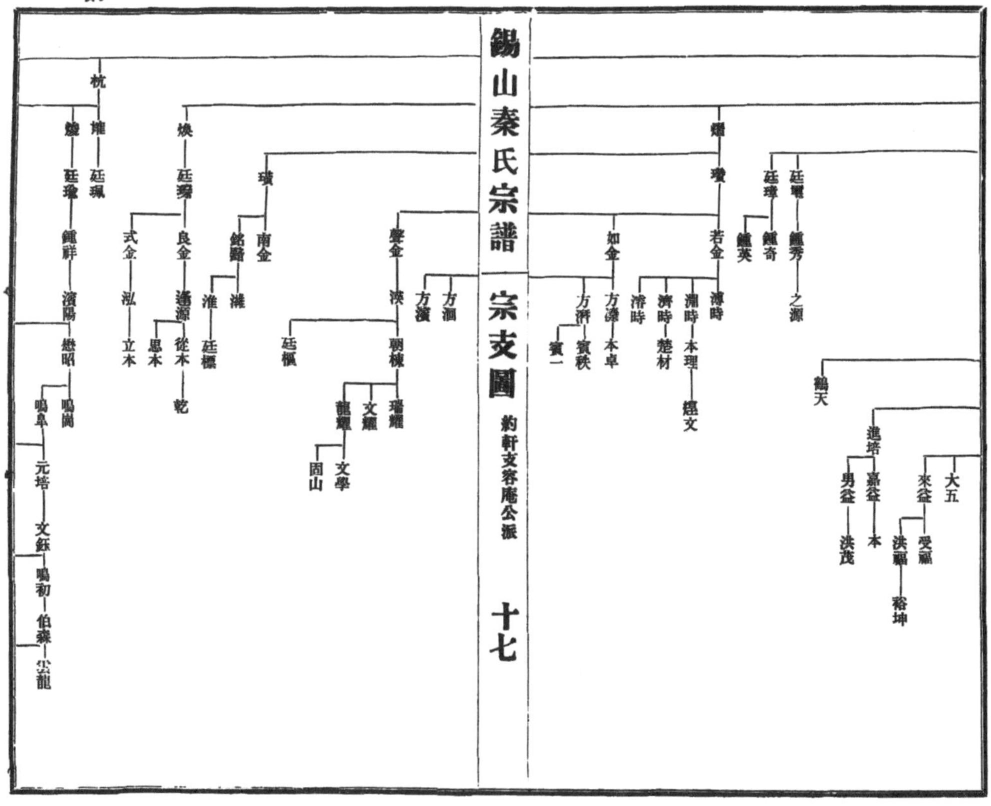
錫山秦氏宗譜
宗支圖
約軒支容庵公派
十七

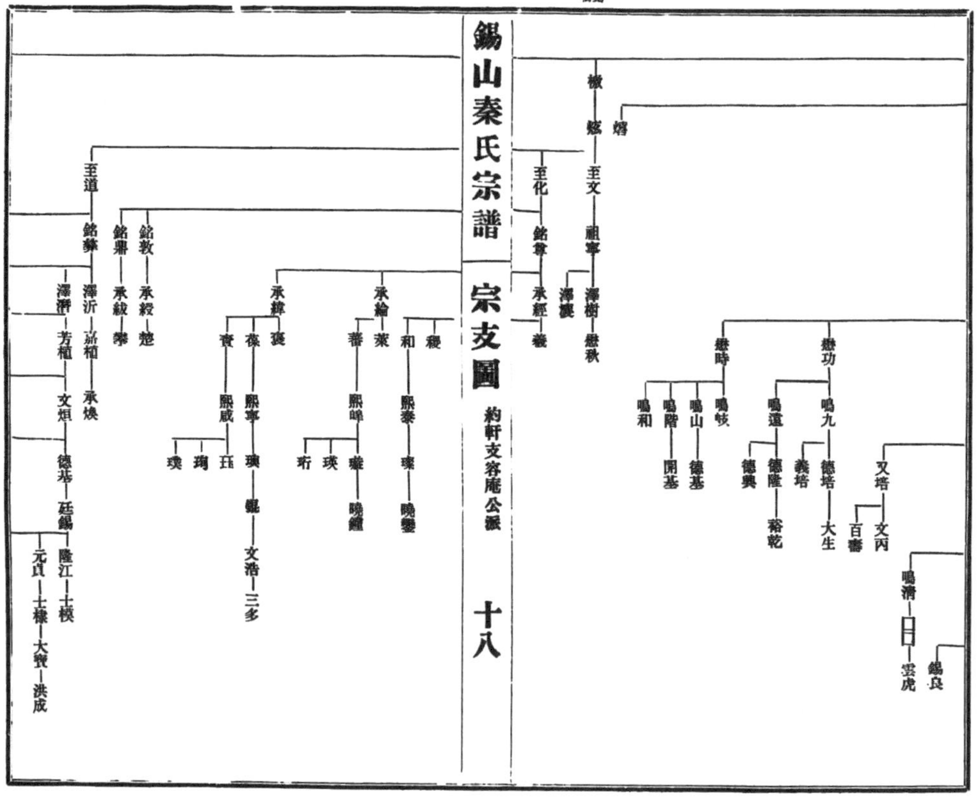
錫山秦氏宗譜
宗支圖
約軒支容庵公派
十八
檄—炫—至文—祖寧—澤樹—懋秋
澤濩
熔
至化—銘聲—承經—羲
懋功—鳴九—德培—大生
義培
鳴遠—德隆—裕乾
德興
懋時—鳴岐
鳴山—德基
鳴階—開基
鳴和
又培—文丙
百壽
鳴清—日—雲虎
錫良
至道—銘彝—澤沂—嘉植—承煥
澤濟—芳植—文烜—德基—廷錫—隆江—士模
元貞—士棣—大寶—洪成
銘教—承穀—懋
銘鼎—承紱—犖
承緯—褒
葆—熙寧—瑛—文浩—三多
賚—熙咸—珏
珣
瑛
承綸—萊
蕃—熙暐
瑛
珩
和—熙泰—璨—曉䍃
稷

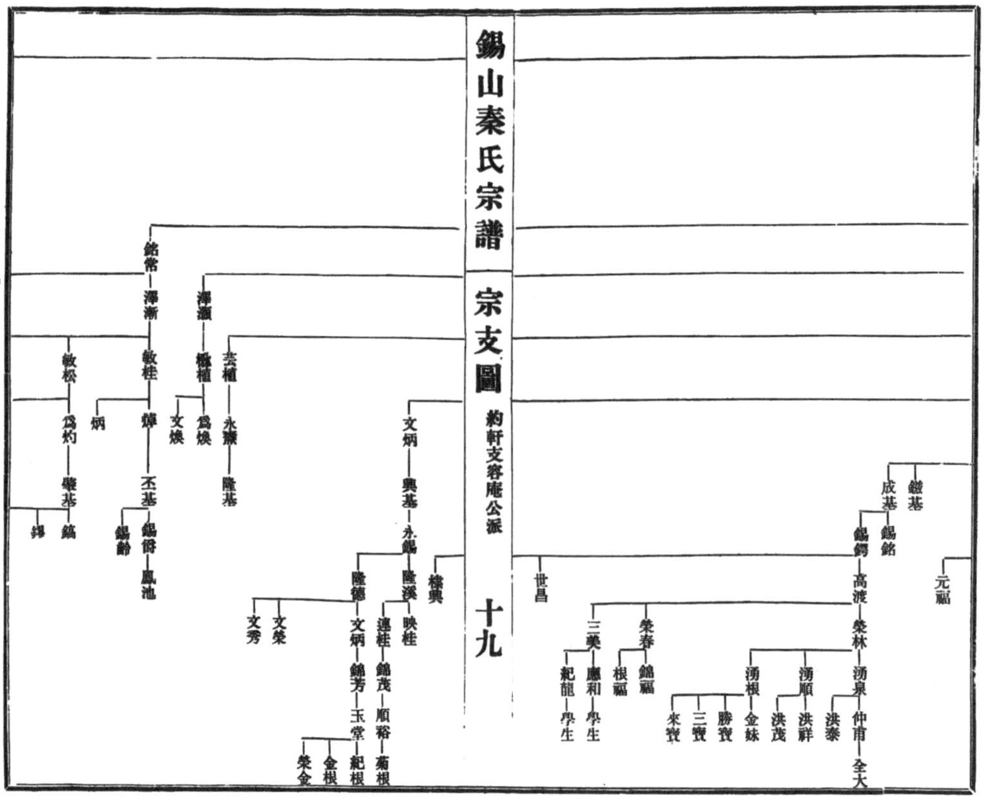
錫山秦氏宗譜
宗支圖
約軒支容庵公派
十九
鐵基
成基—錫銘
錫鍔—高渡—榮林—湧泉—仲甫—全大
洪泰
湧順—洪祥
洪茂
湧根—金妹
勝寶
三寶
來寶
榮春—錦福
根福
三美—應和—學生
紀龍—學生
元福
世昌
文炳—興基—永錫—隆溪—映桂
連桂—錦茂—順裕—菊根
隆德—文炳—錦芳—玉堂—紀根
金根
榮金
文榮
文秀
榛興
銘常—澤漸—敏桂—煒—丕基—錫爵—鳳池
錫齡
炳
敏松—為灼—肇基—鎬
澤灝—樾植—為煥
文煥
芸植—永謙—隆基

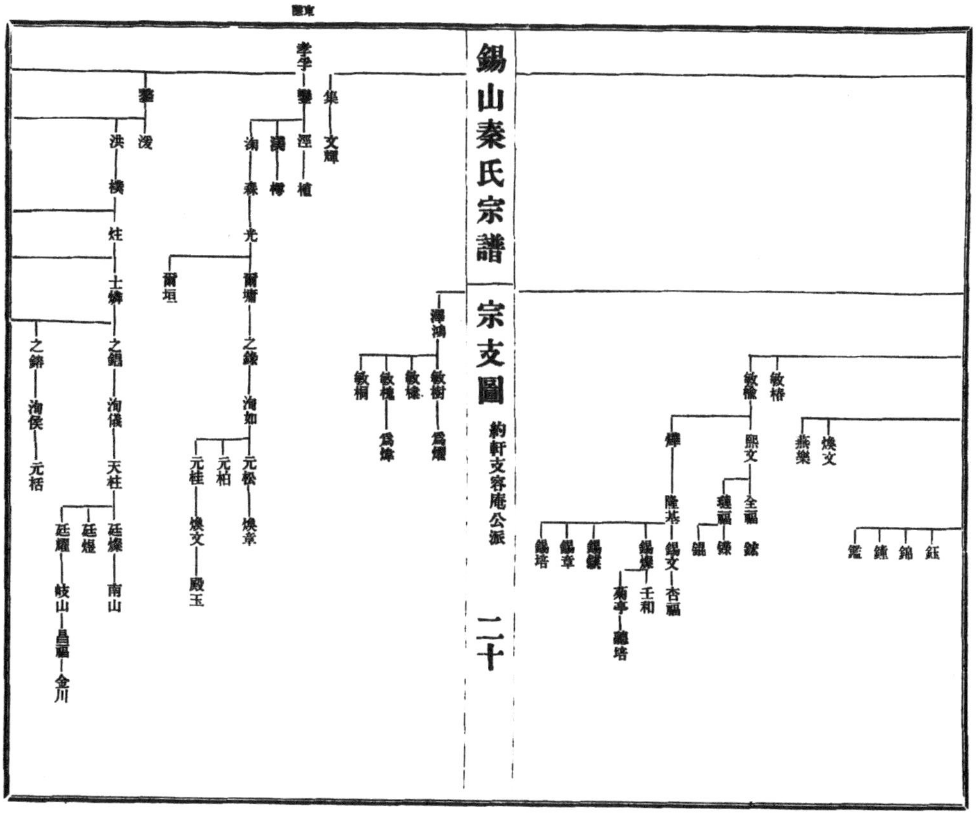
錫山秦氏宗譜
宗支圖
約軒支容庵公派
二十

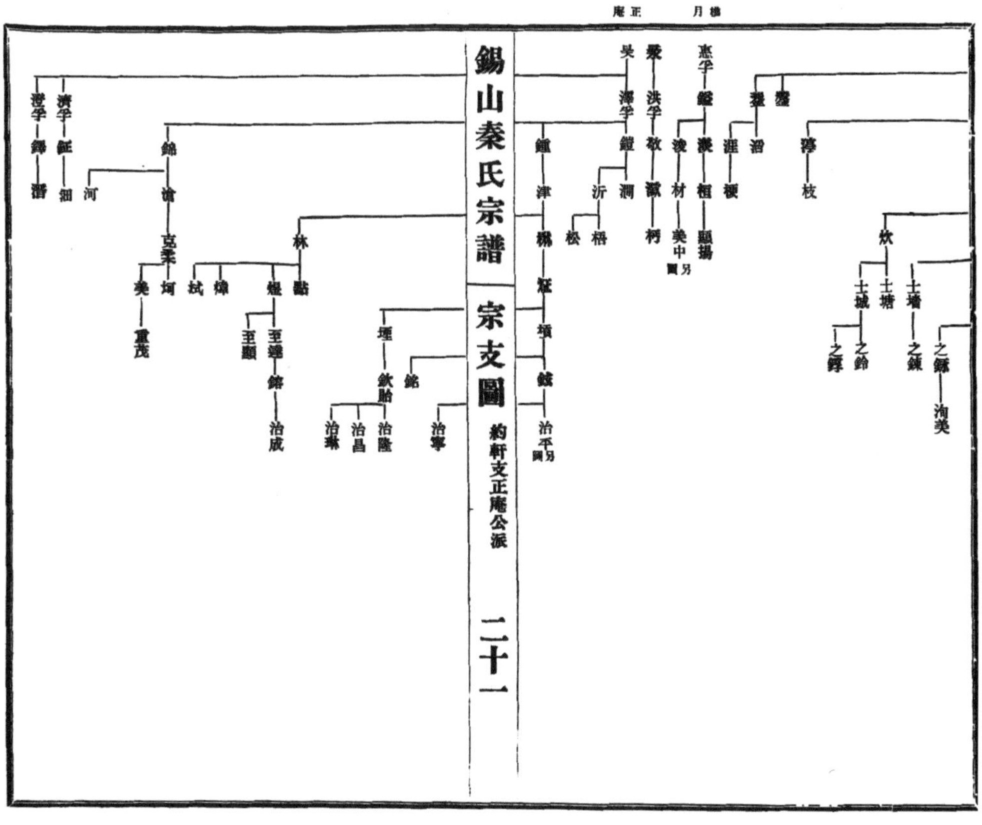
錫山秦氏宗譜
宗支圖
約軒支正庵公派
二十一

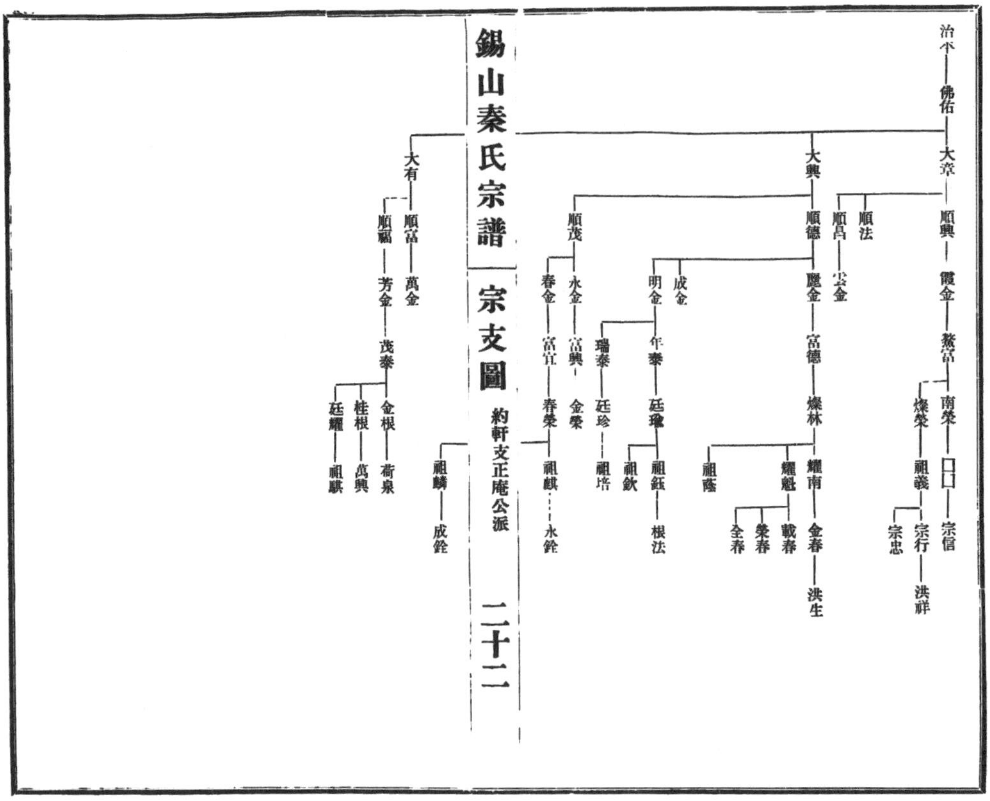
錫山秦氏宗譜
宗支圖
約軒支正庵公派
二十二
治𡈼
佛佑
大章
大興
大有
順興
順法
順昌
順德
順茂
順富
順福
霞金
雲金
麗金
成金
明金
永金
春金
萬金
芳金
鰲富
富德
年泰
瑞泰
富興
富宜
茂泰
南榮
燦榮
燦林
廷瑜
廷珍
金榮
春榮
金根
桂根
廷耀
口口
祖義
耀南
耀魁
祖蔭
祖鈺
祖欽
祖培
祖麒
祖麟
荷泉
萬興
祖麒
宗信
宗行
宗忠
金春
載春
榮春
全春
根法
永銓
成銓
洪祥
洪生

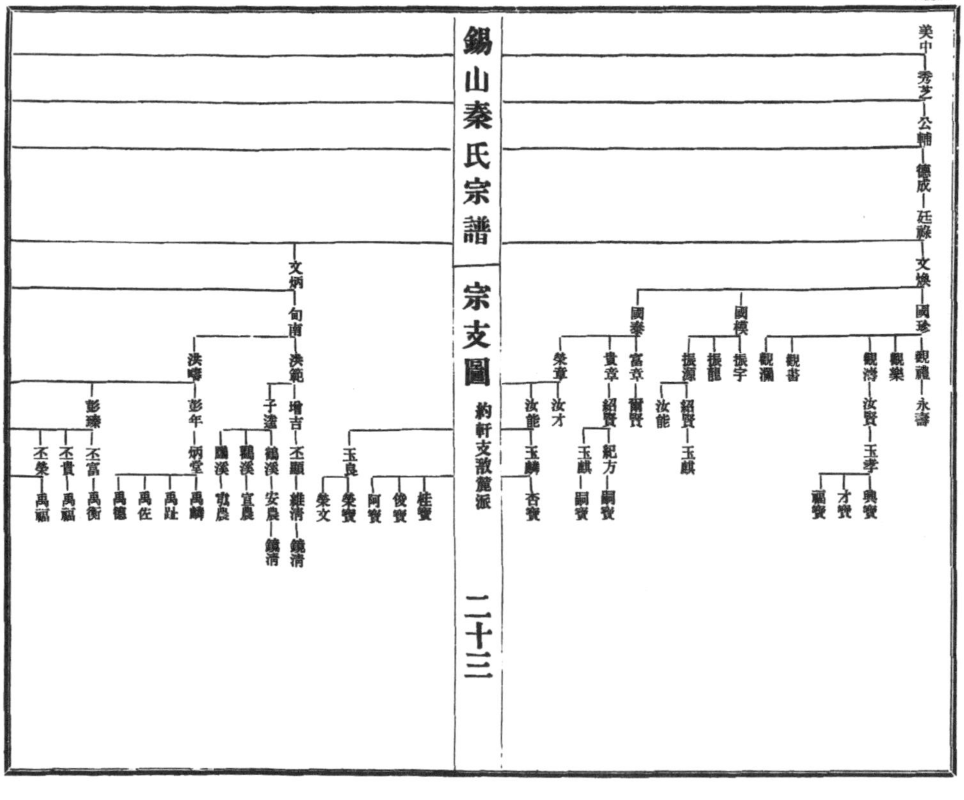
錫山秦氏宗譜
宗支圖
約軒支散籠派
二十三
美中
秀芝
公輔
德成
廷祿
文煥
文炳
國珍
國模
國泰
旬南
觀禮
觀樂
觀濤
觀書
觀瀾
振宇
振龍
振源
富章
貴章
榮章
洪範
洪疇
永壽
汝賢
紹賢
汝能
爾賢
紹賢
紀方
汝才
汝能
增吉
子達
彭年
彭臻
玉孝
玉麒
玉麒
玉麟
玉良
丕顯
鶴溪
鵬溪
鷗溪
炳堂
丕富
丕貴
丕榮
興寶
才寶
福寶
嗣寶
嗣寶
杏寶
桂寶
俊寶
阿寶
榮寶
榮文
維清
安農
宜農
歆農
禹麟
禹趾
禹佐
禹德
禹衡
禹福
禹福
鏡清
鏡清

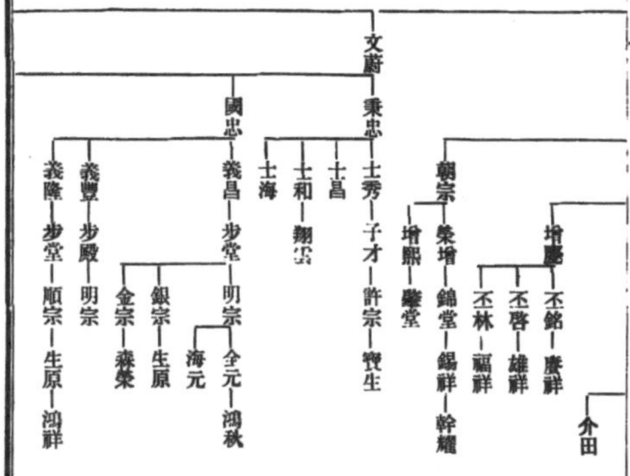

錫山秦氏宗譜

宗支圖 約軒支敔籠派

二十四

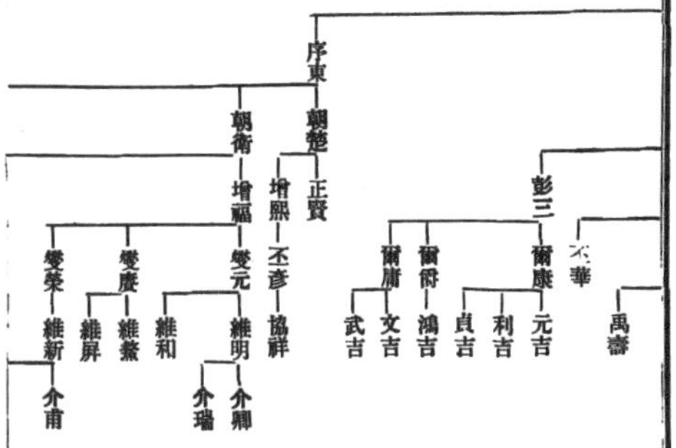

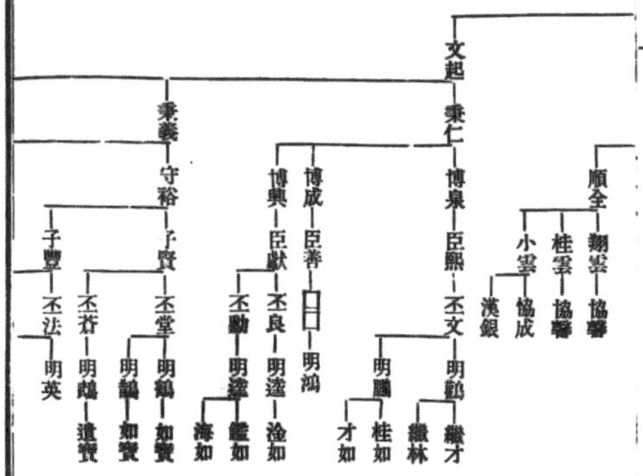

錫山秦氏宗譜

宗支圖 約軒支敔籠派

二十五

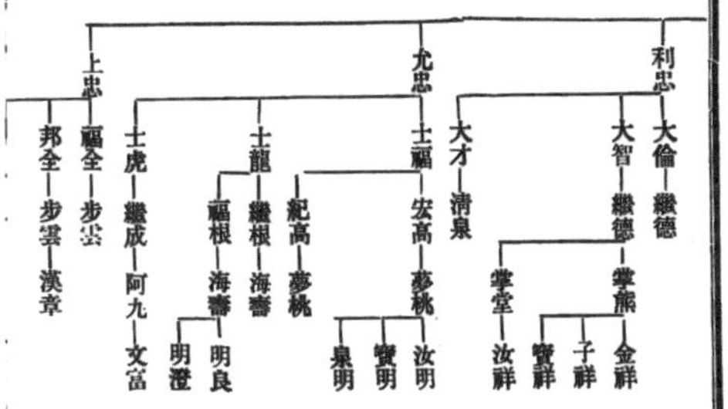

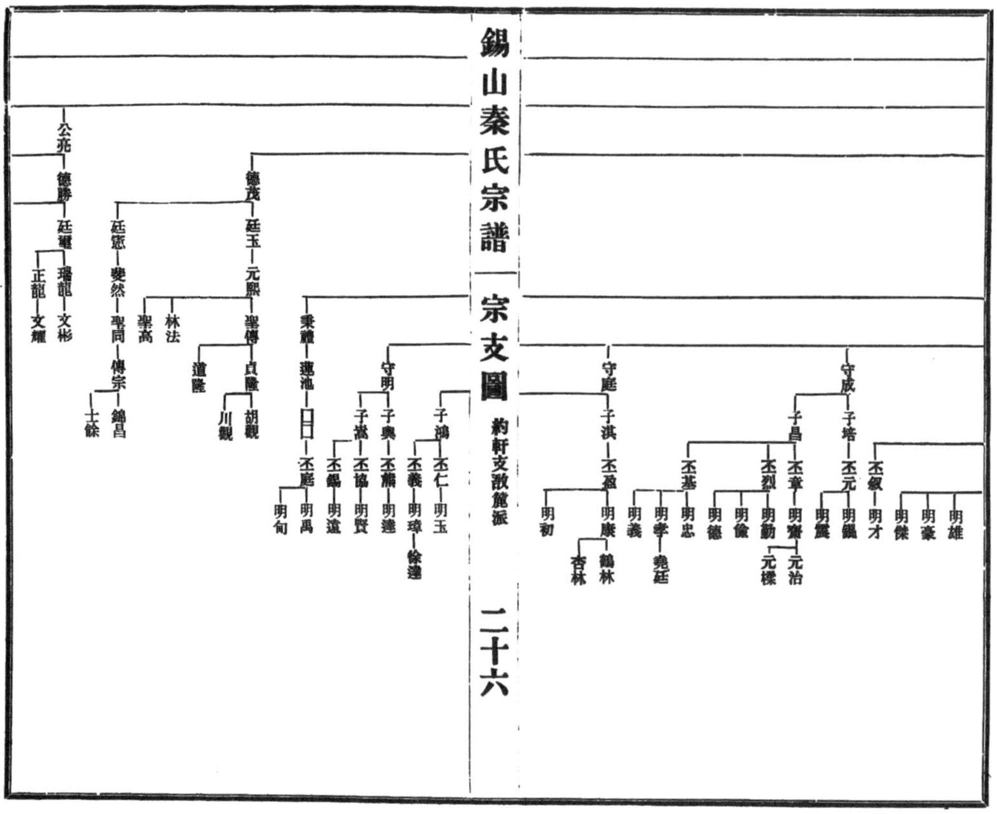
錫山秦氏宗譜
宗支圖
約軒支敔簏派
二十六
公亮
德勝
德茂
廷璧
瑞龍
文彬
正龍
文耀
廷憲
變然
聖同
傳宗
錦昌
士餘
廷玉
元熙
聖傳
貞隆
胡觀
川觀
聖高
林法
道隆
秉禮
蓮池
守明
子興
子嵩
子鴻
守庭
子淇
守成
子昌
子培
明才
明雄
明豪
明傑
明義
明忠
明德
明倫
明勳
元治
元樑
明初
明康
錫林
杏林
明玉
明璋
明賢
明遠
明禹
明旬
餘達

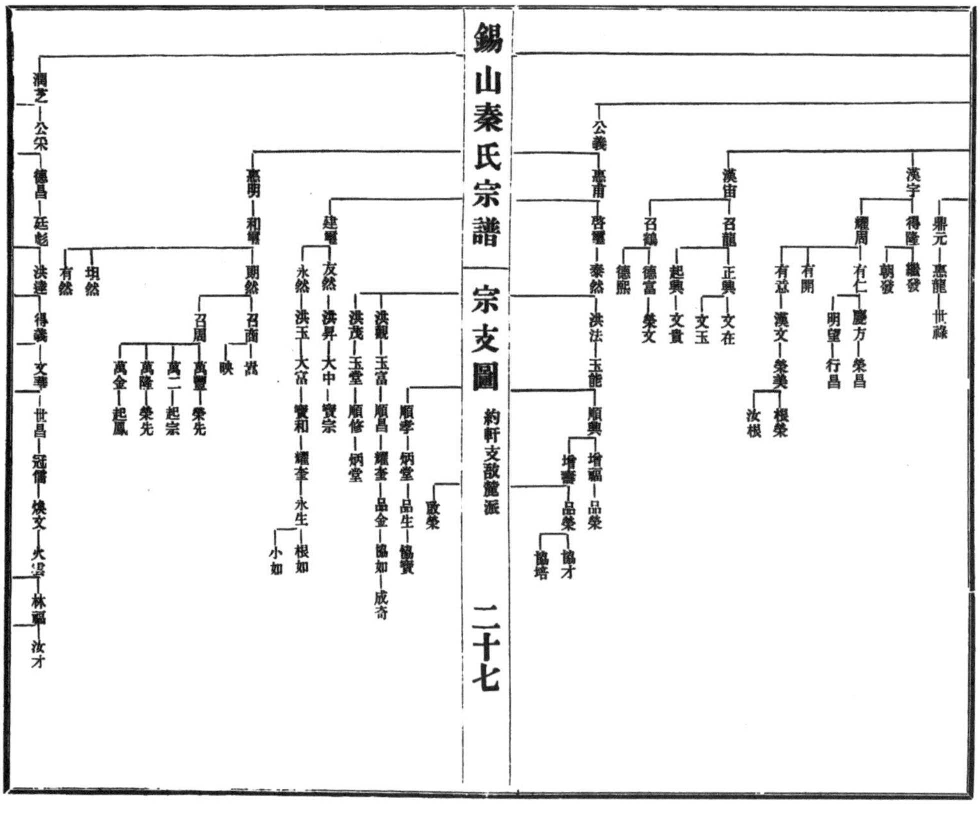
錫山秦氏宗譜
宗支圖
約軒支敔簏派
二十七
潤芝
公朵
德昌
廷彪
洪達
得義
文華
世昌
冠儒
煥文
林福
汝才
惠明
和璧
朗然
有然
坦然
召商
召周
映
萬金
萬隆
萬二
萬豐
起鳳
榮先
起宗
建璧
友然
永然
洪玉
洪昇
大中
寶宗
大富
永生
根如
小如
洪茂
洪觀
玉堂
玉富
順修
順昌
順孝
炳堂
品金
品生
協如
協寶
成奇
敢榮
公義
惠甫
泰然
洪法
玉能
順興
增福
增壽
品榮
協才
協培
漢宙
召鵠
召龍
德熙
德富
榮文
起興
文貴
正興
文玉
文在
漢宇
耀周
得隆
朝發
繼發
有仁
有開
有忠
慶方
明望
榮昌
行昌
漢文
榮美
根榮
汝根
鼎元
惠龍
世祿

錫山秦氏宗譜　宗支圖　約軒支敦龎派　二十八

公和

德祥

洪法

得法—朝品—正昌—寶華

文選—榮昌—冠儒—炳章—炳榮—順寶
炳章—炳堂—順金
炳堂—汝金
炳章—三弟—汝明

文運—九龍—紹鳴—銀書—汝雲—寶林
汝雲—桂林
汝雲—順林

惠昌—冠儒—焕章

金福—喜蘭
金蘭
文蘭

竹隱第四支修敬公一中齋公派

見川

季昇—旭—燮—鋭—瀹另圖
鋭—汶另圖
鋭—漢另圖
旭—永孚另圖
旭—仲孚另圖
季昇—晫

瀹—僑—焜
僑—熠—應室—錦德—仁洛
僑—燔—應奎—錦文
應奎—錦章
應奎—錦中
應奎—錦茂—仁淵—果英—天祿—順鎬—元慶—蘭生
天祿—順龍—元發
天祿—順鳳
天祿—順蛟—元裕
順蛟—元德

錫山秦氏宗譜　宗支圖　修敬支中齋公派　二十九

仁源
仁溥—果高—天壽
果高—天福
果高—天元

應星—錦心—仁濟
應星—錦奇—仁澤—龍—之焕—玉興—鑾—宏源—上榮—福恩—贊壎—鐸
上榮—鳳恩—贊垻—錫泉
宏源—文榮—耀恩
玉興—鏜—宏濤
龍—之烽
仁澤—懋臣
仁澤—楚臣—之惓
仁澤—棟臣—之熿
仁澤—楨臣
錦奇—仁液—世楨—之勳—王道
之勳—王政—朝鼎—長淋—正富—桂寶—國政

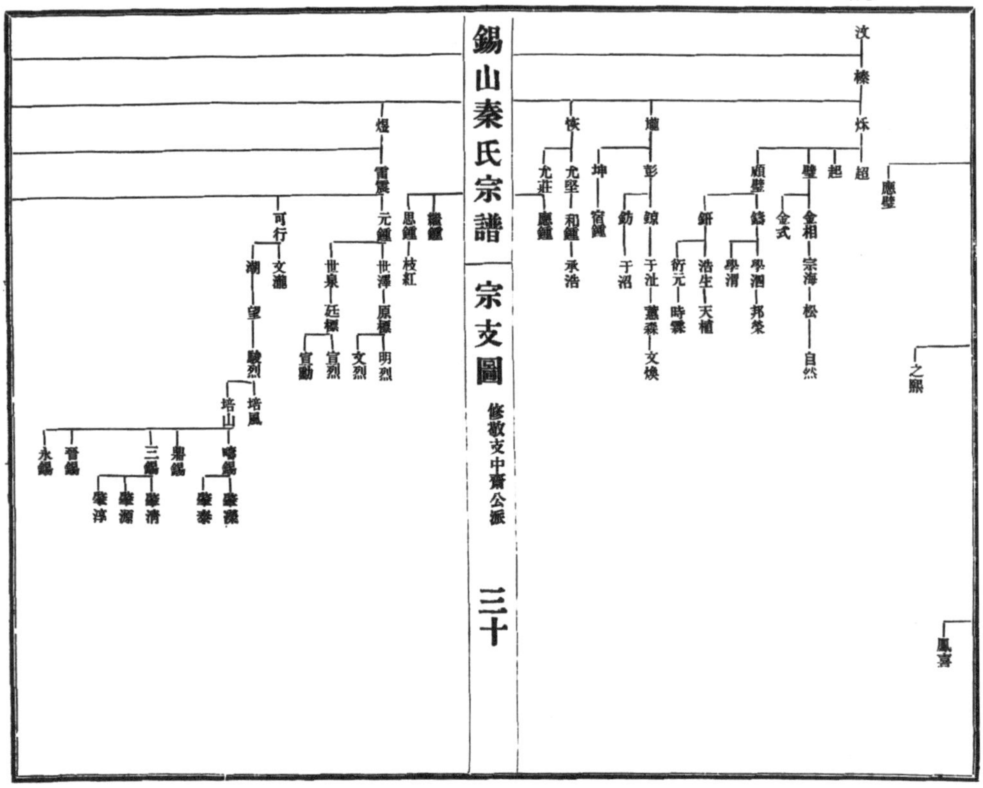
錫山秦氏宗譜
宗支圖
修敬支中齋公派
三十
汝—榛—烁—超
應璧
之熙
鳳喜
紀
璧—金相—宗海—松—自然
金式
順璧—鎔—學泗—邦棨
學渭
鉼—浩生—天楨
衍元—時霖
孅—彭—錝—于沚—蕙霖—文煥
鈁—于沼
坤—官鍾
恢—允堅—和鍾—承浩
允莊—應鍾
煜—雷震—元鍾—世澤—原標—明烈
文烈
世泉—廷標—宦烈
宦勳
纖鍾
思鍾—枝紅
可行—文灝
潮—望—駿烈—培鳳
培山—嘻錫—鑾濂
鑾泰
鼎錫
三錫—鑾清
鑾源
鑾淳
晉錫
永錫

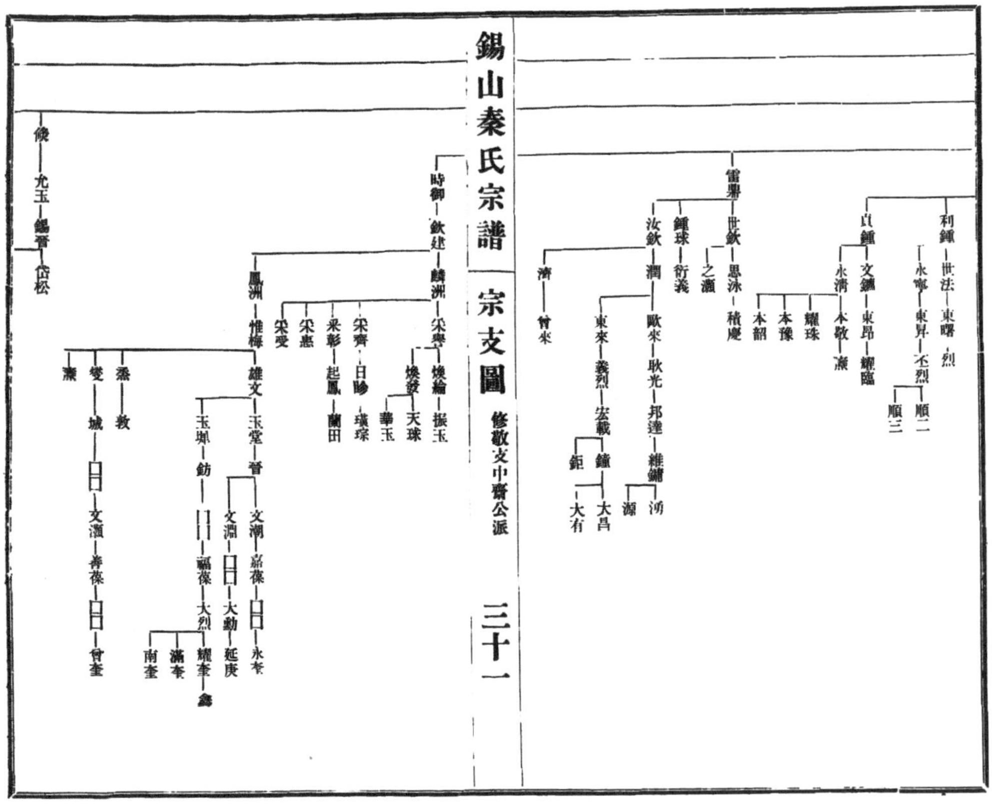
錫山秦氏宗譜
宗支圖
修敬支中齋公派
三十一
利鍾—世法—東曙—烈
永寧—東昇—丕烈—順二
順三
貞鍾—文鏞—東昂—耀臨
永清—本敬—濂
耀珠
本豫
本韶
雷彝—世欽—恩沐—積慶
之灝
鍾球—衍義
汝欽—潤—歐來—耿光—邦達—維鏞—湧
源
東來—叢烈—宏載—鐘—大昌
鉅—大有
濟—曾來
時御—欽建—麟洲—寀舉—煥綸—振玉
煥綍—天球
華玉
寀齊—日晙—瑞琮
寀彰—起鳳—蘭田
寀惠
寀受
鳳洲—惟梅—維文—玉堂—晉—文潮—嘉葆—□□—永奎
文濡—□□—大勳—延庚
玉堦—鈁—□□—福葆—大烈—耀奎—鑫
滿奎
南奎
燾—救
燮—城—□□—文瀛—壽葆—□□—曾奎
燾
俊—允玉—錫晉—岱松

山紹

錫山秦氏宗譜　宗支圖　修敬支中齋公派　三十二

峻松

炎—時中—鉅芳—永年—楚青

時和—鉅英—如海—用楫—承烈
用楫—希烈
如海—用霖
鉅英—如瀾—大麓
錫圭—永昌

時舉—錫鼎—左灝—嵩高—德王—珠還
嵩高—德公
錫鼎—石潤—梅村—德勝
錫鼎—學海—荷村

時化—永鈥—沂曾—高梁
沂曾—姚梁
沂曾—狄梁
永鈥—汪度—季龍—爲川
汪度—木公—照—壁

季隨—爲棟—國禮
季隨—爲舟—之型
爲舟—慶壁

永鏵—龍津—鄒梁
永錠

椿—姑—培眞

烺—培元—鍘—宗演—本茂
鍘—宗淳
培元—鍨
培元—鋐—宗澤

培德—鏶—源永—柏峻
鏶—流長—柏年

世美—君瑞—元銓—振元
進美—文瑞—元鍘
士美—君佑—元錫—浩然—廷椿—茂昌—瑞翔—錦秀
瑞翔—錦章
浩然—廷松—茂奎—瑞翔

錫山秦氏宗譜　宗支圖　修敬支中齋公派　三十三

廷茂

元釗—浩順—長生

韶美—君發—元銘—浩雲—廷勳
浩雲—福慶—茂桂—瑞如
茂桂—瑞玉
茂桂—瑞珏

培赤—鉼
培赤—鐃

爆—天培—協鑌
爆—世培—協鑕

熇—可久—鑌
熇—堿
熇—堿
熇—堿

燒—致中
燒—致道

烓—琮—字鈞—沾—能木—文燦—培玉—錫蕃—湧昌—秉忠—仲甫
秉忠—仲德
秉忠—仲發
錫蕃—湧順—秉政—照—璣
湧順—秉均—燮良—瑞
燮良—璨
秉均—燮卿
秉均—燮茂
秉均—燮佩
湧順—秉樂—燮鳳
錫蕃—湧挺—公標—貴慶
湧挺—步青—映慶
錫蕃—湧發—秉和—熙

培珠—錫疇—湧田—秉雲—燮元—文奎
燮元—經奎
秉雲—燮亨

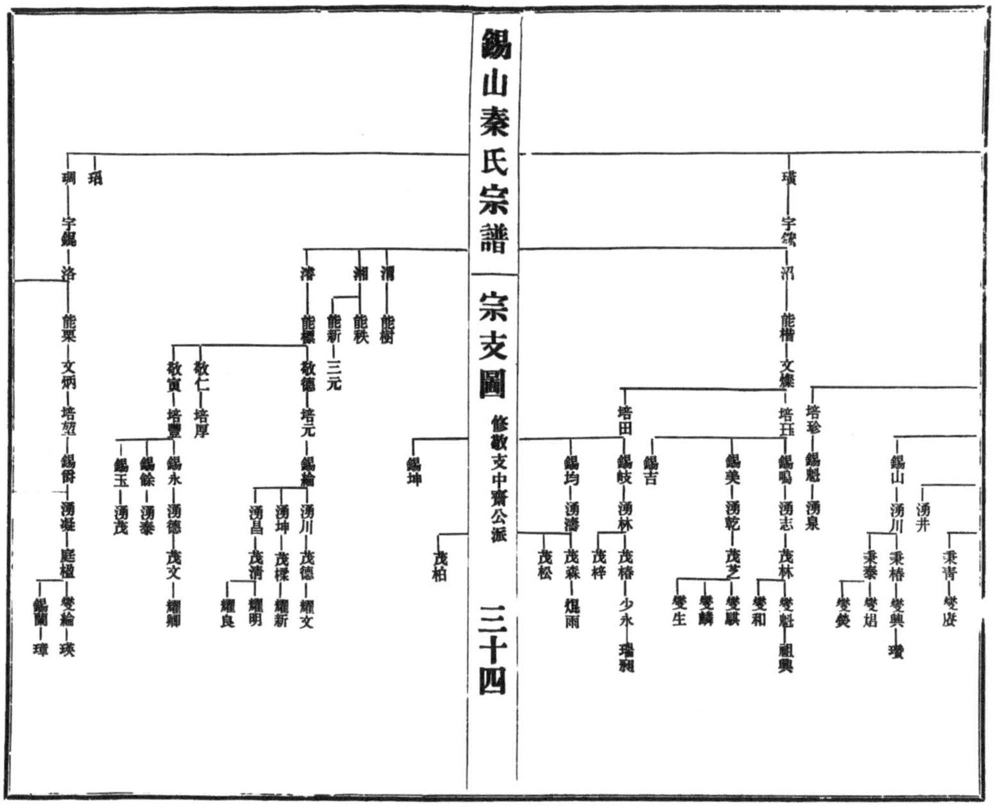
錫山秦氏宗譜
宗支圖
修敬支中齋公派
三十四

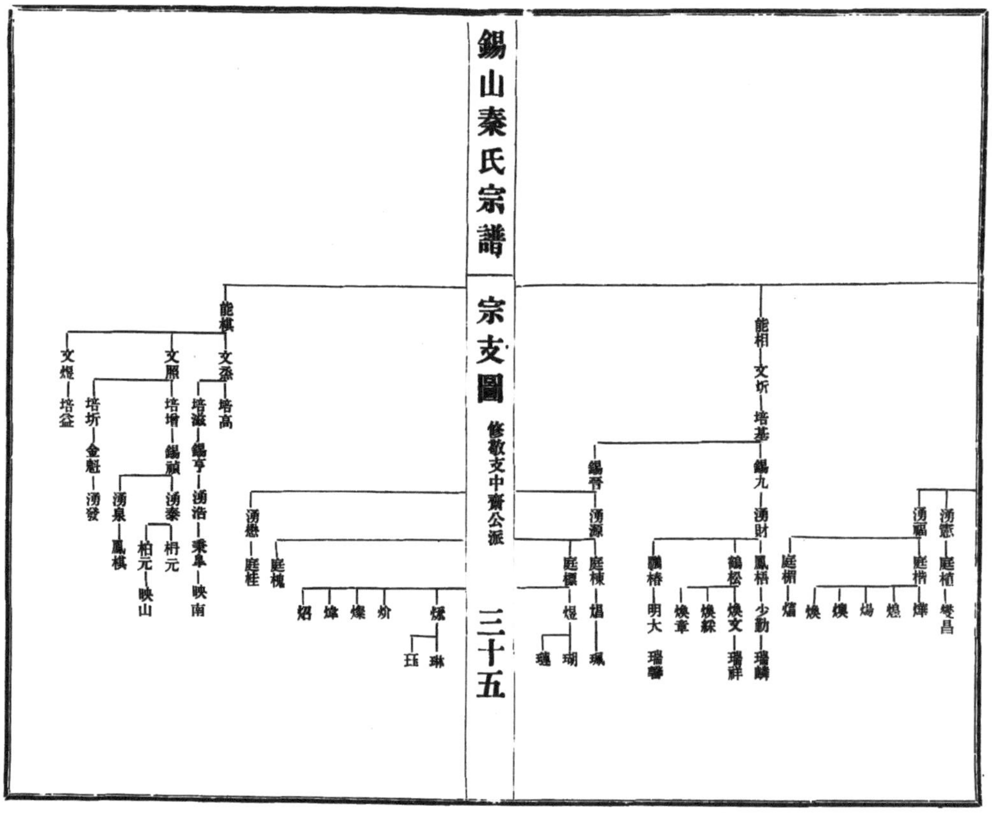
錫山秦氏宗譜
宗支圖
修敬支中齋公派
三十五

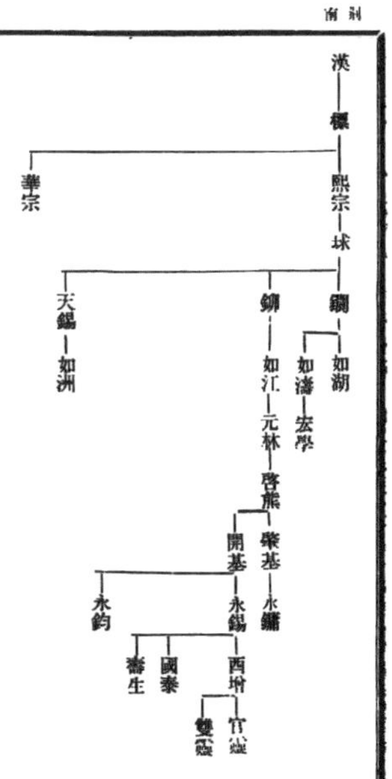

錫山秦氏宗譜

宗支圖

修敬支中齋公派

三十六

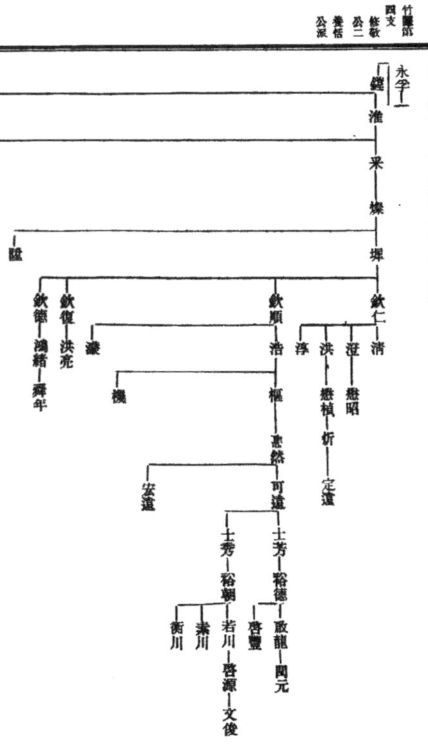

錫山秦氏宗譜

宗支圖

肇恬支鳳橋公派

三十七

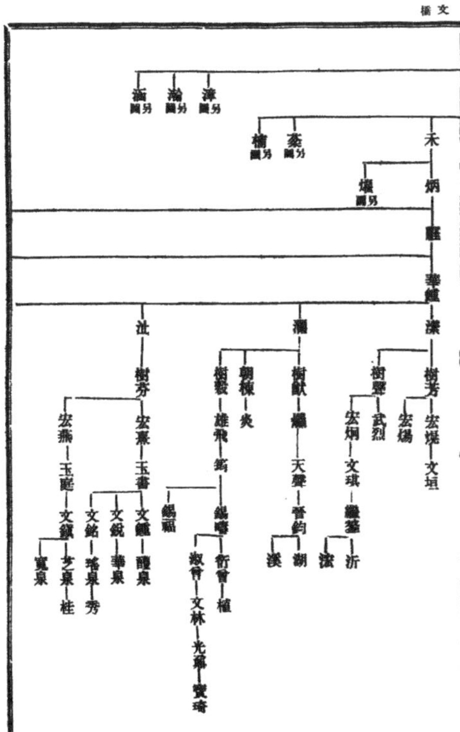

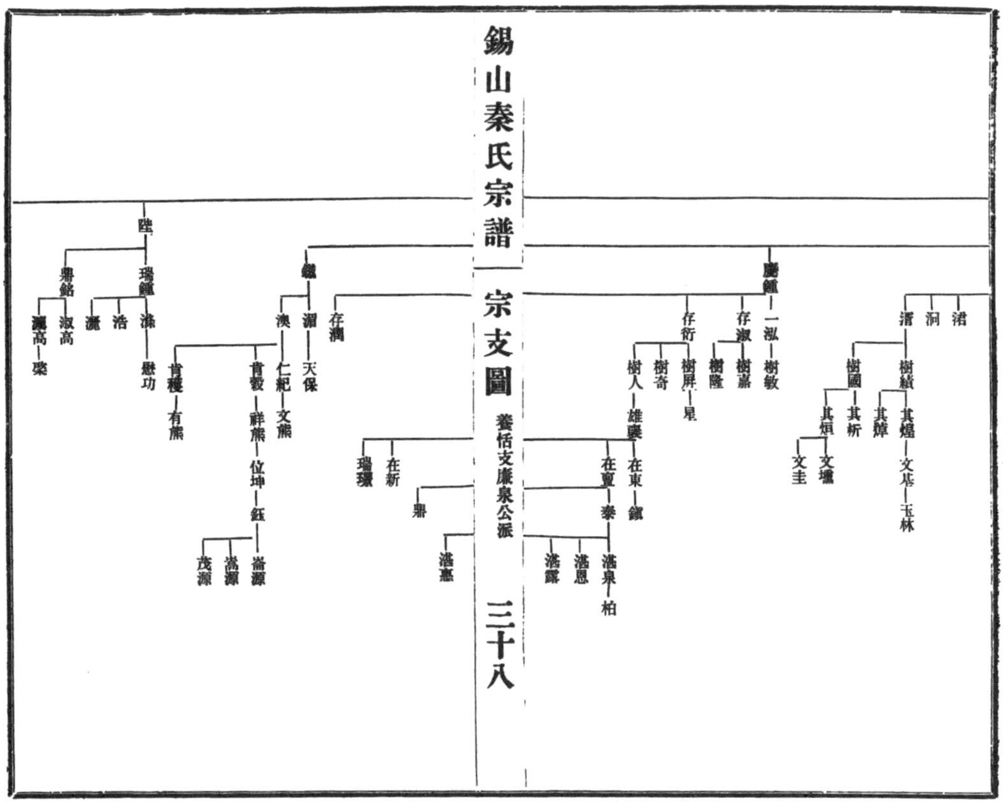
錫山秦氏宗譜
宗支圖
養恬支廉泉公派
三十八

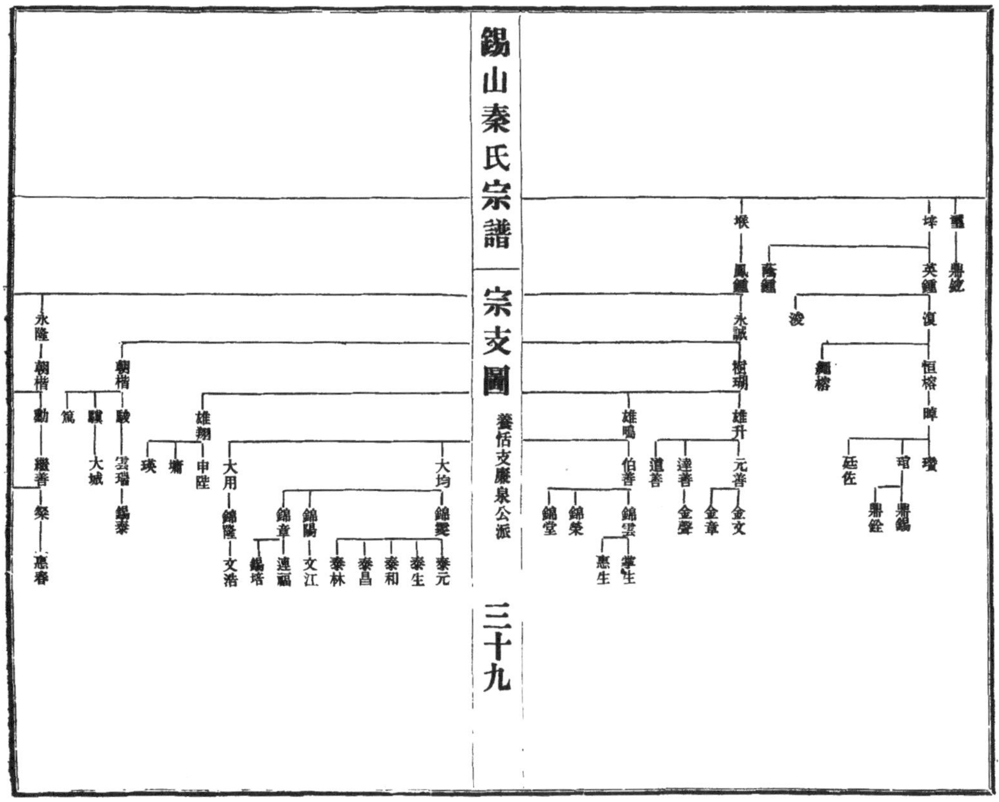
錫山秦氏宗譜
宗支圖
養恬支廉泉公派
三十九

錫山秦氏宗譜　宗支圖　養恬支公安公派　四十

爊—堎—伯欽—德滋—松年—世熙—堯宍—宏淦—大治—本仁—炳奎—成基—鍾俊—宗沂
炳台—邦基—鍾傑—錫津
仲錫 另圖
叔銘 另圖
埏 另圖
坦 另圖
增 另圖
重熙—堯文—明鑑—永福
永祿
永文
永武
如鑑—大淵
松丸—寧熙—堯廷—鍾英
在—鎣—仁浩—樹德
宏熤
仁溥
仁淵
永綬
烈—樂善—金壽—惠全
進善
釗—福基
福昌

續熙—堯卿—鍾麒
義熙—堯封
淳熙—堯仁—鍾尹
鍾勇—松林—慶福
慶寶
松承—緝熙—堯臣
松麟—純熙—堯章—鍾傑
雍熙—堯功—鍾美—敦洙—廷椿—煥文
煥章—毓培—鏞—可法
釗—可法
松五—元熙—堯心
堯中
堯和—關
松辰—懋熙—載起
載振
德滹—松存—載熙—邦基—鼎銓—南霖

錫山秦氏宗譜　宗支圖　養恬支公安公派　四十一

德淇—松高—咸熙—琴堂—驚聲—漣—棽
敬熙—含英—元聲—應洛—杲
果
振聲—沅
琦—駿聲—灝—桂林
友聲—濤
福汲
湧
洙
倍聲—鴻—棟高
鳳聲—洞
和聲—沂
松際—永熙—肇基
貞熙—孝基—在鎬
松友—利熙—丕基
宏基—衡銓—南沛—上松—桂生

春熙—珩—嗣聲—瀛
德汾—松龍—養熙—載峯—元錫—涇
渭
永錫—浩—廷湘
載業
樂熙—載績—廷錫—朝源
保源
三錫
文熙
祖熙
松鳳—道熙—載洪
德衍—松巖—成烈—孝坤—維鏞—維川—德棻—龐烜—□□—欽仁
殿鰲
維鎧—□□—德榕—廷燮—寶圻—欽羲
廷耀

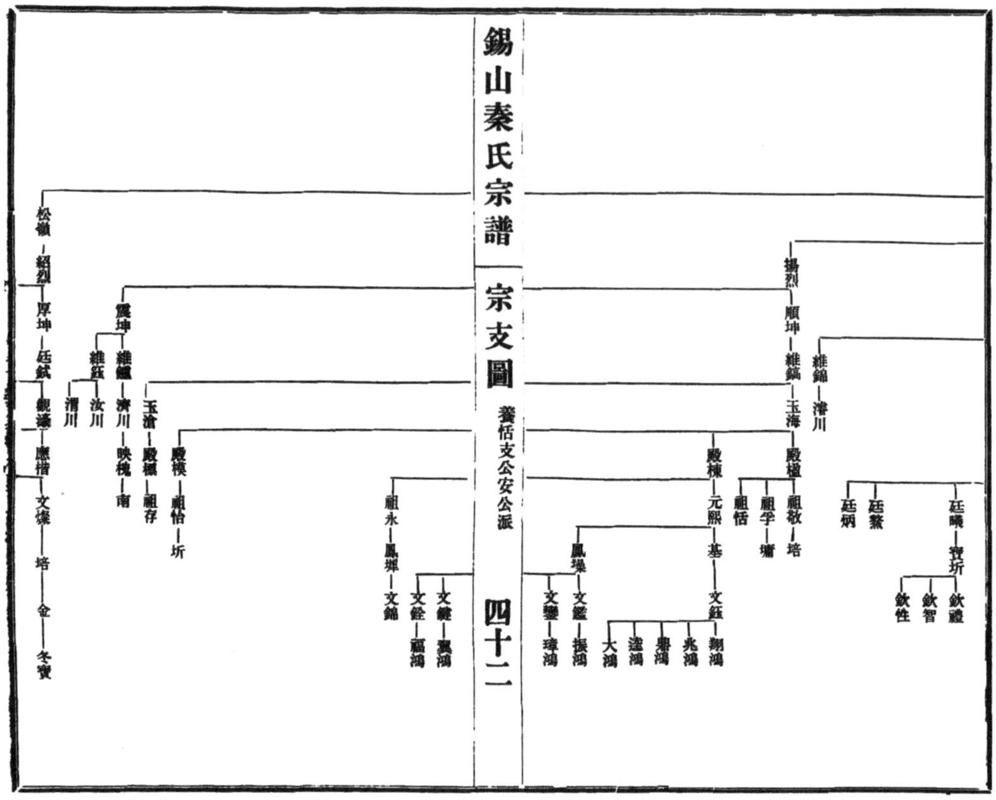
錫山秦氏宗譜
宗支圖
養恬支公安公派
四十二

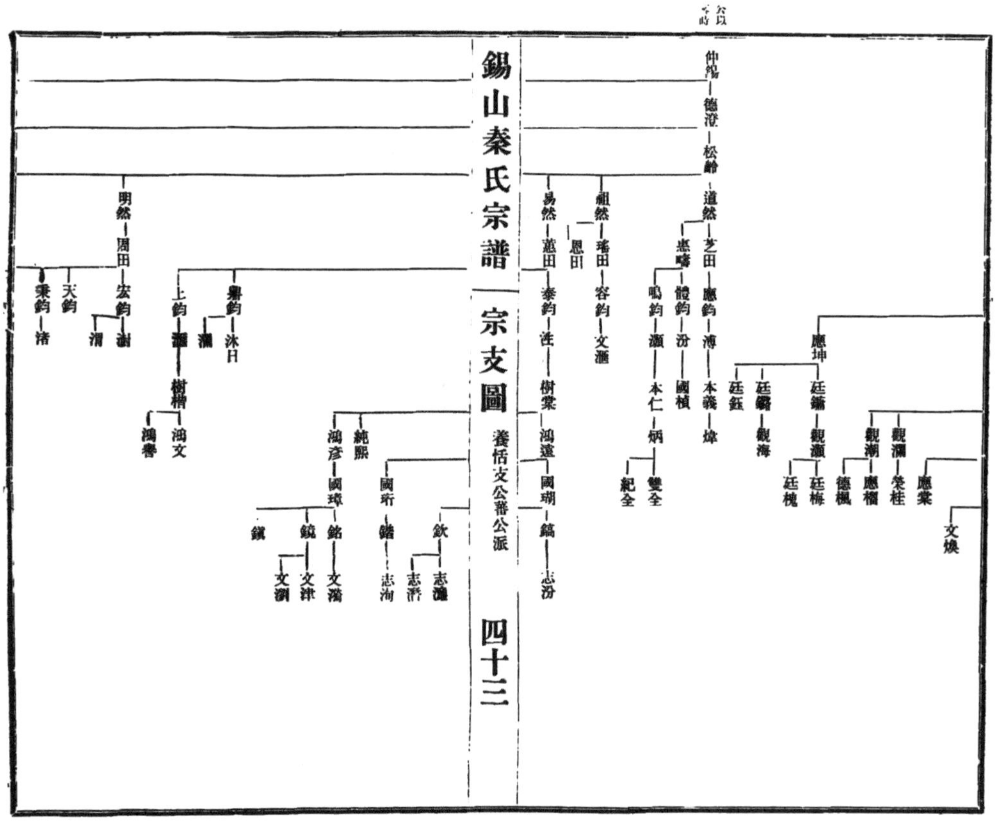
錫山秦氏宗譜
宗支圖
養恬支公蕃公派
四十三

錫山秦氏宗譜

宗支圖 養恬支公蕃公派

四十四

萬鈞—瀾—嘉植
嘉樹
審然—鄉田·度鈞—清—丹琳—豐烈
功烈
盛烈
昌烈
浩—綺林
杏田—贊鈞—潤—邦采
廷楹
畯鈞
樂鈞
預鈞
藝田—彥鈞
碩鈞
卓鈞—文治
朝鈞
輪鈞

松岱—實然—春田—鴻鈞—瀛—緗武—昌熙—若珩—炳鑑
煦—福球—錫祺
慶彤—元徵
福徵—錫禧—長華
緗業—光簡—厚基—彥釗
光翰
光祖
光儒—若瑾—汝鏞
瀹—緗文—昌熾—若璜—錦棠
錦章
昌煜
昌焯—璇—爾璽—宗蕃—毓慶
斌—寶琛—爾鑾—宗蕃
沆—國楠—瑧—寶瑚—銘直—汝成—錫青
錫齡
汝不—錫皋

錫山秦氏宗譜

宗支圖 養恬支公蕃公派

四十五

淳—國棨—昌煥
國梓
國椅
國榕—昌熺—庚瑞
庚琪
寶璣—銘光—沖志—杲辰
洪萬
江朝
銘博—滿明
滿達
汝飄—錫皋
岐鑾—銘度
敦世—夏聲—斗華
中行—開華
中閎—重華

龍鈞—治—廷楧
夢柏—炳吉—璲—鏞鏡
廣鈞—灋—廷棨—顯談—璠—壽生
廷植·光勳
崑鈞—江—廷杰—纖昌—紹李—恩慶
學坊—同騰—志源
邦傑—先鐸
士鐸
書鐸
恒昌—炳李—振鐸
耀李—鼎銘—鴻聲
鼐銘
薰銘
克昌—大李—鋼—九臯
瑩—關安
玖報—二保

以新

錫山秦氏宗譜 宗支圖 養恬支公蕃公派 四十六

豫鈞—鼎元—棠—檪

泳—廷懋—汝榮—侍陛—昌鑑—觀海
泳—廷幹—汝燮—侍堯—興祚
泳—廷楓—文照—玉嘒
泳—廷栻—汝烜—侍陛
沅—廷楣—貽烈—康圻
沅—廷寅
灃—棫—炳英—壽圻—鉦
灃—廷枚—炳緞—泰圻—兆鑌
灃—廷枚—炳緞—泰圻—兆鈞
灃—廷枚—炳璋—耆圻—鑄
灃—廷枚—炳璜—順圻

錫昌
蔭墀—秉鈞—鴻祥
鳳墀
鏡

有爲—璠
尖梯—焯—兆甡—繩穆—瀏
尖梯—炤
尖梯—煥堯—璿—繩鐃

鳳鈞—清—廷楷

舜燕—中咸—鈁—澮—栝
舜燕—中咸—鈁—澮—標
舜燕—中咸—鈁—澮—槤
舜燕—繼—鉞—鼎源—文楠
舜燕—繼—鉞—鼎源—文椿
舜燕—繼—鉞—鼎源—文松

鏓—澍

德藻—松期—始然—藍田—大鈞—漕—廷樺
德藻—松期—始然—藍田—大鈞—漕—廷楝
德藻—松期—始然—藍田—大鈞—漕—廷柄

和鈞—濂—廷棻—煥文

錫山秦氏宗譜 宗支圖 養恬支公蕃公派 四十七

濲—廷楷—煜—堉培
濲—廷楷—煜—釉培
濲—廷楷—煜—恩培
濲—廷楷—檪—福培
濲—廷楷—煥—元培
濲—廷楷—煥—泰培
濲—廷楷—炳—尖培—兆銜
濲—廷楷—炳—德培
濲—廷楷—濂—蕃
濲—廷楷—濂—漢墀
濲—廷楷—燦—寶璋—釗—淮源
濲—廷楷—燦—寶琦
濲—廷楷—燦—寶琛—銘
濲—廷楷—燦—寶琛—鑑

鏞
寶珊—祖銘
寶珊—祖錫
寶珍

廷植—恩照
廷植—恩瀟
廷楨—恩煦—春培
廷楨—恩烈—榮培

淙—學楷—煥鐵
淙—學楷—煥綬
淙—學楷—煥經—秉瑛—鎮中
淙—學楷—煥經—亞傑—鎮民

調鈞—雷—懋德
調鈞—雷—春林
調鈞—運清—懋功

之鴻—忠清—宮槐—繼烈
之鴻—忠清—栻—大文—孟培

錫山秦氏宗譜

宗支圖 養恬支公蕃公派

四十八

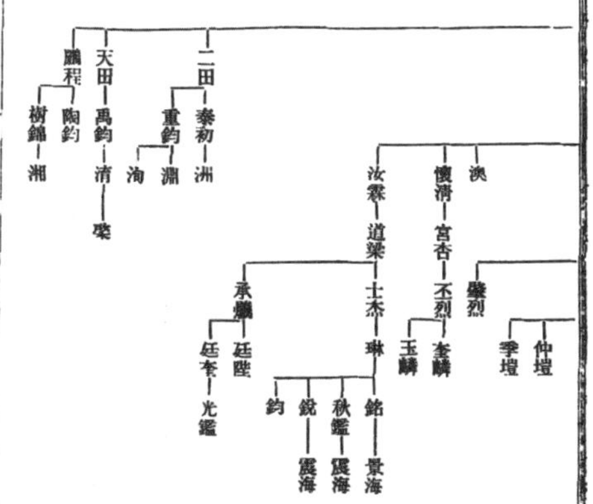

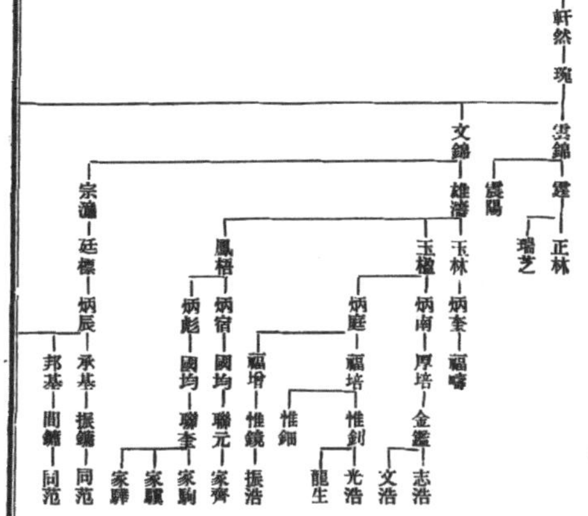

錫山秦氏宗譜

宗支圖 養恬支公蕃公派

四十九

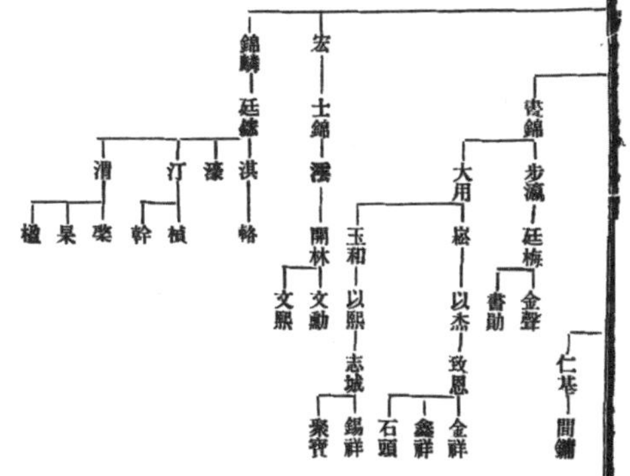

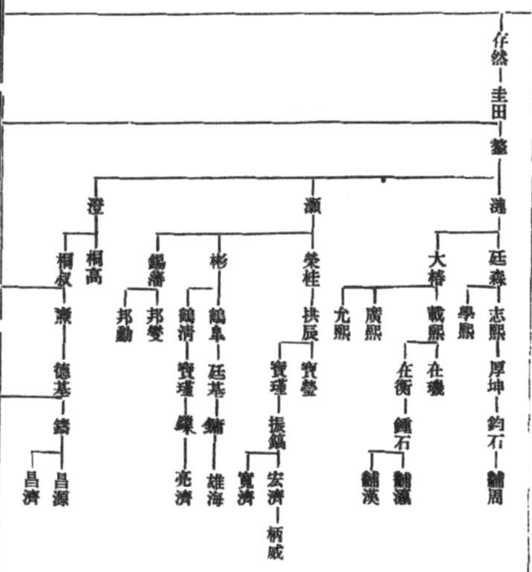

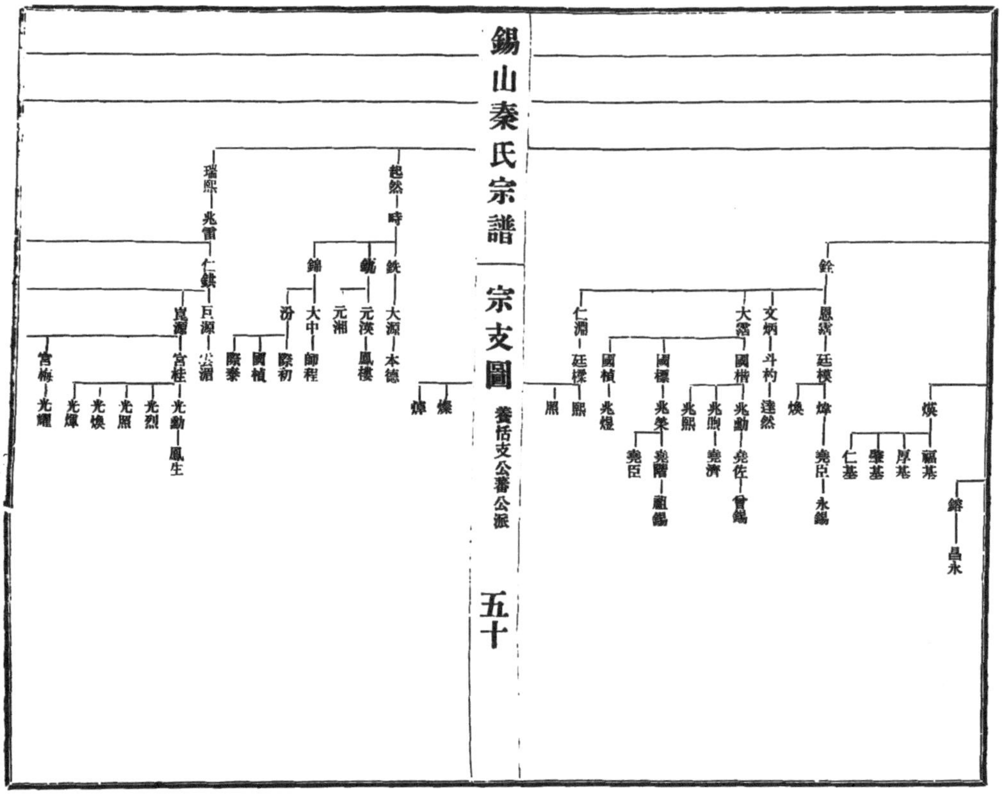

錫山秦氏宗譜
宗支圖
養恬支公蕃公派
五十
銓
恩霑
廷樸
煥
焯
堯臣
永錫
文炳
斗杓
達然
大霑
國楷
兆勳
堯佐
會錫
兆煦
堯濟
兆熙
國標
兆棨
堯階
祖錫
堯臣
國楨
兆煜
仁淵
廷標
熙
照
熯
福基
厚基
肇基
仁基
鎔
昌永
燦
焯
起然
時
鉄
大源
本德
鋐
元渶
鳳樓
元湘
錦
大中
師程
汾
際初
國楨
際泰
瑞熙
兆雷
仁鉄
巨源
公淵
寬源
宮桂
光勳
鳳生
光烈
光照
光煥
光焯
宮梅
光耀

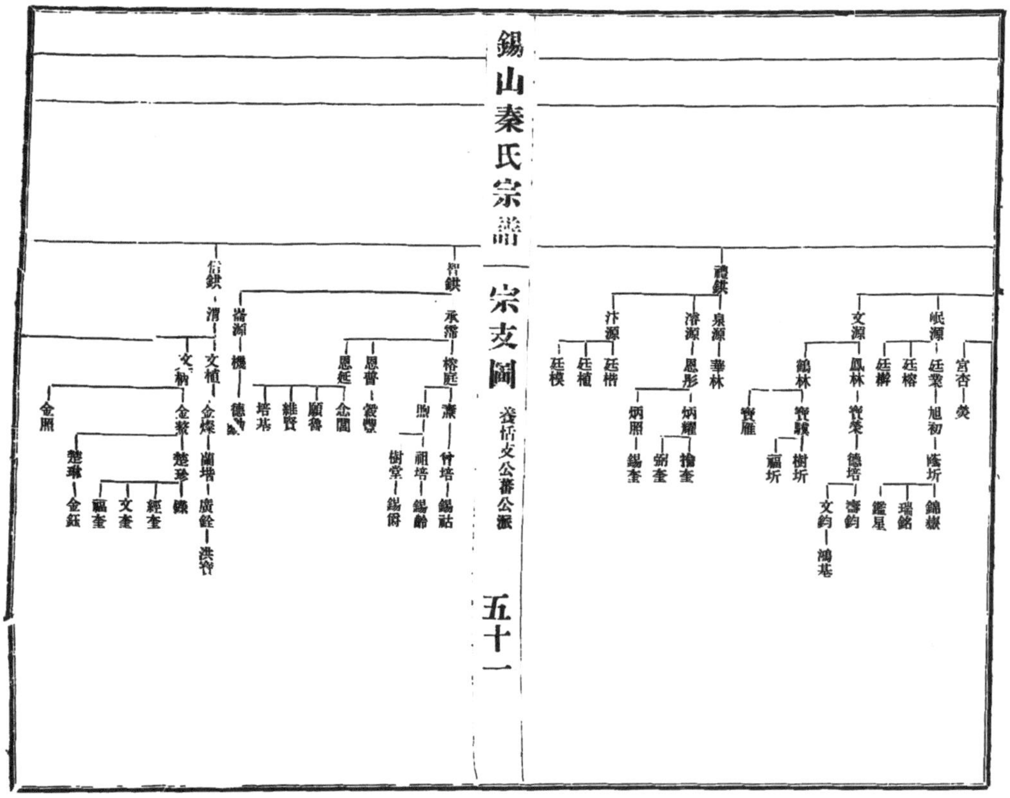

錫山秦氏宗譜
宗支圖
養恬支公蕃公派
五十一
禮鉄
泉源
華林
溶源
恩彤
炳耀
掄奎
弼奎
炳照
錫奎
汴源
廷楷
廷植
廷模
帳源
廷棻
旭初
隆圻
錦嶽
瑞銘
鑑星
廷榕
廷嶸
宮杏
燮
文源
鳳林
寶棻
德培
濤鈞
文鈞
鴻基
鶴林
寶驥
樹圻
福圻
寶雁
智鉄
承霈
榕庭
濂
竹培
錫祜
煦
祖培
錫齡
樹堂
錫爵
恩普
瀔豐
恩延
金閶
顧魯
維賢
培基
嵩源
機
德
信鉄
渭
文植
金燦
幽增
廣銓
洪賚
文柄
金鰲
楚珍
鏃
經奎
文奎
福奎
楚琳
金鈺
金照

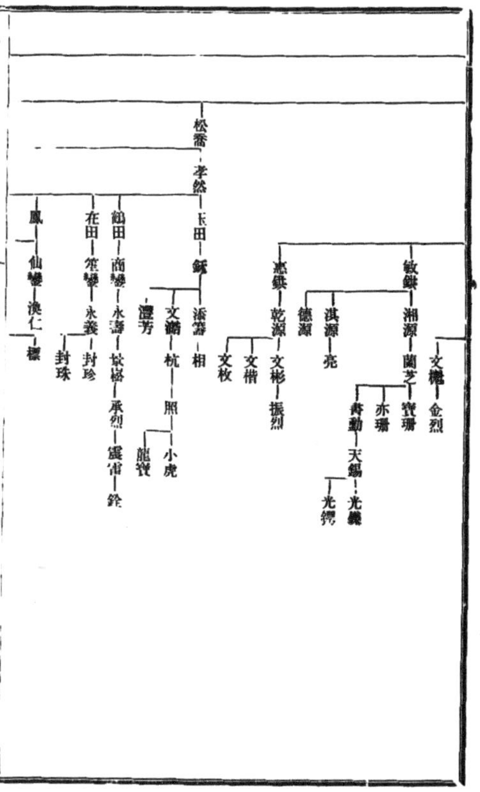

錫山秦氏宗譜　宗支圖　養恬支公蕃公派　五十二

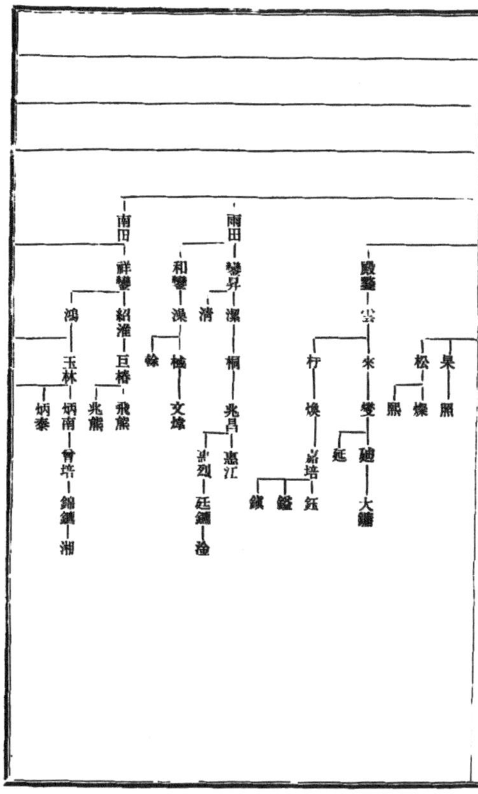

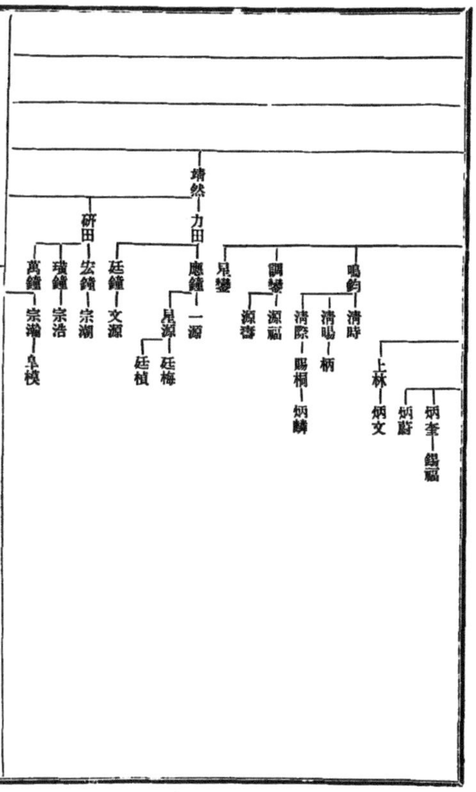

錫山秦氏宗譜　宗支圖　養恬支公蕃公派　五十三

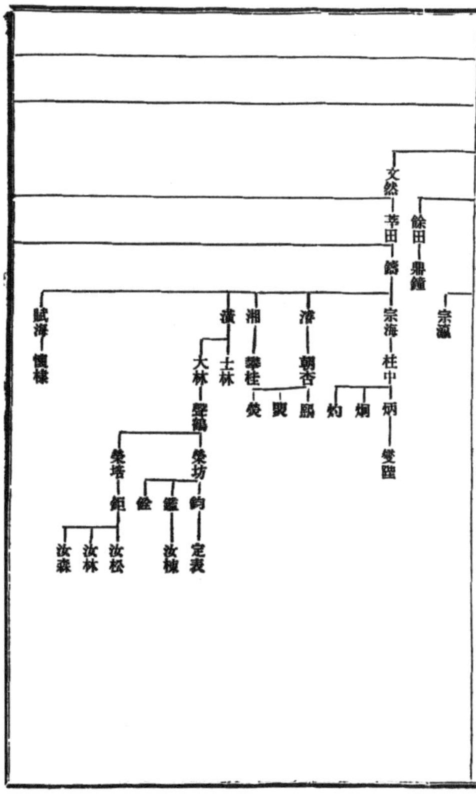

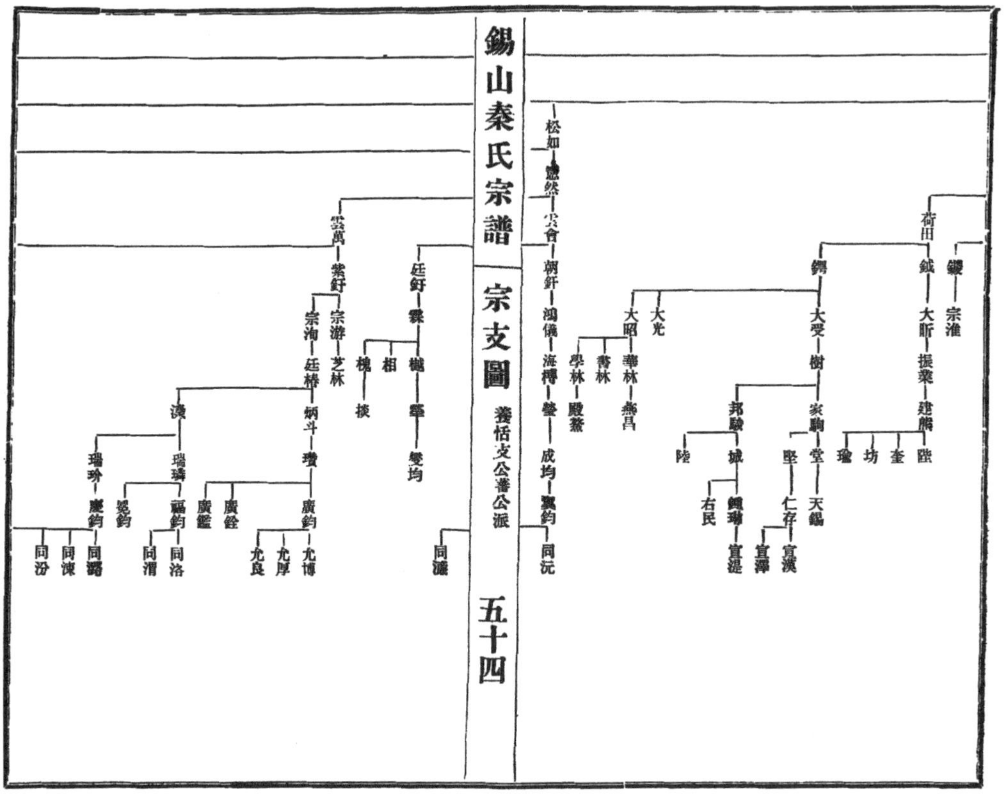
錫山秦氏宗譜
宗支圖
養恬支公蕃公派
五十四

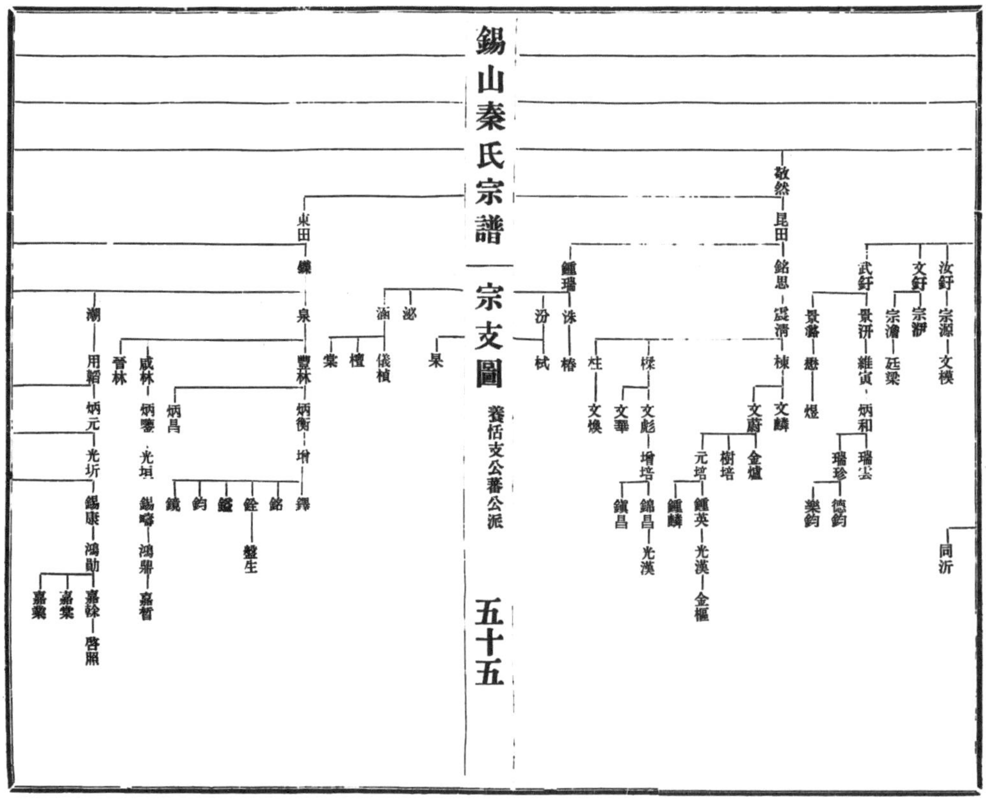
錫山秦氏宗譜
宗支圖
養恬支公蕃公派
五十五

錫山秦氏宗譜

宗支圖

養恬支公蕃公派

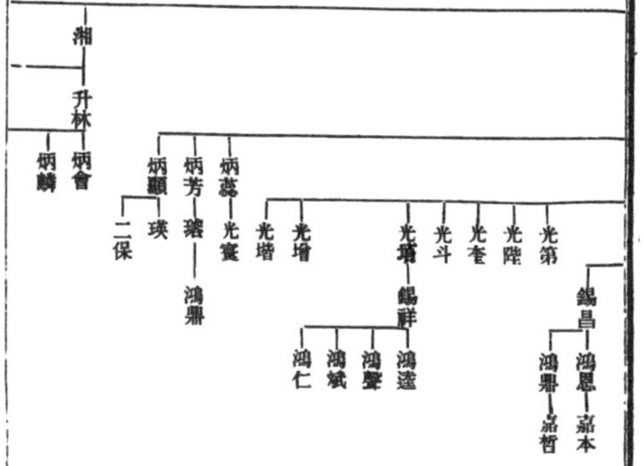

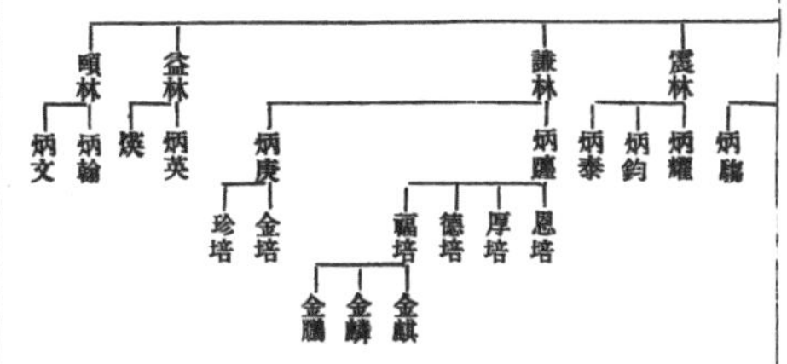

五十六

錫山秦氏宗譜

宗支圖

養恬支公蕃公派

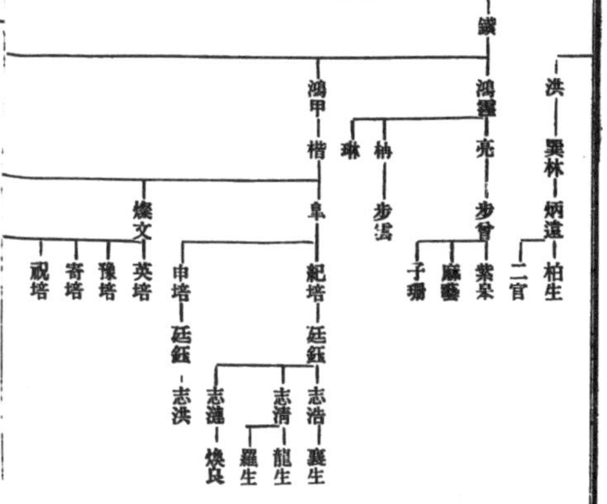

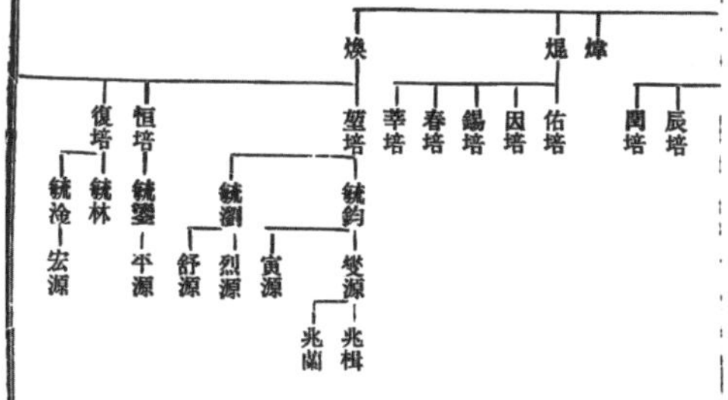

五十七

錫山秦氏宗譜

宗支圖

養恬支公蕃公派

五十八

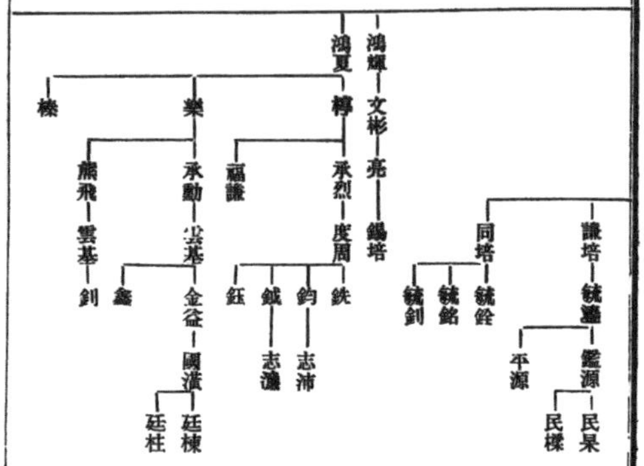

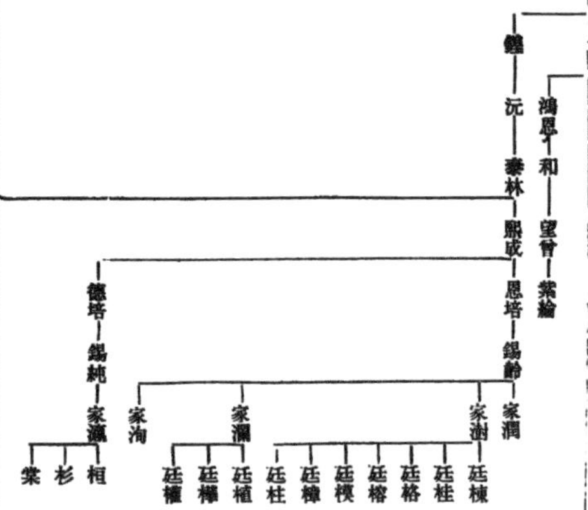

錫山秦氏宗譜

宗支圖

養恬支公蕃公派

五十九

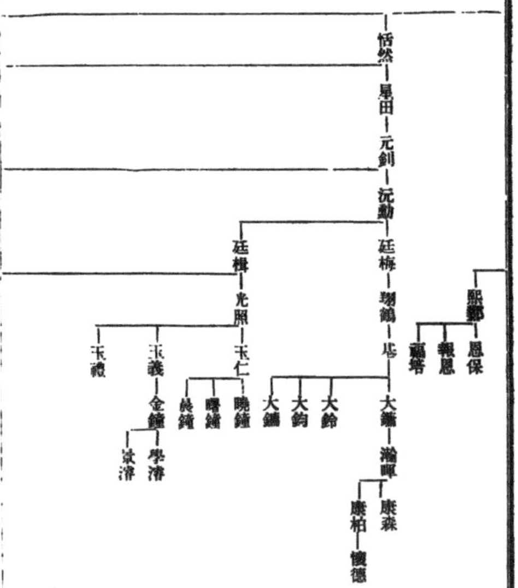

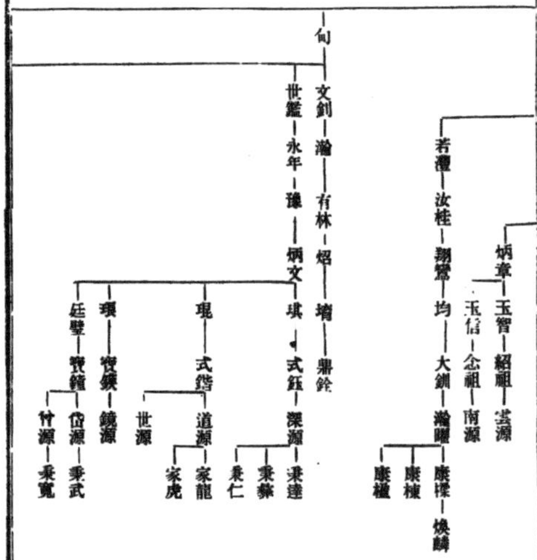

錫山秦氏宗譜 宗支圖 養恬支公番公派 六十

- 巨鎮—一沆—河𣲛
  - 陽生
- 祖釗
- 雄鎮—遜源—杜英
- 雲飄—鼎銘—斌范—兆棠—炳照
  - 炳南
  - 樹穀—烜
  - 建楠
- 新銘—景沂—樫—炳蔚—承基—鉦—溥源
  - 景衎
- 雲衢—潘—景洛—維梅—光烈—望—大鏞—仲章—世生
  - 維梓—光熤
  - 維桝—光爍
- 士鋒—曠淇
- 士鉉—景灝—維模—光焴—兆基
  - 兆坤
- 荣然—鳳飄—朝鑑—溪
  - 洲—棠—元曦—履培—毓錦—一源
    - 長源
  - 雯—學楷
  - 兆墉
- 藻田—復初
  - 鬱初
  - 裕初
  - 昇初—濮注—廷梅
- 景然—孟堅—恩初—洪錫—廷章
- 松虬—純然—禹田—雄鑣—渼—琳—春爔
  - 霽爔
  - 瑞爔—景坊—金培—鏸涇
    - 寶蕎—金培—毓涇
  - 份田—良鑣—登瀛
- 修然—兒田

錫山秦氏宗譜 宗支圖 養恬支公番公派 六十一

- 德濂—松衢—辰燕—中嘉—鑅—浩—廷蘭—丙昌
  - 中立—鑑
  - 中瑛—鑲—汝諧—樹勛—泰昶
    - 榮暢
    - 汝楫—樹驊—景熙
      - 錫晉
- 竹然—福田
- 虛然—純畬
  - 經畯
- 呂燕—日至—學乾—法唐
  - 法尹
- 知至—始乾—若瀹
  - 承乾
- 思慶—如金—濟
  - 若金
- 川至—鼎—鴻—栽—育焉
- 松華—曾棨—大呂—鎮—泰—秀—位焉
  - 鏞—深
- 秉均—鈢—大燮—宫槐—書勳
  - 二酉
  - 萬鎰
- 義均—兌麗—鳳池—玉林—承烽
  - 景烜
  - 士煙
- 履均—朝鼎—大霈—□□—鑾模
- 智均—雨舍
  - 士鉞
  - 蘭金—鵬池
  - 蓮錦
- 倩均—士緣—大霖—天榜
  - 文榜—恒
  - 金榜—星沅

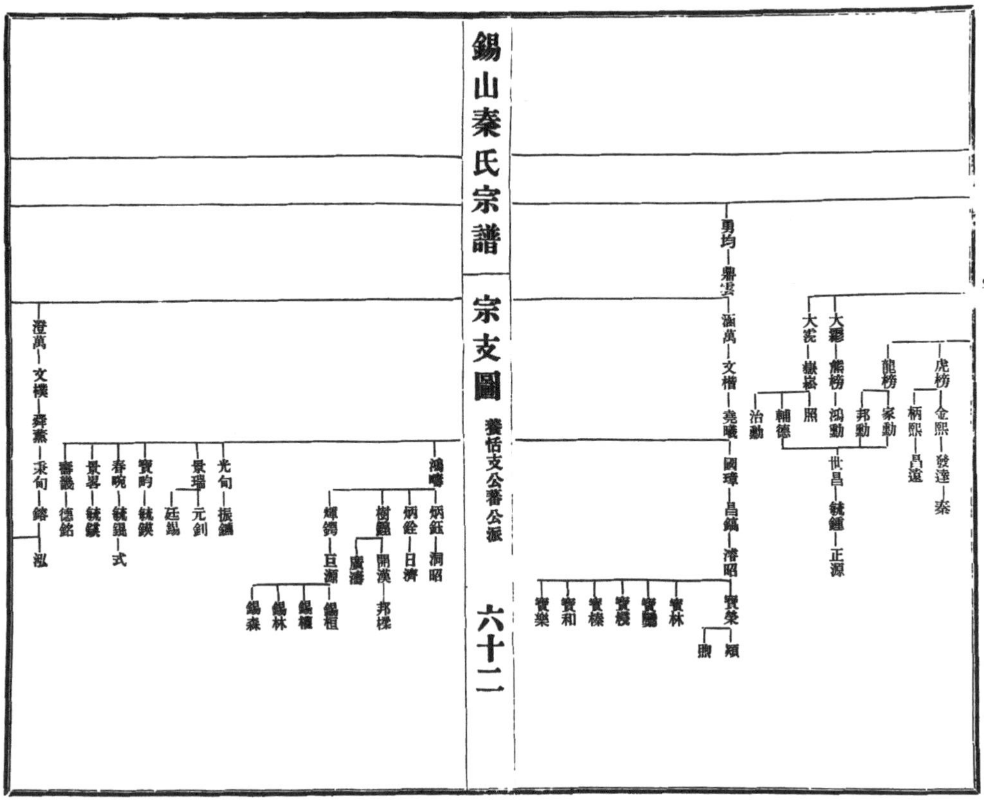
錫山秦氏宗譜
宗支圖
養恬支公蕃公派
六十二
勇均—鼎雲—涵萬—文楷—堯曦—國璋—昌鎬—濬昭—寶棨
頫
瞰
寶林
寶鑰
寶樸
寶榛
寶和
寶樂
大彩—熊榜—鴻勳
大瓷—嶽嵩—照
輔德
治勳
龍榜—家勳
邦勳
世昌—毓鍾—正源
虎榜—金熙—發達—秦
柄熙—昌遠
澄萬—文樸—彝蕃—秉甸—鎔—泓
鴻曙—炳鈺—洞昭
炳銓—日濟
樹鑑—開漢—邦棟
廣濬
煇鍔—亘源—錫植
錫櫃
錫林
錫森
光甸—振鏞
景瑞—元釗
廷錫
寶昀—毓鍈
春晼—毓錕—式
景碁—毓鏷
審議—德銘

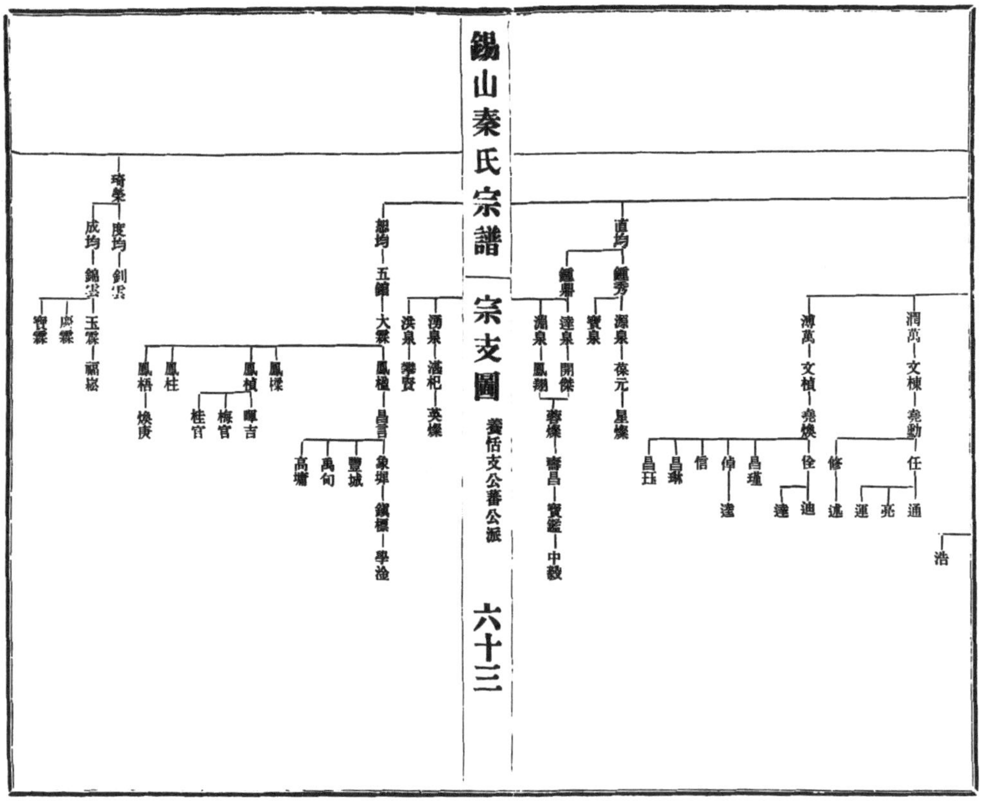
錫山秦氏宗譜
宗支圖
養恬支公蕃公派
六十三
潤萬—文棟—堯勳—任—通
亮
運
修—逑
浩
溥萬—文楨—堯煥—佺—迪
達
昌瑾
倬—逵
信
昌琳
昌珏
直均—鍾秀—源泉—葆元—星燦
寶泉
鍾鼎—達泉—開傑
滿泉—鳳翔
蓉燦—壽昌—寶鑑—中毅
懋均—五鎬—大霖—鳳楹—昌言—象坤—鎮標—學淦
豐城
禹甸
高墉
鳳棣
鳳楨—暉吉
梅官
桂官
鳳柱
鳳梧—煥庚
湧泉—涵杞—英燦
洪泉—攀賢
琦棨—度均—釗雲
成均—錦雲—玉霖—福崧
慮霖
寶霖

公盤　太寧

錫山秦氏宗譜　宗支圖　養恬支太寧公派　六十四

叔銘—德隆—松壽—嘉熙—堯天
松壽—紹熙
松壽—國熙
松壽—明熙
博榮—體均
弼榮—道均

挺—鏸—日新—棟—元煥—紹奎—金門—瑞源
日新—維霖—元炳—紹基—錕—溥
元炳—紹垺—鍃
日新—宗李—文煜—紹珍—永錫—懋源
紹珍—汝錫
紹珍—建鍾—埒源
日新—宗程—文煌
日新—宗朱—文燦
鏸—灉
鏸—滐—維藩—元勳—方琦—錦

景淳—宗杜—光第
宗杜—光斗
維桊—奕勳—在升
維桊—敘勳
維桊—建勳—□□—鎬—瀛阜
維桊—晉勳
龍旂—起南—錐—油然
錐—沛然—培森—煌—坤燾
培森—光
培森—輝
培森—昱—坤照
昱—坤杰
昱—坤和
培森—焯
錐—浮然
龍章—在復—鐩
在復—鏆—宏源
鏆—士源
龍袞—玉瑛
龍袞—仁寶—銓受—澄
上鼎—方豫—鈐
方豫—鶴齡

錫山秦氏宗譜　宗支圖　養恬支太寧公派　六十五

宗枋—光仁—德裕—元英—漣生
德裕—戩
德裕—恩貴
宗枋—光義
宗枋—光禮
宗枋—光智—宏基
宗林—光儀—德基—鋭—浩
德基—鏦
德基—鋮
宗林—光袤

鉌—滰
鉌—澍—榮—章煥—致坤—斌—洪
斌—浩
章煥—效坤—鋌—觀海—鳳梧—文熇—全福
效坤—鉦—沛
澍—榮紹

濱—榮綸
濱—榮綬—文偉—華堂
榮綬—文輝—玉堂
文輝—肯堂
濱—榮繡
溶—榮經
溶—榮縉—文模—天泰
渼—御李—丙熾
濼—仁標—甲熾—應坤
潘—榮緒—有烈—象坤
有烈—厚坤—錦文
厚坤—錦武
厚坤—錦斌

叔鈁—滌
叔鈁—沆
叔鈁—淵—廷機—大烈—廣封—廷鏞—亦源

太函　太湖

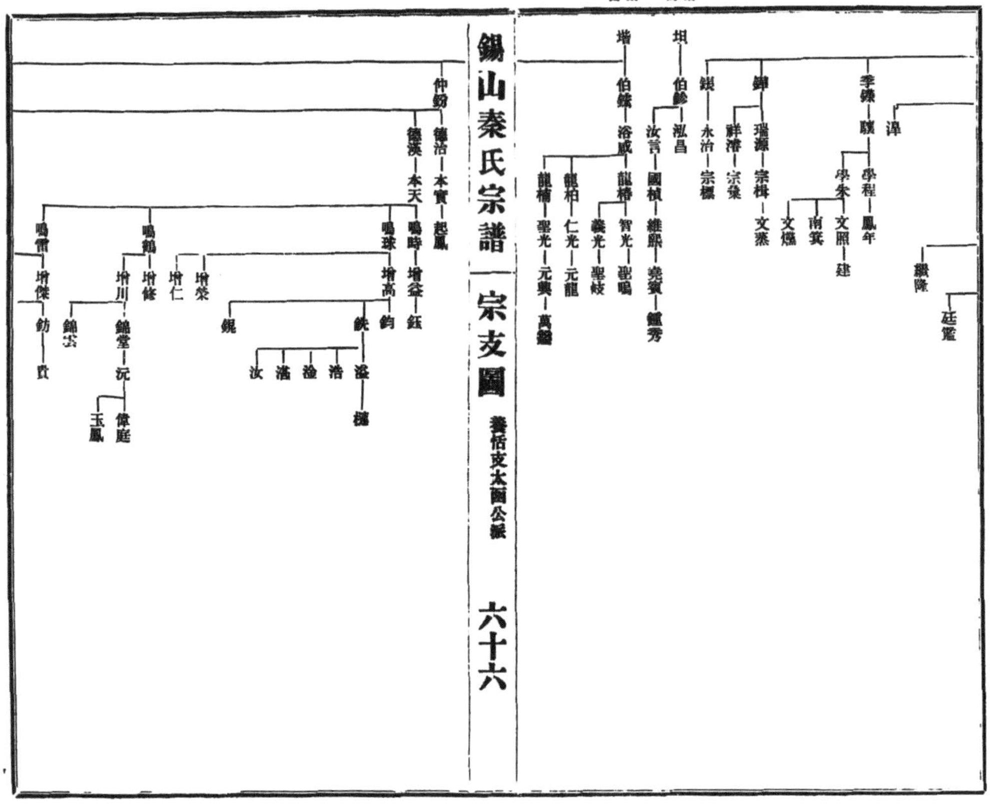

坦—伯鯵—泓昌
汝言—國楨—維麟—堯賓—鏞秀
增—伯鋐—浴威—龍椿—智光—聖鳴
羲光—聖岐
龍柏—仁光—元龍
龍楠—聖光—元輿—萬鎰
鋃—永治—宗標
鏄—瑞源—宗楫—文燕
祥濬—宗粲
季鐸—驤—學程—鳳年
學朱—文照—建
南賓
文爔
淖
纘隆
延鑑
錫山秦氏宗譜 宗支圖 養恬支太函公派 六十六
仲鈖—德浩—本實—起鳳
德渶—本天—鳴時—增益—鈺
鳴球—增高—鈞
銑—溢—樾
浩
湰
滈
汝
鋧
增榮
增仁
鳴鶴—增修
增川—錦堂—沅—偉庭
玉鳳
錦宏
鳴雷—增傑—鈁—貰

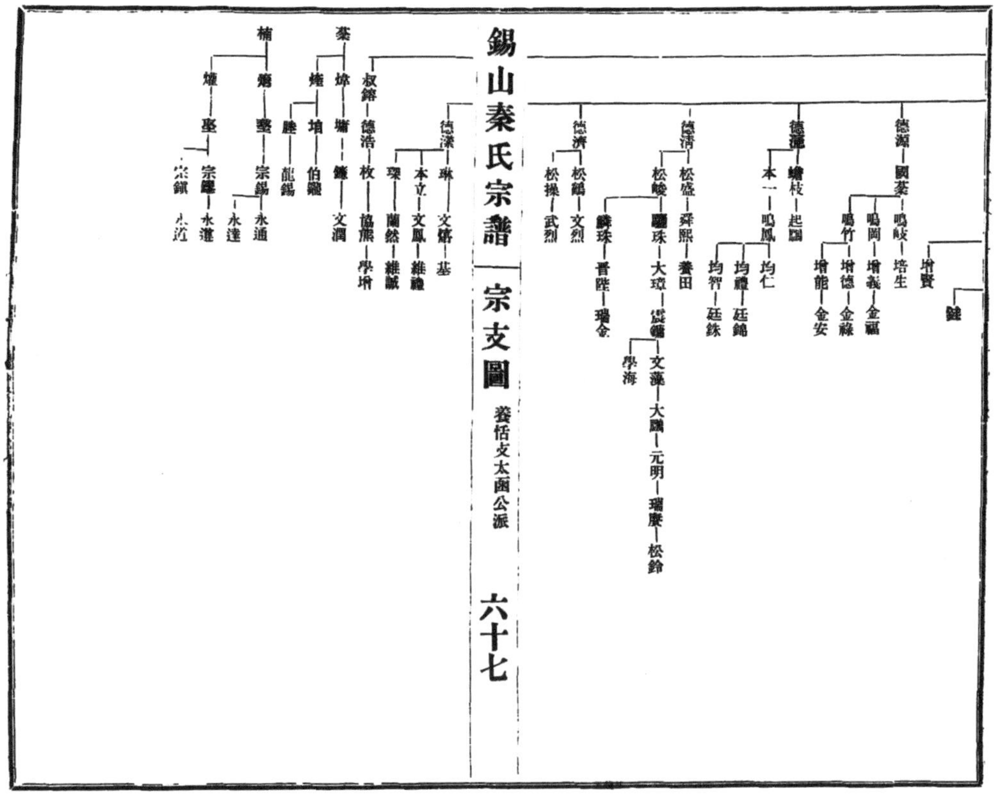

德源—國棻—鳴岐—培生
鳴岡—增義—金福
鳴竹—增德—金祿
增能—金安
增賢
鏈
德滬—蟾枝—起鵬
本一—鳴鳳—均仁
均禮—廷錦
均智—廷鉌
德清—松盛—舜熙—養田
松峻—驪珠—大璋—儀鏞—文藻—大鵬—元明—瑞慶—松鈴
學海
麟珠—晉陞—瑞金
德濟—松鎬—文烈
松操—武烈
錫山秦氏宗譜 宗支圖 養恬支太函公派 六十七
德渶—琳—文熔—基
本立—文鳳—維禮
琛—蘭然—維誠
叔鎔—德浩—枚—協熊—學埒
棻—焯—墉—鏞—文潤
烽—培—伯鑞
睦—龍錫
楠—熺—璺—宗錫—永通
永達
熺—壑—宗鐸—永灌
宗鎮　永近

漱泉　岖仁

錫山秦氏宗譜　宗支圖　養恬支漱泉公派　六十八

淳—木—燧—擢
擢—明璺—永孝
擢—明璺—永恭—本植、本基、本勇、本奎
本勇—芝榮
擢—琊—恂—人功—龍標
龍標—仁愋—德基
龍標—仁㯖—鑾基
鑾基—和鈞—廣清
廣清—廷棟—榮錫
廣清—廷㯖—金榮
鑾基—秉鈞
秉鈞—春江
秉鈞—耀沙—金生
秉鈞—若淵—惠芳、聽生
秉鈞—鳳池—惠芬—金川
秉鈞—雲漢—天桂、泰元、補元
泰元—應泉

振標—文煬
文煬—德培—鈞—沛豐—國楠—光榮
光榮—厚基、戩基、福基
厚基—鎮海、鎮漢
鈞—濟川—國㯖—光榮—德基
鈞—汝芳—國棟—光煇—宗堯、宗堂
汝芳—國桐—光煌—宗篪、宗塑、宗境、宗圻
國桐—光耀—素城
文煬—德均—鉞—學洙—茂椿
茂椿—文炳—熹城
茂椿—炳照
茂椿—炳順—連城
國均—才寶

從川　虹洲屯槐

錫山秦氏宗譜　宗支圖　養恬支漱泉公派　六十九

瀹—梁（另圖）、栄（另圖）、棨（另圖）、㮡（另圖）
桊
燮—甯載—鏞—潢—巽檀
巽檀—麗中—坤寧—鉅—津—德林、芳林、士林、儒林、瑞林
巽檀—麗正—坤亨
李鈞
鋆—沐—國棟—充美
充美—邦畿—鎦—細、湧
充美—堂—鈐—如源、如川、如泉、如澗、如湖
如源—松泉
如泉—椿—大榮
如泉—瑠元
之淑—晉標
之沖
之瀛—順標
文㸌、文炳
錫—學泗—榮椿—炳奎—復城
學泗—蔭椿
庭椿
鈛—泰來

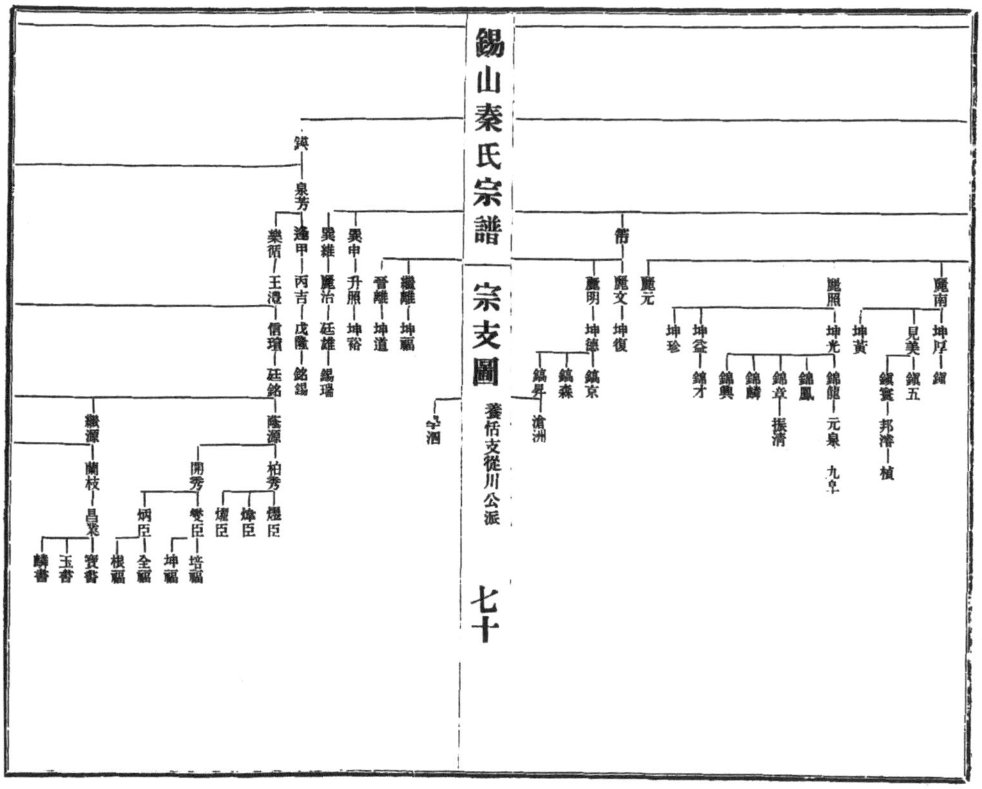
錫山秦氏宗譜
宗支圖
養恬支從川公派
七十
帶—麗文—坤復
麗明—坤德—鎬京
鎬森
鎬昇—滄洲
麗元
麗南—坤厚—鎦
見美—鎮五
鎮寶—邦澤—楨
坤黃
麗照—坤光—錦龍—元泉
九臯
錦鳳
錦章—振清
錦麟
錦輿
坤登—錦才
坤珍
字泗
繼離—坤福
晉離—坤道
巽申—升照—坤裕
巽維—麗治—廷雄—錫瑞
鏌—泉芳—逢甲—丙吉—戊隆—銘錫
樂循—王澄—信瓊—廷銘—蔭源—柏秀—爗臣
烽臣
燿臣
開秀—雙臣—培福
坤福
炳臣—全福
根福
繼源—蘭枝—昌業—寶書
玉書
麟書

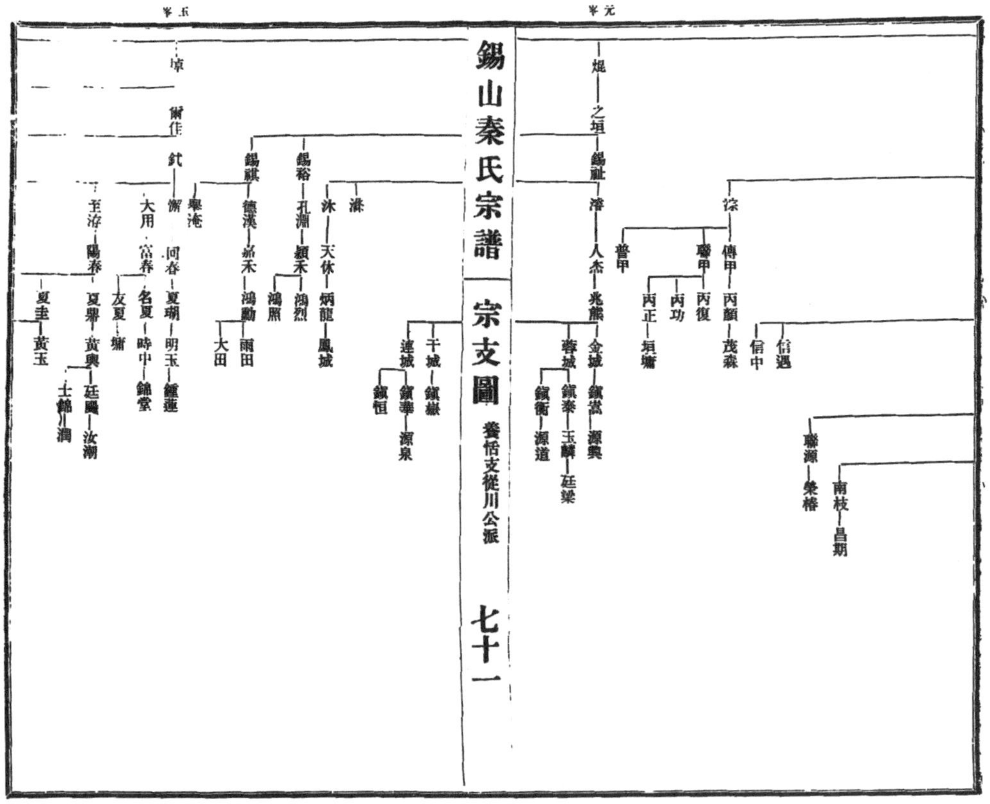
元半
五半
錫山秦氏宗譜
宗支圖
養恬支從川公派
七十一
焜—之垣—錫祉—濬—人杰—兆熊—金城—鎮嵩—源興
春城—鎮泰—玉麟—廷梁
鎮衡—源道
悰—傳甲—丙顔—茂森
聯甲—丙復
丙功
丙正—垣墉
晉甲
信遇
信中
聯源—榮椿
南枝—昌期
潞
沐—天休—炳龍—鳳城
干城—鎮崧
連城—鎮華—源泉
鎮恒
錫裕—孔淵—穎禾—鴻烈
鴻照
錫祺—德漢—嘉禾—鴻勳—雨田
大田
舉淹
埠
爾作
釴—懈—同春—夏瑚—明玉—鍾蓮
大用—富春—名夏—時中—錦堂
友夏—墉
至洊—陽春—夏鼎—貢興—廷颺—汝潮
士錦—潤
夏圭—黃玉

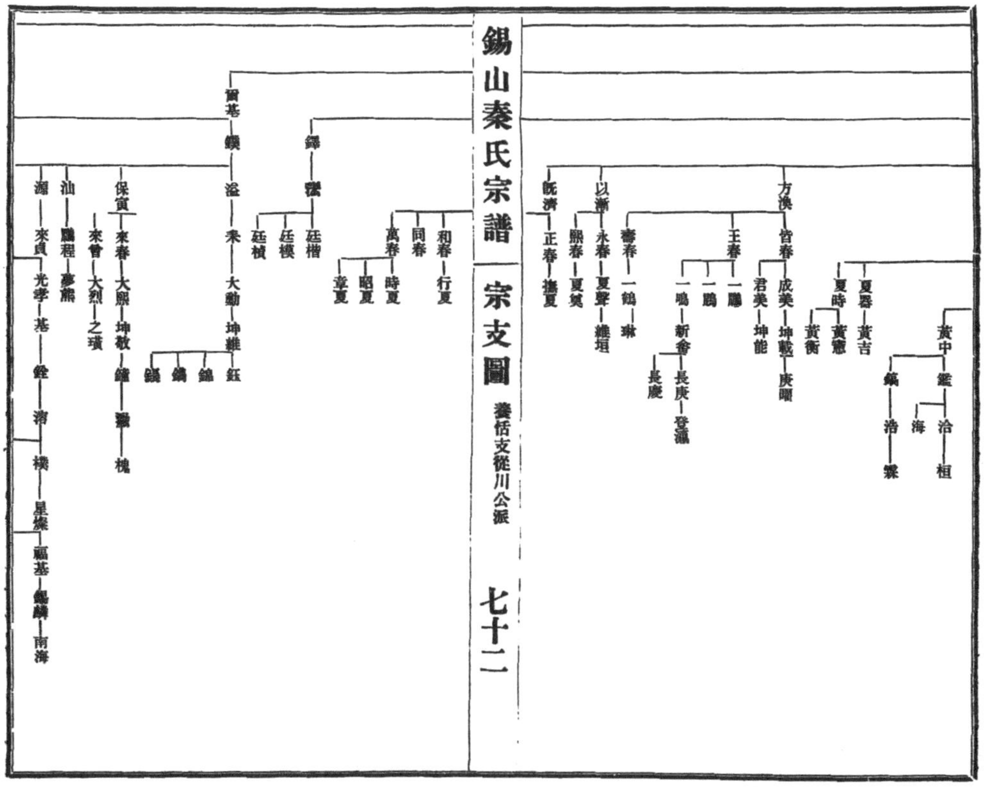
錫山秦氏宗譜
宗支圖
養恬支從川公派
七十二

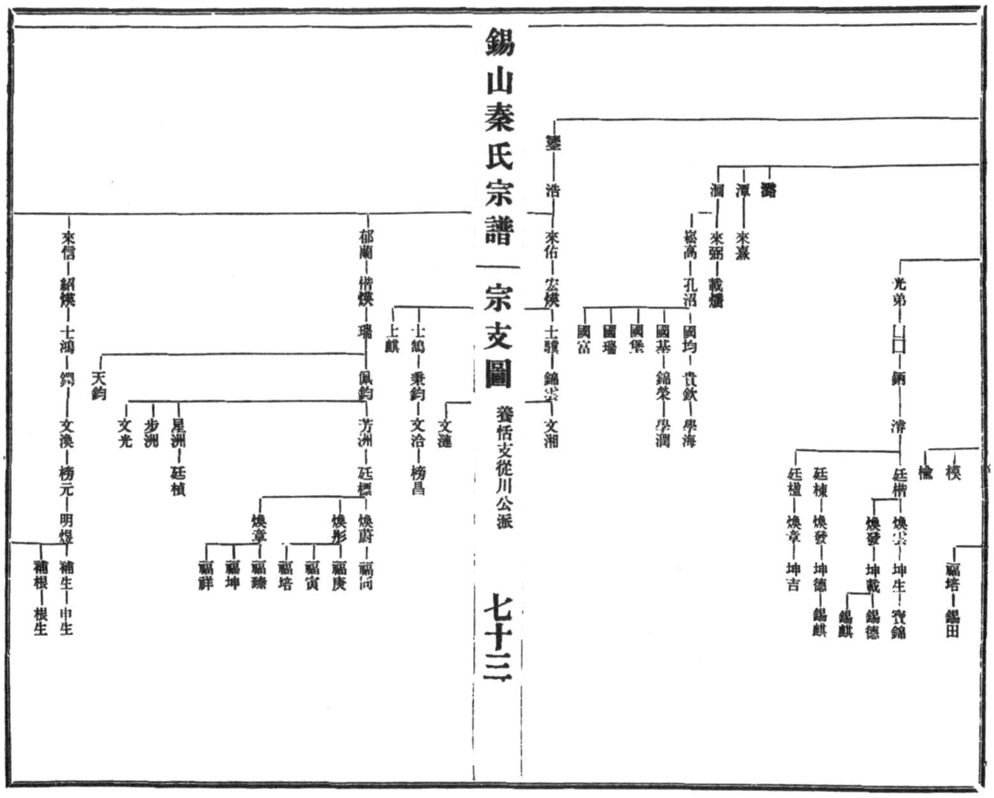
錫山秦氏宗譜
宗支圖
養恬支從川公派
七十三

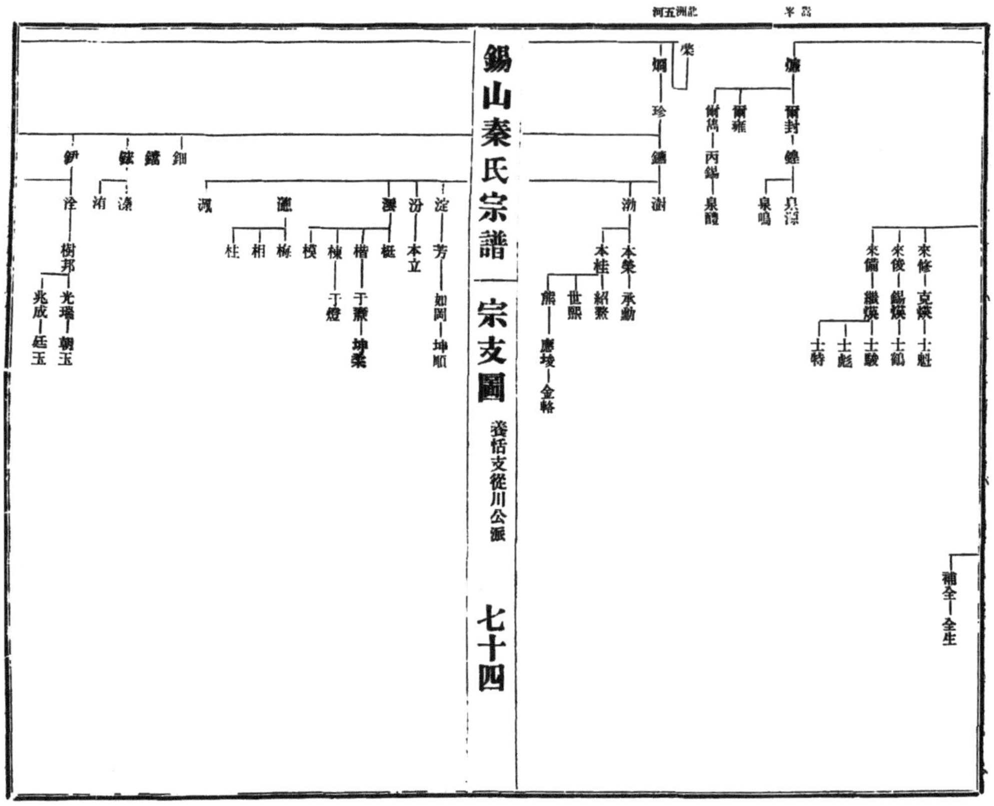
錫山秦氏宗譜
宗支圖
養恬支從川公派
七十四

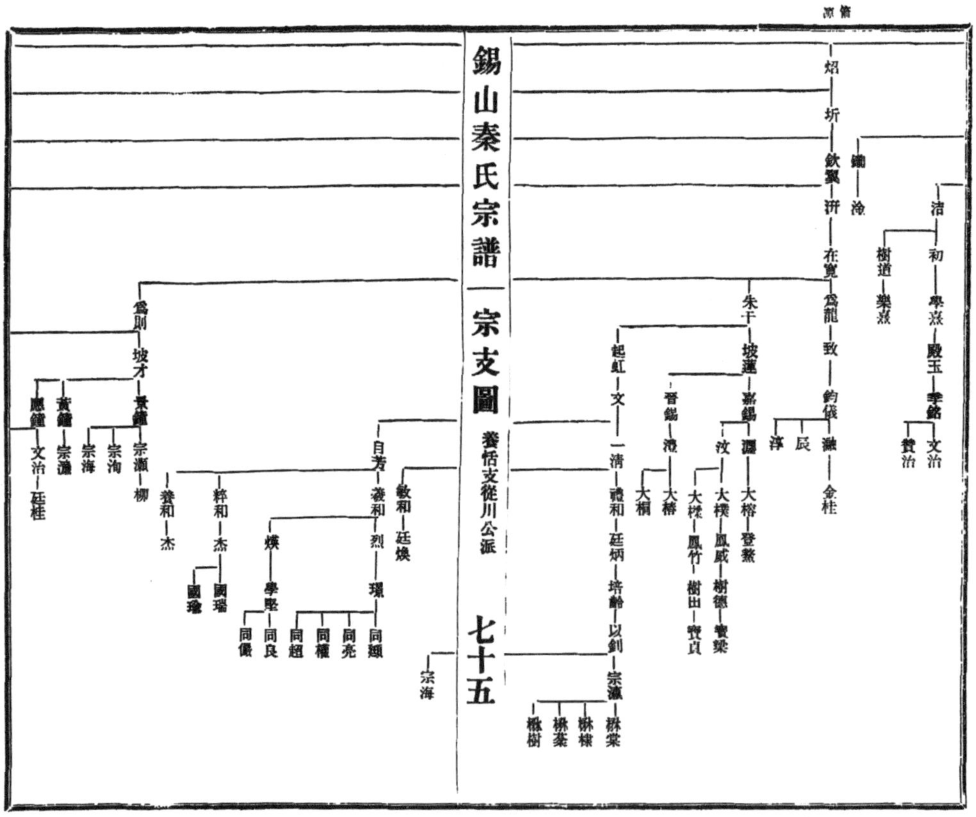
錫山秦氏宗譜
宗支圖
養恬支從川公派
七十五

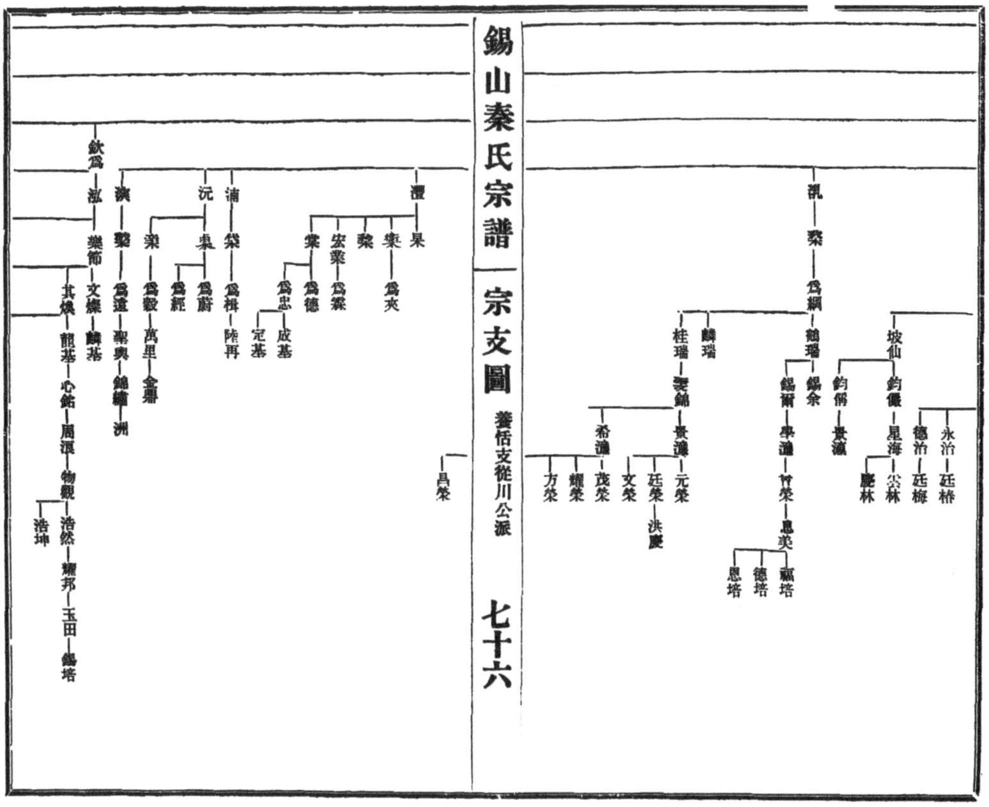
錫山秦氏宗譜
宗支圖
養恬支從川公派
七十六

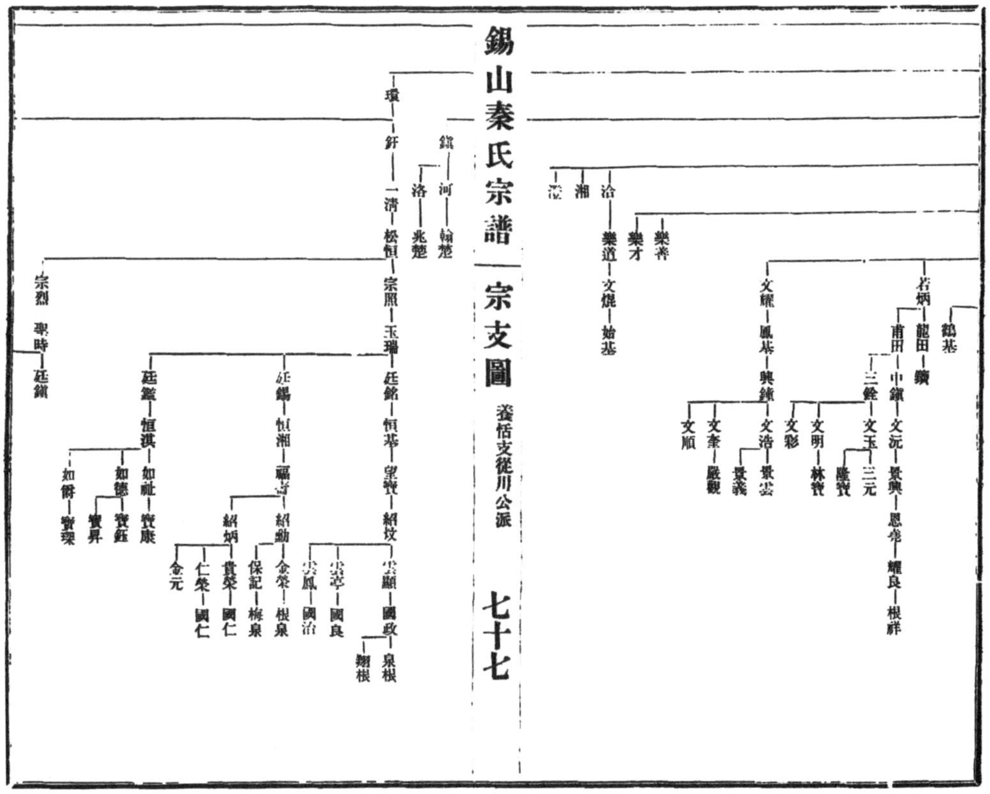
錫山秦氏宗譜
宗支圖
養恬支從川公派
七十七

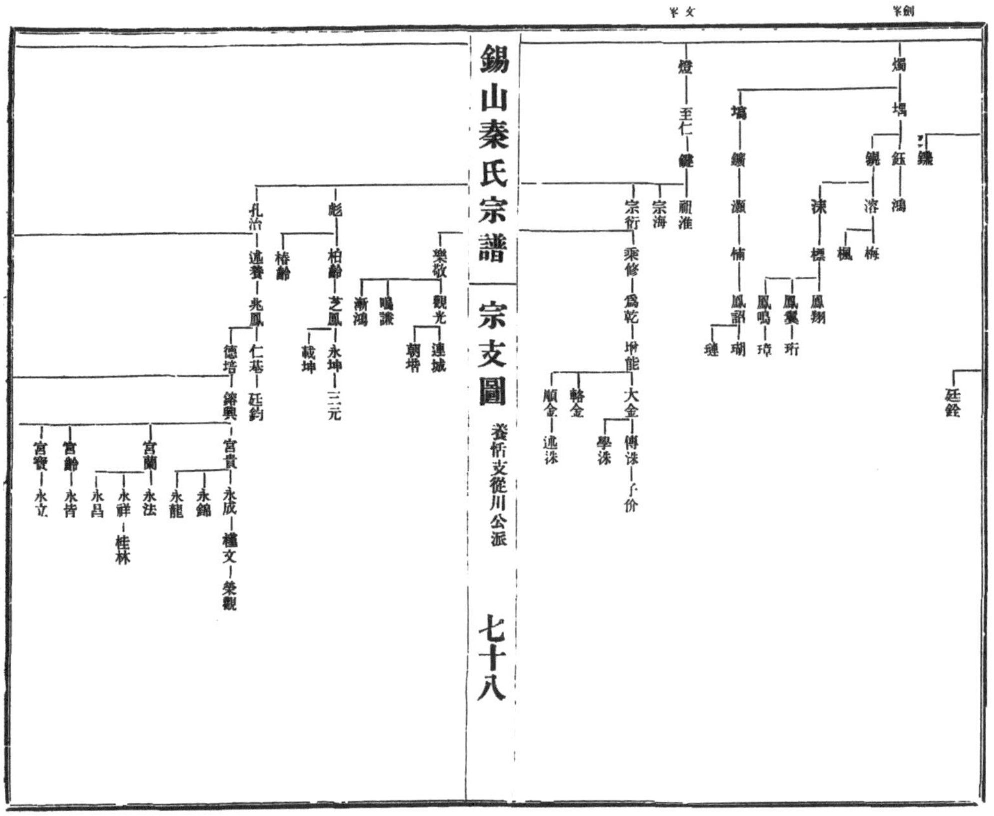
錫山秦氏宗譜
宗支圖
養恬支從川公派
七十八

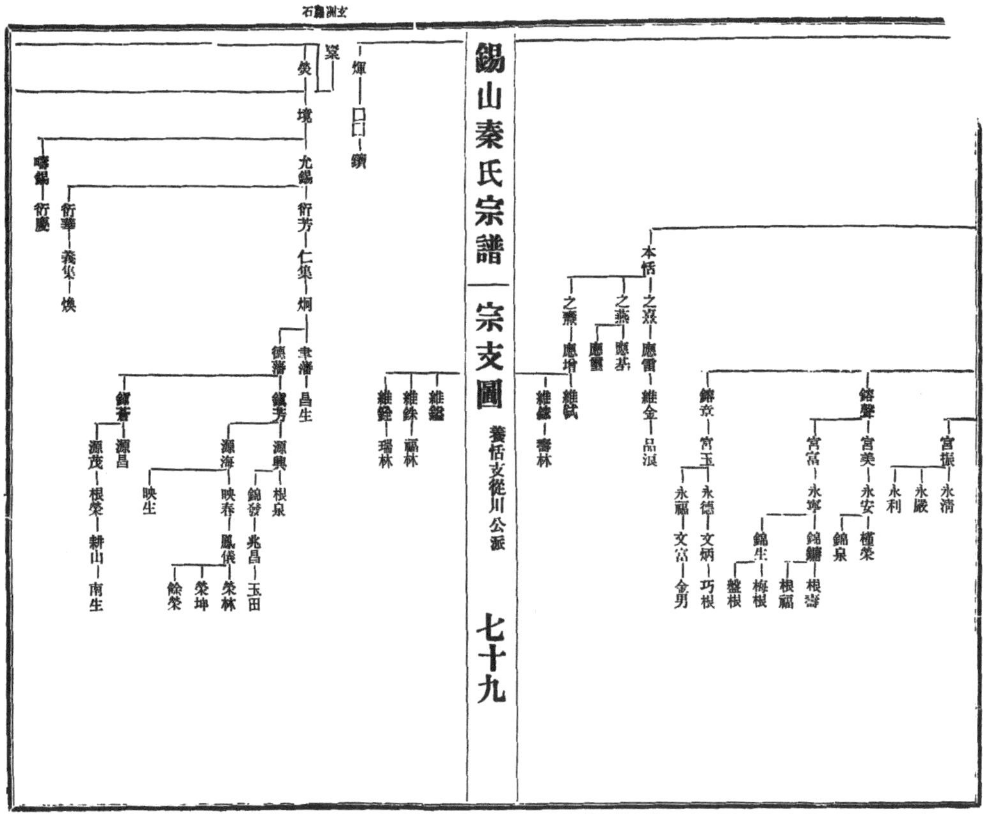
錫山秦氏宗譜
宗支圖
養恬支從川公派
七十九

錫山秦氏宗譜　宗支圖　養恬支從川公派　八十

域—齡錫—衍義—善集—莢—士玉—壽—巧
衍文—慶集—承綸
㷊—瑚—年錫—汝舟—逢集—顯烈
俊烈—觀玉—萬鍾—濱—廷棟
廷棵
廷楹
沾—廷標
廷桂
萬銓—汝飄—廷樸—煥文—福奎—伯良—萬山
仲良
叔良
廷蘭—煥章—廷奎—壽根—裕坤
田奎—壽榮
壽全
耀奎
倫奎—甫全
廷楨—煥德
汝爲—香閣—煥庭—福培
福均—錫泉
福墉—錫泉
福堮—培良
蘭閣
汝明—廷楷—煥賢
萬銘—汝聽—廷棨
汝礪—菊生
汝楫—杏生
汝雨
萬鈞—源泉
湧泉—廷梅—聽大—洪根
金寶—洪生
廷棨
宸玉—萬鎰—五福

錫山秦氏宗譜　宗支圖　養恬支從川公派　八十一

坊—台錫—源寬—伯龍—鵬飛—方城—禹錫—如濤—楪—載熙—榮吉—祖根
標
麟域
辰錫—承澤—建寅—士膠—玉順—賢斑
柄寅—士騏—玉書—錫福
錫祿
錫壽
景松—士駿—玉琳—錫喜
汝霖—本豫—承勳—紹基
本泰—承熙
承隆
本恒—承烈—慶隆
允隆—永芳
偉烈—式玉
萬鎰—方升
萬鉞
錫序—元璋—金甲
錦文—恩溥—寅—鳳翔
廷瑞—口口—浩然—霖—景賢—曾元
景昇—曾元
景阜—福增
岱
鴻升—墉—廷甦—渭—福霖—光黃—毓璠—秉鈞
毓璵—鴻鈞
光榮
光熾
文綸—光磊—恩培—錫彤
錫緞
錫鄒
錫航
恩奎—錫雄
嗣王

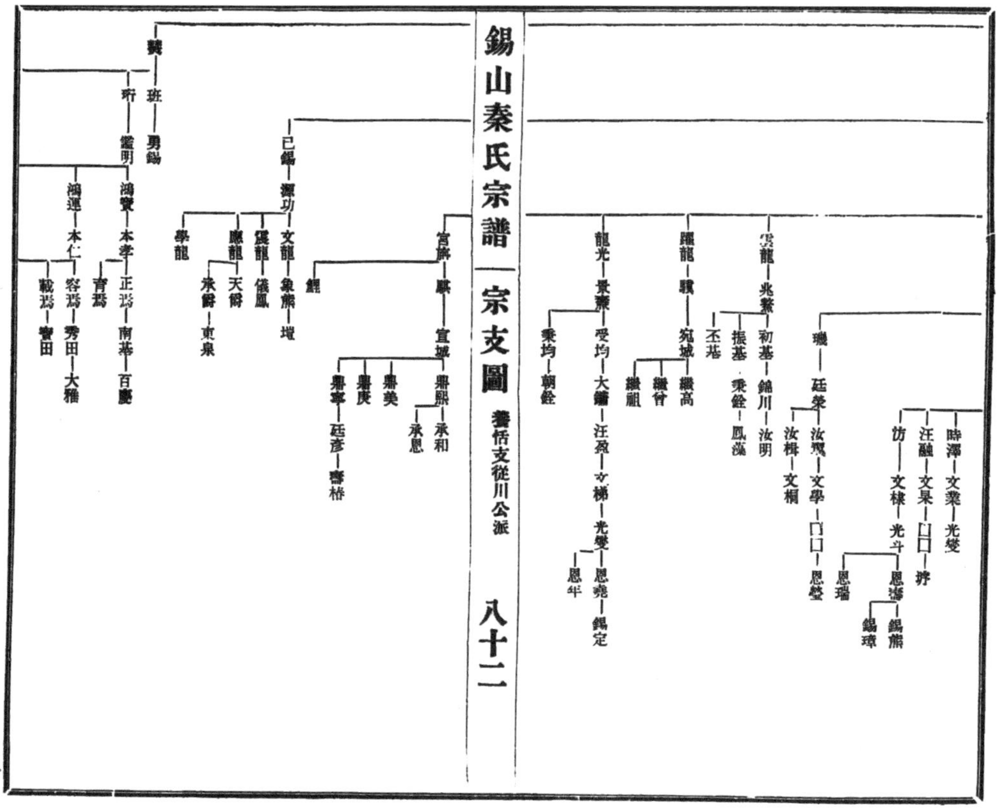
錫山秦氏宗譜　宗支圖
養恬支從川公派
八十二
雲龍—兆鰲—初基—錫川—汝明
振基—秉銓—鳳藻
丕基
璣—廷棨—汝璣—文學—□□—恩鏊
汝梅—文桐
時澤—文業—光燮
汪融—文杲—□□—搢
仿—文棣—光斗—恩溥—錫熊
恩瑞
錫璋
躍龍—職—宛城—繼高
繼曾
繼祖
龍光—景藻—受均—大鏞—汪焱—文梯—光燮—恩蕘—錫定
恩年
秉均—朝銓
宦鼎—職—宣城—鼎熙—承和
承恩
鼎美
鼎庚
鼎寧—廷彥—鬵椿
鯉
已錫—潭功—文龍—象熊—增
儀龍—儀鳳
應龍—天爵
承爵—東泉
學龍
驥—班—勇錫
珩—鑑明—鴻寶—本孝—正焉—南基—百慶
育焉
鴻運—本仁—容焉—秀田—大穉
戢焉—寶田

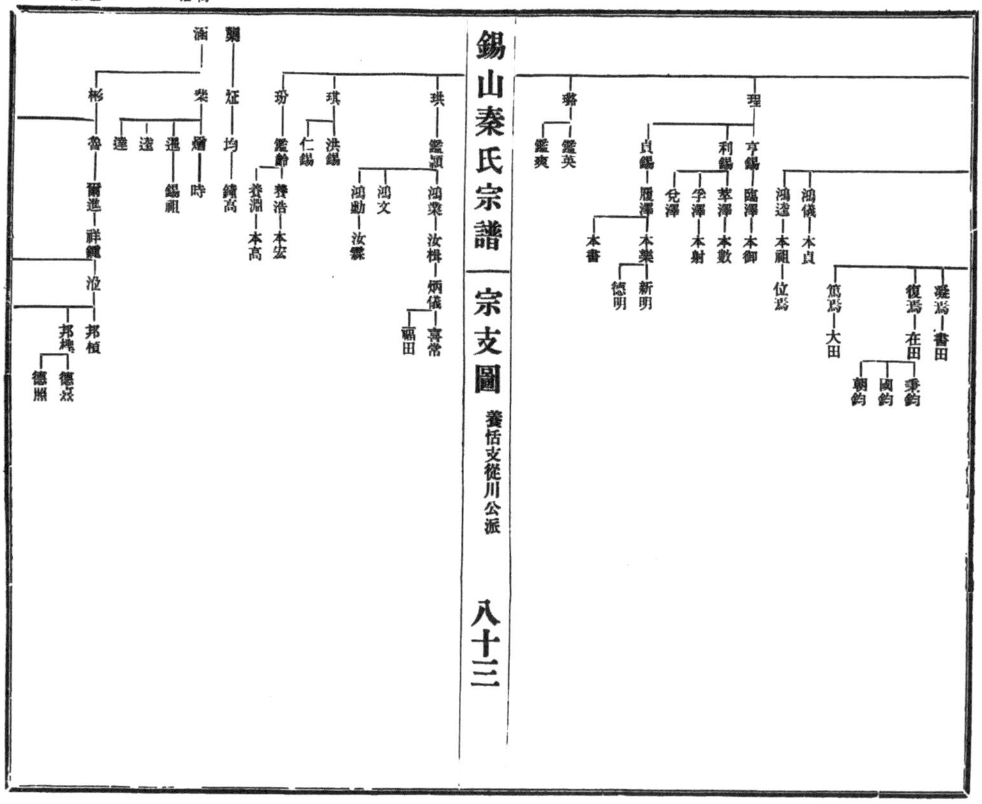
錫山秦氏宗譜　宗支圖
養恬支從川公派
八十三
理—亨錫—臨澤—本御
利錫—萃澤—本敷
孚澤—本尉
化澤
貞錫—履澤—本樂—新明
德明
本書
鴻儀—本貞
鴻遠—本祖—位焉
凝焉—書田
復焉—在田—秉鈞
國鈞
朝鈞
篤焉—大田
務—鑑英
鑑爽
瑛—鑑頎—鴻業—汝楫—炳儀—壽常
福田
鴻文
鴻勳—汝霖
琪—洪錫
仁錫
玢—鑑齡—養浩—本宏
養淵—本高
灝—征—均—鏞高
涵—棨—熠—時
進—錫祖
遠
達
彬—魯—爾進—祥鏞—滄—邦楨—德炎
邦瑰—德照

仲孚係第
同文
修敬
公三
務本
公派
錫振
孝庵

錫山秦氏宗譜

宗支圖 養恬支同徧公派

八十四

恢—瑊—鐙
恢—璀
渝
邦棟—德煥
邦棟—德耀—堺
邦棟—德耀—堉—邦鈞

仲孚—銓—瀛—鳳梧
仲孚—銓—瀛—植—煛—孝瑊
仲孚—銓—瀛—植—煛—孝圭—德鑑
仲孚—銓—璐—梓—炅—孝璧
仲孚—銓—璐—梓—炅—孝璽
仲孚—鉉—滂—棟—梃—墚—尖錦
仲孚—鉉—滂—棟—梃—垓—日鏞—漢儀—懋績—耀祖
仲孚—鉉—滂—棟—梃—垓—日鏞—漢儀—懋績—懷宗
仲孚—鉉—滂—栟—熤—𤉐
仲孚—鉉—滂—森—爠—璂—鑫
仲孚—鉉—滂—森—爠—瑤—天錫—武游—朝植
仲孚—鉉—滂—森—爠—瑤—天錫—祖游—番林—煥如—高元—召南
仲孚—鉉—滂—森—爠—瑤—天錫—祖游—番林—煥如—行五—召容
仲孚—鉉—滂—森—爠—瑤—天錫—祖游—番林—煥如—行五—召元
仲孚—鉉—滂—森—爠—瑤—天錫—祖游—楠林—熤如—德昌—錦舫

錫山秦氏宗譜

宗支圖 務本支振庵公派

八十五

振游—榜元
紹游—秦林—炳如—德基—錦芳—海鰲
紹游—秦林—炳如—德基—錦堂—海江—漢珩—洪炳
紹游—秦林—炳如—德基—錦堂—海鴻—漢瑛—洪福
紹游—秦林—炳如—德基—錦堂—海鴻—漢瑛—洪寶
紹游—秦林—炳如—德培—錦錫—海宴—南山
紹游—秦林—炳如—德培—錦錫—海宴—漢璋—棟承
紹游—秦林—炳如—德培—錦錫—海宴—漢璋—棟卿
紹游—秦林—炳如—德培—錦錫—海峯—培芝—林生—錫壽
紹游—秦林—炳如—德培—錦錫—海峯—培芝—金士—福壽
紹游—秦林—炳如—德培—錦錫—海峯—培芝—銀士
紹游—秦林—炳如—德培—錦錫—海峯—培芝—愛士
紹游—秦林—炳如—德培—錦科
燦如—德均—錦侗—海盈—恩榮—世根—鑫祥
德源—錦玉
德慶

如榮—世根
錦容
錦福—海文—金榮—關喜
錦福—海文—金榮—和喜
德增—錦心—秀增
德增—錦心—秀欽
德增—錦心—秀年
德增—錦心—海嶽—保榮—和生
德增—錦心—海嶽—保榮—培生
德增—錦心—海嶽—吉祥
德增—錦良—海福
德增—錦良—海濤—楠嵩—琍坤—錫銘
德增—錦良—海濤—楠嵩—琍坤—錫順
德增—錦良—海濤—楠嵩—琍坤—錫榮
德增—錦良—海濤—楠嵩—富坤
德增—錦良—海濤—梓嵩—榮坤—錫慶

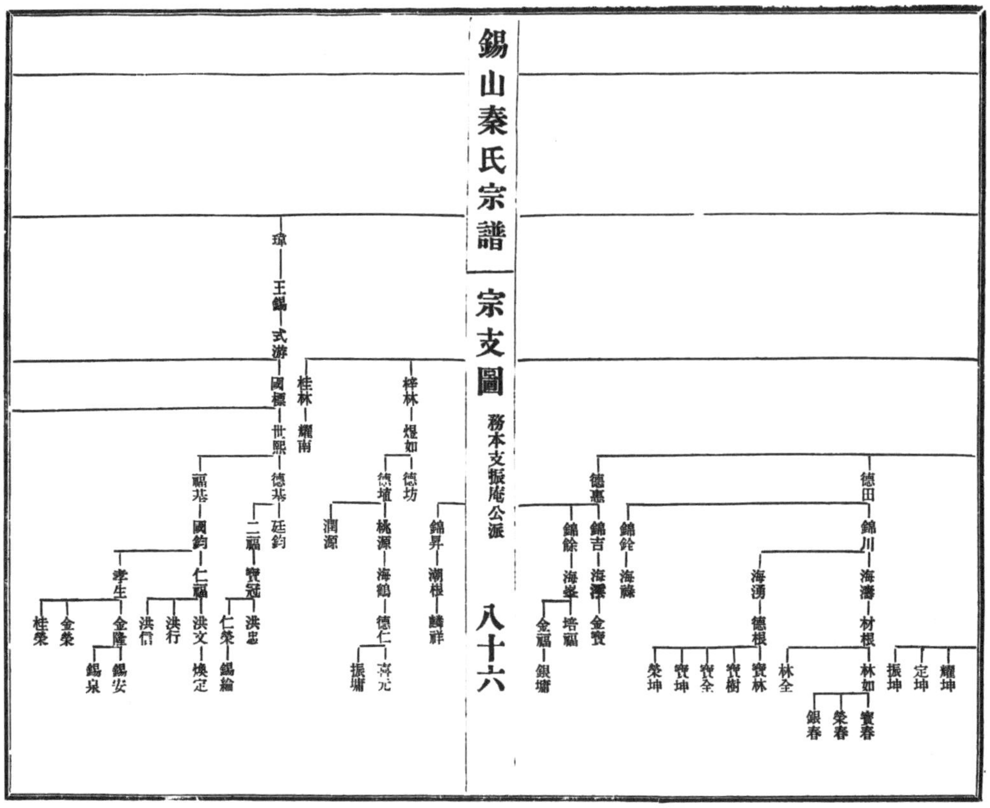
錫山秦氏宗譜
宗支圖
務本支振庵公派
八十六
琮
王錫
式游
國標
世熙
德基
延鈞
福基
國鈞
仁福
二福
寶冠
洪忠
仁榮
錫綸
孝生
金隆
錫安
錫泉
柱榮
金榮
洪信
洪行
洪文
煥定
梓林
煜如
德坊
德埴
桃源
海鶴
德仁
喜元
振墉
潤源
桂林
耀南
錦昇
潮根
麟祥
德惠
錦吉
海澤
金寶
錦餘
海鑾
培福
金福
銀墉
錦銓
海藩
德田
錦川
海濤
材根
林如
寶春
榮春
銀春
海湧
德根
寶林
寶樹
寶全
寶坤
榮坤
林全
振坤
定坤
耀坤

庵裕

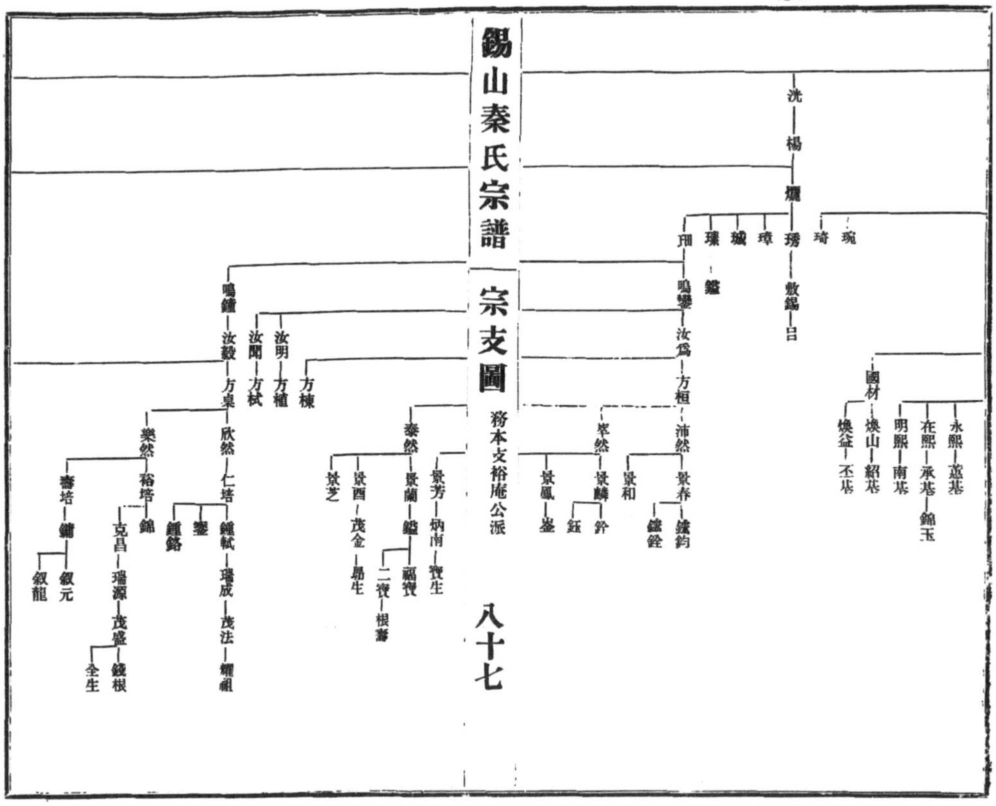
錫山秦氏宗譜
宗支圖
務本支裕庵公派
八十七
洸
楊
燿
琇
敷錫
呂
琦
琬
璋
璣
璟
珊
鑑
鳴鑾
汝爲
方桓
沛然
景春
鐸鈞
鑑銓
景和
萃然
景麟
鈐
鈺
景鳳
鎏
國材
焕益
丕基
焕山
紹基
明熙
南基
在熙
承基
錦玉
永熙
蕙基
鳴鑣
汝穀
方杲
欣然
仁培
鍾軾
瑞成
茂法
耀祖
鎏
鍾銘
樂然
裕培
錦
克昌
瑞源
茂盛
錢根
全生
壽培
鏞
叙元
叙龍
汝聞
方栻
汝明
方楨
方棟
泰然
景芳
炳南
寶生
景蘭
鎰
福寶
二寶
根壽
景西
茂金
鼎生
景芝

愼庵

錫山秦氏宗譜　宗支圖　務本支愼庵公派　八十八

淪—程—焞—雍如—正錫
焞—𡸰逵
焞—寄生
淪—科—熿—上孝—金麟—水犀
金麟—龍江—其相
龍江—其植
科—烱—址鉉—崟—龍淮
崟—龍河—秉樸—熀—振基—鎔
振基—鑞
振基—銛
秉樸—燦—紹基
熻—瑱—之鉉—有源
瑱—之鏻—有濟
之鏻—有潤—廷桂
之鏻—有淶
方格

龍漢—其松—雲鵬
址開—鏆—道江—國梁—煥
道江—國柱—煥文—培元
國柱—炳文
鏆—道濟—國棟
鏆—道灣—國楨—爔
道灣—國槐
址廣—鎰—道源—樹德
址廣—鉞—道淵—上林
址永—欽—道淮
欽—道涇—國枚
欽—道渭
址廊—龍金—漢文
址廊—虹金—漢書—嘉禾
漢書—瑞禾

梅墅第一支抱拙公派

卑端收敏

錫山秦氏宗譜　宗支圖　務本支愼庵公派　八十九

址肇—鏡輝—惠澤—如松—長慶—鳳元—翱耶—約度—桂川
長慶—鳳林—瑞法—恩慶
惠澤—如掬—長餘—仲喜—連福
仲喜—連寶
仲喜—三寶
如掬—長春—祖元—尚生—榮寶—香海
尚生—富寶
長春—坤元—尚林—富慶—世榮
尚林—紀慶
長春—三元—尚勇
惠澤—如楠

彥起—樸—景蓀—霞—鍵—澄
鍵—溥—果—美—重封—鍾習
溥—杲—然
鍵—池
景蓀—霖（另圖）
景蓀—雷
彥起—權（另圖）
彥起—桐（另圖）
彥起—榕（另圖）
霖—金—浄—相—延策—重稷—縈錫—源淮
縈錫—源海
相—延照—重端—宏—濬—元琳—鳴鸞—培—鍾佶—澍伯—文星—庚壽
文星—庚全
宏—洪—之本—鳴雷—維城—鍾奇
維城—鍾正—登泰
鍾正—登泳
鍾正—登瀛
金—銘（另圖）
浄—汴（另圖）

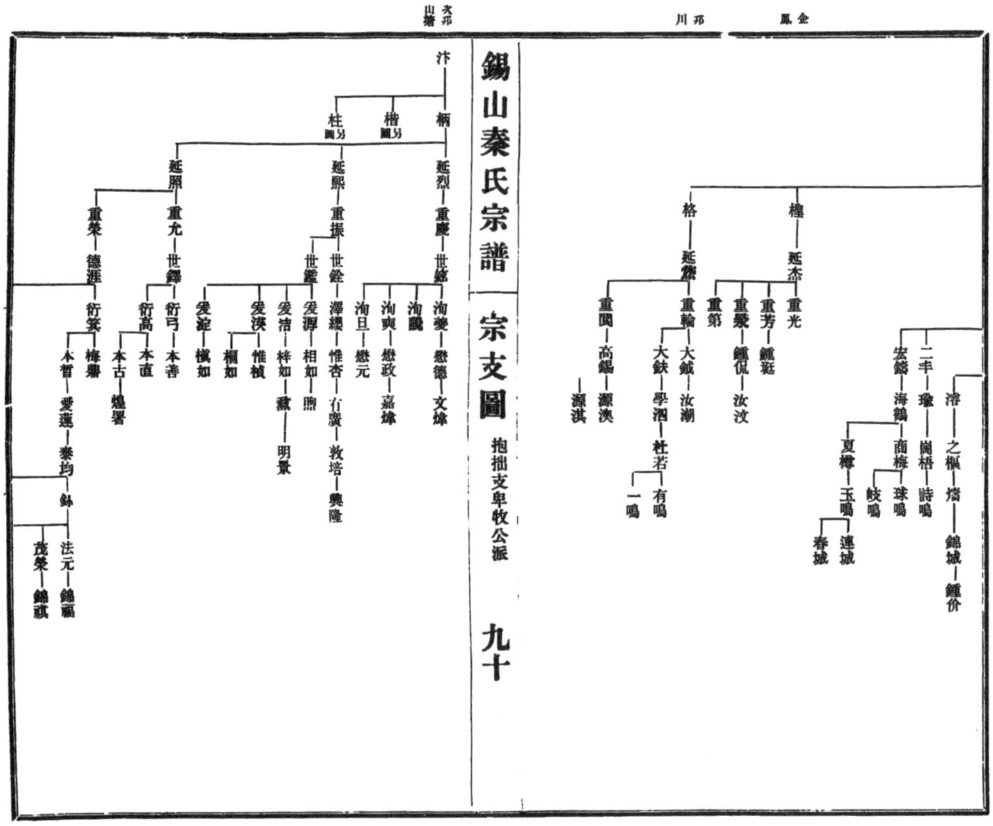
錫山秦氏宗譜
宗支圖
抱拙支阜牧公派
九十

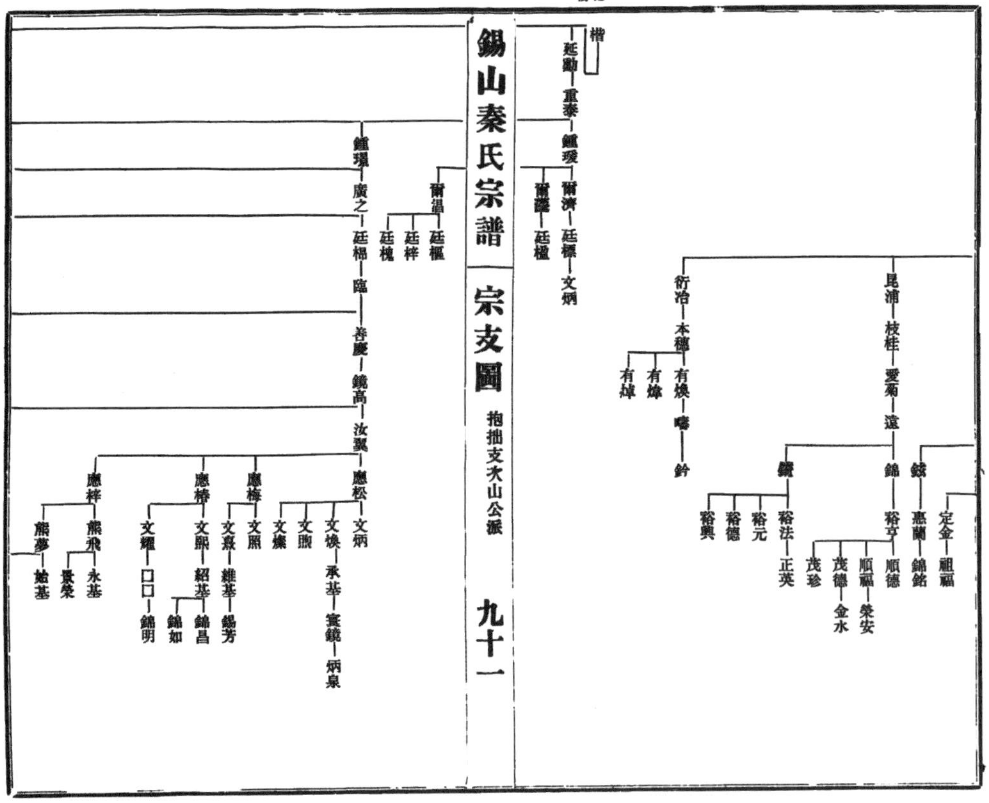
錫山秦氏宗譜
宗支圖
抱拙支汝山公派
九十一

錫山秦氏宗譜 宗支圖 抱攔支欠山公派 九十二

不基

汝碩—應榛—始然—鞏基—蓉鎮—宗淮—壽松
宗海
宗津
宗樑

應柯—仲然—邦基—鏡明—韓潮

應種—口口—固基—口口—蘇海

思黠—錫勇—汝爲—應棫—文烈
應楠—自修
應楨—文藜—世基—錦慶—炳生
鍾濟
鍾寧
文棨—培基—錦靈
應杉

錫智

廷權—景崻—會慶—黃鍾—汝賢—應槐—元貞

泓—廷樑

淸之—廷樟—文瀆—餘慶—鈐—汝亨—口口—烔曦
汝利
鐊—汝貞—巽—光曦—克烔—錦堂
寶鐩
保鐊
克增
克墻
重曦
汝楫—寅—光照
光烈
汝梅—楨—炳曦
幹—燁曦—基
堃
棟—朝曦
緝曦

錫山秦氏宗譜 宗支圖 抱攔支欠山公派 九十三

伏曦

積慶

淮之—文起—贊雁—培德
廷掄—口口—培蒼
廷揆—口口—培基

鍾琦—錫嘏—廷機—口口—時生—廣福
廣義
廷桓—文藜—毅生
大生—廣仁—濤—大川—煥根—阿寶
煌泉
廣智
廷椿—翼爲—泰生—鍾—順元
英生—口口—順齡
明生

鍾偉—滌之
璽—松茂

延賡—重界—鍾軾—渭—廷槐
涑—松蕃—日烜—正域
邦域
松韶—恂然—聲雷—鍾鎬
鍾義
協然—宗雷
應雷
沛—廷瑜
鑾—棨
鍾輅—灝—于蕃—正陽—在琳—鏡
開霽—在瑋—鏵
衡岳—在璁—大鍾—澄—口口—淸泉—燦慶—錫奎

延煦—重晉—鍾蕾—廣淵—樹仁
樹義
樹禮—永熙—安琦
明琦—福鈞—文灝—梅林—庭炳—瑞淸

錫山秦氏宗譜

宗支圖

抱拙支次山公派

九十四

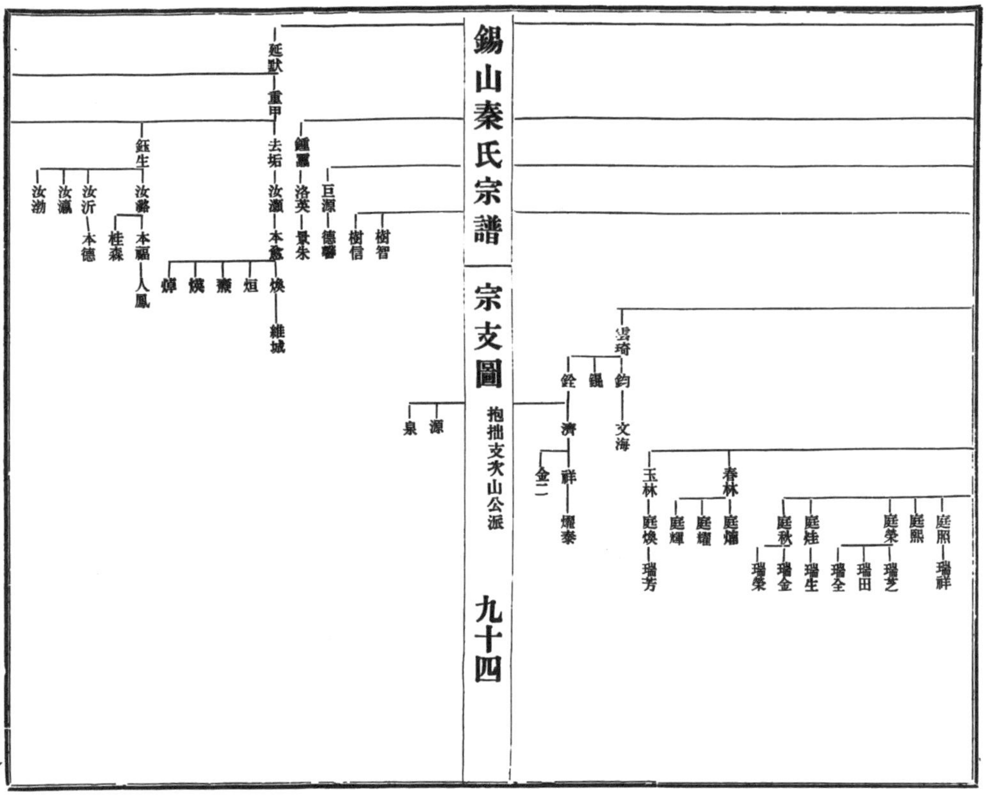

錫山秦氏宗譜

宗支圖

抱拙支次山公派

九十五

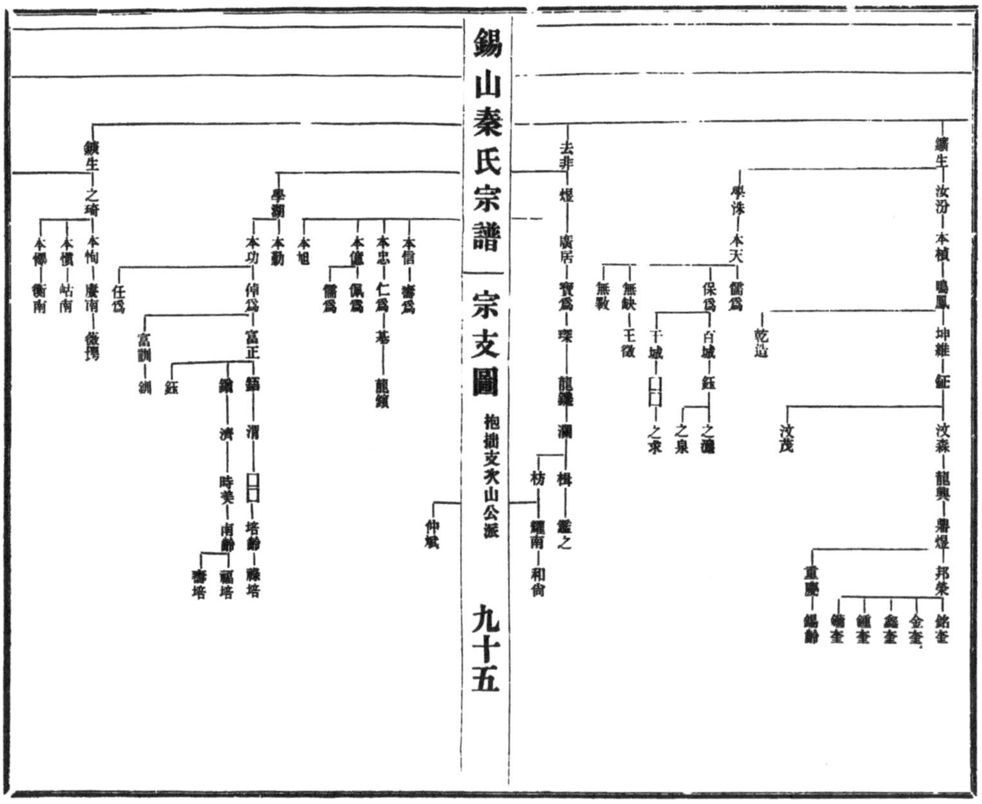

榕庵

錫山秦氏宗譜　宗支圖　抱拙支次山公派　九十六

重釆—賦

汝淳—本始—鱗南、雁南

本恒—道南—葵增—會龍—于沼

萬龍—于沚

斗南—圭厚—鎬、鉄—濟

銓—湘—其相—燁—恩培

汝泌—秉忠—元鳳—之琛—應銓—泰—棠—海—焕陛—□□—觀瀾

聽棠

寶璐—鏡宇—觀濤

廷鏞—瀇—□□—煇祖—奉春、奉秦

元鸞

秉慈—元鵬—琬—宏鈞—希章—根發—祖烈—壎、墻

敢賢—忠

元鳴、元鵡、元鸝

珍

宏銓—淦—根茂—祖勛—埧

焜—增、塽、均

祖煌

悳

汝沆—秉肅—鶚薦—之瑞—寶鈞—涵

之琳—人錫

之球—士錄

秉宣—熙泰—璠、琦、瑗

錫山秦氏宗譜　宗支圖　抱拙支次山公派　九十七

寅—汝濬—秉直—元騋—玉麟—瑞錫

秉毅—元騏—球—金紳、銅山

秉柔—元駉—璐—錦圖

錫公—渶

元魯—瑢—銀渡

學源—秉騤—元鶴—之均

元驚

汝瀚—秉宏—元驥—璟—鎬海—澴慶

鑛山—濬桂、濬程

元駿

元驄—壽

秉乾—焕—協和—以衡

以鈞—學鴻—榮春

學淵

汝溥—秉丰—元驥—璣、璣

元駒—玠、琪

烽—協泰

煜—文奎—啟明

烜

仁—元駱—有筠—鑲

雲錦—清江

銓瑚—璇—鏞

鐘

文銘—受之—大福、五福

宜之

文舫

璋—文鑑—同澄—四福—細福

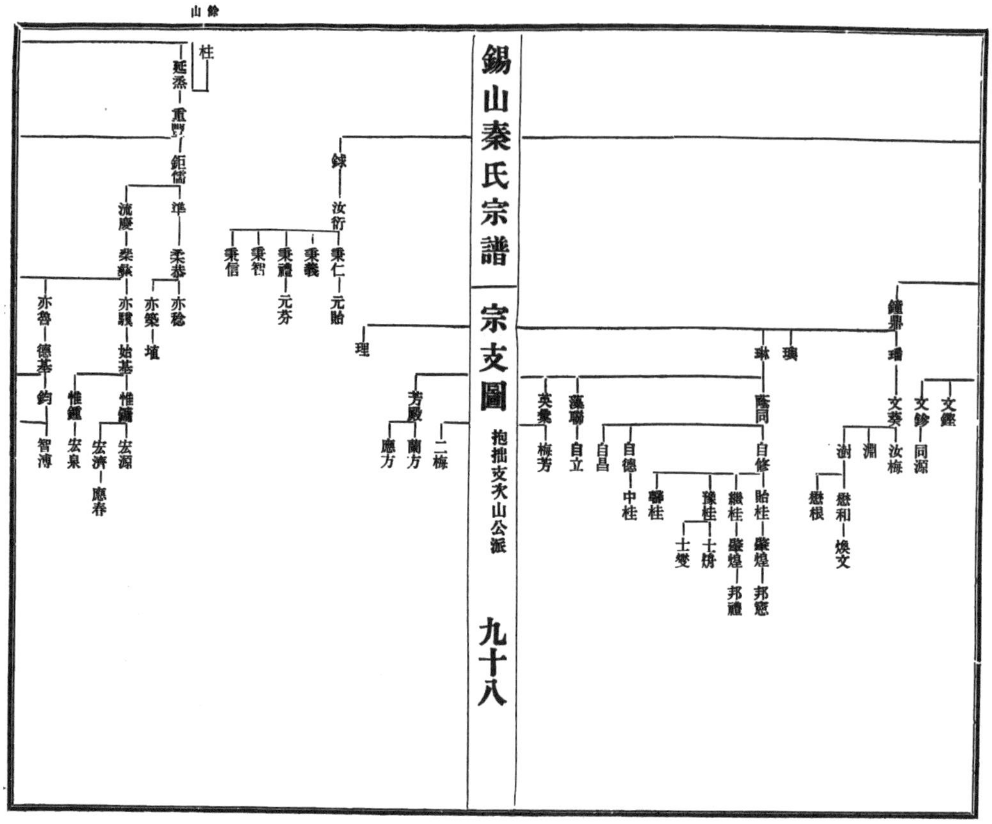
錫山秦氏宗譜
宗支圖
抱拙支禾山公派
九十八
山餘
柱
延烝
鉅儒
流慶
準
柔恭
亦稔
亦築
埴
禄
汝衎
秉仁
元貽
秉義
秉禮
元芬
秉智
秉信
理
芳殿
二梅
蘭方
廊方
鐘鼎
文錦
文鉁
同源
文燮
汝梅
燦和
煥文
懋根
自修
貽桂
自德
中桂
自昌
自立
梅芳
士燮
邦禮
邦憲

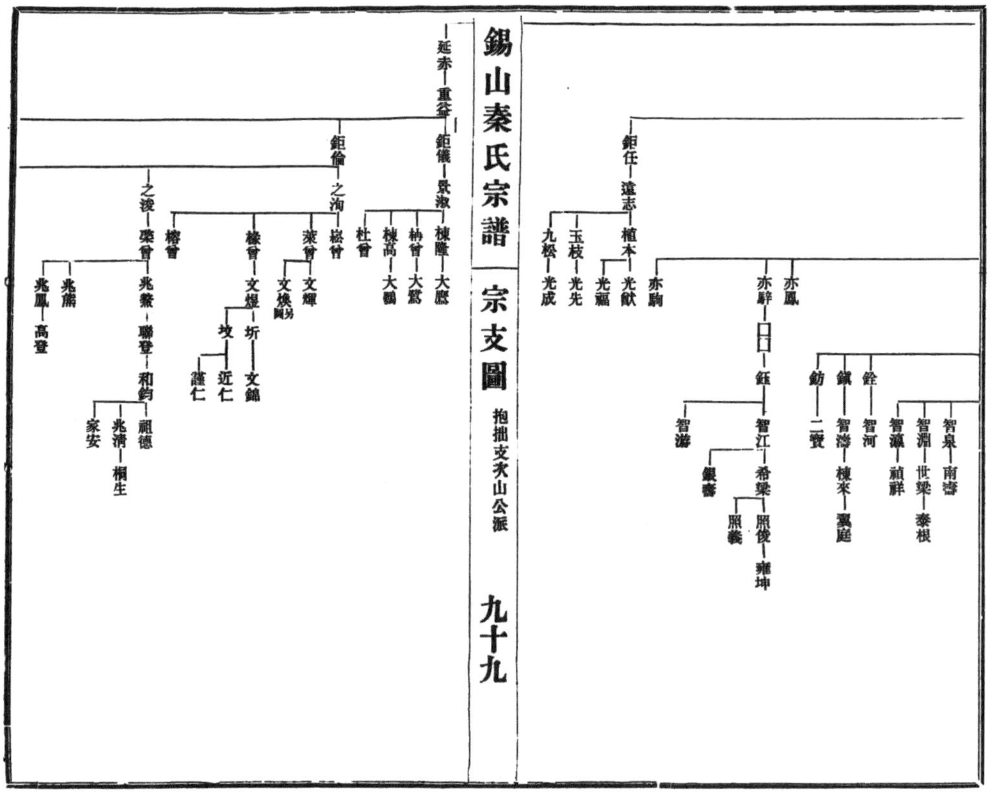
錫山秦氏宗譜
宗支圖
抱拙支禾山公派
九十九
延赤
重谷
鉅儀
景淑
大隆
大鷲
大楓
杜曾
鉅倫
之洵
崧曾
文輝
文煥
文錦
近仁
謹仁
之浚
榮曾
兆鰲
聯登
和鈞
祖德
兆濟
桐生
家安
兆鳳
高登
鉅任
達志
植本
光猷
光福
玉枝
光先
九松
光成
亦駒
亦鳳
智江
希梁
照俊
雍坤
照義
銀壽
智游
二寶
智河
智泉
南壽
世梁
泰根
禎祥

錫山秦氏宗譜　宗支圖　拖𣶹支次山公派　一百

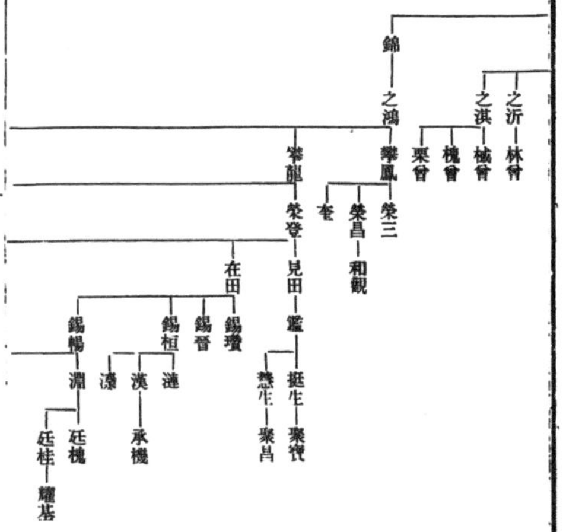

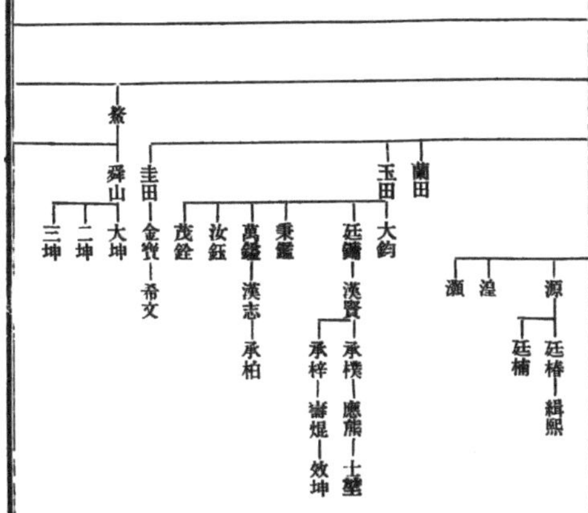

錫山秦氏宗譜　宗支圖　拖𣶹支次山公派　一百一

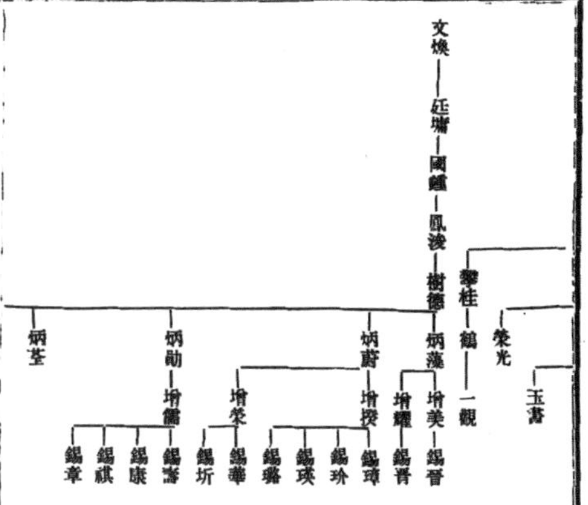

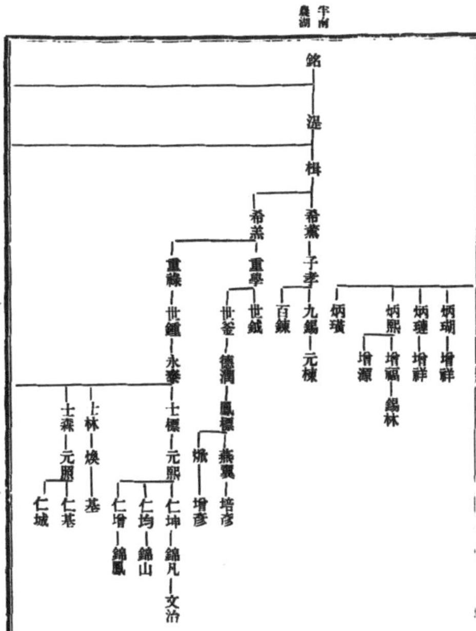

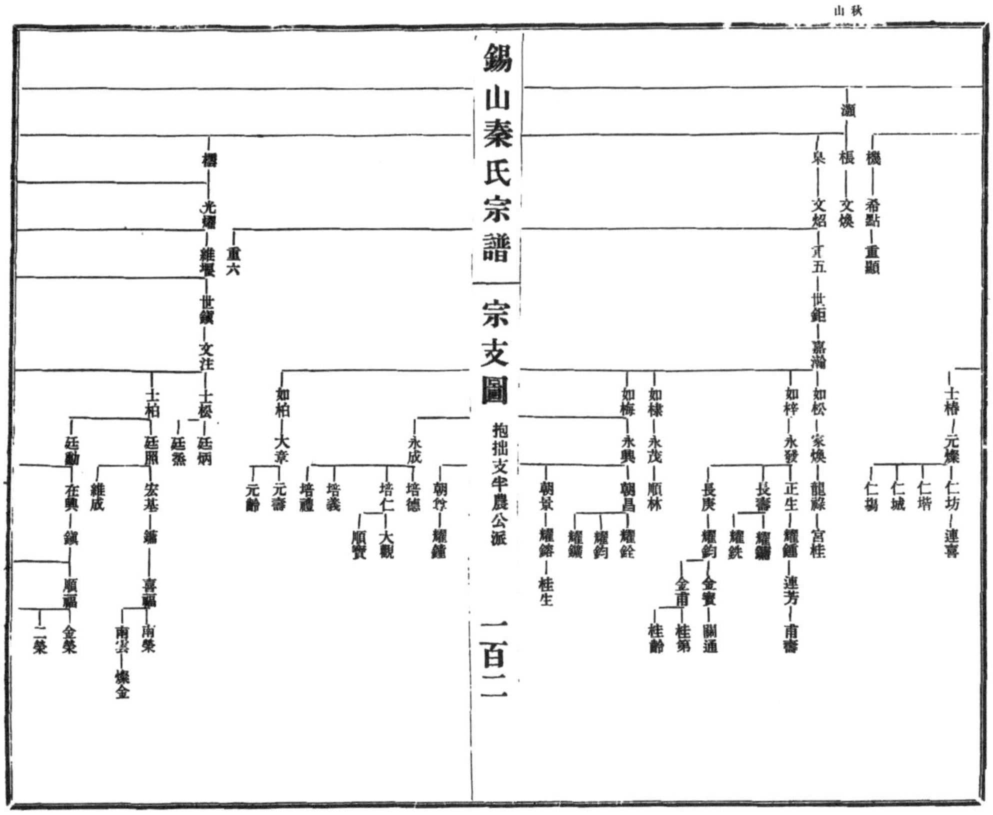
秋山
錫山秦氏宗譜
宗支圖
抱拙支半農公派
一百二
灝
皋—文炤—亓五—世鉅—嘉瀹
楨—文煥
機—希點—重顯
如松—家煥—龍綠—宮桂
如梓—永發—正生—耀鏞—連芳—甫壽
長壽—耀鐵
長庚—耀鈞—金寶—關通
金甫—桂第
桂齡
如棣—永茂—順林
如梅—永興—朝昌—耀銓
耀鈞
耀鏞
朝景—耀鏴—桂生
士椿—元燦—仁坊—連喜
仁堦
仁城
仁堨
如柏—大章—元壽
元齡
永成—培德
培仁—大觀
順寶
培義
培禮
朝脊—耀鐘
櫄—光櫂—維堰—世鎮—文注—士樅—廷炳
廷烝
重六
士柏—廷照—宏基—鏞—喜福—南榮
南雲—燦金
維成
廷勳—在興—鎮—順福—金榮
二榮

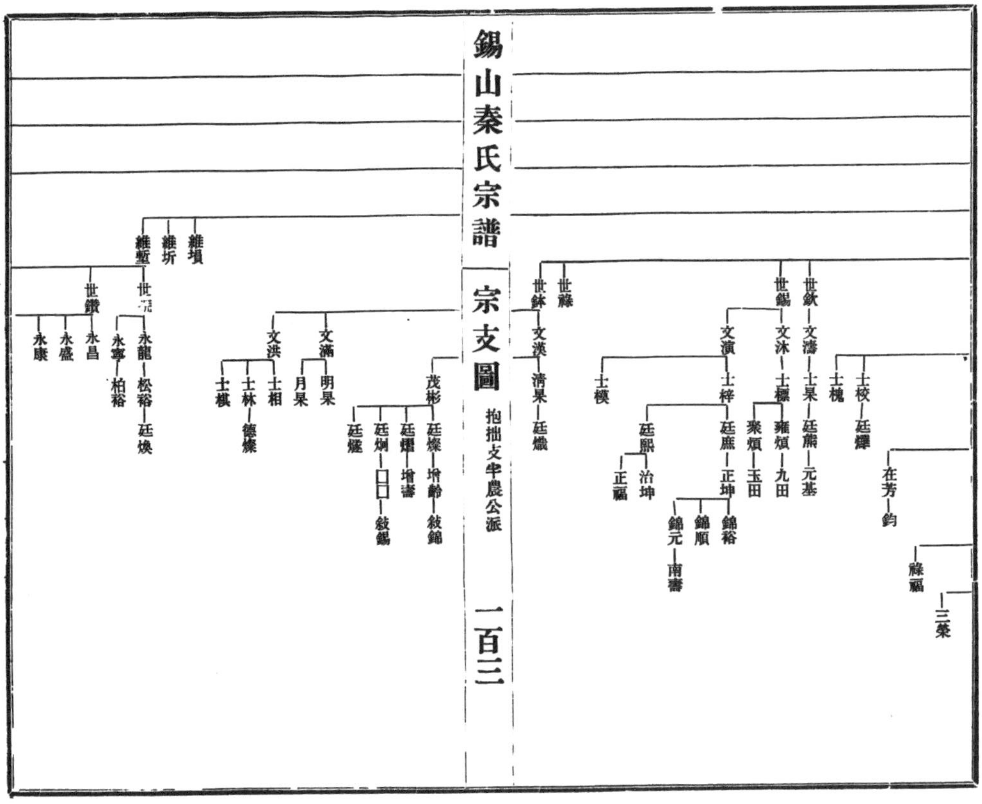
錫山秦氏宗譜
宗支圖
抱拙支半農公派
一百三
世欽—文濤—士杲—廷熊—元基
士校—廷鐸
在芳—鈞
祿福
三榮
士槐
世錫—文沐—士標—雍傾—九田
粟傾—玉田
文濱—士梓—廷應—正坤—錦裕
錦順
錦元—南壽
廷熙—治坤
正福
士樸
世祿
世鉢—文渶—清杲—廷熾
維墳
維圻
維墅—世□—永龍—松裕—廷煥
永寧—柏裕
世鐀—永昌
永盛
永康
文滿—明杲
月杲
文洪—士相
士林—德燦
士模
茂彬—廷燦—增齡—敍錦
廷燿—增壽
廷炯—□□—敍錫
廷爔

錫山秦氏宗譜

宗支圖

抱拙支半農公派

一百四

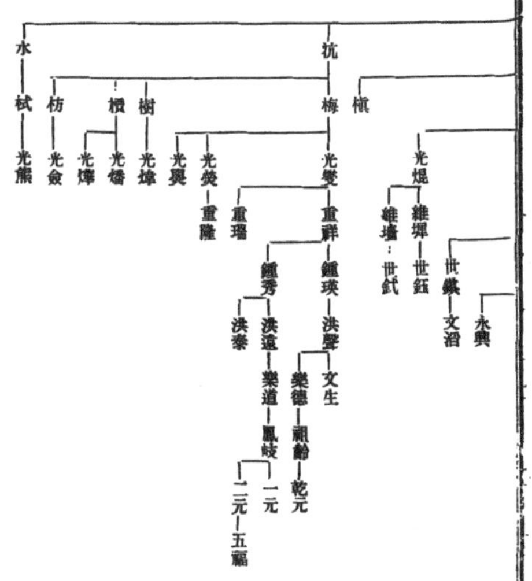

錫山秦氏宗譜

宗支圖

衡初支魁橋公派

一百五

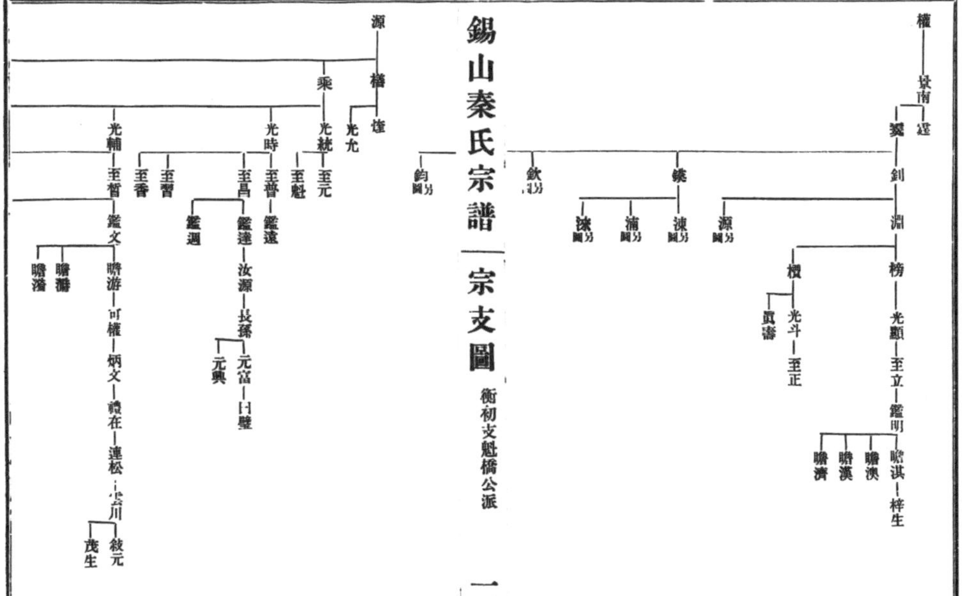

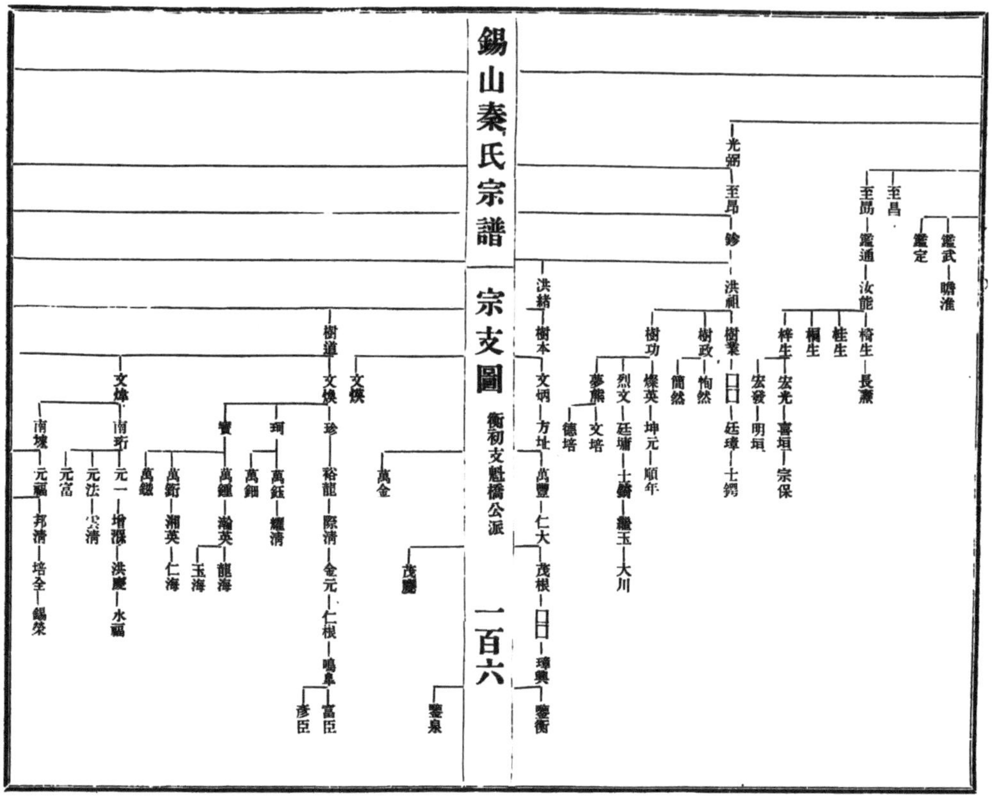
錫山秦氏宗譜
宗支圖
衡初支魁橋公派
一百六
鑑武—晴淮
鑑定
圭昌
圭爵—鑑通—汝能—椅生—長蕭
桂生
桐生
梓生—宏光—嘉垣—宗保
宏發—明垣
光弼—圭昂—鈔—洪組—樹業—□□—廷璋—士鍔
樹政—恂然
簡然
樹功—燦英—坤元—順年
烈文—廷墉—士鑰—鑑玉—大川
夢熊—文培
德培
洪緒—樹本—文炳—方址—萬豐—仁大—茂根—□□—璋興—鑾衡
萬金
茂鑾
鑾泉
樹道—文煥—珍—裕龍—際清—金元—仁根—鳴皋—富臣
彥臣
珂—萬鈺—耀清
萬錮
寶—萬鍾—瑜英—龍海
玉海
萬銜—湘英—仁海
萬鐵
文煉—南珩—元一—增深—洪慶—水福
元法—宍清
元富
南墉—元福—邦清—培全—錫榮

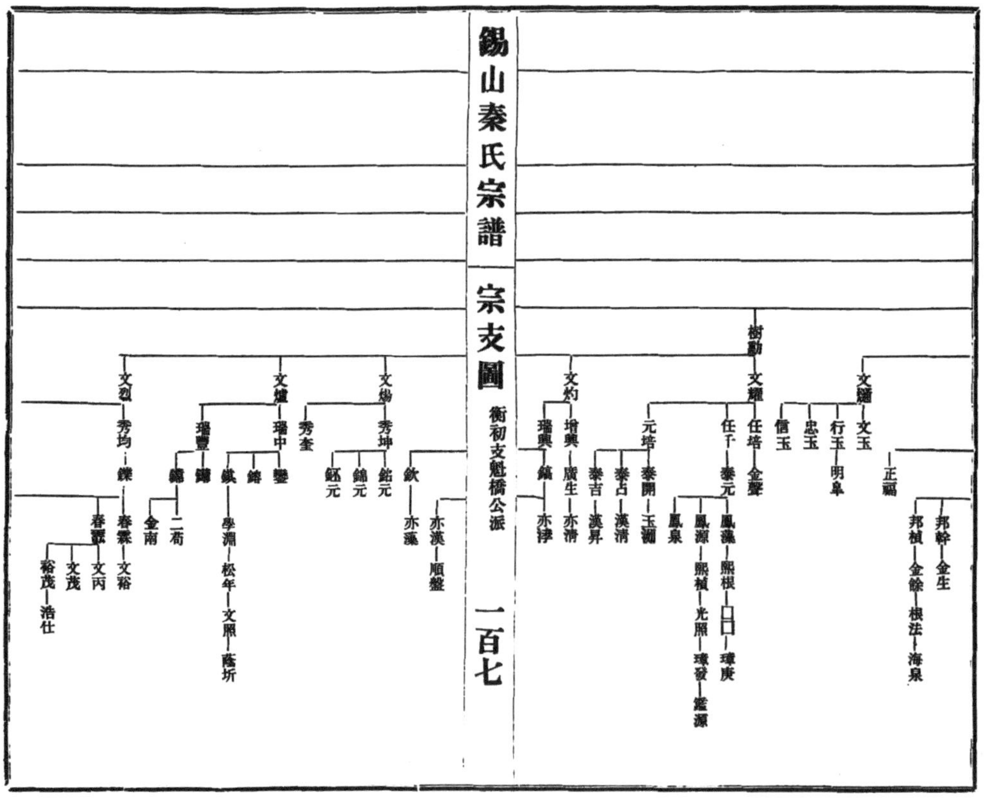
錫山秦氏宗譜
宗支圖
衡初支魁橋公派
一百七
樹勳
文疇—文玉
正福
邦幹—金生
邦楨—金餘—根法—海泉
行玉—明皋
忠玉
信玉
文耀—任培—金聲
任千—泰元—鳳藻—熙根—□□—璋庚
鳳源—熙楨—光照—璋發—鑑源
鳳泉
元培—泰開—玉湖
泰占—漢清
泰吉—漢昇
文灼—增輿—廣生—亦清
瑞輿—鎬—亦淨
文煬—秀坤—鉛元
錫元
錕元
秀奎
欽—亦漢—順盤
亦藻
文爐—瑞中—鑾
鎔
鐵—學淵—松年—文照—蔭圻
瑞豐—鑰—二荷
金南
文烈—秀均—鏵—春霖—文裕
春寶—文丙
文茂
裕茂—浩仕

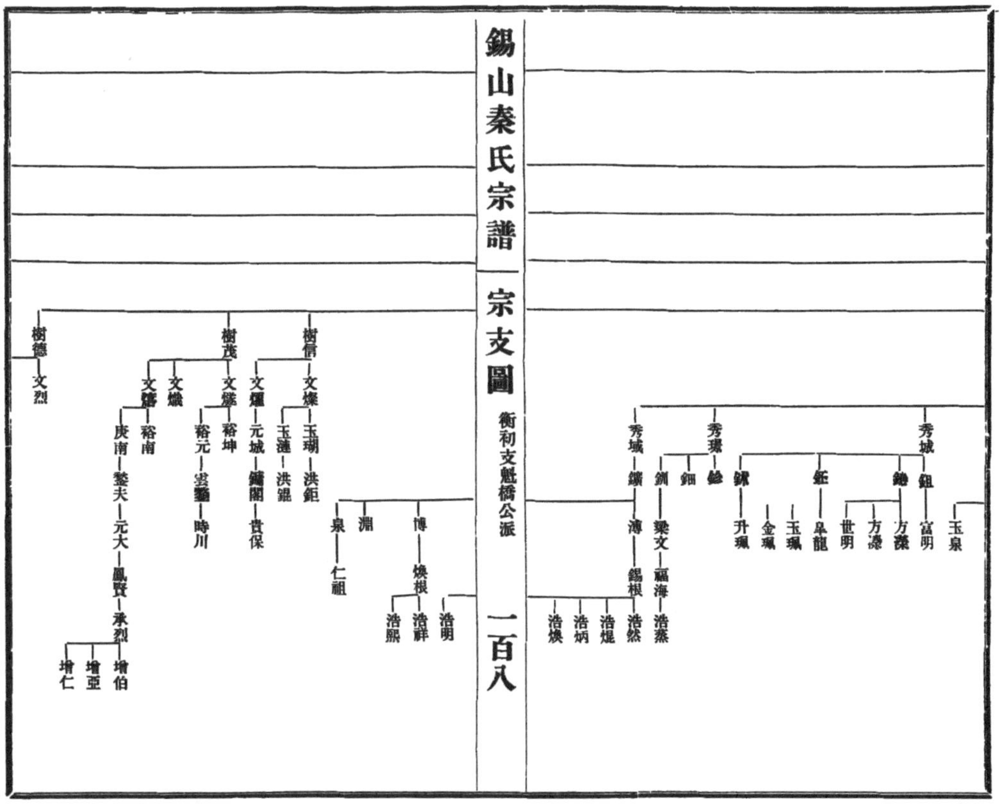
錫山秦氏宗譜
宗支圖
衡初支魁橋公派
一百八
秀瑊
秀璟
秀城
鑛
鉚
鈿
鈴
錸
鉦
鏑
鉏
溥
梁文
升珮
金珮
玉珮
阜龍
世明
方濬
方藻
富明
玉泉
錫根
福海
浩煥
浩炳
浩焜
浩然
浩燾
樹德
文烈
樹茂
文禧
文熾
文燦
裕南
庚南
鍪夫
元大
鳳賢
承烈
增伯
增亞
增仁
裕坤
裕元
宏麟
時川
樹信
文燿
元城
鑛閣
貴保
文燦
玉瑚
洪鉅
玉蓮
洪錕
泉
仁祖
淵
博
煥根
浩祥
浩熙
浩明

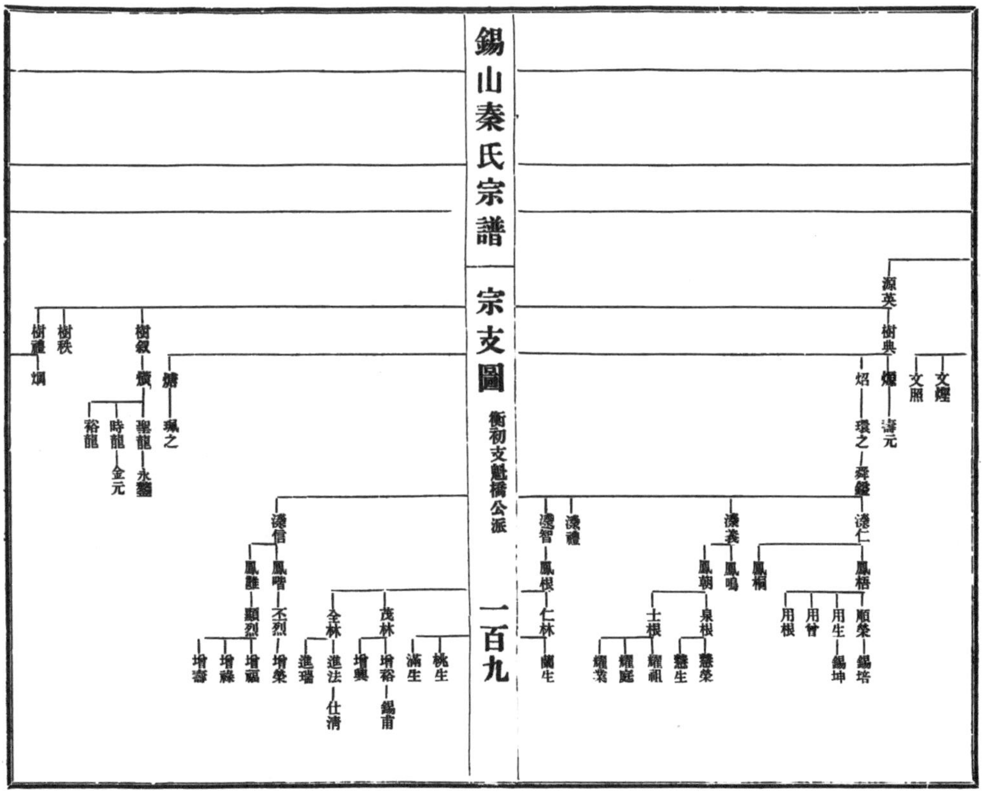
錫山秦氏宗譜
宗支圖
衡初支魁橋公派
一百九
源英
樹典
燁
壽元
炤
環之
舜鑫
文照
文煙
漈仁
鳳梧
順榮
錫培
用生
錫坤
用曾
用根
鳳桐
漈義
鳳鳴
鳳翔
泉根
鑫榮
鑫生
士根
耀祖
耀庭
耀棠
漈禮
漈智
鳳根
仁林
蘭生
樹禮
烱
樹秩
樹叙
燧
璣龍
永鑫
時龍
金元
裕龍
燐
珮之
漈信
鳳喈
丕烈
增榮
鳳雝
顯烈
增福
增祿
增壽
全林
進法
仕清
進瑞
茂林
增裕
錫甫
增興
滿生
桃生

錫山秦氏宗譜

宗支圖

衡初支魁橋公派

銉—沐仁—世才—炳
沐仁—嘉樂—熙熊—培賢 培性 培實
嘉樂—熙文
沐仁—具松—煥章—一
沐仁—用梁—順元—培仁 培義
炤
沐義—具柏
沐禮—廷相—聖齡—冠受
沐禮—廷椿
沐智—廷榜
沐信—繼佑 繼蘭 繼元

至讀—鋐—法祖
鋐—繩祖—菊
至讀—銶—沐寧—榕如—大坤 大本
至易—欽永—衍祖—國本—榮 勝 照 謙
照—富有—萬鎰 萬錦
萬錦—臨冠—產根—銀秀 增祥
欽永—沐祖—國楨—烜如—曰瑚—銓珍—觀瀾 觀海
曰瑚—銓寶—樹灝—和林—如墉—正義
樹灝—燦林
樹灝—秋雪—如海
銓寶—樹霖 樹滋

一百十

錫山秦氏宗譜

宗支圖

衡初支魁橋公派

國幹—燦如 炳如 煜如
炳如—起一
國棟—燿如—惟一—鍾盈—樹源—義根
燿如—惟二—廷錕—渭昌
國棟—烔如—惟三—鍾瑞—樹汸—榮耕
國柱—維熊—乾璧—銓玉—步津—維權—子道
維熊—坤璧
國林—熙如—明元—其釗—洪銓—維楨
國林—鳳如—明甫—其鉄
曰璉
曰𤪌—廷鏞 廷鑑 廷錦
廷鑑—培茹 培清
培清—維榮
曰璽—廷鍾

其鍾
明餘—其鎮—應春
甯鈿—洽祖—華柄—爲龍—廷方 桂方 正方
洽祖—維松—爲鳳—萬方—士鑄
爲鳳—紹方
維松—爲雲 爲震
洽祖—茂楠—爲霆
棻—光旋
棻—光奎—至大—欽亮—汝洲
光奎—至剛 至恩 至德
至恩—鑑臨—汝淮 汝海
至德—鑑彰—汝潮—維枚

一百十一

錫山秦氏宗譜　宗支圖　衡初支甘隱公派　一百十二

涑

檠—光庭—重成—鍾孝—沛之—以棹—燿如

鍾悌—渟之—以棟—燦如—坤安—錫僁；錫祚—麗川

奭如—坤寧—士鉅

以㙇—煥如

傑

鑑光

鑑青—永言—檑生；永範；永康

汝則—昌枚；汝明—有枚

卜枚—明玉—蘭生；柱慶—大寶—金生；洪富—福寶

重玉—鍾道—瀞之—以枳—顨如—佑坤—辛智—順隆；順年—萬富；辛信

杲如—玉振—辛禮

燮如

以林—煥如；烔如—佑基—履鈞—河寧—大本—榮慶—性初—錦芳；錦豐；錦榮

海宴

恆鈞—清芳—庭樑—豐—慶培；庭桂—知元；森泉

清華—松齡—達泉；晉—坤寶·錦德—漢良；坤宜

錫山秦氏宗譜　宗支圖　衡初支甘隱公派　一百十三

以森—炳如—邦基—鼎鈞—恆溢—南楹；恆溥—尖科

仲鈞—克濟—鳳梧—竹雲—泉大；克球—鳳桂—竹興；大興—冬生

臨鈞—清和—英荷—升佩—翰初—錦甫；絨芝—燦榮—桂初—錦浩—春浦；寶瑜—錦華；竹林—裕昆—寶瑾—錦文—漢昌；錦章

清茂—佩明—□□—寶璜—錦宜；佩蘭；春培—南森—寶瑚—錦昌

清榮—瑞川—豪森—寶珊·；瑞林

柏齡

源之—以格—勤如—賡載—辛仁—繼承；奐載—萬金；坤載

以標—熙如—宏載—鈺晉—鑅；鈺齡—清濤；清元—佛齡—定冠—寶琰—錦渠；錦源；鈺璿—斐；鈺聲

克津—藏行；克沛—聽寶—祖德；仁寶—煥德—春森

柏福—茂生；柏壽；柏興

欽道—澄之—以松—凝如—坤順—天鉅—振清

錫山秦氏宗譜　宗支圖　衡初支甘隱公派　一百十四

- 光裕—重景—鍾益
- 光祖—重莕—鍾慶—涵之
  - 以棠
    - 燈如
      - 坤章
        - 利鈐
        - 義鈐
      - 坤載—金福
    - 烈如—坤明
      - 時鈐
      - 君鈐
  - 以棣—照如—坤綱
    - 元鈐—文津
    - 天鈐
    - 國鈐—第冠
- 澍之
- 坤方—元鉅
  - 仁法
  - 永法
    - 洪福
    - 和生—煥德
- 坤廣—君鉅
- 坤遠—公鉅
- 坤元
- 以桂—烟如—坤維—朝鈐—洪福
- 以椿
  - 鰲如
    - 坤玉
    - 坤珍
      - 廷鈐—沂保
      - 兆鈐
  - 鯉如—坤瑞—士鈶
- 以香—爐如
- 重培
- 重美
- 重亨
- 重升
- 光祚—重起
- 光逃
- 本—光爵
- 保—光前
  - 重豪
  - 重俊—鍾仁—溆之
- 光祿
  - 重宮
  - 重安—鍾誠

錫山秦氏宗譜　宗支圖　衡初支甘隱公派　一百十五

- 衛
- 溥—檠
  - 光昱
  - 光昇—重蘭—世欽
    - 汝翼
    - 汝爲
  - 光癸—重芝—鉅壽
- 光德
- 重定—鍾諟
  - 滋之
  - 衍之—以樹—元夔—呈彩
  - 汾之—以葉—丕烈—瑞順
  - 淇之—以枝—忠烈
    - 呈瑞—元銚—坤—根培—茂昌—玉良
    - 呈祥
      - 元釗—有本—如注—庭初—玉輿
      - 元鎚—源生
      - 元銘—培福
      - 元鈁—耀冠
  - 潤之
- 鍾諒
- 鉅福
- 黎—光晟
  - 重里
  - 重和—鉅發—汝疑
  - 重穆
- 果
  - 光暘
  - 光昂
- 業
  - 光曦—重奕
    - 鉅行
    - 鉅待
    - 鉅允
    - 鉅功
  - 光曙—重槩
    - 鉅名
    - 鉅哲
      - 汝視—桂芳
      - 汝聽
  - 光煦—重煥
    - 鉅啟
    - 鉅復
- 涑—槙—光通—重高—鉅受

錫山秦氏宗譜

宗支圖

衡初支甘隱公派

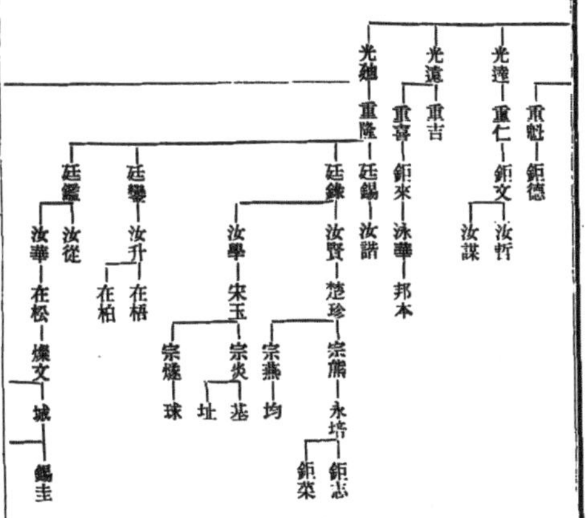

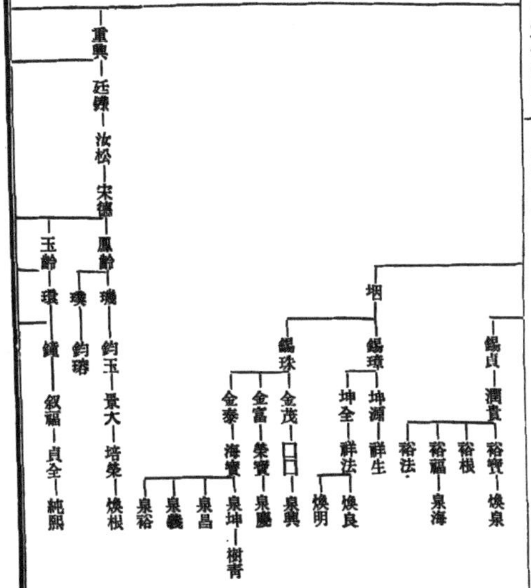

一百十六

錫山秦氏宗譜

宗支圖

衡初支甘隱公派

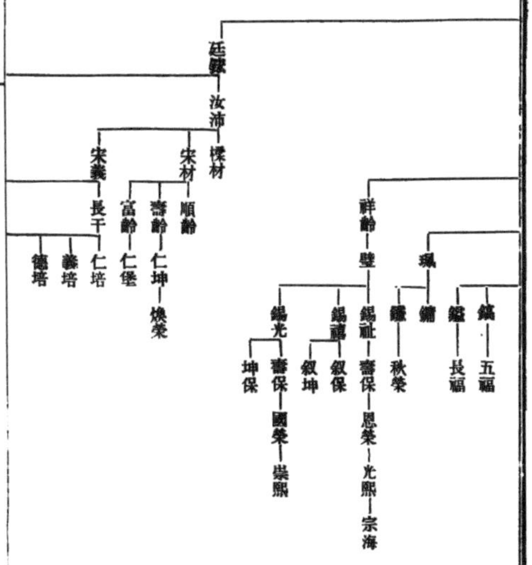

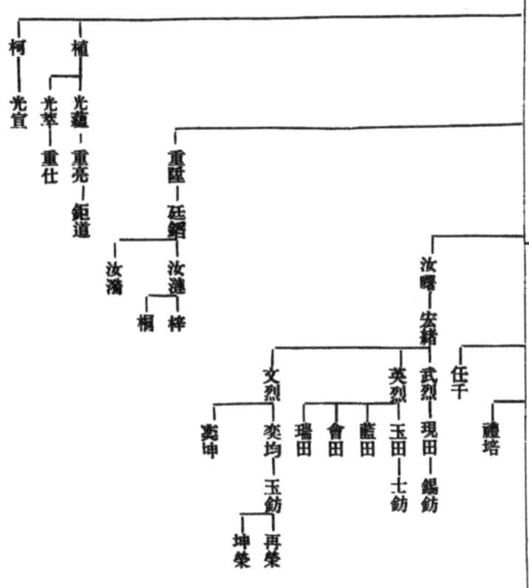

一百十七

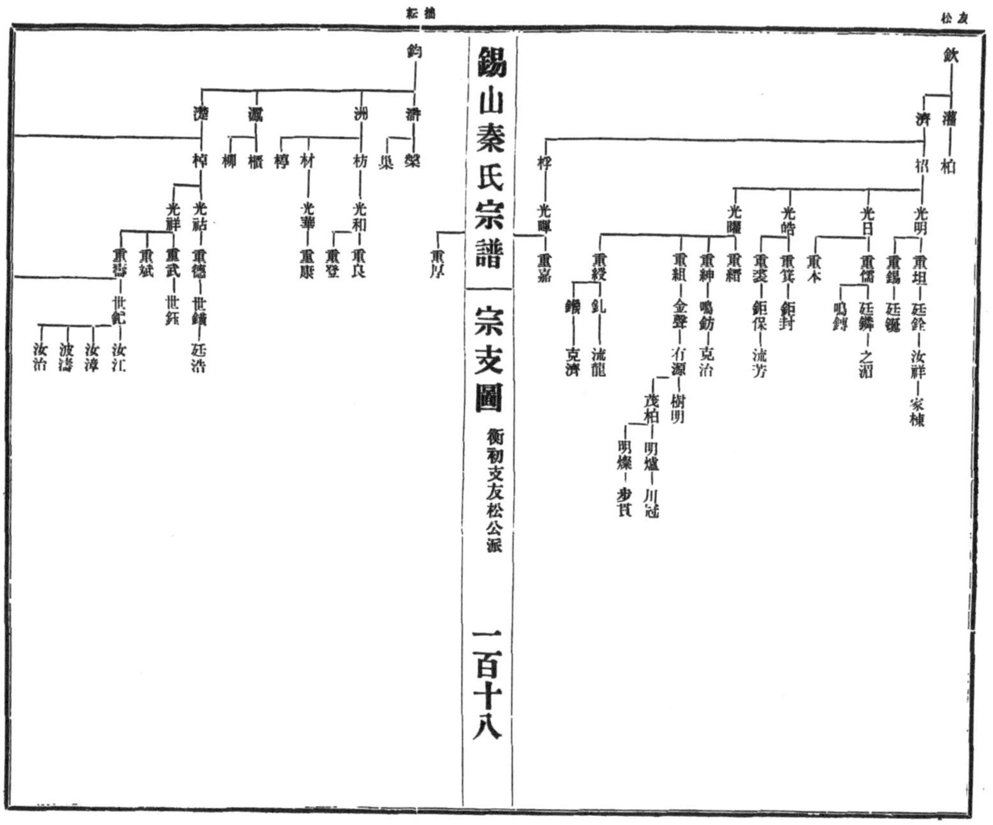
友松
措耘
錫山秦氏宗譜
宗支圖
衡初支友松公派
一百十八
欽
灌
柏
濟
韶
梓
光明
光日
光皓
光曬
光暉
重坦
重錫
重儒
重本
重箕
重裘
重緡
重紳
重組
重綬
重嘉
廷銓
廷鏸
廷鏻
鳴錞
鉅封
鉅保
鳴鈁
金聲
釓
鏝
汝群
之滔
流芳
克治
有源
流龍
克濟
家棟
樹明
茂柏
明爐
明燦
川冠
步貫
鈞
濟
洲
瀛
瀅
榮
巢
枋
材
樗
檟
柳
棹
光和
光華
光祜
光祥
重良
重登
重康
重德
重武
重斌
重壽
重厚
世鏞
世鈺
世鉅
廷浩
汝江
汝漳
汝濤
汝治

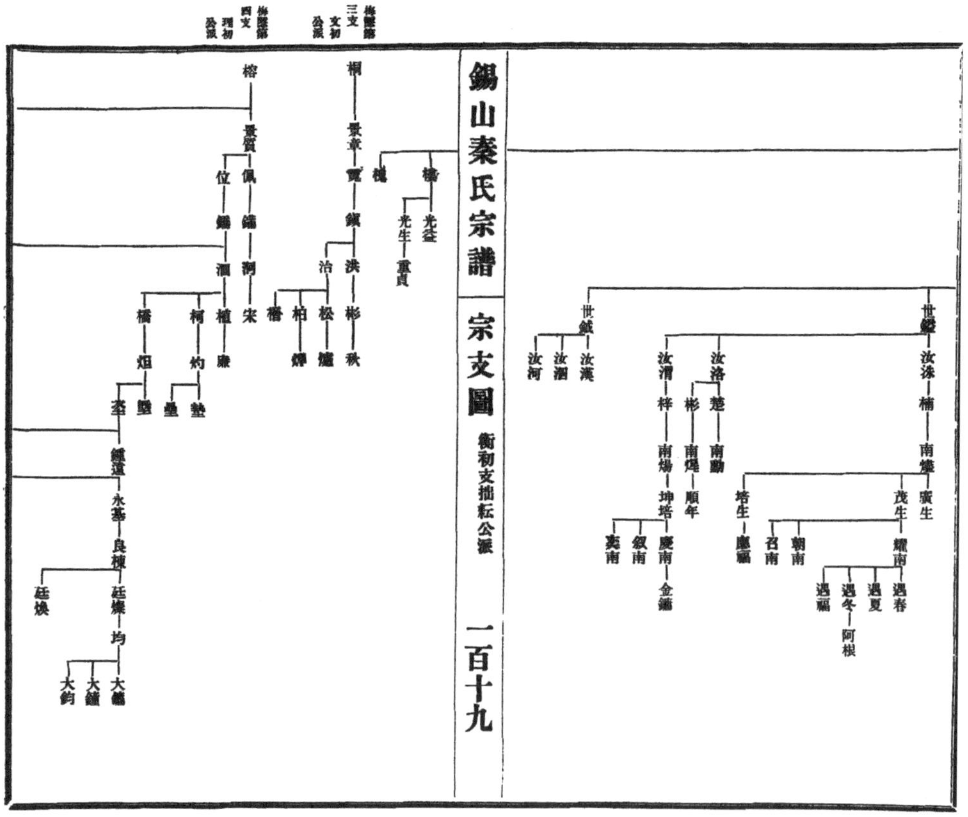
梅隱錦三支文初公派
梅隱錦四支列初公派
錫山秦氏宗譜
宗支圖
衡初支措耘公派
一百十九
桐
榕
景章
景賢
寶
佩
位
鎮
鐘
錫
洪
洞
淵
治
宋
彬
松
柏
楷
植
柯
橋
秋
爐
燁
康
灼
烜
墊
壘
豎
垄
鍾道
永慕
良棟
廷燦
廷煥
均
大鏞
大鐘
大鈞
楠
槐
光鎏
光生
重貞
世鏐
世鍼
汝泳
汝洛
汝渭
汝灉
汝涸
汝河
楠
楚
梓
彬
南燧
南勳
南焜
南煬
廣生
茂生
培生
順年
坤培
慶南
叙南
憲南
慶福
朝南
召南
耀南
遇春
遇夏
遇冬
遇福
阿根
金鏞

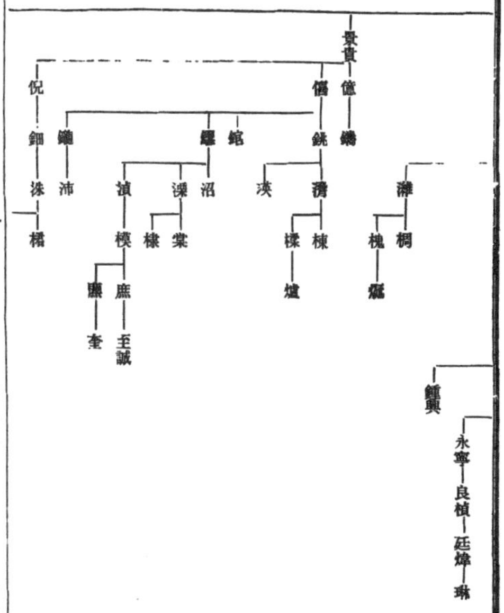

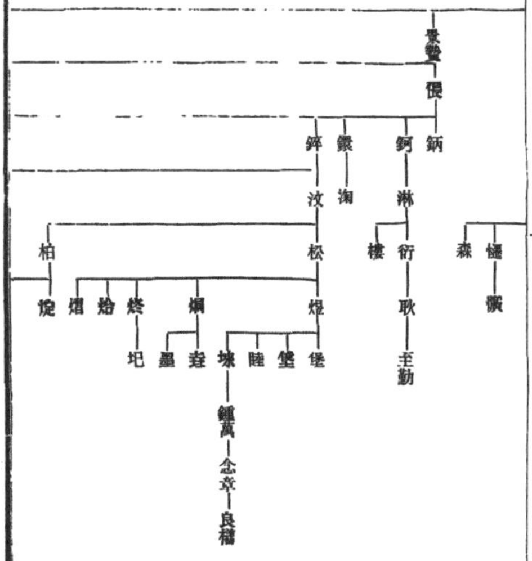

錫山秦氏宗譜　宗支圖　理初公支　一百二十

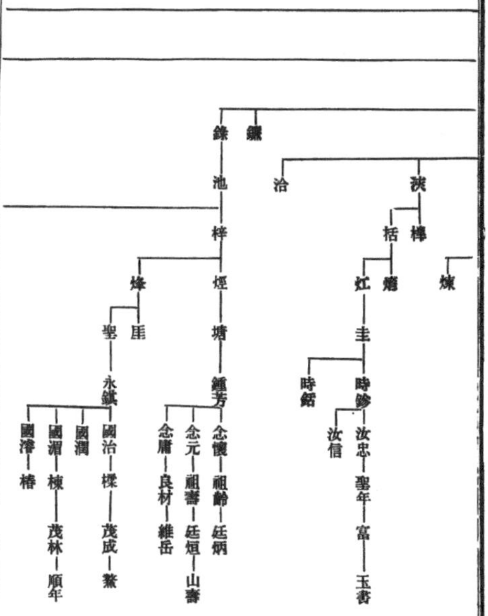

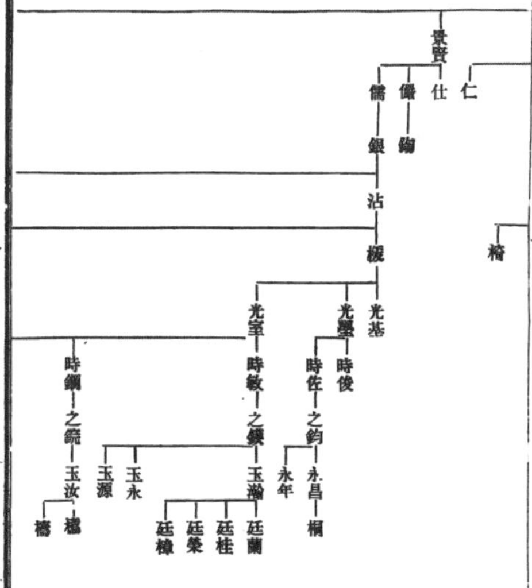

錫山秦氏宗譜　宗支圖　理初公支　一百二十一

錫山秦氏宗譜 宗支圖 理初公支

一百二十二

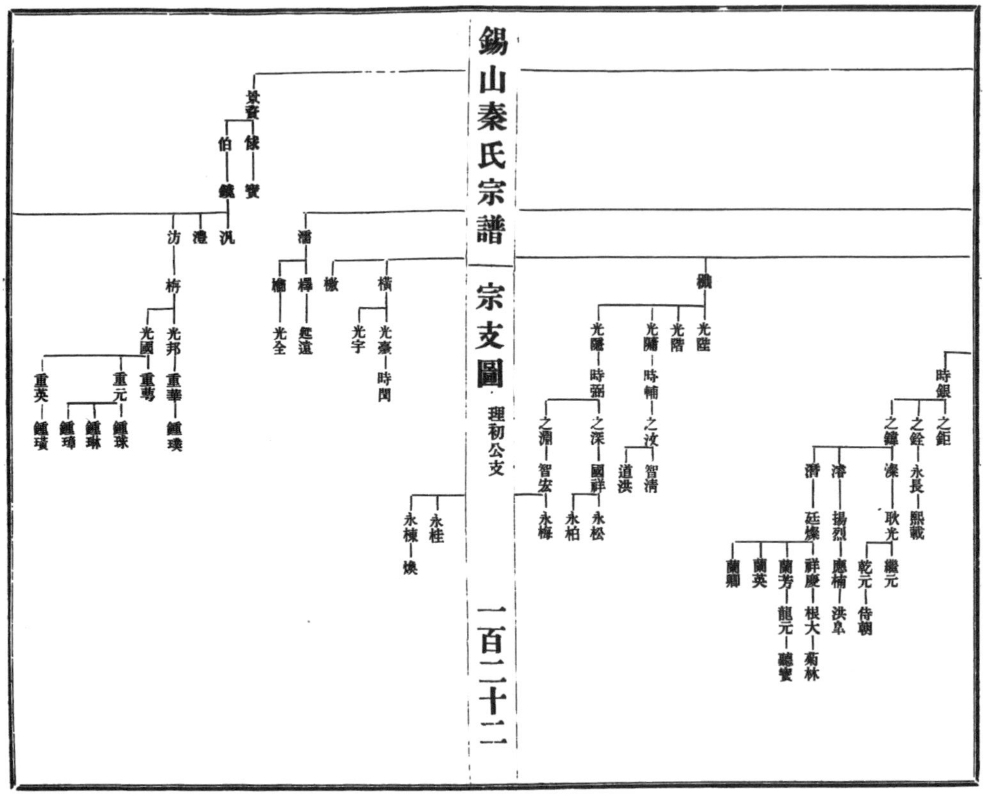

錫山秦氏宗譜 宗支圖 理初公支

一百二十三

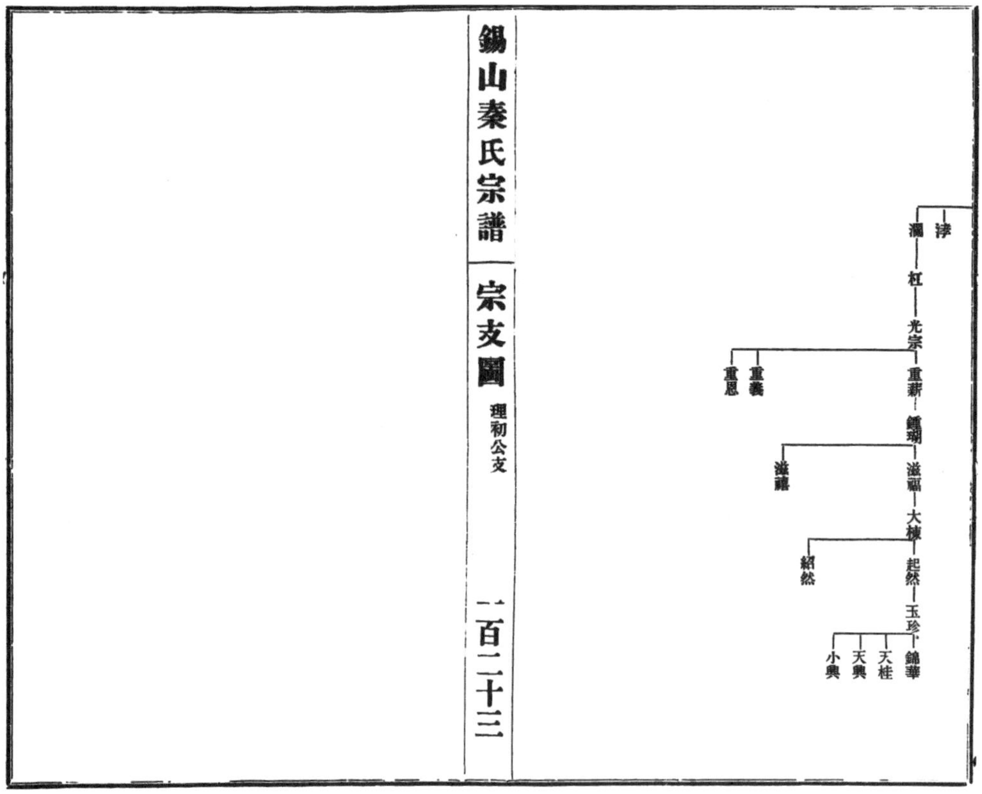

世德編上

淮海先生年譜　　二十八世孫瀛重編

宋仁宗皇祐元年己丑先生生

先生姓秦氏名觀字太虛改字少游別號邗溝居士學者稱爲淮海先生先世居江南中從維揚爲高郵州武寧鄉左廂里人大父承議府君諱某父元化公諱某師事胡安定先生瑗有聲太學母戚氏案先生文集書王氏齋壁云皇祐元年余先大父赴官南康道出九江余實生焉

皇祐二年庚寅

皇祐三年辛卯

皇祐四年壬辰先生年四歲

大父承議府君滿歲受代猶寓止僧舍未幾代者卒王叔贈之先君來領其職事通家相好也（見書王氏齋壁）

皇祐五年癸巳

至和元年甲午先生年六歲（或書皇祐六年是年二月太史言日當食改至和）

先生始入小學父元化公游太學歲時歸覲具言太學人物之盛數稱海陵王君觀高才力學遂以其名名先生

案李氏王夫人墓誌銘但言元化公稱王君觀及其從弟覯而不言名先生名先生之說見之舊譜然王君觀從弟名覯而先生之季弟亦名覯或取二王之名先後以名其子似可信也又案王夫人墓誌銘言至和中先君游太學不指元年至和首尾幾及三年恐係至和二年事亦未可定

至和二年乙未

嘉祐元年丙申（或書至和三年是年九月謝天地改嘉祐）

嘉祐二年丁酉

嘉祐三年戊戌先生年十歲

通孝經語孟大義

嘉祐四年己亥

嘉祐五年庚子

嘉祐六年辛丑

嘉祐七年壬寅

嘉祐八年癸卯先生年十五

丁父元化公憂

英宗治平元年甲辰
治平二年乙巳
治平三年丙午
治平四年丁未先生年十九
娶徐氏名文美潭州寧鄉縣主簿徐成甫女
案徐君主簿行狀成甫初娶張氏繼娶蔡氏子五人文通文仲文剛文饒文昌女三人文美文英文柔先生之配蓋徐氏長女也
神宗熙寧元年戊申
熙寧二年己酉先生年二十一
作浮山堰賦
熙寧三年庚戌先生年二十二
叔父定登葉祖洽榜進士第授會稽尉
案大音先生鏞云高郵譜定先生諱定仕至端明殿學士卒葬江都西山秦家莊有秦端明定墓文案會稽尉至元豐三年始得代疑屬遷調非進士初官
熙寧四年辛亥
熙寧五年壬子先生年二十四

好讀兵家書作單騎見虜賦　書屯田郎中俞汝尙墓表　施元之東坡詩注退翁之卒孫莘老以爲事類龐公爲表其墓秦少游爲書之
按汝尙字退翁吳興人孫莘老於熙寧四年十二月自廣德移守吳興六年春移守廬州東坡有詩送之在寒食後（俱見施注）墓表之作必在守吳興時先生以同鄉在其幕府故爲書之
案記夢答劉全美七古起二句云歲逢困敦斗指甲辰次庚辰漏傳子蓋子年七月庚辰日也考元豐七年甲子紹聖三年丙子七月皆無庚辰李燾長編熙寧五年壬子六月己酉朔閏七月戊申朔詩中所云辰次庚辰者七月初二日也
熙寧六年癸丑
熙寧七年甲寅先生年二十六
聞眉山蘇公軾爲時文宗欲往遊其門未果會蘇公自杭倅徙知密州道經維揚先生預作公筆語題於一寺中公見之大驚及晤孫莘老出先生詩詞數百篇讀之乃嘆曰向書壁者必此郎也遂結神交

熙寧八年乙卯先生年二十七
外父徐成甫卒繼室蔡氏殉焉爲撰行狀及蔡氏哀詞
熙寧九年丙辰先生年二十八
同孫莘老參寥子訪漳南老人於歷陽之惠濟院浴湯泉遊龍洞山謁項羽祠極山水之勝得詩三十首湯泉賦一篇孫莘老詩云川谷閟深阻天時正莽蒼聊同不速客來浴自然湯茂宰藹休政道人棲淨坊悅如登十地熱惱頓清涼先生次韻和之
熙寧十年丁巳先生年二十九

蘇公自密州徙知徐州先生乃往候公於彭城贈之以詩云人生異趣各有求繫風捕影祗懷憂我獨不願萬戶侯惟願一識蘇徐州徐州英偉非人力世有高名擅區域珠樹三株詎可攀玉海千尋眞莫測一昨秋風動遠情便憶鱸魚訪洞庭芝蘭不獨庭中秀松柏仍當雪後青故人持節過鄉縣教以東來償所願天上麒麟昔漫聞河東鸑鷟今纔見不將俗物擬天眞北斗已南能幾人八塼學士風標遠五馬使君恩意新黃塵冥冥日月換中有盈虛亦何算據龜食蛤暫相從請結後期遊汗漫蘇公次韻贈別　是歲孫莘老寄老萊成作寄老萊賦漳南道人自湯泉來會於高郵追敘去年登臨之美作遊湯泉記
元豐元年戊午先生年三十
先生舉鄉貢不售蘇公有詩云底事秋來不得解定中試與問諸天又簡云此不足爲太虛損益但弔有司之不幸耳先生退居高郵杜門却掃以詩書自娛乃作掩關之銘　是時蘇公以治河功成作黃樓先生作黃樓賦以寄公爲詩以謝曰我坐黃樓上欲作黃樓詩忽得

故人書中有黃樓詞黃樓高十丈下建五丈旗楚山以爲城泗水以爲池我詩無傑句萬景驕莫隨夫子獨何妙雨雹散雷椎雄辭雜古今中有屈宋姿南山多磬石清滑如流脂朱蠟爲摹刻細妙分毫釐佳處未易識當有來者知　是歲又作歎二鶴賦　十月五日蘇公跋湯泉賦後
案查慎行蘇公年表是年秦少游將入京應舉至徐謁公黃魯直以古風二首上公黃秦二君奉教於公始此蓋不詳先生於前一年先見公於彭城也蘇公

年表始此二字誤

元豐二年己未先生年三十一

正月十五日作五百羅漢圖記將如越省大父承議公及叔父定於會稽會蘇公自徐徙知湖州遂與偕行過無錫遊惠山和唐人韻三首蘇公及參寥子同賦又會於松江至吳興泊西觀音院端午日同公遍遊諸寺尋別蘇公至德清道中作詩還寄遂如越七月聞蘇公被詔獄亟渡江至吳興問訊得實乃復自吳興過杭中秋後一日同參寥子月夜杖策度風篁嶺謁辯才法師於潮音堂作龍井題名記又別作龍井記乃東遊鑑湖謁禹廟憩蓬萊閣是時給事廣平程公闢領越州先生相得歡甚多登臨唱酬之什作會稽唱和詩序錄寶林禪院事實又作會稽懷古諸詞歲暮始還高郵除夕抵家

是歲十二月蘇公謫黃州團練副使

案先生龍井題名記元豐二年中秋後一日余自吳興過杭東還會稽龍井辯才法師以書邀予入山比出郭已日夕航湖至普寧遇道人參寥問龍井所遺〔遣〕籃輿則曰以不時至去矣是夕天宇開霽林間月明

可數毛髮遂棄舟從參寥杖策並湖而行出雷峰度南屏濯足于惠因澗入靈石塢得支徑上風篁嶺憩龍井亭酌泉據石而飲之自普寧經佛寺十皆寂不聞人聲道旁廬舍或火燈隱顯草木深鬱流水激激悲鳴殆非人間有也行二鼓矣始至壽聖院謁辯才於潮音堂明日乃還又案先生客會稽作滿庭芳詞即山抹微雲之篇蘇公極賞此詞戲呼先生爲山抹微雲君又案藝苑雌黃云范祖禹之子元實乃少游壻也爲人凝重終日不言有妓問之曰公亦解詞曲否答曰吾乃山抹微雲君女壻也

元豐三年庚申先生年三十二

是歲鮮于公侁字子駿爲揚州守待先生以禮爲作揚州集序邵彥瞻爲揚州從事爲作集瑞圖序春二月作書啓蘇公於黃州公弟子由將赴高安過高郵相從兩日先生送至邵伯埭贈詩而還子由和詩有曰筆端大字鴉棲壘〔壁〕袖裡新詩句琢冰送我扁舟六十里未嫌罪垢汙交朋子由留廣陵甚久先生值寒食上塚不得從已而屬和其廣陵諸詩四月爲杭州法惠院言師作雪齋記入夏得中暑疾秋復大劇浹月始安時黃魯直將

赴泰和令李端叔自楚如晉陵皆過訪魯直攜敝帚焦尾兩編先生爲之心折別亥揚州以書來爲先生手寫龍井雪齋兩記字畫精美先生卽寓書參寥子寄錢塘僧勒石焉冬十一月得蘇黃州書　是歲先生與李樂天簡云去年如越省親會主人見留辭不獲去又貪此方山水勝絕故淹留歲暮耳自還家來比會稽人事差少杜門却掃日以文史自娛時復扁舟循邗溝而南以適廣陵泛九曲池訪隋氏陳迹入大明寺飲蜀井上平山堂折歐公所種柳而誦其所賦詩爲之喟然以歎遂

登摘星寺寺迷樓故址也其地最高若金陵海門諸山歷歷皆在履下其覽眺所得佳處不減會稽望海亭但制度差小耳僕每登此竊心悲而樂之人生豈有常所過而自適乃長得志也以閤下趣尙高遠得以發其狂言

元豐四年辛酉先生年三十三

春正月先生叔父定自會稽得替便道取疾入京改官先生侍大父承議公還高郵又安厝亡嬸於揚州入夏與弟覿覯兩先生習制科之文秋應省試題名荅蘇

黃州書云辱誨諭且令勉彊科舉如某者豈敢求異于時但長年頗慙爲兒女子所嗤笑耳得公書重以親老之命頗自摧折不復如向來簡慢盡取今人所謂時文者讀之就其體作數首輒有見推可者因以應書遂亦粲見錄今復加工如求應舉時矣冬十月作徐氏張夫人墓誌銘遂西行赴京師

元豐五年壬戌先生年三十四

先生應禮部試罷歸過南陽新亭有詩寄王子發遂如黃州候蘇公于官舍作弔鐘文過廬山訪大覺璉公

南游玉笥而歸秋九月作圓通禪師行狀圓通賢達觀穎禪師之法嗣也是歲大父承議公卒

案大音先生鏞曰先生游廬山玉笥於詩文無可考唯圓通院白衣閣絕句三首及後九年作俞紫芝字序述昔游玉笥山訪蕭子雲故隱道見靈芝生乎磐石之上愛玩久之俄遇童子老人共譚其事甚奇因附見於此又元豐七年蘇公游廬山跋先生所與辯才題名疑卽此時所題也　又案若舫先生鈞儀云武昌府嘉魚縣太平湖相傳水嘗涸時夜有光怪或

誌其處而掘之得銅鐘一明一統志云宋秦觀爲書
鑄鐘文即此

元豐六年癸亥先生年三十五

先生取經傳子史之文選輯得若干卷題曰精騎集自爲之序曰予少時讀書一見輒能誦暗疏之亦不甚失然負此自放喜從滑稽飲酒者游旬朔之間把卷無幾日故雖有强記之力而常廢於不勤比數年來頗發憤自懲艾悔前所爲而聰明衰耗殆不如曩時十一二每閱一事必尋繹數終掩卷茫然輒復不省故雖然有勤苦之勞而常廢于善忘嗟夫敗吾業者常此二物也比讀齊史見孫搴荅邢詞云我精騎三千足敵君羸卒數萬心善其說因取經傳子史事之可爲文用者得若干條勒爲若干卷題曰精騎集云噫少而不勤無如之何矣長而善忘庶幾以此補之　是歲代俞充卑作御書手詔記李氏王夫人墓誌銘夫人如皋王觀之母也又作曾子固哀詞亂曰天不慭遺一老兮固縉紳之所傷矧不肖以薄技兮早獲進於門牆先生與南豐交始末未詳據哀詞則其所從游舊矣

案先生蠶書予閒居婦善蠶從婦論蠶作蠶書考之禹貢揚梁幽雍不貢繭物兗篚織文徐篚元纖縞荆篚元纁璣組豫篚纖纊青篚檿絲皆繭物也而桑土既蠶獨言於兗然則九州蠶事兗爲最乎予游濟河之間見蠶者豫事時作一婦不蠶比屋詈之故知兗人可爲蠶師今予所書有與吳中蠶家不同者皆得之兗人也先生自高郵至汴必經兗境此當自京師歸閒居所作又案逆旅集自序亦云余閒居有所聞輒書記之然皆未詳年月無從編次附載於此

元豐七年甲子先生年三十六

正月蘇公量移汝州七月過金陵謁王荆公既別去復致書曰向屢言高郵進士秦觀太虛公亦粗知其人今得其詩文數十首拜呈詞格高下固無以逃於左右獨其行義修飭才敏過人有志於忠義者某請以身任之此外博綜史傳通曉佛書講習醫藥明練法律若此類未易以一二數也才難之歎古今共之如觀等輩實不易得願公少借齒牙使增重於世其他無所望也荆公荅書曰得書知尚盤桓江北俯仰逾月不勝感悵示及

秦君詩適葉致遠一見亦謂清新嫵麗鮑謝似之公奇秦君口之而不置我得其詩手之而不釋又聞秦君嘗學至言妙道無乃笑我與公嗜好過乎餘卷正眊眩未暇細讀嘗鼎一臠肯可知也愈遠自愛不宣　先生以小像寄蘇公索贊公舟至竹西報書尋作贊曰以君爲將仕耶其服野其行方以君爲將隱耶其言文其神昌置而不求君不即即而求之君不藏以爲將仕將隱者皆不知君者也蓋將挈所有而乘所遇以游于世而卒返於其鄉者乎　冬十月先生與蘇公會於金山　先生將赴京師索文稾删其可存者得古體詩一百十二雜文四十有九篇從游之詩附見者五十有六合二百一十七篇次爲十卷號淮海閒居集

案大音先生鏞云荆公自熙寍九年罷相以使相判江寍府凡數年矣先生所居止一江之隔非若徐黄之數千里也使先生肎就從遊亦何待蘇公之介紹哉然先生不以近相取而以遠相求其趣操可覩矣世乃以先生爲文章之士何哉然而蘇公且惓惓若此者蓋是時荆公落莫已久且捨宅爲寺（王安石奏施金陵宅第爲寺賜額保寧在熙寧十年）蘇公自黄來流連款洽以故人相託自是友朋文章道義氣誼在世局之外者也先生蘇公兩得之矣又案是年蘇公跋先生廬山題名云某與大覺禪師别十九年矣禪師脫屣當世雲棲海上謂不復見記乃爾拳拳耶撫卷太息欲一見之恐不可復得會與參寥師自廬山之陽並出而東所至皆禪師舊迹山中人多能言之者乃復書與太虛辯才題名之後以遺參寥太虛今年三十六參寥四十二某四十九辯才七十四禪師七十六矣此吾五人者當復相從乎生者可以一笑死者可以一歎也元豐七年五月十九日慧日院大雨中書鏞案此跋見蘇公與先生交眞道味蕭然游方之外者也及其過金陵又復惓惓若此者嗚呼此其所以爲蘇公與

元豐八年乙丑先生年三十七

先生登焦蹈榜進士第作謝及第啓云淮海孤生衣冠末系志在流水嘗辱子期之知困於鹽車爲煩伯樂之顧徒以爲養而求仕故雖被黜以忘慙豈意力用而逢年亦稱長袖而善舞大羹焉用以貴本而不遺具歟甚

微纔嗜偏而見取方賢書之上獻俄吏議之旁連竊鈇
致疑事非在我解驂見贖世鮮其人倘賴平反卒蒙昭
雪折劍旣以重鑄死灰因而復然究其倚伏之難常益
信窮通之有定屬明皇之繼照推睿澤以橫流特免試
言徑躋仕版云云上王岐公論薦士書上呂申公晦叔
書　先生慕馬少游之爲人改字少游陳無己師道爲
作字序　除定海主簿尋調蔡州教授奉母夫人赴蔡
州任書王氏齋壁云皇祐元年余大父赴官南康道出
九江余實生焉滿歲受代猶寓止僧舍未幾代者卒叔

瞻之先君來領其職事通家相好也至和元年叔瞻始
生於南康後余迎老母來爲汝南學官也而叔瞻亦奉
太夫人閒居於郡之西郭時余之先大父先人皆捐館
而叔瞻之先君亦沒於濾州皇祐逮今幾四十年中間
豐瘁得喪死生休戚不可悉記獨兩家之孤各奉其母
相遭于此甚可悲也　蘇公未至汝乞居常州尋以常
州團練副使復朝奉郎知登州召爲禮部郎中先生具
啟致賀　是歲有到任謁先師文神宗皇帝晏駕功德
疏虞氏夫人墓誌銘

案先生集中所載書王氏齋壁云皇祐逮今四十一
年考之儀眞本山東本鄂州本及仁和本皆同而舊
譜載皇祐逮今幾四十年蓋因先生任蔡州教授在
三十七歲而四十一歲則在京師與文中來爲汝南
學官及各奉其母相遭於此句不合也今從之
哲宗元祐元年丙寅先生年三十八
先生在蔡州是歲太皇太后皇太后上尊號受册及坤
成節興龍節先生皆作賀表爲太守向公作又代作境
內祀諸神文　蘇公爲翰林學士與鮮于公侁共以賢

良方正薦先生於朝先生致鮮于公書曰觀以聲聞過
情深爲同進所忌閉闔却掃罪惡日聞詔書比下明公
首以觀充賦乃知君子之所爲自有常度豈以顯晦數
疏而易其意哉汝南雖當孔道人事絕少風氣和平魚
稻蔬果不減於淮海士子亦樂于相從養親讀書之計
極爲安便但創置之官居處什物百色皆無自供職以
來干乞營繕殆無須臾之間久不獲進左右之問緣此
故也　劉貢父攽赴京過汝南先生作詩送之曰觀也
本諸生早與世參商方枘不量鑿交親指爲狂末路辱

公知賜出非所望相期古人處豈止事文章汝南雖奧
區枝官實始張解鞅百無有棲棲寄僧坊築室從有徒
皆公借餘光一壺千金值所濟在倉黃萬里猶比鄰別
離無足傷何以報公德修好以爲常　是歲作汝水漲
謚說王定國註論語序濾州使君任公墓表
　案舊譜於元豐八年載是歲有登第後青詞考之青
詞內輒取甲寅之歲句疑是丙寅之譌因編次於此
元祐二年丁卯先生年三十九
先生自汝南被召至京師爲忌者所中復引疾歸汝南

會范公純仁安撫境內復薦先生堪備著述之科檄至
先生作書以謝曰某淮海一介之士行能無取比因緣
科第獲列仕版又屬朝廷復置賢科而一二邇臣猥以
充賦名實乖戾果致多言相公國當憐其孤單不即聞
罷使得自便引疾而歸僥倖深矣比遇相公均逸藩輔
而某承乏之地實在節制之下疵賤無介紹不敢以書
自通眷眷私懷何以云喻豈圖相公過有採聽首賜論
薦使備著述之科檄書初至發函伏讀且喜且懼蓋相
公於某昔既有保全之賜今又有論薦之恩顧惟狂愚
何以辱此屬拘官守不獲進謝門闌又不敢具啟事以
敘悃愊區區俗禮非國士所以報知已者也唯相公裁
察　先生弟少章先生覯客京師游張文潛黃魯直之
門家搆小室魯直以寄寂名其齋贈之以詩先生亦作
詩寄覯覿兩先生　是歲作鮮于子駿行狀爲高符仲
書王摩詰輞川圖後跋高无悔書卷次韻太守向公登
樓眺望詩
　案大音先生鏞云先生賢書甫上而旋掛吏議賢良
方舉而卽遭擯斥才人之不幸如此蓋其榮遇之時

而已然固非待於後之遷謫也又先生有對淮南詔
獄詩未詳年月併附錄於此一室如懸磬人音盡不
聞老兵隨卧起漂母給朝曛樊雉思秋野鞲鷹望𡵓
雲念歸忘食事日減臂環分
又案山谷集是年有晁張和荅秦覯五言次韻詩云
山林與心違日月使鬢換儒衣相詬病文字奉娛玩
自古非一秦六籍蓋多難詩書或發冢熟念令人惋
秦君鋭本學驥子已血汗相期驂天衢伯樂嘗一盻
上爲欲心縛寸勇輙尺懦要當觀此心日照雲霧散

扶踈萬物影宇宙同璀璨置規豈唯君亦自警弛慢
元祐三年戊辰先生年四十
先生被召至京師應制科進策三十篇論二十篇進策
序篇云淮海小臣不聞廟堂之議帷幄之謀獨耳剽目
采頗知當世利病之所以然者嘗欲輸肝膽效情愫上
書於北闕之下則又念身非諫官職非御史出位犯分
重煩有司之誅隱忍逡巡而不敢發幸陛下發德音下
明詔使大臣任舉賢良方正能直言極諫之士將修祖
宗故事而親策于庭嗚呼此亦愚臣效鳴之秋也輒忘

踈賤條其意之所欲言者爲三十篇以獻唯陛下財擇
焉既奏除太學博士校正秘書省書籍三月初八日與
勅命一道朕唯太學者教化之源博士者儒賢之選俾
天下之士守道而服業任至重也未始輕授汝觀賢良
昭於薦剡條對列於制科辨論精深暢明作述特除左
宣教郎太學博士校正秘省書籍朕之所期豈在承譌
襲舛蹈常喜舊而已哉宜懋遠猷無忘所學　蘇公軾
孫公覺同知貢舉少章覿與李方叔廌並落而殿試榜
首李常寧先生父姑之夫也是歲書裴秀才跋尾少章

先生留京師　駕幸太學先生和館閣詩云原廟初更
十二章還輿詔蹕幸諸庠泮天壁水遥迎仗應夜深衣
不亂行風動四夷將遣子禮行三舍遂賓王前知此舉
追虞氏果有球音發舜堂又晚出左掖詩金爵觚稜轉
夕暉翩翩宮葉墮秋衣出門塵障如黃霧始覺身從天
上歸
案宣教郎政和四年始有此名舊藏勅書及各譜皆
稱宣教瀛不敢遽爲改正謹記於此以存疑
又案山谷集于是年次韻秦少章晁適道贈答詩云

二子論文地陰風雪塞廬寧穿東郭履不奉子公書
十冏雖推挽時聞有詔除負暄眞得計獻御恐成疏
又次韻答秦少章乞酒云朝事鞍馬早吏曹文墨拘
初無尺寸補但於朋友疎豈知簞瓢子卧起一床書
炙背道堯舜雪屋相與娛步出城東門野鳥鳴廢墟
頗知富貴事勢窮心亦舒詩來獻窮狀水餅嚼氷蔬
斗酒得醉否枵腹如瓠壺亦可召西舍侯嬴非博徒
又次韻答少章聞雁聽雞二首平生絕少分甘處身
要從師萬非忘霜雁叫群傾半枕夢回兄弟綵衣行

朝士聞雞常半途朱門擁被不關渠秦郎五起聽三
唱殘燭貪傳未見書

元祐四年己巳先生年四十一

先生在京師由博士遷正字夏四月蘇公力請外郡遂
以龍圖閣學士出知杭州弟子由代爲翰林學士是時
洛蜀相攻頗多附會搆隙先生與黃晁諸公實不與聞
黨事也　冬十一月進南郊慶成詩進表云伏覩皇帝
陛下肇修典禮冬日之至親有事於南郊前期之日陰
雲蔽空將祀之夕月曬畢宿於法當雨而是夜開霽特

甚星月昭明明日雨雪乃作朝野欣然歎頌之聲形於
中外非二聖有作上當天心神祇顧享何以逮此臣踈
賤通籍祕省預見熙事不勝犬馬區區之情輒將與人
之頌撰成郊禮慶成詩二十韻隨狀上進云云又作南
郊祭告上淸儲祥宮詩　是歲代向宗回作勅書奬諭
記書晉賢圖後

案舊譜山谷以寄寂名少章齋贈之以詩在元祐二
年而山谷集則編次所贈詩於元祐四年又有次韻
寄少游云薛宣欲吏雲季氏或招閔此公胸中秋萬

物欲收稛賣藥倘知名草元非近準才難不易得志
大略細謹士生要宏毅天地爲蓋軫驥來鹽車驂井
下短綆引難甘呼爾食聊寄粲然囅誰能借前籌還
婦用東縕吾聞調羹鼎異味及枌菫豈其供王羞而
棄會稽笋又戲書秦少游壁云丁令威化作遼東白
鶴歸朱顏未改故人非微服過宋風退飛宋戈擁篲
待來歸誰饋百牢鸜鵒妃秦氏烏生八九子雅烏之
兒尾畢逋憶炊門牡烹伏雌未肎塒巢令汝棲莫愁
野雉疎家雞但願主人印纍纍又贈秦少儀云汝南

許文休馬磨自衣食但聞郡功曹滿世名籍籍渠命
有顯晦非人作通塞秦氏多英俊少游眉最白頗聞
鴻雁行筆皆萬人敵吾早知有覯而不知有覿少儀
袖詩來剖蚌珠的皪乃能持一鏃與我箭鋒直自吾
得此詩三日卧向壁挽士不能寸推去輒數尺才難
不其然有亦未易識又送少章從翰林蘇公餘杭云
東南淮海唯揚州國士無雙秦少游欲攀天關守九
虎但有筆力迴萬牛文學縱橫乃如此故應當家有
季子時來誰能力作難鴻雁行飛八道山斑衣兒啼

眞自樂從師學道也不惡但使新年勝故年卽如常
在郞罷前又案張文潛亦有送秦少章序
又案續通鑑長編元祐六年八月戊子朔以趙君錫
論秦觀疏付三省劉摯私志其事云初除觀爲正字
用君錫之薦既而賈易詆觀不檢之罪同日君錫亦
有一章云臣前薦觀以其有文學今始知其薄於行
願寢前薦罷觀新命臣妄薦觀罪不敢逃也觀亦有
狀辭免舊譜載元祐四年由博士遷正字頗不合附
錄於此

元祐五年庚午先生年四十二
先生在京師　春日呈錢尙書戶部詩云三年京國鬢
如絲又見新花發故枝日典春衣非爲酒家貧食粥已
多時尙書和詩餉米再爲詩以謝本欲先生一解頤頓
煩分米慰長飢客無貴賤皆蔬飯唯有慈親食肉糜豈
先生祿養之誠氷蘖之操於此並見之云　先生子處
度公湛在都下應秋試未出先生獨坐興國浴室院有
詩云滿城車馬沒深泥院裡安閒總不知兒輩未來餉
箔坐長春花上雨如絲　少章先生在杭別蘇公而歸

公作太息一篇以贈之其畧云張文潛秦少游此兩人
者士之超逸絕塵者也非獨吾云爾二三子亦自以爲
莫及也士駭於所未聞不能無異同故紛紛之言常及
吾與二子吾策之審矣士如良金美玉市有定價豈可
以愛憎口舌貴賤之與少游之弟少章復從吾游不及
期年而論議日新若將施於用者欲歸省其親且不忍
去嗚乎子行矣歸而求諸兄吾何加焉作太息一篇以
餞其行使藏於家三年然後出之　是歲作龍圖閣直
學士李公擇行狀建隆慶禪師塔銘禪師卽所稱漳南

道人者也
案是年有重過興國浴室院次韻詩自序曰元祐三
年余被召至京師從翰林蘇先生過興國浴室院始
識汝師後二年復來閱諸公詩因次韻聊移小榻就
風廊卧久衣巾帶佛香白髮道人還省記前年引去
病賢良又案大音先生鏞云慶禪師係黃龍南之法
嗣先生所作銘曰嗚呼我師妙法難思與物並作而
不磷淄涅論老莊卜筮方藥是皆黃龍佛手驟脚我
從中證決定無疑非遷陀客嘗大笑之山河旣露水

島又談能事畢矣汝復何參少賈之雄老禪之伯求
其異相亦不可得有岡崑崙南直海門盡未來際我
師長存先生又嘗作慶和尚眞贊云大因緣十八年
結跏坐帶刀眠如鼻孔未撩天呼我作無事禪又禪
師高郵乾明諸開堂疏皆先生作語多透宗蓋先生
所交禪衲如參寥辯才無擇輩皆以詩文相契而其
參究宗乘則得諸慶禪師爲多亦猶坡公之于總老
魯直之於晦堂也蘇公嘗稱先生通曉佛理殆不誣
矣先生又嘗有秋懷詩云群有二客至俱以能禪聞

一枝惠林出一派智海分言各不相可往來劇絲棼
謝客姑舍是妨余醉看雲又案山谷是年題少章詩
卷云少章別來文字亹亹日新不唯助秦氏父兄驩
喜予與晁張諸友亦喜交游間嘗復得一國士然力
行所聞是此物之根本冀少章深根固蔕令此枝葉
暢茂也

元祐六年辛未先生年四十三

先生在京師弟少章先生登馬涓榜進士第調仁和主
簿張文潛有送秦少章赴臨安簿序先生作詩送之云

我宗本江南爲將門列戟中葉徙淮海不仕但潛德先
祖實起家先君始逢掖議郎爲名士余亦忝詞客風流
以及汝三通桂堂籍汝獨不好弄文章有新格久從先
生游術業良未測武林一都會山水富南國下有賢別
駕上有明方伯千將入砥礪腰褭就銜勒勿矜孔鸞姿
不樂棲枳棘吳中多高士往來寄老釋辯才雖物化參
寥猶宿昔投閒數訪之可得三友益少來輕別離老去
重乖隔念汝行役遠惘惘意不懌道山雖云佳久寓有
飢色功名已絕意正苦婚嫁迫終從大夫議税駕邘溝

側追踪漢兩疏父子老阡陌先生又寄少儀弟詩云一
隔音塵川塗邈忽收來問涕潸然棲遲册府吾如昨流
落江村汝可憐夢裡漫成池草句愁來空誦棣華篇卑
飛暫爾無多恨會有高風送上天　是年蘇公召入爲
翰林承旨得請外郡出知潁州

案先生由博士遷正字當在是年附考于元祐四年
下又案舊譜誤載是年充國史院編修官今改從元
祐八年附考於八年下

元祐七年壬申先生年四十四

春三月上巳詔賜館閣官花酒以中澣日游金明池瓊
林院又會於國夫人園會者二十有六人作西城宴集
詩二首春溜泱泱初滿池晨光欲轉萬年枝樓臺四望
烟雲合簾幙千家錦繡垂風過忽聞花外笑日長時奏
水中嬉太平誰謂全無象寫在群仙把酒時宜秋門外
喜參尋豪竹哀絲發妙音金爵日邊栖壯麗彩虹天際
卧倩深已煩逸少書陳跡更屬相如賦上林猶恨眞人
足官府不如魚鳥自飛沈又作長調以金明池名篇其
卒章云念故國情多新年愁苦縱寶馬嘶風紅塵拂面

也則尋芳歸去與前詩末句意同蓋當極盛之時已作
歸與之歎嗟乎可以知先生之心矣　先生父姑卒作
李常寧暨秦夫人合葬墓誌銘常寧以元祐三年臨軒
第一郎以是年六月卒詔賜錢邮其家天下悲之　作
送馮梓州序錄壯懸劉公遺事　蘇公召入爲端明殿
學士禮部尚書
案大音先生鏽云先生春日寓直有懷參寥詩云瓢
稜金爵自岧嶢藏室春深更寂寥捫蝨幽花欹露葉
岸巾高柳轉風條文書儿上鬚髯變鞍馬塵中歲月

銷何日一笻江海上與君徐步看生潮亦與前詩意
同
又案顏魯公新廟記楊本乃先生是年所書前署明
州定海主簿祕書省校對黃本書籍秦觀書一行先
生始登第除定海主簿尋調蔡州教授元祐三年除
太學博士校正秘書省書籍六年遷正字此銜不列
教授博上等官當是省文第先生是年已遷正字而
不署豈黃本書籍即正字之所掌耶記爲尚書職方
員外郎華州曹輔撰今在山東費縣魯公祠內筆意

瘦勁深得二王遺法碑陰有米黻記文
元祐八年癸酉先生年四十五
先生在京師由正字遷國史院編修官有辭史官表云
竊以史屬之除聖朝所愼若非承父兄之教詔世守其
官則必積師友之淵源材充厥職臣於二者實無一堪
聞命若驚撫躬增懼重念臣少而愚賤長更屯奇積累
歲時尙慮人情之未與超踰涯分豈爲物議之所容以
蕞爾不勝任之材處灼然非所居之地必招官謗上累
恩私況儒館之中責任高於臣者不少班行之內學術

過于臣者甚多與其容非薄以濫居不若擇英豪而改投伏望聖慈追寢新命檢會臣近申三省除臣一外任差遣又謝館職啟曰涉同博士閱五載而遷官例比編書通三年而改秩寵靈既逮愧懼實深伏念某族系單寒器能淺陋少時好賦僅成童子之雕蟲中歲窮經未究古人之糟粕始策名於進士俄充賦於直言濫居方物之前叨被傳車之召文章末技罔非道義之尊箕斗虛名祇取謗傷之速亟從引避幾至顛隮裹未就于衮華惡已成於瘡痏三期之內王尊乍侫佞而乍賢七年之

中醻田一與而一奪但以偏親垂老生計屢空聊復靦顏以居未能投劾而去日期沙汰分絕進升豈期積日而累勞輒亦逢年而遇合東縕還婦雖蒙假借之私懲羹吹虀尙慮譏訶之及竊觀前史具見鄙宗西蜀中郎孔明呼爲學士東海釣客建封任以校書雖爲將相之品題實匪朝廷之選用夫何寡陋遽有遭逢此蓋伏遇某官道欲濟時仁能錫類始憐貧女稍分秦壁之光終念播臣爲激越江之水矧茲奇蹇亦與甄收敢不以古人行己之方爲國士報君之義千金敝帚聊依翰墨以

白娛一割鉛刀或冀事功之可立　是時先生與黃魯直張文潛晁無咎並列史館時人稱蘇門四學士先生以才品見重於上日有硯墨器幣之賜　元日立春先生作絕句三首故事立春日翰苑供詩帖子蘇公和韻詩云詞鋒雄作楚騷寒德意還同漢詔寬好遣秦郎供帖子盡驅春色入毫端蘇公作上元扈從三絕先生亦有和詩云仗下番夷各一群機泉如雨白繽紛細看香案旁邊吏却是茅家大小君（是時子由爲尚書右丞）　九月太皇太后高氏崩先生作挽詞云東朝制詔九年稱烈武功

高後世與坐舉不周天柱正親扶暘谷日車升班行尙想延和殿羽衞俄趨永厚陵洛水嵩峰霄漢外百官西望涕難勝是時哲宗始親政翰林學士范祖禹慮小人乘間害政上疏不報祖禹之子元實先生壻也　是歲作宣德郎葛舉墓誌銘舉江陰人與先生叔父定同年而其子張仲亦先生壻也銘曰葛以國氏其支萆亂離瘼矣遷江南崛起貳卿諸弟參長垣詞德知不慙有地百里如子男侯挽不來迄今談其積如京發二三有如不信銘斯鑱　蘇公復請外郡出知定州

案山谷年譜云元祐八年七月呂大防言神宗皇帝正史限一年了畢契勘昨修兩朝正史係差史官五員今來止有三員切慮卒難就緒欲差前實錄院檢討官黃庭堅正字秦觀充編修官從之又近得先生賜硯記拓本於濟河同知黃君易據云硯藏鉅野李忠懿祠其文云元祐八年八月十二日臣觀始供史職是日詔遣中使賜李廷珪墨近渚谷郭玉墨瑙石硯（闕闕）盤龍麥光紙點龍染黃越管筆後三日乃賜器幣近世史臣唯遇開院有墨硯紙筆之賜續除者但賜器幣而已續除備賜自臣觀始云國史編修官左宣德郎祕書省正字臣秦觀謹記

紹聖元年甲戌先生年四十六

春三月李清臣發策試進士始有紹復熙豐之意畢漸迎合擢首選於是執政呂大防范純仁蘇轍范祖禹皆罷先生坐黨籍改館閣校勘出爲杭州通判先生至汴上作一絕云俯仰觚稜十載間扁舟江海得身閑平生孤負僧牀睡準擬於今處處還至陳留客舍作艇齋詩御史劉拯論先生在史館時增損實錄道貶監處州酒

稅是時端明蘇公自定州徙英州再貶惠州安置門下侍郎蘇公落職知汝州徙袁州再謫筠州居住黃公魯直出知鄂州再謫黔州張公文潛出知潤州徙宣州晁公无無咎謫監信州酒稅　先生到處州任題務中壁云醉頭春酒響潺潺壚下黃翁寢正安夢入平陽舊池館隔花螭口吐清寒

先生元祐中納侍兒朝華時年十九先生賦詩曰天風吹月入欄杆烏鵲無聲子夜闌織女明星來枕上了知身不在人間後三年先生欲修眞斷世緣遣朝華歸作詩曰月霧茫茫曉柝悲玉人揮手斷腸時不須重向燈前泣百歲終當一別離朝華既去不願嫁乃復取歸明年先生出倅錢唐至淮上因與道友歎流光迅速乃謂朝華曰汝不去吾不得修眞矣復作詩遣之曰玉人前去却重來此度分攜更不迴腸斷龜山離別處夕陽孤塔自崔嵬時紹聖元年五月十一日先生嘗手書記此事未幾遂南竄按此則所載三詩考今集中惟存天風吹月一首又將道流四時詩也未詳孰是（見舊譜附錄）

紹聖二年乙亥先生年四十七

先生在處州頗以遊咏自適檡山下隱士毛氏故居有文英閣先生嘗寓此賦詩其遊水南菴詩二絕云竹柏蕭森溪水南道人爲作小圓菴市區收罷魚豚稅來與彌陀共一龕此身分付一蒲團靜坐蕭蕭玉數竿偶爲老僧煎茗粥自攜修綆汲清泉寬又嘗遊府治南園作千秋歲詞云水邊沙外城郭春寒退花影亂鶯聲碎飄零疎酒盞離別寬衣帶人不見碧雲暮合空相對憶昔西池會鵷鷺同飛蓋攜手處今誰在日邊清夢斷鏡裏朱

顏改春去也落紅萬點愁如海先生既歿魯直始和此詞其後范成大來爲處州絕愛其花影鶯聲之句即其地建鶯花亭陸放翁有詩云沙外春風柳十圍綠綠陰依舊著黃鸝故應留與行人恨不見秦郎半醉時

紹聖三年丙子先生年四十八

先生在處州既罷職乃修懺於法海寺因題壁云紹聖元年觀自國史編修官蒙恩除館閣校勘通判杭州道貶處州管庫三年以不職罷將自青田以歸因往山寺中修懺日書絕句於住僧房壁云寒食山川百鳥喧春

風花雨暗川原因循移病依香火寫得彌陀七萬言先是使者承望風指候伺過失卒無所得至是遂以謁告寫佛書爲罪削秩徙郴州

先生將赴湖南遣祭洞庭湖神文云紹聖三年十月已亥朔十一日丁卯前宣義郎秦觀敬以錢馬香酒茶果之奠望洞庭青草湖境上敬祭於岳州境內洞庭昭靈王青草安流王淵德侯順濟侯忠潔侯孝烈靈妃孝感侯之神觀罪戾不肖頃緣幸會嘗厠朝列備員儒館承乏史臣禍過災生數遭重劾蒙恩貸投竄湖南老母戚氏年逾七十久抱末疾

盡室幼累幾二十口不獲俱行既寓浙西方令男湛謀侍南來敬惟諸神皆以威烈忠孝著在方册廟食此方分風擘流有禱如響觀之得罪本末諸神具知願加哀憐老母異時經彼重湖賜以便風安然獲濟仍願神既早被天恩生還鄉邑觀以疾走便道不遑躬詣祠下盡此血誠故修薄奠以伸悃愊心切詞迫唯諸神明鑒之

先生至郴陽道中題一古寺壁二絕門掩荒寒僧未歸蕭蕭庭菊兩三枝行人到此先腸斷問爾黃花知不知哀歌巫女隔祠叢飢鼠相追壞壞壁中北客念家渾不

睡荒山一夜雨吹風歲暮抵郴州　是歲竄范祖禹於
賀州
附伶齋夜話云盧山邾亭湖廟甚靈能分風送往來
之舟秦少游南遷過廟下登岸縱望久之歸卧舟中
聞風聲側枕視微波月影縱横追繹昔嘗宿雲老惜
竹軒見西湖月色如此遂夢美人自言維摩詰散花
天女也以維摩詰像來求贊少游愛其畫默念曰非
道子不能作此天女以詩戲少游曰不知水宿分風
浦何似秋眠惜竹軒聞道詩詞妙天下盧山對眼可

無言少游夢中題其像曰竺儀華夢瘴面囚首目雖
不言十分似九天覆大千作獅子吼不如搏取妙喜
如陶家手予過雷州天寍與戒禪師夜話問少游字
畫戒出此贊爲示少游筆蹟也案覺範去先生未久
其所紀必實此贊作於夢中比好事近一詞更奇惜
集中不載
案洪邁夷堅志載是年先生過長沙有遇義娼事又
考邁所著之容齋四筆云夷堅已志載潭州義娼事
謂秦少游南遷過潭與之往來後娼竟爲秦死嘗州

教授鍾將之得其說於李結次山爲作傳予反覆思
之定無此事當時失於審訂然悔之不及矣秦將赴
杭倅時有妾邊朝華既而以妨其學道割愛去之未
幾罹黨禍豈復眷戀一娼女哉予記國史所書温益
知潭州當紹聖中逐臣在其巡内若范忠宣劉仲馮
韓川原伯呂希純子進呂陶元鈞皆爲所侵因鄒公
南遷過潭暮投宿村寺益即遣州都監將數卒夜出
城逼使登舟竟凌風截江去幾於覆舟以是觀之豈
肎容少游款昵累日此不待辨而明已志之失著矣

紹聖四年丁丑先生年四十九
先生在郴州　作法帖通解自序云太宗皇帝時遣使
購摹前代法書集爲十卷摹刻於板藏之禁中大臣初
登二府詔以一本賜之世號官帖自此法帖盛行好事
者又往往自爲别本大抵皆官帖之苗裔也頃爲正字
時見諸帖墨蹟有藏於祕府者字皆華潤有肉神氣動
人非如刻本之枯槀也蓋雖官帖亦其糟粕耳又嘗時
奉詔集帖之人苟於書成不復更加研考頗有僞蹟濫
厠其間至於標題次序乖錯逾甚士大夫以字畫小技

莫有論次之者投荒索居無以解日輒以其灼然可考者疏記之云　先生在郴州作阮郎歸詞云湘天風雨破寒初深沈庭院虛麗譙吹罷小單于迢迢清夜徂鄉夢斷旅魂孤崢嶸歲又除衡陽猶有雁傳書郴陽和雁無又作踏莎行詞云霧失樓臺月迷津渡桃源望斷無尋處可堪孤館閉春寒杜鵑聲裡斜陽暮驛寄梅花魚傳尺素砌成此恨無重數郴江幸自遶郴山爲誰流下瀟湘去黃魯直跋此詞云絕似劉夢得楚蜀間詩坡公亦絕愛此詞尾兩句自書于扇曰嗟乎少游已矣雖萬

人何贖　是歲范純仁謫永州呂大防謫循州卒於虔州劉摯卒於新州梁燾卒於化州程頤編管涪州范祖禹自賀州徙賓州蘇軾自惠州徙瓊州先生自郴州奉詔編管橫州感而作冬蚊之詩

案大音先生鏞云子瞻海外注易傳荆公退居作字說先生於流離播遷時作法帖通解古人不肯輕擲歲月類如此

元符元年戊寅先生年五十

先生自郴州赴橫州　五十自壽作反初古詩一首昔年淮海末邂逅安期生謂我有靈骨法當游太清區中緣未斷方外道難成一落世間網五十換嘉平夜參半不寢披衣涕縱橫誓當返初服仍先謝諸彭睎髮陽之阿餔餟太和精心將塵無合身與元氣并陟降三境中高眞相送迎琅函紀前績金簡錫嘉名耿光動寥廓不借日月明故棲黃埃裏絕想空復情　既至橫州荒落愈甚寓浮槎館居焉城西有海棠橋（黎若勑先生釣儀云明一統志載黃州府海棠橋題此詞非是）橋南北皆有海棠書生祝姓者居之先生嘗醉宿其家明日題其柱云喚起一聲人悄衾冷夢寒

窗曉瘴雨過海棠開春色又添多少社甕釀成微笑半缺椰瓢共舀覺傾倒急投床醉鄉廣大人間小此詞刻於州志海棠橋至今有遺跡云　作寧浦書事六言詩揮汗讀書不已人皆怪我何求我豈更求榮達日長聊以銷憂魚稻有如淮右溪山宛似江南自是遷臣多病非關此地烟嵐南土四時盡熱愁人日夜俱長安得此身作石一齊忘了家鄉洛邑太師奄謝龍川僕射云亡他日巋然獨在不知誰似靈光（文彥博呂大防皆卒於去歲故此章及之）身與杖藜爲二對月和影成三骨肉未知消息人生到此

何堪寒暑更拚三十同歸滅盡無疑縱復玉關生入何
殊死葬蠻夷　是歲范祖禹自賓州再徙卒於化州
附王濟著日詢手鏡云橫州海棠橋長百餘尺皆以
鐵力爲材朱時所建者其地建亭亦名海棠亭數年
前建業黃琮守州改爲淮海書院余嘗至訪遺蹟有
壞碑數通漫滅不可讀後一小碑仆於地拂拭觀之
乃刻晁旡无咎像也云晁嘗不遠萬里來訪淮海故存
其刻云
元符二年己卯先生年五十一
先生自橫州徙雷州先是子由自筠州徙雷州是時已
改循州故不相及而子瞻尚在瓊州瓊雷隔海而實近
子瞻寄子由詩云莫嫌瓊雷隔雲海聖恩尚許遥相望
故先生至是復得與蘇公通問不至寂寂如橫州時矣
先生作雷陽書事三首又作海康書事十首共一章云
白髮坐鉤黨南遷海瀕州灌園以糊口身自雜蒼頭籬
落秋暑中碧花蔓牽牛誰知把鋤人舊日東陵侯其三
章云卜居近流水小巢依嶔岑終日數椽間但聞鳥遺
音鑪香入幽夢海月明孤斟鷦鷯一枝足所恨非故林

錫山秦氏宗譜　卷首上　卅九

其五章云粤女市無常所至輒成區一日三四遷處處
售蝦魚青裙脚不韈臭味猨與狙孰云風土惡白州生
綠珠其七章云粲粲菴摩勒作湯美無有上客賦騛駒
玉奩開素手那知蒼梧野棄置同芻狗荆山玉抵鵲此
事緜來久其卒章詩合浦古珠池一熟胎如山試問池
邊蜑云今累年闕豈無明月珍轉徙溟渤間何關二千
石時至自當還先生每有諷咏輒自作書因便寄瓊州
蘇公謂其少子過曰秦少游張文潛才識學問爲當世
第一無能優劣二人皆辱與余遊同升而并黜有自雷
州來者遞至少游所惠書詩累幅近居蠻夷得此如在
齊聞韶也公又跋先生書云少游近日草書便有東晉
風味作詩增奇麗乃知此人不可使閒遂兼百技矣技
進而道不進則不可少游乃技道兩進也
元符三年庚辰先生年五十二
先生在雷州　正月哲宗崩皇弟端王佶即位向太后
臨朝韓忠彦相　先生於是歲之春作挽詞曰嬰釁徙
窮荒茹哀與世辭官來錄我槖吏來驗我屍藤束木皮
棺槀葬路傍陂家鄉在萬里妻子天一涯孤魂不敢歸

錫山秦氏宗譜　卷首上　卌

惴惴猶在茲昔忝柱下史通籍黃金闥奇禍一朝作飄零至於斯弱孤未堪事返骨定何時修途繚山海豈免從闍維荼毒復荼毒彼蒼那得知歲晚瘴江急鳥獸鳴聲悲空濛寒雨零慘淡陰風吹殯宮生蒼蘚紙錢掛空枝無人設薄奠誰與飯黃緇亦無挽歌者空有挽歌詞自序云昔鮑照陶潛皆自作哀詞其詞哀讀余此章乃知前作之未哀也五月下赦令遷臣多內徙蘇公量移廉州寓書來云頃得移廉之命治裝十日可辦但須得泉人許九船即牢穩可恃餘蜑船多不堪而許見在外

邑未還須至少留待之約此月二十五大閒方可登舟並海岸行一日至石排相風色過渡一日至遞角場但相風難克日耳有書託吳君偓二十壯夫來遞角場相等若得及見少游郎大幸也至六月二十五日蘇公與先生相會於海康先生因出自作挽詞呈公公撫其背曰某嘗憂逝未盡此理今復何言某亦嘗自爲誌墓文封付從者不使過子知也遂相與嘯咏而別初先生謫公彭門詩有云更約後期游汗漫盍識於此云先生既別公無何被命復宣德郎放還於是作歸去來兮詞一

篇和陶元亮其詞曰歸去來兮眷眷懷歸今得歸念我生之多艱心知免而猶悲天風飄兮余迎海月炯兮予追省已空之憂患疑是夢而復非及我家於中途兒女欣而牽衣望松楸而長慟悲心極而更微升沉幾何歲月如奔嗟我宿昔通籍璧門賜金雖盡給札尚存愧此散木謬爲犧尊屬黨論之云興雷霆發乎威顏淮南謫於天庖予小子其何安歲七官而五謫越鬼門之幽關化猿鶴之有日詎國光之復觀大明之生東釋纍囚而北還瞻天漢而一洗覺宇宙之隨寬歸去來兮請逍遙

於至游內取足於一身復從物兮何求榮莫榮于不辱樂莫樂於無憂鄉人告予以有年黍稷鬱乎盈疇止有弊廬泛有扁舟濯余足兮寒泉振予衣兮古丘洞胸中之滯礙渺雲散而風流識此行之匪禍乃造物之餘休已矣哉桔槔俯仰無幾時舉觴自屬聊淹留汝今不已將安之封侯已絕念仙事亦難期依先塋而灑掃從稚子而耘耔修杜康之廢祠補由庚之亡詩爲太平之幸老幅巾待盡更奚疑先生於是寓書廉州且云傳言未果公報書云海外孤老志節朽敗何意復接平生欽友

伏閱妙迹凜凜有生意幸甚前所聞果的否若信然得文字後亦須得半月乃行自此徑乘舊船至徐聞出路不知猶及一見否示諭二范之賢不唯喜公得壻小范且以慶吾友夢得之有子爲不死也言之淚落不已兒子過蒙許與恐不副所期實能躬勞辱以佚厥考爾令子想大成曾寄所作來否借一二亦佳文潛旡恙得消耗否魯直云宜義監鄂酒吳子野自五羊來云溫公贈太尉曾子宣右揆的否未可知也廉州苟得安居取小子一房來終焉可也生如暫寓亦何所擇果行衝冒愼

重先生遂以七月啟行而歸踰月至藤州尙無恙因醉臥光化亭忽索水飲家人以一盂汴水進先生笑視之而卒實八月十二日也先是先生嘗於夢中作好事近詞一闋云春路雨添花花動一山春色行到小溪深處有黃鸝千百飛雲當面化龍蛇夭矯轉空碧醉卧古藤陰下了不知南北至是卒於藤州人皆以爲詩讖方是時蘇公復自廉州內徙永州既就道未至藤州十日聞訃驚悼因與友人書曰某與兒子八月二十九日離廉九月六日到鬱林七日遂行初約留書歐陽晦夫處忽

聞秦少游凶問留書不可不言欲言又恐不的故不忍下筆今行至白州見容守之猶子陸郎齋云少游過容留多日飲酒賦詩如平常容守遣般家二卒送歸衡州至藤傷暑困臥至八月十二日啟手足於江亭上徐守甚照管其喪仍遣人報范承務范自梧州赴其喪此二卒申知陸守者止於如此其他莫知其詳也然其死則的矣哀哉痛哉何復可言當今文人第一流豈可復得此人在必大用於世不用必有所論著以曉後人前此所著已足不朽然未盡也哀哉哀哉其子甚奇俊有父

風唯此一事差慰吾輩意某不過旬日到藤可以知其詳續奉報次既而公又與李端叔書曰某六十五矣體力毛髮正與年相稱或得復與公相見亦未可知已前者皆夢已後者獨非夢乎置之不足道也所喜者海南了得易書論語傳數十卷似有益于骨朽後人耳目也少游遂死于道路哀哉痛哉世豈復有斯人乎端叔亦老矣迨云鬚髮已皓然然顏極丹且渥僕亦如此耳各宜闔嗇庶復相見也嗟乎觀公二書可以知公矣可以知先生矣是歲處度丞攜自旅次匍匐來奔扶櫬北還

案大音先生鏞云宋史及家譜皆言先生年五十三卒譜又以爲是建中靖國元年而不載月日及考蘇集乃知爲八月十二日既係八月則其非建中靖國甚明矣蓋蘇公實以改元七月二十八日卒於常州使先生後公十五日死則蘇公已前死矣又安得悲傷道路涕淚筆札且取其詩詞墨蹟而讚歎之箋注之也哉再取蘇黃諸別集一一取證則元符庚辰之八月爲先生觀化之期了無可疑鏞既與家弟鏁反覆校勘遂斷然命筆更定前譜又以蘇黃二先生之

書交第附列要以見古人文章道義之交至生死患難尤勤惓若此者微獨傳信示子孫而已亦使天下後世之君子得以覽觀焉

徽宗建中靖國元年辛巳

處度公湛奉先生靈櫬停殯於潭州　三月二十一日蘇公跋先生好事近詞云少游昔在虔州嘗夢中作此詞供奉官莫君沔居湖南喜從遷客游尤爲呂元鈞所稱又能誦少游事甚詳爲余道此詞至流涕乃錄本使藏之其後魯直又跋云少游醉卧古藤下誰與愁眉唱一杯解作江南斷腸句只今唯有賀方回　蘇公手錄先生挽詞書其後云庚辰歲六月二十五日余與少游相別於海康意色自若與平日不少異但自作挽詞一篇人或恠〔怪〕之余以爲少游齊生死了物我戲出此語無足怪者已而北歸至藤州以八月十二日卒於光化亭上嗚呼豈亦自知當然者耶　是歲黃魯直辭免吏部郎待命荆南作荆江亭即事詩其一云閉門覓句陳無已對客揮毫秦少游正字不知溫飽未西風吹淚古藤州蓋仿杜詩存沒絕句篇中一存一沒時先生沒而無

已存也　七月二十八日前端明學殿士蘇公卒于常州時年六十六張文濟時爲潁州聞蘇公卒爲舉哀行服坐落職安置黃州　十二月陳無已師道卒無已以正字入館未幾以寒得疾樓异世可時爲登封令夜夢無己見別行李遽甚樓問是行何之曰暫往杏園東坡少游諸人在彼已久樓起視事而得參寥子報云無已逝矣無已操行高潔與李方叔廌晚遊蘇門次於四公世稱六君子云

崇寧元年壬午

詔立黨人碑於端禮門先生與焉　右正言鄒浩竄昭州哲宗朝浩諫立后竄新州召還至是復竄浩作夢少游先生詩曰淮海維揚第一流三關齊透萬緣休眞心豈復隨灰劫遺骨猶然寄橘洲專爲流通深歎賞奠相鈍置淤愁憂覺來欲語無人聽屋角熒熒空斗牛蓋是時先後竄粤西者唯先生與鄒忠公二人而已　是歲處度公湛守制於潭州

崇寧二年癸未

黃魯直再謫宜州道經長沙過處度公湛暨范元實贈詩五首并在秦少游許我同門友掘獄無張雷劍氣在牛斗今來見令子文似前哲有何用相澆潑淸江漲如酒范公太史僚山立乃先達發揮百代史管以六經榦投身轉嶺海就木乃京洛仲子見長沙且用慰飢渴秦郎水江漢范郎器鼎鼐逝者不可尋猶喜二子在相逢唾珠玉貧病問薪菜豫愁帆風船目極別所愛往時高交友半木已樅樅今我二三子事業在燈窗秦范波瀾闊笑陸海潘江顧茲秉經術出仕榮家邦少游五十策其言明且淸筆墨深關鍵開闔見日星陳友評斯文如鍾磬鼓笙誰能續鳳鳴洗耳聽兩甥（案舊注云秦范相謂甥婿處度公亦范氏壻也又案元實祖禹仲子先生易贊時范承務來視其喪疑即元實之兄意祖禹卒於化州二范奔赴亦遂流寓無常故得相從於此耶蘇公答先生書亦稱二范之賢合此詩觀之一時故人悽愴之懷千載如見）

詔黨人子弟毋得至闕下令州縣立黨人碑詔毀范祖禹唐鑑蘇軾黃庭堅秦觀文集

案大音先生鏞云先生文集其見於自序者止閒居集十卷策論五十篇然此皆元祐以前作據宋史淮海集四十卷詩餘一卷今行世者卷帙雖不加少疑非當日之全書意當日所毀必有不盡於是者

崇寧三年甲申

魯直和先生千秋歲詞題曰少游得謫嘗夢中作詞云醉卧古藤陰下了不知南北竟以元符庚辰死於藤州光化亭上崇寧甲申庭堅竄宜州道過衡陽覽其遺墨始追和其千秋歲詞苑邊花外記得同朝退飛騎軋鳴珂碎齊歌雲遶扇趙舞風回帶嚴鼓斷杯盤狼藉猶相對灑淚誰能會醉卧藤陰蓋人已去詞空在兎園高會悄虎觀英游改重感慨波濤萬頃珠沉海又魯直和先生梅花詩題云花光仲仁出秦蘇詩卷思兩國士不可

復見開卷絕歎因花光為我作梅數枝及畫烟外遠山
追少游韻記卷末夢蝶眞人貌黃槁籬落逢花須醉倒
雅聞花光能畫梅更乞一枝洗煩惱扶持愛梅說道理
自許牛頭參已早長眠橘洲風雨寒今日梅開向誰好
何況東坡成古丘不復龍蛇看揮掃我向湖南更嶺南
繫船來近花光老歎息斯人不可見喜我未學霜前草
寫盡南枝與北枝更作千峯倚晴昊黃注橘洲在湘江中因先生葬長沙故有長眠橘洲之語
是時魯直又有絕句詩題云余去歲在長
沙數與處度元實相從把酒自過嶺來不復有此樂感

歎之餘戲成一絕詩不復錄
崇寧四年乙酉
詔除黨人父兄子弟之禁於是處度公奉先生喪歸葬
於廣陵道謁張文潛于黃州文潛為文以祭焉其詞云
維崇寧四年歲次乙酉閏月某日甲子具位張耒謹以
家饌清酒遺男秬敬祭於亡友少游學士之靈嗚呼少
游淮海之英自其少時文章有聲脫略等輩論交老成
衆譽歸之誰敢改評聿來祕書亦既飛鳴脫身亟去專
變隨生嗚呼位不過正字年不登下壽間關憂患橫得

罵詬竄身瘴海隕仆荒陬君孤奉喪歸葬廣陵拜我於
黃尙有典刑會葬撫孤我窮不能具此菲薄聊致鄙誠
隻雞斗酒懷想平昔嗟我少游尙冐來食尙饗　是歲
九月三十日魯直黃先生卒於宜州年六十一
崇寧五年丙戌
詔毀黨人碑
大觀元年丁亥
張文潛跋先生投呂正獻公卷云予見少游投卷多矣
黃樓賦哀鏄鍾文卷卷有之豈其得意之文與少游平
生為文不多而一一精好可傳在嶺外亦時為文自為
輓詩一章殊可悲也此卷是投正獻公者今藏居仁處
居仁好其文出以示余覽之令人愴恨大觀丁亥中春
張耒書

大觀二年戊子
大觀三年己丑
大觀四年庚寅
是歲晁公无咎卒於泗州年五十八
宋晁公卒後二年壬辰參政子由蘇公右史文潛張

公竝卒子由年七十四文潛年六十一

政和元年辛卯至政和七年丁酉 凡七年

處度公湛通判常州遷葬先生於無錫惠山西三里之璨山宋張理秦太虚墓詩云九峯朝暮雲揺落少游墳野蔓碑全没晴巷磬亦聞洞偏泉路細松折鶴巢分高視太湖近雲濤鷗起群又元柳貫璨山詩云明陽觀後慧山前新營堂館貯風烟藤陰不蔽淮海墓茶井遥連桑苧泉好景正須多領畧佳辰且復少流連劉伶一鍤太早計郄要冥靈發大年又明朱昇過秦淮海墓詩云

起塚錫山隅藤州旅櫬歸死生應不愧用舍自多違薜荔山靈泣松林野鶴飛墓門荒草合樵牧遍斜暉

案舊譜止云政和間遷葬不註何年今不敢妄定又崇寧四年己歸葬廣陵矣今豈從廣陵遷葬於此耶據錫山志其墓有誥命碑記歲久湮没今僅存龍圖墓三字碑以識其處云又案先生祭洞庭神文云毋年七十令湛謀侍南來其後未詳太夫人以何年卽世及到郴州與否豈以先生遣竄寍浦遂不復從耶先生歸去來兮詞云及我家於中途亦未審何地豈

處度公流寓長沙已久故遂迎櫬藁殯于是耶凡此類多不可考姑闕之要之處度公間關數千里歷十數年之久卒能扶櫬以歸卜壤善地可謂不負蘇黄兩先生之期許者矣至若少章少儀兩先生隱者以何年仕仕者以何年歸皆莫得而詳爲惜哉

崇和元年戊戌

宣和元年己亥至宣和七年乙巳 凡七年

欽宗靖康元年丙午

高宗建炎元年丁未

建炎二年戊申

建炎三年己酉

建炎四年庚戌

詔追贈先生直龍圖閣與黄公庭堅張公耒晁公補之四人同命詞云勅故宣德郎秦觀等自熙寧大臣用事變法始以異同排斥士大夫維我神祖念之不忘元豐之末稍稍收召接於元祐英俊盈朝而爾四人以文采風流爲一時冠學者欣慕之及繼述之論起黨籍之禁行而爾四人每爲罪首則學者以其言爲諱自是以來

縉紳道喪綱紀日隳馴至宣和之亂言之可爲痛心肆
朕纂承既從昭洗今爾四人復加襃贈斯足以見朕志
矣嗚呼西清之遊書殿之選唯爾曹爲稱使生而得用
能盡其才亦何止於是歟舉以追命聊伸賚志之恨亦
以少慰天下士大夫之心英爽不亡歆此休顯　是歲
建亭墓下刻誥辭及山谷送少章先生詩置於亭中先
生卒庚辰至是庚戌凡三十年始蒙䘏贈

始祖淮海先生年譜爲國朝初年先生二十世孫監察御
史鏞輯蓋本諸萬歷壬午先生十八世孫武進族人名淇

舊本而加以案語考證亦加詳焉瀛少時於族父鈞儀處
得見是本板已遺失流傳絕少忽忽又三十餘年瀛官於
杭會族人持是本至即向於族父處所見者爰于公暇重
事編次缺者補之誤者辨之凡瀛之所案但書案字於每
條之上其舊案及族父所加增者則書案某先生云云示
不敢掠美前賢也佐瀛參訂者仁和邵徵士志純之力爲
多云嘉慶二年丁巳九月十五日無錫二十八世孫瀛謹
述於浙江按察使官署之懷清堂

錢大昕後跋

小峴觀察以新刊淮海先生年譜見示蓋因康熙初侍御
大昕所輯而攷正其舛誤較舊本已極精審大昕以文集
及李氏長編顏魯公廟記石刻反復尋繹尚有當更正者
如文集書王氏齊璧一篇云皇祐元年大父赴南康道出
九江余實生焉又云後余迎老母來爲汝南學官皇祐遂
今四十一年自皇祐元年己丑至元祐四年己巳恰四十
一年先生方在蔡州自識年歲必無差譌而譜繫此文於
元豐八年因歲數不合輒改爲幾四十年此其當攷正者
一也攷元祐元年先生赴蔡州在其時劉貢父實知州事
是歲即被召去其二年三年未知何人作守至四年向宗
回在郡守先生代爲作謝表及記其文皆載集中此可爲
元祐四年在蔡州不在京師之證而譜以代向公作啟繫
於元年此其當考正者二也宋史哲宗紀元祐二年四月
復制科蘇公薦先生賢良方正當在其時明年廉詔入京
師爲言者所齮齕引疾而歸不得與試集中與許州范相
公書載其事甚備詩集亦有白髮道人還肯記前年引去
病賢良之語然則被召至京師爲忌者所中復引疾歸汝
南實三年事而譜繫於二年此其當考正者三也先生雖
舉賢良實未應試授官直至四年六月范忠宣公罷相出

知許州先生在蔡爲屬吏特薦充館職再召次年入京師
有祕書省校對黃本書籍之命其時亦未除正字也而譜
載除太學博士兼正字於三年與詩文集全不相應此其
當考正者四也長編載元祐六年七月除正字八月罷正
字依舊校對黃本書籍故七年書顏公新廟記銜稱
明州定海主簿祕書省校對黃本書籍蓋其時雖登館職
尚未脫選人之階主簿爲選人七階之一乃空銜不到任
也直到八年再除正字始得改左宣德郎而譜於三年三
月已有授左宣教郎敕顯係後人贋作此其當考正者五
也宋史元祐七年十一月癸巳合祭天地於圜丘集中進
南郊慶成詩即其事也而譜繫之四年考四年行大饗明
堂禮非南郊且係九月非十一月此其當考正者六也宋
史文苑傳所載歷官無年月又不言舉賢良引疾罷歸及
范忠宣薦館職事然本集敘述分明歲月與長編俱合今
書一通以遺觀察錫鬯之言不識有一得之可采否乎辛
楣錢大昕跋

瀛訂先淮海公年譜既成質諸少詹錢辛楣先生閣

數月以跋語見遺益服其考據之精因已付梓不及

更正即補刻跋語於後瀛并識

世德編中

修敬公年譜

十八世孫毓鈞謹纂

明成祖永樂八年庚寅八月二十六日公生一歲先成趣公季昇居玄文里家貧布衣不掩骭而心存利濟常以口舌勸化成就人甚衆嘗往馬跡山湖中颶發一老僧浮沈波浪中力救活之僧泣曰後世當爲公子以報居三年見老僧入室而公生成趣公于時年二十九矣

毓鈞謹案公諱旭字景暘號修敬瑞五公惟禎玄孫瑞五公爲錫山始遷祖有子三人曰松隱公伯容行

名誌一曰竹隱公仲益行名誌三曰梅隱公叔謙行名誌四此三大支也所謂吾秦氏以三隱爲大宗者是也竹隱公子遯軒公諱彥和徙居邑城第六箭河玄文里有子四人曰子眞公孟昇一傳無嗣曰子成公仲昇私謚儉節即譜所稱儉節公派是也曰子實公叔昇一號約軒即譜所稱約軒公派是也曰成趣公季昇有子二人長即公次曄字景華無嗣而公之後子孫繁衍科弟鼎盛曰修敬公派禮法文章政事學業爲海内所宗子弟褒衣博帶不問而知爲秦氏

者是也實爲竹隱公後之第三支與松隱公後之松隱公派梅隱公後之抱拙衛初文初理初四派共稱八宗云

永樂九年辛卯公年二歲

永樂十年壬辰公年三歲

永樂十一年癸巳公年四歲

永樂十二年甲午公年五歲母惠太君卒

毓鈞案公五歲失恃知哀慕及長莊重警敏讀書强記過人族長老異之曰是可千祿矣公以單子請終

養不許嘗讀魯論至修己以敬矍然曰此君子之自治萬全良藥也取修敬二字顏所居室行己接物一以是爲準則

永樂十三年乙未公年六歲

永樂十四年丙申公年七歲

永樂十五年丁酉公年八歲

永樂十六年戊戌公年九歲

永樂十七年己亥公年十歲從弟正菴公昊生

毓鈞案正菴公字以新約軒公子壽六十七配高氏

子四澤字洪字濟字澄字爲約軒公後之第三支

永樂十八年庚子公年十一歲

永樂十九年辛丑公年十二歲

永樂二十年壬寅公年十三歲

永樂二十一年癸卯公年十四歲

永樂二十二年甲辰公年十五歲

仁宗洪熙元年乙巳公年十六歲

宣宗宣德元年丙午公年十七歲

宣德二年丁未公年十八歲

宣德三年戊申公年十九歲從弟東皋公璠生

毓鈞案東皋公字景美爲儉節公次子壽六十一長於詩著有東皋集配王氏子一用中字澤之號豫齋歲貢生任江西安仁訓導調浙江泰順教諭以詩名見郡志文學傳景美公兄弟三人長端素公瑾次即東皋公三璵字號生卒俱缺

宣德四年己酉公年二十歲從姪孚從姪錫生

毓鈞案孚原名信孚字信之號恆軒爲約軒公之孫容菴公杲仲子邑庠生天順己卯應天舉人是爲無

錫秦氏游庠登科之始任雲南嵩明州同知署知州
事壽七十八配張氏繼蔣氏子三錡字國祥號梅庄
鉞字國威號竹庄興府引禮舍人鑰字國賢號菊庄
其後子姓繁衍爲秦氏一大宗即大音先生所謂約
軒公之後有若恆軒公云容菴公四子長德孚以字
行生卒俱缺子一鑑三孝孚以字行號東隱子四鑾
鏊鎜鋈季惠孚以字行號樵月子鎰字國重號古峯
別號藕塘邑增生弘治壬子應天舉人任涿州學正
歷任知縣通判同知內擢南京刑部員外郎周府左

長史邑志宦望有傳子二濼浚實爲約軒公後之第
一支
毓釣又案錫字天錫一字道孚號行義爲松隱公玄
孫曾祖彥可以字行祖行中更名喆號坦率壽八十
五父元字景仁號蟄菴壽七十三有子三人行義公
其長也邑庠生任稅課大使壽七十六配楊氏子一
鎬大音先生鏞云吾秦以松隱爲大宗固已然十傳
以後不絕如線而必欲以大宗屬之則泥矣
宣德五年庚戌公年二十一歲

宣德六年辛亥公年二十二歲
宣德七年壬子公年二十三歲
宣德八年癸丑公年二十四歲長子夔生夔天順庚辰進
士仕至布政使壽六十三著有五峯遺稿
毓釣案中齋公夔字廷韶一字中孚號中齋爲修敬
公後之一大宗邑庠生天順己卯應天舉人庚辰成
進士任南京兵部武庫司主事陞職方司員外郎武
庫司郎中擢湖廣武昌府知府內艱起復授江西建
昌府知府陞福建右參政轉江西右布政使以致老

引疾歸壽六十三著有五峯遺稿事載毘陵人品記
湖廣通志崇祀鄉賢祠武昌名宦祠配享淮海祖祠
配沈氏壽七十四子一鋭
宣德九年甲寅公年二十五歲從姪勉生
毓釣案勉字邦正號守拙爲儉節公之孫端素公長
子壽八十一子三佳俊傑俊字國乂號石橋子二堦
堪堪字正夫號小橋子二寀寀寀一號笠原冠帶壽
宦舉鄉飲賓萬歷甲寅續修宗譜寀號怡橋又三傳
爲又新公之銘生子三鄹銘侚渭侚烈鄹銘號癸軒

康熙甲午舉人壽七十三著有癸軒詩草尙渭字用
耒壽七十九尙烈字岐賓號庶渠邑庠生著有樂志
園文稿庶渠詩草壽六十兄弟三人徙居秦塘涇水
渠郎今水渠支也實爲儉節公後一大宗云
宣德十年乙卯公年二十六歲
英宗正統元年丙辰公年二十七歲次子永孚生永孚詔
旌孝子壽八十八從姪勵生勵亦孝子歲貢生著有一誠
齋文集
毓鈞案二孝子名旦以字行號養恬卽修敬公後第

二支也成化丙申與弟仲孚詔旌孝子宏治改元授
冠帶世號雙孝壽八十八宗人羣稱二孝子事載毘
陵人品記崇祀忠孝祠配享淮海祖祠乾隆十一年
始於惠山家園建雙孝專祠歲時致祭配張氏壽八
十八子一鎧
毓鈞又案勵字邦哲號一誠爲端素公次子以孝行
著父葬白龍山山書無水公廬墓作永思居泉忽湧
出因名孝子泉以歲貢生遥授徐州判官壽八十六
配享淮海祖祠子四儀偉侃伸儀字國表號淡菴壽

八十三子二坦垕偉字國瞻號鍊齋由儒士中成化
丙午應天舉人任應天府通判壽八十八子一坤字
靜夫號守默太學生任雲南蒙化衞經歷改浙江紹
興府經歷署常山縣事邑志宦望有傳侃字國毅號
逸休著有四柳先生集子一堅仲字國是號悵山子
一揩亦吾秦一大宗也卽大音先生所謂儉節公之
後有若一誠公者也
正統二年丁巳公年二十八歲
正統三年戊午公年二十九歲

正統四年己未公年三十歲
正統五年庚申公年三十一歲三子仲孚生仲孚亦詔旌
孝子故有雙孝之稱工詩畫年七十八著有滌煩齋稿
毓鈞案三孝子名顒以字行號務本卽修敬公後第
三支也與兄永孚同舉孝行詔旌雙孝之門工詩畫
見明詩綜壽七十八事載毘陵人品記崇祀忠孝祠
配享淮海祖祠惠山雙孝專祠配劉氏子二銓鉉
正統六年辛酉公年三十二歲
正統七年壬戌公年三十三歲

正統八年癸亥公年三十四歲

正統九年甲子公年三十五歲

正統十年乙丑公年三十六歲

正統十一年丙寅公年三十七歲父成趣公卒壽六十五

是年伯父子成公仲昇亦卒私謚儉節先生壽七十三

毓鈞案公父成趣公晚年寓意蕭散築草堂於葑溪之上以家政委諸子日從賓友樂于其中未幾疾作而逝實五月二十二日也公侍父疾夜稽顙北辰求代死髮爲之白及卒哀毁過制事繼母華盡禮教育

其孤弟曄室焉歲衣而月食之死爲斂葬俱營一甘味必割餉之乃已

毓鈞又案成趣公兄弟四人孟兄孟昇子蠶無後仲兄子成公仲昇壻于沙頭王氏有子三人璡璠璵璀後最號蓄衍譜稱儉節公派叔曰叔昇字子實號南溪一號約軒子四杲景昊景明杲後最爲繁衍譜稱約軒公派實爲竹隱公後之兩大支

正統十二年丁卯公年三十八歲

正統十三年戊辰公年三十九歲

正統十四年己巳公年四十歲

代宗景泰元年庚午公年四十一歲叔抱拙公樸卒壽九十一

毓鈞案抱拙公樸字物初爲梅隱公之孫生元至正庚子至是年九十一矣梅隱公子二彥起彥自彥起號樂善子四長即抱拙公樸壽九十一著有抱拙生集是爲錫山秦氏專集之始事載毘陵人品記崇祀鄉賢祠配享淮海祖祠譜號抱拙公派炎衡初公權三文初公相（桐）四理初公榕譜號衡初文初理初公派

是爲梅隱公後四大宗而尤以抱拙公後簪纓華膴科名鼎盛與公後號爲吾秦兩大宗即大音公所謂竹隱公之四世以忠若孝起家梅隱公之五世以忠起家此吾秦兩大宗固不得以小宗目之也而對巖公亦云抱拙貞靖兩公耆年碩德推崇鄉邦厥後科名鼎盛位方岳掌兵柄秉旄節勛名炳於史乘而考其行事無不以敦倫睦族爲後世法云

景泰二年辛未公年四十二歲

景泰三年壬申公年四十三歲

景泰四年癸酉公年四十四歲
景泰五年甲戌公年四十五歲
景泰六年乙亥公年四十六歲
景泰七年丙子公年四十七歲
英宗天順元年丁丑公年四十八歲
天順二年戊寅公年四十九歲
天順三年己卯公年五十歲子夔鄉試中式從姪孚亦以
是年中式
　鈗鈞案是爲錫山秦氏登科之始卽中齋公夔所謂
　秦氏自少游先生父子以科第文章顯于宋其後子
　孫皆遯跡儒農寥寥四百餘年來無能繼其後者迨
　天順間予與從兄嵩明先生始同時濫觴鄉闈卽六
　陰之極而一陽漸崩(萌)此吾秦氏科名發軔之一初也
天順四年庚辰公年五十一歲子夔登王一夔榜進士
　鈗鈞案是爲錫山秦氏成進士之始
天順五年辛巳公年五十二歲
天順六年壬午公年五十三歲長子夔授南京兵部武庫
司主事

　鈗鈞案中齋公以天順己卯舉於鄉庚辰舉進士壬
　午授南京兵部武庫司主事職思其憂上疏請革冗
　隸以律貪饕譏者集其違大遷職方司員外郎還武
　庫遷郎中一以公勤自勵
天順七年癸未公年五十四歲
天順八年甲申公年五十五歲
憲宗成化元年乙酉公年五十六歲從姪慶生
　鈗鈞案慶字邦祥子三倫佾仲爲端素公後之第三
文
成化二年丙戌公年五十七歲孫鏜生鏜舉人壽七十九
有孝行著樗林摘稿
　鈗鈞案樂易公鏜字國和爲養恬公子邑庠生宏(弘)治
　甲子應天舉人後以親老不赴會試有司舉孝廉不
　應遥授南京都察院都事事載毘陵人品記祟祀鄉
　賢祠配龔氏繼徐氏子四淮漳瀚涵
成化三年丁亥公年五十八歲
成化四年戊子公年五十九歲
成化五年己丑公年六十歲

成化六年庚寅公年六十一歲孫銓生銓任台州府通判
著有錫谷蕞談讀史閒評春明筆奕
毓鈞案止庵公銓字國衡爲務本公長子邑廩生弘
治甲子應天舉人任廣東市舶司提舉署香山連山
二縣事陞浙江台州府通判壽七十二子二瀛潞
成化七年辛卯公年六十二歲
成化八年壬辰公年六十三歲長子夔擢湖廣武昌府知
府
毓鈞案武昌爲楚封國而中外重臣及三司治所咸
在焉地大事殷守多以恇罷聞中齋公上承下御動
中肯綮郡政犂然而坊徭法尤善巡撫都御史爲下
之列郡嘗夜出祀神遇縶婦於江滸訊知爲商婦柳
氏被刼不汙者爲捕盜置之法歸婦于家一日以公
務過長沙出艮家子陸氏於娼籍人稱爲神明部使
者交章上其治行爲湖南第一詔予誥進階將有除
命而適丁母恭人殷氏憂先是郡百需取辦於市緩
其償人多怨咨因出官帑銀給之而籍封其餘乃廉
聲流聞民攀送不忍釋有役均訟平之謠

成化九年癸巳公年六十四歲
成化十年甲午公年六十五歲
成化十一年乙未公年六十六歲
成化十二年丙申公年六十七歲孫鋭生鋭浙江布政使
都事著有紫薇堂稿是年仲子旦叔子奭詔旌雙孝之門
毓鈞案成化九年十一月直隸常州府知府龍晉一
本爲舉旌孝行以敦勵風俗事題稱本府無錫縣富
安鄉十九都三圖民人秦永孚現年四十歲弟仲孚
現年三十八歲俱各自㓜知孝道其兄秦夔先於景
泰三年選入邑庠爲弟子員時戒二弟謂吾方肆業
邑庠以圖補報事父母之禮未免有缺二弟尤宜加
謹愼自是永孚與仲孚愈篤孝道伊父秦旭天順七
年患心痛疾每發經旬醫藥罔功二子日夕籲天以
手摩熨之髮爲變白其疾得愈天順八年四月初八
日前疾復加痛決沉重二子掐胸流血以分父痛醫
云兎血可療倉卒難得二子焚香禱告仍掐己胸血
和酒灌父口遂得甦復迄今九年不復舉作成化七
年六月十八日其母殷氏登樓失跌左膝破傷流血

淋漓二子捧持哀痛不勝憂形於色遍延名醫黄公
祿等治療時當盛暑膿血臭穢人不敢近二子躬親
洗滌終夜以扇驅蚊親戚顧問流涕不能語或時痛
極流膿難勝洗濯二子輒以舌舐之乾腊始已其疾
終得全愈鄉里父老皆稱二子掐胸舐膿以愈父母
之疾其孝感尤愈於割股嘗糞之事其他飲食奉養
承順顔色尤無不曲盡以得父母歡心今伊父秦旭
見年六十六歲母殷氏見年六十四歲俱各垂老在
堂伊兄仕宦在外二子承奉侍養始終無怠委的孝

行超卓別無纖毫違碍乞旌表以勵風俗等因具題
請旨禮部又上一本爲旌表事覆常州府奏稱無錫
縣富安鄉十九都三圖民人秦永孚秦仲孚孝行實
相應旌表以勵風俗合無行令該縣給與無碍官銀
三十兩行令本家自行起蓋牌坊旌表秦永孚秦仲
孚之門奉聖旨是
毓鈞又案章軒公鋭字國英爲中齋公子太學生援
浙江布政使都事壽六十三子三濂汶漢濂字楚南
號見川太學生任鴻臚寺序班進鳴贊陞任江西崇

義縣知縣子二檣標汶字齊南號原山太學生任浙
江金華府東陽縣縣丞子二榛椿漢字荆南年十六
而殤聘蘇郡熊氏女壽芳斷髮截耳誓死不二己卯
來會葬哭臨成禮嘉靖丙辰有司奉詔旌門壽六十
六嗣濂子標爲後而原山公後支派繁衍即大音先
生所謂中齋公之後有若原山公者也
成化十三年丁酉公年六十八歲
成化十四年戊戌公年六十九歲殷恭人卒壽六十六歲
毓鈞案恭人端靜柔嫕晳慧絶人然善自晦藏若無

有也少讀孝經列女傳其父久客於外廑思成疾食
不近甘旨者數歲其歸於秦也修敬公沈酣道藝日
事諷誦不輟恭人内綜家政巨細必周與家衆絶甘
分少躬先其勞夫妹出嫁必發奩佐其裝子長就學
恆帷燈課其讀以故中齋公兄弟三人晝出從師遊
歸則反覆開導不厭聞者至謂母氏教益比師爲多
恩逮於婢僕惠孚於里鄰鄉人多道其賢恭人始以
長子武昌君貴封安人冠珠披繡髮既皓矣夜猶紉
績不輟或阻之則曰此婦職也雖貴老不敢或廢且

示家人以範毋自逸耳錫人方春時傾城婦女飾釵珥具酒食相扶攜出郊門婆娑繡巖碧嶂間叫號祠宇登山臨水嚮一日之遊逾月而罷恭人獨率閨家眷屬足不履閾主中饋持紡織以是邑之採風者恆過其地爲指數二三族而亟稱秦氏焉

成化十五年己亥公年七十歲

成化十六年庚子公年七十一歲長子夔授江西建昌府知府

毓鈞案是年中齋公服闋改建昌江右民故譁於訟

中齋公鋤奸植良人大懾服廣昌令疑某甲將訐己唆某乙誣首之坐重辟中齋公覺其冤詰之乙吐實甲得不死吉安彭伍二大姓訟累歲株連百餘人中齋公承勘撑曠地距數丈立一木散其人各繫之使不得相耳語次第鞫之人自爲言旬日而決由是他郡獄難讞者亦多委焉

成化十七年公年七十二歲從兄端素公瑾卒壽八十一

毓鈞案端素公瑾字景輝爲儉節公長子生洪武辛已（巳）長於公八歲至是年八十一矣子三勉勵慶

成化十八年壬寅公年七十三歲結碧山吟社於惠山之麓與者十人

毓鈞案公是年選地惠山之麓得龍泉精舍改築碧山吟社公同九人觴咏其中九人者李綱菴庶陳遜菴履陸竹石勉高梅菴直黃杏軒泳楊聽玉理陳玉溪公懋施北野廉年俱六十以上惟潘玉林緒年最少四十有八時則有陳秋林勉歸自工部盛氷壑顒歸自都臺公長子夔歸自江藩亦嘗至焉不在恆數巡撫王端毅公恕聞風願見冢宰晉陵王文肅與有

詩云碧山十老盟須訂他日容陪杖履不首撰姑蘇吳文定寬有詩云寄語吟壇十才子碧山風月肯平分爲一時勝事攷吾邑詩社莫盛於碧山十老倡之者公和之者陸竹石勉等九人陸及二陳黃楊生年無可考公生永樂八年庚寅時年七十三歲齒最長次高梅菴直生永樂十九年辛丑小於公十一歲次李綱菴庶生永樂二十一年癸卯小於公十三歲公詩所謂狂夫空長十三年也次爲施野翁廉生正統三年戊午小於公二十九歲最後爲潘玉林緒生正

統十年乙丑則小於公三十五歲至是年僅四十八
耳郎張東洛記所謂年未五十諸公援之入社者也
觀邵跋有云成化宏[弘]治間隱君子修敬秦翁景暘與
竹石陸翁懋成梅菴高翁惟清遜菴陳翁天澤杏軒
黃翁公祿聽玉楊翁叔理絅菴李翁舜明玉溪陳翁
行之北野施翁彥清玉林潘翁繼芳棠室於此相與
爲耆英之會殆當年所謂行以雁序坐以齒列者歟
據此則邵公之所謂悉數年齒者指其享年言之非
創社之年也自康熙志譌誤於前朱竹垞明詩綜踪
襲其謬異說紛紜是不可以不辨
成化十九年癸卯公年七十四歲
成化二十年甲辰公年七十五歲孫鉉生鉉邑庠生
毓鈞案鶴亭公鉉字國彝爲務本公仲子邑庠生子
三滂洸淪滂號振菴恩貢生任四川劍州判官懸署
梓潼縣巴州事陞江西布政使理問壽七十一祔祀
淮海祖祠後楹子三棟楙森洸字裕菴壽七十四子
一楊淪字季新號愼菴邑庠生壽六十八著有家乘
二十卷春秋類編戰國人才錄六箭河志子二程科

郎大音先生所謂三孝子之後有若鶴亭公者也
成化二十一年乙巳公年七十六歲子夔以江西右布政
使引疾歸侍公是年公有夔兒謝政歸病卧龍山草堂以
詩問之七律一首又有夔兒解官東公祿七律一章
毓鈞案中齋公是年遷福建右參政忽遘疾覗事僅
十有八日還江西進右布政使遂致仕公詩云抱病
歸來非謫居靑山還繞舊田廬且隨諸老陪談笑肯
與羣兒較疾徐謝世幸全新返璧向人休說舊懸魚
熏爐茗椀勤來往西嶺菴僧有報書其東公祿詩云
珠還滄海得天全消息多應不妄傳白社疏狂從我
後靑雲騰踏看人先舞裙歌扇留桃葉綠水靑山送
酒船老病得兒相料理底須華髮怨流年
成化二十二年丙午公年七十七歲姪孫偉鄉試中式是
年有送姪孫偉會試五律一首姪孫金亦以是年中式有
賀姪孫金登鄉薦詩一首
毓鈞案公送姪孫偉會試詩云父作橋門客而充上
國賓文章纔特達意氣早嶙峋可號吾家鳳須成聖
世麟宗元頭角美不負杏園春又賀姪孫春[金]登鄉薦

云白頭猶是謁金門同姓由來古所敦覽鏡光陰憐
我老摘髭科第喜諸孫家山此日因生色淮海常年
植義根更待春來看變化老夫雙目未全昏
毓鈞又案金字國聲號鳳山爲抱拙公曾孫抱拙公
子景薰字怡晩子三震霖雷霖字潤孚號卑牧子二
長卽鳳山公金次半農公銘是爲半農公派鳳山公
以癸卯進士授主事仕至南京兵部尚書晉階太子
太保壽七十八謚端敏子二長小山公沜次次山公
汴其後最爲繁衍卽大音先生所謂端敏公之後有

若次山公也實爲抱拙公後之一大宗
成化二十三年丁未公年七十八歲
孝宗弘治元年戊申公年七十九歲曾孫淮生淮歲貢生
任辰溪縣知縣壽八十一是年永孚仲孚授冠帶
毓鈞案存赤公淮字伯川別號味菜爲樂易公長子
事載毘陵人品記湖廣通志崇祀鄉賢祠辰溪名宦
祠是爲存赤公支子四枀禾蓁楠後分四大宗枀號
鳳橋太學生任廣西靈山縣丞陞四川廣安州判子
一燦卽鳳橋公支也禾字子實號文橋邑庠生中嘉

靖庚子應天鄉試癸丑成進士任浙江武康縣知縣
陞南京工部主事晉員外郎擢郎中出任金華知府
調永昌知府卽大音公所謂永昌公者也爲二孝子
後之一大支蓁字雙橋廩太學生子三煒熠烑楠字
子植太學生子二熇爟
毓鈞又案永昌公子二長曰廉泉公炳爲廉泉公支
次爲舜峯公燿字道明附太學生中嘉靖甲子應天
鄉試隆慶辛未成進士改翰林院庶吉士是謂秦氏
詞林之始官至湖廣巡撫壽六十一著有天垣疏稿

湖廣通志全楚奏議荒政摘錄崇祀鄉賢祠配享惠
山雙孝祠子四墺埏坦墀又分爲四支墺字太清埏
字太脩（寧）俱太學生坦字太鴻浙江平湖縣庠生墀號
太涵歲貢生授州判不就太清公壽八十一子三長
曰伯欽號公安其後爲公安公派次曰仲錫卽我公
蕃公也有子三人曰德澄德藻德湛德澄字以時德
藻字以新德湛字以雪以新公一字海翁有子六八
孫二十四人分爲二十四大支云
弘治二年己酉公年八十歲

弘治三年庚戌公年八十一歲
弘治四年辛亥公年八十二歲曾孫漳生是年有辛亥八月廿六日自壽詩
毓鈞案漱泉公漳太學生壽六十七爲樂易公仲子子一木
毓鈞又案公自壽詩云沛然一雨起沈綿正是先生慶誕前逃樂喜圖今日計衰遲羞結後生緣古心不改人應壽今雨相親客最賢過去悤悤已過去未來知有幾多年

錫山秦氏宗譜 卷首中

弘治五年壬子公年八十三歲
弘治六年癸丑公年八十四歲曾孫瀚生瀚邑廩生著有從川詩集巖棲集碧山吟社志是年姪孫金登毛澄榜進士
毓鈞案從川公瀚邑廩生以子梁封奉政大夫通政司右參議壽七十四爲樂易公三子卽大音公所謂二孝子之後有若通參府君者也譜號從川公派爲樂易公後一大宗季弟問詹公涵樂易公幼子後從川公九年而生邑庠生嘉靖庚子應天舉人任溫州府推官陞寧波通判著有古今要語讀史百詠辨惑錄事載毘陵人品記子二棐彬
弘治七年甲寅公年八十五歲十一月十六日卒
毓鈞案公卒之夕端坐不廢巾幘子孫進問所欲言曰吾得于世多矣吾又奚言其達生安分如此以子夔封承德郎南京兵部主事晉中憲大夫湖廣武昌府知府友人李舜明輩倡議合鄉評考古義諡曰貞靖先生以卒後二年正月六日永孚葬公於龍山望公塢其後並以子永孚仲孚孫鏜鋐曾孫淮漳滂洸

錫山秦氏宗譜 卷首中

俱各以其昭穆祔葬號爲秦氏世墓著有修敬先生集事載毘陵人品記崇祀郡縣鄉賢祠惠山尊賢祠配享淮海祖祠邑志隱逸有傳

端敏公年譜

族孫毓鈞謹纂

明憲宗成化三年丁亥九月十一日公生一歲卑牧公霖長子母王太夫人卑牧公以儒素教授鄉里手一編終日不釋學旣該洽尤精於史和光謙德溢於眉宇人有犯之者輒置不校一時目爲長者年壯時貧甚嘗詠斗室詩云乏金難買地結屋僅容身簾破能通燕簷低欲礙巾曲肱

時肆志抱膝屢凝神莫笑規模窄中藏萬斛春識者知其
抱負不凡時年四十一矣
毓鈞案公諱金字國聲號鳳山五世祖梅隱公叔謙
爲瑞五公季子與仲兄竹隱公長兄松隱公爲秦氏
三大支梅隱公生樂善公彥起樂善公四子長抱拙
公樸次衡初公權三文初公桐四理初公榕實爲秦
氏八宗之四而抱拙公後子姓尤爲繁衍簪纓科第
累世不絕公其嫡曾孫也大父諱景薰字怡晚以字
行父諱霖字潤夫號卑牧自梅隱公至怡晚公四世

食貧孜孜以口舌成人之美潤夫公霖尤積德於人
所不見處人或侮之輒置不問自號卑牧以見志年
四十一始生公公未第時夢家堂神語曰公大貴人
也出入必煩我起居不如另置之爲便公覺依神言
另置一處自是尚書第無家堂焉幼時倦於讀書偶
匿人家病者得公來即愈嗣是人咸異之
成化四年戊子公年二歲
成化五年己丑公年三歲
成化六年庚寅公年四歲從弟鈞生

毓鈞案鈞字思平號拙耘爲衡初公曾孫兄弟四人
世居河西長魁橋公釗邑庠生子二淵源次甘隱公
鐩（鏁）子三涑湳湫涑自河西分居湖山湳自河西徙居
塘路上三友松公欽舉鄉飲介賓子二灌濟季即拙
耘公也子四滸洲灦漎實爲衡初公後之四大支
成化七年辛卯公年五歲
成化八年壬辰公年六歲
成化九年癸巳公年七歲
成化十年甲午公年八歲

成化十一年乙未公年九歲
成化十二年丙申公年十歲
成化十三年丁酉公年十一歲
成化十四年戊戌公年十二歲
成化十五年己亥公年十三歲
成化十六年庚子公年十四歲
成化十七年辛丑公年十五歲母王夫人卒
毓鈞案是歲公丁王夫人憂毀瘠如禮自爲之立傳
公自童時即穎秀不羣見羣兒戲每卻避之端默自

若卑牧公授以啟蒙諸書退爲家人解即能了其大義一日卑牧公對客以陸績懷橘命題賦詩公援筆立就詞曰公紀因心孝懷柑奉母慈拜時曾隳地袁術大奇之滿座驚歎謂爲神授至是事唐元敉進士又從宗人豫齋先生游經學蹊徑豁然大通爲文日有繩尺

成化十八年壬寅公年十六歲

成化十九年癸卯公年十七歲

成化二十年甲辰公年十八歲

成化廿一年乙巳公年十九歲

成化廿二年丙午公年二十歲由儒士中式應天鄉試舉人

毓鈞案公由儒士赴選郡邑以至督學御史三試皆第一是年領南畿鄉薦名益著卑牧公欲大成之不遣會試亟令就西塾讀書如故

成化廿三年丁未公年二十一歲

孝宗宏治元年戊申公年二十二歲

宏治二年己酉公年二十三歲

宏治三年庚戌公年二十四歲

宏治四年辛亥公年二十五歲

宏治五年壬子公年二十六歲子泮生

毓鈞案公配鈕夫人有賢德來歸時姑王夫人先亡卑牧公置妾媵馬氏以娛老夫人善遇之得馬懽卑牧翁謂新婦賢令持家政而公獲專致學問至是生子泮字思魯號小山由官生中正德己卯順天鄉試著有小山吟稿子三人曰相曰樫曰格

弘治六年癸丑公年二十七歲登毛澄榜進士

毓鈞案公是年中式禮部試後射策大廷賜第二甲進士出身故相徐文靖公在位召試館職公以父老急歸省不就文靖愈器重之嘗謂人曰釋褐漸進能知忠孝大節不有秦氏子耶

弘治七年甲寅公年二十八歲

弘治八年乙卯公年二十九歲授戶部福建司主事陞員外郎署郎中

毓鈞案是年公授戶部福建司主事委督太倉糧儲明年監臨清倉勘順天等府災歉監收長安四門倉

及象房糧芻剔抉姦蠹撫綏惸嫠職無不舉三載考
績銓曹署曰文學政事並優奏上推恩封贈其父母
及鈕夫人如制大司徒太原周公經簡公視諸司章
奏盤錯多所裁決尋升河南司員外郎再進山西司
署郎中時邊書告警軍食不贍太宰清溪倪公岳司
徒獨山倡公鍾患之謂非異才不能急濟乃超公本
司郎中計處糧餉條陳時宜曲中綏急二公謂爲得
人
弘治九年丙辰公年三十歲

弘治十年丁巳公年三十一歲
弘治十一年戊午公年三十二歲
弘治十二年己未公年三十三歲姪湜生
　　毓鈞案湜爲半農公子太學生子二楫機半農公諱
　　銘公之同父異母弟也生卒未詳譜稱半農公派
弘治十三年庚申公年三十四歲從弟鏡生
　　毓鈞案鏡爲理初公五子景賫之孫字國明號湔石
　　景賫公於兄弟五人中爲最幼子二長倈次倘長兄
　　景賢生二子曰佩曰位仲兄景貴生三子曰億曰僖
　　曰倪叔兄景贊生二子曰俍曰仁季兄景賢生三子
　　曰仕曰儼曰儒譜稱理初公派
弘治十四年辛酉公年三十五歲
弘治十五年壬戌公年三十六歲
弘治十六年癸亥公年三十七歲父卑牧公卒
　　毓鈞案卑牧公以是年正月初九卒壽七十七著有
　　卑牧吟稿湖南雜錄事載毘陵人品記祟祀鄉賢祠
　　配享淮海祖祠
弘治十七年甲子公年三十八歲從弟銀生

　　毓鈞案銀爲衛初公後景賢之孫父儒生卒字號缺
弘治十八年乙丑公年三十九歲
武宗正德元年丙寅公年四十歲服闋補戸部四川司郎
中
　　毓鈞案公父歿後泣血三年不與戸外事至是服闋
　　授戸部四川司郎中是秋誥授奉政大夫贈封父母
　　及鈕夫人如制時戚畹悉驕中璫擅作威福奏乞引
　　鹽連袂攘利阻撓實邊大計公持之不可大司徒洪
　　洞韓公文執奏至再其風稍稍寖革由是言者怒公

嗾當事者横摭無所得乃已

正德二年丁卯公年四十一歲

正德三年戊辰公年四十二歲升河南提學副使

毓鈞案是春禮部以會試同考官請公以族人子弟多入試辭不敢赴至是升河南按察司副使提督學校公以身範士嚴立課程精於品藻凡所甄拔異日率多嚮用中州朝紳自郎署以至公卿率皆公之門人說者謂邢文莊公與公同稱信矣

正德四年己巳公年四十三歲子汴生

毓鈞案汴字思宋號亥山由官生授南京後軍都督府都事補右府都事晉封文林郎陞左府經歷補雲南姚安府知府子三柄楷杜

正德五年庚午公年四十四歲陞河南左參政分守大梁姪灝生

毓鈞案于時劇賊劉六劉七等嘯聚亡命長驅河洛所過焚燒城邑殺吏民將薄封邱公先期設備繕城堡峙糗糧會參將宗振提兵南下公馳檄邀之翼以民兵鼓戰遇賊於陳橋劉脚野大奮擊之斬賊首若

干級生擒其魁封邱晏然士人爲立生祠歲時伏臘有過祠泣下者

毓鈞又案灝爲半農公第二子子四根臬樑楨

正德六年辛未公年四十五歲調任山東右布政司未幾轉山東左布政使叔父雷卒

毓鈞案山東于時久罹鋒鏑瘡痍未復公總方數千里之政重念民瘼極意拊循凡勢要請託糶賈賣鈔等事即日禁除民大感悅

毓鈞又案雷爲卑牧公親弟公之胞叔父也卑牧公兄弟三人長霞字號生卒缺傳數世而絕季即雲㞐公雷壽官生正統丙辰至是卒壽七十六無嗣

正德七年壬申公年四十六歲姪沆生

毓鈞案沆爲半農公季子字思李號東橋子四栴樹櫃枋

正德八年癸酉公年四十七歲

正德九年甲戌公年四十八歲擢都察院右副都御史巡撫湖廣地方贊理軍務

毓鈞案公聞命即行挾二僕以從先歷黃德漢陽等

郡所至問民疾苦誅姦貪威讋惠流奏上便宜八事
曰添官府以督邊倉設關吏以謹防禦減差內臣以
靖地方裁革多官以省冗費處邊衞軍職以便行事
處軍職以嚴事例訂法律以清倉場處置苗民以保
地方及巡歷岳常辰寶諸處復上地方便宜十事曰
復添官以便分守改兵備以兼分巡改巡司以嚴保
障興屯册以杜侵欺查坍墾以均利害處軍職以警
奸貪作興衞學以求人材遷革驛傳以協人情慎選
巡檢以嚴捕詰協操守以固省城疏入俱允行詳見
撫湖政要及安楚錄中是時盜起苗叛公擒賀璋廖
琪於江討猺夅於郴桂平叛苗於香爐峯楚患遂平
三載考績詔進階通議大夫贈封三代廕一子入監
讀書
正德十年乙亥公年四十九歲
正德十一年丙子公年五十歲
正德十二年丁丑公年五十一歲
正德十三年戊寅公年五十二歲與族兄鋭創建淮海祖
祠

毓鈞案張提學汝立以監察御史至縣盡毀女冠之
居及於善智寺韋軒公鋭歸直於官請其地改建祖
祠並以書抵公公曰此吾族缺典也不可不圖命子
小山公泮與韋軒公合力興修己卯春告成奉淮海
先生像於中堂前爲門堂之後築燕室四楹室之後
爲樓題曰淮海其下爲夾室以抱拙公修敬公卑牧
公中齋公配享號曰五先生祠
正德十四年己卯公年五十三歲子泮舉於鄉
正德十五年庚辰公年五十四歲內陞戶部右侍郎逾年
改吏部左侍郎尋調戶部左侍郎
毓鈞案公改吏部後忌者謫公無人倫鑑復改戶部
轉左侍郎時大司徒九峯孫公交在召未至公攝部
事清理勳戚莊田禁格勢要鹽引創籍句稽兩直隸
十三省逋負國用漸充以郴桂功成敍勞升階一級
廕子一人爲錦衣衞世襲百戶公疏辭
正德十六年辛巳公年五十五歲新皇嗣位錄舊勞賜白
金彩幣仍晉俸級如初
世宗嘉靖元年壬午公年五十六歲

嘉靖二年癸未公年五十七歲擢南京禮部尚書上直陳
時政不能如初疏尋改南京兵部尚書參贊機務轉戶部
尚書

毓鈞案公擢南京禮部尚書後即率諸臣上疏曰陛
下繼統以來昭德塞違勵精圖治動無過舉宜召天
和而災眚頻告者何也詩曰靡不有初鮮克有終陛
下登極一詔百度咸貞天下拭目望至治比來多與
詔違百司罔遵萬民失仰此詔令不能如初也即位
之初逐庸回任耆舊比來內閣擬旨輒中改至疏請徒

答溫語此任賢不能如初也即位之初聽言如流朝
請暮報比來事涉戚畹宦寺雖九卿執奏科道交章
皆曰業經有旨此聽納不能如初也即位之初凡先
朝傳陞乞陞等官一切釐革比來恩澤過濫封拜頻
煩此愼名器不能如初也即位之初凡奸黨巨惡俱
付三法司比來輒下鎭撫此謹國法不能如初也即
位之初首命戶部減馬房糧芻之半且令科道官備
覈馬數乃因太監閻洪等言遂寢前詔此恤民瘼不
能如初也即位之初遣斥法王佛子國師比來於禁

地設齋醮此崇正道不能如初也即位之初精明充
盛比來聖躬弗豫天顏未復此嗇精神不能如初也
夫初政所以清明者政出公朝而左右不預也今政
所以淆溷者政在左右而外廷不知也惟政不可一
日不在朝廷惟權不可一日移於左右所謂政在朝
廷者非必皆獨運也股肱有託耳目有寄即主威重
於九鼎國勢安於泰山自古帝王制御天下操此術
而已不則宮府之勢隔而信任有所偏婦寺之情親
而聽受有所蔽名曰總攬而太阿之鑄實移於下矣

章下禮部尚書汪俊力勸帝採納報聞尋改兵部會
孫交去職召爲戶部尚書公抵任條奏時政以備國
儲琅現千餘言一言一藥皆切中時弊聞者韙之

嘉靖三年甲申公年五十八歲孫相生

毓鈞案相爲小山公長子公之嫡長孫也字汝弼號
瞻山太學生無子以櫰子延魚格子延勲爲嗣

嘉靖四年乙酉公年五十九歲

嘉靖五年丙戌公年六十歲封邱縣爲公建生祠七月落
成

嘉靖六年丁亥公年六十一歲致仕馳驛歸孫樫生格生
柄生

鏞鈞案是時帝欲考興獻公偕廷臣伏闕爭又與何孟春等條陳張璁建議之非及上聖母册公與趙璜等復不至帝頻詰讓公爲人樂易及居官一以廉正自持在戶部尤孜孜爲國永福長公主乞寶坻武清地以公言頗減撫寧山海莊地賜魏國公徐達者達卒仍歸之官定國公光祚請之公執不可給事中黃重御史張珩等先後爭公等復以爲言始報許內府

諸監局軍匠至數千人中官梁謙請下部採金玉珠石公皆執奏不聽奸人遂俊等乞兩淮鹽引三十萬帝許之公力爭不可積失帝旨至是以考察自陳致仕馳驛歸給夫廩如制

鏞鈞又案樫爲小山公次子字汝蔭號企鳳邑庠生由恩廕任南京都察院都事陞南京後軍都督府經歷擢廣西慶遠府知府子二延杰延焦格爲小山公三子字汝正號邦川太學生子二延烋延勲而延焦延勲出嗣贍山公後譜稱小山公派柄字汝操號邦塘歲貢生讀書尚氣節爲顧端文所重則次山公之老長房也子三延烈字允揚延熙字允緝延照字釋山延烈子一重慶延熙子一重振延照子二重允重榮重榮曾孫枝桂字燕庭著有秦氏金石錄

嘉靖七年戊子公年六十二歲始纂宗譜

鏞鈞案秦氏之譜抱拙府君有志未逮屬其從子景美而未克有成其後一誠府君草創於家亦未卒業至是公致政歸與從兄樂易韋軒兩公成之淮海以下十一世爲圖誌所自也瑞五公以下列爲大宗小

宗諸圖各詳誌其諱號履歷而名之曰錫山秦氏世譜

嘉靖八年己丑公年六十三歲孫楷生

鏞鈞案楷字汝範號定橋邑庠生爲次山公仲子子四延勳延燾延煦延默延熱號存橋子一重泰由郡庠生中萬歷庚子應天鄉試任山東鄆城縣教諭陞福建長樂縣知縣有惠政崇祀長樂名宦祠東林道南祠延燾號見橋萬歷庚子舉人子一重鼎延煦號從橋郡庠生子一重晉延默號念橋萬歷壬辰拔貢

任湯溪縣知縣子二重甲重采重采字幼儀子三鉽
寅銶鉽字克繩號補念長洲縣庠生以順治乙未會
元應殿試成一甲三名進士授內翰林國史院編修
官至江西按察司邑志宦望有傳寅字克備邑庠生
以孫仁貤文林郎雲南蒙自縣知縣仁號薪巖以雍
正丙午副榜詔舉賢能由蒙自調師宗官至福寧府
知府歸田後修祖塋之被侵者十二世邑志宦望有
傳實爲次山公後之一大宗
嘉靖九年庚寅公年六十四歲

嘉靖十年辛卯公年六十五歲朝旨復起公任南京戶部
尚書從姪治生
毓鈞案公於丁亥乞身歸田時上賜璽書賚鈔乘傳
以歸仍命有司歲給輿隷月給廩有差宰執大臣暨
諸官御史百執事皆詣闕請留言者不已章且數十
上至是遂起公南京戶部尚書
毓鈞又案治爲文初公五世孫亦吾秦氏八宗之一
文初生景章字號生卒俱缺景章生霓字慰孚號蘭
畹子鎭字國賓號丙郊子二長洪字思大次治字思
正號左橋洪子一彬治子三松柏櫃是爲文初公派
嘉靖十一年壬辰公年六十六歲改北京工部尚書
毓鈞案公改任時廟工方殷公夙夜在官督視維謹
料理有法大工賴之
嘉靖十二年癸巳公年六十七歲
嘉靖十三年甲午公年六十八歲進太子少保
嘉靖十四年乙未公年六十九歲升太子太保改任南京
兵部尚書
毓鈞案公之進太子少保也累疏言歸朝廷鑒其誠

聽公安便之私遂有是命
嘉靖十五年丙申公年七十歲引年致仕孫柱生
毓鈞案公援大夫七十致仕之義據禮引謝上不允
再疏以請始奉溫詔賜歸歲給輿廩如初
毓鈞又案柱字汝立號餘山爲次山公三子太學生
任武英殿中書以救建言諸臣吳中行等忤執政意
左遷魯王府審理尋罷歸直聲震一時事具明史公
傳郡志邑志一統志皆有傳子二延烝延赤延烝字
允孝號亭山萬歷癸丑進士任永豐縣知縣調福建

歸化擢兵部職方司主事崇祀永豐名宦祠子一重

豐延赤字允華邑庠生子一重益號六㫖以子鉅倫

封陝西宜君縣知縣鉅倫字敷五號牖雲康熙甲辰

進士授揚州府學教授升陝西宜君縣知縣

嘉靖十六年丁酉公年七十一歲晉階光祿大夫太子太

保

毓鈞案公歸田後朝廷猶思公不已至是遂晉階光

祿大夫給四代誥命遭際之盛終始之榮一時仕宦

莫之與並公既家居動關世教賓客過從每語不忘

天下大事退率諸孫課以舉子業臨文自爲點竄見

其學文向進欣欣樂之每晨起正襟危坐令兩青衣

展大板四書五經或史冊一道相對朗誦憑几聽之

雖寒暑風雨毋或輟者公於惠山有鳳谷行窩山色

溪光占一方之勝有鰲架亭午橋野堂諸景顧蓉峯

參議讌集於此作詩紀之有云午橋野堂秀鬱鬱九

龍峻嶺流濛濛渶巍峯冠若兮衆廻列中有亭兮平波

演漪乎沖融東欄晨看陽烏拂桑蓋西闥夕覩玉兎

升桂宮絳霞的爍兮丹闕銀瀵湛澄兮碧空一鑑昭

兮晃朗八窗啟兮玲瓏其勝槪可想矣間一造焉必

與客俱今海内所謂秦園者實公啟之大第在西關

門榜聯曰九轉三朝太保兩京五部尚書中有後樂

園高臨城闉公翛然一室左右圖書日弄筆墨爲事

問遺故人必手自勒狀悶發之詩歌以相贈答終其

身不舍嘗邀宗伯二泉邵公都事心泉吕公少參恵

巖松闗二顧公族兄長史藕塘公山人陳石村等結

詩會山中亦以碧山吟社名就諸公之別墅如二泉

精舍鳳谷行窩惠巖小築次第舉會蓋亦慕修敬之

風而偶一寄意焉

嘉靖十七年戊戌公年七十二歲

嘉靖十八年己亥公年七十三歲

嘉靖十九年庚子公年七十四歲

嘉靖二十年辛丑公年七十五歲

嘉靖二十一年壬寅公年七十六歲

嘉靖二十二年癸卯公年七十七歲

嘉靖二十三年甲辰公年七十八歲正月廿七日公卒加

贈少保謚端敏諭祭葬著有鳳山奏稿撫湖政要鳳山詩

集安楚錄通惠河志事具明史本傳崇祀郡縣鄉賢鄉祠
河南封邱縣生祠配享淮海祖祠
毓鈞案公病患痰火未及一月疾大漸時鈕夫人在側召家人與語井井不亂猶口授一柬遺其子曰此吾治命也汝盍慎諸訃聞於朝上震悼輟朝一日下所司議祭葬如例贈少保謚端敏請天子命葬於歸山薛墩公平生無所好服食儉甚內無姬妾之奉外無絲竹宴衎之樂惟日孳孳忠勤體國當其職守百撼不搖遇物溫厚見片善必亟稱之不幸有過輒為

掩覆位愈高憂惕愈至每當晉秩必悚然懼曰食浮於人吾所畏也惴惴焉惟以僨事為戒始領鄉薦卽惠養宗族叔父雷及從父霓皆老而貧視親疏並贍之寡姊不能存公攜歸共爨其篤於內行如此
嘉靖二十九年庚戌公配鈕夫人卒享年八十有七
毓鈞案夫人始封安人晉宜人再封淑人當皇太子誕生覃敷大慶加晉一品夫人貴無與敵而夫人執謙退遜儉衣削食澼澼扆扆如在蓬翟之日性寬柬仁恕篤厚人倫所居之處里姬鄰媛聞夫人莫不願見顏色夫人平生事公甚謹公亦推轂夫人賢不替妾媵故公敭歷中外佩印綬入尚書省勳名彰著實夫人內贊之力為多公守大梁出行縣有盜肆掠封邱流言掫公去夫人流涕曰夫君死節妾分俱死無憾也當居江村夜值盜警或勸令死士刼之夫人曰亡命利吾貲不得且遁去奚格鬭為雖小節足以諷矣以二月六日卒於里第踰歲正月葬夫人於歸山薛墩從端敏公之兆天子詔賜祭葬如例

從川公年譜
族孫毓鈞謹纂

明孝宗弘治六年癸丑正月十一日公生一歲樂易公鏜第三子也旌孝養恬府君之孫母龔孺人時曾祖修敬公封武昌翁猶在堂公長姑適閶江吳氏者夫前死遺腹子四歲亦夭歸依父母以居樂易公奉武昌翁命以公為吳氏姑嗣吳氏姑生天順庚辰至是年已三十五矣
毓鈞案公諱瀚字叔度號從川養恬府君之孫行至高孝友性成敦信尚義少為諸生槖試取高等入試場屋廩食者二十年後以樂易公老皤然棄去晨夕定省無間寒暑生辰令節必偕兄弟稱盛供俱集賓

友率子姪羅拜爲壽樂易公疾夙夜視藥食不脫巾帶者數閱月鄉人至謂秦氏世有孝子少承曾祖命爲姑後於吳後復姓往來定省終其身請表於朝歿後營葬如禮又爲之求賢立後乃去晚膺通政司右參議之封脫畧軒冕章縫如故好賓客性剛正義氣激昂足振風靡治家有聲其後簪纓累葉科第連綿實爲秦氏一大宗云

弘治七年甲寅公年二歲曾祖修敬府君卒

毓鈞案修敬府君字景暘私謚貞靖先生碧山吟社

十老之首以子夔封丞承德郎南京兵部主事晉中憲大夫湖廣武昌府知府生永樂庚寅至是卒壽八十五後嗣繁衍爲秦氏八大宗之一卒之日有孫四人孫女十人曾孫男四人事載毘陵人品記崇祀郡縣鄉賢祠惠山尊賢祠著有修敬先生集邑志郡志江南通志隱逸有傳

弘治八年乙卯公年三歲伯祖中齋公夔卒是歲母龔太君卒時公兄弟三人伯兄存赤府君甫八歲仲兄潄泉府君甫四歲耳

毓鈞案中齋公諱夔修敬府君長子字廷韶一字中孚號中齋邑庠生中天順己卯應天鄉試登天順庚辰王一夔榜進士任南京兵部武庫司員外郎武庫司郎中成化壬辰擢湖廣武昌府知府封中憲大夫內艱起復授江西建昌府知府陞福建右參政轉江西右布政使以父老引疾歸養至是卒著有五峯遺稿事載毘陵人品記湖廣通志崇祀鄉賢祠武呂名宦祠配享淮海祖祠公宦成歸作寧壽堂於宅第之西奉養老父融融以和凡佳辰勝地必致老人所好

者操几杖侍行嘗作五峯草堂天全亭於九龍山下以探山水之奇邑志郡志江南通志俱有傳子一銳字國英號韋軒孫三長見川公濂次原山公汶子姓繁衍譜稱中齋公派三荆南公漢年十六殤聘熊氏女壽芳年十五聞漢喪誓死不二斷髮截耳已卯會漢葬哭臨成禮嘉靖甲申以事上聞奉旨先給牌匾仍月給薪米至丙辰年五十四有司奉詔旌門嗣濂子標爲後

毓鈞又案存赤府君諱淮字伯川號存赤別號味菜

毓鈞十四世本支祖也歲貢生任湖廣辰溪縣知縣以子禾封承德郎南京戶部廣西司主事從祀鄉賢祠辰溪名宦祠厥後最爲繁衍實爲養恬公後之一大宗

毓鈞案澂泉府君諱漳字仲昆太學生以子木贈徵仕郎孝陵衛經歷

弘治九年丙辰公年四歲

弘治十年丁巳公年五歲

弘治十一年戊午公年六歲

弘治十二年己未公年七歲

弘治十三年庚申公年八歲繼(母)徐太君來歸

弘治十四年辛酉公年九歲

弘治十五年壬戌公年十歲弟問詹公涵生

毓鈞案涵字季宏號問詹邑庠生中嘉靖庚子應天鄉試任浙江溫州府推官陞甯(寧)波府通判致仕著有古今要語讀史百泒辨思錄

弘治十六年癸亥公年十一歲

弘治十七年甲子公年十二歲父樂易府君舉於鄉

弘治十八年乙丑公年十三歲兄淮游於庠

武宗正德元年丙寅公年十四歲公祖養恬府君治第於舊居之東逾年落成挈公移居焉

毓鈞案吾祖遯軒公始自秦村遷居城中之元(玄)文里曰挺秀堂在師古河南岸秦氏世居之至中齋公時始在鳳光橋北建宅第一堂曰壽安修敬公稱壽時中齋公又即挺秀堂西別建新廬顏其堂曰寧壽至是養恬府君復治第於挺秀堂之東而宅居焉

正德二年丁卯公年十五歲

正德三年戊辰公年十六歲姪朵生

毓鈞案朵爲存赤府君長子字子白號鳳橋太學生任廣西靈山縣縣丞陞四川廣安州判官子一燦

正德四年己巳公年十七歲

正德五年庚午公年十八歲

正德六年辛未公年十九歲

正德七年壬申公年二十歲

正德八年癸酉公年二十一歲繼母徐太君卒時公已娶於殷爲邑庠生矣

毓鈞案殷太宜人爲邑博龍巖君殷佐之女生弘治己未于歸之日有月華之瑞親知相歡羨爲隆昌之兆

正德九年甲戌公年二十二歲

正德十年乙亥公年二十三歲子梁生

毓鈞案梁爲公長子字子成號虹洲邑庠生中嘉靖癸卯應天鄉試登嘉靖丁未李春芳榜進士任江西南昌府推官仕至江西右布政使丙寅丁外艱歸遂不仕壽六十四子四燮焜焯爔

正德十一年丙子公年二十四歲

正德十二年丁丑公年二十五歲姪禾生叔祖務本公卒

毓鈞案禾字子實號文橋邑庠生毓鈞十三世本支祖也中嘉靖庚子應天鄉試癸丑登陳謹榜進士任浙江武康縣知縣陞南京工部主事進本部員外郎中擢浙江金華府知府以從兄梁督學浙江迴避改雲南永昌府知府卒於官以子燿贈中憲大夫太常寺少卿崇祀永昌名宦祠及武康名宦祠配享淮海祖祠子二長炳字道元號廉泉次燿字道明號舜峯

隆慶辛未進士改翰林院庶吉士官至湖廣巡撫廉泉公孫華鍾字元發授廣西富川縣知縣殉李定國之難六世孫雄飛字旦初雄褒字甘泉俱成進士雄飛官至江西布政使護理巡撫雄褒官至鴻臚寺少卿簪纓累葉譜號廉泉公派舜峯公子四人長太清公埈次太寧公埏三太鴻公坦四太安公堦太清公三子長公安公伯欽次公蕃公仲錫三公盤公叔銘公蕃公三子長以時公德澄次以新公德藻三以雪公德湛以新公別號海翁子孫繁衍遂開二十四房

之祥實爲毓鈞九世祖云

毓鈞又案務本公仲孚諱奭修敬府君三子以字行號務本與兄永孚同舉孝行詔旌雙孝之門工書畫至是卒壽七十八著有滌煩亭稿見明詩綜事載毘陵人品記崇祀忠孝祠配享淮海祖祠惠山雙孝專祠子二銓字國衡號止庵鋐字國彝號鶴亭後嗣最繁譜稱務本公派

正德十三年戊寅公年二十六歲始創淮海祖祠

毓鈞案吾宗遷錫後未有宗祠至是師古河北岸善

督寺毁公叔韋軒公銳與從弟小山公泮歸值於官
請其地而建焉始事於是年之秋越明年己卯春告
之養恬府君奉淮海先生祀焉配者四人亦曰五先
生祠
正德十四年己卯公年二十七歲姪棻生
毓鈞案棻爲公兄存赤公三子字子培號雙橋廩太
學生子三煒烇熷燁字孟輝早卒妻胡氏嫁三月而
寡遺娠不育守節詔旌崇祀貞節祠邑志列女有傳
正德十五年庚辰公年二十八歲

正德十六年辛巳公年二十九歲
世宗嘉靖元年壬午公年三十歲子梁生
毓鈞案梁爲公次子字子儀號龍洲廩太學生任鴻
臚寺序班子五烱炤爓燈煇烔號五河早卒配華氏
守節詔旌崇祀貞節祠邑志列女有傳
嘉靖二年癸未公年三十一歲公祖養恬府君卒
毓鈞案養恬府君諱永孚名旦以字行成化丙申與
弟仲孚詔旌孝子宏治改元授冠帶生正統丙辰至
是卒壽八十八子男一人孫男四人孫女二人曾孫

男六人曾孫女六人事載毘陵人品記崇祀忠孝祠
邑志郡志江南通志清一統志孝友有傳
毓鈞又案先祖訓導公游梁錄載族中舊藏鶴鹿圖
爲我十四世祖養恬公與弟務本公遺像兩人並立
古長松下前有鶴一旁立二鹿廣庭中靈芝數本而
已族中雙孝眞像惟此一軸爲曾鯨筆曾字波臣宏
治間名手也每於冬至歲旦展掛於師古河義莊子
弟輩肅衣冠敬拜焉圖額八分書鶴鹿凝休四大字
洪楊亂後詢之宗老此圖已無存矣亟誌之以彰吾

家故實
嘉靖三年甲申公年三十二歲
嘉靖四年乙酉公年三十三歲祖母張太君卒
毓鈞案張太君諱貞一邑人都轉鹽運使張愷之姊
生正統戊午至是卒壽八十八是年六月爲樂易公
六秩誦未稱觴及仲冬十有一日適逢太君壽誕同
時稱觴上壽孫輩請人繪寶婺圖以誌家慶而太君
之弟東洛公愷並爲之歌今圖猶存家寶也
嘉靖五年丙戌公年三十四歲子棨生

毓鈞案棄爲公三子字子任號元（玄）洲太學生投河南
蘭陽縣縣丞壽七十五子三熒輿𡙇

嘉靖六年丁亥公年三十五歲

嘉靖七年戊子公年三十六歲始纂宗譜

毓鈞案吾宗先望會稽後徙高郵自淮海公葬於錫
子處度公湛依墓以居乃籍晉陵新塘鄉所居曰秦
村其自秦村遷錫之富安鄉者則自瑞五府君諱惟
禎始至是公祖樂易府君偕從弟端敏公金修輯宗
譜以瑞五府君爲一世其自淮海先生以（至）瑞五府君

止另摘爲圖附紀傳生之次是爲秦氏有譜之始

嘉靖八年己丑公年三十七歲

嘉靖九年庚寅公年三十八歲

嘉靖十年辛卯公年三十九歲公姑吳太君以節旌門

毓鈞案邑志列女傳云國子生吳鈇妻秦孝子旦女
也年二十八鈇卒遺腹子生三四歲天乃歸依父母
以居以弟子瀚爲後年七十二受旌又十有四年而
卒

嘉靖十一年壬辰公年四十歲

嘉靖十二年癸巳公年四十一歲

嘉靖十三年甲午公年四十二歲姪木生

毓鈞案木爲公仲兄潄泉公之子字子仁號虹濱太
學生任南京孝陵衛經歷陞陝西行太僕苑馬寺武
安監監正

嘉靖十四年乙未公年四十三歲子梁游於庠

嘉靖十五年丙申公年四十四歲

嘉靖十六年丁酉公年四十五歲子梁餼於庠

嘉靖十七年戊戌公年四十六歲長孫燮生

毓鈞案燮號龍槐爲虹洲公長子公長孫也郡庠生
早卒配談氏守節未旌嗣焯子爾載爲後爾載字彥
熙號水庵游高忠憲公門爲東林都講邑志孝友有
傳爾載生子三鏞鈛鐄俱有名於時鏞字大音號搦
水中崇禎庚午鄉試丁丑成進士任江西清江縣知
縣官至河南監察道御史明亡後屏居城東杜門讀
易自題曰千休館卒後門人輩祀之於此曰搦水先
生祠私諡文孝邑志儒林有傳鈛幼育於爾佳鐄字
小匡中天啟丁卯副榜與兄鏞齊名鐄子泉芳字天

乳號茗柯庠（邑）生工詩與從弟保寅齊名邑志有傳
鏞孫巽權字行之中康熙癸酉江南鄉試官滁州學
正
毓鈞又案大音公之祀於千休館也題曰秦御史祠
邑人張有譽記之同治間族祖蘭枝公爲近支商諸
族人移建淮海祖祠詠烈堂西旁記其始末畧云弱
水先生祠在城東南隅曰千休館先生所自題也先
生當明季以河南道監察御史引疾歸屏居於此杜
門讀易足跡不下樓者十有六年及病篤家人請歸
第不肯殁後門人遂於此設位祀之私諡文孝先生
此千休館舊祠所由始而敕建專祠有司春秋致祭
則肇於乾隆之十九年粵匪之亂祠毀於兵火今先
生後裔錫已無人於房族蘭爲最近興復之責不容
旁貸議於淮海祠之詠烈堂西旁隙地建屋一楹爲
先生祠啟門以通出入商諸族人均以爲善遂庀材
鳩工經始於小春之朔閱月餘而工畢是役也幸藉
族人之助克告厥成蘭聞先人言千休館祠宇因吾
子孫貧乏失修幾廢者數矣均藉族人之力得以久

延此猶得之耳聞者也道光癸未歲族伯錡谷致政
歸里謁千休館見其屋將就圮慨然出貲修葺此則
得之目見者也烏虖吾族人始終於先生之祠愛護
如此固先生之碩德高風足以動後人之欽仰而吾
族人之敦厚好義亦可以挽澆風而勵末俗矣
嘉靖十八年己亥公年四十七歲
嘉靖十九年庚子公年四十八歲
嘉靖二十年辛丑公年四十九歲公父樂易府君褒廉舉
孝兄淮是歲充貢
毓鈞案樂易府君諱鏜字國和邑庠生中宏治應天
鄉試後正德十五年至嘉靖二年五年三次例應會
試因見父母衰老累辭不赴專意侍養嘉靖七年山
常州府知府張大輪舉旌孝行禮部以尚在仕進之
列例難准旌至是無錫縣知縣萬虞愷復以篤孝廉
飾等情申府帖行覆勘據實上陳會有詔選人不願
仕投以散銜長子存赤公淮時適以生員貢禮部疏
於朝詔授南京都察院都事萬公虞愷因爲孝友綿
褩序以彰之文云邑有孝友君子秦先生鏜詔旌孝

子承孚君之子也舉弘治甲子鄉選以親老竟不就省試屢辭遺幣毋張患顛眴病便溺起坐先生躬自扶抱垂十有九年而卒孝子嘗病篤已不治先生叩血禱天以身代竟愈及親歿人曰子可以仕矣先生曰親吾未祿養也吾何忍祿爲復家居養其寡姊完節得詔表其閭郡縣爭賢先生累上其事於朝朝議未允夫以先生稍從進取則懸金紆紫未可量也顧不得一命之榮此非長於人者不能有所短長而爲善者眞無益乎及去歲先生之子涵孫禾皆中鄉選

今歲其長子淮復充貢京師因白先生事於朝望天子以純孝理天下以廉退奬士大夫竟得就投京朝官致仕先生年七十六矣旣以壽耆拜朝命復見諸子孫成立其廩食於庠者尙數人餘皆彬彬儒雅稱其家聲長吏至其家心敬且慕焉彼營營者取利不遺錙銖况肯辭遺幣耶然或辛勤數十年纔有所立一旦遭不肖子蕩覆無餘仕或登顯庸子孫不免乞丐坻隸身或列華膴子孫變爲豺狼梟獍因以憤鬱而死者有矣以彼之終方此之終孰得孰失爲善者

果無所受益耶長於民者果不能有所短長耶故曰吾今乃知塞議者之口矣吾方將張其事以樹風聲以爲庶民準値有新命遂爲文懸其堂以代貞石

嘉靖二十一年壬寅公年五十歲姪楠生

毓釣案楠爲公兄存赤公四子字子植號虹川太學生子二煜燿

嘉靖二十二年癸卯公年五十一歲子梁舉於鄉

嘉靖二十三年甲辰公年五十二歲樂易府君卒是歲孫炯生焜生

毓釣案樂易府君生成化丙戌至是卒子男四人孫男十人曾孫男七人孫女十二人曾孫女十四人壽七十九著有樗林摘稿事載毘陵人品記崇祀鄉賢祠

毓釣案炯號五河爲龍洲公長子公冢孫也早卒配華氏守節詔旌崇祀貞節祠嗣炤子珍爲後珍子鏞字馭夫中崇禎丙子鄉試順治壬辰成進士任溫洲府推官焜爲虹洲公次子公三孫也字君楊號元峯太學生誥敕房辦事中書兼翰林院典籍以子之垣

贈承德郎禮部儀注司主事
嘉靖二十四年乙巳公年五十三歲公姑吳太君卒
嘉靖二十五年丙午公年五十四歲孫熠生
　　毓鈞案熠爲龍洲公次子公四孫也字孟開號箭源
　　太學生任廣西都司斷事調署興安縣知縣象州知
　　州崇祀興安名宦祠子三圻珍環珍嗣炯後圻子欽
　　翼字君鄰長洲縣庠生中崇禎己卯鄉試任福建崇
　　安縣教諭陞順昌縣知縣行取兵科給事中欽翼子
　　汧字吉生邑廩生中崇禎己卯鄉試癸未成進士授

　　職方司主事明亡後屏居碧山吟社五十年鍵關著
　　書歿後祀焉汧子朱干字樂燕康熙癸巳舉人候選
　　知縣汧弟沅字湘侯郡庠生工書偕顧祖禹著方輿
　　紀要邑志文苑有傳沅子㮚字卣纘工篆隸與寧都
　　魏禧交有名於時汧玄孫鈞儀字佾芳號若舫乾隆
　　癸酉拔貢有文名著有若舫詩文稿邑志文苑有傳
嘉靖二十六年丁未公年五十五歲子梁成進士授南昌
府推官
　　毓鈞案虹洲公以嘉靖乙未補弟子員丁酉廩食於

庠癸卯舉應天鄉試人以公居第中有金匱山稱公
匱山先生一日公與客步門前水次從者遙見有彩
虹自公所貫之天南因號虹洲至是以第八名中式
　　會試對授三甲進士江西南昌推官
嘉靖二十七年戊申公年五十六歲
嘉靖二十八年己酉公年五十七歲孫焯生
　　毓鈞案焯爲虹洲公三子公四孫也字季華號玉峯
　　太學生授上林苑監督署丞以子爾佳贈徵仕郎光
　　祿寺珍羞署署丞子三爾佳爾載爾基爾佳子鉽字

　　中寶長洲歲貢生與弟鏷並爲聽社十七子之一爾
　　載嗣燮爲後爾基子鏷字子韜號眞齋長洲縣庠生
　　精於校勘著有銅版訂正九經行世鏷子保寅字樂
　　天家富藏書工詩邑志文苑有傳
嘉靖二十九年庚戌公年五十八歲
嘉靖三十年辛亥公年五十九歲孫燭生是歲子梁內擢
給事中
　　毓鈞案燭爲龍洲公三子公五孫也字孟熙號劍峯
　　太學生子二堣埥

毓鈞又棨虹洲公以南昌政績報最內擢吏科給事
中慷慨言事以諫上不進香被杖明年京師築重城
被選監工工成遂擢通政使右參議戊午滿考膺封
典公封如其官譜故稱通參府君云
嘉靖三十一年壬子公年六十歲
嘉靖三十二年癸丑公年六十一歲孫燈生
毓鈞棨燈爲龍洲公四子公六孫也字孟化號文峯
太學生子一至仁燈子鍵字維持邑庠生中順治丙
戌副榜鍵子彪字季敏武庠生中順治丁酉科武舉

以任江陰衞千總
嘉靖三十三年甲寅公年六十二歲修復碧山吟社
毓鈞棨公好山水之勝以惠麓有碧山吟社創自曾
祖修敬府君府君歿而地盡奪於豪乃謀之王侍御
石沙醵資復之邑人顧可學爲之記曰秦封君從川
思惟其曾大父修敬之肇舉吟社也乃鋭志恢復謀
之王侍御石沙義倡鄉達公醵贖復鳩工載葺爲紹
修堂爲濯纓軒爲十老亭爲流馨室爲吟臺爲行厨
茶具爲几椅壺觴棋局之數凡有資於燕遊者纖悉

治備諸公之功偉矣時各有賡和預會者郡伯喻心
遷宜之僉憲莫迂泉僉吉余四弟憲副洞陽與新學
諭徐西巖顯夫正郎華補菴從龍大尹錢心齋國章
封君秦從川叔度太僕侯企竹綱武司諫張靜思舜
舉宮贊浦后巖道徵少尹施武陵子羽大尹高杏江
文明侍御王石沙汝玉學士華鴻山子潛僉憲王仲
山子裕京兆尤西村懋宗副郎馮補齋子占僉憲安
膠峯子靜共若干人公當時並有詩記其事一時屬
而和者徐司教槐喻太守義安僉事如山俱見梁溪

詩鈔至吟社之廢當在清初康雍之交公五世孫吉
生公汧遭鼎革之亂屏居吟社五十餘年鍵關著書
社中向奉修敬從川二公栗主吉生公歿子孫亦祀
焉是其時吟社尚存也地今入於市立第八國民小
學舊有二大碑橫卧於地剝蝕殆盡今樹立校內碑
旁小池一疑即當日之涵碧池池側有石坡上鐫碧
山吟社四大字旁泐嘉靖甲子同社從川秦瀚靜思
張選后巖浦應麒□塍強仕晴海吳詔是堂俞憲題
是當時吟社尚有強吳俞三人亦非盡限於顧榮僖

所列之十九人也塍字上一字疑卽綺字梁溪詩鈔
小傳強德州仕字甫登號綺塍辛卯舉人官山東德
州知州民國八年己未秋邑人尤君鳴梧長校事濬
池沼築園圃出遺跡於斷崖亂石中有唐先生文治
侯先生鴻鑑及族叔郊蘐作記刊石以章其事數百
年故事遺墨如新而族叔郊蘐並致慨於名勝所在
盛衰興替一轉瞬間俯仰流連往往不勝今昔之感
今日者渠渠之屋突兀於眼前化觴詠之所爲絃誦
之所地猶幸其迹未湮尚有摩崖大字揭吟社之名於

涵碧池旁抑若早知有今日改築惟恐將來無考而
留爲記念者不可謂非幸矣是校之長尤君鳴梧建
造規畫皆其督飭遺迹得以保存亦其盛意也敢不
銘而弗諼

嘉靖三十四年乙卯公年六十三歲子檠生

毓鈞案檠爲公四子字稚川號鷺洲太學生任甯夏
衞經歷卒於官子一炡

嘉靖三十五年丙辰公年六十四歲修復洛社開利寺觀
鵝亭

毓鈞案寺爲王右軍故址成弘間公祖養恬府君嘗
購蕣溪別墅於蠡橋北去開利寺不百武而近每春
和景明桂芳菊綻養恬府君奉武昌翁携社中諸老
來墅必一過斯亭以畢觴游餘興迨嘉靖甲寅邑罹
倭夷之變亭遂廢至是公鳩貲重建友人李攀龍詠
之云江上新亭接梵台風流重憶右軍才相携爰馬
高僧過自許籠鵝道士來池水如披霜練出烟霞猶
傍彩毫開使君暇日多延眺可爲南樓興已哉

嘉靖三十六年丁巳公年六十五歲仲兄漳卒

毓鈞案公兄弟四人友愛異常性嚴重鄉人敬之稱
爲四先生仲兄漱泉公漳家最貧賦役煩重外侮沓
至公必偕長兄辰溪公極力維持至是仲兄歿視其
子猶己子也四先生者自少友愛至白首無間言每
月朔晨起相率揖家廟中風雨寒暑無輟退而聚首
一堂稱說古今移時不能去出而及於門猶相依門
石間相聚說如初移時不能去行道之人匿迹不敢
邇卽邇而過者必規行矩步若惟恐不得當於四先
生者其爲人敬禮如此

嘉靖三十七年戊午公年六十六歲子梁改南京太僕寺
卿
　毓鈞案虹洲公任通參時與嚴分宜子世蕃不洽乃
以便養請南擢南京太僕寺少卿卿署在滁故山水
佳處公課牧之暇時游瑯琊一觴一詠飄然有醉翁
風度豐樂亭爲王陽明先生講學之所諸生來請益
者輒就中訓課之辛酉擢南京鴻臚寺卿再遷通政
會有風霾之變公自陳遂降調浙江布政使左參議
分宜敗擢山東按察使副使

嘉靖三十八年己未公年六十七歲
嘉靖三十九年庚申公年六十八歲葺圃池於惠山之陽
　毓鈞案端敏公金有家園在惠山之麓曰鳳谷行窩
端敏公歿園屬虹洲公泉聲樹色於諸家園亭中爲
優勝公偕虹洲公日命肩輿或樓船以往栽花種竹
與山人姚舜咨葉茂長輩酒杯碁局唱酬詩篇公於
是有廣池上篇之作并序其事曰池上篇乃白樂天
履道里時醉後所成也予每誦之輒喜其幽遠閒適
恨不身躡雅勝以想其醉醒於松石握筆時不知作
何態度也庚申之夏葺圃池於惠山之麓目中境界
覺其一二肖似遂誦樂天之篇字味而句諷之恍然
以爲眞似也且於圃池所有而篇中不載者增入數
語命之曰廣池上篇書於池亭之壁然斯特以景物
言耳若曰顯然自附於香山居士則如雲泥何哉詩
曰百仞之山數畝之園有泉有池有竹千竿有繁古
木青蔭盤旋勿謂土狹勿謂地偏足以容膝足以息
肩有堂有室有橋有船有閣煥若有亭翼然萊畦花
徑曲澗平川有書有酒有歌有弦有叟其中白髮飄

然識分知足外無求焉如鳥擇木姑務巢安如魚居
坎不知海寬動與物游矯若飛仙靜與道契寂如枯
禪靈鶴怪石紫菱白蓮皆我所好盡在目前携筐摘
果舉網得鮮約我生計斯亦足焉時飲一杯或吟一
篇老懷熙熙雞犬閒閒天地一瞬吾忘吾年日居月
諸莫知其然優哉游哉吾將終老乎其間未幾圃池
中有假山之作公有詩詠之其一云爲愛眞山築假
山烟巒雲磴可躋攀而今眞假都忘却聊與衰遲寄
散閒其二云疊石栽花強作山登山無藉薜蘿攀孤

亭高樹壓囂外獨坐渾消白晝閒其三云跬步登山見遠山又將遙矚當路攀登臨無悶山遐邇巔得浮生如許閒其四云一卷何意便成山應笑平泉未可攀猶恐膏肓醫未得錦岡玉壘總成閒公又有山墅言懷云何處尋名勝幽探此更宜泉聲風外落雲氣日邊奇瀹茗鐺頻聽看山榻屢移老來塵慮盡獨坐每撚髭公歿虹洲公亦下世園遂屬於吾祖大中丞舜峯府君取王內侍詩名之曰寄暢園乾隆十一年即其地建雙孝祠以奉養恬務本兩府君栗主五百

年來世守弗替人稱之爲江南第一名墅良有以也

嘉靖四十年辛酉公年六十九歲

嘉靖四十一年壬戌公年七十歲建復尊賢祠是歲孫棨生子梁謫山東按察司孫燦卒

毓鈞案惠山尊賢堂者邵文莊公拓三賢祠重建文莊公歿堂日就圮壞題毀落垣壁傾敗公請於伯兄辰溪先生鳩欵葺治公爲之記友人彭輅作詩詠之云探此南山巖酌彼清澗流流澄蘇復肥將以嗅前修無錫稱壯邑諸賢盡琳球處者表巖穴出者襄皇猷文采怨照灼儀型日已遒懿載銀台君葺墜勤冥搜舊宮振新製煌煌來道周不有伊人揚其誰覩前修懷古兼咏今我欲往從游秋水清彌望蒹葭滿江洲

毓鈞案棨爲玄洲公長子字明星號蘿石邑庠生舉鄉飲賓冠帶儒官子二境域

毓鈞又案虹洲公官山東按察使副使時德州兵備及提督學校皆缺官嘗兼領之文治武備整飭改觀

嘉靖四十二年癸亥公年七十一歲

嘉靖四十三年甲子公年七十二歲子梁改浙江提學副使

毓鈞案虹洲公任浙江提學副使時賓興之期且逼滋事五閱月徧歷十一郡浙之名士收錄殆盡時中式者九十五人而公之收錄士居五十有六時論稱之

嘉靖四十四年乙丑公年七十三歲有風疾孫興生子梁擢湖廣按察使

毓鈞案興爲玄洲公次子字上生號混塵郡庠生以

子堈贈奉直大夫福建福甯州知州子二堈坊堈字
器新號儼海邑庠生萬歷乙卯舉人天啟壬戌成進
士任澤州知州官至戶部郎中崇祀鄉賢祠坊字表
行號儼庵廩太學生坊孫源寬字未能號怙雲康熙
己卯舉人癸未成進士候補內閣中書源寬長子伯
龍號蛟門邑庠生康熙庚子舉人雍正甲辰成進士
官濰縣知縣四子龍光字逸季吳縣庠生父子三人
俱以孝行著邑志孝友有傳伯龍子鴻升字映軒號
霽峯乾隆庚子舉人滑縣知縣龍光子景燾字振千

號勉庵中乾隆壬申舉人甲戌會試明通榜實爲從
川公後之一大宗孜怙雲公幼孤性至孝痛母胡守
節撫孤晨夕不離左右甫通籍即乞養歸母歿請旌
如制建祠惠山寺左別構一閣顏曰永思以示追慕
之意又元公雲龍爲文以記其事畧云永思閣在詔
建貞節祠東偏先君子怙雲公獨力所建也蓋先祖
母胡太君於康熙四十二年奉聖祖仁皇帝特恩旌
節雍正元年世宗憲皇帝著例凡民間婦女未三十
而寡守節三十年者皆得題請旌表又令府州縣各

立貞節祠令有司春秋致祭先君子既偕貞節後人
買地惠山之麓建坊立祠規制恢宏甲於江左又念
春秋祀畢獻酢者無以展几筵瞻眺者未得占形勢
爰庀材建閣雄麗與祠稱而慧麓諸景悉收之窗檻
間顏其額曰永思欲獻憑眺以誌雲山風樹之感焉
經始於丁未仲秋落成於戊申季夏費白金八百有
奇而先君子之心力殫矣無何先君子棄養長兄伯
龍宦歸卒於粵雲龍兄弟奔走衣食不獲歲時修謁
方以繼緒爲艱聞歸故里從諸先生長者展拜祠下

則秉禮之堂詞芬之樓輪奐者有加退就階除捧祭
器榯詳美備者有加輒喟然歎曰先君子倘及見之
有不快斯祠之創守兼善以大以久得上侈國恩而
下揚家徽也哉
毓鈞又案虹洲公之任湖廣按察使也徵才起能墨
吏多解綬去按死囚求生不得乃論之
嘉靖四十五年丙寅公年七十四歲子梁陞江西右布政
使請假歸里是歲六月二十三日公薨著有從川詩集巖
栖集碧山吟社志事載毘陵人品記崇祀惠山尊賢祠

毓鈞案是時公春秋高患風疾思虹洲公心切適江西右布政使命下亟馳歸早夜侍醫藥衣不解帶者閱兩月公病竟不起虹洲公毀瘠骨立鄉評推秦氏世孝云

穆宗隆慶元年丁卯

神宗萬歷元年癸酉

萬歷六年戊寅子梁卒享壽六十四歲

毓鈞案公歿後虹洲公家居不出者十有三年在山之日常多家園之外又得黃磵黃磵者春申君別業

也鳴瀑自山頭來磵承而下景最奇雨後輒邀客載酒以往念先人修復吟社盛事時其扃鑰間以三四知己觴咏其間治第於淮海祖祠之西建紹修既翕室寶彝三堂既翕堂舊爲中齋公宅弘治甲寅修邑志吳藻庵李綱庵輩會纂成書由中齋公序而行之歲甲戌重修邑志念庭周侯聘虹洲公主政公即其地屬稿事竣顏其屋日文獻之家示不忘也至是卒享年六十有四而歿太宜人猶在堂云

萬歷九年辛巳公配殷太宜人考終里第享壽八十三有孫八人孫女如之曾孫男六人曾孫女亦如之是歲八月初二日公次子棨奉太宜人柩合葬於軍將山箬塢新阡

毓鈞案太宜人夙嫻庭訓孝經女誡默識洞解于歸後事舅姑順夫子處妯娌戚族上下出所習熟者循行之裕如也通參公方砥礪進修無暇握算執籌太宜人爲斟量綜核不一以擾內顧念適通參公同產吳節婦早寡無子樂易公命公爲節婦後太宜人孝養猶姑竭誠祗慎問以歲節伏臘虔侍重闈之側樂易公暨養恬公兩世稱佳婦爲比節婦歿哀毀喪葬

一歸于厚嘉靖丁巳伯子以給事中奉命董役都城功完優敘擢通政司參議父母咸錫封誥太宜人渥寵隆貴矣而服食經費愈節約承尊御下愈謙歛賑恤族黨愈周洽其甘淡惜福樹德冥冥尤丈夫所難也通參公性剛正義氣激昂足振風靡而太宜人濟以溫巽事無巨細期即于義故終身雍睦相敬如賓庶妾王氏與與加惠澤節婦媵丁氏亦感恩相守不再嫁節婦育華氏女爲女適鄒者尤相愛篤視華所生子如己子至娶其女以配孫敦舊好也太宜人三

女悉飭粧厚助諸甥嫁娶各俾得所諸子婦孫行起居每訓格言無偏愛無涸澤以故群情咸得之

海翁公年譜　　九世孫毓鈞謹纂

明神宗萬歷四十五年丁巳二月初四日公生一歲付祖舜峯公燿祖太清公埈父公蕃公仲錫公華公以萬歷戊子生至是三十歲矣公諱德藻字以新號海翁恩貢生壽八十有五舉郡縣鄉飲賓齒德俱尊諸子通顯孫曾繁昌後分二十四支

毓鈞案秦氏世爲無錫著姓舊分三支八宗公爲修

敝公旭九世孫兄弟三人公其仲也配倓太夫人爲同邑戶部主事鼎鉉女有子六人長松齡嗣以時公後次松期松喬松如俱倓出松虬側張出慧航側出生而好佛不茹葷受業師倪某愛而育之既長不願婚娶從釋孫分二十四支以生年先後爲次大房道然二房孝然三房靖然四房文然五房憲然六房實然七房舜燕八房始然九房敬然十房恬然十一房軒然十二房祖然十三房存然十四房易然十五房檠然十六房起然十七房明然十八房坩然十九房壽然二十房純然二十一房修然二十二房瑞熙二十三房竹然二十四房遽然承先啟後身備福享嘗世稱之爲國老爲人瑞者久矣晚年諸子在仕籍游成均者俱歸子舍從容侍養孫曾男女繞膝百人及身親見五世孫天倫至樂完美無憾焉

萬歷四十六年戊午公年二歲

萬歷四十七年己未公年三歲

萬歷四十八年庚申公年四歲

是年亦爲光宗泰昌元年

熹宗天啟元年辛酉公年五歲

天啟二年壬戌公年六歲

天啟三年癸亥公年七歲

天啟四年甲子公年八歲

天啟五年乙丑公年九歲

天啟六年丙寅公年十歲

天啟七年丁卯公年十一歲

思宗崇禎元年戊辰公年十二歲

崇禎二年己巳公年十三歲

崇禎三年庚午公年十四歲

崇禎四年辛未公年十五歲

崇禎五年壬申公年十六歲

崇禎六年癸酉公年十七歲

崇禎七年甲戌公年十八歲與兄以時公德澄同游庠倰

太孺人來歸是年父公蕃公卒享年四十七歲時祖父母

俱存

毓鈞案公時以大父母白髮在堂恐增悲慟每晨昏

入省拭涕將事退就苫次哭盡哀事母于曲體意旨

毋好作佛事公敬順之靡不至爲諸生有聲壇坫兩

試棘闈卒以明經薦成恩貢生遭明季亂世不果出

延名師闢講舍教成諸子以次通顯

崇禎八年乙亥公年十九歲

崇禎九年丙子公年二十歲

崇禎十年丁丑公年二十一歲長子松齡生嗣兄德澄後

字留仙號對巖乙未進士改庶吉士仕至左春坊左諭德

壽七十八著有毛詩日箋六卷著峴山人文集六卷詩集

五卷微雲詞一卷明史擬稿四卷邑志儒林有傳

毓鈞案對巖公官左諭德故亦稱宮諭嘗與睢州湯

文正斌講求性命之學工詩古文與同邑嚴繩孫齊

名詩格尤高晚益耽研經訓深于詩通籍幾六十年

立朝祗九載兩以詿誤罷官癸未南巡始奉旨開復

有紀恩詩二章所謂前事豈忘投杼懼新恩終解拾

塵疑者也崇祀鄉賢祠惠山尊賢祠配享雙孝專祠

子六道然實然祖然易然明然壽然

崇禎十一年戊寅公年二十二歲

毓鈞案是年八月初十兄以時公德澄病歿無子公

以己子松齡及弟以雪公子松岱爲之後時松齡生

甫逾歲松岱猶以時公病發九月而生俗所謂雙嗣

云又十年嫂氏王卒王名朗金壇名諸生彥泓女工

詩詞著有纍提閣集遺女一嫁華實椒家貧公贈以

田百畝終其身

崇禎十二年己卯公年二十三歲

崇禎十三年庚辰公年二十四歲子松期生字邳仙號漆

園廩貢生選蒙城縣學訓導改授翰林院孔目舉鄉飲賓

壽七十六

毓鈞案邳仙公家居養親內行淳至負才識不及施用間施之於鄉里邑有公事恆尸之康熙甲午續修宗譜獨任刋刻邑志行義有傳配享雙孝祠子五始然軒然存然起然瑞熙

崇禎十四年辛巳公年二十五歲

崇禎十五年壬午公年二十六歲子松喬生字梟仙號卧雲增太學生舉鄉飲賓壽八十二

毓鈞案梟仙公頎身童顏性樂善有叩必應天眞爛然雖童豎亦愛而親之羣呼曰三老佛子邑志耆碩有傳配享雙孝祠子三孝然靖然文然

崇禎十六年癸未公年二十七歲

崇禎十七年（清世祖順治元）甲申公年二十八歲

毓鈞案是年三月流寇入北京思宗殉國清兵入關擊走李自成據而代之改是年爲順治元年南都立福王改元弘光

弘光元年（清順治二年）乙酉公年二十九歲

毓鈞案是年六月南都覆弘光降江南地入于清公奉母避兵居鄉大父母以年篤老不出城公朝夕往還省視盛署（暑）中奔走不輟時以爲難

順治三年丙戌公年三十歲大父太淸公以五月二十日卒壽八十一公與伯父公安公伯欽泣血廬墓如喪父時宗黨稱其孝

毓鈞案公當身當機戶重役并爲伯父公安公分任以紓其憂公安公太學生舉鄉（飲）賓五子德滋德洊德淇德芬德衍德滋字以巽崇禎癸酉副貢名著復社見復社姓氏錄德淇字小武吳縣庠生與伯兄以巽俱列名于涯臻詩社

毓鈞又案太淸公巨人長德望重一鄉喜與諸名士交其卒也張秋紹氏夏爲之像贊文曰生長富貴不矜華侈蚤丁家艱有懷嘗恥友王校書是其知己偕周文蘭剞劂湊理共勒碑於彼祀公眞永昌嗣守之孫中丞克家之子今梁號淸寧人人斯濟三度稱壽得三大君子爲之揚芬吾復何云讀者以爲知言考太倩公爲中丞舜峯公家督中丞公晚年爲屬吏衡州同知沈鈇誣劾抑鬱以終後鈇以貪穢職坐養冠殺人抵法乃賦詩曰邪正雖兩途報應必無失奸人

一朝榮轉瞬禍百出君子固有窮霧散見明日以此悟天理胡爲亂心術先君勲業高遭讒竟削秩上帝亦震怒彰癉見定律榮辱本無常正道貴自率千載有公論青史垂直筆讀之一片忠孝之心藹然可見張氏所謂有懷雪恥者此也吾邑南門外有清名橋父老傳言爲公與太宰公兄弟有欵千金爲中丞遺產二人者克諧以讓咸斥不取建橋以利行人顏曰倩衛（字）自康熙閒吳興祚重脩後光緒志避廟諱遂改今名人遂疑橋爲吳而建幾不復知倩衛（字）二字所自來矣今得張秋紹像贊益信可補縣志之闕至所謂三大君子爲之揚芬者蓋公年六十高忠憲景逸先生序之年七十馬忠肅素修先生序之年八十華節愍鳳超先生序之三先生皆不肯爲諛詞溢美者讀其文益可知太清公之爲人矣

順治四年丁亥公年三十一歲子松如生字亦仙太學生任吳川縣知縣以請豁逋賦忤上官罷歸祟祀吳川名宦並建專祠壽七十二

毓鈞案亦仙公令吳川有惠政子姓輩亦稱吳川公邑志宦望有傳配享雙孝祠子五憲然敬然恬然榮然景然

順治五年戊子公年三十二歲子松齡入泮大母施孺人以三月初三卒施爲太僕寺卿策女壽八十三

順治六年己丑公年三十三歲

順治七年庚寅公年三十四歲

順治八年辛卯公年三十五歲姪松岱游庠松岱字亦仙號燈巖附太學生與兄松齡師事弱水先生鏞講求性命之學爲東林都講邑志儒林有傳

毓鈞案亦仙公講學東林尤邃於易著有周易晰微二十卷祟祀東林道南祠嗣松齡子實然松衡子舜燕爲後

順治九年壬辰公年三十六歲

順治十年癸巳公年三十七歲

順治十一年甲午公年三十八歲長子松齡中式江南鄉試舉人

順治十二年乙未公年三十九歲長子松齡聯捷登史大成榜進士改授翰林院庶吉士

順治十三年丙申公年四十歲

順治十四年丁酉公年四十一歲長子松齡授檢討尋以

逋糧案罷歸次子松期游庠

鏞鈞案是年鄰邑逋糧籍中誤入宮諭名乃公族姉

適朱者所遺累公念其孀居子幼令宮諭置勿辯

順治十五年戊戌公年四十二歲長孫道然生道然乙酉

舉人己丑進士改翰林任給事中著有泉南山人詩集明

儒語要困知私記

鏞鈞案雒生公道然號南沙爲對巖公長子公孫老

長房也子三芝田蕙疇蕙田蕙田嗣易然後乾隆丙

辰一甲三名進士授編修仕至刑部尚書謚文恭著

有五禮通考二百六十二卷學者稱味經先生邑志

儒林有傳崇祀鄉賢祠配享淮海祖祠惠山雙孝祠

方雒生公以絓藩邸事繫獄文恭公奔走隨侍先世

遺產一椽一瓦皆經他售時有句云棲息知無地晨

昏覰有身讀者爲之酸鼻及文恭公以第三人及第

改翰林院編修入直南書房具疏陳情上書求代詞

云奏爲聖主霈如天之仁微臣切烏私之痛瀝陳下

情籲懇慈恩事臣世受國恩生逢堯舜伏見我皇上

至仁大孝錫類臣工施寬典於無可寬之中達下情

於不能達之地普天率土薰蒸感動浹髓淪肌而竊

抱骨肉痛心之隱撫躬自省有不能一日靦顔備位

自外於聖朝教孝之治者臣有本生父革職禮科給

事中臣秦道然於康熙四十二年恭逢聖祖仁皇帝

南巡駐蹕山園隨帶進京欽奉諭旨命在九阿哥處

教書旋中進士授職翰林改禮科給事中因身負重

罪蒙世祖憲皇帝覆載深仁從寬革職令本身出銀

十萬兩充餉因逾限未完擬罪具題監禁催追雍正

四年七月欽奉恩旨秦道然已寬其死着發原籍交

與地方官收管俟旨不必嚴加拘禁亦不得聽其擅

離欽此五年四月宗人府奏請調取臣父秦道然問

話欽奉恩旨着調來京途間無致恐嚇作踐欽此是

年八月臣父秦道然在宗人府於家產案內承認應

賠銀三千兩奉旨秦道然發回原籍交與地方官圈

禁追其應賠銀兩如不完結永行圈禁催追欽此七

年奉追應賠銀三千兩全完兩江督臣范時繹具奏

奉部議覆以應繳銀兩雖已全完而從前本身催追
銀兩未完尚多仍行地方官圈禁臣父身繫圜七捜
括產業竭蹷措變完過銀一萬三百餘兩委係無力
完繳地方官歷經清查結報在案十三年恭逢我皇
上龍飛大赦一切監禁人犯罪非殊死莫不沾恩釋
放而臣父秦道然係經奉旨免死之人止以追銀未
完圈禁例應具題請旨未獲隨時省釋乾隆元年奉
部咨行督臣將臣父圈禁之案確核具題正在查核
間因本年十二月刑部於比輙侵貪挪移情罪稍輕

案內將臣父未完銀兩核結彙奏奉旨除康親王巴
東圖秦道然張鉾應賠銀兩不必寬免外餘俱着寬
免欽此竊念臣父道然身犯重罪感荷天恩得蒙寬
宥祗因催追銀兩力不能完以致仍行圈禁迄今九
載年已八十衰朽不堪本年五六月間侵染暑溼瘧
疾時作寒熱交攻淹淹一息幾至瘨斃羈所情關骨
肉痛楚難忍七月底病勢稍定殘喘復續臣因假期
已滿不得不趨赴闕廷然廻念衰暮餘年煢煢幽繫
深恐旦夕不保長途惻惻腸日九廻伏思慈烏返哺
微鳥尙含至情移孝作忠臣子實爲大節臣雖出繼
原屬本生今得仰沐殊榮備員禁近分當於文章經
術精心學習而還顧家庭有八旬邁父老病拘幽旣
無完觧之期更乏久延之望方寸昏迷不能自主臣
誠不忍昧心竊祿以致外干罪戾內慚名教現今恭
遇皇恩矜情庶獄有一線可原者槪予寬釋並奉諭
旨查明挪移各案輙之侵貪之人情尙可原所有家
產未變交者分别情節具題請旨曠典殊恩在古未
有臣父秦道然寬免死罪已經久奉恩綸而無力完

銀此生縲羅拘禁臣向隅飲泣望闕呼天當茲聖明
孝治之朝更逢薄海祝網之日惟有籲懇聖主如天
好生之仁俾援一線可原之例仰冀鴻慈格外鑒宥
丐臣父秦道然八旬垂死之餘生俾離羈所得以終
老牖下臣願革去職銜矢竭血誠以贖父罪臣粉身
碎骨惟期益勵微臣之愚忱結草銜環不足仰報高
厚於萬一臣不勝激切哀籲恐慄隕越之至伏乞聖
慈睿鑒奏入有旨立釋又優游十二年而卒壽九十
見邑志儒林有傳

順治十六年己亥公年四十三歲

順治十七年庚子公年四十四歲德配侯夫人以八月十六日卒時僅四十有四歲耳

毓鈞案侯夫人系出名門祖母王太君少年守節教子及孫成進士兩受旌於朝邑中所稱侯節母者於諸孫中絕愛夫人謂其類己歸公時年甫十八至是卒公自爲行畧以乞言於當世有云及歸於余也先君子初捐舘舍余早任家事內釁時作外患交訌孺人佐余以鎮靜以柔婉又恐余愁苦時時解余曰是

無足慮在所以自處何如耳及辛巳歲不戒於火先君子柩尚處中堂火及於霤先母號泣欲以身殉孺人身當炎烈率先僮僕手自扶舁僅而得免當此時余以掃先大夫墓在外苟非孺人則其禍當有不忍言者先母嘗多病孺人藥餌必親飲食必親無有後時先母性嚴重意有所不可或至竟日無笑語孺人側行却立若無所容必待意解而後即安至鼎革之際獨奉先母避居鄉間而余以王父母在城故不敢離左右間一趨侍先母孺人必趣之歸曰事姑有我

在二老人不可離也凡奉侍先母幾三十年未嘗見有過失至孺人亡而先母日夜悲泣屬纊之夕猶呼孺人不置余每多外侮內父澹泉公實終身覆翼之而孺人未嘗有德色凡此皆人情之所甚難其於諸子雖甚愛惜遇有過必加訶責言必教以正猶憶冬夜與孺人共坐松齡在旁坐口呼寒孺人色然曰此時窶人無衣食行冰雪中者甚衆汝衣輕暖擁爐坐而呼寒耶習慣長成將爲紈袴子可醜也及松齡成進士官京師手書戒之曰勿以年少驕人年少易爲

人重亦易爲人輕汝思爲人所重者哉又曰毋念我能勤職業答君恩卽所以報我也其明於大義如此

順治十八年辛丑公年四十五歲母于太孺人以八月二十七日卒壽七十二于爲金壇鄖陽兵備道文熙孫女聖祖康熙元年壬寅公年四十六歲孫孝然生孝然邑庠生壽九十三爲乾隆辛未南巡御製詩中寄暢園九老第一人舉鄉飲賓邑志耆碩附父松喬傳

毓鈞案石經公孝然號慕廬爲卧雲公長子公孫第二房也壽九十三歲子七玉田鶴田在田鳳雨田南

田荷田當辛未迎駕時慕廬公孝然年九十次淶子
公實然年八十七次學伊公敬然年八十五次希皦
公榮然年七十次蓉溪公壽然年六十六次寄園公
芝田年七十六次玉輯公瑞熙年六十一次待軒公
華田年六十次約齋公東田年六十二御製詩所謂
近族九人年六百者英高會勝香山也當時九老各
和原韻一章進呈御覽純廟並以慕廬公高年乞詩
再題寄暢園以傳佳話有遮留詩債償之句慕廬公
淶子公待軒公輩復有紀恩詩之作羣從子弟屬而

和之者且三四人是時慕廬公與淶子公居同里開
郎今之中市橋巷也望衡對宇里表耆英邑人浦二
田爲文紀之事詳邑志特九人者以父子叔姪而膺
御題異數論年齒則待軒公年僅六十而約齋公年
六十二不當駕乎其上論輩行則五輯公雖年六十
一然於寄園公則叔父之尊不當屈居其下當日蓋
以御製詩註前後爲序次族中舊本亦不敢妄改耳
康熙二年癸卯公年四十七歲孫靖然生靖然丁丑拔貢
生辛卯順天舉人壬辰進士改翰林官授編修壽六十四

毓鈞案藥師公靖然爲卧雲公次子公孫第三房也
壽六十四邑志文苑有傳子三力田研田餘田
康熙三年甲辰公年四十八歲孫文然憲然生文然太學
生憲然附太學生
毓鈞案巾子公文然爲卧雲公三子公孫第四房也
子華田又撫孝然子荷田爲後式度公字學圃爲亦
仙公長子附太學生公孫第五房也壽七十九子二
嗣恬然子雲會後又生子雲萬
康熙四年乙巳公年四十九歲孫實然生實然增貢生寄

暢園九老第二人壽八十九姪孫舜燕生舜燕邑庠生壽
七十四
毓鈞案淶子公實然號訒菴爲對巖公次子公孫第
六房也嗣燈巖公爲後邑志孝友有傳壽八十九子
一春田姚升公舜燕爲漢仙公松衡次子嗣燈巖公
爲後以幼於淶子公列爲七房邑庠生壽七十四子
二中威識
康熙五年丙午公年五十歲
康熙六年丁未公年五十一歲子松虬孫敬然生松虬字

龍仙太學生敬然邑庠生寄暢園九老第三人壽九十是
歲予松喬游庠
毓釣案龍仙公濬德弗燿有子四人純然脩然竹然
處然眞齋公敬然字學伊爲亦仙公次子公孫第九
房也邑志耆碩有傳眞齋公實長于元獻公三歲而
舊譜如此仍之子二昆田東田
康熙七年戊申公年五十二歲
康熙八年己酉公年五十三歲
康熙九年庚戌公年五十四歲孫始然恬然生始然附貢

生壽七十八恬然邑庠生壽七十七
毓釣案元獻公始然號丹山爲邳仙公長子公孫第
八房也壽七十八子四藍田二田天田鵬程儉齋公
恬然爲亦仙公三子公孫第十房也邑志耆碩有傳
壽七十七子五星田甸雲翼雲會雪(雲)衢檢身持家矩
度整肅教子弟尤嚴後嗣如中馭公甸元臣公雲會
聯翩掇高第以去星田字阜榆郡庠生早卒甸字中
馭雍正丁未進士官知縣內陞刑部主事邑志宦望
有傳雲翼號進之歲貢生授歙縣訓導調高淳縣訓

導雲會嗣憲然後字元臣雍正壬子舉人雲衢字天
門附太學生一門無白丁時論稱之所居敦慶堂大
第爲吳川先生世居之地有微雲書屋爲吾宗四大
書房之一取少游公詞山抹微雲句名之吳川公督
子弟也嚴延邑名師劉宓燕先生執玉於其中修脯
不計視先生家所需多取給焉不使先生有內顧憂
子弟非朔望謁祖祠不得出校歲首賀節給假三日
先生亦然餘皆課業時也聞之先輩云書屋所從入
處作一矮門書籍食物等從門上進出厠腧虎子等

從門下出入內有僮僕不得出外之僮僕亦不得入
除朔望年節外師若弟起居寢食其間耳無他聽目
無他視惟浸淫典籍而已此蓋先生夙約如此故當
時子弟造就速而發迹也早後進之先生設帳於內
四方負笈相從者甚衆同邑如孫春臺中丞昆弟尤
佩璉大令雷南吉廣文家映軒鴻升濟園泉端厓瀚
小峴瀛可亭大受楞香大充諸先生皆出門下一時
聯翩取科第者稱極盛焉進之先生兄弟五人友于
異常撫孤姪大樽先生朝釬成進士官主事出任知

府工詩古文詞著有岾齋詩文稿邑志文苑有傳
康熙十年辛亥公年五十五歲
康熙十一年壬子公年五十六歲
康熙十二年癸丑公年五十七歲長孫道然游庠
康熙十三年甲寅公年五十八歲子松齡以賢能薦赴湖廣巡撫劾用孫軒然生軒然增貢生
毓鈞案二南公軒然號敬夫爲邳仙公亥子公孫十一房也子三琬宏錦鱗
毓鈞又案對巖公之從单荆襄也蔡大將軍毓榮延

之講學公談性命之旨與夫忠孝大義介胄之士俱爲悚聽
康熙十四年乙卯公年五十九歲子松朞考充本年歲貢姪孫辰燕游庠辰燕歲貢生善屬文與從兄道然從弟靖然曾榮稱秦氏四子靖然繼道然入翰林而辰燕曾榮皆以諸生終
毓鈞案是年六月初五公弟以雪公德湛歿公哀之甚逾歲當六十壽辰特命不舉觴以誌遺悼以雪公明季諸生鼎革後屏居小樓足迹不離戶庭二十餘

年邑志隱逸有傳子三松岱松衡松華松岱嗣以時公後無子嗣松齡子實然松衡子舜燕松衡子三辰燕舜燕昌燕松華歲貢生官知縣邑志宦望有傳子四曾榮琦榮博榮弼榮曾榮子八長秉均次義均三履均四智均五信均六勇均七直均八恕均爲以雪公後之一大宗勇均字健賁以乾隆己未一甲三名進士授編修官至陝西按察使邑志宦望有傳與文恭公蕙田先後探花上苑即淮海公祖祠門聯所云辰未聯科雙鼎甲也直均有曾孫二長曰開傑字尊

勷次曰文權後改鳳翔字芝珊萬里尋親宗人稱後雙孝崇祀文廟忠義孝悌祠配享養恬務本兩府君雙孝專祠族姪昌煜爲文記之曰吾族得一畸人曰天如先生淵泉少慕顧甯人徐霞客之爲人思欲徧遊天下名山水及關隘形勝補諸生後爲兄友瑞君邀往口外昌吉去後遂不得音耗時二子長開傑僅十歲次文權尚在襁褓及長日夜思念其父不置邑人有自西陲來必邀問父踪跡而竟不得後開傑禱于神夢中恍惚至一處風景迥異中土遇一老人容

貌彷彿似其世父醒以告世父伊藍先生達泉先生曰此關外烏魯木齊一帶景象也吾弟遠遊其在此耶越數日遇邑人賈某向在關外貿易急詳問之某曰前年在口外昌吉遇若翁若翁精于醫常游燉煌哈密伊犁烏魯木齊等處以其術活人無算西陲人皆呼曰秦二先生今其居停又不識在何處也于是開傑投袂起曰是可以尋我父矣歸以告母遂謀諸弟文權文權曰兄撫于世父世父年老宜在家奉世父及本生母甘旨弟精力强于兄可耐辛苦尋父且

弟已有子誓不奉父歸不反家事兄任之弟去矣母王太孺人以道路寫遠文權不諳行役命開傑邀賈某至假以白金爲貿易資挈文權以行而另以白金若干爲文權治裝文權即拜母去時道光二十五年乙巳春也先至秦中訪問畧無影響遂闖關跋涉歷八千餘里至是冬十月竟相遇于肅州旅舍父子聚首悲喜交集先生詢問家事文權告以父出門後祖父母何年棄養門戶皆母氏一人搘拄婚男嫁女備極艱辛開傑兄弟始得有今日先生聞言哀慟欲絕

曰吾浪遊三十六年于子道夫道父道都闕焉而爾兄弟皆以我爲念不使我骸骨拋萬里外吾有愧于汝母及汝兄弟多矣時天已嚴寒先生有痰喘疾時發至二十六年丙午四月六日在肅州奉父登車行至丹山患病經月文權醫藥護持盡心竭力于十二月三日抵里父子兄弟夫婦歡聚一堂恍如隔世同族知之咸具衣冠爲先生賀曰吾宗以孝友傳家翁今得兩孝子可無憾矣先生抵家後即扶病謁父母塋所哭拜于地絕而復蘇又欲命開傑築舍廬墓以

贖己愆開傑陳老人有病侯康健從容爲之于是杜門養痾暇則與伯兄追述生平游覽蹤跡開傑兄弟亦日夕娛侍甘旨逾常奉曰聊補前此之遠違定省耳甫一年先生痰喘劇作于道光二十七年三月十五日卒二子哀毁喪葬如禮煋于開傑兄弟爲族姪誦海內今兩叔氏一奉母一尋父而卒能白首高堂一燈聚首色養周序考終邸閭殆有天焉非人力所能爲也盍圖之以誌幸開傑曰尋父子職也圖之詠

之是被我名也吾兄弟少讀書未能顯揚吾親而反
被以名更滋戾矣子善屬文其爲我記歲月以示子
孫可耳余以兩叔父克修至行其見其聞猶且讓遜
之不遑尤近今所難也遂援筆而爲之記
毓鈞又案公次子邳仙公松期以考充本年歲貢入
京前輩葉文敏宋文恪交稱之授蒙城縣訓導不赴
康熙十五年丙辰公年六十歲曾孫芝田生
毓鈞案曾孫耕青公芝田號寄園道然公子也康熙
乙酉舉人官無極縣知縣列寄暢園九老第六人子

一應鈞
康熙十六年丁巳公年六十一歲孫祖然生祖然太學生
毓鈞又案萊士公祖然爲對巖公次子公孫十二房
也子二瑤川恩田
康熙十七年戊午公年六十二歲子松齡以博學鴻儒薦
康熙十八年己未公年六十三歲子松齡召試一等還原
官纂修明史是歲孫孝然靖然憲然同案入泮
毓鈞案對巖公松齡年十九登順治乙未史大成榜
進士改庶常丁酉散館授檢討年纔二十一尋以逋

糧案罷歸至是再入翰林而子道然壽然孫蕙田曾
孫泰鈞相繼登第四代五翰林海內盛事其後胞姪
靖然姪孫鑽曾姪孫泉曾姪孫瀚以及六世孫賡彤
復繼之一脈相承讀書中祕至今淮海祖祠有高玄
接武十詞林楹帖皆公後也考吾宗自舜峯公燿始
入翰林傳衣至今凡十三人而公後適得十人自松
齡至賡彤凡七世得六翰林尤爲佳話云
康熙十九年庚申公年六十四歲孫易然存然生曾孫玉
田生

毓鈞案三省公存然號三緘爲邳仙公三子公孫十
三房也附貢生子一圭田香山公易然爲南沙公三
子公孫十四房也郡庠生嗣道然子蕙田曾孫耕烟
公玉田二房孝然子也壽七十四子二鉌仙鑾仙鎣
嗣鳳田後
毓鈞又案是年公四子亦仙公松如以明經謁選授
粵東吳川令
康熙二十年辛酉公年六十五歲子松齡充日講官起居
注江西鄉試正考官陞右春坊右中允兼翰林院修撰是

歲孫實然游庠曾孫鶴田生
毓鈞案曾孫耕九公鶴田二房孝然子也壽七十六
子一商鑾
康熙二十一年壬戌公年六十六歲孫起然榮然生起然
太學生榮然太學生爲寄暢園九老第四人是歲孫敬然
游庠曾孫在田生
毓鈞案希敏公榮然號素村爲亦仙公四子公孫十
五房也壽七十子二鳳翼蓀田四知公起然爲邳仙
公四子公孫十六房也太學生子一時曾孫耕雲公

在田二房孝然子也壽六十八子一笙鑾
康熙二十二年癸亥公年六十七歲孫明然生明然太學
生候選州判
毓鈞案後渠公明然爲對巖公四子公孫十七房也
子一周田
康熙二十三年甲子公年六十八歲子松齡陞左春坊左
諭德充順天鄉試正考官中蜚語罷歸
毓鈞案宮諭公主甲子順天鄉試適崑山徐尚書乾
學子姪皆取中撤棘後以磨勘興大獄言者劾徐遂

並及宮諭有旨革職留京待訊家有園在惠山之麓
顏曰寄暢林泉之勝甲於江南是歲十月聖祖南巡
庚申幸無錫駐蹕山園公率子弟迎謁如禮召對時
天語垂詢公仲子松期曰秦松齡莫不就是爾一家
麼旋事白宮諭亦歸公齒踰大耋宮諭兄弟輩年皆
五六十春秋佳日率攜杖履遨遊泉石閒龐眉皓髮
望若列仙閱五載己巳二次南巡再幸山園己卯三
次南巡復幸山園公雖老婆娑迎謁溫旨存問備極
榮遇嗣是康熙乾隆兩朝南巡過錫駐蹕山園率以

爲常園本端敏公所築初名鳳谷行窩後屬虹洲公
嗣爲舜峯公燿所得取王內史寄暢山水陰句始定
今名其後分屬諸子又三傳而合併於公乃累石作
層巒引二泉之流曲注其中園成而益勝徜徉終老
復分析於對巖公松齡溹園公松期息仙公松喬吳
川公松如兄弟雍正間沒於官乾隆初元發還五幗
公瑞熙獨力鼎新慨復舊觀十一年南沙公道然兄
弟議以正屋尊奉御書將嘉樹堂供奉兩孝子神位
改建專祠邑人浦起龍爲之記曰雙孝祠者秦君五

輯秉先人遺意重以諸伯仲謹誘郎寄暢園之左偏整故宇以奉二栗主祀事而昭世恩之所作也明英憲間秦有永孚公與弟仲孚公先後遘父母癘甚危招血舐膿應誠立效事聞予特旌而雙孝稱焉顧且三百年祔祀違祖藏祏未正先是君之尊人漆園先生買地經始者再卒復中輟事以有待越惟寄暢園則萬歷中中丞公實購築之四傳而主以一玉傳而協以四恭遇我聖祖南巡天光下矚寵以宸翰合心謹護靡懈靡委比又再傳卿才輩盛振纓巖廊而山

問一隅履跡少問矣迺其伯昆泉南先生偕仲叔氏進肇從而申警之曰不佞四五輩皆衰老念六世舊物七經恩幸厥亦有後人位加於前力籍於昔維念二弟猶精強練敏矢愛敬繼自今咸秩尊親經畫是資其毋避事念二者五輯君行也君遜謝不獲命則奮曰先志也請以千日程假釋策於是次第卽功復整其隅歷再朞糜白金二千兩未竟乃協諸昆議規其正中堂皇欽奉御書而祠雙孝公并配位六先生於所整之隅卽左偏是也祠依園而立闢恃祠以爲

守又臨之以君祖以教孝而作忠三善備焉君子曰禮鳴呼物於宇宙成毀變滅能據而終有者尠矣獨忠孝之施引而愈長發而愈光其神之弗敝而物與永久其本厚也夫一游觀之區傳至三百年不易姓江表未有姓不易支更未有獨秦氏有之又重振起之人咸言高位之乘厚有力者之相際而吾一以歸於尊君敬祖之爲教也遠豈臆說歟昔人論歐陽子蘇長公之文立言有本若海陵許氏靈壁張氏一園亭記耳必推其人之孝友與其累世仕處忠謹之遺

風藹如也然吾考二家之作非其果與忠孝符會特二公工於命意以構而爲文然且津津道之若此設二公而記斯祠理不待推而會源不待濬而逢氏忻慕贊歎當復何極歟涉泉源則思愛敬之流蔭林麓則思尊親之庇豈與夫景光留連旦逆旅而暮蘧廬者同年而比倫歟乃詩以繹之其辭曰昭氏鼓琴有成與虧平泉綠野倏如舉碁唯鳳谷窩天水作之徙不遷宗年已百斯載祀二百天光下垂自今伊始尊親之思有嘉樹爲作雙孝祠配位惟六彝鼎及熏開

府歸來雲容鞶姿始顏寄暢王丙史詩有虞海翁邦
乂之大耆嗣啟爾宇後弗棄基宮諭繩繩滌圜夔夔卧
雲油油吳川遲遲以似以續兄弟具宜巉巖老幹其
鱗之而厥本深培泰山四維敬告章縫謨違有辭念
茲在茲釋茲在茲
康熙二十四年乙丑公年六十九歲
康熙二十五年丙寅公年七十歲孫景然壽然純然生壽
然邑庠生乾隆丁丑南巡恩賜翰林院編修列寄暢園九
老第五人純然太學生

毓鈞案虞光公景然爲亦仙公五子公孫十八房也
子一孟堅人鑑公壽然號蓉溪爲對巖公六子公孫
十九房也壽七十七子三卿田杏田藝田師范公純
然爲龍仙公長子公孫二十房也子二禹田份田
康熙二十六年丁卯公年七十一歲曾孫藍田鳳昆田星
田生
毓鈞案公曾孫耕璧公藍田爲八房丹山公子壽六
十二子四大鈞和鈞調鈞之鴻耕若公鳳號研齋考
投州吏目舉鄉飲大賓二房有經公子壽八十六子

二長嗣玉川子仙鑾炙殿鏊側出漢珍公昆田字文
奮太學生壽七十九房眞齋公子子二銘思鍾瑞阜
榆公星田郡庠生十房儉齋公子子一元釗
康熙二十七年戊辰公年七十二歲公曾祖舜峯公以邦
人士之顯請奉旨俞允崇祀鄉賢祠舜峯公諱燿隆慶辛
未進士改庶吉士授兵科給事中歷官至湖廣巡撫爲屬
吏所訐罷官歸享年六十有一
毓鈞案中丞舜峯公之自楚罷官歸也爲屬吏衡州
府同知沈鈇誣劾獲譴當世士大夫無不頌公之寃

偶讀吾邑安孟公遺稿載有勲卿手書一通畧云舜
峯初至寓天寧僧舍同施太僕往謁見其意氣自如
可卜無恙第恐其疏入時正主上震怒之際而相代
李君疏亦入語甚肆毒憂其不免詔獄徼有天幸從
輕降旨縱令就對法吏而已脫剝膚之災矣沈鈇酷
吏爲巡按所論想亦不免但無補於舜峯也近在兩
日之間罷四文選六都諫杖一省臣遺一省臣一臺
臣山陰公上觸聖怒似不能安其身朝事異常艮可
浩嘆怯懦苟全殊爲慙恧所難烈烈者祗以上有老

親下無窮息不然安能飽食偷安視主上之失德而默默已哉今方有事棘闈米鹽瑣屑平生所最厭苦拂意浪圖周張失措小試如此何堪艱大長林豐草勃勃注懷然猶戀戀不捨冀得一命之榮以報老親耳春日漸長肆力修業勉旃勉旃燈下促筆雙眼欲合不能盡布當俟再申叔范白茂卿姪嘉平六日時萬歷辛卯冬也越九十五年戊辰先舜峯公暨我素先生同時入鄉賢祠孟公檢出勳卿原稿而跋其後曰夏殷之禮夫子能言猶以文獻不足無可徵信爲

憾則文獻之所關不綦重乎間嘗讀脅王父僉憲公行狀屬孫壻秦庶常筆時王父勳卿公甫八齡幼孤也既弱冠成進士官禮曹庶常亦歷任至大中丞建殊績功高忌起遽奉嚴譴王父幾欲抗疏辯護是非此致懋卿伯氏手書感憤激烈一腔忠愛滿紙淋漓非止爲館甥痛切越三年竟以忠憲公降尉揭陽上書忤君相削籍編氓則中丞之受過不可與忠憲公相觀而益信耶文獻之所關不綦重哉今歲戊辰王父適偕中丞同日俎豆黌宮夫豈偶然且閱宋史論

曹武惠子孫之盛惟念祖德璿於秦氏子孫箕裘赫弈愈信中丞培養之厚因啟手書而張之歸其象賢世守敬爲跋並於原書下加識語云應增天全堂文集尺牘內璿有跋語應附錄璿孟公名也考勳卿名希范字我素萬歷十四年進士官南司封天啟初贈光祿寺少卿茂卿名紹芳國子生累試不第早卒我素先生姪也而孟公則我素先生之孫所言若此益足見直道之公鄉評具在中丞公至今日而始俎豆黌宮晚矣猶憶嘉慶間公八世孫小峴山人瀛司臬

湖南檢閱通志及郡縣志見缺以末吏誣許大府負剛直名衢州府志載入名宦具其事省志採府志亦列入焉乃作文以辯其誣曰公舉禮部試張江陵相國實爲座主公以才受知江陵奪情時方以給事中居母憂服闋補刑科改吏科江陵勢方盛然終江陵之世未嘗有殊擢江陵敗忌者論公與江陵密公陳辯忌者沮累遷京卿擢都察院右僉都御史撫南贛以平蠻平妖功神廟璽書褒奬并書擒獲有功四字以賜公嘗命工繪圖紀事今圖尚藏于家其事蹟具

長洲王百穀先生穉登所爲傳閱三年進撫湖廣屬大旱公疏請蠲賑全活數十萬人見全楚奏議救荒錄武昌郭文毅正域爲之序無何御史郭實復追論江陵事得旨解職會南贛勘功疏上將推用忌者嗌思有以中之而代撫楚者又素與公有隙乃嗾鈇摭公侵匿贖鍰公費事劾奏公竟得罪烏虖公之被誣蓋始終以江陵故耳江陵當軸綜覈名實海內晏然終以奪情肎不韙而功在社稷無論公無所阿比即如言官所論列後世當有諒公者有明中葉朋黨之

勢成廟堂水火互相齮齕而國是亦以日非是可痛也且鈇所列公罪狀尤有不可不辨者方公移鎮全楚楚中例撫臣歲以罰鍰五千兩餉邊公至則前此一年者未解也公費歲以一千兩爲額公至則後此一年者已預支也歲荒民困公方力爲補苴而鈇纖悉檢括誣公侵匿銀一萬五千兩鈇之言曰貪婪撫臣被劾回籍垂涎十五府庫藏盜括萬餘金乞追贓正法其所條舉者俱係檄取之罰鍰公費而於貪婪之跡侵匿之實皆不能有所指名試思巡撫果肆貪婪何難廣通賄賂而止取贏於罰鍰公費耶且公當時已奉旨解職矣如欲侵匿何敢以被劾之官擅用檄文耶今鈇疏見刋志中觀其所論列鍜鍊文致罔不待智者而後知矣公歿後相國張文端位上疏議時政言公寃嘉興支大綸著編年史亦載公被誣事鈇既以劾公擢九江府知府冢宰孫恭毅丕揚惡之卒以貪褫職後坐罪論死其父自經代公者亦敗公素骯髒既遭汚衊嘗建漢壽亭候廟于吾邑之崇安寺爲文自陳公沒而鈇父子之禍作殆公之靈已得

請於帝惟以先世累有功德於楚具著史乘而公獨不幸爲鈇所汚至今不得白此文毅序中所欲指九天以爲正而百穀所歎息痛恨於讒人者也嘉慶元年瀛司臬湖南爰取文毅全楚奏議序及百穀所爲傳鋟板以俟後之續楚志者試與鈇疏參觀之其是非自見文毅爲前明名臣所稱當不妄百穀先生名列明史文苑傳八世孫瀛謹述

康熙二十八年己巳公年七十三歲孫恬然游庠

毓鈞案是年正月聖祖再巡江南渡錢塘江祀禹陵

過無錫駕幸寄暢園公率子姪迎謁如禮温旨存問
並命出御書品泉二字賜公子左諭德松齡刻匾泉
上而以墨本賜之宮諭公乃求善手恭摹撤漪瀾堂
而新之至七月落成又葺覆井之亭別勒貞珉以垂
永久

康熙二十九年庚午公年七十四歲孫修然曾孫東田生
毓鈞案學歐公修然爲龍仙公次子公孫第二十一
房也歲貢生子一見田曾孫約齋公東川字賜谷郡
增生乾隆辛未南巡列寄暢園九老第九人壽七十

三爲九房眞齋公次子子三鏷鑛鍠鏷字禮堂乾隆
丁卯舉人官至湖北按察使壽六十六邑志宦望有
傳鑛號釆亭乾隆乙丑進士官至廣東鹽運使肖瞻
族田八十四畝邑志附見鏷傳鏷子三泉字漪園己
丑翰林授編修湖號端崖乾隆丙戌進士授編修官
國子司業兄弟二人迭掌文衡有聲于時湘號酉山
乾隆癸卯舉人官知縣邑志俱附炎鏷傳一時有兄
弟兩運使叔姪三翰林之目寶彝堂大第至揭之以
爲楹帖溯吾家教子以義方深味大易家人九三之

義一以嚴整爲則辭色不假後嗣讀書聯翩攫科第
以去者惟公與儉齋公兄弟而公後一子二孫聯登
上第廻翔館閣其他掇巍科膺膴仕者如禮堂公鏷
酉山公湘畢中公鴻甲輩復三四人尤以公裔爲極
盛云

康熙三十年辛未公年七十五歲孫瑞熙生瑞熙附貢生
列寄暢園九老第七人賜孝友傳家額壽六十六是歲孫
軒然游庠曾孫旬力田生
毓鈞案五輯公瑞熙號耐圃爲邳仙公五子公孫第

二十二房也乾隆初出貲三千餘金獨力修葺寄暢
園改作祖祠供奉兩孝子神位邑志孝友有傳壽六
十六奉旨配享雙孝祖祠子一兆霈字介菴克承先
志捐田二百畝作修葺寄暢園及雙孝祠祭享之費
又捐贈族田三十畝曾孫中馭公甸號穀庵爲十房
儉齋公次子歲貢生雍正丙午舉人丁未進士歷任
山東齊東齊河歷城濰縣廣西懷集等縣知縣賓州
知州陞刑部督捕司主事壽六十九子五文釗世鑑
巨鎮祖釗雄鎮耕仁公力田太學生壽六十四爲三

房藥師公長子予三應鐘晨鐘庭鐘
康熙三十一年壬申公年七十六歲
康熙三十二年癸酉公年七十七歲
康熙三十三年甲戌公年七十八歲曾孫莘田生
毓鈞案曾孫耕樂公莘田號待軒邑庠生雍正甲辰
副貢丙午舉人癸丑成進士歷任湖南益陽保靖福
建武平等縣知縣乾隆辛未迎蹕列寄暢園九老第
八人壽六十六爲四房中子公子予二鑄鑲
康熙三十四年乙亥公年七十九歲曾孫雨田生

毓鈞案曾孫沛霖公雨田爲二房石經公子天文生
子二鑾昇和鑾
康熙三十五年丙子公年八十歲曾孫春田南田生
毓鈞案曾孫溪隱公春田字耕和爲六房訒菴公子
邑志耆碩有傳太學生倡議捐贈族田一百畝又鳩
族人圭田兆雷鑛泰鈞等捐田三百六十畝有奇是
爲秦氏義田之始壽八十八配享淮海祖祠繼黃氏
壽七十九臨終遺命捐贈族田五十畝子六鴻鈞龍
鈞廣鈞震鈞豫鈞鳳鈞震鈞號蓉莊官濟東泰武臨

道邑志宦望有傳克承先志建秦氏義莊于第六箭
河塘置田五百四十畝莊之西偏又闢屋十數楹爲
書塾造就族中子弟鴻鈞子瀛號小峴乾隆庚寅舉
人官侍郎以文學名邑志宦望有傳捐義塾田八十
畝族中子弟無力延師者量給脩脯漢陽公南田爲
第二房石經公子予四祥鑾鳴鈞調鑾星鑾
康熙三十六年丁丑公年八十一歲孫竹然生竹然太學
生是歲孫靖然舉拔貢生曾孫研田生
毓鈞案企唐公竹然爲龍仙公三子公孫第二十三

房也子一福田又曾孫耕紅公研田雍正癸卯副貢
爲第三房藥師公子子三宏鍾瓚鍾萬鍾
康熙三十七年戊寅公年八十二歲曾孫惠疇圭田生
毓鈞案耕畹公惠疇一字藝采郡庠生爲大房南沙
公次子子二體鈞鳴鈞耕采公圭田號樸齋太學生
捐贈族田十五畝爲十三房三省公子壽六十七子
二鑿銓
康熙三十八年己卯公年八十三歲孫處然生孫存然游
庠曾孫荷田雲翼玄孫應鈞生

儱鈞案宗周公處然爲龍仙公幼子公孫第二十四房也子二經侖經畯又曾孫耕素公荷田爲二房石經公子撫於中子公爲後子二鉞鍔稼士公雲翼號進之爲十房儉齋公三子歲貢生歙縣訓導子二鼎銘新銘是歲公玄孫叶宮公應鈞生長曾孫芝田子也五世同堂爲吾宗稀有人瑞

鏣鈞又案是歲三月聖祖奉皇太后南巡幸無錫駐蹕寄暢園于𤦺公年八十三矣視履食息俱無恙率子姪等跽伏山園娑娑迎謁計自甲子至己卯十六

年間天子三巡江南四經臨幸公親被垂問者再賜御書匾額者二寵遇優渥一時稱異數云

康熙三十九年庚辰公年八十四歲孫易然游庠

康熙四十年辛巳公年八十五歲曾孫瑰生五月初七日卒于里第以子松齡貤贈庶吉士以曾孫蕙田晉贈刑部尚書配享雙孝祖祠

鏣鈞案耕祈公瑰號砦章敬夫公軒然子子四雲錦文錦畫錦士錦公卒時甫生百日耳耕白公璠田亦於是年誕生在公卒後不詳列

鏣鈞又案是時公丈夫子五人皆蒼顏白髮環侍考終而孫曾以下男女被縗經(絰)立繐帷側者孫男二十三人曾孫男二十六人玄孫男一人諸女合孫曾以下又得四十七人以卒之年八月二十六葬于唐山灣新阡邑志耆碩有傳

世德編下

淮海祖祠攷畧

裔孫[illegible]錦謹輯 毓鈞增輯

建造　明正德丁丑浙江布政司都事十六世孫銳舉人十七世孫泮雲南姚安府知府十七世孫汴仝建 毓鈞案邵文莊記先生祠云發謀於其諸子今鄉貢進士泮歸直於官請其地而建焉據此似創建先生祠者爲華軒公鍰小山公泮於次山公汴無與從改

祠宇　門道三間小廳三間正祠三間大樓三間乾隆丙午陝西督糧道二十七世孫震鈞重建門造三間門屋四間協族重修 毓鈞案祠經蓉莊公重修後嘉慶己卯小峴公即大樓廢址改建祧廟咸豐庚申全祠盡燬同治間二十世孫蛻暸捐金千兩協族重修光緒末年先叔牧卿公董其事集捐完工今制門屋三間中間以牆再入爲節烈堂中庭有門通騎水先生祠堂後爲碑廊爲正殿殿旁有衖以通後堂即祧廟廢址建屋三間崇奉祧祀後塋繼列祖門旁有屋四楹爲守祠者居之光緒十七年非董衞之因事典出兩間後於二十九年由滋美堂價贖今祇兩間

字號今釐　意字三十八號平田八分二釐五絲

三十九號平田一畝一分九釐五毫一絲

坐落　金邑六箭河

戶甲　舊戶秦基祭景上五八一四甲

碑文　巡撫歐陽鐸張濟兩公邵文莊公記 毓鈞案蓉莊公重修後自著重修大門記顧光旭著重修節烈堂記立碑祠中小峴公建祧廟後自爲之記見小峴山人文集

祭田　明正德十二年二月次山公同見川公捐價値淮海祠并秦山龍圖墓春祭以及脩葺祠墓之費請詳家乘秋祭河上支承管另有祭田茲詳捐置租數細號如左

道字一百號平田一畝四分租一石四斗

一百三十八號平田九分五釐六毫六絲租一石

一百三十九號平田八分六厘三毫租八斗

一百八十三號平田三分租三斗

二百號平田一畝五分八釐六毫租一石六斗

二百零二號平田六分八釐八毫六絲租五斗

二百零四號平田八分五釐三毫四絲租八斗五升

二百十一號平田一畝七分六釐三毫七絲五忽租一石八斗

二百十五號平田九分租九斗

三百九十九號平田三分九釐一毫租四斗

四百三十號平田二分租二斗

四百十六號平田二分一釐八毫五絲租二斗

四百十七號平田五分七釐六毫租五斗五升

四百四十三號平田一畝三分租一石四斗

四百五十六號平田一畝五分四釐租一石五斗

四百五十八號平田一畝一分四釐四毫八絲租一石二斗

四百七十九號平田三分一釐四毫七絲租三斗六升

四百八十二號平田一畝六分九釐四毫二絲租一石八斗

四百九十二號平田七分五釐五毫六絲租七斗

五百二十五號平田二分租一斗六升

五百三十號平田六分租六斗

一千一百三十八號平田八分六釐六毫租七斗

一千五百六十九號平田八分三釐八毫八絲租九斗

一千五百七十五號平田九分租一石

一千五百八十五號平田一畝一分三釐三毫租一石三斗

一千五百八十六號平田一畝三分四釐四毫七絲租一石五斗

一千七百六十一號平田一分八釐二毫五絲租二斗

一千七百七十一號平田六分七釐七毫租五斗五升

一千七百九十七號平田一畝六分二釐八毫租一石六斗

一千八百零三號坂三分五釐四毫

一千八百零五號平田二分一釐二毫
一千八百零六號平田六分七釐八毫四絲
一千八百零九號平田一分四釐四毫
一千八百十三號坂一分六釐六毫七絲
一千八百十四號坂九釐
一千八百二十七號平田九分七釐三毫七絲租八斗
一千八百四十七號平田一畝零二釐六毫租一石
一千八百六十號平田二分一釐一毫五絲三忽租一斗五升
一千八百六十二號平田四分二釐二毫五絲租三斗
一千九百五十號平田八分五釐二毫租八斗
一千二百九十六號坂三分一釐五毫
國字一千五百七十一號平田一畝二分租一石

今糧　平田三十二畝一分一釐五毫五絲六忽
　　　坂九分二釐五毫

坐落　道字號劉塘橋國字號張舍

錫山秦氏宗譜　卷首下　三

租額　三十一石三斗五升麥雙

戶甲　秦淮祭化上廿八六另甲

碑文　甲辰七世孫雲錦建碑宗祠

契據　亥山公親筆現存百瀆港名世處議一紙

承管　河上支玉興西關支宏鈞倘有過誤房長擇人另
　　　交

禁約　乾隆丁卯達部稍有移動送官法究

家法
一盜賣　祖塋一分一釐者除名宗譜斥革　祠祠解官懲責仍追還
　原地價銀入官　二盜賣　祖塋樹木者同　三盜賣　祭田者同
　移址換段者同
一承管　祖塋祭田者不遵條議妄自增減違法房族長率同族內造
門究責扭至　宗祠法處
以上諸條房族長以及卑幼俱得出頭究問房族長知而不究者族
內扭至　宗祠治其狥庇隱匿之罪不服稟官法處

續增祭田

乾隆三十九年刑部尚書二十六世孫蕙田配享淮海祖祠
增入祭田開左

字號　聖字一千一百八十二號平田七分　租九斗
　　　名字一千一百八十一號平田一畝　租一石
　　　靜字第十號平田一畝四分一釐二毫　以上共租一石
　　　第十三號平田一分六釐九毫　租一斗

今糧　三畝二分八釐一毫

租額　三石一斗麥雙

錫山秦氏宗譜　卷首下　四

坐落　新安鄉　原號係聖名靜三字兵燹後宏鈞後裔並未收
　　　　　　　過實譜玉興後裔實據亦然今正在清查中
　　　宏鈞後裔
　　　煇祖謹識

承管　玉興宏鈞輪值

以上爲紹鸞公雲錦先城集補原文毓鈞拜而讀之謹登
於譜別記今聞以坳益之如左

祀典　春秋仲月上戊日城鄉子姓到祠與祭推是日到
　　　祠輩行最長者爲主祭向列祖神位前行禮祝文
　　　如左

　　　維民國幾年歲次某某二月某某朔越幾日某某

裔孫某等敢昭告於
宋贈龍圖閣直學士國史院編修始祖淮海先生
之靈曰仰維我祖氣節文章一代山斗聿光我前
式啟我後維兹仲春秋謹具椒酒殽核旅陳牲用白
牡子子孫孫肅拜稽首靈爽如存怡然馨受以
宋常州通判處度先生
元處士瑞五先生元當作宋說詳宋元世系圖後跋三
明贈太子太保南京兵部尚書抱拙先生
明封中憲大夫湖廣武昌府知府修敬先生

明贈太子太保南京兵部尚書卑牧先生
明中奉大夫江西布政使司右布政使中齋先生
明詔旌孝子加授冠帶養恬先生
明封承德郎應天府通判鄉飲大賓一誠先生
明詔旌孝子加授冠帶務本先生
明南京都察院都事樂易先生
明光祿大夫太子太保南京兵部尚書贈少保謚
端敏鳳山先生
明浙江布政使都事幸軒先生

明贈中憲大夫太常寺少卿原任雲南永昌府知
府文橋先生
明殉節湖南長沙府儒學教授喜延先生
明河南道監察御史弱水先生
清邮贈奉政大夫廣西按察使僉事貤贈通議大
夫安徽提刑按察使司按察使元發先生
清贈中議大夫兩浙江南都轉鹽運使司鹽運使
晉贈榮祿大夫兵部右侍郎加一級鄉飲大賓溪
隱先生

清授光祿大夫經筵講官太子太保刑部尚書兼
理樂部大臣加一級謚文恭味經先生
清授通奉大夫陝西按察使司按察使崇祀江西
廣信府名宦祠乾隆己未探花翰林院編修柱川
先生
清授榮祿大夫刑部右侍郎加一級小峴先生
清授朝議大夫直隸永平府知府崇祀江西臨川
縣名宦祠小泗先生
清授資政大夫晉封榮祿大夫一品封典山東補

用道濮州知州仲剛先生
清授資政大夫花翎二品頂戴歷署兩浙江南都
轉鹽運使金衢嚴道浙江補用道濟如先生
清授中憲大夫記名御史刑部廣西司員外郎隨
帶加三級縣士先生
清授資政大夫花翎三品頂戴前署河南布政使
司布政使糧儲鹽法道綬卿先生
清授奉政大夫河南直隸州知州寶豐縣知縣崇
祀盧氏縣名宦祠晉贈通議大夫昂千先生

配尚
饗
祭儀　序立　參神　主祭以下皆跪　叩首　叩首
叩首　興　主祭詣香案前跪　獻帛　初上香
亞上香　三上香　初獻爵　亞獻爵　三獻
爵　讀祝　叩首　叩首　叩首　興　執事進
湯飯　暫退　復位　主祭以下皆跪　叩首
叩首　叩首　興　撤饌辭神　執事捧祝帛茶
送燎所　望燎　復位　禮畢

刻像　嘉慶間小峴公瀛在公墓附近祖師殿刻淮海少
章少儀三公像暨建炎四年告渤石而陷諸壁為淮
海公祠後祠屋為山風所毀遷於惠山孝園兵燹
後復移於城今陷詠烈堂左壁

始祖淮海公先城攷畧　裔孫雲錦
公諱觀字少游號淮海祖妣徐孺人公登元豐八年進士
榜召試賢良除秘書正字歷官博士國史編修紹聖初坐
司馬光黨籍謫徙雷州建中靖國間召還行至藤州卒葉
葬高郵建炎四年追贈龍圖閣直學士政和中處度公判

常遷葬公於錫邑燦山詳錫志
制誥　宋元祐三年三月初八日敕授左宣教郎太學博
士哲宗手敕賜公稱門下朕知公爲帝師御寶墨跡及公
宋時小像二十五世孫雲錦珍藏後世謹守勿失（元祐三年至乾隆六十年共六百三十八年寶守不失天之祐公德也）
山向　壬山丙向
字號　任字號
今糧　一十二畝
坐落　燦山三茅峯下半山中土名團瓢（泉名）在塚墩左側

後

四址　未詳道士墳在公墳界內秦氏完糧

祭掃　春秋祠祭之日司祭者率族墓祭舊例違者責

祭田　詳淮海宗祠攷

承管　墳糧入義莊二十七世孫浙江鹽運司震鈞收管

路程　出西水關泊惠山浜登山水陸七里

墳佃　二茅峯三官殿內道士張來賢看管歷來各房付
給飯米有簿不可短少

戸甲　秦淮祭揚上念六入另甲

縣示　乾隆戊子邑尊吳公示禁

家法　詳淮海宗祠攷　步禁　例禁三十步

先淮海公墓考　裔孫瀛

先淮海公墓舊縣志皆云在燦山蓋本元王仁輔志而舊譜因之今墓在惠山非燦山宋開禧年間永嘉（失名）重修祠堂記云政和中遷葬常州無錫縣惠山之原子孫因家焉永康應純之建亭立石俾秦氏知學者主其祀是其始但云公葬惠山之原不云燦山也元初復没於豪右教授虞薦（發）復之自後屢有興廢明季及本朝初年儼海（墹）弱水（鏞）兩先生相繼規復而亭與碑石廢不復存天乳（泉芳）先生嘗取道青山登山西南行半里至墓所左顧燦山已在章山之外因辨縣志及舊譜之誤而斷爲惠山且曰柳道傳之賦燦山別業也曰秦墓在西王文肅之志遯軒府君墓也云府君墓在燦山去少游冢一里許以今考之公墓去燦山而西一里而近章璨皆惠山之支峯而墓實在惠山嘉慶八年五月瀛踰岡跋巘再拜墓下始知天乳先生考證之確先是從父蓉莊（震鈞）先生出貲修公墓瀛擬重建亭刻建炎四年告因又考明萬歷三十九年太階（墊）先生

嘗建亭室於墓前墓故有石坊石城青烏家言於法非宜去之是碑亭之所以累舉卒（隳）者毋亦非形家所宜與山形陡峻可墓不可祠祠之所在記中未及載天乳先生謂宜在惠燦兩山之間亦屬意揣萬一年代久遠墓更湮没瀛滋懼焉爰於惠山作墓僅半里許之祖師殿選屋三（楹）鐲貲鑿葺刻淮海少章少儀三公像暨建炎四年告勒石而陷諸壁爲淮海公祠蓋自公葬無錫迄今七百年所人但知城中師古河有公祠而惠山舊祠則無有知者今則旁近之地建祠守墓其局可綏至吾家宗譜載瑞五府君

自常州遷無錫當在宋理宗之季而舊記則云政和中遷葬後子孫即家焉應公令秦氏知學者主公祀亦係寧宗年間俱在瑞五府君遷錫以前與譜不合所謂家於是及知學者何代何人文獻闕畧都不可考瀛故並識之以俟後之人

先淮海公改葬年月考　裔孫毓鈞

先淮海公墓地在惠山不在燦山小峴先生辨之詳矣然謂政和間改葬於錫則尚似沿舊譜而誤考咸淳毘陵志秩官門添差常州通判軍州事一員宋初置省於建炎復

於紹興而處度公湛則以紹興二年四月莅任四年九月致仕陵墓門則載秦龍圖墓在惠山其長子湛倅常日遷葬是淮海公改葬年月章章可考而高郵王敬之等校刻先淮海集引李之儀姑溪集祭少游文云子之孤執徐夫人之喪來訃於余將遷子之柩合葬於惠山之原徐夫人生卒年月雖無考然亦未見政和間改葬明文夫先生以十九歲娶於徐徐夫人與先生生年諒亦不甚相遠先生之卒爲元符三年先生年五十二越徽宗之建中靖國歷崇甯大觀政和重和而至宣和爲時二十五年又歷欽宗靖康二年高宗建炎四年先後統計僅三十一年則紹興之初徐夫人亦不過八十餘歲耳安知非處度公謝常州通判後奉母之喪而并移父柩以合葬於錫者考元王仁輔無錫縣志宋淮海先生秦龍圖墓在惠山西南三里政和中以黨錮未解藁葬高郵子湛爲常州通判遷葬公於常之無錫開元鄉據此是政和間僅藁葬高郵耳至紹興間處度公任常州通判而始遷葬於錫惟開禧丙寅永康以應純之以州判官攝縣事封植公墓戴溪記之有政和中遷葬於常州無錫縣之說舊譜遂誤爲政和間耳因踵

小峴先生之後而書以辨焉

遷常始祖處度公先塋攷畧　裔孫雲錦

公諱湛字處度號濟川祖妣金孺人公政中和任常州通判有惠政卒於官卜居武進新塘鄉子孫蕃衍邑人名其里曰秦村墓在本村東宅有太師橋八角井葬後數年橋塘突產紫蓮花數十莖土人稱爲花墓塘志甘棠之愛也

見家乘現今荒廢不堪

山向　卯山酉向

字號　壘字號

今糧　一畝零
戶甲　桼義莊　陽湖縣　圖　甲
坐落　常州府陽湖縣十六都六圖新塘鄉土名沿墻花
墓塘
四址　東西南北俱田
歸復　嘉慶元年十二月十五日兩浙江南鹽運使司二
十六世孫震鈞出價銀　十　兩　錢向龔姓歸
贖
祭掃　每年春祭一次秦村舊瀆支值一年馬山耿灣支

值一年無錫錫山支值一年輪流值祭每年司祭
子孫擇於春三月半先十日發東各支屆期風雨
無阻後世子孫如有推諉遺誤不遵照奉行者以
不孝論通族得鳴鼓而攻
路程　無錫出北水關過錢橋楊溪張舍剅埭到秦村舟
泊對坊橋起岸到墳二里水路三十八里
契據　龔　歸還秦氏賣契　紙存義莊
舊蹟　武進縣志
碑記　嘉慶二一年夏四月二十六世孫震鈞親自重立

承管　住沿墻處度公曾宅基裔孫秦瑞侯兄弟三人輪
年管值
家法　如有不肖子孫敢動寸土者通族鳴官法處
振南公　師曾公　宗舉公　復庵公　德威公　文寶
公　克義公　以上祖塋譜無明文或云附葬秦村東宅
宋常州教授振南公 附昭穴
宋從仕郎蘭溪主簿師曾公 附穆穴
宋處士宗舉公 附昭次
宋承信郎復庵公 附穆次

宋處士德威公 附昭次
宋處士文寶公 附穆次
以上高郵常州武進金陵嘉定湖廣長沙黃州荊州湘
潭洞庭洛陽上海宜興常熟蘇州烏鎮淮陽孟河金錫
各支俱有分子孫
先祖曾四公先城攷畧　裔孫雲錦
公諱讓字我軒號禹卿行名曾四祖妣 蔣孺人 王孺人 譜云公有
孝行積德好善生瑞三公及我瑞五公秦氏開宗丁財科
第數百年而未艾者皆公孝德所致也

山向　乙山辛向　舊向　子山午向
字號　是字號
今糧　十六畝零
坐落　常州府陽湖縣十七都二圖迎春鄉馬蹟山耿灣
龍舌尖土名洲嘉原
四址　東址大路西南北俱田
歸復　嘉慶元年十二月十五日兩浙江南鹽運使司十
九世孫震鈞控常州府胡公陽湖縣湯公奉批斷
歸還秦氏震鈞出價銀　十　兩　錢向李許王

姚姓歸復
祭掃　照前　處度公墓例
路程　照前花墓塘舟泊雪堰橋另僱提湖船由萬壽橋
出下埠港口過太湖面十里進耿灣浜到墳半里
共計水路四十五里
承管
戶甲　秦義莊　陽湖縣　圖　甲
官案　常州府正堂胡批　陽湖縣正堂湯堂斷存案
家法　照前　處度公墓例

碑記　嘉慶二年夏四月十九世孫震鈞親自重立
舊蹟　馬蹟山誌
契據　嘉慶二年十九世孫震鈞出價向李王許姚等歸
贖文契共　十　紙存義莊
主穴
宋處士克義公諱懷
祔葬
宋處士曾三公祔昭　宋處士瑞三公祔昭次
宋處士曾四公祔穆　宋處士瑞八公祔穆次

以上東宅西宅干田河西舊瀆洛陽斗門新安馬山金
錫各支俱有分子孫黻鈞案洛陽系出自振南公子志道公後諱宗寶非公裔斗門系出自應南公後諱集亦非公裔新安未詳

遷錫祖瑞五公先塋攷畧　裔孫雲錦

公諱惟禎字國祥號起山行名瑞五祖妣王孺人宋理宗
時自秦村出贅胡埭王用齋公家爲遷錫始祖
山向　乙山辛向
字號　湯字二千三百九十七號
今糧　乾隆辛巳官案一百三十五畝癸卯官案八十畝

八分絲毫更動盡法重處詳示

歸復　辛巳癸卯兩案各子孫詳後縣示中

坐落　錫邑富安歸山土名楊梅樹下又名門前秦氏墳

山

四址　辛巳案　東址蓮花峯頂西址小歸山前南址陳家址北址北山址

癸卯案　東址庵山極頂西址埰下田南址南灣北址北灣南墩河北墩河俱在界內

掃祭　春祭河上西關兩支承管秋祭東倉一支承管冬

承管　祭河西胡山兩支承管有議據俱雲錦設復

祭田　癸卯東溪歸贖歸山世墓後雲錦以端敏公所遺春祭久廢議諸宗人雄飛朝釪泰鈞震鈞鼎雯等咸曰補之因同捐貲置田闢左

字號　康字二百零六號

今糧　平田四畝二分二釐七毫

租額　四石六斗麥一石佃陳能

戶甲　泰瑞祭景下五九一二甲

承管　乾隆甲辰合族公交　見川公裔玉興　文山公裔宏鈞并入　淮海祠春祭同管

坐落　金邑冷濱橋惠巷

契據　田契一紙公議四紙交單二本玉興宏鈞各執　此項田租兵燹後玉興宏鈞後裔並未收過今仍乞清查中

宏鈞後裔燁祖謹識

路程　由錢橋楊溪進劉塘橋泊梅車口水陸念八里

山佃　孫洪緒張廷京等二十六人承山看管　三十一紙另存

樹木　羅城內高松樹五百四十棵外不計數癸卯年雲

錦培植

柴松　折錢五千六百三十一文歸春祭內承管

戶甲　秦瑞塋化上念八六另甲

縣示　乾隆辛巳由裔孫樹穀樹瑚燮蓮齋雲錦勇均甸蘄田春田鏷鑽等呈請無錫縣正堂吳示禁盤山取石乾隆癸卯由裔孫樹瑚夢蘭雄飛雲錦鴻升雄升筠璋琦泰鈞鴻鈞震鈞廷鉽鍾鼎鼎雯智鉷鴻霆瀛泉翩等呈請無錫縣正堂邱示禁秦氏子孫盜賣盜葬居民開山盤石

家法　照前處度公墓例

碑文　乾隆丙寅中憲大夫福建福寧府知府十四世孫仁刻石題名塚前甲辰十五世孫雲錦建碑宗祠

契據　乾隆辛酉十四世孫仁歸贖契四紙無此一番歸山祖塋久屬子虛辛巳辛丑癸卯各姓盜樵盜葬當官繳出賣契承山二十八紙內有無恥書名書押盜賣契二紙又公議二紙一存耕餘堂一存嘉

會堂

崇祀　配享宗祠春秋官祭

祔葬本支各祖

梅隱公諱叔謙字梅隱祖妣張孺人祔羅城內穆次

樂善公諱彥忠字樂善祖妣鄭孺人祔羅城內穆次

抱拙公諱樸字物初號抱拙明贈光祿大夫祖妣殷氏誥
贈一品夫人祔羅城内穆次法孔門葬祟祀
聖廟鄉賢祠配享宗祠春秋官祭傳詳錫志
以上各祖塋乾隆丙寅先考福寧公獨力建碑修築癸
卯雲錦又立碑築塚添補羅城甲辰建碑宗祠詠烈堂
後左廊辛巳辛丑合族歸復瑞五公墓另築土城五十
餘丈無恥者造言土城有壞風水則端敏公所築石牆
及石柱牌坊豈不更重於土郎此一端以概其餘肆言
滅祖不可與明

以上錫金河上西關在鄉各支俱有分子孫
祔葬分支各祖
松隱公祔羅城内昭次　竹隱公祔羅城内昭次
彥可公祔羅城内昭次　坦率公祔羅城内穆次
衡初公祔羅城内穆次
王用齋先生墓附誌
公號野舟宋鴻禧監簿夫人吳氏公無嗣我　瑞五公爲
贅壻錫山秦氏開宗皆賴公力癸卯族人追念舊德尋復
故土墓逼鄰瑞五公壙右

據驗　宋淳祐年資福庵碑文
公墓係童漢生毀葬奉官遷去之所立塚並未
侵佔半農公地兇半農公墓譜無明文公塚並
未埋沒
鳳麓宗祠攷畧　裔孫雲錦
建造　宋淳祐年王用齋夫人吳孺人同瑞五公建康熙
二年會元探花内翰林國史編脩江西按察使司
十二世孫鉽重建乾隆丙寅中憲大夫福建福寧
府知府十四世孫仁重脩

祠宇　正祠三間廂房一間灶屋三間池一方
字號　湯字二千三百九十七號祠基二畝八分祠外隙
今糧　地二十畝乾隆癸卯奉縣斷歸秦氏
坐落　瑞五公墓左資福庵内殿左側
戸甲　秦瑞塋化上念八六另甲
碑文　大士正殿左壁石碑宋淳祐年立王用齋先生祟祀之盧
祭祀　春秋墓祭日拜祭
資福寶庵
建造　宋淳祐年吳孺人建

庵宇　頭門三間石柱廳三間正殿三間

佛座　觀音大士石像一座錫志云相好特殊舊傳自太湖浮至富安橋舁出

字號今糧　見前庵基四畝庵外十乚畝乾隆癸卯奉縣斷還

坐落　錫邑富安鄉歸山麓

碑文　見前

脩葺　乾隆癸卯不肖者將祖塋盍賣與各姓菲至三百餘棺不得起除奉縣斷罰修兇還一修錢橋一修本庵公交河西支十四世孫富春經理修葺祠事者董未絲毫入己不致同盍賣者肥身減租

庵田　剏字一千二百二十九號平田一畝六分一釐租一石六斗國字一千四百九十六號平田一畝四

分八釐租一石四斗麥雙坐落張舍退字八百十號平田五分一釐三毫租六斗八百三十三號平田六分九釐九毫租七斗八百十二號平田八分九釐一毫租一石麥雙坐落百瀆港捐豁項留此項田租爲僧飯食由玉興鏡高宏鈞經收發給

契據　五紙

戸甲　秦瑞庵景下五九一二甲

歸山世塋歸糧碑記　裔孫雲錦

宋鴻禧監簿用齋王公暨配吳孺人墓

元處士瑞五公暨配王孺人墓　鈞案元當作宋

元處士松隱公暨配江孺人墓

元處士竹隱公暨配邵孺人墓

元處士梅隱公暨配張孺人墓

元處士彥可公暨配江孺人墓

元處士樂善公暨配錢孺人墓

明處士坦率公暨配鄭孺人墓

明封光祿大夫抱拙公暨配殷夫人墓

明處士衡初公墓

以上祖塋乾隆丙寅裔孫仁歸贖羅城山地八畝修築立碑

明封光祿大夫怡晚公暨配徐夫人楊夫人墓

明封光祿大夫卑牧公暨配余夫人王夫人墓

宏治年新阡見家乘兩塋俱乾隆辛丑雲錦稟歸復在公墳案前

明封光祿大夫贈少保謚端敏鳳山公暨配鈕夫人墓見錫誌乾隆丙寅裔孫仁出價歸復并究被掘案以上怡晚卑牧鳳山三公墳糧山地不在公墳內

王用齋建資福庵　瑞五公建宗祠

歸山世墓係吾秦氏開宗要地坐落富安鄉㵎字一千三

百九十七號乾隆辛巳孫市田盗石案內張舍西倉呈出瑞五公墳糧一百三十五畝至辛丑族議修譜雲錦遵端敏公舊例邀同通族祭告元始遷祖查知秦氏墳糧絲毫無有變爲孫存山一十九畝族長樹瑚率同通族進呈邑主出力出財歸得山地八十畝八分入淮海祭內完糧其餘五十畝無從追究又歸得每年柴松錢五千文以抵糧課而祭掃無資現在雄飛捐銀十兩泰鈞捐銀二十兩鼎雲捐銀十兩玉興捐銀三兩廷鉽捐田一畝倡始立祭以俟宗人共矢寸忱捐滿三十畝之數爲保墓保菴保祠萬

年不朽之計其條規有合族議據其秋祭有端敏公原置祭田張舍一支承管其四址及一切官案有吳邱兩邑尊示禁錦念先考蕣岩府君一生孝友每遇祖先諸事獨力支持錦深愧寒素青衿不能仰承先志僅於前官案內提及去歲築塚立碑羅城添用銀五十餘兩今再勉力建碑畧述各由并兩次示禁勒鐫並立以終其事嗣後還望鄉城賢裔協力同心永保勿替以盡子孫之責云

族中出力出財者多人以碑隘不能盡列兩碑內有未詳到處恐貽後誤俟族人各出己見另行刊刻乾隆歲次甲辰五月穀旦裔孫雲錦百拜敬書鐫石

歸山祖塋議據　　裔孫錫康等

立合同議據錫康等緣始遷祖瑞五公遺下坐落歸山墳旁靠北朝東資福一庵計共十間靠北朝北旁屋計共九間河池天井前因多年失修坍壞不堪道光二十九年春儉節公支守拙公後裔揚珍貢廷兩叔出資統計一百八十千零修整於是前後左右煥然一新不受是年大水之患矣但恐日後歲修無抵錫康出資搜羅採訪有祖遺湯號山田六畝零前被墳佃私交他姓耕種錫康爰思是田

並非子孫得錢交出因將是田理囘並着地總孫四觀許芹芳交與張順年耕種當立承種據倉交據各執爲憑計每年還折租錢淨實七千八百文歸入義莊與淮祭之田通仝支值除每年銀漕約用二千四五百文再給墳佃看守錢一千四百文外其餘存貯義莊俟有成數即作修理是處菴墳之費庶不至後日傾頹也此係祖宗所遺以修祖宗之產凡清理經手者不得自視有功也是田並非莊內額田恐日後經理輩不明其故爰率仝族立有議據勒石以垂永遠檢查云爾

計開

湯字一千五百五十七號　計山田六十六畝八分折寔平田六畝零糧單一紙貢廷照千擁萬錫康朗山鶴鳴景星手收在廿八六圖（下數字糢糊）秦瑞安戶張順年承佃一紙

咸豐元年冬立亦併存莊又照

咸豐二年正月　日立合仝議據後裔錫康

前所查係菴基糧誤茲查寔田號數開後湯字一千五百號平田三畝一釐三毫四忽又一千五百一號平田一畝六分四釐五毫七絲五忽單名秦瑞菴又一千四百九十八號平田一畝六釐四毫三絲七忽又一千四百七十六號坂田四分四釐六毫八絲單名叔菴後併瑞菴亦寄莊廿八大排納共單四紙前被族中某私領去贖收回今繳存莊爲憑後目推收宜即回不誤中裔十二世裔孫名併號錫康前後山資又記勒石再四號田租照田完辦銀漕外盈餘開除修費其菴基單銀漕前己隨春祭田抵完不在四號田內開除併記

貢廷　賀堂

照千　容臺

擁萬　式齋

蓉舫　鳴岡

保之　鶴鳴

朗山　景星

麗生　子安

雨農　濬如

萼翹　霖士

執筆　希韓

右歸山墳菴田總記泐石淮海祖祠

寄暢園改建祖祠公議

裔孫道然等

立議單道然孝然敬然始然等議得惠山寄暢園一區爲吾六世祖舜峯公營搆憩息之地四傳至吾祖海翁公歸併改築嗣經聖祖仁皇帝鑾輿七幸宸翰頻頒對巖公漆園公卧雲公吳川公敬謹供奉增葺修飾舉無廢弛海翁公後分爲四房完糧修理因事權不能歸一以致墻屋傾頹樹石戕損恐吾祖三百餘年基業弗克保守故于乾隆八年會公同立議共推五輯弟綜理整頓俟有就緒原議

供奉御書並立家祠今兩年以來五輯弟敬葺御書碑亭并修砌樹石搭蓋屋宇業已漸有規模惟是園亭究屬游觀之地必須建立家祠始可永垂不朽且吾宗自河上分支以來皆以詔旌孝子功德留貽用能保世滋大雖經祠祭淮海先生尚未建有專祠鉅典終闕今幸以六世相傳之業五輯弟獨力鼎新厥功甚偉若以正屋尊奉御書將嘉樹堂供奉兩孝子神位以舜峯公海翁公對巖公漆園公卧雲公吳川公配改建專祠則雙孝家風于焉丕振而舜峯海翁兩公營搆歸併之業可以不墜在五輯弟鼎新

之烈尤有關係嗣後一切基地官糧房屋墻垣山池花木均歸五輯弟一人掌管修理各房子姓均宜凜尊君敬祖之心欠衣德紹聞之志守身守業羣相勸勉保護勿替毋許攙越如有游宿無忌損傷祠中一草一木者以不敬不孝論所有祠規議欵開列于後

一議建雙孝祠原係海翁公一分子孫尊祖敬宗之心嗣後春秋兩祭俱本房子孫敬謹輪值不得怠玩

一議本房各捐田拾畝共成四拾畝以爲春秋二祭之用但祠內墻垣屋宇須按年修葺必立有經費方可久

遠祭田租入所餘無多凡我子姓有情愿捐出田租保守先祠者多多益善

一議春秋官祭僅備三牲一副五鼎三筵陪祭子姓除城內始祖祠家祭外每房輪議三人詣祠行禮不得紛雜享餕以四桌爲率務須少長有禮衣冠整肅毋得喧嘩笑語跛倚將事

一議祭田嗣後交與掌管修理祖祠之子孫管理每祭支租銀八兩交輪流值祭子孫備辦每年支銀一兩交管祠人供廟朔望香燭其租賬定於秋祭日值田子孫將一年收支數目公同核算倘有嬴餘留爲祠內修理之費

一議專祠原係圖亭改建地基寬潤屋宇延廣修葺之費頗爲浩繁今雖有五輯弟出費三千餘金照舊營搆但歷年滋久苦修費不貲難以責成一人永遠承值日後倘有孝弟子孫力堪承當付託者聽掌管之人推擇交管

一議祠宇地臨孔道倘有承應聽掌管之人支值而各房亦宜協力同心毋失當年四位先人一體關切之誼

一議修廢舉墜改立祠宇均係敬念先德昭示後人凡我子姓入祠瞻仰當思孝友貽謀顯揚垂緒弈（奕）葉保守三廢三復以迄于今創始維艱守成不易從此盎致倫紀整家規以繼祖德日後本房子孫實能孝友顯揚克光前烈者公舉入祠配享以勵後賢一樣四紙

乾隆十一年　月　日立合同議單

南沙　芝田　朝釪

石經　惠疇　元釗

涑子　春田　士錦

學伊 瑤田 泰初
元獻 恩田 鎬
萊士 周田 銓
希敏 卿田
八鑑 余田
五韻 藍田
二田
天田
鵬程

琬
錦麟
圭田
時
兆雷
玉田
鶴田
在田
鳳

雨田
南田
力田
餘田
莘田
荷田
昆川
東田
甸

雲翼
雲衢
雲萬
蓀田
秉筆 蕙田

雙孝祀祠攷畧 裔孫毓鈞

建置 秦氏雙孝祠在惠山寄暢園旁祀明成化間詔旌孝子養恬府君永孚務本府君仲孚清乾隆十一年裔孫南沙公道然等就園內左側嘉樹堂恭奉

神主詳寄暢園改建祖祠公議

沿革　祠本家園明正德中端敏公金并南隱遁寓二僧舍爲之初名鳳谷行窩中有一大池寛廣可十餘畝旁多古木後倚一墩規制不詳僅傳有鰲架亭午橋野堂諸勝端敏公殁歸族孫虹洲公梁從川公廣池上篇所云葺園池於惠山之麓有堂有室有橋有船有閣煥若有亭翼然茶畦花徑曲澗平川者是也閣名未詳亭曰振衣虹洲公邢塘公暨施農曹輩有登鳳谷行窩振衣亭詩可證後屬先

十二世祖大中丞舜峯公燿取王內史寄暢山水陰詩句顏曰寄暢後劃而爲四由太清公兄弟四人分承管理傳至曾孫海翁公德藻復併爲一更新改築仁廟南巡七經臨幸對巖公瀠園公臥雲公吳川公增葺修飾纘承先緒雍正間園没於官乾隆初發還傾廢已甚五輯公大加葺治亭臺軒榭悉復舊觀迨十一年南沙公率弟姪輩協議以六世相傳之業將嘉樹堂供兩孝子神位以舜峯公海翁公對巖公瀠園公臥雲公吳川公配改雙孝專祠一切基地官糧房屋牆垣山池花木歸五輯公一房掌管歷守弗懈洪楊亂作盡燬於火僅存老屋三間及凌虛閣而已乃公議以老屋三間權設神位其全園與修俟諸異日簡言之亦曰孝園

碑記　舜峯公時王穉登屠隆兩記文泐石園內海翁公時姜宸英記文見蓉莊公寄暢園帖南沙公時寄暢園改建祖祠公議泐石淮海宗祠五輯公時浦起龍記文見乾隆志介庵公時部給寄暢園祭田執帖泐石祠廡廊

祀典　春秋二仲吉日維戊海翁公一房子姓輿祭淮海祖祠畢詣惠山孝園致祭雙孝祖祠祝文如左

維某年月日裔孫某某等謹具牲醴敢昭告於

明詔旌孝子加授冠帶養恬府君

明詔旌孝子加授冠帶務本府君之靈曰嚮惟我祖雙孝流芳炳垂明史綽楔旌揚人倫規範錫類綿長惟茲仲春雨秋霜露既降既濡水源木本怵惕是將雲仍休祐俎豆馨香靈爽式憑來格來嘗暨

明授嘉議大夫湖廣巡撫都察院右副都御史簃
峯府君
明太學生鄉飲大賓太清府君
明太學生公華府君
清贈光祿大夫經筵講官刑部尚書兼理樂部大
臣加三級鄉飲大賓海翁府君
清授奉政大夫博學鴻詞左春坊左諭德鄉飲大
賓誥贈光祿大夫經筵講官刑部尚書兼理樂部
大臣加三級祟祀鄉賢祠對巖府君

清授修職郎原任蒙城縣儒學訓導晉贈中憲大
夫候選知府鄉飲大賓漆園府君
清封儒林郎翰林院庶吉士加一級鄉飲大賓卧
雲府君
清授文林郎廣東吳川縣知縣晉贈中議大夫兩
廣都轉鹽運使司鹽運使亦仙府君
清贈中議大夫兩浙江南都轉鹽運使司鹽運使
晉贈榮祿大夫兵部左侍郎加三級訒菴府君
清封中憲大夫候選知府耐圃府君

清封光祿大夫經筵講官太子太保刑部尚書兼
理樂部大臣加三級諡文恭味經府君
清授中憲大夫候選知府介庵府君
清授中議大夫兩浙江南都轉鹽運使司鹽運使
山東濟東泰武臨道三品銜晉階資政大夫祟祀
鄉賢蓉莊府君
清授修職郎江蘇通州儒學訓導晉贈奉直大夫
直隸祁州知州雲漪府君
清授承德郎湖北候補同知晉封文林郎雲南師

宗縣知縣累贈朝議大夫嵊山府君
清旌孝子世襲雲騎尉從九品國學生祟祀文廟
忠義孝悌祠忠節祠尊喬府君
清旌孝子賞戴藍翎甘肅候補同知鄉飲大賓國
學生祟祀文廟忠義孝悌祠芝珊府君 配尙
饗
祭儀 就位 跪 叩首 再叩首 三叩首 興 執
爵 初獻爵揖 敬神位前 復位 執爵 亞
獻爵揖 敬神位前 復位 執帛 獻帛揖

敬神位前　復位　跪　讀祝　興　執爵　三
獻爵揖　敬神位前　復位　獻黙饍　獻點饍
揖　敬神位前　復位　跪　叩首　再叩首
三叩首　興　暫退　復位　送神　捧祝帛紊
送燎所　望燎　復位　禮畢

園居

園居以舜峯公時爲大備理荒薙穢構列二十景各係以詩同時王山人穉登記最爲曲盡文云關其戸北向署曰寄暢寄暢者用王內史詩園所由名云折而西爲扉曰清響孟襄陽詩竹露滴清響

扉之內皆篔簹也下爲大陂可十畝青雀之舳蜻蛉之舸載酒摘魚往來柳煙桃雨間爛若繡繢故名錦滙漪慧泉支流所注也長廊蔭竹臨池踰數百武曰清籞籞盡處爲梁屋其上中稍高可知魚檻漆園司馬書中語循橋而南復爲廊長倍清籞古藤壽木蔭之曰鬱盤廊接書齋齋所向清曠白雲靑靄乍隱乍出齋故題霞蔚也廊東向得月最早顏其中楹爲先月榭其東南重屋三層浮出林杪名凌虛閣水瞰畫檝陸覽䌽輿舞裙歌扇娛耳駭目無不盡納檻中閣之南循牆行入門石梁跨澗而登曰卧雲堂東山高枕蒼生望爲霖雨者乎右通小樓樓下池一泓卽慧山寺門阿耨水其前古木森沈登之可數寺中游人曰鄰梵鄰梵西北長松峨峨數樹離立箕踞室面之王中允絶句詩也傍爲含貞齋階下一松亭亭孤映旣容貞白卧聽又堪淵明獨撫松根片石玲瓏可當贊皇園中醒酒物主人每來盤桓於此出含貞地坡陀壘石而上爲高棟曰鶴巢亦王中允詩語閣東有門入

曰棲玄堂堂前層石爲臺牡丹數十本花時中丞公燕余於此紅紫爛然如金谷何必錦繡步障哉堂後石壁倚牆立牆外有張祜題詩處茫然千古滄耶桑耶漫不可考矣出堂之北地隆然如邱可羅數十胡牀披雲嘯月高視塵埃之外曰爽臺臺下泉自石隙瀉沼中聲淙淙中琴瑟臨以屋曰小憩拾級而上亭翼然峭蒨靑蔥間者爲懸淙引懸淙之流甃爲曲澗茂林在上清泉在下奇峯秀石含霧出雲於焉修禊於焉浮杯使蘭亭不能獨勝

曲澗水奔赴錦匯曰飛泉若山峽春流盤渦飛沫
而後汪然渟然矣西疊石爲洞水繞之栽桃數十
株悠然有武陵閒想飛泉之滸曲梁卧波面如蝀
蜷雌霓以趨涵碧亭亭在水中央也涵碧之西樓
巋然隱清樾中曰環翠登此則園之高臺曲池長
廊複室美石嘉樹徑迷花亭醉月者靡不呈祥獻
秀洩秘露奇歷歷在目而園之勝畢矣迨清順治
初海翁公又改築之雲閒有張漣者字南垣善疊
石作層巒幽壑技重天下公延致來錫悉心規畫

屬從子鉽俾畢其能事園成而邱壑盡變廳事之
外若嘉樹堂涵碧亭之屬皆易制而仍其名姜西
溟記所謂當時清籞鄰梵閣鶴巢棲玄堂爽臺飛
泉環翠樓諸勝雖不必盡存要之有撤而更新無
蕪而不治也至乾隆初而又有宸翰堂之築南巡
盛典歷歷數之堂曰宸翰曰卧雲曰嘉樹閣曰天
香曰凌虛水次爲知魚檻一峯卓立錫名介如據
此則海翁公之園已非復舜峯公舊觀矣然辨方
正位於焉不詳嘉慶初麟見亭輯鴻雪因緣圖記

其記寄暢園曰過寄暢園翠靄陰森干霄蔽日入
門即知魚檻依檻疊石爲沼過橋爲嘉樹堂循山
徑迂折而上極高處爲梅亭沿山右轉爲宸翰堂
天香閣卧雲堂凌虛閣而介如石又在其南較之
南巡盛典記載特詳考古者可藉知其舊名特仁
廟純廟疊經臨幸御書稠疊各堂額俱撤去改懸
天章自經赭寇蕩焉靡遺子姓輩雖欲述舊概歎
無徵矣光緒癸未先叔來卿族叔郇蓀有志興復
措貲修葺凌虛閣重建知魚檻並約後有餘力相

繼爲之乃未及十年而先叔謝世郇叔孤掌難鳴
園居遂無恢復之一日僅逢伯叔祖以值祭餘欵
興築大石山房而已自民國初年凌虛閣圮族中
集欵改建三層西式大樓一座並歸還牆外舊時
餘屋數間以通出入先後由琢如潤芝兩叔氏經
理就大池南北分建花棚茅亭以資點綴其五輯
公後裔坐擁園田僅嘗春秋二祀旋爲外姓垂涎
有租賃全園營業之議事爲鍼鈞所聞告於衆協
力阻止未成事實不幸遭乙丑齊盧之亂西式大

樓復燬於火園居靡有孑遺其時園田亦另行組織歸亮工族弟經理興修與衰盛不分兩事以春秋二祭餘款量力修理不足由義莊撥款補助共觀厥成三四年來迭有興作亮弟並斥己款分建清響齋涵碧亭綴以長廊與大石山房相聯屬池東一帶楚楚可觀池北環翠樓庀材鳩工正擬興復餘爲財力所阻如臥雲堂宸翰堂天香閣等尚未能盡復舊觀云

圍基　園基爲念二六圖遐字一千一百四十九號平田十四畝九分一釐六毫查道光間議據有護園從屋自園門右首起至鐵武肅王祠止共若干間又園門對面朝房從屋共若干間自經兵燹護園從屋被鄰侵佔無遺民國初年淩虛閣圯改建西式大樓就園門右首孝友傳家坊南量力歸還屋基三間計遐字一千二百三十五號糧單一紙平川四釐一千二百三十六號區條一紙平田七釐蓋皆經人侵漁而備價歸還者近年西式大樓被燬改築市屋租與孫汪陳三姓營業居住

圍田　祠係海翁公一支子姓即家園改建由公後留仙邳仙梟仙亦仙四房各捐田拾畝共成肆拾畝以爲春秋兩祭之用公推二十二房五輯公掌管即今日族中所稱廿二太公是也當時南沙公年輩最長率族人公議由文恭公執筆並聲明日後倘有孝弟子孫力堪承當付託者聽掌管之人推擇管理刊碑立石在淮海祖祠嗣後五輯公續捐田三十畝九分介庵公增捐田二百畝由文恭公呈明禮部乾隆三十四年勒石雙孝祠永爲春秋祭享及修葺祠園之費乃嘉道以還廿二房後裔輪年公値僅供衰盛不管修理粵冠定後五六十年相沿不改近忽發生變賣情事各房子孫念祖宗創始不易協力清理初歸四十畝嗣又歸到四十九畝一分八釐都八十九畝一分八釐組織董事會山園董一人董事四人負責經理

組織大綱(甲)組織(一)本園組織董事會分任義務協同圍董以實行經濟公開爲主義(二)董事會暫定四人應遵先人舊例由捐田房分推舉之(三)董事會設

會計出納保管三部每部設一人惟出納部設二人共同負責其審查各事每年開常會時設臨時審查會以資考核章程另訂(乙)職責(一)會計董事專司稽核經常支用各款並掌收受出納部之收款交保管部存儲掣取收条每年春追後將全年經常臨時收支各款編造清册交圍董核明公布如有圍內工程(修理在內)應先列入預算不得超過常年收入(二)出納董事專司稽核司事收入之田租及每年經常之支出凡本圍收入應隨時交

會計部登記掣取收條轉交保管部其經常支出得開具事由欵額清單交會計部查核送董事蓋章依時向保管部支付若遇臨時支出須經董事會公決方可照支每年春追後將全年收支各欵開單交會計部查核(三)保管董事凡本圍田單與附產契據租摺以及存欵負責保管並擔任存欵生息之事但每年於開例會時應受審查會之檢查凡本圍有應支之欵出納部憑單支付(四)本會僱用司事一人由圍董及董事會商議公用(以外

姓爲限)酌送修金專司收入房租田租料理祭享修葺等事如有收入隨時交出納部登記掣取收條凡料理祭享修葺等事須開具事由欵項清單向出納部董事處取領支條至會計董事處登記再向保管董事處領欵每年春追完竣須造具清册送交出納部董事處查核(五)每年開例會一次開會之期俟春追完竣定日舉行並召集捐田房分全體出席每屆會期得議决各案及收支决算懸掛本圍及義莊以備公閱(六)本圍董事任期三

年期滿定期開會公同推舉但連舉者得連任(七)本章程如有未盡事宜得本會董事過半數以上之提議開會修改之

管理簡章(一)本圍設圍董一人管理雙孝祖祠春秋祭享與園內一切事務以及本園田租附產各事宜(二)園董由捐田房分中推舉力堪付託者任之(三)本圍另設董事四人組織董事會分任會計出納保管各事以協贊圍董辦事章程另訂(四)圍董對於田租附產等收入及經常支出應司考核而出納之

責則由董事會負之㈤本圖如有修理之處應於每年例會前估工開單知照會計董事部以便開會列入議案通過後再行舉辦如有興築應視圖款之盈絀並經董事會通過方可興工惟由圖董或圖裔自願捐資興築者不在此例則預於開會時報告之㈥圖董每年收受董事會之經常臨時各費清册即應核明公布㈦圖董任期三年連舉者得連任一次如未滿任期而有他就或有意外事故者則由董事會召集臨時會議續舉㈧本簡章如有未盡事宜得每年於例會時修改之

田號細數

建字四百五十八號平田一畝四分二釐五毫
五字二十三號平田一畝八分七釐三毫
二十四號平田一畝一分四釐二毫
二十七號平田五分
三十二號平田二畝四分九釐四毫
三十四號平田二畝二分六釐四毫
四十二號平田一畝九分二釐八毫
一百六十九號平田七分七釐二毫
五十號平田八分七釐四毫
一百六十四號平田一分一釐
五百三十八號平田二畝三分五釐一毫
二百十二號平田三畝二分五毫
一百六十八號平田一畝三釐一毫
五百四號平田一畝一分六釐九毫
五百二十六號平田四畝九分二釐三毫
蓋字二百九號平田七分五釐
六百七十六號平田一畝三分五釐
六百七十七號平田一畝二分九釐
九十一號平田一畝七分
二百五十號平田二畝六分八釐
三百四十四號平田六分五釐
九百四十三號平田二畝八分
一千七號平田一畝八分三釐七毫
一千一百二十九號平田一畝
方字四百四十九號平田三畝五分三釐五毫
五百五十七號平田一畝二分六釐五毫
五百六十號平田八分五釐九毫
三百五十九號平田八分一釐三毫
七百二十五號平田一畝二分七釐五毫
七百二十四號平田九分五釐六毫
一千三百三十二號平田二畝六分四釐
傷字八百八十號平田一分二釐五毫

八百五十四號平田三分六釐六毫
一百九十一號平田九分九釐三毫
一百九十三號平田九分八釐八毫
四百三十一號平田一分九釐七毫
三百五號平田四分一釐二毫
二百三十八號平田一畝二分一釐三毫
二百四十八號平田一分五釐一毫
八百四十三號平田一分四毫
四百七十號平田九釐四毫
八十一號平田一畝二分一釐二毫
二百九十四號平田二畝一分
二百九十五號平田八分八釐四毫
二百六十五號平田一分九釐二毫
二百六十三號平田七釐五毫
二百四十三號平田一分六釐三毫
李字二百七十二號平田二畝二分五釐七毫
柰字六百七十號平田二畝七毫
鞠字一千二百九十號平田四分二釐二毫

一千二百八十六號平田九分四釐四毫
一千二百八十八號平田二畝三分四釐七毫
一千二百八十三號平田一畝七釐五毫
一千二百八十七號平田二分
宿字一千二百七十八號平田一畝八分五毫
首字一千五百二十六號平田一畝七分九釐九毫
一千五百三十二號平田九分三釐七毫
譜字五百四十四號平田一畝八分七釐九毫
行字四百十七號平田二畝二分一釐四毫
五百十七號平田二畝二分六釐七毫
食字四百四十七號平田一畝三分三釐
七百六號平田一分五釐
七百十八號平田六分
化字二十一號平田一畝一分七釐五毫
二十二號平田七分一釐五毫
二十四號平田三分六釐七毫
此字三十四號平田三分四釐二毫
五百二十五號平田七分二釐九毫

五百十二號平田六分五釐六毫
三十四號平田一畝六分一毫
二百二十二號平田二分七釐四毫
六十二號平田一分二釐一毫
四十四號平田九分

以上平田八十九畝一分八釐糧戸秦孝圓租額

九十三石五斗零八合

唐山祖塋記畧　裔孫毓鈞

清贈光祿大夫刑部尚書兼理樂部大臣加三級鄉飲大

賓海翁府君以康熙四十年辛巳葬於唐山新阡公配誥

贈一品夫人侯太夫人實先府君四十年卒時爲順治十

七年也宮諭公兄弟梧楷傷之風木痛之頻歲以藏窒爲

事循章歷燦東顧膠皇北瞻蓉斗皆不足以安窀穸既而

卜乎唐地鄉孔山俗名唐山嘴岡號蒼峴亦曰蒼頡惟墨

食先以康熙四年乙巳十二月吉葬焉吳大中丞興祚爲

之記宮諭集號蒼峴山人以此嗣是祔葬者二人一爲邳

仙公原配誥贈恭人黃太恭人一爲邳仙公女四祖姑母

係鮑太恭人所出另立兆域築土爲牆在羅城外左傍墓

碑未立

墓域　癸山丁向兼丑未一分入門有大石坊額題封太

史秦公墓下濬月池坊刻聯云山爲城水爲帶吉壤弘

開猿與吟鶴與飛英靈如在周圍繚以青石牆垣内外

二重外牆樹石坊一題曰秦氏新阡

祭儀　春秋二祭歲以清明節十月朔僱舟前往舊制

祭菜一桌二位八盆八碗 高菓湯點 經擔燭酒 猪錠每位各四 白紙

土地盤胁肉半斤 魚 鴨蛋二 素菜 水菓 饅頭二 元寶二串 白阡 馬子 猪錠各二

另備祭菜二桌各一位仝上到黄太恭人四祖姑母墳

前致祭　墳佃張姓犒素菜二碗　土地盤全份　湯

點二色　春秋掃墓舟泊大徐巷

道光間忽有朱姓盜葬事發生由芸軒公灝率子姪輩稟縣歸糧立碑淮海祖祠文曰卽陞州無錫縣正堂加十級紀錄十次吳爲出示諭禁事據監生秦灝等呈稱治等具控糧書張燦卽張阿川盜失五世祖誥贈光祿大夫刑部尙書海翁公諱德藻墳糧勾串朱姓謀佔盜葬等情一案奉委捕廳勘丈明確並蒙前憲庭訊勒限先將賓字三千五百七十號失糧清理歸還緣張燦延抗不遵治等屢次稟催沐奉飭押赶緊清理再延提比今張燦知難再延自願在張萬春等三戶內將糧過還已據徐在明代爲具稟

蒙批飭領在案但恐糧雖歸原地甚寬濶誠恐日後再有僭佔侵損以及他姓盜葬諸弊惟求給示諭禁俾祖墓得以永保等情到縣據此除將徐在明稟呈過還秦墳失糧賓字三千五百七十號張萬春等戶糧單三紙給發秦灝等領回過戶完辦外合行給示諭禁爲此示仰墳佃地總糧書人等知悉嗣後秦姓墳墓責令墳佃小心看守毋任再有僭佔侵損盜賣盜葬情事如敢故違一經告發定干提究決不姑寬各宜凜遵毋違特示計開賓字三千五百七十號山糧十二畝一分四釐花戶秦海墓賓字一千三百九十八號平田二畝三分五釐五毫又池一分五釐花戶秦海祭賓字一千四百號平田二分二釐六毫又池四釐花戶秦海祭賓字一千四百十六號平田二分五釐四毫花戶秦海祭道光二十四年十一月十七日示

洪楊亂後值祭子姓清理糧產光緒間由各房分過秦海墓戶列數如左

賓字三千五百七十號山田一畝四分　戶秦鳳祭光緒十二年潰除秦海墓

一千四百十六號平田五釐一毫　戶秦鳳祭光緒四年銀除秦海墓

一千四百號平田五釐二毫七絲池一釐　戶秦鳳祭光緒十二年潰除秦海墓

一千三百九十八號平田四分七釐一毫池三釐　戶秦鳳祭光緒十二年潰除秦海墓

一千四百十六號平田五釐一毫　戶秦永加光緒四年銀除秦海墓

一千三百九十八號平田四分七釐一毫池四釐　戶秦永加光緒四年銀除秦海墓

一千四百號平田五釐二毫八絲池一釐　戶秦永加光緒四年銀除秦海墓

一千四百十六號平田五釐一毫　戶秦敘章光緒四年銀除秦海墓

一千三百九十八號平田四分七釐一毫池五釐　戶秦汝京光緒四年銀除秦海墓

一千四百號平田五釐二毫八絲池一釐　戶秦敘章光緒四年銀除秦海墓

一千四百十六號平田五釐　戶秦公祭光緒四年銀除秦海墓

一千三百九十八號平田四分七釐一毫　戶秦公祭光緒四年銀除秦海墓

一千四百號（平田六釐七毫七絲池一釐）（戶秦公祭光緒四年銀除秦海泉）

一千四百十六號平田五釐一毫（戶秦洪禮光緒四年銀除秦海堃）

一千三百九十八號（平田四分七釐一毫池三釐）（戶秦穆彩光緒四年銀除秦海臯）

義莊建置記（瑞五廿二世孫）毓鈞

事莫難於創始然而繼志述事也亦非易易往往有良父矣未必有賢子此所以父作子述輝映一時後先濟美自古爲難也吾宗贍族田之設託始于儼塵公坊嘗置義田贍近族之貧者既而族人欲以銀易米又求析田且指田索值公悉應之無倦色不數十年而良法美意澌焉以盡

乾隆辛未鑾輿南巡文恭公蕙田扈蹕過錫偕溪隱公春田縱談及此擬仿吳郡范氏義田法置田千畝以贍族人事不及行文恭公尋歿溪隱公蹶然起曰是後死者之責義曷容辭乾隆甲午爰命四子蓉莊公震鈞節縮廉俸置田百畝並告之從弟介菴公兆雷從姪汝夏公泰鈞果亭公鑛巨峯公鑾秉衡公銓鼎臣公廷鉽玉齋公鼎雲輩量力輸捐集合三百六十畝以傳益之延汝夏公典其事而鼎臣公佐之歲取所入以贍族衆並自爲文勒石諄諄以續成千畝爲望迨後公配黃安人臨終遺命捐贍族田五十畝猶不足由蓉莊公續捐四百九十畝以承先志時爲乾隆乙卯歲也先於師古河捐建莊屋一所地鄰鳳光橋至是書塾與義莊並建復在本街東首購屋一區地近崇甯橋遂移置焉造屋三十五楹有族祖象熊等陳明莊屋原委公呈可證卽今之新義莊是也奉溪隱公以下栗主於中並將釐訂條規呈請地方長吏咨於部勒諸石永垂不朽而于是族中之貧乏者孤寡者得以相生相養相扶持敦任卹之誼而彌宗法之窮信矣有是父而後有是子非蓉莊公之雄才大畧亦不能成溪隱公之志語曰惟其

有之是以似之蓉莊公之善繼善述媲美文正忠宣而永無媿色後之人繩繩繼繼守厥成規經理莊務在事諸宗老之遺烈尤足垂貽謀于無窮矣謹將集捐細數咨部田號管理章程彙錄于左

集捐細數

溪隱公春田　捐田一百畝

介庵公兆雷　捐田三十畝

果亭公鑛　捐銀一千兩（置田八十四畝）

汝夏公泰鈞　捐田二百畝

鼎臣公廷鉞　捐田十畝

玉齋公鼎雲　捐銀二百兩　置田二十畝

巨峯公鏊　捐田八畝　據族中舊本所載如此按之深隱公贈族田記亦合但譜於二

隸衡公銓　捐田八畝　公並無明文在公父樸齋公圭田下註云捐贈族田十五畝

蓉莊公震鈞　先於黃太夫人卒時捐田五十畝繼又增置田四百九十畝以成深隱公千畝之志

並建義莊一所題部立案基糧如左

意字四十四號　平田一分二釐

四十五號　平田三分

四十六號　平田三分

咨部田號　碑列莊田一千畝零八分九釐九毫咨部立

案贍族孤寡歷歲既久小有增益其淮祭田六十六畝

五分七釐四毫亦附於莊以供淮海祖祠秋祭以保團

瓢阡而下歷代墳塋即紹鑾公玫睿所云河上支承管

另有祭田者也謹列細數於左

匪字三百四十三號　平田一畝四分一釐五毫

三百五十九號　平田一畝二分

悲字六百二十三號　平田三畝五分六釐四毫

則字七百八十號　平田一畝三分

七百八十三號　平田二畝二分六釐九毫

一千零三十五號　平田一畝一分二釐五毫

一千零三十六號　平田一畝四分六釐九毫

奉字三百十三號　平田二畝四分五釐一毫

連字一千三百念五號　高田九分五釐

一千三百念九號　高田八分九釐二毫

一千三百三十四號　高田二畝七分五釐五毫

一千五百九十三號　高田二畝

一千六百零五號　高田九分

洪字六十四號　平田一畝九分七釐七毫五絲

一百零五號　平田三畝一分七釐四毫二絲

四百號　平田八分四釐

五百五十一號　平田五分三釐

六百六十八號　平田二分六釐一毫三絲

八百六十九號　平田二畝三分四釐八毫

六百七十一號　平田四分六釐七毫一絲

八百二十三號　平田三畝九分八釐三毫

八百七十二號　平田二畝二分九釐一毫

九百零五號　平田九分一釐七毫

九百五十三號　平田一畝二分八釐

一千零四十八號　平田二畝六分四釐六毫

一千零五十六號　平田二畝三分五釐一毫

一千零八十九號　平田八分四釐

荒字七十一號　平田二畝九分一釐七毫

七十四號　平田三畝六分八釐五毫

一百十九號　平田八分八釐三毫

四百五十號　平田六分七釐五毫

四百六十七號　平田二畝八分一釐

五百十九號　平田三畝九分六釐

五百二十三號　平田二分八釐六毫

五百二十六號　平田六分五釐八毫

五百二十七號　平田一畝八毫

五百二十八號　平田一畝六分二釐五毫

五百三十號　平田七分九釐一毫

五百九十七號　平田二畝六分一釐七毫

六百零四號　平田三畝五毫

六百二十二號　平田二畝五分八釐一毫

六百八十七號　平田三畝九釐八毫

七百三十四號　平田五分一釐二毫

八百十四號　平田一畝八分

八百十五號　平田七分二釐二毫

八百十六號　平田一畝

八百十八號　平田二畝三分八釐

八百二十號　平田一畝一分五釐三毫

八百三十六號　平田二畝七釐六毫
八百五十三號　平田六分八釐
一千零五十五號　平田一畝八分七釐四毫
一千零六十三號　蕩田一分八釐
一千零六十四號　平田二畝一分三釐七毫
一千二百三十號　平田三分二釐五毫
一千二百六十二號　平田八分八釐
辰字四十七號　平田一畝三分八釐四毫
興字二百五十八號　平田六分五釐四毫
七百二十四號　平田一畝二分三釐
張字四百十六號　平田九分九釐七毫
履字一百三十四號　平田四畝二分五釐
二百三十四號　平田四分五釐
二百五十一號　平田四畝五分一釐四毫
二百七十五號　平田一畝七分一毫
二百七十八號　平田一畝二分一釐九毫
三百二十九號　平田一畝四分四釐八毫
之字五十一號　平田三畝一分四釐五毫

淵字二百零八號　平田九分二釐三毫
息字一千一百二十號　平田七分
馨字五百五十六號　平田四分七釐三毫
五百五十七號　平田一畝六分七釐五毫
則字四十三號　平田三分四厘九毫
四十七號　平田一畝七釐
一百六十四號　平田二畝三分五釐四毫
一百七十六號　平田一畝八分
五百八十八號　平田三分七釐六毫
五百九十七號　平田一畝五分二毫
五百九十八號　平田一畝四釐八毫
五百九十九號　平田九分四釐二毫
六百十號　平田九分八釐七毫
六百十二號　平田一畝三分二釐四毫
六百十三號　平田九分三釐九毫
六百四十二號　平田一畝八分八毫
六百四十六號　平田一畝八毫
六百五十八號　平田九分六釐四毫

六百九十六號　平田一畝六分七釐
一千一百十一號　平田六分七釐
一千一百十六號　平田一畝三分九釐二毫
一千一百十七號　平田一畝九分一釐七毫
一千一百四十三號　平田四畝八分八釐三毫
因字四百十九號　平田一畝八分六毫
六百二十三號　平田八分四釐一毫
六百二十四號　平田六分六釐五毫
六百二十五號　平田八分四釐四毫
六百九十六號　平田二畝一分一釐七毫
七百零四號　平田二畝八分一釐八毫
嚴字五百三十七號　平田五畝二分八釐五毫
五百三十八號　平田一畝一分九釐三毫
孝字二百十四號　平田二畝八分六釐一毫
二百十五號　平田一畝七分五釐
二百十七號　平田三畝九分六釐
二百二十八號　平田二畝一分九釐二毫
二百四十二號　平田一畝二分五釐八毫

二百三十三號　平田三畝五分八釐四毫
逸字三十九號　平田五分
一百二十六號　平田一分七釐
一百二十七號　平田二畝六分二釐
三百六十六號　平田一畝三分二釐三毫
匪字九百零六號　平田二畝四釐一毫
靜字九百四十八號　平田一畝二毫
規字七百十三號　高田三畝一分四釐
七百九十六號　高田四畝六分七釐六毫
八百零三號　高田四畝五分三釐三毫
一千零四十四號　高田二畝四分七釐九毫
箴字三百六十七號　高田二畝二分三釐三毫
三百八十二號　高田三畝一分三釐三毫
四百十二號　高田二畝三釐七毫
四百十三號　高田一畝六分七釐二毫
四百十六號　高田三畝九釐四毫
四百二十號　高田五畝五分八釐三毫
四百二十九號　高田一畝六分八釐八毫

弟字三十號　平田三畝五分四釐四毫
一百六十四號　平田四畝九分二釐七毫
四百三十八號　平田一畝九分
五百零八號　平田一畝一分一釐一毫
五百零九號　平田一畝四分四釐四毫
六百零八號　平田一畝八分一釐六毫
八百四十四號　平田二畝四厘
一千一百二十九號　平田五畝七釐二毫
一千一百三十四號　平田三畝八分三釐四毫
一千一百四十八號　平田二畝六釐二毫
一千一百五十號　平田一畝六分九釐
一千一百五十一號　平田一畝八分四釐
一千二百二十八號　平田二畝一分六釐九毫
一千二百五十一號　平田一畝二分二釐七毫
一千二百七十一號　平田三畝一分
一千三百三十六號　平田三分
一千三百五十號　平田三畝二分七釐五毫
一千四百二十號　平田四畝四分四毫

一千四百二十二號　平田四畝九分三釐九毫
一千四百九十號　平田二畝八分三釐三毫
一千四百九十八號　平田一畝二分七釐三毫
一千五百零二號　平田一畝五分八釐三毫
一千五百零三號　平田一畝五分八釐七毫
一千五百零四號　平田二畝七分四釐四毫
一千五百二十五號　平田一畝
一千五百六十二號　平田二畝三分九毫
一千五百八十號　平田九分二釐三毫
一千六百三十五號　平田一畝九釐一毫
一千八百十九號　平田三畝七分七釐
一千八百七十九號　平田一畝
一千八百八十號　平田一畝八分六毫
莒字二十號　平田二畝三分四毫
一千一百七十六號　平田一畝一分
一千二百二十一號　平田一畝九分二釐三毫
二百六十八號　平田三畝一分一釐一毫
天字四百十八號　平田二分八釐八毫

四百五十二號　平田七分七釐六毫
一千三百四十五號　平田五分七釐一毫
美字六百六十一號　平田一畝四分四釐一毫
二十四號　平田一畝七分六釐三毫
九十七號　平田二畝四分四釐
一百四十八號　平田一畝四分五釐
一百五十號　平田八分四釐二毫
二百零八號　平田一畝八分七釐二毫
三百五十六號　平田九分三釐五毫
四百零二號　平田六分七釐五毫
四百八十九號　平田二畝
四百九十五號　平田二畝四分
才字四十四號　平田一畝四分
八百七十一號　平田四畝一分四釐八毫
頤字七百九十三號　平田四分八釐四毫
儀字九百七十七號　平田八分五釐三毫
九百六十八號　平田一畝六分三釐五毫
九百五十一號　平田五分

九百零一號　平田八分五釐四毫
八百八十五號　平田五分九釐三毫
八百六十九號　平田四畝七釐
八百六十八號　平田二畝五分四釐二毫
八百五十八號　平田一畝四分一釐四毫
八百零三號　平田一畝三分二釐六毫
七百六十號　平田一畝
六百八十四號　平田二畝三分七釐二毫
六百七十六號　平田六分三釐六毫
三百零一號　平田一畝五釐
三百二十六號　平田一畝一分一釐二毫
一千零五十二號　平田九分五釐
三百七十六號　平田一畝一分七釐七毫
七百八十五號　平田一畝二分五釐四毫
一百八十二號　平田一畝三分七毫
四百七十一號　平田三分七釐二毫
三百七十五號　平田一畝四分九毫
三百七十一號　平田一畝四分二釐九毫

二百八十三號　平田一畝九釐四毫
二百四十四號　平田一畝七分三釐五毫
五十九號　平田四畝一分一釐二毫
四十八號　平田二分七釐八毫
二十六號　平田六分二釐二毫
十八號　平田二畝一分一釐五毫
黃字六十號　平田七分七釐六毫
六十二號　平田二畝五分五釐八毫
宇字八百零二號　平田三畝四分七釐二毫
八百零一號　平田一分一釐
五百二十七號　平田三畝
二百四十一號　平田一畝七分
五百零九號　平田六分三釐四毫
八十六號　平田一畝九分四釐六毫
三十三號　平田二畝八分二毫
八十四號　平田九分二釐五毫
玄字八百四十七號　平田二畝一分六釐四毫
一百二十號　平田一畝一分六釐七毫

一百三十號　平田七分二釐五毫
一百三十二號　平田三分一釐八毫
一百三十三號　平田一分三厘
一百七十八號　平田二畝四分五釐三毫
一百八十六號　平田一畝八分六釐
終字一千三百九十九號　高田一畝九分九釐六毫
一千四百零三號　高田一畝八釐六毫
一千四百四十八號　高田七分九釐四毫
定字五百九十號　高田一畝二分七釐五毫
五百九十號　塝田三分
六百零一號　高田一畝六分一釐五毫
六百零六號　高田二畝三分二釐一毫
六百零九號　高田二畝二分二釐五毫
六百十四號　高田一畝八分六釐六毫
六百三十五號　高田三分四釐二毫
六百三十七號　高田六分九釐五毫
六百六十四號　高田八分九釐
六百六十七號　高田一畝四分四毫

六百六十九號　高田七分七毫
六百七十號　高田七分八釐五毫
六百七十一號　高田四分一釐一毫
六百七十七號　高田二畝二分二釐四毫
七百八十二號　高田七分三釐八毫
八百六十一號　高田九分一釐四毫
八百六十八號　高田二畝三分二釐五毫
一千六百二十號　高田三畝一分二釐五毫
愼字七百六十六號　高田七分一釐二毫
七百六十九號　高田八分六毫
八百四十五號　高田一畝六分七釐二毫
八百五十號　高田八分五釐二毫
九百號　高田三畝二分五釐
九百零二號　高田九分七釐一毫
九百十九號　高田一畝九分一釐八毫
一千三百四十五號　高田九分
一千三百二十二號　高田一畝八分九釐二毫
若字一千二百五十四號　平田七分五釐四毫

一千二百五十三號　平田一分九釐三毫
一千一百五十號　平田九分三釐
一千二百二十三號　平田九分八釐一毫
一千一百七十四號　平田九分二釐二毫
五百二十二號　平田二分一釐二毫
四百二十八號　平田一畝一分六釐三毫
四百十八號　平田九分六釐一毫
三百四十號　平田六分八釐三毫
結字九百八十號　平田一畝七分三釐九毫
九百九十六號　平田一畝八分二釐九毫
一千零零五號　平田二畝二分七釐五毫
一千零十號　平田二畝五分二釐九毫
一千零五十三號　平田一畝三釐一毫
一千零五十四號　平田一畝五釐七毫
六百七十二號　平田一畝六分二釐
調字六百十三號　平田二畝六分一釐二毫
六百二十四號　平田九分八釐
六百八十四號　平田二畝八分三釐

六百九十三號	平田一畝三分
七百五十五號	平田一畝二分四釐七毫
三百四十一號	低田一畝四分
三百四十二號	低田一畝二分五厘九毫
五百八十九號	平田一畝
五百九十一號	平田一畝四分五釐五毫
五百九十二號	平田一畝八釐
六百零一號	平田一畝七分五釐
四百六十號	平田一畝一分六釐七毫
五百六十五號	平田一畝一分七釐五毫
二百四十五號	平田一畝四分三釐六毫
二百五十三號	平田二畝一分五釐七毫
二百七十二號	平田一畝二分二釐
二百九十五號	不田八分八釐四毫
三百二十八號	平田四分二釐四毫
三百三十號	平田六分一毫
律字一千一百三十九號	平田一畝一分三釐四毫
嵗字二百二十六號	平田三畝

二百八十一號	平田二畝二分六釐二毫
四百零五號	平田二畝
餘字一百五十四號	平田一畝六分
五百三十六號	平田一畝七分三釐五毫
五百五十五號	平田一畝三分六釐一毫
五百五十六號	平田一畝四分七釐九毫
六百十三號	平田一畝五分五釐一毫
六百五十號	平田三分九釐九毫
六百五十二號	平田四畝二分七釐三毫
七百六十四號	平田二分八釐
七百七十號	平田一畝八分五釐九毫
九百二十九號	平田二畝二分五釐七毫
一千零零二號	不田一畝九分
一千三百九十六號	平田五分
一千四百五十三號	平田五分六毫
五百十四號	低二畝一分二釐八毫
八百六十六號	低田一畝八分八釐一毫
往字六百三十九號	平田二畝五釐九毫

八百號	平田一畝五分八釐四毫
閏字五十號	平田五畝六釐
一千零二十五號	平田三畝一分九釐四毫
藏字四百四十九號	平田八分一毫
四百七十六號	平田二分一釐六毫
五百七十三號	平田二分一釐三毫
六百七十五號	平田八釐八毫
六百七十六號	平田三分五釐
六百七十八號	平田一畝七釐七毫三絲
六百七十九號	平田九分四釐
六百八十五號	平田一畝六分七釐八毫
成字七百四十號	平田八分八釐九毫
七百四十一號	平田九分七釐七毫
爲字一千六百九十號	平田一畝七分一釐二毫
一千八百九十號	平田一畝四分一釐
一千九百零二號	平田九分一釐
二千零五十一號	平田一畝八分二毫
二千零五十六號	平田一畝二分六釐六毫

二千零五十七號	平田四分四釐
二百八十四號	低田三畝五分九毫
四百七十四號	低田八分四釐
七百九十三號	低田一畝八分三釐九毫
金字一千一百七十號	低田四畝四分九釐二毫
麗字四百六十一號	平田三分六釐五毫
五百二十五號	平田八分九釐二毫
號字二十四號	平田一畝七分九釐九毫
四十一號	平田三畝七分九釐
一百三十五號	平田九分八釐六毫
一百五十六號	平田五分八釐三毫
一百六十號	平田三畝一分三釐六毫
一百六十五號	平田七分
一百六十八號	平田一畝五分二釐
一百七十五號	平田一畝六分一釐九毫
一百七十八號	平田二畝二分七釐二毫
一百八十五號	平田一畝三分六釐八毫
二百十九號	平田二畝四分五釐六毫

二百二十五號　平田一畝一分二毫
二百二十九號　平田四分四釐八毫
三百六十一號　平田一畝一分三釐四毫
四百三十二號　平田二畝三分五釐
四百四十三號　平田七分三釐四毫
四百九十號　平田八分三釐
五百二十三號　平田二畝九分五釐四毫
五百四十八號　平田一畝九分八釐六毫
五百五十號　平田二畝三分
五百八十三號　平田七分八釐
六百六十九號　平田七分三釐四毫
六百六十九號　蕩田二分三釐二毫
七百十二號　平田五分二釐九毫
七百二十三號　平田二畝六分三釐六毫
七百五十三號　平田一畝四分六釐六毫
一千零八十三號　平田一畝二分五毫
一千零八十四號　平田一畝一分七釐八毫
一千零八十五號　平田一畝四分一釐一毫

一千零九十八號　平田六分八釐九毫
一千一百零三號　平田六分一釐六毫
一千二百八十號　低田九分
一千九百零五號　低田二畝
二千零二十五號　低田二畝三分
二千一百零六號　平田一畝一分七釐八毫
二千一百二十號　平田一畝九分八釐三毫
二千一百三十五號　平田一畝五分
二千二百二十三號　平田一畝六分六毫
二千二百二十四號　平田一畝四分四釐一毫
巨字三百九十一號　平田一畝四分七釐
三百九十一號　埲田一畝
三百九十二號　平田五分六釐
一千九百四十九號　平田一畝四釐三毫五絲
二千零三十三號　平田一畝三分
二千三百七十五號　平田二畝七分六釐五毫五絲
二千四百零四號　平田一畝七分八釐二毫
出字二百零一號　平田七分一釐

八百零一號　低田一畝二分二釐八毫
珠字二百九十九號　平田一畝六分四釐五毫
光字三百三十號　平田八分
五百七十七號　平田一畝六分七毫
果字三百二十一號　平田一畝三分九釐六毫
四百二十七號　平田四分六釐九毫
七百十九號　平田六分七釐四毫
七百三十七號　平田一畝六分二釐七毫
七百九十號　平田八分七釐一毫
八百三十八號　平田五分三釐
八百六十五號　平田一畝八分九釐七毫
九百零六號　平田一畝九分六毫
九百十二號　平田二畝八分八釐
一千一百三十號　平田七分一釐三毫
珍字六百十二號　平田一畝六分
九百六十三號　平田一畝一分九釐六毫
柰字一千三百四十號　平田三畝九分一釐一毫
戎字一百九十號　平田三分四釐四毫

一百九十五號　平田七分一釐
一百九十七號　平田四畝五分三釐七毫
三百六十二號　平田七分二毫
三百七十七號　平田八分九釐
三百七十八號　平田一畝一分二釐二毫
三百九十七號　平田九分
四百零五號　平田五畝九分二釐四毫
四百十一號　平田一畝八分二釐一毫
四百十二號　平田一畝三分八釐三毫
四百十五號　平田九分三釐一毫
八百零四號　平田一畝六釐七毫
八百四十七號　平田二畝四分三釐
八百七十四號　平田一畝四分五釐六毫
羌字五百七十六號　平田一畝六分三毫五絲
六百零八號　平田一畝六分二釐七毫
六百十五號　平田一畝六分七釐一毫九絲
七百號　平田一畝八分
七百零三號　平田二畝八分二釐

退字六百六十六號　平田二畝二釐一毫
一千零八十九號　平田一畝三分四釐四毫
造字二百六十一號　平田一分六釐四毫
一百三十九號　平田三畝一分七釐二毫
三百六十一號　平田一畝六分五釐五毫
四百五十七號　平田二畝四分五釐五毫
四百五十六號　平田五畝九釐六毫
染字二十六號　平田一畝八分七釐
一百十四號　平田七分二釐一毫
沛字六十八號　平田二畝八分八釐七毫
一千二百七十二號　平田三畝七分七釐二毫
一千三百四十九號　平田二畝七分二釐
萬字二百五十三號　平田一畝七釐三毫
五百零五號　平田一畝七分七釐五毫
蓋字八百六十一號　平田三分八釐五毫
九百五十六號　平田一畝九分三釐五毫
此字四百九十一號　平田二畝九分二釐二毫
潔字一百四十號　平田三畝七分一厘七毫

一百四十八號　平田四畝一分九釐八毫
四十四號　平田四畝六分九釐
六十八號　平田一畝五分六釐
二百八十六號　平田一畝九分七釐三毫
二百九十一號　下田三分九釐一毫
三百二十七號　平田一畝九分六釐五毫
六百四十一號　平田三畝四釐五毫
六百四十二號　平田一畝九分九釐四毫
六百四十四號　平田一畝四釐四毫
七百四十七號　平田一畝一分
唯字六百八十五號　平田一畝三分八釐五毫
白字四百零二號　平田四分四釐八毫
三百號　平田九分六毫
正字一百四十五號　平田九分九釐三毫五絲
一百四十六號　平田九分九釐三毫五絲
一千零十五號　平田二畝二釐八毫
一千零十七號　平田二畝六分一釐
一千二百四十八號　平田三畝三分九釐三毫

一千二百二十四號　平田三分五釐
一千一百四十四號　平田一畝五分一釐六毫
一千一百零五號　平田一畝六分
習字十六號　平田一畝三分三釐四毫
五十一號　平田二畝一分九釐九毫
聖字二百零八號　平田八分八釐八毫
建字五百十一號　平田四畝六釐五毫
五百九十三號　平田三畝一分一釐
五百五十一號　平田一畝二分二釐
綵字十九號　平田八分六釐
六十五號　平田五分二釐九毫
六十八號　平田一畝一分一釐二毫
一百二十二號　平田八分九釐九毫
克字七百零五號　平田二畝六分六釐二毫
七百零四號　平田二畝五分二毫
二百三十五號　平田四分三釐七毫
念字一百八十一號　平田一畝七分七釐二毫
二百十號　平田一畝三分八釐五毫

二百十一號　平田一畝三分
五百四十一號　平田三分七毫
五百四十二號　平田一畝三分五釐二毫
五百四十八號　平田四畝二分五釐五毫
羊字二百七十七號　平田一畝九釐四毫
二百七十八號　平田一畝三分七釐三毫
二百八十一號　平田二畝一分一釐四毫
二百八十二號　平田一畝九分七釐
羔字四十號　平田一畝二分五釐五毫
四十一號　平田一畝三分一釐五毫
四百七十五號　平田三分六釐
五百三十九號　平田五分八釐
五百四十四號　平田三畝三分九釐
五百五十八號　平田一畝二分
五百六十七號　平田六畝五釐八毫
五百六十八號　平田七分
立字二百七十八號　平田八分六厘六毫
二百八十二號　平田二畝三分二毫

二百八十四號　平田二畝七分五釐二毫
二百八十九號　平田二分三釐二毫
二百九十號　平田四分
二百九十一號　平田三分一釐
二百九十二號　平田二畝六分五釐二毫
二百九十三號　平田四畝六分六釐一毫
二百九十四號　平田二畝二分三釐
二百九十五號　平田三畝一分三釐三毫
三百二十一號　平田一畝四分一釐七毫
四百零四號　平田三分五釐一毫
四百零七號　平田四分四釐二毫
四百十五號　平田一畝五釐
四百十六號　平田一畝二分七釐三毫
四百十六號　平田四分二釐
四百十八號　平田一畝七分三釐四毫
四百四十七號　平田三畝四釐
四百五十一號　平田五畝八分九釐三毫
四百七十五號　平田九分七毫

錫山秦氏宗譜　卷首下　奎

四百八十七號　平田一畝二釐六毫
七百零九號　平田四畝七分五釐一毫
七百十三號　平田二畝四毫
七百七十三號　平田一畝一分七釐五毫
七百八十四號　平田四畝六分四釐七毫
九百七十六號　平田三畝二分二釐
九百八十號　平田二畝五分一釐
九百八十三號　平田一畝四分
九百八十五號　平田一畝八分九釐
九百八十九號　平田一畝四分七釐五毫
譜字十七號　平田一畝九分七釐八毫
三十二號　平田四畝六釐六毫
八十三號　平田三畝五分六釐五毫
八十九號　平田二畝五分三釐三毫
一百二十四號　平田二畝八分四釐四毫
一百五十三號　平田一畝五分六釐
三百八十四號　平田四分
三百八十八號　平田二畝二分五釐

四百零二號　平田二畝一分
四百零四號　平田七分七釐
四百二十三號　平田一畝六分二釐
四百二十八號　平田八畝五釐
四百三十五號　平田五分八釐五毫
四百九十四號　平田三畝七分二釐七毫
五百二十六號　平田一畝八分
六百零四號　平田二畝七分
六百二十二號　平田五分九釐五毫
六百三十二號　平田九分五釐五毫
六百五十五號　平田一畝
六百六十九號　平田一畝一分一釐四毫
六百七十號　平田二畝一分六釐三毫
六百七十四號　平田一畝八分三釐六毫
六百七十六號　平田二畝一分四釐七毫
六百七十七號　平田一畝九分三釐九毫
六百七十八號　平田一畝八分五釐六毫
六百七十九號　平田三畝八分三釐七毫

錫山秦氏宗譜　卷首下　夾

六百八十六號　平田二畝一分五釐八毫
六百八十八號　平田二畝四分四釐四毫
六百九十二號　平田八分五釐
六百九十三號　平田五畝二分四厘三毫
六百九十五號　平田五分一釐五毫
六百九十六號　平田六分七釐一毫
七百五十三號　平田五畝六分四釐五毫
八百四十四號　平田二畝四釐
致字二百八十六號　平田四分五釐
一百七十二號　平田一畝四分五釐一毫
一百六十二號　平田二畝七分八釐五毫
一千九百六十七號　平田五分七釐五毫
一千九百六十六號　平田九分一釐一毫
一千九百六十五號　平田六分五釐九毫
一千四百四十七號　低田二畝四分七釐五毫
一千四百三十四號　低田二畝九分三釐七毫
一千四百二十九號　低田二畝五釐
一千一百二十號　低田一畝五分

八百八十一號　平田九分五釐三毫
二百九十六號　平田二畝七分
四百八十一號　平田三畝七分六毫
四百八十號　平田二畝一分三釐四毫
二百九十四號　平田六分三釐七毫
二百八十一號　平田三畝三分九釐三毫
女字一千零十一號　平田五分九釐一毫
德字七百十一號　平田九分五釐
六百十七號　平田二畝八分五釐
離字四百零一號　平田二畝四分三釐三毫
四百七十五號　平田二畝二分一毫
四百八十三號　平田二畝八分三釐七毫
六百零三號　平田一畝七釐一毫
六百二十八號　平田三畝六分大釐九毫
九百八十二號　平田九分一釐六毫
一千二百四十六號　平田一畝六分五釐
一千三百零三號　平田一畝一分六釐一毫
映字一百三十三號　平田一畝七分三釐二毫

一百三十一號　平田一畝五釐七毫
一百十三號　平田九分七釐二毫
一百十二號　平田八分七釐二毫
遐字七百四十九號　平田六分七釐五毫
八百十八號　平田二畝七分五釐七毫
八百三十號　平田一畝六分七毫三絲
九百七十五號　平田九分四毫

以上高低平田一千零零一畝五分三釐七毫一絲照現

在莊存單數開列　糧戶秦義莊租額一千一百零二石九斗四升七合五勺內有收景騰玉宿方敢慕清事尺傷等字號新單尚未領到租數列左

收字　千　百　十　號　租一百七十斗五升
景字　千　百　十　號　租二石五斗
騰字　千　百　十　號　租六石
玉字　千　百　十　號　租一石六斗五升
宿字　千　百　十　號　租十三石九斗七升五合
方字　千　百　十　號　租十三石三斗
敢字　千　百　十　號　租一石一斗
慕字　千　百　十　號　租四石六升六合
清字　千　百　十　號　租二石五斗
事字　千　百　十　號　租一石一斗
尺字　千　百　十　號　租四石二斗
傷字　千　百　十　號　租七斗

以上共五十二石八斗四升一合

淮祭除祠基意字三十九號平田一畝一分九釐六毫／八號平田八分二毫五絲物字二十八號平田一分四釐五毫外田數如左

潔字二百零四號　平田一畝一分八釐九毫
三百五十二號　平田六分

豈字一百九十九號　平田一畝四分四釐四毫
此字三百零一號　平田一畝二分六釐
四字二千一百八十號　平田二分九釐
場字五百五十五號　平田三分五釐八毫
五百五十六號　平田七分三釐四毫
立字四百十七號　平田一畝八分一釐三毫
四百五十三號　平田六畝七分五釐六毫
四百四十四號　平田一畝二分四釐六毫
聞字六十九號　平田九分八釐一毫
生字二千一百七十八號　平田八分二釐七毫
二千一百七十七號　平田一分二釐四毫
二千一百三十七號　平田一畝一分一釐二毫
夜字一千四百八十六號　平田九分一釐
珍字五百四十六號　平田三分八釐七毫
薑字一千零零四號　平田四分
三百三十二號　平田二分
身字七百三十五號　平田一畝八釐
巨字一千八百零七號　平田一畝一分三釐二毫

衣字一百七十號　平田一畝六分七釐九毫
日字一百五十號　平田一畝二分一釐
非字一百六十五號　平田一畝一分六釐三毫
是字二百七十九號　平田五分二釐八毫
一百三十四號　平田一畝一分
寶字七百六十號　平田九分三釐六毫
璧字四百三十九號　平田一畝一分五釐二毫
四百四十二號　平田三畝二分七釐
四百四十三號　平田二分三釐八毫
四百四十五號　平田六分七釐七毫
四百五十號　平田三分六釐
四百六十七號　平田一畝五分二釐
四百七十號　平田九分八釐六毫
四百七十八號　平田五分六釐六毫
四百八十號　平田四分五釐七毫
四百八十一號　平田七分九釐三毫
四百八十四號　平田二畝一分一厘九毫
四百八十五號　平田八分

五百十六號　平田四分六釐三毫
五百十七號　平田一畝四分八釐六毫
五百十九號　平田三分五釐
父字五百三十七號　平田九分四釐八毫
五百三十八號　平田二畝四分六釐七毫
敬字八十一號　平田八分五釐二毫
八十四號　平田一畝四分八釐八毫
六百二十號　平田六分三釐六毫
力字一千零六十九號　平田三畝七分四釐八毫
一千零七十號　平田二畝六分六釐七毫
一千零七十一號　平田三畝四釐九毫
一千零七十二號　平田四畝一分一釐五毫
聲字八號　平田九分
造字二百零九號　平田九分三釐六毫

以上平田六十六畝五分七釐四毫糧戶秦淮祭租額七十二石三斗零八合內有廉宿蓋聖傷等字號新單尚未領到租數列左

廉字　千　百　十　號　租四石六斗
宿字　千　百　十　號　租一石
蓋字　千　百　十　號　租八斗
聖字　千　百　十　號　租七斗
傷字　千　百　十　號　租四斗
以上共租七石五斗

碑記　溪隱公著贍族田記泐石淮海祖祠蓉莊公秦氏義莊記及部給義莊執帖族人陳明莊屋原委公呈泐石義莊

管理章程　建莊規則雖善無徵董莊諸列祖書缺有間僅知汝夏公泰鈞鼎臣公廷斌而下有崃山公江朗山

公文楷鶴鳴公臯諸人皆莊裔也洪楊亂後緩卿公宦豫特請芝珊公鳳翔遄返協同輔叔譽臣諸宗老清理莊田嗣是董莊務者爲莀風族祖臻昂千族祖家駒歲生叔度周衡之族祖汝烜照南族祖煥莊乙青族祖光簡牧卿先叔謙培郯薿族叔寶瓚儿若而人郯叔三次主政歷年最久當時司田事者亦羣以族彥充任其後延外姓爲司事始猶親賢相間繼乃專任外人民國十五年郯叔年老倦勤推亮工族弟仁存接管組織董事會由莊董一人董事八人共同管理會章錄左（一）本莊

設莊董一人管理本莊田務與族中公有祠墓祭掃等各事宜(二)莊董仍先人舊例由二十四房推舉力堪付託者任之(三)本莊設董事八人協贊莊董分任出納會計保管各事宜章程另訂(四)莊董對於田租等收入及經常支出應司考核而收支之責則與董事會共同負擔之(五)凡屬本莊範圍內之事如遇祠墓修理等處應於每年開例會前估工開單知照會計董事以便開會時列入議案通過後再行舉辦惟莊內餘款不得如數用盡每年除正項開支外酌提若干成另交莊號存儲

生息作爲積備金以防凶荒(六)莊董每年收受董事會之收支各項清册應卽核明付審查會之審查再行公佈(七)莊董任期三年期滿定期開會公同推舉連舉者得連任如未滿任期而發生意外事故者則由董事會聯名召集臨時會議續舉(八)本簡章如有未盡事宜得於每年例會時修改之

組織大綱　(甲)組織(一)本莊由莊董及董事會以實行經濟公開爲主義(二)董事暫定八人由二十四房推舉之惟受本莊資助者無被選舉權(三)董事會設出納會計

保管三部除出納部四人外餘每部設二人協同莊董共同負責每年開常會時得設臨時審查會以資考核而昭大公(乙)職責(一)出納董事專司稽核田租與本莊附產之收入及每年經常之支出凡收入款項應隨時交會計部登記其支用各款須開具事由款額清單交會計部查核依時向保管部支付若遇臨時支出須經董事會公決方可照支每年春追後於立秋前編製全年收支清册交會計部查核轉交莊董核明以便審查公佈(二)會計董事專司登記收支各款並掌接受出納

董事之收款交保管部儲存生息每年春追後除查核出納董事之清册外須將全年經常臨時收支各款編造清册交莊董核明以便審查公佈(三)保管董事凡本莊田單契據存摺等負責保管並擔任存款生息之事惟儲存何處須由董事會公決收入會計簿(部)之款項後應隨時交於指定之處儲存生息凡本莊有應支之款由會計部憑出納部之支條照付每年開例會時將保管各件交董事會核明以便受審查會之審查(四)本莊僱用司賬二人駐莊辦事(以外姓爲限)由董事會公議

僱用專司田租祭掃額米等費如有收入應隨時交納董事掣取收條凡遇支用須開具事由清單向支出董事處領取支條至會計董事處登記再向保管董事處領欵每年春追後編造全年收支清册將租簿完票存根銀漕串票並抄出欠租佃戶及租數交與董事會共同合算(五)每年開例會一次開例會之期俟春追後定日舉行除報告全年收支情形外將收支清單懸掛本莊以備公閱(六)本莊董事任期三年期滿定期開會公同推舉連舉者得連任(七)本章程如有不盡事宜得本

會董事過半數以上之提議開會修正之

公學因革記

璜五廿二世孫　毓鈞

語曰有開必先信然哉公學之興肇於書塾塾屋捐自五世從祖蓉莊公震鈞在師古河義莊右旁計屋十餘楹塾田捐自族高叔祖小峴公瀛計田八十畝而族之貧苦子弟賴以讀書者恆數十人其事卽掌之於省吾公兄弟皆嘉慶間事也至設塾之旨則蓉莊公嘗言之矣父兄之教不先子弟之率不謹余宗家法頗嚴今此風亦稍衰矣伯兄世萊先生命之曰教訓子弟必立家塾塾者聚其家之子弟而教之之謂也吾力不逮他日者爾其勉旃震拜受之不敢忘然則二公捐田捐屋之志述世萊公嘗曰志也洎乎道光之季芝台公首將塾屋典出咸豐初由馥堂公贖回越經兵燹同治間族人公議以塾屋典于侯氏得價百四十千爲修理義莊祖堂之用後由寶仁堂迭加典價幾有積重難返之勢田則自省吾公兄弟宦游日久徒法不能以自行論者至有人亡政息之歎此澹如公敘癸酉譜時所由慨然以興復義學爲言也先祖訓導公惄焉憂之嘗以集欵千緡重興書塾爲職志告之族祖臨川公炳

斗族伯曾卿公琪倡捐舉墜光緒四年春訂立章程量給修脯規定學生每名每節一千文非孤子極貧不得濫入春秋二季或年終考試一次酌給花紅以稽讀書勤惰由先叔來卿公族叔皖卿公董治其事時則澹如曾叔祖緗業芝珊曾叔祖鳳翔德輿伯祖熊飛績卿叔祖克昌翬聞風踵起慨捐相助于是乎一蹶不振之書塾始有翻然中興之一日迨後光緒十二年臨士伯祖賡彤作故遺命捐錢五百千爲書塾經費而書塾之規模廓乎以大歲科兩試贈送卷費並於院試前增設會課先祖親自督之延聘

名人評定甲乙歲以爲常其後來卿四叔歿而牧卿五叔繼之皖卿族叔歿而鼎臣族兄繼之踵武前軌不懈益烈間出其餘資助出洋學生然其時塾屋猶出典他姓塾田猶掌之於捐置子孫世變風移西學東來蘇省當瀛海之衝邑人羣以興學爲亟牧卿五叔知非蹈常襲故所能作育新民也商之鼎臣族兄提倡族學時則主莊事者爲郯蓀族叔與有同志莊塾合力規復塾屋籌辦秦氏公學延族兄卓桴士教務訂章招生募周族弟爲校外庶務主贖屋事乃於光緒三十二年正月先借義莊上倉廳爲教室

開始授業量收異族子姓卓桴兄並捐置風琴一座教授音樂鼓舞學生興趣八月始向侯氏贖歸取莊塾積存餘款按照逐加典價共出銀六百八十元莊任四百元餘則取給于塾款中並乘時規復義莊下倉廳代子容族叔典賣仁堂廂房四間拔屋兩間議定典價銀百五十元修繕銀六十元遷費銀四十元由書塾貼銀百元餘則義莊任之而子容叔家屬始行遷去義莊下倉廳亦復舊觀子容叔者穫堂公之孫曩有贖屋之勞者也乃召匠氏擇其牆壁之摧敗者繕之屋瓦之破碎者完之房屋之不如式者

改造之不四月而用觀厥成費金千緡有奇翌年正月移校其中嗣是逢伯族祖寶驥子治族叔鳳墀晉華族叔瑞玠鼎臣族兄寶鐘綱孫族兄文錦申潔族姪岱源輩相繼集捐絡繹襄事郯蓀叔並設法將世恩堂經管之田借予邋族叔檢單交付凡己過書塾戶者概交公學計共五十五畝零二釐一毫原租五十四石二斗八升四合體先人設塾之志創一姓族學之基菁莪棫樸樂育宏多矣至塾產之設置則肇始於光緒十三年來卿四叔經理塾務時購置北門外對弔橋市屋六架計門面兩間其後牧卿五

叔爲公學久遠計搜羅各處遺產以佐不逮則有北門外黃泥橋下泰山菴基址一塊租建源慎繭棧及城中大市橋古觀音殿旁屋一所西門外鎭溪庵餘地築室採租以資學費要之設塾迄今時歷百年風會屢變區區一族學剝復窮通亦若與之相終始者若厥稽田莕莊公小峴公其敷菑也先祖訓導公以亥集欵承先重興書塾殆所謂惟其陳修爲厥疆畎者歟繼自今成人有德小子有造牧卿五叔岐蓀族叔鼎臣族兄輩因時制宜改設公學體吾祖聚族而教之一語以嘉惠於幼子童孫則宛乎農夫服

田力穡乃亦有秋矣稽其功皆自耕穫菑畬來也世萊公
有知當亦稍慰於地下耳予小子謹敢覼縷陳之以告後
之人永思艱焉斯可矣其書塾規條集捐佃細數及公學田
房各產詳書左方
書塾規條㈠額定學生二十名每名每節給修一千文非
孤子與極貧不得濫入㈡書塾既未曠同學生所居又
遠近不同今酌定聽其就近從師司事人按季給修㈢
學生入書塾者由本房開明支派及本人年歲住處與
所從何師所讀何書應收入者另立一簿司事人一一

登記㈣學生束修讀書過十六歲不能作文作文過二
十歲者不給㈤學生於春秋兩季或於年終請族中老
成人察其功課其有讀書而書不熟作文而文不通者
則加訓誡三次不改者則停修不給其有認眞用功不
事游嬉則酌給花紅以示獎勵㈥察課及司事人均不
支給薪水以歸節省銀錢出入隨時登記年終彙開細
數實貼於淮海祠前以便稽覈其有侵吞及賬目含糊
者不得容情不究㈦此次經費並非出於力之有餘必
欲玉成其事爲培養孤貧計也既爲公款即不當有私

門後子孫或以爲祖宗所捐硬欲借用與非人所共衆
硬欲經管卽非今日創始之意其有如此誥責無貸族
中於創始子孫往往容情今則不然毋謂言之不早也
書塾捐款　洪楊亂後倡議重興自光緒三年丁丑起至
公學成立民國十三年止共收捐錢一千五百四十千
捐洋五百八十五元題名如左
訓導公煥　錢一百千　光緒三年
臨川公炳斗　錢二百千　光緒三年
爵卿公琪　錢六百千　光緒三年

德輿公熊飛　錢五十千　光緒四年
績卿公克昌　洋四十五元　光緒四年
濟如公紳業　錢六十千　光緒八年
士藝公熙晙　錢三十千　光緒十一年
臨士公賡彤　錢五百千　光緒十二年
芝珊公鳳翔　洋四十元　光緒十二年
逢伯公寶驥　洋五十元　光緒三十二年
子治公鳳墀　洋一百元　光緒三十二年
鼎臣公寶鐘　洋一百元　光緒三十二年

晉華叔瑞玠　洋五十元　光緒三十四年
裥孫兄文錦　洋一百元　民國十年
申潔岱源　洋一百元　民國十三年

公學產業

書塾房屋一所坐落無錫市六箭河上東北七圖意字號糧四分八釐三毫計房屋四進頭進五間二進四間三進三間後進樓三間樓西餘屋二間

北門外對弔橋市房兩半間坐落露華街口黃字區係一紙坡根印照一紙

泰山菴基址一塊坐落新北門外梁溪路黃字二百四十一號平田五分又三百五十三號平田三分八釐又三百五十四號平田三分三釐三毫又三百七十三號平田一分八釐九毫

古觀音殿旁屋兩間坐落大市橋東首物字三號糧七釐五毫

鎮溪菴菴址一所坐落西門外棚下邇字一千一百三十一號糧三分又一千一百三十七號糧一畝一分七釐八毫又一千一百三十八號糧五分七釐二毫又一千一百三十九號糧三分　考菴爲明正德中秦氏捨建崇禎時秦戸部塤施地廣之清乾隆間顧封公建元重修之道建小黃鶴樓樹十老坊於門詳嘉慶志建元者鏴泉先生光旭封公也

田號細數册列田五十五畝零二釐一毫租額五十四石二斗八升四合糧戸秦書塾

爲字四百六十一號　低田一畝
四百七十三號　低田一畝四分八釐九毫
六百零三號　低田九分六毫
六百二十九號　低田六分六釐
六百三十號　低田二畝二分五釐
七百十一號　低田一畝七分四釐八毫
七百十九號　低田一畝四分六釐
七百五十八號　低田七分二釐五毫
九百九十六號　低田七分五釐七毫
一千八十一號　低田二畝二分五釐三毫
一千八十六號　低田一畝六分六毫
一千一百五十一號　低田一畝一分九釐
一千一百五十二號　低田七分六釐一毫
一千一百六十號　低田一畝八分八釐八毫
一千一百六十五號　低田一畝一分四釐一毫
一千一百七十一號　低田一畝二毫
一千一百七十二號　低田二分六釐二毫
一千一百七十八號　低田九分六釐三毫
一千一百八十四號　平田三畝四分六釐
一千一百八十九號　平田八分九釐九毫
一千二百五十四號　平田六分七釐
一千二百七十一號　平田三分一釐九毫
一千三百七十二號　平田三分八釐
一千四百三十七號　平田九分八釐七毫

一千五百二十三號　平田五分六釐八毫
一千五百四十號　平田一畝
一千七百零六號　低田一畝二分二釐三毫
一千七百二十二號　低田二分三釐八毫
一千一百四十二號　平田三分三厘二毫
二千二百零八號　低田二分五釐七毫
一千七十五號　低田一畝六分七釐三毫
金字一千一百八十六號　低田九分三釐八毫
一千一百四十四號　低田一畝七分七釐四毫
一千一百二十七號　低田一畝四分四釐二毫
一千七百四十三號　低田五分八毫
一百零四號　低田九分二釐四毫
四百三十二號　低田一畝三分七釐
深字四百九十四號　平田五分八釐三毫
四百九十五號　平田一畝五分八釐九毫
四百九十三號　平田一畝八分四釐八毫
四百九十六號　平田二畝二分九釐一毫
四百九十七號　平田二畝七分三釐九毫

四百九十八號　平田八分四釐四毫
四百九十九號　平田二畝四分六釐一毫
五百號　平田一畝六分二釐三毫

碑記　蓉莊公秦氏家塾記泐石淮海祠祁蕘杈規復秦氏書塾改辦公學記泐石公學先祖訓導公重興耑塾記慕周弟規復書塾義莊記俱載秦氏文鈔

舊譜訂誤

端敏公譜例云瑞五府君出贅於錫之富安鄉胡埭元鴻禧監簿王野舟女以居遂爲錫人

鏞鈞謹案王野舟先生卒於嘉熙己亥嘉熙爲宋理宗年號是王野舟爲宋人非元人而瑞五公之卒尚在野舟先生以前說詳鈞著宋元世系圖後跋三自端敏公首創此說大音公因之遂有宋元世系譜圖之作竊謂瑞五公生卒俱在宋當曰宋代世系不當曰宋元世系因流傳既久今姑仍之而貢鄙見於此又淮海公傳亥至瑞五公倂南翁計之凡十二世端敏公譜例所云自少游下及古錫世系十二是也譜目云十世亦誤不揣譾陋爲量正焉

文恭公譜序云譜初輯于族祖大司馬端敏公爲集十有四

鏞鈞謹按愼庵公之譜爲卷二十有三分十四集若端敏公之譜僅輯世系一種雖愼庵公譜序有從從姪子高氏處借得世父舊本一語然觀序中秦氏之譜抱拙府君嘗有志焉而未逮至世父端敏公及樂易韋軒兩公始克成之自四世以上生卒年月字行皆所未備等語似端敏公所輯僅係

屬稿未定之作並未分集

小峴公譜例云笠原公編家乘首綜綸集而丰範宗系龍圖魁橋諸集次之

鏞鈞謹案大音公譜序笠原公嘗獨輯世系矣非再誰當繼之似笠原公之譜僅輯世系一種而譜例所引乃全譜爲愼庵公舊作

澹如公譜序云並決笠原公續編家乘搜羅先世遺文都爲一集

鏞鈞謹案笠原公三字當云愼庵公辨見前

錫山秦氏修譜源流宗譜續編下註八世孫淪九世孫
梁十世孫燿十二世孫鎡鏞鍈
鏡鈞謹案修譜源流皆註年月而此獨不註者爲
全譜非世系也全譜之修凡兩次觀邳仙公序云
自萬歷癸未慎庵公編輯以來季時叔祖續編之
可見且季時公生于萬歷三十一年癸卯若癸未
則萬歷十一年耳相去且二十年似無同時修譜
之理宗譜續編四字亦宜量正

先城集補

（清）秦雲錦 纂修

《先城集補》不分卷，（清）秦雲錦纂修，清乾隆六十年（一七九五）刻嘉慶二年（一七九七）續刻本。

秦雲錦（一七三六——一八〇二），秦仁次子，原名元騫，易鉉鼎，又易今名，字紹騫，晚號東溪老人，無錫人。錫山秦氏十五世孫，次山第二支定橋公派。郡增生，少工帖括，啬於遇，居平敦内行。承父遺志，清釐先人墓地，規復祭田，立案歸糧，勒石保墓，刊其父《祖塋記略》並立淮海、歸山兩祠。

先城即祖先塋兆，錫山秦氏自明代秦金（號鳳山，謚端敏）修理先塋，設立規制，始有《先城集》之作。清乾隆年間，其八世孫秦雲錦因《先城集》年久散失，故作此書，記世系、祠墓、祭田諸事。内含劉墉序、秦瀛序、凡例、祖訓、本支世德圖、本支世業圖、本支世封圖、淮海宗祠、鳳麓宗祠（資福庵附）、端敏宗祠（太保墩附）、孝節宗祠、歷祖先城、少保端敏公置祭田、中憲姚安公置祭田、臬憲會元公置祭田、中憲福寧公置祭田、族補祭田（柴松附）、續增祭田（雲錦歸贖各祖塋柴松田租並雲錦自撥身後祭田附）、縣批、家法、跋志、保墓條規、宋常州通判處度公先城（附葬六代）、宋處士曾四公先城（附葬四代）、重建歸山鳳麓宗祠記、歸復秦村馬山祖塋記、歸山庵祠捐田記、秦瑞義各據。

本書據清乾隆六十年（一七九五）刻嘉慶二年（一七九七）續刻本影印。

（朱　剛）

錫山秦氏先城集補全册

伯風所藏　介茸書目

乾隆六十年秋鐫

明贈少保謚端敏
尚書鳳山公遺本

先城集補

八世孫雲錦敬刊

嘗聞之禮曰墟墓之間未施哀於民而民哀孝經曰卜其
宅兆而安措之蓋生事愛敬死事哀戚生民之本盡於此
死生之義備於此所係豈淺鮮哉然世遠年湮塋兆磨滅
而不可考者雖世家巨族亦不免焉此則視乎其先德之
淺深後賢之謹忽天主其叁人參其半也墉自辛酉鄉闈
受知於
秦老夫子薪巖先生後屢任江蘇學政舟行惠麓水窻之
際遥瞻秦氏世墓知其淵源食德海內稱鼎族者其來有
自而　夫子之嗣君孫曾並列宮墻未嘗薦藉通家有所干
請墉常心焉企之知昔　夫子之庭訓有超出尋常意計
者歲壬子仲君紹爵世長遣猶子璋以郡廩貢入　成均
來　都應試持先城集補囑書弁語墉展讀之下備見
夫子之先世德厚流光而世長於保墓之道既詳且悉惟
恐有一隙之遺可謂不忘其祖矣在昔歐陽文忠自表瀧
岡阡兆歷陳其賜爵受封并其先人之遺訓而並揭焉今
世長追遠裕後之思敦生民之本盡死生之義兢兢乎惟
祖德是念殆取法於歐陽氏而加詳者歟墉忝列　夫子
門下義不敢辭因謹書而序之如此
前提督江蘇學政吏部尚書協辦大學士年家世弟諸城
劉墉頓首拜撰

吾秦氏遠祖自汴遷會稽由會稽遷高郵處度先生官於常復由高郵遷常州而無錫之有秦氏則自宋季瑞五公始遷無錫之胡埭自處度先生以來吾秦氏未有達者至明成化以後中齋公官布政使端敏公官尚書吾秦氏始顯中齋先已由胡埭遷居城中之師古河而端敏公亦遷邑之城西吾邑所稱河上秦氏西關秦氏者也端敏公官最顯事蹟具明史又嘗建祖祠輯宗譜修先塋三者設立規制至詳且備公之後閱數傳爲薪巖先生官福寧太守能繼公之志而族祖雲錦則端敏公之八世孫而薪巖先生之仲子也少工帖括與瀛同補博士弟子員嗇於遇困諸生者數十年今年且六十矣居平敦內行勤勤懇懇於族中應舉之事爲之不倦今復刻先城集補一編屬瀛序瀛受而讀之首述祖訓次列本支世德圖以迄家祠之建置而後及於累世墳塋有圖有考燦若列眉而終以家法暨保墓條規蓋所以繼薪巖先生之志而卽以繼端敏公之志者用心於是爲獨至矣瀛一官錄錄於先八世德方懼不克負荷讀是編不滋媿乎爰盥手謹誌數語於編如此

乾隆六十年歲次乙卯九月既望十八世孫瀛謹序

先城集補目

一原本 端敏公創譜有先城集集年久散失今敬補
之
一屆修譜之年先清理 祖塋司事邀族祭告
燦山淮海公墓
歸山瑞五公墓此 少保端敏公舊例 先考中憲公丙
寅修譜遵而行之故兹本自燦山始
一祠墓以及祭産原由恐本家乘題獨舉先城仍舊也
一 歷祖小傳係錦增入表舊德也蓋由宋元明而至
我
朝宗支蕃衍台垣著績元鼎增輝簪纓累世不絕苟非德

厚曷以流光節錄 祖行爲小傳使子孫知一絲半粒
皆食德先疇且語云旣歸三尺土難保百年墳而我
歷世墳墓數百年而不失者其來有自尤當愛護封植
保其萬年不朽
一序世數則 祖宗爲主雖 祖父不諱此廟中不諱
之義
一墳墓之難保今日尤甚尋地之人多有地之處少山
佃地棍串同謀地每於舊家百計侵佔防閑稍懈卽入
虎口慄慄可懼故末復載保墓條規務一一謹守杜漸
防微無致滋事貽累卽看歷年各案縣示失而復得何
等艱難
一兹集悉係 祖宗血脉子孫根蒂所關重大照 端
敏公宗譜三十年一修之例續壐者嗣入後世子孫屆
期先將此集木板查看蟲蛀闕失卽重刊刷印每次三
百本分送鄉城戚族遠處同宗以防年久湮沒如不照
例續修以大不孝論一自松隱竹隱梅隱三公以下坟
墓祭産其的派各有專司錦不得越俎或不以此爲書
獃故習仿而行之彙成全璧則錦願執鞭蓋此次譜內
孫行非復昔時之盛矣卽席豐履厚亦莫非蒙 祖宗
餘蔭而衰弱之由根於源本觀錦保墓規約第三條可

知全譜內各支祖塋其的派不註地名者大半卽有註
者顢頇了事並不開明坐落字號畝數粮額祭田爲保
墓之本竟無一字註載日復一日歸於湮沒後世無從
執據恢復無由將數百年數十年祖塋一旦他人是有
以致源本有傷孫枝零落前車旣覆尚不驚心鑒戒推
諉因循置 祖宗於不問殊堪悼歎錦雖不無爲杞人
之憂以誼同一本剴切言之亦清夜之晨鐘耳
一絕坟附見遺墓特存所以敦本恤族垂爲後法

祖訓

學士淮海公訓

天任命人任力君子之道原於天而相之以人安於命而輔之以力故進德修業以自强不息爲主乾九三君子終日乾乾夕惕若厲无咎日者有爲之時乾乾以致其力夕者無爲之時則惕若以致其心夫亂生於所忽治生於所憂安者危亡亡者存固天之理也危厲若此而後可以无咎力有所不盡未可以言命人有所不至未可以言天也文集論條

尚書抱拙公訓

吾與汝同出於瑞五君瑞五君乃吾之曾祖汝之高祖也汝宜力學從善以光吾宗則胡埭之秦乃有振作興起於秦村之秦矣汝其勉之與姪景美書

尚書皁牧公訓

公一生青氈爲業教誨不倦常曰受人束脩教人子弟怠惰從事不使有成便是大孽惡報不淺家塾日記

少保端敏公訓

謙謹韜晦以持身潛心努力以進業庶幾宦蹟可繼門祚不衰女兩兄弟毋怠毋忽以要其成無恤之簡尚其有考北行訓子

文林克脩公訓

吾家世以孝弟爲本歷觀凡族克孝克弟者長發其祥不孝不弟者天降喪亂彰彰可考慄慄可懼記過書筆

中憲薪巖公訓

保身保家不外安分守巳立名立行只在脩德讀書家信訓示

凡人無論富貴貧賤胸不可存刻薄之心口不可出刻薄之語身不可行刻薄之事刻者亥爲時之將盡刀列其旁薄者草爲物之易仆氷乘其下可不懼哉可不戒哉長溪署語

梅隱公一支自　端敏起家歷傳至老夫一輩科第仕宦肆百餘年矣世守淸白無遭議黜者倘後世子孫倖獲半通不念厥祖或以貪酷得罪不謹罷官着房族長即除名宗譜斥革　祖祠非吾子孫也東阿署語

本支世德圖

首世德溯淵源也俾後人展圖而思世德勤脩以嗣之庶可綿其世而勿絶焉

淮海公
崇祀處州名宦祠公呈云秀發江淮性存忠孝蘇門居四學士之首宋廷有六君子之名

處度公
孝廉惠愛載頌毘陵花墓有甘棠之誌

振南公
振南公以下六世譜畧德可顧名思義

師曾公

宗舉公

復菴公

德威公

文實公

克義公

曾四公
譜誌公有孝行積德好善

瑞五公
以始祖少游公墓在錫遂占籍守墓錫泰始此

梅隱公
梅隱公以下四世譜畧王氏錫金誌小録云泰梅隱五世食貧孜孜以口舌成人之美積德於人所不見處

樂善公

抱拙公
制誥云博學深造人上就以依歸修德懷刑鄉閭爲之式化

怡晚公
制誥云爲善而不求乎知積德而終食其報

卑牧公
制誥云孝親友弟儀型著於家庭恤閭周窮仁惠施於族鄉

鳳山公
制誥云兼登甲第辭翰選以停親首刻計曹體官箴而報主

次山公
制誥云特身罔懈矢守官箴恭職惟勤水神戎政

定橋公
傳云憑依貴盛恪守家箴苦學修文惜其早世

念橋公
制誥云植德不替佑啓後人綿及乃孫丕彰鴻緒

幼儀公
制誥云善積於躬祥開厥後

克備公
制敕云錫光有慶樹德務滋

本思公
制誥云視躬淳直垂訓端嚴

薪巖公
制誥云易俗移風廣德心而登治理飭躬率屬謹亮節以樹風聲

本支世業圖

次世業務讀書也俾後人展圖而思世業勤學以繼之庶可保其世而勿墜焉

淮海公 治孝經太學博士
處度公 以下八世未詳治經而譜誌承事秀才等稱則知吾　祖世以詩書為業矣
振南公 承事
師曾公 承事

宗皋公 承事
復菴公 秀才
德威公 秀才
文實公 秀才

克義公 秀才
會四公 秀才
瑞五公 秀才
梅隱公 隱居業儒

樂善公 隱居業儒
抱拙公 制誥云明農圃之務蘊詩禮之源
怡晚公 制誥云篤生賢嗣業矜一經施及英孫位登八座
卑牧公 制誥云光前裕後莫大乎儒猷涉史窮經篤成於哲嗣

鳳山公 治書經年二十由儒士起選自郡邑以至督學皆第一是歲卽領鄉薦　卑牧公欲大成公不令會試仍就學
次山公 治書經國子生
定橋公 治書經邑庠生
念橋公 治書經邑庠生

幼儀公 治書經長洲縣庠生
克備公 治書經邑庠生
本思公 治書經齋志早亡
薪巖公 治書經邑庠生

本支世封圖

謹誌世封祟
天恩也進德脩業人事盡天心始應俾後人展圖而念世封寵勉以求之庶可振其
世而勿替焉

淮海公 宋元祐三年敕授左宣教郎太學博士 建炎四年誥贈龍圖閣直學士 誥敕俱存

處度公 任常州通判

振南公 任常州教授仕至脩武校尉

師曾公 任從仕郎蘭溪主簿

宗舉公 府刺史羊公給冠帶

復菴公 仕至承信郎

克義公 宋南渡至元末歷祖隱而弗仕 自抱拙公至薪巖公聯封十有一世贈封祖考妣共誥命五十六道敕諭三十四道俱存

抱拙公 嘉靖十六年誥贈光祿大夫太子太保南京兵部尚書

怡晚公 正德十三年贈通議大夫都察院右副都御史 嘉靖五年誥贈資政大夫戶部尚書 嘉靖十六年誥贈光祿大夫太子太保南京兵部尚書

卑牧公 宏治十一年敕封承德郎戶部福建清吏司主事 正德元年誥贈奉政大夫戶部四川清吏司郎中 正德十三年誥贈通議大夫都察院右副都御史 嘉靖五年誥贈資政大夫戶部尚書 嘉靖十六年誥贈光祿大夫太子太保南京兵部尚書

鳳山公 宏治十一年敕封承德郎戶部福建清吏司主事 正德元年誥封奉政大夫戶部四川清吏司郎中 正德十三年誥封通議大夫都察院右副都御史 嘉靖五年誥封資政大夫戶部尚書 嘉靖七年詔晉榮祿大夫 嘉靖十六年誥封光祿大夫太子太保南京兵部尚書 嘉靖二十四年贈少保謚端敏 諭祭文七道 諭葬文一道

次山公 嘉靖三十三年敕封文林郎右軍都督府經歷司都事 萬歷五年誥封中憲大夫雲南姚安府知府

定橋公 儒封文林郎浙江湯溪縣知縣

念橋公 康熙二十年誥贈中憲大夫長蘆鹽運司使

幼儀公 順治十四年敕封儒林郎內翰林國史編修 順治十八年誥封中憲大夫浙江按察司副使 康熙二十年誥封中大夫長蘆鹽運司使

克備公 雍正十三年敕贈文林郎雲南臨安府蒙自縣知縣

本思公 雍正十三年敕贈文林郎雲南臨安府蒙自縣知縣 乾隆十六年誥贈中憲大夫福建福寧府知府

薪巖公 乾隆十六年誥封中憲大夫福建福寧府知府

圖俱空方以俟後人之續入尚共勉旃
梅隱公支自　端敏公起家各支科第仕宦不少均
以孝弟爲本根以清白爲操守前明至
本朝五百餘年從無被議貶黜者後人當凜遵祖訓忠
貞廉潔飭躬自愛勿貽先人羞敬展三圖銘心刻骨

淮海宗祠 詳錫誌

建造　明正德丁丑浙江布政司都事十六世孫鋭舉人十七世孫泮雲南姚安府知府十七世孫汴仝建

祠宇　門道三間小廳三間正祠三間大樓三間乾隆丙午陝西督粮道二十七世孫震鈞重建門樓三間門屋四間協族重脩

字號　意字三十八號平田八分二厘五絲

今粮　三十九號平田一畝一分九厘五毫一絲

坐落　金邑六箭河

戶甲　舊戶泰祭基景上五八一四甲

碑文　巡撫歐陽鐸張濟兩公邵文莊公記

祭田　詳後

家法　詳後

承管　河上支玉興西關支宏鈞

崇祀　春秋官祭

鳳麓宗祠

建造　宋淳祐年　王用齋夫人吳孺人同　瑞五公建康熙二年會元探花內翰林　國史編脩江西按察使司十二世孫鉽重建乾隆丙寅中憲大夫福建福寧府知府十四世孫仁重脩

祠宇　正祠三間廂房一間灶屋三間池一方

字號　湯字二千三百九十七號祠基二畝八分祠外

今粮　隙地二十畝乾隆癸卯奉縣斷還秦氏

坐落　瑞五公墓左資福菴內殿左側

戶甲　泰瑞坐化上念八六另甲

碑文　大士正殿左壁石碑宋淳祐年立王用齋先生崇祀之廬

祭祀　春秋墓祭日拜祭

資福寶庵 記詳錫誌

建造　宋淳祐年吳孺人建

庵宇　頭門三間石柱廳三間正殿三間

佛座　觀音大士石像一座錫誌云相好特殊舊傳自太湖浮至富安橋昇出

字號今粮　見前庵基四畝庵外十二畝癸卯奉縣斷還

坐落　見前

碑文　見前

脩葺　乾隆癸卯不肖者將　祖塋盜賣各姓塟致三百餘棺不得起除奉縣斷罰修免遷一修錢橋一修本菴公交河西支十四世孫富春經理修葺司事者並未絲毫入己致同盜賣者肥身滅祖

菴田　朝字一千二百二十九號平田一畝六分一厘租一石六斗國字一千四百九十六號一畝四分八厘租一石四斗麥雙坐落張舍退字八百十號平田五分一厘三毫租六斗八百十二號八分九厘一毫租一石八百三十三

號六分九厘九毫租七斗麥雙坐落百瀆港捐罰項置

契據　五紙爲飯僧費交玉輿鏡高宏鈞承管付僧

戶甲　秦瑞菴景下五九一二甲

端敏宗祠

建造　前明嘉靖年　少保端敏公建

祠宇　正祠三間前屋二間大牆門三間牌樓坊一座今廢沿河街道馬頭一所

字號

今粮

坐落　西水關內

戶甲

今廢後世有力子孫務急重建以崇報本斷勿玩視

太保墩 寶珠菴附

建造　嘉靖年　少保端敏公建別業也太保墩額係知無錫縣事　陳公諱誨題今砌墻間水仙天后宮基俱係秦產現今寶珠菴亦係　諭祭諭葬累封一品夫人鈕氏夫人所建後元孫重益

公重修屢經頹廢乾隆年道姑殷廣開募修迄今不廢皆廣開力

菴宇　佛堂三間後街一条朝西屋一間小街一条朝南屋三間內供　關帝神像內房二間灶屋一間前後園地二塊

字號

今粮

坐落　西水關外

戶甲

縣示　乾隆二十六年　邑尊吳公示禁胥棍侵佔

孝節宗祠

建造　乾隆十八年　中憲福寧公建以西關　端敏
宗祠頹廢故特建造歷世孝友傳家　天恩
旌節故額以孝節供奉　歷祖神主後世子孫
謹守勿替
祠宇　正祠三間巧山全座前亭一座照池一方桃花
墩一箇大梧桐前後四棵　福寧公遺命　歷
祖依棲之所不許侵佔改移作踐污穢樹木花
草不許攀折每年修葺毋許傾頹違者以不孝
論房長究治議詳後
字號　逐字七十五號
今粮　平田二畝四分
坐落　介安堂宅東
四址　南址皂莢樹北至後梧桐樹長甬壁東址巧山
外墻一直西至衖堂一直
戶甲　泰伯安仲安叔安季安四戶分辦伯安叔安景
上五八二十甲仲安季安懷下四五三八甲
碑文　重修適可居記砌祠堂左壁
祭田　詳後

家法　詳後
祭器　楠木八仙八張　天然長几兩張　楠木書櫥
兩口　碼腦石檯兩張　碼腦小桌兩張　楠
木高椅拾把　椐木圈椅八把　椐木閗檯一
張
以上各器不得移入私用致干咎責

歷祖先城

宋

始祖淮海公

公諱觀字少游號淮海　祖妣徐孺人公登元豐八年進士榜召試賢良除秘書正字歷官博士國史編修紹聖初坐司馬光黨籍謫徙雷州建中靖國間　召還行至藤州卒藤塟高郵建炎四年追贈龍圖閣直學士政和中虞度公判常遷塟公於錫邑燦山記詳錫誌

制誥　宋元祐三年三月初八日　敕授左宣教郎太學

博士哲宗帝手敕賜公稱門下朕知公爲　帝師御寶墨跡及公宋時小像二十五世孫雲錦珍藏後世謹守勿失元祐三年至乾隆六十年共六百三十八年寶敕不失天之祐公德也

山向　壬山丙向

字號　在字號

今粮　一十二畝

坐落　燦山三茅峯下半山中土名圍瓢泉名在塚墩左側後

四址　未詳道士坟在公坟界內秦氏完粮

祭掃　春秋祠祭之日司祭者率族墓祭舊例邀者責

祭田　詳後

承管　坟粮入義庄二十七世孫浙江鹽運使司震鈞收管

路程　出西水關泊惠山濱登山水陸七里

坟佃　二茅峯三官殿西道士張來賢看管歷來各房付給飯米有籌不可短少

戶甲　秦淮祭楊上念六八另甲

據驗　無錫縣誌

縣示　乾隆戊子　邑尊吳公示禁

家禁　詳後　步禁　例禁三十步

宋學士淮海公墓圖

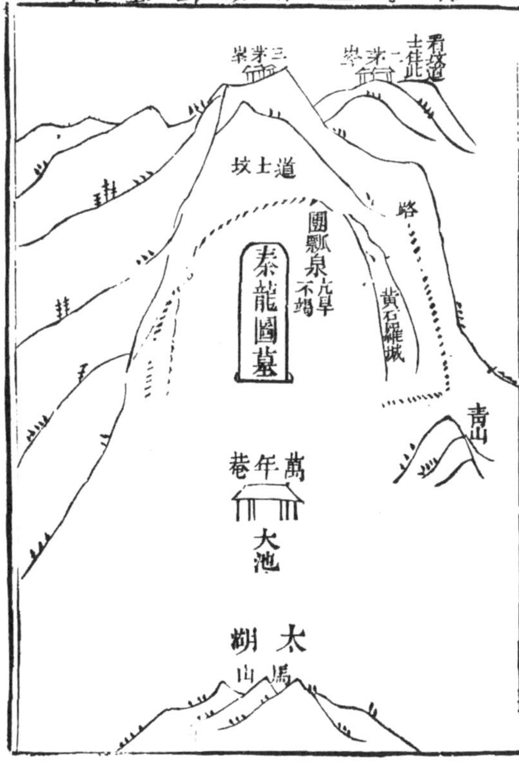

處度公

公諱湛字處度號濟川　祖妣金孺人公政和中任常州通判有惠政卒於官卜居武進新塘鄉子孫蕃衍邑人名其里曰秦村墓在本村東宅有太師橋八角井塋後數年橋塘突產紫蓮花數十莖土人稱爲花墓塘志甘棠之愛也見家乘現今荒廢不堪

字號

今粮

坐落　武進縣新塘鄉秦村東宅

四址

祭掃

祭田

路程　出錢橋楊溪一路至胡埭秦村水陸四十里

坟佃

戶甲

據驗　家乘

祟祀　配享宗祠春秋　官祭

以上高郵常州武進金陵嘉定湖廣長沙黄州荆州湘潭洞庭洛陽上海宜興常熟蘇州烏鎮淮陽孟河金錫各支俱有分子孫

宋常州通判處度公墓圖

俟秦村後裔增入

振南公　師曾公　宗舉公　復庵公　德威公　文賓公

克義公　以上祖塋譜無明文或云附塟秦村東宅

曾四公

公諱漠字我軒號禹卿行名曾四　祖妣蔣孺人王孺人譜云公有孝行積德好善生瑞三公及我　瑞五公秦氏開宗丁財科錄數百年而未艾者皆公孝德所致墓在馬山荒廢不堪

字號

今粮

坐落　太湖馬跡山耿灣隆舌尖

四址

宋處士曾四公墓圖

祭掃
祭田
路程　由錢橋至胡埭薛堰橋渡湖至坟五十里
坟佃
戶甲
據驗
處度公以下七世至曾四公墓祭久廢荒蕪不堪凡我
後裔宜整理而興復之宗人有同志追遠者錦願執鞭
以上東宅西宅干田河西舊瀆洛陽斗門新安馬山金
錫各支俱有分子孫

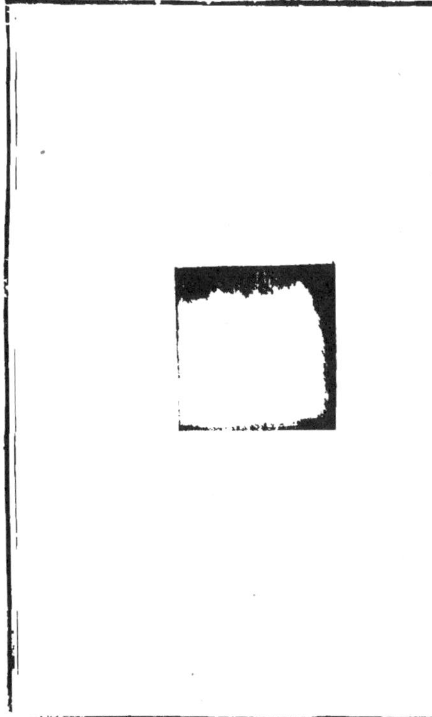

俟馬山後裔增入

元
瑞五公諱惟正字國祥號起山行名瑞五　祖妣王孺人
宋理宗時自秦村出贅胡埭王用齋公家為遷錫始祖
山向　乙山辛向
字號　湯字二千三百九十七號
今粮　乾隆辛巳　官案一百三十五畝癸卯　官案
八十畝八分絲毫更動盡法重處詳示
歸復　辛巳癸卯兩案各子孫詳後縣示中
坐落　錫邑富安歸山土名楊梅樹下又名門前秦氏
坟山

四址　辛巳案東址蓮花峯頂西址小歸山前南址陳家址北址北山址
癸卯案東址庵山㮣頂西址峰下田南址南灣北址北灣南墩河北墩河俱在界內
祭掃　春祭河上西關兩支承管秋祭東倉一支承管
承管　冬祭河西胡山兩支承管有議據俱雲錦設復
祭田　詳後
路程　由錢橋楊溪進劉塘橋泊梅車口水陸念八里
山佃　孫洪緒張廷京等二十六人承山看管三十一紙另簿
樹木　羅城內高松樹五百四十棵外不計數癸卯年
雲錦培植
柴松　折錢五千六百三十一文歸春祭內承管另有議詳後

戶甲　秦瑞坐化上念八六另甲
縣示　詳後
家法　詳後
碑文　乾隆丙寅中憲大夫福建福寧府知府十四世孫仁刻石題名塚前甲辰十五世孫雲錦建碑宗祠
契據　乾隆辛酉十四世孫仁歸贖契四紙無此一畨歸山祖塋久屬子虛辛巳辛丑癸卯各姓盜粮盜塟當官繳出賣契承山二十八紙內有無耻書名書押盜賣契二紙又公議二紙一存耕餘

堂一存嘉會堂
崇祀　配享宗祠春秋官祭
王用齋附誌
公號野舟宋鴻禧監簿夫人吳氏公無嗣我　瑞五公爲贅胥錫山秦氏開宗皆賴公力癸卯族人追念舊德尋復故土葬逼隣瑞五公坟右
據驗　宋淳祐年資福庵碑文
公墓係童漢生毀塟奉　官還去之所立塚並未侵佔半農公地況半農公墓譜無明文公塚並未埋沒

附塟本支各祖
梅隱公諱叔謙字梅隱　祖妣張孺人附羅城內穆次
樂善公諱彥起字樂善　祖妣鄭孺人附羅城內穆次
抱拙公諱樸字物初號抱拙明　贈光祿大夫詳世封祖妣殷氏　誥贈一品夫人附羅城內穆次法孔門塟
崇祀
聖廟鄉賢祠配享宗祠春秋　官祭傳詳錫誌
以上各祖塋乾隆丙寅　先考福寧公獨力建碑修築癸卯雲錦又立碑築塚添補羅城甲辰建碑宗祠詠烈堂後左廊辛巳辛丑合族歸復　瑞五公墓另築土城五十餘丈無耻者造言土城有壞風水則　端敏公所築石墻及石柱牌坊豈不更重於土卽此一端以槪其餘肆言滅　祖不可與明
以上錫金河上西關在鄉各支俱有分子孫

附誌分支各祖
松隱公附羅城內昭次
竹隱公祔羅城內昭次
彥可公祔羅城內昭次
坦率公祔羅城內穆次
衡初公祔羅城內穆次

歸山世墓全圖

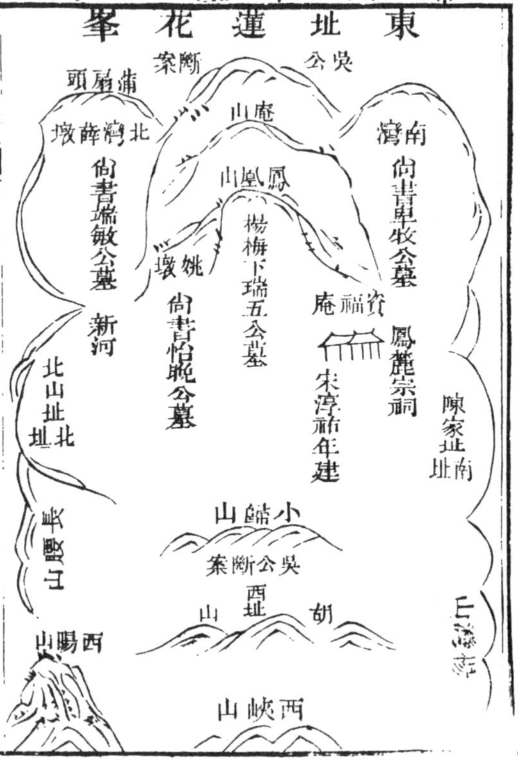

元處士瑞五公墓圖

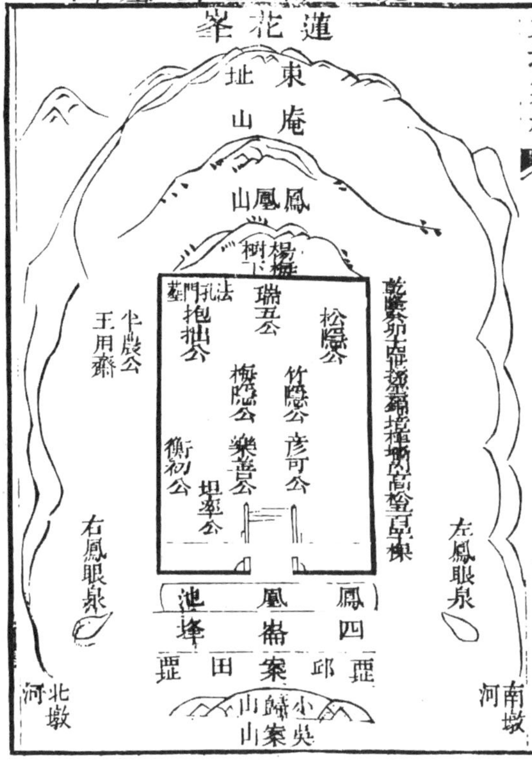

明

怡晚公諱景薰字怡晚　誥贈光祿大夫詳世封　祖妣界

贈一品夫人徐夫人楊夫人　先城

字號　湯字二千三百九十七號

今糧　乾隆辛丑十世孫雲錦稟縣歸贖山粮九畝在

歸復　公坟

案前示諭嗣後敢侵片土片石者斥革宗嗣解

縣法處

坐落　瑞五公墓右數武土名姚墩坟

路程　詳前

祭掃　端敏公遺田春秋兩祭今僅存東倉秋祭田

祭田　詳後

戶甲　乾隆辛丑稟縣立秦祖坟戶新上三一二九甲

山佃　張萬安爾明承山二紙

柴松　九担每年還納雲錦捐入　祖塋公費

樹木　羅城內二百棵外不計數

碑文　塚前題名石刻甲辰雲錦建碑宗祠

契據　辛丑奉　官差夻起還強姓棺繳出盜賣印契四紙

縣示　詳後

家法　詳後　步禁　例禁九十步

尚書怡晚公墓圖

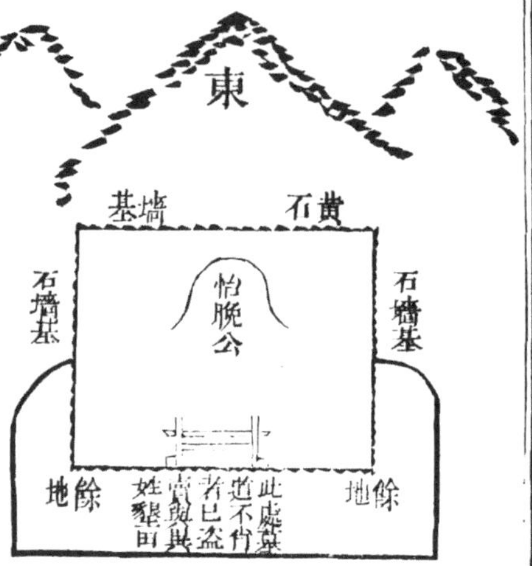

卑牧公諱霖字潤孚號卑牧　誥贈光祿大夫詳世封
祖妣　累贈一品夫人余夫人王夫人先城　錫金誌小錄云秦
梅隱四世食貧孜孜以口舌成人之美潤孚爲人師勤於
教誨積德於人所不見處人或侮之置不問自號卑牧以
見志年四十有一始生端敏焉

山向　乙山辛向

字號　詳前

今糧　乾隆辛丑壬寅稟縣歸贖山地四十八畝

坐落　歸山南灣土名南尺

四址　東址山頂西址庵後南址有界北址有界

祭掃　詳前

祭田　詳後

路程　詳前

山佃　孫茂方楊天時等共十八承山十紙

柴松　二十九担五十五觔雲錦捐入　祖塋公費

戶甲　詳前

誌銘　禮部尚書吳寬撰傳詳錫誌

碑文　詳前

縣示　詳後

家法　詳後

契據　辛丑癸卯奉　官繳出盜賣據二十紙

歸復　姚墩南灣　諭塋歷被不肖盜賣片土無存并
將塚墩平滅碑城拆毀異姓葬者竄入塚旁自
明至今蒼松古栢一斬無餘僅存禁伐公約卧
碑荒草將當年寒氊苦志家韡清修暨　疊誥
殊封碧山餘韵盡付東流瞻望夜臺凡屬雲仍
皆當同聲一哭而喪心無耻者老羞成怒肆惡
行兇幸賴　祖德宗功
上天默佑歸贖故土十分之三餘皆未復但罪良多
至首惡從犯免其官處家法從寬且隱名不書

者猶念誼同一本耳其猛省之

崇祀

聖廟鄉賢祠配享宗祠春秋　官祭

步禁　例禁九十步

尚書阜牧公墓圖

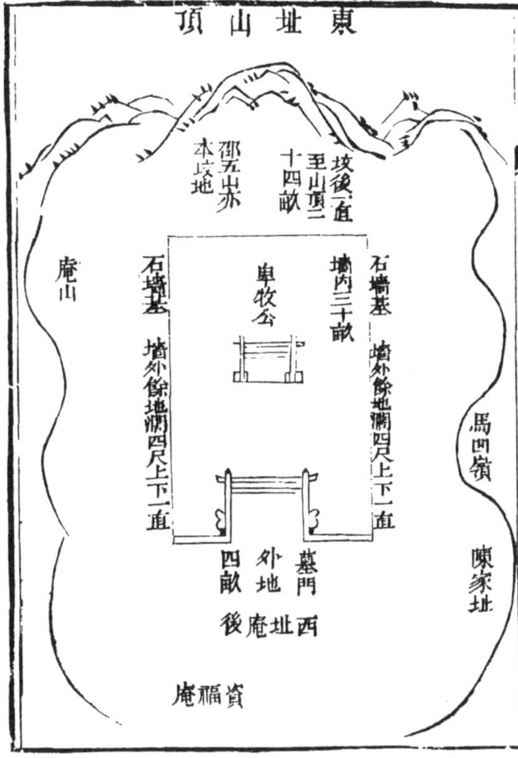

鳳山公諱金字國聲號鳳山　賜進士出身歷任五部尚書三朝太保　誥授光祿大夫　贈少保謚端敏詳世封

祖妣　累封一品夫人鈕太夫人先城　公一生德行勳名國有史家有乘無庸贅也謹誌公軼事一端垂法後人公致政歸每晨起正襟危坐令兩青衣展大板四書五經史冊一道相對朗誦公憑几聽之耄而好學以自儆如此

諭祭九壇

諭塋一所

嘉靖二十三年

聞訃

欽命常州府同知唐汝承　諭祭首七

欽命常州府知府郭廷晃　諭祭七七同

嘉靖二十四年

告窆

欽命內閣中書舍人申价　諭塋

嘉靖三十三年

鈕太夫人告窆

欽命常州府知府陳宗夔　諭祭　各祭文俱存

山向　辛山乙向

字號　詳前

今粮　墻內一百畝新河八畝新河埄三畝汀稍二分
右墻外官山五畝八分左墻外東西石嶁十畝
其餘未復
坐落　歸山北灣土名薛墩詳錫誌
四址　東址蒲扇頭山頂西址新河埄下田南址山脚
北址山脚官山東西石嶁另有四址新河塋內
映池縣禁犀水內開金蓮花　公撫楚時遺種
祭掃　春秋
祭田詳後　新河外護坟田二十四畝俱被不肖盜賣未復
路程　詳前

山佃　張廷中張觀海等十人承山十紙
柴松　九十九担四十觔每年還納捐入　祖塋公費
戶甲　詳前
碑文　嘉靖諭塋甲辰八世孫雲錦建碑宗祠
誌銘　禮部尚書文華殿大學士費宷撰傳詳明史縣誌
縣示　詳後
家法　詳後
契據　乾隆丙寅張犯盜掘　先考福寧公獨力究治
奉法絞决
歸復　價贖塋地一百畝繳契十紙用銀五百兩
辛丑癸卯奉　官差贖新河石嶁繳出賣契八
紙起除張一和尚石街宋三胥棺
步禁　例禁九十步
崇祀
聖廟鄉賢祠郡邑並祀配享宗祠春秋　官祭

少保端敏公諭塋圖

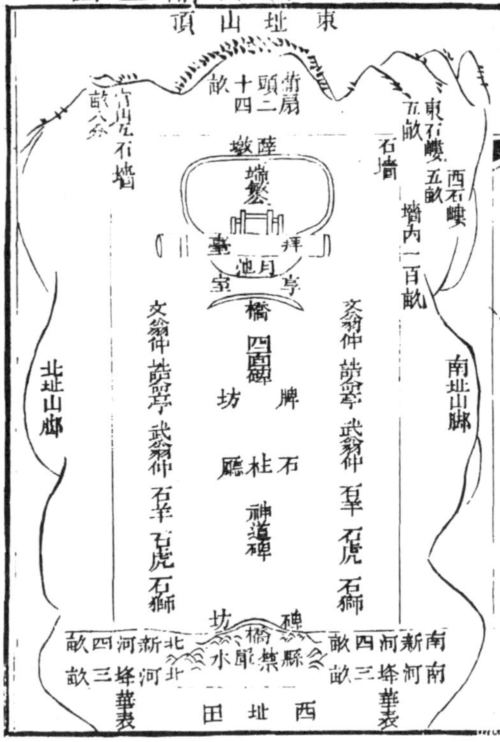

次山公諱沐字思宋號次山　晉封中憲大夫詳世封
祖妣　誥贈恭人楊太恭人先城　公籍貫盛謙謹飭躬
致士家居構樓顏曰萬卷聚圖籍其中誦讀不輟自言得
萬戶侯不如得萬卷書
山向　壬山丙向
字號　垂字二百號坂八分四厘七毫四絲
二百三號二分八厘三毫六絲坐落移家壩頭先兄應文公墓
五百四十號一分七厘四毫七絲長河上
六百十九號一畝三分五厘一毫二絲長塔上
六百念一號六分一厘四毫一絲又

七百零二號五分八厘六毫六絲邵家塔地
七百四十六號三分四厘五毫
七百四十七號八分四厘七毫九絲竹筒坵以上俱坂
二千二百三八十號基二畝二分八厘三毫犁尖頭
二千二百八十四號三畝二分零三毫
二千二百八十五號四分七厘一毫
二千二百八十六號二分零七厘
二千二百八十七號七分六厘七毫以上俱基
二千五百四十七號灘五分六厘六絲泊舟馬頭
二千五百七十五號山三畝七分八厘七毫東堂湾

二千五百八十號四畝八分
二千五百八十一號五十九畝六分一毫以上俱山
七百九十三號平田一畝三分九厘七毫五絲
七百九十四號八分三厘七毫五絲
七百九十五號五分七厘三毫五絲以上俱田坐落姚灣
隨田河一長条
今糧　九十四畝四分八厘四絲乾隆丙寅奉官歸贖
坐落　姚灣竹山
四址　南址塝下田北址由本坟竹山直至楊家山頂
東西地廣不能詳載

祭掃　丙寅歸復祭掃至今
祭田　詳後
路程　出北水關由錢橋楊溪藕塘橋沙塘管一路進
劉塘浜到梅車溝上岸由歸山祖坟脚下過石
皮嶺先到東楊灣祭過　湯溪公墓再到侍郎
灣祭過　幼儀公墓後至姚灣祭　姚安公墓
先叫船戶移船到丁村瓦屑壩頭當門前歇等
子孫即由姚灣坟後過青山嶺一直到丁村下
船歸家
坟佃　韓文先文安燿明燿宗看管二紙

柴松　一百念八担歸入祭內詳後
坟租　三石六斗雲錦捐入　祖塋公費
樹木　塚前香樟二棵　姚安公手植長松一千五百
棵　福寧公手植
戶甲　丙寅秦祭安今秦祖坟新上三一二九甲
碑文　丙寅縣建禁碑甲辰建碑宗祠
誌銘　兵部尚書劉光濟撰
縣示　詳後
家法　詳後
據驗　丙寅當　官繳出盗賣契八十七紙自賣契八

紙潰粮单二十四紙
歸復　家乘誌　公墓百二十畝乾隆乙丑　先考自
登州郡守丁艱歸省世墓知　公墓割售如瓜
分碑垣拆毀無餘松楸斬伐殆盡僅存一塚嗚
官贖之法用銀五百餘兩歸贖九十四畝零祭
掃辦粮至今五十載倘無　先考獨力保全久
爲他人是有佔葬毀平與韓灣横山青山菜園
蕭家灣等處祖塋尋覓無踪追復無由者豈有
畏哉後世當警體　先人一片保墓苦心世守
勿替庶可不負　祖宗無慚孫子

墓左龔家山十八房祖墓一所　亡靈十三位
無嗣元貽臨終痛哭拜懇介安兄弟子姪照應
每年隨祭一到代爲保全後世其毋忘之
步禁　例禁五十步

中區次山公墓圖

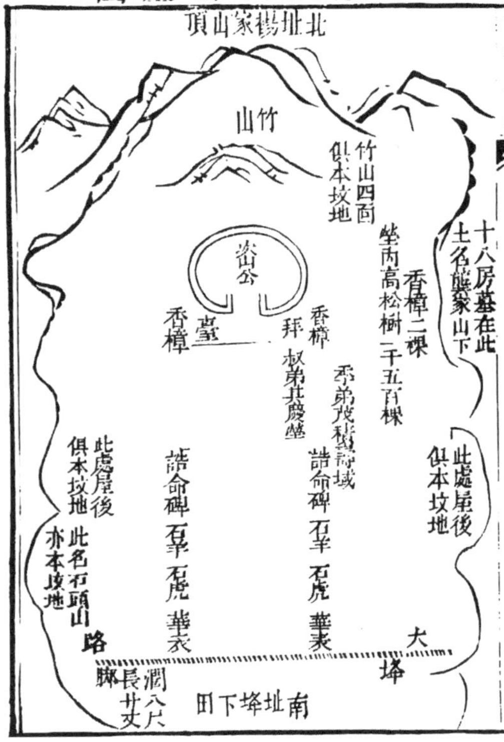

定橋公諱楷字汝範號定橋　儲封文林郎　祖妣史太
孺人先城　公爲諸生時襲祖父遺緒適當　端敏公盛
宦之年衣布食蔬不異寒儉苦志力學以勤讀致疾卒年
三十有七

山向　午山子向

字號　化字一百號高田三分九厘三毫舊業

一千三百六十四號高田七分五厘新收

一千三百六十五號七分四厘田

一千三百六十六號八分九厘一毫坟仝號荷花

池六分五厘

一千三百六十七號八分四厘四毫坟

一千三百六十八號一畝四分九厘六毫坟

一千三百六十九號六分六厘坟

一千三百七十號九分六厘四毫坟

一千三百七十一毫二畝三分三厘三毫田

一千三百七十二毫二畝四分六厘四毫田以上俱高田

化字二十一號山十一畝五分五厘

二十二號八畝四分五厘

二十七號九畝會元補念公祔葬於此

二十八號三十三畝一分二厘

三十一號四畝八分八厘以上俱山

今額　高田十畝七分八厘五毫乾隆辛丑雲錦稟
官歸贖山六十七畝詳後餘有護坟田塔十畝
零未載入內

坐落　漆塘陳灣土名田舍里

四址　田址東大路西一半埄下田一半山脚南毋長
埄上路北埄下田山址地廣未詳

路程　由孤竇橋中橋出湖進漆塘濱水陸共十六里

祭掃　春秋

祭田　詳後又有護坟祭田

承管　六世孫雲錦

坟佃　陳大本大崗自安叔姪歷來强横盗賣田畝看管伏
辯五紙

柴松　柴七十担松枝四十担每年還納雲錦捐入祖塋公費

樹木　周圍長松四千五百棵癸酉栽植

坟屋　朝東三間朝南四間在墻左癸卯雲錦重葺

護坟祭田　四石麥雙癸酉坟佃陳玉珊盗賣稟縣歸贖繳出
印契二紙辛丑陳大本叔姪又盗賣稟縣繳出
白契五紙立據每年還納九房捐入修葺祖塋

歸復　六世孫雲錦辛丑癸卯有官案兩次據

戶甲　舊戶秦崇察諭察新戶秦祖坟新上三一二九甲
縣示　詳後
家法　詳後
碑文　甲辰雲錦建碑宗祠
誌銘　戶部侍郎張遴撰
契據　盜賣契八紙粮串十七紙康熙雍正年歸戶冊
二本前化字各山康熙乙亥會元補念公顯宦
崇祀鄉賢族許祔葬故康熙五十四年里書王
亦宜印收册內秦蘭花戶山粮六十七畝分立
秦經花戶會元公後裔承管世遠年長子孫忽

忽坟佃土豪乘機侵盜雍正四年里書王亦宜
戶結册內秦經辦粮六十七畝至乾隆四十九
年秦經戶內粮串僅存四畝有歸復官案詳後

文林定橋公墓圖

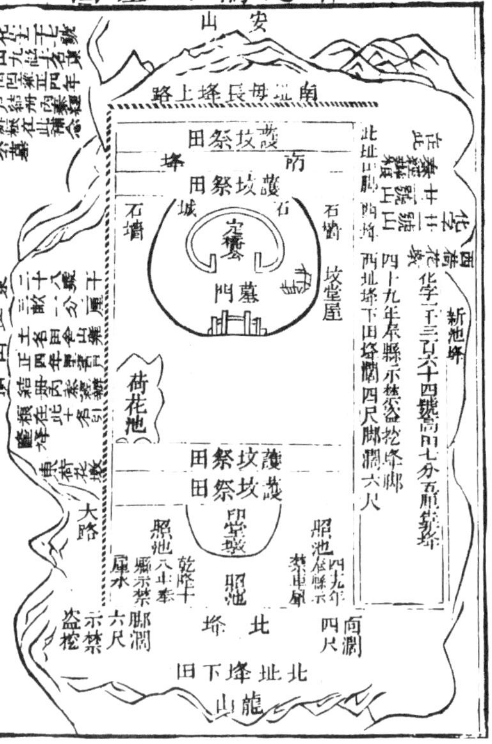

本朝
念橋公諱延默字永言號念橋鄉貢進士浙江湯溪知縣
誥贈中大夫詳世封祖妣　誥贈淑人吳太淑人先城
公痛父　定橋公勤讀早卒終身夜課三更晨起未嘗待
旦每大試期於掄元以伸父志首場出不復進院同寓者
怪而問之公蹙眉曰七藝是魁作非元也若終試壞我一
生志念矣壬辰選拔貢元令湯溪有吏侵課罪應斬公捐
俸償之脫數家於死治民廉而有惠崇祀湯之名宦祠後
孫克繩公順治乙未會元探花及第
欽賜鼎元袍服補祖之念故自號曰補念克繩公未第時

有畿甸孝廉姓金名式者夢神手執榜箭語式曰若欲知榜首乎乃金式也式寤問其籍神曰此共祖功宗德錄耳及榜發乃秦鉽也讀書立志爲先功名積德爲務如此

山向　乾山巽向

字號　湯字二千三百九十四號山　一千四百八十四號坟

今粮　前明天啓年價買湯字山一百二十畝坂田十六畝詳家乘今僅存山一十二畝二分坂田四分二厘一毫五絲

坐落　山東楊灣土名新坟里又名探花坟坂土名嶺頭坵有攔水埲一条

四址　舊址右石皮嶺左灣底前進山石街後山頂

祭掃　春秋

祭田　詳後

路程　水詳姚灣陸由侍耶灣過韓灣至坟四里

樹木　長短松不計數

坟屋　正屋三間側廂二間屋基一畝四分前明兵部職方司亭山公建　本朝江西按察司補念公重修

坟佃　鄭祖介祥發看管三紙

坂租　四斗八升每年還納

柴松　三担每年還納同上坂租入　祖塋公費

戶甲　秦祭安稟縣立秦老坟新上三一二九甲

縣示　詳後

家法　詳後

誌銘　刑部侍郎繆昌期撰

碑文　甲辰雲錦勒石宗祠

據驗　康熙二年　邑尊吳公諱興祚案下奉差起除石皮嶺廟批飭蘇氏清還侵佔秦氏坟山坂地

歸復　康熙二年會元探花孫鉽開築印堂方墩進山石街公墓山坂一百二十餘畝悉被土豪蘇氏

積漸買佔殆盡甲戌福建福寧府知府元孫仁向蘇天相歸贖坂田四分二厘一毫五絲山地三畝正欲清理舊地疾卒未果癸卯五世孫雲錦稟縣歸復山地九畝二分又奉示放贖各地蘇氏恃強覇佔後世有力子孫當伸　祖志甲戌蘇天相繳還私契七紙癸卯百城兄弟禁議一紙

崇祀　湯溪名宦祠

步禁　例禁七十步

中大夫僉橋公墓圖

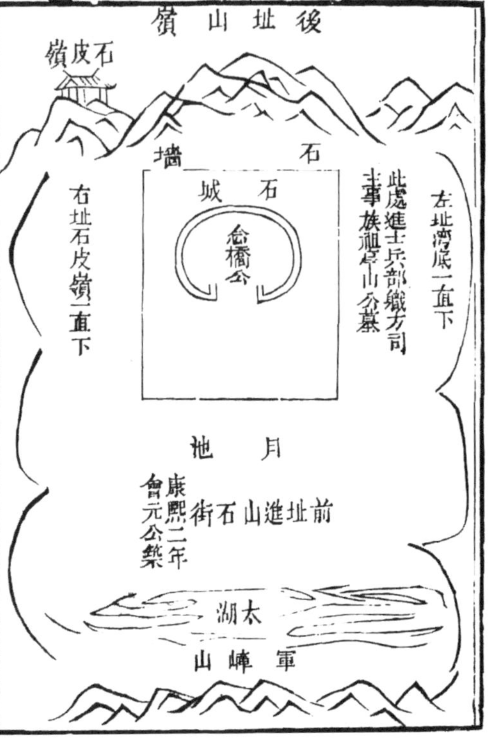

幼儀公諱重釆字幼儀

晉封中大夫詳封世祖妣

晉贈淑人華太淑人

公天性孝友年十四家失火　先嬪在堂公憑棺呼號稽顙籲天火入復出者三室燼柩則安然無傷事兄　先之公恭敬備至五十餘年如一日傳詳錫誌

山向　壬山丙向

字號　垂字二千三百七十五號

今糧　山三畝七分八厘五毫

坐落　侍郎灣土名東堂灣

四址　東址山足西址蕩南址墻外北址墻外俱有餘地五尺

祭掃　春秋

祭田　詳後

樹木　長松樹五百棵栢樹念棵

坟佃　俞天瑞

路程　水詳姚灣陸姚灣至坟一里

戶甲　詳前

縣示　詳後

家法　詳後

碑文　塚前題碑甲辰建碑宗祠

誌銘　東閣大學士金之俊撰

據驗　三紙

步禁　例禁七十步

中大夫幼儀公墓圖

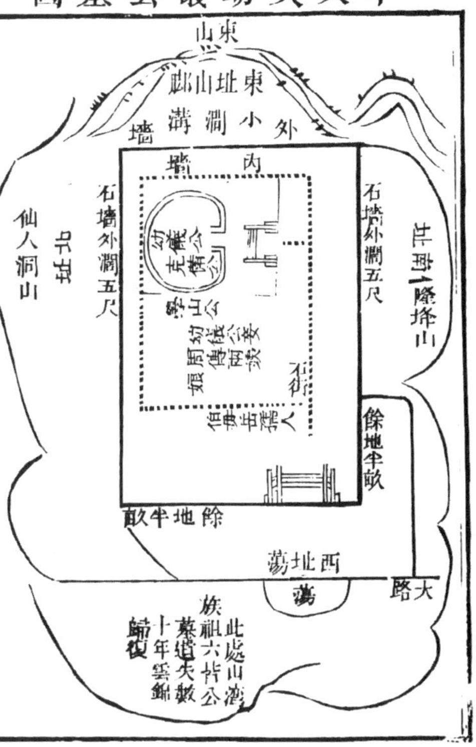

克備公諱寅字克備自號小維摩

敕贈文林郎（詳世封） 祖妣

敕贈孺人黃太孺人先城

公孝於親恭於兄友於弟終身恂恂不攺 祖墓瀆湖祭掃或爲彊二阻另日必到墓展拜忌日素衣冠侍祠內不移趾曾伯祖補念公盛宦公常在署以慈惠清廉相勖不易寒儒本色有記過八卷終身自儆遺命從葬 先塋冥事九原故墓同城

坟號俱詳前

克繩公諱鉽字克繩號補念順治乙未會元探花及第

欽賜狀元袍服 內翰林國史院編修江西按察使司失出左遷長蘆鹽運使司

誥授中大夫 祖妣

誥封淑人 吳太淑人

山向 乙山辛向

字號 化字二十一號山十一畝五分五厘

二十二號山八畝四分五厘（二號會元公子郭山公祖孫三代墓）

二十七號山九畝（土名墩上 坐塋此號）

二十八號山三十三號一分二厘（土名叶含山）

三十一號山四畝八分八厘

今糧 山六十七畝 定橋公祖塋劃出

坐落 漈塘田舍里東山凹土名墩上

四址 西界池前大路東墩後山頂南至墩（半个）北至山頂引隆埄

路程 詳前漈塘

松樹 二千六百棵

祭掃 本支久廢乾隆五十五年 克備公後裔春秋祭掃

祭田 化字高田十畝零今廢

坟佃　謝元一謝元受有縣示據
戶甲　康熙五十四年秦蘭花戶山六十七畝雍正四
年秦經花戶六十七畝新土三一二七甲乾隆
五十四年秦經戶下山四畝化下廿四六五甲
乾隆六十年併入秦祖坟戶新上三一二九甲
據驗　康熙年歸戶册雍正年戶結册乾隆年印串
傳誌　無錫縣知縣王公諱鎬撰載錫誌
祟祀
聖廟鄉賢祠春秋官祭
縣示　詳後

家法　詳後
步禁　例禁七十步
公係本宗有名賢祖康熙乙亥同　祖妣吳淑人合葬滄
塘東山凹後裔式微祭掃辦粮久廢土豪謝世隆叔姪孫
鳳揚等乘機侵佔以至塚平城毁界石遷移秦經印串辦
粮僅存四畝界石之內又僅存山地一畝八分五厘尚有
孫坟五冢在內雲錦兄弟叔姪五服孫行不忍坐視乾隆
五十五年控縣至乾隆五十八年十二月初三日謝元受
元一立保承一帋結據一帋呈縣孫鳳揚直至五十九年
四月初七日　甄公委巡司勘丈始得畏罪輸情亦具結

據呈案六月念八日給示永禁五載于茲財力耗費此案
之得以完結者頼寶恩堂姪孫蓉莊兄弟重姪孫小峴昆
仲謹誌一本之同心協力不論親踈遠近一概休戚相關
如此
稟縣歸復各地
化字一千三百六十四號高田一畝謝元受捐罰抵補佔墾歸入祭內
化字念九號山二十畝謝元一得價歸出
化字念二號塔一分四厘一毫照池左半謝元珍歸出
化字念三號塔一分五毫照池右半謝元受歸出
化字念九號山二畝謝元受得價歸出

曾元探花補念公墓圖

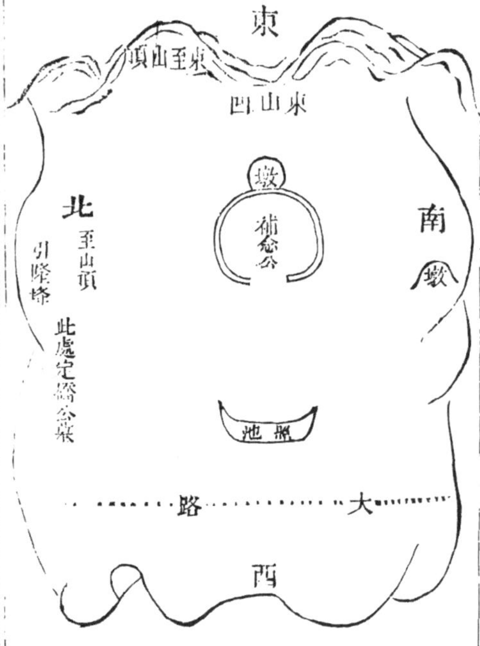

本思公諱汝溥字本思
誥贈中憲大夫詳封世祖妣
敕封孺人
誥贈恭人
聖青旌節崇祀
詔建貞節祠孫太恭人先城
先大父享年僅二十有七易簀時　伯父八齡　先考七齡煢煢孑立　祖母苦節五十餘年備嘗艱阻家訓以孝弟爲本謹慎勤儉爲要每云人生治家讀書不可一刻空閒迎養宦署酒肉在前輒謂今日供奉過分折福爲憂仍勤紡織貽謀如此

山向　乙山辛向
字號　化字十一號
今粮　五畝
坐落　太浮北洲土名三茂頭南坎頭上
四址
祭掃　春秋
祭田　詳後
路程　水詳添塘陸由謝家塢過山到坟三里
坟佃　周文瑞顧廷相鳴高王堯年看管三紙

柴松　十担
戶甲　泰祖坟新上三一二九甲
縣示　詳後
家法　詳後
碑文　甲辰建碑宗祠
誌銘　布政司使陶立中撰
撥驗　十二紙粮单一紙
步禁　倒禁五十步

中憲本思公墓圖

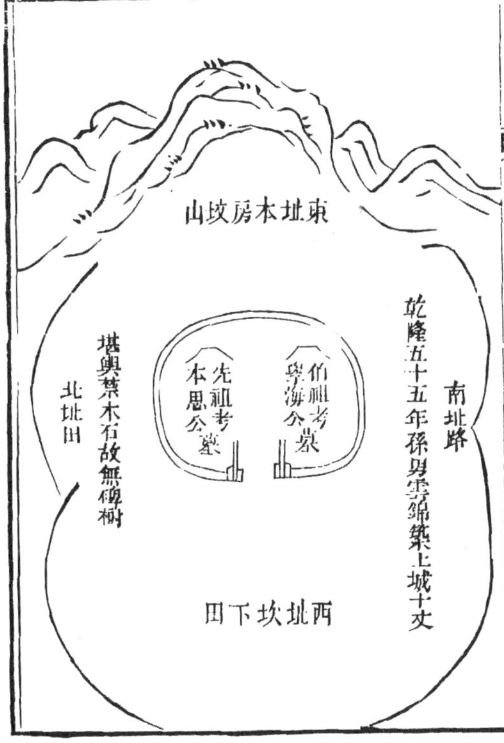

新巖公諱仁字體國號新巖雍正丙午順天副元己酉奉
旨詔舉賢才歷任雲南山東福建知縣同知知府
誥授中憲大夫詳世封壬申
予告歸里先妣
誥贈恭人鮑太恭人
誥贈恭人陳太恭人
例贈恭人華太恭人先城
先考幼孤家貧力學事親孝事兄恭年二十爲諸生遊庠
日走謁受業震先陳大師訓以積德用功保身三言歸銘
諸坐右硯田仰事設帳售家　先大母恒疾朝往夕歸所

經處有殊色姝嘗候門竊誘　先考即紓途入館不爲所
惑少豪於飲　先大母誡之後凡宴會終身未嘗及醉已
酉
詔舉賢才入仕版　先大母迎養官署每日審案雖笞杖輕
刑定省時必備述於　先大母伺顏色微有拂意即驚問
曰得毋於某案過斷乎惶悚引愿必俟意移令阿邑醝商
以水災申免賠課感愧兼金三百郄之幕友以邑當孔道
出納不敷勸　先考笑曰吾自　端敏公起家世傳清白
豈以三百金易吾之守乎辛酉分闈得首魁爲名士與選
歷閣部大臣咸服衡文卓識歷任恪守　慈訓廉潔寬平

嘗鞫三大獄活人無算守長溪巡撫潘公欲調郡臺灣力
辭告疾不貪位祿又如此雖宦遊萬里之外毋歲家書必
先及春秋祭掃遇　祖宗公事無不獨力擔當如諭坐歸
竹兩山世墓費金數千無吝色無諉辭遺祭無存齊腴補
闕歷祖烝嘗得不廢者迄今六十餘年矣自宋至我
朝祖塋一十四世不致爲他人是有皆我　先考一人保全
之力也歸田後年逾週甲掃大浮　先大父母墓崎嶇山
嶺拄杖步行自設祭至辭别無不號泣依依觀者酸鼻倴
精常與　伯父共滇南任歸爲置田産房屋無異於己不
忍手足析處宅分而戶通凡食新食珍必　伯父在座方

下箸六十餘年如一日丁未通族書名孝友坊　先考一
生大節詳家乘兹特謹書軼事以訓後人
先妣鮑恭人陳恭人正伉吾　父貧困時廿澹消勤織紝
事祖妣先意承志得堂上歡痛俱享年不永　先妣華恭
人相吾　父於官不以富貴移勤儉尤嚴教子毫無姑息
錦兄弟生長官署布衣蔬食常令刻苦胥役見
錦楚時加
之不知其爲公子也課讀延師忠且敬常潸泣曰爾等若
讀書不成致隳先業後何以見　祖宗於地下乎痛亦巾
年逝世例未受封今孫曾食餼遊庠相繼而錦不孝不肖
困於諸生不能仰承　先志誠百身莫贖矣姪輩努力上

進仰報生成其共勗之毋怠
山向　壬山丙向
字號　賓字三千五百五十四號
今額　十畝四分五畝自完五畝四分坟佃樵採抵辦
詳契
坐落　小嶺灣張家山土名對庵址
四址　北址山頂南址大路東址新界西址丁坟
祭掃　春秋
祭田　詳後
路程　出黃泥墚溪河大小舟泊鎮山頭水陸十八里

樹木　冬青廿棵長松六百廿棵
坟佃　廣信國璽看管二紙
　　　廣財國珍
戶甲　秦祖坟新上三一二九甲
縣示　詳後
家法　詳後
碑文　塚前石刻甲辰建碑宗祠
誌銘　蘇州府學教授浦起龍撰
契據　印契七紙粮單一紙
步禁　例禁五十步

中憲新巖公墓圖

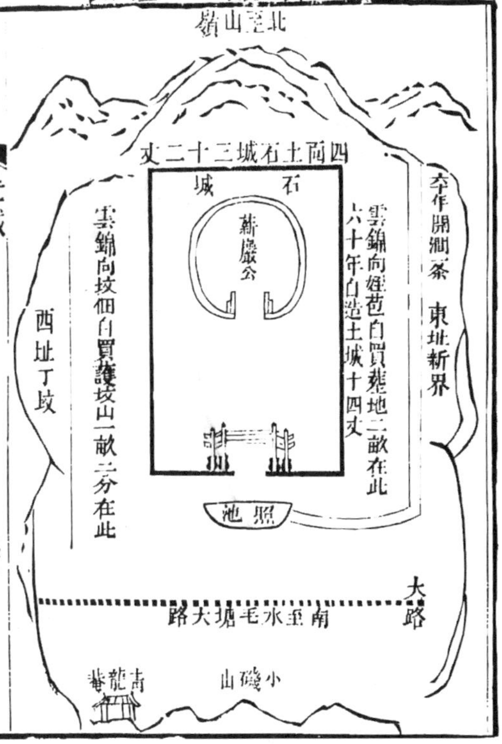

少保端敏公置祭田

嘉靖年置春秋祭田六十畝今僅存東倉秋祭田三十畝詳下

歸山諭祭田數乾隆四十六年八世孫雲錦設法歸復

、朝字三百九十一號　平田五分四厘六毫

三百九十九號　四分　以上共租一石　舊

八百九十九號　一畝一分零一毫　九斗　新

一千二百十五號　七分八厘八毫　八斗　舊

一千三百念二號　六分二厘二毫　七斗　舊

一千四百八十一號　四分七厘　五斗　舊

一千五百念二號　四分七厘　五斗　舊

一千六百念八號　九分　一石零五升　舊

一千六百三十三號　五分六厘二毫　六斗　舊

一千七百七十七號　一畝六分六厘二毫五絲

一千八百十二號　九分八厘三毫　以上共三石　新

房租屋一間　六錢　新

國字四百五十二號　平田九分六厘三毫　租一石　舊

四百八十九號　九分　九斗　舊

一千四百九十六號　六分七厘四毫　七斗　新

一千五百六十六號　一畝　一石　舊

一千五百六十七號　三畝　三石　舊

一千五百六十八號　一畝六分　一石六斗　舊

一千五百七十七號　六分零六毫

一千五百八十四號　二分三厘五毫　以上共一石　舊

一千五百八十號　四分五厘　五斗　新

一千七百念一號　八分一厘九毫五絲

一千七百念五號　八分一厘五絲　以上共二石　新

有字三百念三號　平田一畝一分八厘八毫

三百三十號　九分　以上租二石五斗　新

三百五十二號　五分九厘六毫

三百五十三號　五分五厘九毫　以上共一石　舊

四百九十一號　七分二厘八毫　七斗五升　舊

黎字二千三百念六號平田一畝七分一厘三毫　租二石　新

以上夏麥俱双苗

共平田二十伍畝二分四厘六毫五絲

租二十七石麥双

歸山諭祭放借錢數

壹伯千零乙百九十四文乾隆五十八年十月初一日至五十九年十二月日止

六十年又二月念七日協虞若岩送城數目

條規　族內不許借用作中

利息照典

冬至前三日收後三日放

每年租米司祭者到十二月二十日後見數糶錢交出

放借三百公筭

放借不得過五兩

放借以淸粮文書爲准

每年田數活賣者收贖若干置得若干限於十二月

底造册送城價目字號千號畝數今粮活絶坐落佃

居賣主細細開明不得蒙混

每年放本若干收利若干借主姓名住居借數抵押

開明造册造城

舊祭田由來已久不得移坵換段倘有存私賣易者

照例送 官究治追還原田

今粮詳前

坐落 張舍河西

契據 淸粮单廿八紙議據十二紙

承管 協廩潤芳明遠輪値有議如存私作弊族長擇人另交

戶甲 泰諭祭付下十九三四甲

碑文 甲辰建碑宗祠

縣示 詳後

家法 賣祭田一分者除名宗譜斥革祖祠半畝以上者斥革後送 官枷責仍追還原田族長以及卑幼俱得究問

歸復 原田六十畝東倉西倉兩房分値春秋兩祭今西倉之田已賣盡多年春祭雲錦設法補缺詳後東倉所存秋祭田歸復將滿又添立放借一條承管子孫寔屬可嘉但當謹守條規秉公辦事有光祖宗如存私作弊 國例家法森然具在切莫干犯自貽伊辱也

中憲姚安公置祭田

明正德十二年二月同 見川公捐置値 淮海祠并燦山龍岡墓春祭以及脩葺祠墓之費議詳家乘秋祭河上支承管另有祭田

道字一百號平田一畝四分租一石四斗

一百三十八號九分五厘六毫六絲一石

一百三十九號八分六厘三毫八斗

一百八十三號三分三斗

二百號一畝五分八厘六毫一石六斗

二百零二號六分八厘八毫六絲五斗
二百零四號八分五厘三毫四絲八斗五升
二百十一號一畝七分六厘三毫七絲五忽一石八斗
二百十五號九分九斗
三百九十九號三分九厘一毫四斗
四百三十號二分二斗
四百十六號二分一厘八毫五絲二斗
四百十七號五分七厘六毫五斗五升
四百四十三號一畝三分一石四斗
四百五十六號一畝五分四厘一石五斗

四百五十八號一畝一分四厘四毫八絲一石二斗
四百七十九號三分一厘四毫七絲三斗六升
四百八十二號一畝六分九厘四毫二絲一石八斗
四百九十二號七分五厘五毫六絲七斗
五百念五號二分一斗六升
五百三十號六分六斗
一千一百三十八號八分六厘六毫七斗
一千五百六十九號八分三厘八毫八絲九斗
一千五百七十五毫九分一石
一千五百八十五號一畝一分三厘三毫一石三斗

一千五百八十六號一畝三分四厘四毫七絲一石五斗
一千七百六十一號一分八厘二毫五絲二斗
一千七百七十一號六分七厘七毫五斗五升
一千七百九十七號一畝六分二厘八毫一石六斗以上平田
一千八百零三號坂三分五厘四毫
一千八百零五號平田二分一厘二毫
一千八百零六號平田六分七厘八毫四絲
一千八百零九號平田一分四厘四毫
一千八百十三號坂一分六厘六毫七絲
一千八百十四號坂九厘

一千八百念七號平田九分七厘三毫七絲八斗
一千八百四十七號一畝零二厘六毫一石
一千八百六十號二分一厘一毫五絲三忽一斗五升
一千八百六十二號四分二厘二毫五絲三斗
一千九百五十號八分五厘二毫八斗
二千二百九十六號坂三分一厘五毫
國字一千五百七十一號平田一畝二分一石
今糧　平田三十二畝一分一厘五毫五絲六忽
坂九分二厘五毫
坐落　道號劉塘橋國號張舍

租額　三十一石三斗五斗麥双
戸甲　秦淮祭化上廿八六另甲
碑文　甲辰七世孫雲錦建碑宗祠
葬據　次山公親筆現存百賣港名世處議一紙
承管　河上支玉輿西關支宏鈞倘有過誤房長擇人
另交
官案　乾隆丁卯達　部稍有移動送官法究
縣示　詳後
家法　詳前

臯憲會元公置祭田

歸祭　三十畝
竹祭　三十畝
漆祭　三十畝
楊祭　三十畝
侍祭　三十畝
脩葺　各祖祠墓歸山竹山等處共費數千金見家乘
今雖俱廢而　公之一睠孝思百世難泯故謹誌爲後
世法

中憲福寧公置祭田

字號　霜字三百九十二號低田二畝一分八厘
四百十九號　一畝三分
四百七十八號　二畝五分九厘二毫
四百九十四號　一畝五分八厘六毫
四百九十五號　二畝六分四厘九毫
四百九十六號　二畝零七厘六毫
今粮　十三畝三分一厘三毫折平九畝三分
租額　十石一斗七升麥三斗九升　佃楊子賢

坐落　楊家圩
臣字一千零四號平田二畝四分五厘
一千零九十八號一畝五毫五絲
一千一百廿二號五分
一千一百四十二號二畝一分三厘二毫
一千一百四十三號一畝七分二厘七毫
一千一百四十八號二畝一分六厘四毫
今粮　十畝九分五厘二絲
租額　十石六斗麥双　佃姚義安
坐落　錢橋杜巷

戶甲　秦祀坟新上三一二九甲

碑文　甲辰雲錦勒石宗祠

縣示　詳後

據驗　契二紙粮单十四紙

承管　三房九房十一房十二房子孫輪值西關一支

各祖墓春秋兩祭

家法　詳後

族補祭田　柴松附

癸卯禀縣歸贖

歸山世墓後雲錦以　端敏公所遺春祭久廢議諸　宗人雄飛朝釪泰鈞震鈞鼎雲等咸曰補之因同捐資置田開左

字號　廉字二百零六號

今粮　平田四畝二分二厘七毫

租額　四石六斗麥一石佃陳能

端五公墓柴松錢五千六百三十一文當議付與坟佃雲錦力爭留存補祭辦粮

戶甲　秦瑞祭景下五九一二甲

承管　乾隆甲辰合族公交　見川公裔玉典　次山公裔宏鈞并入　淮海祠春祭同管

坐落　金邑冷瀆橋惠巷

碑文　甲辰勒石宗祠

縣示　詳後

家法　詳後

契據　田契一紙公議四紙交单二本玉典宏鈞各執

歸山世墓暨資福菴田俱短少入不償出歲修亦無僧人遠去還祈宗人捐資續補以為久遠計望切之至

續增祭田

乾隆三十九年刑部尚書二十六世孫蕙田配享
淮海公祠增入春祭田開左
字號　聖字一千一百八十二號平田七分租九斗
名字一千一百八十一號　一畝　一石
靜字十號一畝四分一厘二毫
十三號一分六厘九毫　以上共一石二斗
今粮　三畝二分八厘一毫
租額　三石一斗麥双

坐落　新安鄉
承管　玉與宏鈞輪值
乾隆五十四年雲錦兄弟叔姪等以年歲時歉　福寧公
所遺祭田不敷孝節宗祠歲修無出九房十一房十二房
各願捐田三畝增入祭內
字號　霜字四百三十九號低田三畝零四厘九毫
租三石麥单九房捐入孝節祠為每年修葺費
霜字四百三十九號低田三畝零四厘九毫
租三石麥单十一房捐入祭內輪值
霜字五百零六號低田五分二厘五毫

七百廿八號　二畝三分八厘八毫
租三石零五升麥無十二房捐入祭內輪值
今粮　低田九畝零一厘一毫
租額　七石零五升麥六斗
坐落　楊家圩
佃戶　楊洪枝楊永令李掌倫季聖年
戶甲　泰祖坟新上三一二九甲
承管　四房輪值
家法　詳後
據驗　公議四本各執粮单十二紙

竹山坟柴松一百廿八担於乾隆五十四年立議併入
祭內輪值輪收永爲定例倘再欲分取即以違　祖論
家法究治保墓保祠悉係祭田柴松子孫保守第一要
事如有不遵條約以致散失不保者照滅　祖例論房
族長以及卑幼俱得究問着即斥革　宗祠家法重處

雲錦歸贖 各祖塋柴松田租數

柴松錢　　倶雲鑄稟　官歸贖一切費用五百餘千廿年辛苦柴松錢及化垂兩號田租自願爲脩葺防護　祖塋之費保墓根本寔係於玆立案建碑垂於不朽歸入瑞義歷年積貯存留聽用細數條規詳下

尚書抱拙公墓內柴松錢一千二百八十文（內三百文歸入瑞五公）

春祭內補還錢根

尚書怡晚公墓內柴松錢一千二百六十文

尚書卑牧公墓內柴松錢三千四百五十三文

少保端敏公　諭塋內柴松錢十千零五十七文

中憲次山公墓內護坟田三石六斗

　柴松一百廿八担（詳前）

文林定橋公墓內護坟田五石八斗（實還五石）

　柴松錢七千文

運司念橋公墓內柴松錢七百文

　護坟田四斗八升

共計每年柴松錢二十三千一百三十文

坟田租九石八斗八升

公費條規（柴松錢田租錢積至兩年即協司事置田義庄收管立泰護坟戸歸入祖坟新上完糧）

各祖塋羅城坟堂屋五年小修十年大修（如完整者不必修費）

各祖塋樹木界石五年赴墓數核查驗

各祖有事故准其支用

逢修葺查驗之年及有事故司事子孫具領单支取義庄給单交付竣工事完後開明用賬存入義庄

届期應脩不脩應查不查有事故而置之不問房族長押入　淮海　祠罰跪責究勒限查辦

修葺　事故不開明用賬及存私混開者房族長

押入宗祠罰跪責究罰銀懲儆

每年收柴松錢田租米若干支用若干存貯若干義庄開明細賬合同二本一存義庄一交司事每年正月二十日司事赴庄領簿

除脩葺查驗事故外別項不得支取每年盈餘存貯義庄子孫不得覬覦義庄不得侵用

梅隱公一支子孫如有克光　祖德題名金榜者將每年存貯米銀全行付與飭令於　各祖塋竪立棋杆（共八）處如不竪杆而但自用者房族長仍令繳還義庄存貯

每年義庄扣除筆墨紙簿催討費一千文
各佃還錢納租義庄收管司事子孫不得私自擅收
每年柴松錢租米糶錢義庄年年存貯庄內不得借
存各錢庄各米行以致倒沒違者不認置田定例已詳前頁
柴松田租俱另立泰老坟戸司事子孫官銀糧米持
串赴庄具領支取領存義庄串歸司事
以上各條後世子孫敢有一端違者以大不孝論房
族長盡法究處　司事九房子孫充辦別房不得與
雲錦自撥身後祭田開左
字號　日字一千零六十九號平田五畝八分六厘又同號蕩八分
　蓋字四百六十一號平二畝四分二厘七毫四百九十三號二分七厘七毫四百九十六一畝

今糧　六畝六分六厘日三畝七分四毫蓋
租額　六石　麥单日四石一斗五升蓋麥雙
坐落　金匱縣鄉黃泥頭上日無錫縣石人廟前蓋
佃戸　朱國尚邵聖生日許天玉蓋
戸甲　秦仲祭懷下四五三八甲日新上三一二九甲蓋
承管　命嗣子瑗壻楊熙之輪年分值春秋祭掃
家法　詳後
來歷　此田係室人鄧氏奩田無所出今卽撥入身後
祭田以存鄧氏一線室人卒於逼斃死後木主門狀被姪塗滅可傷可痛

縣批

乾隆四十六年八月初一日雲錦以立案歸糧懇恩
　飭示永禁以保祖塋事具呈
八月初四日　無錫縣正堂俞批
據禀歷祖墳被族中不肖盜賣幾盡該生獨力清
理備價回贖具見保守先塋志圖恢復殊可嘉尚
至張萬宇張觀海所得　諭塋內地畝自應一體
向贖并秦大樹兄弟及盜賣之墳佃陳大本叔姪
斷難任其估捐候飭差協同地總糧書分別查明

押令遷葬放贖歸糧限十日內清理明白禀候給
示嚴禁以垂永久清冊一本存卷

家法

盜賣 祖塋一分一毫者除名宗譜斥革 祖祠解官枷
責仍追還原地價銀入 官
盜賣 祖塋樹木者同
盜賣祭田者同移坵換段者同
承管 祖塋祭田者不遵條議妄自增減違法房族長率
同族内造門究責扭至 宗祠法處
以上諸條房族長以及卑幼俱得出頭究問房族長知
而不究者族内扭至 宗祠治其狗庇隱匿之罪不服

禀 官法處

跋誌

唐魏文貞公曰求木之長者必固其根本欲流之遠者必
浚其泉源源不深而望流之遠根不固而求木之長未之
有也祖宗墳墓非人之本源乎我 少保端敏公創譜十
四集内有先城一集記 歷祖墳塋所關最大久而遺失
不肖無耻者以無考據遂盜賣塋地以至寸土罔存肆言
不諱噫嘻葛藟猶庇其本根而爲人子孫忍出此耶錦目擊
心傷勉圖恢復於通族 祖塋糾合宗人復得三分之二
本支 祖塋獨力歸復僅得三分之一不能爲 祖宗還

舊負罪奚逃但恐已清理者年遠事湮不肖無耻之徒復
萌故智則有孤歷祖故旣於甲辰夏五謹刊 福寧公祖
塋記畧碑文及 歸竹兩山世墓一切歸贖 官案示禁
建碑 淮海宗祠玆復刊先城集補一帙將 祠墓祭田
詳明開列傳示通族永垂後世所以補其遺而俾有所據
以儆無良也肇於辛卯迄於辛亥十載而成自是鄉城賢
裔協力同心愛護封植永保 祖塋於萬年斯不負古人
木本水源之至意焉矣
乾隆五十六年歲次辛亥八月朔日裔孫雲錦百拜謹跋

保墓條規

書曰皇天無親惟德是輔易曰積善之家必有餘慶爲子
孫者首以脩德爲保墓之本詩云無念爾祖聿修厥德宜
三復焉
先考福寧公常言凡人無論富貴貧賤胸不可存刻薄之
心口不可談刻薄之語身不可行刻薄之事守此金科玉
律之言庶可爲　祖宗保全爲子孫培養不然舍其本而
求其末吾未見其能保也
朱子云子孫雖愚經書不可不讀吾家書香不絕者累世

矣則事之最重且大者莫若讀書　先考福寧公常云子
孫認真讀書大可立名立行小可保身保家各房兄弟子
姪當努力讀書教誨爾子以繼　先業庶可爲　祖宗保
全遺土不然難矣
今人動云遠祖靈爽無存蔭庇不及遂致祭掃荒廢坟墓
遺失殊可歎悼且有身列宮墻肆書高曾以上推而遠之
更爲棄絕祖宗罪大莫容於天地豈未見曾子云愼終追
遠朱子云祖宗雖遠祭祀不可不誠乎請觀夫木木有千
年生者其氣存其本不傷故也本不傷卽枝葉枯槁得雨
露滋培必有復榮之日本一傷枝葉雖繁萎可立待祖宗
雖遠至數百年而子孫未絕者卽其氣猶存其靈猶在豈
可云高曾以上卽推而遠之乎故兹本自　淮海公始
坟墓祭田俱以糧存糧一失寸土非吾有矣凡遇推收之
年一切坟糧祭田子孫親自赴局問名區書糧書逐一對
清細號細數當面註册收入本圖本甲本戸不可些微遺
漏錯悮候縣給糧单逐一對明收藏最爲重要如不遵奉
行者房長究治
坟墓祭田總歸一戸輪年管值不得以房數繁多分作零
星碎戸各自辦糧葢分戸卽無統轄必至盜賣盜葬其弊
百出後世子孫如有將坟墓祭田分戸完糧者以滅　祖

論房族長以及卑幼悉聽究問清理嚴治其罪
五年赴墓查樹驗界司祭者邀同各子孫到墓細心查驗
怠緩粗疎者房長究責
祭田尤爲保墓根本葢凡坟墓遺失其禍根有二皆始於
祭田之不保葢祭田不保則祭費無出子孫不掃墓矣
國課無抵子孫不自完糧矣坟墓尙得安保乎故賣祭田
者碎戸萬叚莫贖其辜今自　淮海公至福寧公一切祠
墓祭田坟柴俱稟縣示禁建碑宗祠詠烈堂後軒左廊又
刊本傳示通族皆知嗣後如有覬覦祭產或移坵換叚者
以滅祖論通族逐之除名宗譜斥革　祖祠然後解官法

處
更有下等不肖者祖宗坟墓不自完粮山柴抵辦不立筆
據日久祖坟變爲坟佃私地任其盜賣而無可如何宜神
前誓戒
凡坟墓山柴總歸一處爲公産不得分收　先考福寧公
遺訓盎山柴分散卽坟粮分散之根坟粮分散卽墓地分
散之根至墓地一分各辦粮卽以祖坟爲私産盜賣盜塟
祖宗骸骨不可保矣如　歸竹世墓諭塋禍皆由此倘後
世不念　厥祖敢將山柴分散移用柴松錢以致坟墓散
失者卽以滅祖論通族殛之除名宗譜斥草　祖祠

坟墓不失全賴碑記而坟佃地棍串同謀地先將碑記移
去使無可考其石重難移者磨去字句使無可讀奸謀百
出殊堪髮指如吾家　會元公墓是矣故當加意保碑年
年查看字跡模糊卽須另易
坟內樹木大關風水數計若干棵開明書单交與坟佃地
總承管子孫五年一數少則鳴官不數者房長究治
坟墓五年一小脩十年一大脩前項柴松錢存貯聽用卽
爲此而設
祭掃春不得過三月望日秋不得過九月望日長幼俱赴
墓　凡遇　祖宗公事切不可你推我諉貧賤無力量力

而行富貴則當思　祖宗厚我置我於富貴者有藉於我
耳倘貧賤者無力富貴者推諉　祖宗百事俱廢焉用我
子孫哉
梅隱公分支以下十四世坟塋俱我　福寧公後承管坟
粮支值祭掃西關一支盛衰興廢悉係於茲任大而責重
後世子孫皆當猛省竭力保護務出萬全斷不可稍開罅
隙
今次修譜錦遵　遺訓清理　祖塋於茲十載闕畧多端
難逃罪譴而委曲受侮亦無所不至年已週甲且無子非
邀後福者但自今一切　祖塋祭産在、官示禁屢屢在

私遷議重重非加昔比倘不肖無恥之徒再敢萌無良之
念動一草一木片土片石者卽除名宗譜斥草　祖祠解
官枷示照律流徙斷不少貸而我支後世子孫亦當思前
人創得之艱後人追復之苦謹守勿替毋致干咎犯規以
求無負於
淮海公諸祖暨我　先考中憲公遺訓斯爲孝子順孫克
敦生民之本盡死生之義垂裕於無窮焉矣
昔
乾隆六十年歲次乙卯五月朔雲錦百拜敬書刊刻

宋常州通判處度公先城附葬六代

山向　卯山酉向

字號　壁字號

今糧　一畝零

戸甲　秦義庄　陽湖縣　啚　甲

坐落　常州府陽湖縣十六都六啚新塘鄉土名沿墻花墓塘

四址　東西南北俱田

歸復　嘉慶元年十二月十五日兩浙江南鹽運使司二十六世孫震鈞出價銀　十　兩　錢向龔姓歸贖

祭掃　每年春祭一次秦村舊瀆支值一年馬山耿灣支值一年無錫錫山支值一年輪流值祭每年司祭子孫擇於春三月半先十日發柬各支屆期風雨無阻後世子孫如有推諉遺誤不遵照奉行者以不孝論通族鳴鼓共攻

祭田

路程　無錫出北水關過錢橋楊溪張舍胡埭到秦村舟泊對坊橋起岸到墳二里水路三十八里

契據　龔　歸還秦氏賣契　紙存義庄

舊蹟　武進縣誌

碑記　嘉慶二年夏四月二十六世孫震鈞親自重立

承管　住沿墻　處度公舊宅基裔孫秦瑞侯兄弟三人輪年管值

家法　如有不肖子孫敢動寸土者通族鳴官法處

附葬各祖

宋常州教授振南公附昭次

宋從仕郎蘭溪主簿師曾公附穆次

宋處士宗舉公附昭次

宋承信郎復庵公附穆次

宋處士德威公附昭次

宋處士文實公附穆次

派下子孫詳前

宋常州通判處度公墓圖

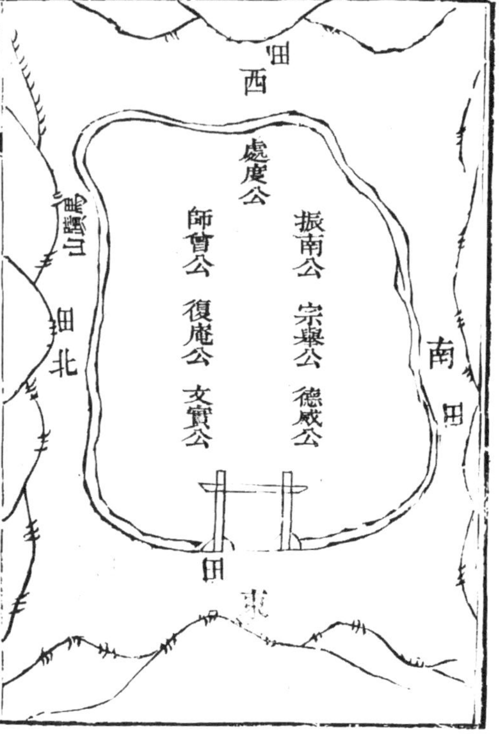

宋處士曾四公先城附葬四代

山向　乙山辛向　舊向　子山午向

字號　是字號

今糧　十六畝零

坐落　常州府陽湖縣十七都二啚迎春鄉馬蹟山耿
灣壟舌尖土名洲嘉原

四址　東址大路西南北俱田

歸復　嘉慶元年十二月十五日兩浙江南鹽運使司
十九世孫震鈞控　常州府胡公　陽湖縣湯
公奉批斷歸還秦氏震鈞出價　十　兩　錢
向李許王姚等姓歸復

祭掃　照前　處度公墓例

祭田

路程　照前花墓塘舟泊薛堰橋另僱提湖船由蔣壽
橋出下埠港口過太湖面十里進耿灣浜到墳
半里共計水路四十五里

承管

戶甲　秦義庄　陽湖縣　啚　甲

官案　常州府正堂胡批　陽湖縣正堂湯堂斷存案

家法　照前

碑記　嘉慶二年夏四月十九世孫震鈞親自重立

舊跡　馬蹟山誌

契據　嘉慶二年十九世孫震鈞出價向李王許姚等
歸贖文契共　十　紙存義庄

附葬各祖

宋處士　曾三公附昭次　宋處士　瑞三公附昭次

宋處士　曾四公附穆次　宋處士　瑞八公附穆次

派下子孫詳前

宋處士曾四公墓圖

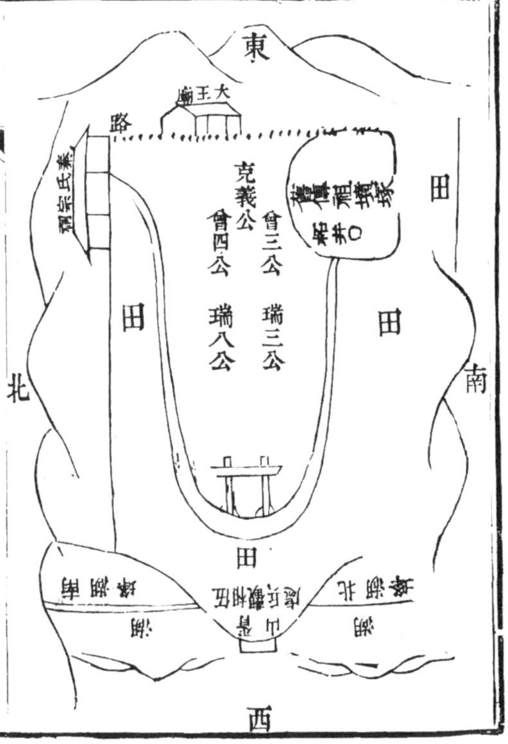

兩公之墓得以歸復始其事者瀛總其事出財出力者震鈞雲錦則訪求於前從事於後其効力子孫則有周南九餘坤元泰定振才震宇錫九鳳苞鳳阜志侯富先鈞衡懋學協春士玉若岩等特筆另書示勿諼也

一十八年訪墓維勤俯承　祖德

二廿五世兆塋無闕仰荷　神庥

嘉慶二年夏六月朔裔孫雲錦頓首續刊

重建歸山鳳麓宗祠記

吾宗

少游公發跡淮海蘇門居四學士之首宋廷有六君子之名忠孝傳家歷世不替　處度公通判常州遂家於常　瑞五公又自常遷錫公於宋淳祐四年建歸山鳳麓宗祠又建資福禪院以報　用齋王公之德公蓋用齋先生壻也由宋而迄我

朝歷五百餘年康熙乙亥我　曾伯祖補念公以會元賜及第司臬江右維時捐資重建乾隆丙寅　先大夫薪叢公

詔舉賢才任閩中福寧郡守復捐資修葺庵祠之頹以不墜者　兩先人之力居多嗣後續葺無人幾於頹廢錦自辛丑癸卯淸釐歸山世墓界址其詳具先城集補中歲乙卯族孫震鈞重建祠宇囑錦理其事自秋九月鳩工至十一月告竣故楹四增一楹爲五楹外爲池池外圍以石垣數十武皆去其舊而更其新并資福庵宇自頭門至大士殿以及四圍垣墻無不黝堊規模視昔有加又歲撥資糧若干石爲僧人守墓費震鈞天性孝友秉節忠亮於山左權臨淸州事逆匪跳梁瀕危固守

聖天子綸音褒賞特授知州歷遷至都轉運使兩浙江南
俱在部下其廿載清操鄉黨共知而於一本之誼竭
力周至又如此其自曹州府丁父艱歸也衘恤里居
已捐修　淮海宗祠節廉俸置義田以承先志乙卯
年復設義莊茲以兼金數百重建鳳麓宗祠以敦木
本水源之義媲美於　補念薪巖兩公此眞子孫之
所當爲而世俗之所得爲而不爲者尚何慚於我
淮海公之賢子孫也哉張舍河西諸族人亦置田若
干畝以供歲修謹於嘉平之吉祀　祖告成並祔
補念公薪巖公神主於祠爰爲記勒石以識其事

乾隆六十年歲次乙卯十二月朔日

十五世孫雲錦謹記

歸復秦村馬山　祖塋記

雲錦既倡復歸山世墓震鈞重建鳳麓宗祠竊謂吾先自
瑞五公而下一十四世　祖墓俱經封植而自　瑞五
公上溯　淮海公相距十餘世其間墳墓載在家乘彰彰
可考者尚有秦村東宅之　處度公馬蹟山　曾四公雖
派別支分其奉祀之責自有大宗之子姓在然　處度公
仕宋判常由高郵徙居毘陵實爲遷常始祖允宜百世不
遷　曾四公隱居南宋諱稱　公有孝行好善積德考之
於禮宜在有德不祧之列凡屬雲仍窮源返本桑梓必恭
不當歲時致祭耶但　兩公之墓地屬武進之分邑陽湖

自　瑞五公贅居胡埭錫山支以支子不祭而墓皆將湮
没乾隆乙卯錦赴武林告諸族姪都轉震鈞及觀察瀛俱
深以爲然志圖興復嘉慶丙辰震鈞引疾旋里即於是歲
十月之望具牲牢潔酒醴拏舟邀錦逕抵秦村族人坤元
爲叔父行指示　處度公舊宅及太史橋八角井滌硯池
諸故蹟　先德宛然過此即爲　公墓四面皆田平中特
起其遠朝山案近繞河流層層密布爲地一畝有零土人
稱花墓墳相傳　公葬後特産紫蓮花數十莖故名自
處度公而下　振南公至　文貫公凡六世俱祔葬其中
塚墩尚有遺跡然顧瞻塋兆滿目荆榛碑誌絶無可考僅

於平葬之區釃酒設奠而已越日掛帆渡震澤入馬蹟山
時值孟冬天氣晴和風恬浪靜若出神祐造宗人泰定家
邀尋　曾四公墓則近在村左山落平陽爲夆上淵而下
狹徑長一十有六畝四圍山色與湖光相映左旗右鼓前
案後身無一不臻其美而荒凉之態則與花墓墳等相與
太息久之祭奠畢返舟將謀復故土會秦村龔姓等願返
侵地震鈞遂給價而正其界焉馬山李氏盜葬墳左意欲
負嵎旋亦鳴官斷復震鈞擇吉建碑立塚並謀置產以奉
烝嘗而後　二公之墓巍然復存嗚呼滄桑陵谷之變雖
世家巨族有不能保其先人邱壠者矣昔人云古墓犂爲

田松柏摧爲薪可勝慼哉獨我秦氏自宋迄今閱六百餘
年傳二十五世而　先塋歷歷具在即有遠隔異縣近支
所不能守者亦從頹廢之餘珠還璧合豈　天眷之獨
厚歟抑亦　祖先德澤之深且長也震鈞於敬宗收族知
無弗爲凡　兩墓修復之事皆獨任而身親之誠　祖宗
賢子孫哉昔文正義田止於贍族未及祖先源本今震鈞
既立義莊又於歸田之暇修葺各　祖塋歸復久年之遠
墓費金數千給發各墓口糧每年五十餘石此其追遠保
墓之方視范氏爲何如也錦故不揣愚陋而爲之記

二十四世
十六世孫雲錦頓首謹記

歸山庵祠捐田記

歸山

王用齋

瑞五公祠在資福庵中向有附庵田畝給守墓僧耕種奉
祀香火因墓故有祠因祠故有庵後其田爲不肖僧
鬻去庵既廢而祠亦傾頹然則欲保墓先保祠欲保
祠兼保庵而庵之興廢視田之有無則田雖數畝其
有關於
先塋甚大歲乙卯
竹隱公後裔兩浙鹺使震鈞重建

鳳麓宗祠修葺資福庵宇誠甚舉也錦已爲之記今
梅隱公後河西張舍兩支又共捐銀若干贖回田畝另延
僧住持庵中香火復得綿延亦不忘其祖之大者因
念兹庵自南宋迄今屢興屢廢今雖克復舊規恐後
復蹈前轍謹將田畝及各支所捐銀兩議約條禁並
勒於碑俾後人有所考據不致日久就湮錦行年六
十有二且無子非邀後福祇爲報本追遠者勸也子
子孫孫永守勿替嗣而葺之庶庵祠之不朽矣

十五世孫雲錦謹記

秦瑞義各據

今將雲錦歷年獨歸　祖塋柴松墳租細數歸入秦瑞義

以保墓各項議據條欵禁約共三紙稟　縣存案

一存房立案

一付經管人藝宏鈞 汝礪　一存雲錦

經糧　折實平田拾捌畝貳分叁厘　薛敬謫塋在外

花戶　秦老墳

甲分　化上念八六另甲

戶書　華金官

交契

抱拙公墓稟　縣歸贖文契各據存　瑞五公墳案內

怡晚公墓稟　縣歸贖文契各據　七紙

畢牧公墓稟　縣歸贖文契各據　三十紙

鳳山公墓稟　縣歸贖文契各據　五十紙

炎山公墓稟　縣歸贖文契各據　八紙 田契

另有山契各據六十紙

定橋補念公墓稟　縣贖文契各據　一百五十一紙

以上共結三百六紙交瑞義收管　存汝礪

糧單　三十七紙

錢數租額條禁詳前　歸山祠田庵田俱詳刊石

膠山安黄氏宗譜（一）

（民國）安榮光　等　纂修

《膠山安黄氏宗譜》二十四卷，（民國）安榮光等纂修，民國十一年（一九二二）中和堂、天全堂木活字本。

安榮光，安氏十八世裔孫。

膠山安氏，宋高宗南渡時自汴京遷無錫，蓋宋樞密使諱燾之裔胄也，元以前世次難以詳考。始遷祖明善，字汝德，元末明初自長洲（今蘇州）遷居無錫膠山堠村，子孫因家居焉。明洪武中，蘇州懸珠里黄姓茂者入贅明善家，始安其姓，再傳爲以恕，三傳爲處士公彦仍黄姓、祭酒公俊後於安家，遂有安、黄二姓合譜，明嘉靖、萬曆，清康熙、乾隆、嘉慶、咸豐、光緒，歷朝皆有纂修。此民國本安黄合譜，所存安氏家族文獻極爲豐富，卷一至卷十二譜序、凡例、誥敕、奏疏、像贊、志傳、山水古迹志、碑記、崇祀録、貞節傳、世墓録、宗祠録、祝文、贍族録（附莊圖）等，卷十三、卷十四藝文，卷十五至卷二十四世系表。明安國、安如山、安紹芳、安希范，清安吉等皆出此族。

安希范（一五六四——一六二一），字小范，號我素，無錫人。明萬曆十四年（一五八六）進士，授行人，遷禮部主事，因乞便養母，改南京吏部主事。萬曆二十一年（一五九三）因上《糾輔臣明正邪》一疏惹怒神宗，遭貶。歸鄉後主講於東林書院。熹宗嗣位，將起官，先卒。贈光禄少卿。著有《天全堂集》、《安希范遊記》等。安希范同顧憲成、顧允成、高攀龍、劉元珍、錢一本、薛敷教、葉茂才合稱爲『東林八君子』。

本書據民國十一年（一九二二）木活字本影印卷一至卷十四。

（陳小青）

膠山安黃氏宗譜

汪[illegible]敬署

民國拾壹年歲次壬戌秋九月續修

續修安黃氏宗譜序

蓋自宗法廢而族譜修，敬宗收族惟譜是賴，則譜之修其可緩哉。我安氏黃氏自咸豐乙未撥伯公董修至光緒丁亥幾及三十年，其間人事變遷，丁口繁衍，布散數千里，不亟亟以

序一

修之，將愈遠而愈散。我先考晉華公所以急承先志，與伯叔輩發起重修，議決遂偕一二同志各處採訪，期年譜稿成，欲籌資付刊，因有遷建宗祠之舉而遂中止，擬俟宗祠告竣譜事繼起，詎料先君心力交

瘁未幾年即歸道山由是因循者久之宣三年棨欲竟先志復與諸長者集議重修續採未竟因經費支絀是以復止蓋我族宗譜之欲修而不克修者久矣去年春我族長老會同合族又發起是舉數人倡議合族

序二

贊成我澤上支最熱心者堂弟麟書堂姪竹卿等携我先君遺稿各處續訪至今春稿始成正在籌資閩工刷印念雲南以武支與我澤上支連枝同氣一脈相傳咸豐乙未重修因路途遙隔兼以烽火道梗

遂致失修倘此時再不纂入骨肉永無團叙之日念我三世祖宏遠公因事謫戍雲南子以文孫有禎不遠數千里兩世往來音問不絕今睽隔數百年彼此不相聞問將所謂敬宗收族者安在耶然不修固不可修之則

序三

路隔數千交通為難諸叔輩與諸弟姪輩再三商榷適有同邑華君在該處經商托伊登報申明而目的難達復托堂弟兆伯在警察廳行文到雲南楚雄由縣遞達我族始得彼此交通將數百年世系斷

者續之睽者合之偽舛者正之於是數千里譜牒一統竟委尋源一望瞭然於以敬宗於以收族何快如之至譜中祠宇塋墓補圖列說不厭求詳足匡前譜所未逮使後之有志繼述者有所依據不於斯譜大有賴也哉

民國十有一年歲在壬戌秋九月

十八世裔榮光謹誌并書

膠山安黃氏宗譜總目

凡例

一世系向用歐陽氏譜法今用蘇氏法一世至五世爲一圖六世至十世爲一圖以下仿此免繁複也

一蘇氏法譜其可知者叔英公自長洲縣珠里避兵來居無錫膠山贅于安氏近仁公以長子歸本宗黄姓次子承安姓故兩姓不能不合譜昭族誼也

一澤上譜以元卿公爲第一世耕讀公心雪公所修膠山譜以叔英公爲第一世潔園公所修叔英公于澤上爲第三世世次各從原本遵舊章也分姓

又分支便檢閱也

一世系之前錄國史郡邑志昭定論也存古跡也錄誥命從祀錄旌節錄榮國典也

一誌傳之後錄世系世表宗譜之原本也附錄詩文表世德也錄內傳貞節傳表母德也

一錄祠墓爲世守也

一錄養廉莊記贍族錄昭家範也

一錄家書語錄奉彝訓也

一錄著述存文獻也錄拾遺羅舊聞也

膠山安黃氏宗譜卷一目錄

明俞　泰靈昀泉碑記

靈昀菴志附梵刹志及元武及捨田始末

西林志

明王世貞西林記

明懋卿公三十二景詩

明葉之芳三十二景和韻各三十二首

誥敕目錄澤上支

清葵伯公祖父諱汝諧貤贈奉政大夫誥

清葵伯公祖母張張氏貤贈宜人誥

清葵伯公父諱察貤贈奉政大夫誥

清葵伯公母張氏貤贈宜人誥

清梧軒公父諱鴻勳贈朝議大夫誥

清梧軒公母徐氏贈恭人誥

清梧軒公繼母徐氏贈恭人誥

清梧軒公諱桐圭授朝議大夫同知銜誥

清梧軒公妻徐氏封恭人誥

大總統給安鉾六等文虎章

大總統給安鉾五等文虎章

像贊目錄澤上支

御題明善公像贊

李善長題明善公像贊

楊少彝題宏大公像贊

方孝孺題宏大公像贊

宏遠公像贊　裔孫泰來

宏遠公像贊　裔孫榮光

祝顥題榮霄公像贊

秋潭安公像贊

毛鄧題心雪公像贊

蓉溪安公像贊　虞文元

安芳亭先生像贊　許棫

又　蔣維喬

安少溪先生像贊　嚴毓芬

安擷香先生像贊　蔣維喬

膠山安黃氏宗譜卷一

錄史

宋史列傳

安燾字厚卿開封人幼警悟年十一從學里中羞與羣兒伍聞有老先生聚徒往師之先生曰汝方為誦數之學未可從吾游當羣試省題一詩中選乃置汝燾無難色詩成出諸生上由是知名登第調蔡州觀察推官至太常丞主管大名府路機宜文字用歐陽修薦為秘閣校理判吏部南曹判湖北路轉運判官

提點刑獄兼常平農田水利差役事時方興新法奉行之吏或迎合求進司農符檄日夜下如免役增寬賸造簿供手實青苗責保任追胥苛切其類旁午燾平心奉法列其太甚于朝移使京東路過闕入見神宗偉其儀觀留檢正中書孔目房修起居注元豐初高麗新通使假燾左諫議大夫往報之高麗迎勞館餼加契丹禮數等使近臣言王遇使者甚敬出誠心非若奉契丹苟免邊患而已燾笑答曰尊中華事大國禮一也特以罕至有加耳朝廷與遼國通好久豈復于此較厚薄哉使還帝以為知禮即授所假官兼直學士院知審刑院決剖滯訟五百餘案因言每歲獄上省疑重有疑則必致駁勢既不敵故法官顧避稽停請自今以疑獄讞者皆得輕論從之求知陳州還為龍圖閣直學士判軍器監命館遼使方宴近郊使者不令其徒分坐廡下力爭之使無以奪至肄儀將見又不使綴行分班使者入餘皆坐門外燾請令門見而出眾始愧悔逮辭日悉如儀或謂細故無足較燾曰契丹喜嘗試人其漸不可長也俄權三司使

改戶部尚書六年同知樞密院夏人欵塞乞還侵疆燾言地有非要害者固宜予然羌情無厭當使知吾宥過而息兵不應示以厭兵之意哲宗立復仍前議二府遂欲并棄熙河燾固爭之曰自靈武而東皆中國故地先帝有此武功今無故棄之豈不取輕于外夷於是但以葭蘆等四砦歸之蔡確輩更用事燾循循其間不能有所建明元祐二年進知院事時復洮河擒鬼章青宜結二邊少清而並塞猶苦竄掠燾言為國者不可好用兵亦不可畏用兵好則疲民畏則

遺患今朝廷每戒疆吏非舉國入寇毋得應之則固異用兵矣雖僅保障成寶壘其計中願復講攻擾之策且乾順幼豎梁氏擅權族黨酋渠多反側顧望若有以離間之未必不同戈而復怨此一奇也其後夏人自相携貳使來修貢悉如肅策宣仁太后患國用不足頗裁冗費宗室奉亦在議中肅諫曰陛下雖痛抑外家以示至公然此舉不可不深思而熟計太后悟遂止大河北流宰相主水官議必欲回之東注肅以河流入灤淀久必淤淺恐河朔無以禦敵遂上言

曰自小吳未決之前河雖屢徙而盡在中國故京師得以爲北限今決而西則河尾益北如此不已將南岸遂屬敵界彼若建橋梁守以州郡寬兵河外可爲寒心今水官之議不過論地形較功費而獻納之臣不考利害輕重徙便於治河而以設險爲緩非至計也帝雖然之而回河之議紛起東北蕭然煩費功亦不就三年同列皆序遷且新用執政肅獨如初韶增其兩秩肅懇辭曰是雖有故事竊意以一時同列超升之故特用是以慰安其心耳今日願自臣革之使

朝廷不爲姑息而大臣稍敦廉恥之風庶或有補竟不受以母憂去卒喪拜觀文殿學士知鄭州徙潁昌及河南府入爲門下侍郎宣仁之喪宗室旣爲三年服才越歲章惇拜相欲革爲期肅爭之曰上以先后保祐之久追崇如恐不盡茲用明道故實耳遽改之播諸天下非佳聲也乃止肅與惇布衣交覬其助己肅不肯少下之陽翟民蓋漸有財訟而與諫官來之邵交通開封得其事惇右之邵欲薄其罪肅不可復欲并劾開封肅又不可遂與惇隙明堂齊祠爲儀仗

使後官有絶馳道穿仗而過者肅方舉劾諫官常安民又言教坊不當于相國寺作樂帝怒欲逐安民肅爲救釋惇遂譖其相表裏出知鄭州徙大名父日華本三班院吏以肅恩封光祿大夫至是卒年九十餘肅免喪徽宗立復知樞密院舊制內侍出使以所得旨言于院審實乃得行後多斥去肅請按治之都知閻守懃領他職祈罷不以告亦劾之帝敕守懃詣肅謝郝隨得罪或揣上意且起用欲援郝爲階亦爭之以老避位帝將寵以觀文殿大學士有間之者曰此

宰相恩典也但以學士知河南將行上疏曰自紹聖元符以來用事之臣持紹述之名誑惑君父上則固寵位而快恩讐下則希進用而肆朋附彼自爲謀則善矣未嘗有豪髮爲公家計者也夫聽言之道必以其事觀之臣不敢高談遠引獨以神考之事切於今者爲證熙甯元豐之間中外府庫無不充衍小邑所積錢米亦不減二十萬紹聖以還傾竭以供邊費使軍無見糧吏無月俸公私匱耗未有甚於此時而反謂紹述豈不厚誣哉願陛下監之勿使俤偏辭而爲

身謀者復得行其說又言東京黨禍已萌願戒履霜之漸語尤激切初建封唐邈川爲湟州戍守困于供億燾在樞府因議者以爲可敵奏還之崇甯元年議其罪降端明殿學士再貶甯國軍節度副使漢陽軍安置湟州復又降祈州團練副使鄯州之復又移建昌軍然棄鄯州時燾居憂不預也終不敢自明再閱歲始復通議大夫還洛卒年七十五後五歲悉還其官職子扶靖康時爲給事中金人入京師責取金帛扶與梅執禮陳知質程振皆見殺

明史列傳

安希范字小范無錫人萬歷十四年進士授行人遷禮部主事乞便養母改南京吏部二十一年行人高攀龍以趙用賢去國疏爭之與鄭材楊應宿相訐攀龍謫揭陽典史御史吳宏濟復爭亦被黜希范上疏曰近年以來正直之臣不安于位趙南星孟化鯉爲選郎秉公持正乃次第屏黜趙用賢節概震天下止以吳鎮豎子一疏而歸使應宿材得竊意旨交章攻擊主如孫鑨之清修公正李世達之練達剛明李楨

之孤介廉方並朝廷儀表鑨世達先後去國楨亦堅懷去志天下共惜諸臣不用而疑閣臣媢嫉不使竟其用也高攀龍一疏正直和平此陛下忠臣亦輔臣諍友至應宿辨疏塗面喪心無復人理明旨下部科勘議未嘗不是攀龍非應宿及奉處分之詔則應宿僅從薄責攀龍反竄炎荒輔臣誤國不忠無甚于此乃動輒自文諉之宸斷坐視君父過舉弼違補袞之謂何苟倏降黜之後陽爲申救以愚天下耳目而天下早已知其肺腑矣吳宏濟辨別君子小人判若蒼

素乃與攀龍相繼得罪臣之所惜不爲二臣正恐君子皆退小人皆進誰爲受其禍者乞陛下立黜應宿材爲小人媢竈之戒復攀龍宏濟官以奬忠良并嚴諭閣臣王錫爵無挾私植黨仇視正人則相業光而聖德亦光矣時南京刑部郎中譚一召主事孫繼有方以勸錫爵被譴希范疏入帝怒黜爲民希范恬靜簡易與東林講學之會熹宗嗣位將起官先卒贈光祿少卿

明史實錄

安希范字小范無錫人父如山己丑進士知稽州均田得體士民誦德祀名宦歷仕至雲南僉憲范生而天資英敏落筆便有淩霄氣弱冠舉應天聯捷南宮爲丙戌進士官大行人有偉望當入臺省格于年客諷曰增年可得給事御史范謝曰吾不以給事御史重也竟從選入授儀部主事人又以銓部郎推念母老請南客又諷曰姑少俟范謝曰吾不以銓部重也請而得南司封會陳泰來薛敷教等疏論京察蒙旨降調遂同南京刑部郎中孫繼有上疏語侵輔臣王錫爵不報時政府爲宵人逢迎如孫冢卿鑨李總憲世達李司寇楨趙宗伯用賢趙總憲南星高太僕攀龍炎侍御宏濟俱受其所螫范上疏剖其邪正是非并論列楊應宿鄭材媢竈狀錫爵不能堪曰故弄取士輒與我左諸宵人從中爲難擬旨逮巳得削籍編氓時光祿顧憲成仿龜山講學故址闢東林書院范與一二同志共修復之相與闡濂洛關閩之學每出一義服若發矇暇則纂述諸書切身心性命者有養心日

剳讀書日箋關經世大典者有荒政撮要郡邑武備考贍族錄宜山林棲逸者有泙隱漫錄名山游記孜孜矻矻朝夕靡倦常以吟風弄月之趣蘇其理縛所居膠山之麓喬木千章碧流千頃一抵家輒數月不出出則乘一畫舫列綺窗十二圖米南宮陶元亮張季鷹蘇端明諸名賢于其上以爲五湖煙水之伴初以大行人奉使入楚登岳陽樓觀匡山瀑布歸田後其游展多在天目赤城太湖七十二峯間晚年卜築湖州之菁山又卜長興之芥

與武康之桐城塢茶香荀苗時携鐺罍就之有菟裘之志卽朝事變遷世運往復三十年中直臣遺老肯出而就蒲輪之召總付之不知獨光宗再賓普天遏密嘗作痛憤詩以志感其一曰驚聞宸極復天崩疏揭先傳事有憑執簡定應書逆祈舉朝誰請討陳恒羣奸盤據多心腹少主危疑乏股肱衰廢無能申大義一腔忠憤自填膺其二曰宮闈蘊毒竟窮兇中外潛謀罪不容痛憤百身那可贖聖明千載更難逢參夷未雪終天恨號泣頻椎野老胸仗劍誰能誅亂賊赤心徒抱恨無從其三曰龍飛一月卽賓天籍籍煩言豈浪傳郡邑再迎哀痛詔秋冬分紀泰昌年九邊戰士悲歌動四海蒼生涕淚懸獨有孤臣千載恨無因請劍倍潸然其四曰慷慨悲歌恨不禁每傳邸報輒沾襟受遺元老仍增秩進藥鴻臚也賜金君父大仇爭切齒權奸深計共寒心自憐倦鳥催頹羽中夜哀鳴繞故林一腔忠愛滿紙淋漓使范以此血忠出膺簡命定有轉旋事業赫然可觀推轂者行次弟及之而

長暝不待死之明年遺孤廣譽齎其兄廣居疏伏闕下白見遺忠聖天子愍之特贈光祿寺少卿賜卹典請祠鄉賢

國史總裁提督學政巡按直隸蘇松等處監察御史孫之益

錄志

孝友　常州府志

明

安國字民泰無錫人居積諸貨人棄我取贍宗族惠鄉里乃至平海島濬白茅河皆有力爲父喪會葬者五千人

行義　康熙庚午無錫縣志

明

安國字民泰性資警敏多謀畧居積諸貨人棄我取

于是贍宗族惠鄉里乃至平海島濬白茅之河皆有力爲父喪會葬者五千人居膠山因山治圃植叢桂於後岡延袤二里餘因自號桂坡涉獵經史能言古今治亂之故好古書畫彝鼎異書後益好游北走燕趙登天壽山抵居庸而東躋泰岱掠龜蒙謁孔林歷鄒嶧之虛西泛大江登匡廬循襄漢以憩於武當又渡錢塘探禹穴覽天台雁蕩極于普陀而還

乾隆庚午無錫新志

安國字民泰性資警敏多遠畧時有備倭夷（舊志平海島新志誤以爲備倭夷）濬白茅河諸大役國皆有力爲父喪會葬者五千人居膠山因山治圃植叢桂於後岡延袤二里餘因自號桂坡漁獵經史明古今治亂之故善鑒書畫彝鼎好購異書後益喜遊徧歷名區（有東游西游北游記）國之治圃於山麓也地無水周數里皆石田會歲饑大出粟課民鑿渠日集千夫自春初接麥收成巨浸所謂西林也又其左前爲東林南林皆殺三之二由是活民無算而石田轉爲沃田而圃亦遂爲一邑冠蓋小試而經猷見焉

秦侍御鏞無錫志稿

安國號桂坡以布衣起家饒於貲而具大經濟李中丞之浚白茅伍中丞之破海寇皆資其策嘉靖中用楊文襄公薦至京師不欲仕而歸延海內五經名宿分課諸子長子如山遂早達選庶常公益優游巖壑慷慨行義嘗鑄活字銅版印諸秘書凡古法書藏畫鼎彝寶玉之屬能辨眞贋廣爲收置遇歲旱民飢發粟幾千鍾緣山鑿池大不可量中留二墩題曰金焦分勝是役也活人無算即溉田無算已復種樹結茅

與山人墨客觴咏其間至今西林稱梁溪名園云

宦賢　常州府志

明

安如山字子靜無錫人嘉靖進士改庶吉士出知裕州地險多盜如山至民賴以安會戶部括天下田因履畝丈量方始事而部輒更令如山卒竟其役民利之再補裕州益不煩而治後遷雲南僉事民獠雜處綏輯得宜

無錫縣志

安如山字子靜嘉靖八年進士改庶吉士出為裕州知州地險多盜民皆貧徙如山至諮其疾苦而更張之會戶部括天下田因履畝丈量方始事而部輒更令如山卒竟其役民利之再補裕州益不煩而治移高唐進金華知府遷雲南僉事民獠雜處政務綏輯歷江西參政再調四川僉事歸穆宗即位進階朝列大夫

附錄

方城均田碑記

賜進士出身文林郎翰林院編脩武進唐順之撰

文裕州於春秋隸楚蓋楚屈完對齊桓公之言曰方城為城今方城山在裕州境有楚壁壘斥堠云地故阻險然四衝西脅武關東挾江淮北綰河洛南際宛鄧四方輻輳其民平居則奔走送往迎來諸費轇轕百出天下有難則往往首先受兵野多陂陀磽确土雜沙石不純可田種以故俗罕土著苦窳寡蓄藏輕剽數徙無錫安侯來牧裕既爬剔宿蠹拊循疲瘵與裕人更始先是主計之臣議括

天下田檄至裕安侯瞿然曰此吾治裕首務哉且夫平瘠沃清錢穀息爭端在此舉矣未幾檄復下止之安侯曰人皆利矣吾專爲可也亟請于大參劉公憲副傅公各是之于是經土畫野則耆艾董其役縱橫廣袤則量人展其能方弓句股則算人竭其思跡阡驗畛則區長與其事因區制畝因畝準稅區爲綱畝爲目綱以麗目則無漏畝畝爲母稅爲子母以權子則無逋稅墳衍原隰脊腴之田一而當一平石岡田二而當一岡石山田三而當

一山石陡坡圍而當一陂池林麓廨宇舖舍壓市之稅例有蠲除田溢稅則從增稅溢田則從減否詭偏故人無遁情版籍明故上有定徵疆土別故下有定輸計田凡若干計稅凡若干條規畫精密動中肯綮此其大凡也史氏曰孟軻有言仁政必自經界始自衛鞅首禍壞井田開阡陌以迄於今其間經國之臣憂時之士曷嘗不言經界董仲舒師丹有限民名田議李翺有平賦書元稹有均田圖然卒莫能行何也蓋亦難爲守令歲月更改各

懷一切無慮經久一難也語曰天降雨澤農夫悅而行旅怨豪強兼并率不以均田爲便謗讟朋興多門可畏二難也守令不能履畝而較之則必寄于吏胥則有上下其手者矣豪右售賕得爲蔽匿貧弱抑勒無以自明名曰均田實滋一弊孔也此三難也大安侯可不謂明察深慮者哉安侯初舉事時稱人亦多訛訛者曰將毋擾我安侯不爲動既訖事邇人人樂業矣民可與樂成難與圖始顧不信哉安侯名如山己丑進士其爲稱多善政茲

不書重均田也

貞烈

乾隆庚午無錫新志

明

安如山妻吳氏希范母也十五來歸如山年已及耆有庶子二人矣原配郭操諸姬如束濕惟氏能得其歡然防束不爲懈娠范七月匿不敢言後知之恚曰女也育之男必勿舉既生范欲溺之而如山有弟如陵早世婦鄒寡居未有嗣則以爲如陵後五旬而脫諸懷襁以付鄒母居周涇距所居膠山四十里母子不相見久之如山與二母相繼殁范方七歲委命守

舍之僕氏以思子數致隕伯子憐而召還之而如山之殁遺命伯子有所推分於弟無何伯子暴卒有諸姪匿不忍予則曰季固周涇嗣也衆謂宜直之官氏曰兒苟才奚必食先世之餘遂至周涇拮敗屋頹垣中支持踐更徭拮据萬狀更營鄒母葬爲范受室者再田廬耗幾半已而范舉進士官行人奉使過里拜母堂下氏撫之泣曰天乎襁中人乃有今日先是范大父國擇腴田三百畝命曰養廉子孫仕者畀之如山第而受田拓其畝至千至是范當受兄子又不肯與氏曰兒幸沾一命微先人寵靈多矣廉自力而何養爲遂不問田而請母就養氏不從留家耕織以爲官中費范以直節聞抗書言事有旨逮問尋釋爲氓氏安之慰曰此時見兒不異周涇歸也遂母子偕隱范讀書談道而氏代視生産老益不倦年六十一卒氏性嚴二十六而稱未亡人終身茹素日食止菜一盂一衣或至十年進紈綺則櫝而藏之范跽以請氏曰兒不聞魯敬姜之訓乎范既成進士聞母召如被急徵詣郭以子繁不欲多庶後仲叔兩庶子俱殤伯

子之子亦夭折僅遺稺孫四人而范爲名臣宗伯于公愼行誌其墓謂吳實大有造於安氏云

安如陵妻鄒氏希范嗣母也年十七歸如陵十九而寡理內禦外荼苦備嘗希范生甫帀月抱爲嗣時苦節已十九年矣撫范至七歲而鄒以疾卒守節凡二十六年

儒林　　無錫新志

明

安希范字小范號如山別有傳希范萬歷十四年進士授行人歷南京吏部主事當是時王錫爵秉政多斥異已者希范上言近年以來正直老成之臣敢言之士多不安于位如趙用賢趙南星孟化鯉人皆知其剛正而次第屏黜孫鑨李世達李楨雖材品不同而先後去國行人高攀龍一疏實皇上之忠臣亦輔臣之諍友而反蒙重斥夫閣臣之職輔皇上以進賢

退不肖今賢者以異已黜而不肖者以媚已進誤國不忠莫大於此疏入削籍歸東林書院成希范別構一室雜植花竹讀書其中家既不貧亦不矯爲寒儉所居膠山多清川長薄又樂吳興山水晚而卜築武康天啟初贈光祿少卿子廣居字無曠高忠憲攀龍壻也從游東林被服忠孝忠憲赴止水家禍且不測廣居力護持之登崇禎癸酉賢書癸未中會試乙榜是歲通榜皆予特用廣居應得縣令自免歸甲申春都城陷慟哭祈死及秋而卒

文苑　　康熙庚午　無錫縣志

明

安紹芳字茂卿爲太學生鄉試以同舍生事被黜久之得白入北雍乃棄去專爲詩歌古文紹芳本名家子所居膠山西林廣池十頃帶以華薄蔚然深靚曲橋飛樓逶迤夭矯襍置圖書鼎彝其中每諸名士過從置酒刻燭歌吹間起至忘日夜嘗自爲西林纂王世貞輩爲之記紹芳善畫得黃公望法今亦高價矣

方技　　康熙庚午　無錫縣志

安紹芳　見文苑

國朝

安廣譽字无咎希范少子不事繩檢而文采宕逸家多故蹟因善山水無塵俗氣門人張愷得其法

文苑　　乾隆庚午　無錫縣志

國朝

安璿字孟公希范孫廣居子坐卧幾畫樓藏書萬卷畧皆穿穴詩銜口贍逸所至皆有留題多識前朝遺事龐雜提掇原委犂然晚更研心理學手所編著書

十數種自收拾遺墨曰孟公不在茲集旁工巖壑平
遠

附錄識小錄

國初邑中工詩文者結雲門社于惠山名動遐邇
四方名士如睢州湯孔伯斌吳門汪苕文琬慈溪
姜西銘宸英輩咸來赴焉邑中凡十人顧景行㬌
文顧粱汾貞觀秦樂天保寅秦留仙松齡黃夏㷆
瑚嚴蓀友繩孫鄒黎眉顯吉劉震脩雷恒劉沛遺
霖恒安孟公璘號雲門十子皆一時之儁也

方技　金匱縣志

國朝

安璘字孟公廣譽猶子高忠憲公外孫也革鼎時年
十六甲申歲父廣若鬱鬱死璘僅獲免園林圖籍俱
盡意不自得嘗出遊無所遇而歸因隨意作古木寒
雅空山絕澗寸幅爲人珍賞六十豫爲生壙記喜銜
口爲詩有孟公不在茲集

附識小錄

安經傳字繼勳幼工文弱冠時受知陳撫軍肄業
紫陽書院冠服敝壞同舍生竊笑之不爲變精熟
左氏傳通春秋大義將餼於學官而遽卒年三十
有二

隱逸　乾隆庚午無錫縣志

國朝

黃庭字守中父道明字在龍好弈閉戸獨居操白黑
子分行相攻殺不求耦對人稱曰獨弈先生道明好
施與有德於鄉嘗入山遇盜盜詢知爲道明顧笑曰
無驚我公送之山下盜焚鄉人居延及道明廬盜譁

起撲火火不滅乃共捶始禍者庭好義亦如道明與
常熟范晉同里顧祖禹交善皆任俠自喜晉先卒祖
禹常游歷公卿間而庭居膠山耕釣不越鄉里嘉興
李譚鼎革後避難來依庭庭厚遇之父子先後死遺
寡媳庭詣嘉興訪其宗支立嗣奉譚祀邑人鄒溶以
居停賈禍逮入京下獄論死時祖禹預脩一統志爲
貴人客庭疾書片紙寄之曰景范倘鄉可遣畢命西
市何面目見天下士祖禹得書愯然爲經畫得減戍
遇赦歸庭與溶故不相識也庭家奇貧或再日不食

讀書不輟纚床木榻灑掃嚴潔庭植巨杏綠蔭滿堦客至烹菽共語間鳴石磬清音鏗然間居無事獨善製硯甚自珍貴年八十餘一日曳杖躋視祖塋歸彈琴良久晚食浴罷起步中庭曰大好月色立移時入室坐逝

附錄識小錄

守中先生性方嚴行誼整潔鄉里敬憚之少年子弟或連袂嬉笑遊行街市過先生居必曰此黃先生門也愼無妄語亂步家甚貧日或不舉火一夕

有叩門饋米五斗者詢所自族有孀婦再醮者契列其名故也庭急麾去閉門勿納時已不食兩日矣（此不受自好者能之雖在絕粒兩日後）與華商原秦湘侯范鼎九顧景范友善諸子一日買舟訪之日已暮無米備夕飧探荳棚得敗莢半筐出以供客分半與舟子歡笑劇談竟夜至天明乃登舟告別後授經於南里華氏南里有龔君某者敬其爲人特設一榻以待去則懸之與顧宛溪景范尤相契宛溪南游寄孥于先生後宛溪與脩一統志應東海聘常主于

其家先生意不善也見衣冠少易其故輒厲聲斥責若父兄之於子弟人不能堪而宛溪終無忤色相善如故也早歲頗類任俠族有无傾者我素先生子也悞罹叛案制府捕之親戚皆掉頭避去先生短衣芒鞋步從无傾括家貲付先生惟所用周旋患難卒脫於禍无傾推所餘與之笑不受終身大袖寬袍中藏鐵如意時拂拭之光鑒毛髮蓋時當鼎革磈砢不平之氣亦時發露云晚歲取大程語榜于門曰萬變俱在人其實無一事常都魏禧

題其居曰流水直臨門飛塵不到地巾有高卧人識得靜者意邑志本朝隱逸惟先生可以無愧也

黃延和字懷九邑諸生祖庭載邑志隱逸延和恬淡冲逸意致間靜有祖風邑中有共學山居講會多論性命微旨延和謂學以孝弟爲本忠恕爲要方實而不虛平居亦好靜坐爲文清刻雋側間作小詩任意所適不求工也自守介特而于姻族里鄰間曲有恩禮宛溪顧祖禹孫體誠毋子煢獨延和卯翼教誨之爲營婚娶者再年六十思毋以五

十九卒鍵關拒稱壽者或叩之含淚不能語未幾
卒

補錄錫金新縣志 光緒辛巳 秦緗業纂

流寓

安明書字汝德祥符人明洪武初以人材辟通判金
華兵燹之後教民開墾成膏腴萬頃太祖賜詔褒
美致仕後愛梁溪山水清淑遂卜居膠山嵊村里
子孫因家居焉

孝友

安宙與兄宇篤友誼明洪武中宇坐糧長事謫戍雲
南念兄老請代戍挈妻與長子斌行留幼子彧守

墓彧長誓尋父母行求楚雄衛得之父促之歸及
再往而父歿母亦尋歿與兄泣別攜父戍稿藺居
吟以歸

行義

安泉字鳳林少讀書既長習醫就歌者屨滿戶外遇
貧乏則徒步攜藥往治不責報數十年不倦拓其
廬曰飛香圃雜植花藥貯古書鼎彝翰墨於其中
子恩桂與弟宮桂析產以讓稱恩桂子 詩 見文苑
有傳

安汝諧字聖和貢生奉父遺命建置贍族田千畝嘉
慶二十二年捐資修葺學宮邑有善舉無不佽助
年九十卒閻學朱方增爲之傳

文苑

安廣譽字无咎希范仲子不事繩檢而文采宕逸與
弟廣生並工於詩兼善詩畫門人張愷亦有名族
人夏字大已諸生善詩鼎革時文文肅震孟子乘
死夏保其遺孤隱居吳縣之木瀆

安璿字孟公廣居子好讀書工詩所主皆有留題多

識前朝遺事晚更研心理學所著書十數種亦善
畫曾孫經傳諸生攻苦力學早歿子舉人吉刻其
遺槀

安吉字象占乾隆四十四年舉人操行端潔閉戶窮
經兼深音樂以叶韻爲非爲韻有古今無所用叶
生平著述頗富夏時考韻徵二書尤其心力所萃
也子念祖亦著有古韻溯源等書

安詩字芝慶館侍郎秦瀛家詩文得瀛法以進士歷
官吏科給事中有飛香圃詩鈔

錄志　前錄人物此錄山水古蹟

上福鄉堠村里

明宏治甲寅秦夔無錫縣志鄉都上福鄉在縣東五
十里統都二四十四都有西後村　國朝無錫縣志
上福鄉四十四都二啚有安鎮

安鎮

金匱縣志曰安鎮在上福鄉膠山南麓去縣四十里
長逕二里信義瀆亘其前安氏世居之舊第存者鮮
矣元設膠山巡司

明嘉靖甲子鴻山黃氏譜載叔英公嗣於膠山堠
村里安明善氏其鄉上福據此知我安氏世居膠
山堠村明志曰西後村後即堠之音訛也　國朝
始稱安鎮今安鎮西里士人猶稱西堠村云

膠山

無錫縣志曰膠山在縣東四十里與惠山東西對峙
山周九里高九十丈有宋中書令王僧達墓梁蕭侍
郎宅今爲興化寺有寶乳泉滌硯泉又有宋李忠定
公祠安氏世居之南林西林爲邑名處

金匱縣志曰膠山去惠山四十五里下有膠山寺寺左爲安國墓右爲李忠定公祠宋紹興年建暨明屢葺陸氏安氏捨田供祠階下爲寶乳泉汎出山腹桂坡安氏作亭覆之味甘馨色白淪茗不下二泉山南爲安氏南林西林而西林於山尤近池廣數百畝兩澗爭注則空濛窈窕如平湖山氓頗資灌漑而曩時三十二景詩尚流傳學士口云

安國膠山詩梵王宮殿鎖烟霞墓接蕭郎道路斜錫寶乳泉嘗黄玉金牛足迹未沉沙香花橋古横蝃蝀滌硯池荒聚亂蛙還有古人磨劍處碎瓊石塢到仙家　萬玉亭詩老僧種竹十千竿環繞幽亭六月寒我願龍孫添滿眼清風千古報平安

按膠山八景曰梵王宮蕭郎墓金牛迹寶乳泉香花橋滌硯池磨劍石碎石塢桂坡公集成一律今乳泉在李忠定公祠下香花橋在桂坡公墓前滌硯泉在萬玉亭中膠峯公有濬復滌硯泉詩石刻尚存泉上

李忠定公祠

明萬歷甲戌秦梁無錫縣志曰李忠定公祠有二一在膠山寺後廢正德四年里人安國重建一在惠山尚德書院正德五年尚書邵寶建

金匱縣志邵寶李忠定公祠碑寶既祠公於惠山尚德書院而膠山寺故祠復以重建來告蓋鄉人安國爲之是舉亦吾志也烏得無言按郡志山在邑東四十里梁太清初寺于其麓宋紹興間公遂爲墳剎嗣是遂祠公爲其修而復之固以義起禮者而或以公非邑產爲疑公生長官學於斯自號必以梁溪公爲寓賢耶爲鄉先生耶公立朝有識有才有權有量而本之以忠謀出之以正氣在靖康竭扶持之力在建炎舉修攘之政在紹興建恢復之謀不幸而屢見沮忌其所以復君父之仇正華夷之分無愧於聖賢者僅見之章疏計畫間然於此有隱功爲而非君子莫之知也今祠之復安君獨任其費昔永康徐元德首議建公祠晦菴朱子爲記深嘉與之況國無元德之責者哉且又割田十有三畝與前陸永思所捨七畝同隸寺僧爲春秋私祀之需益可尚矣用紀歲月書

其麗牲之碑且爲迎送神祠曰公何之兮勸我招望雲旗兮淩江潮公蟬冠衣絳服指舊邱兮遊遨翺騰鸞兮水裔夕弭節兮山椒西有惠兮東有膠潔我尊兮醇醪跂英靈兮未下闃歌聲兮鼓簫宛懷公兮心勞　公將去兮何從望關山兮南東整重帆兮雙檝鶩海濤兮天風睠舊遊兮斯在手常植兮萬松惠之泉兮膠之峯儼翼翼兮新宮靈倏彼兮忽此雲迴翔兮太空歲復歲兮來降

膠山北麓有田曰廿畝邱沃壤也即祠田也桂坡

公建祠捐田請邵文莊公記其事主其祭兩公歿田爲寺僧所廢而祠祀亦廢者三十年桂坡公長子膠峯公致仕歸乃于嘉靖癸亥建桂坡公祠于山顛又移建忠定公祠於泉上復捐田十有三畝于上巳重陽兩公祠各設一祭用特牲庶羞八野蔬十果五品酒一尊飯一盂其後田歸李氏典司歲祭歲修雍正庚戌八月朔李氏以桂坡公配饗忠定公祠先是李族欲爭膠山田租修惠山寺我安氏具呈本縣金匱王公喬林批定捐田既有碑記則非李氏私產何得那移別用仍著經管之李尙卿將餘租修葺本祠可耳尙卿欲安氏共保祠祭祠田故修祠擴一楹而有是舉

靈趵泉

無錫縣志俞泰靈趵泉記曰邑之東有膠山山之北麓有寺朱李忠定公乞祠賜額崇親報德禪院者是也寺有竇乳泉正德間安君民泰像公祠於上山之南二里許則世爲安氏居民泰以山爲元武地乃建祠祀神以鎭之歲丁亥秋祠南隙地方四尺許恒沃

潤不焦守者異之掘地三尺餘有泉突起時訪民泰乃往觀焉因謀蓋亭其上甃石渟爲上池注爲下池洩以灌池下之田戊子冬落成取濟南趵突之義名之曰靈趵泉又速余登亭而以記請余曰夫天地之氣靈秀所在每因人而鍾承之者非其人則氣隨以散故氣莫盛於山而泉則山之脈絡氣鍾而流焉者也濟水發源王屋山一顯一伏數千里至歷城乃突然騰躍其氣盛故其流長宜爾也茲泉於濟勢雖不侔其本諸山而醞釀以成湧地以出理則一也然人

傑地靈咸應之理誠不可誣安氏累世種德至友菊翁深仁厚澤覃被一鄉民泰繼之培植封固益深益厚人以山安山以人重至和融結一氣潛孚山靈發祥感之應之豈偶然也哉況泉未期年民泰三子長子靜薦京闈仲子固魁成均季子介游泮庠泉之兆祥於人也滋甚將來雲礽蟄蟄繩體鍾異以承山之慶於無窮則安氏之澤當與泉俱永安知無忠定公其人增重斯泉如寶乳也哉書曰宏于天若德裕乃身敢爲民泰望之民泰名國號桂坡崇禮仗義縉紳

推重茲論泉不及贅也

靈趵菴

梵刹志曰靈趵菴在邑東四十里上福鄉膠山南坡安鄉宦捨基有靈趵泉俞泰撰記菴以名焉正德間建萬歷間增建佛宇

按邑志載元武祠靈趵泉而未載菴故以梵刹志補之而亦未詳元武祠者桂坡公游武當歸仿其金殿之制也深廣各丈二尺高九尺及闢泉而勒俞參政記于泉上增勝焉此皆明正德間桂坡公創也至萬歷間始爲僧菴後產瑞芝廓菴公建芝生堂手書堂顏　國朝順治辛卯高孺人壽六十移家園之春榮館爲佛殿曰旃檀功德康熙間孟公先生捨田十餘畝而菴至今不廢嘉慶三年吉以菴田呈縣刻世守錄

西林

錫山景物畧曰假山可爲假水不可爲也竭人力爲之高原大阜頓成江河西林非以林勝乃以水勝邑地莫高於膠山山爲安氏世居即爲桂坡公息壤去

家里許有園曰南林清流環繞綠陰蔽日後有池可數十畝汪洋蓊鬱既兼有之越南林幾二里與山益近緣山鑿池大不可量桂坡公具大經濟嘉靖中歲旱民饑乃發粟千鍾計口就食即計口程功日役千人不數月池成廣數百畝深數十丈中留二墩題曰金焦分勝即比之揚子江不啻云是役也本年活人無算次年溉田無算種魚無算收菱芡荷茭之利亦無算已復繞隄藝樹因山蓋亭漸有次第再傳至硯亭公幼負通才詩文繪事悉臻元妙乃以所如不合

歸老青山爰卽舊業大加丹雘日與山人墨客觴詠其間詳載王弇洲記中不復述述其始事所夙聞於吾祖遵衢公者遵衢公固桂坡公孫壻也

無錫縣志曰膠山西林安氏園也去安之居二里有南林凊流沿洄綠陰翳目又里許乃曰西林嘉靖中安桂坡國因歲旱大出粟募民穿池廣數百畝中爲二山以擬金焦乃循隄種樹緣崖結亭廓然大觀焉是役也民以得食而所溉田與所入魚芡菱蒲之利不可勝計至國曾孫紹芳負才不偶將樂志山藪爰

卽故業大加丹雘與天下名士游賞其中王世貞疏其臺館亭榭二百年來東北一名區也

金匱縣志太倉王世貞西林記曰予與仲俱嗜名山水而家東海斥鹵地無當者家有園頗見稱游客亦以近市塵且不得自然邱壑以爲恨客嘗爲予言無錫安氏園之勝蓋卽今西林云其居東離邑三十里而嬴邸第之雄埒國封不以豪故廢林野之趣北之膠山三里而近卽山址得圜二其上制山而牛籠之今太學懋卿蓋時栖處其右懋卿栖處而園益勝破石根則神漾湧疏磴道則幽穴顯斬惡木則嘉卉出列棘以爲籓籬巖而中靓深分流以自環環多而相映絡其臺榭可以巧承能其戶牖可以奇取睨其泉可以釀果茄蓏蔬可以羹魚鱉蝦蟹可以飫客懋卿故有客癖客之以文事名者又雅慕懋卿以故爭齎集焉山人葉茂長甫客之選也或憑鹿車或鼓漁刀窮晝夜以爲娛樂時秋氣鮮霽雲物解駁謀所以寵靈之蓋釐而爲景者三十又二景各有詩茂長之爲體者九而茂卿之爲體者一顧其風調旨象有足當

者茂卿貽書友人王世貞記其事世貞約其景之尤勝者麗於山事者五麗於水事者十有四兼所麗者三曰蘭岩者膠之橫縱巖也國香滋焉曰風弦障者高坪上接于膠下瞰諸水長松冠之風至則調調刁刁鳴也曰遁谷者降膠而坳却入水深佳處也曰晨光塢者膠之逶迤而左右抱林者也以左小缺得嵎爽候獨早曰纖纖泉者穴於膠最洌而甘是山事也曰鏡潭者諸流之所滙也陂而澄可燭鬚眉曰鳧嶼者水中大洲也羣鳧鷺屬至而族焉曰上島者嶼之

右別洲也曰中洲者嶼之輔洲也曰簫閣者卜於嶼
長松市之空香閣者卜於島竹木叢之曰景榭者緣
潭而立得月則水中之樓閣皆可類而有也曰一葦
渡者以渡梟嶼名曰夕霽亭者以晞髮於頹陽名曰
素波亭者渡口綰也息磯可憩而息醉石可藉而醉
皆得之水故曰水事也曰盧籟堂者以遲賓者也中
空於緒颸無所不納故名曰椒庭可眺山椒曰爽臺
者踞椒庭而聳梧竹承之是不盡麗山水而山水之
致襲焉故曰兼所麗也凡山居者恒恨無水水居者

恒恨無山山水居者或隘且瘠而不可以圃可以圃
矣而或不志於人與文懋卿之西林佹得之哉吾於
文劇喜柳州愚谿鈷鉧潭潭西小邱諸記於詩喜吾
家右丞輞川諸絕夢寐之所注像其勝鬱浡猶宿肙
宇間第仲歸自秦叩所謂輞川者彷彿有之不甚可
指辨而李頤使君按部柳頗毀柳之谿谷潭邱以爲
不能當其文然則懋卿與茂長之詩行後世其不以
西林爲輞川愚谿者幾希游西林而得其實其不以
二子賢於右丞柳州者幾希余竊欣有託焉故附二
子詩而記之

安紹芳西林三十二景詩 附葉之芳詩

纖纖泉 在山下

刈芝蒼松根觸石得鳴玉泠泠澗底聲瀉破寒蕪綠
抱甕出雲中夕陽下西麓

葉之芳

披林選夷曠扶谷尋嘉秀靈源伏蒼麓一斷出纖溜
髣髴青城山甘泉吐巖竇畜之成鏡潭泓澄流可漱
知子幽棲意孤雲戀寒岫託賞淸泠中蘭襟絕塵垢

蘭巖 在山顛

芳蘭冐幽石淸芬散巖阿相思隔美人紉珮將如何
庶保空谷姿幸免當門鋤

葉之芳

佳人隱茲山楚芳一朝生層巖散幽馥采擷淸秋英
佩之有馨德寫入瑤琴聲舉世罕所知感君邱壑情

石道 在橫山路古松千章

石道蒼翠間窈窕絕塵鞅麏鹿日以驕薜荔日以長
獨有青巖雲倏忽自來往

葉之芳

雲起翠微中林端石道失片雨下高原不道依然出

遁谷 在横山路

籍甚非所求蓬然安足喜自愛空谷幽白雲呼不起

爲報長康翁置我邱壑裏

葉之芳

浮雲不出山流水長在溪中有韜光士永託松喬栖

謝彼漢世人咫尺花源迷

晨光塢 從疏風館東堇林落

朝曦出東嶺明霞相與鮮松露濕未晞花源漲浮烟

道人隔巖宿獨藉孤雲眠

葉之芳

東嶺朝霞半滅西林夕露未晞潭暉乍明楓葉山寒

暗襲羅衣

層盤 山半

薜磴非一盤凉雲出其下拾級不可攀支藤聊可假

過雨亂飛瀑宮商亥弟瀉

葉之芳

古苔掃不去青巖留片石招月出東山壺觴夜邀客

花津 虛籟堂右

水上春霞明花開幾千樹不是避秦人人疑避秦處

薄暮漁郎來迷却花深路

葉之芳

谷口流鶯停午聞春深潭上氣氤氳武陵仙路尋難

入千樹桃花萬疊雲

含星瀨 水涯

空水映寒星歷歷秋可探演漾淸漪間明滅遥山外

試覓羊裘人或是嚴陵瀨

葉之芳

漣漪秋水淨無波宛向桐江夜半過一片寒星明下

瀨羊裘釣罷月懸蘿

鶴徑 在虛籟堂後爽臺右

落葉秋雨深荒徑無行跡鶴破青冥來翩翩一羽客

令我思休糧松間飯白石

葉之芳

長松夾修道芳草寒未歇朝落東峯雲暮照西原月

獨鶴步不鳴主人淸嘯發孱仙可長往將從鍊金骨

龜嶼 龜嶼上島即坡翁所謂金焦分勝

中流見孤嶼突兀浮虛無藻荇一何深鳬鷖一何多
秋空候羽節倘有王喬過

葉之芳

雲去潭空島嶼孤淸秋日曰下仙鳬朱棲藏妓非金
谷綠水浮花是鏡湖石上成帷褰薜荔衣間紉佩采
蘼蕪安期不少王喬侶歌笑中流載玉壺

一葦渡 小舟

夕陽下前溪西風吹野渡不見折葦人獨立蒼茫暮
隔岸叢林幽知是寒山路

葉之芳

不踏漢使槎折葦淩素波托心在禪境大地空山河

上島 島上空香閣疏風館又有宜晚堂天地一盧亭子環增建

松際識旃檀微聞梵唄好一路藤花深石橋通上島
吾欲參眞乘尋師此終老

葉之芳

虹梁明積水丹閣俯叢林籟響諸天寂花藏一島深

寥寥託孤賞隱隱見遥岑此即浮滄海應空住世心

中洲 盧籟堂素波亭景榭夕霽亭沃邱皆在洲上

中洲多幽芳採芳中洲宿紉蘭以爲佩葺荷以爲屋
採蘭復採荷日暮不盈掬

葉之芳

蓬瀛不可到仙杖憶盧敖明月挂星漢秋風吹海濤
孱君中洲隱芙蓉石路高安得采芳杜慰我別心勞

藻渚

孤舟迴烟渚水木含靈輝上有幽鳥巢下有淸漣漪

微風起蘋末繁英吹陸離

葉之芳

蓊鬱翳淸淺濯足面雲嶠何必富春渚然後可垂釣

息磯 在盧籟堂素波亭前一片石臨水

垂綸非羡魚聊復亦爾爾不知紅塵中何處無芳餌
却笑磻溪翁老與人間事

葉之芳

風塵回首倦燕游機息君能狎海鷗投足已忘千里
駿披蓑安事五陵裘直鈎無餌將何得沉鯉浮鯖非

所求河側釣竿歌自逸冥鴻天外信悠悠

素波亭 堂前小亭臨水最佳

孤亭枕寒碧空影沈秋旻明月起松間照見波粼粼深夜聞瓊琚似有凌波人

葉之芳

青波演漾光如月白鷗飛盡儵魚沒過客塵空時濯纓主人沐罷秋晞髮碧雲垂影去悠悠楓葉蘋花隱別洲漢使此中難物色居然坐釣一羊裘

虛籟堂

結茅空山中冥心契元寂時聞虛籟生復聞虛籟息倦開齊物篇高枕青山色

葉之芳

嗒然子綦臥心與靈區忘不知寥廓中清籟如笙簧耳之忽無聲下見澄潭光

景樹 堂右花津岸邊最妙

臺樹俯空明倒影見眉宇衣間濕翠寒青山在水底醉學謫仙人拾月蒼波裏

葉之芳

闌外秋潭漾月孤樓臺竹樹影虛無不知若個丹青手倒寫匡山一幅圖

空香閣

高閣挂蒼靄向晚松風凉四壁石燈青跏趺據繩牀天女散花來竟夕聞空香

葉之芳

一水中開梵宇雙林常合空香剎有散花龍女何來護法雁王山青閣上入定草綠雲深坐忘松風自翻貝葉苔痕欲上繩床

夕霽亭

西山暮雨歛斜陽下平坂爽氣滿虛亭披襟坐忘返翻怪王子猷猶自拄手板

葉之芳

翠巘初過片雨青天半隱殘虹人倚斜陽潭上凉深夕霽亭中

蕭閣

闌干逼星辰蕭然挾羽翰窗中窺日月出沒如兩丸坐此邀飛仙千秋以盤桓

葉之芳

飛甍峻檻碧霞連閑枕沈潭影倒懸獨鶴林端窺隱士雙鳧天外下游仙花枝隔水飄香氣山色當窗挂雨泉何用御風三島去登臨已覺思泠然

廻梁 從中洲達上島

鞭石驅作梁虹蜺故夭矯不知第幾曲却是蓬萊島吾家安期生遲我拾瑤草

葉之芳

青陂廻復直朱梁曲帶斜波底見人影藻深明月華

藤花夾岸落風吹上別槎

爽臺 盧籟堂後庭

層臺一何曠脩竹有爽色披襟清風來往往墮巾幘白雲自滿地上有蒼鹿跡

葉之芳

爽氣西山滿平臺夕照來披襟對蘭酌秋思轉悠哉竹色寒青嶂梧陰匝綠苔詎同臨廣陌歌吹半塵埃

榮木軒 在盧籟堂左

高木有嘉蔭離離覆中庭繁霜日夜零上有悲烏鳴感茲不成寐展轉難爲情

葉之芳

林木一何榮軒居一何敞山空白雲散游子發孤想已感霜烏啼復値秋聲響毋使心悲傷遂歇邱中賞

雪舲 小舟

千林積雪明孤舟獨垂釣但覺蓑笠寒不辨峯巒峭疑向剡溪回迷却山陰道

葉之芳

月色波光映翠巖不勝寒氣上秋衣扁舟宛向山陰

道風竹蕭蕭雪夜飛

風弦障

長松列翠障天風韻高弦余方起據梧空際聲泠然世無鍾子期幽情不能宣

葉之芳

蒼松翳長雲列嶂秋模糊靈風颯然起水弦韻有無夕臥西林下清謡以爲娛

松步 盧籟堂前古松一株已朽

朗嘯長松下松風答清響夜來春雨歇徧地紫芝長

盡日不逢人獨自披鶴氅

葉之芳

仙木紛龍鱗寒濤半空起瑶草產其下芳香飄逕裏
步步入雲深將尋赤松子

椒庭

庭虛落空翠仰見林端山恍如明鏡開嫣然露曉鬟
秋雲爲掃黛掩映澄潭間

葉之芳

山椒在竹上蒼翠落庭下游目夕陽佳幽姿滅清夜

沃邱 盧龍堂後低田三十畝

乞得袈裟地青山如沃洲欲知無着心面面青谿流
稍容支許輩乘筏來溪頭

葉之芳

魚戲邱下淵鶴鳴淵上邱竹風吹文藻向夕波光幽
幽人散髮把書坐不知林際浮雲過孤磬泠然出暝
煙隔峯日向咸池墮

鏡潭 此水甚大千載不可磨滅

寒潭一鏡空倒映千峯泠不遣青蓮生欲洗白雲影

寂寂枯禪心對此有深省

葉之芳

青山如女髻紅葉宛新粧烟散秋潭出天開玉鏡光
輕鷗下白雪别渚泛寒芳吾意無纖滓將君出處忘

疏峯館

仙人種石筍離立寒厓中爲開竹間扉對此青芙蓉
試問瀟湘倩何如九疑峯

葉之芳

列岫青簷端一一芙蓉紫擘之不在掌秋色寒十楮

醉石 片石在盧龍堂前

沈酣寄情眞片石亦名醉谿風吹不醒山月照清寐
惟應劉公榮箕踞日相對

葉之芳

山山楓葉酣日日幽人醉醉卽事曲肱白雲在夢寐
藉此黃石公陶然有仙思

題五湖水居用高存之韻　希范

紱冕情原淡邱園道豈窮世從驕腐鼠君自托冥鴻夾岸移新竹開畦種晚菘扁舟隨所適春事五湖中

雜識

安吏部希范歸田之後常閉門讀書數月不出家本華膴出則乘一畫舫綺窗十二圖繪張季鷹蘇端明米南宫諸賢於其上寄託既遠賓從甚都吳越山川遊賞殆遍不獨仕路升沈不挂於中郎周旋東林間亦復頗用我法

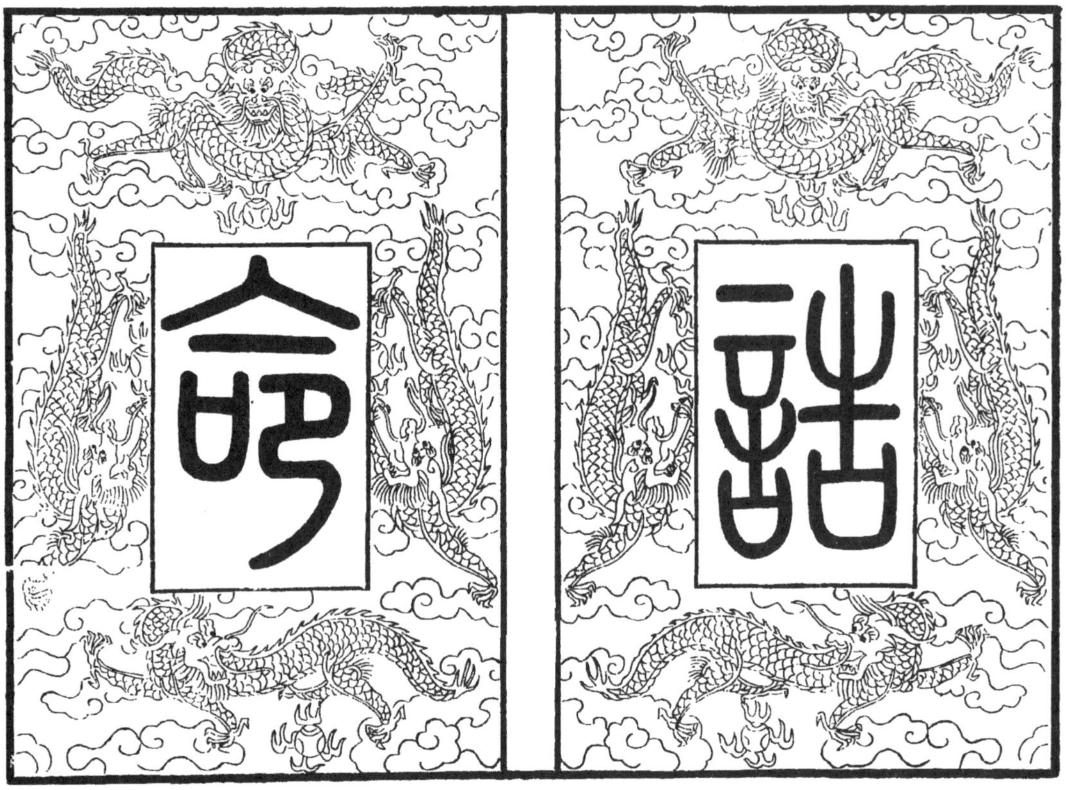

誥命

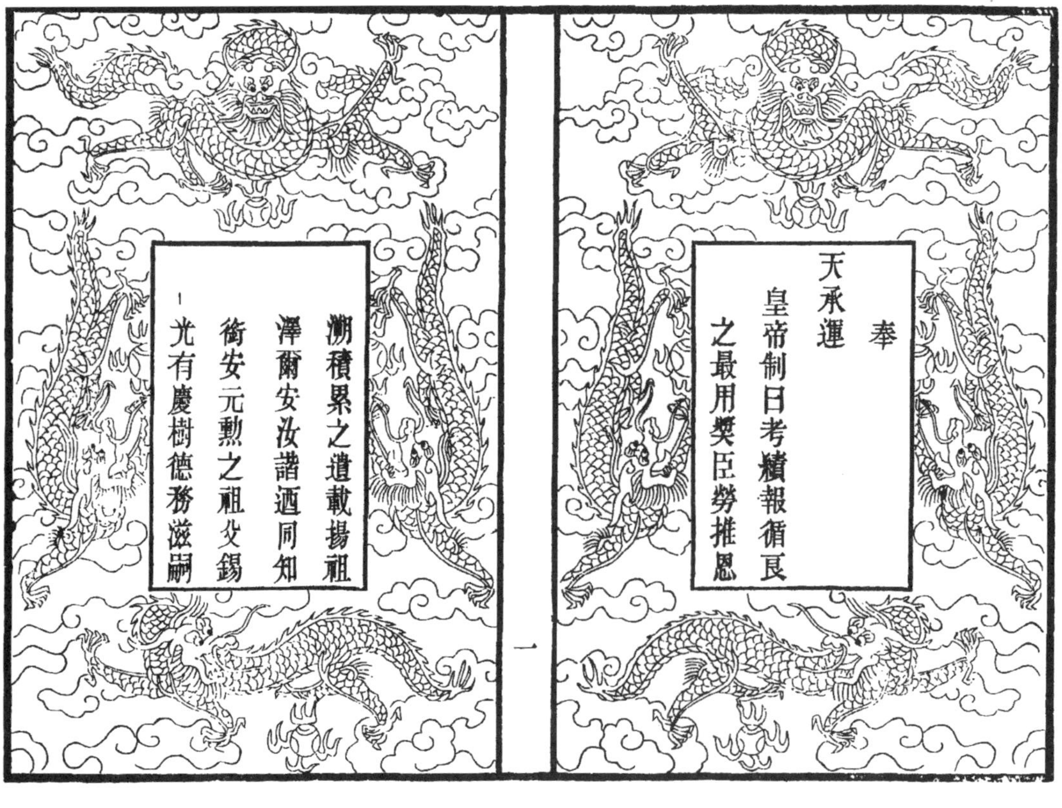

奉
天承運
皇帝制曰考績報循良
之最用獎臣勞推恩
溯積累之遺載揚祖
澤爾安汝諸迺同知
銜安元勳之祖父錫
光有慶樹德務滋嗣

一

清白之芳聲澤留再
世衍弓裘之令緒祜
篤一堂茲以爾孫克
襄王事貤贈爾爲奉

政大夫錫之誥命於
戲聿修念祖膺茂典
而益勵新猷有穀貽
孫發幽光而丕彰潛

德
制曰册府酬庸聿著人
臣之懋績德門輯慶
式昭大母之芳徽爾

張氏張氏迺同知銜安元
勳之祖母箴誠揚芬
珩璜表德職勤內助
宜家久著其賢聲澤

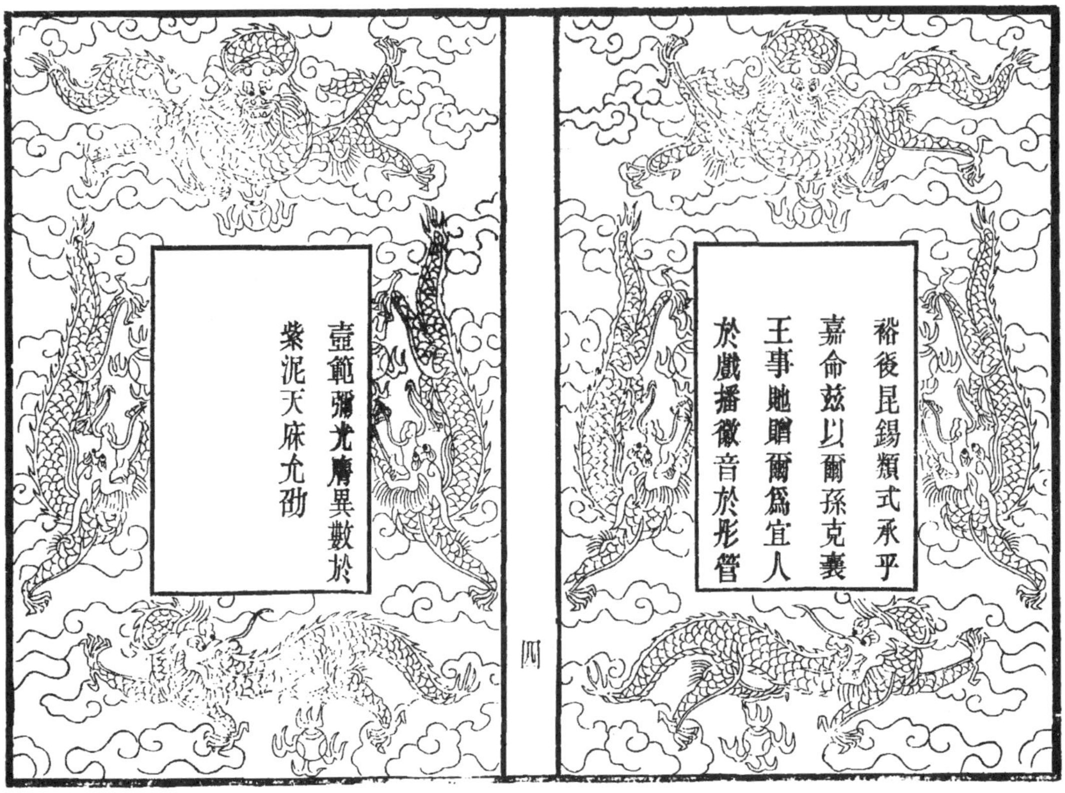

裕後昆錫類式承乎
嘉命玆以爾孫克襄
王事貤贈爾爲宜人
於戲播徽音於彤管
壼範彌光膺異數於
紫泥天庥允劭
四

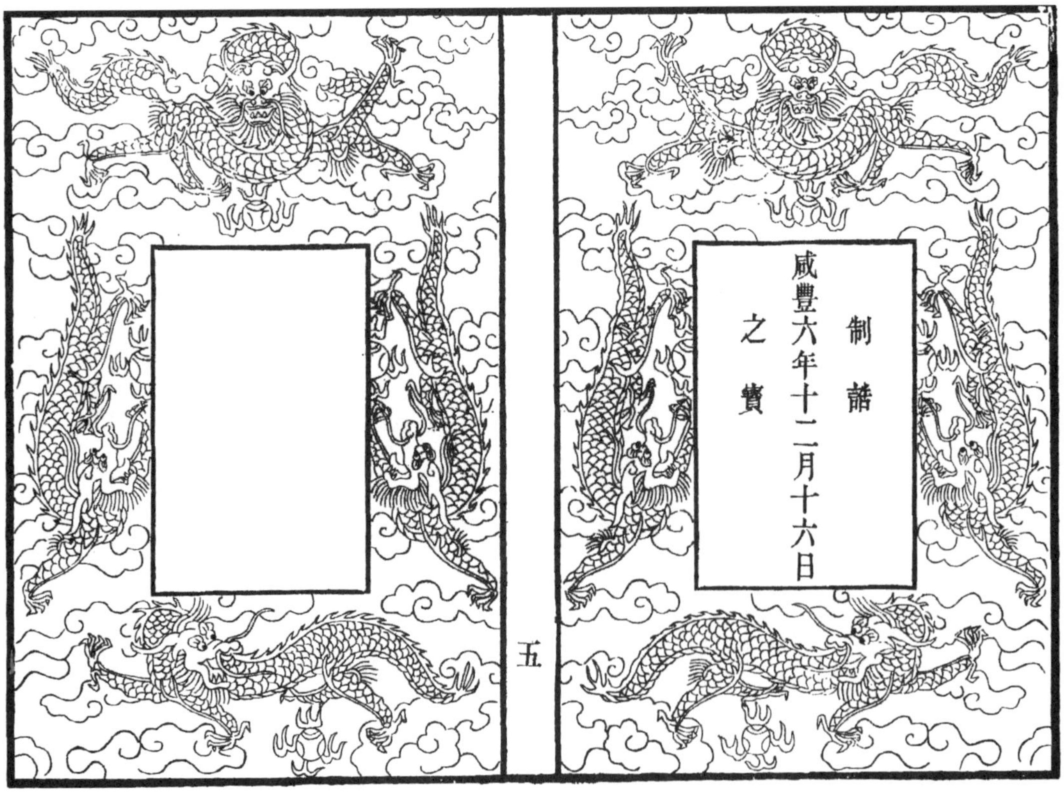

制誥
咸豐六年十二月十六日
之寶
五

奉
天承運
皇帝制曰求治在親民
之吏端重循良教忠
勵資敬之忱聿隆褒
獎爾安察迺同知銜
安元勳之父禔躬淳
厚垂訓端嚴業可開

一

先式穀乃宣猷之本
澤堪啟後貽謀裕作
牧之方茲以爾子克
襄王事贈爾爲奉政
大夫錫之誥命於戲
克承清白之風嘉茲
報政用慰顯揚之志
昭乃遺謨

二

制日朝廷重民社之司
功推循吏臣子稟冰
淵之操教本慈幃爾
張氏迺同知銜安元

勳之母淑慎其儀柔
嘉維則宣訓詞於朝
夕不忘育子之勤集
慶澤於門閭式被自

三

天之寵茲以爾子克
襄王事贈爾爲宜人
於戲仰酬顧復之恩
勉思撫字載煥絲綸

之色允賁幽潛

四

制誥
咸豐六年十二月十六日
之寶

五

奉
天承運
皇帝制曰求治在親民
之吏端重循良教忠

勵資敬之忱聿隆褒
獎爾安鴻勲廼同知
銜江蘇金匱縣監生
加一級安桐圭之父

一

禔躬仁厚垂訓端嚴
業可開先式穀乃宣
猷之本澤堪啟後貽
謀裕作牧之方玆以

覃恩贈爾爲朝議大
夫錫之誥命於戲克
承淸白之風嘉玆報
政用慰顯揚之志昭

二

乃遺謀
制曰朝廷重民社之司
功推循吏臣子凜冰
淵之操教本慈闈爾

徐氏迺同知銜江蘇
金匱縣監生加一級
安桐圭之母淑慎其
儀柔嘉維則宣訓詞

三

於朝夕不忘育子之
勤集慶澤於門閭式
服自天之寵玆以覃
恩贈爾爲恭人於戲

仰酬顧復之恩勉思
撫字載煥綵綸之色
允賁幽潛
制曰閫儀纚美既並播

四

其芳聲榮命揚庥宜
均霑乎渥澤爾徐氏
廼同知銜江蘇金匱
縣監生加一級安桐

圭之繼母毓英名閥
麗德高門琴瑟調在
御之和令模夙著機
杼媲中闈之美慈訓

五

攸昭茲以覃恩贈爾
爲恭人於戲情深鞠
育恩不問於所生典
重顯揚榮豈殊於自

出

六

制誥
光緒十六年三月二十二日
之寶

七

奉
天承運
皇帝制曰宣猷佐治端
資貳守之良課吏安
民重立靖共之績爾
同知銜江蘇金匱縣
監生加一級安桐圭
禔躬恪慎涖事精勤

一

分雙旌五馬之榮襄
六典九條之治詰奸
宄而克靖勵廉隅以
自持慶典欣逢褒章
宜煥玆以覃恩授爾
爲朝議大夫錫之誥
命於戲撫循是職贊
良牧以宣猷綸綍式

二

頒沐新恩而勵節祗
服誥詞勤宣績效
制曰良臣宣力於外効
厥勤勞賢爰襄職於

中膺茲寵錫爾爲同
知銜金匱縣監生加
一級安桐圭之妻徐
氏終溫且惠既靜而

三

專綦縞從夫克贊素
絲之節蘋蘩主饋爰
流彤管之輝茲以覃
恩封爾爲恭人於戲

敬爾有官著肅雍而
並美職思其內廸黽
勉以同心

四

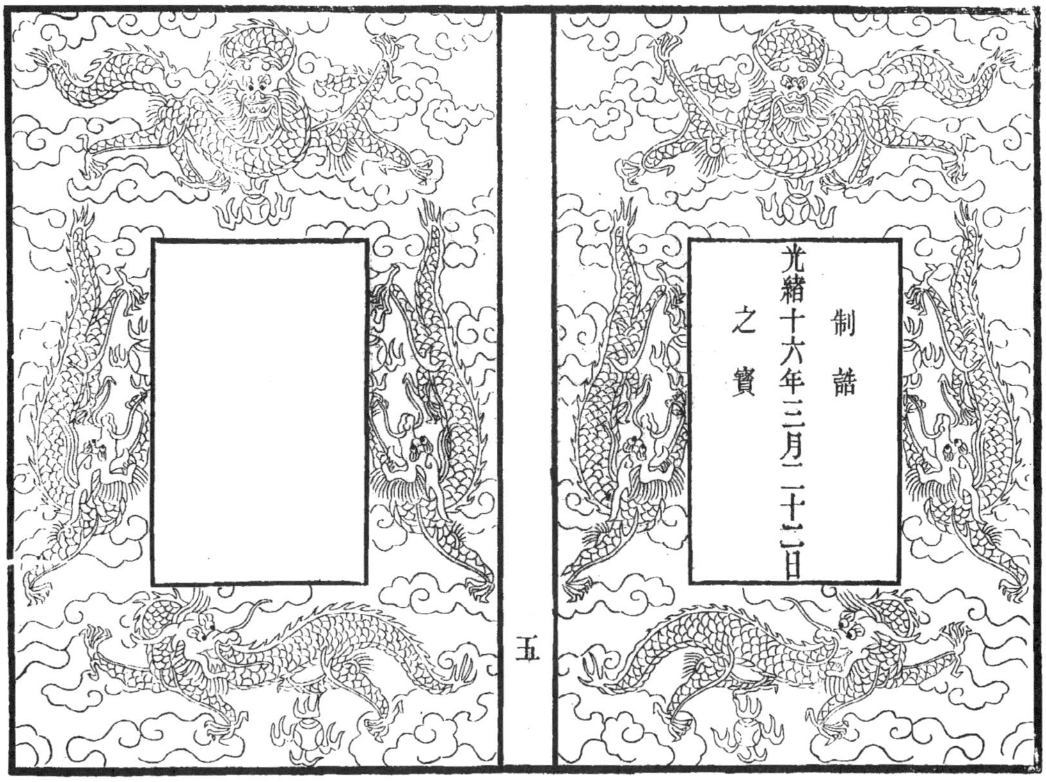

制誥

光緒十六年三月二十二日

之寶

五

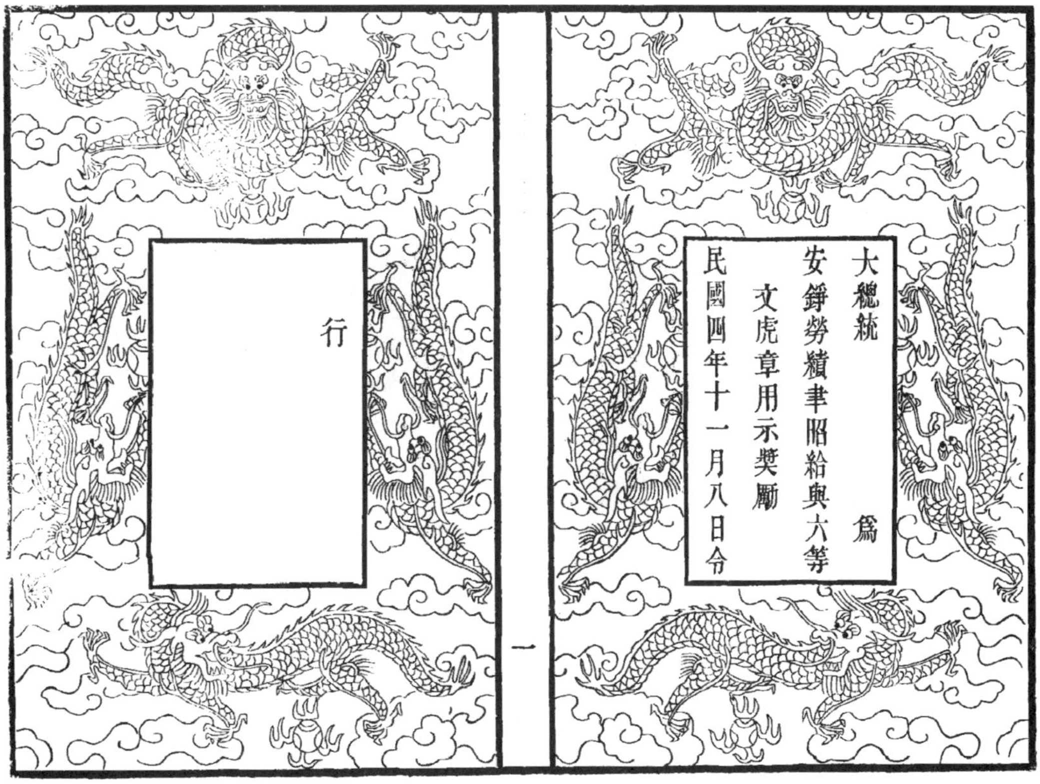

大總統　爲

安錚勞績聿昭給與六等

文虎章用示奬勵

民國四年十一月八日令

一

行

榮典
民國四年十二月七日頒發
之璽

陸軍總長王士珍　印

二

茲奉
令安錚給予五等文虎章
用示獎勵
民國五年十一月二十四

日令行

一

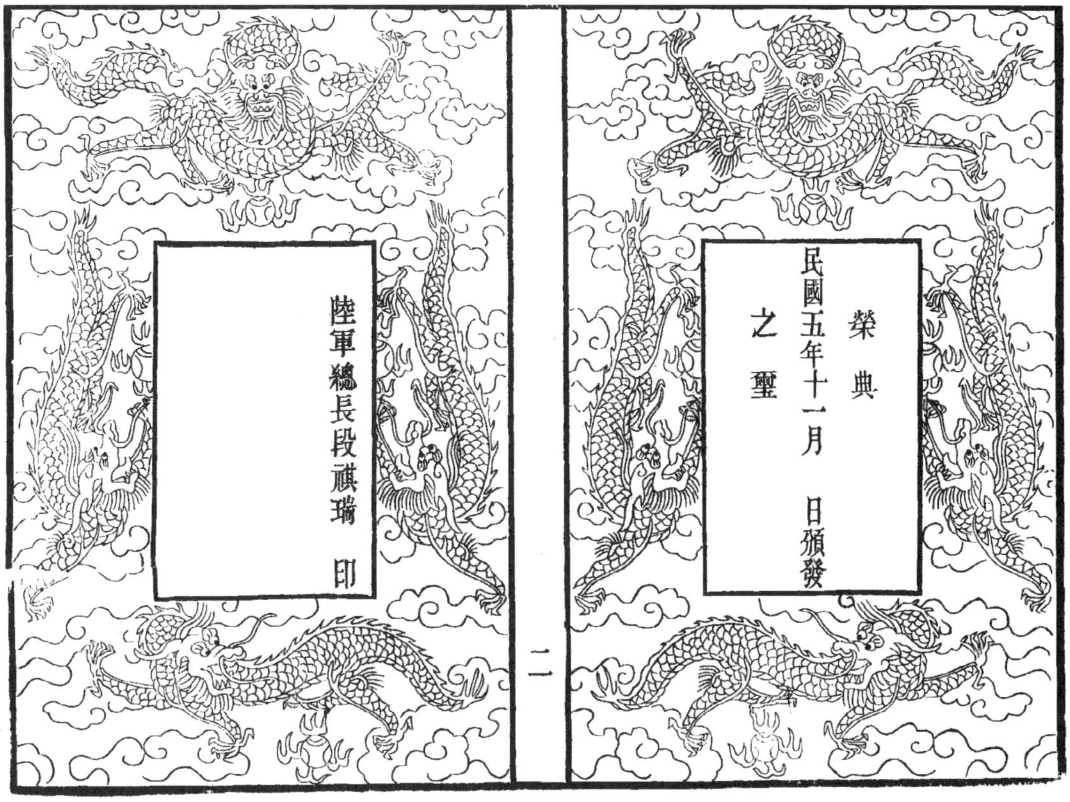

明善安公像贊

爾貌端莊而政流芳賢哉良吏邦家之光

時在

洪武庚申御題

又

公之貌秀而豐公之器磊落而雄職僅司乎百里才實並於三公繼召棠之響續子產之風迄今繪圖而瞻像猶稱積德而累功

左丞相李善長題

宏大安公像贊

廣額豐頤偉矣丈夫之度峩冠博帶巍然名將之容非徒威壯於外實能充積於中論史發是非之辨賦詩杼錦繡之胸其存心也剛方正直其治軍也守法奉公居武員而風雅樂酬唱以冲融繪之者增光於尺素瞻之者仰止乎高峯

楊少奔拜贊

又

山嶽氣象淵海胸襟詩詞炳耀武藝久欽抱剛方之

操存忠國之心孟子云威武不能屈者非先生其誰
與歸

方孝孺題

宏遠公像贊

嗚呼休哉維我先祖世系第三洪武年間代戍雲南
幼子守墓長從征驂後隨黔王滇亂平勘九重恩詔
指揮其堪著有吟集親居是耽孝友有傳邑志可參
壽臻耄耋蔗境彌甘從茲開族則百斯男嗚呼休哉

十七世裔孫泰來百拜謹題

又

懿歟我公萬里從戎一腔忠愛氣吐如虹追隨沐國
平滇有功威振夷夏澤及哀鴻敕封宣武詔頒九重
壽登大耋五福考終丹青尺幅圖寫遺容子孫瞻拜
敬止必恭

十八世裔孫榮光百拜敬題

螢雪安公像贊

秋螢在囊夜光無際凍雪凝窗春滿天地問伊何人
是蓋耽玩經史以希聖賢以是爲子孫長久之計者
也

太原祝灝題

秋潭安公像贊

此秋潭安隱翁之象也翁明菴公曾孫秉性謙和而
禮樂爲之周旋立心忠厚以仁義爲之著見行孚神
明而內外不渝節勵金石而始終不變玉淵金井瑩
如秋潭可觀霽月光風藹如冬日可愛甘於淡泊而
田園是業懶于逢迎而州縣不親故天之申錫之也
初不異壯衰而人之樂親之也亦無分貴賤此其享

耄耋於蔗境而策夫洛社之羊車貽子孫以經畬而
膺夫明朝之鶴算也歟

心雪安公像贊

亹亹見親心心懷雪續書香以詒後人振家聲以承
先哲樂韋布以終身甘虀鹽以勵節此其所以稱心
雪隱君而允爲一鄉之人傑者歟

東吳毛程題

蓉溪安公像贊

膠山之麓蓉澤之濱挺生賢哲書法超羣不求華膴

唯德是親王槐竇桂鬱鬱森森

姻再侄虞文元拜題

安芍亭先生像贊

梁溪耆舊我素分支胸懷磊落評旦無私閉戶不出日夕臨池兼工吟詠杜老新詩紅羊亂起慷慨興師保衛鄉里露布紛馳以身禦敵一死何辭瞻拜遺像不禁禱祝以祀之

世再侄許棫敬題

安芍亭先生像贊

有湖山之奇氣有松柏之異姿謂是國之良士宜爲選賢與能者之所知乃其知爲文但以見志未嘗少講於時而更放浪其形骸於翰墨之雅與夫恬淡之詩一旦國家有事則當仁不讓見義勇爲竭其力以捍衛四境蹈白刃赴水火而不辭嗚呼如其達可以學而至也如其烈豈其勉强而行之

中華民國十一年雙十節蔣維喬敬題

安少溪先生像贊

公多才人孰醜人多佞公則否鄰里曲直爲之剖薇紅錦草世可書世非不見知而未有官守雖無官守一朝遇賊願死不願走烏虖其人已逝其名不朽

姻世小侄嚴毓券拜題

安擷香先生像贊

兵革既休海內平蕩軼羣邁倫者流乃不能不伏處於窮陬僻壤抑其磊落之才而孜孜於道德文章之養如先生者良足以發人之感愴爲之徘徊而向往不然十步之澤必有芳草斯言也曾不足百一其髣髴如彼其忠信篤敬奚止著令聞於州里鄉黨

中華民國十一年雙十節蔣維喬敬題

膠山安黃氏宗譜卷二上

誥敕目錄 堠村支

明膠峯公父諱國賜奉直大夫戸部江西淸吏司員
外郎誥
明膠峯公母周氏贈太宜人誥
明膠峯公晉階奉直大夫誥
明膠峯公元配郭氏特封宜人誥
明我素公郵贈奉政大夫光祿寺少卿誥
清芝慶公祖父諱泉貤贈奉直大夫兵部職方司主
事加一級誥

清芝慶公祖母華氏貤贈宜人誥
清芝慶公生祖母張氏贈宜人誥
清芝慶公父諱恩桂贈承德郎兵部職方司主事敕
清芝慶公母龔氏贈安人敕
清芝慶公父諱恩桂晉贈奉直大夫誥
清芝慶公母龔氏晉贈宜人誥
清芝慶公兄諱埼貤封承德郎兵部職方司主事敕
清芝慶公嫂倪氏貤封安人敕

清則久公伯父諱埼晉貤贈中議大夫花翎運使銜誥
清則久公伯母倪氏晉貤贈淑人誥
清則久公父諱詩晉贈朝議大夫藍翎運使銜候補
知府山西澤州府同知調署太原府同知誥
清則久公前母錢氏晉贈恭人誥
清則久公母施氏晉贈恭人誥
清則久公叔父諱禮貤贈朝議大夫藍翎運同銜誥
清則久公叔母蔣氏貤贈恭人誥
清少勤公曾祖父諱曰和貤贈中議大夫誥

清少勤公曾祖母周顧氏貤贈淑人
清少勤公祖父諱學禮封中議大夫誥
清少勤公祖母王氏封淑人敕
清少勤公父諱其耀封朝議大夫誥
清少勤公母諸氏封恭人敕
清少勤公父諱其耀封中議大夫誥
清少勤公母諸氏封淑人敕
清少勤公胞兄諱保楨貤封朝議大夫誥
清少勤公嫂周氏貤封恭人敕

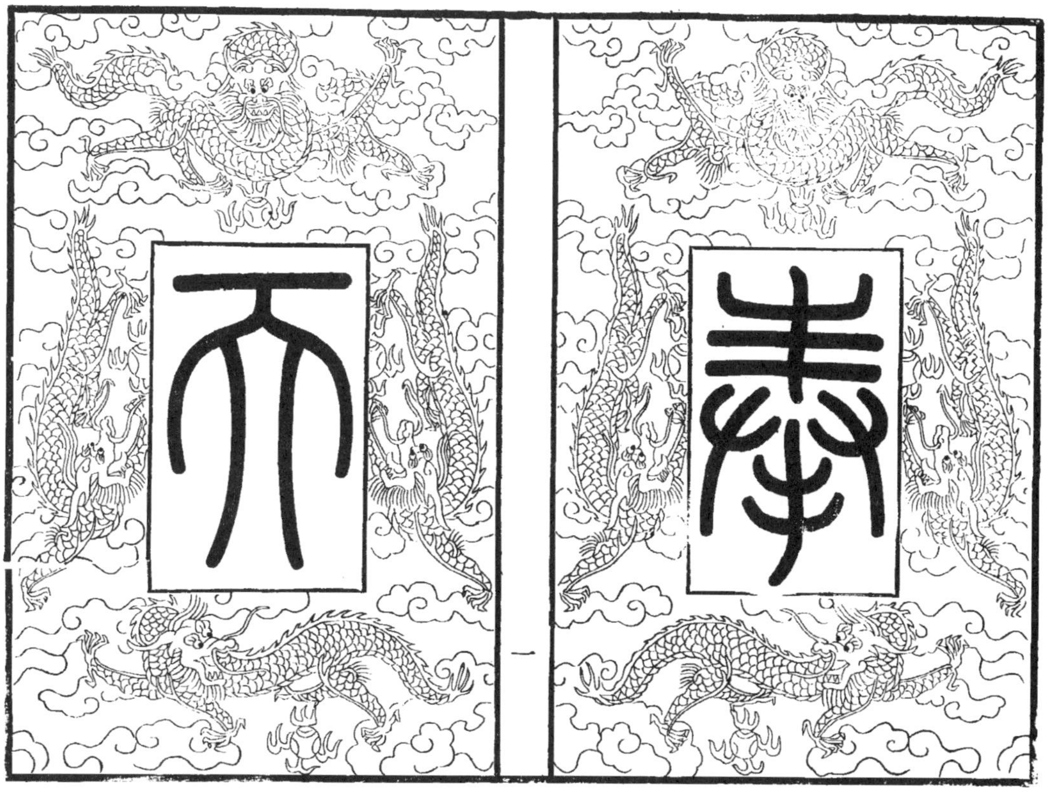
奉
天
一

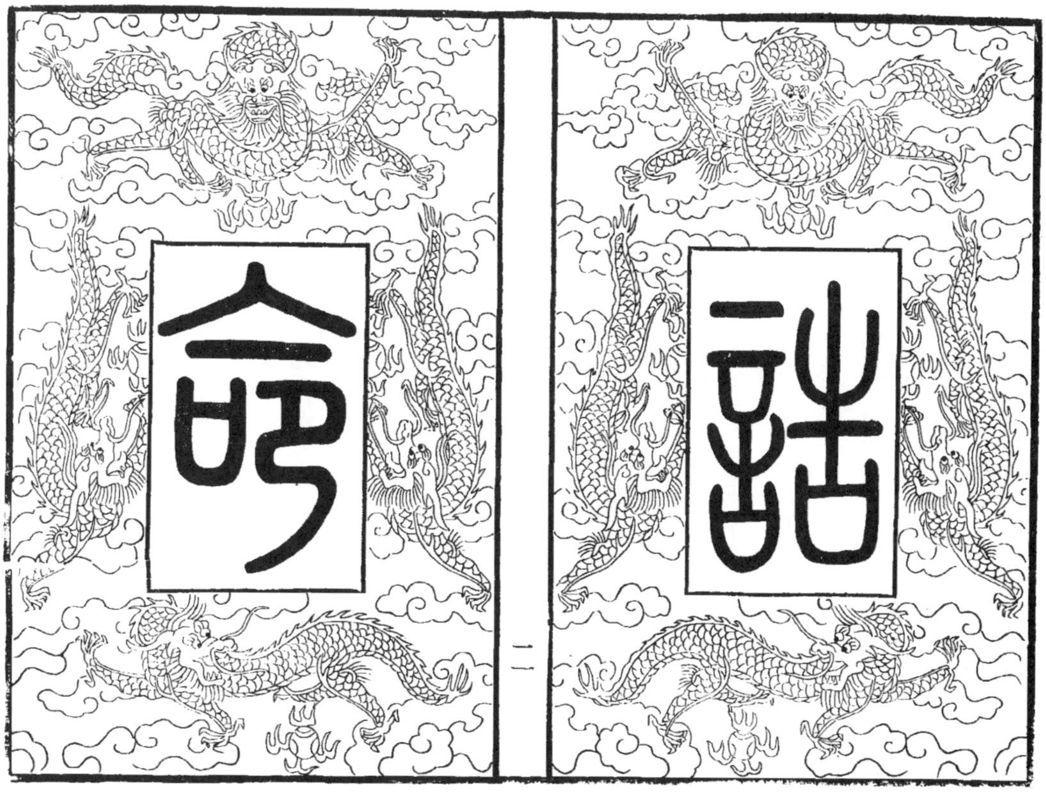
誥
命
二

奉
天承運
皇帝制曰天其佑善以
昌世人惟基德以衍

一

慶其宜著炳烺之業
固非一日之積也故
朝廷褒榮之典必自子之
所自出而推之緣恩

以報孝作勸以力忠
也爾安國乃南京戶
部江西淸吏司員外
郎如山之父英標魁

二

岸奇氣遠識淸時處
士尙志先民而恭巳
飭行愛衆親仁其高
義卓行足以表世勵

俗身雖不獲登進朝
廊而博古蓄籍足以
業擅於子肆敵科甲
以昌大門戸爾德爲

孔彰矣子方懋勳爾
遂退逝錫用寵華以
昭休烈茲贈爲奉直
大夫南京戸部江西

三

清吏司員外郎靈爽
有知歆此異數
制曰世之賢媛能相夫
子以大啟厥家必戒

後嗣以無忝厥位方
深麟趾之仁遽賦柏
舟之操錫典式榮貞
淑教勞具覩優崇爾

四

南京戶部江西清吏
司員外郎安如山母
周氏吉誕碩閨性明
大義衷儉於勤濟才

五

以德恪修中饋成富
而好禮之名肅儆官
箴持盈而益謙之訓
民曹纖悉至計母儀

佐理多功筦鑰無私
翟茀允賚茲特封爾
爲太宜人雖偕老之
願未酬笄珈是委惟

六

徽音之嗣愈著彤管
洊馨

制誥
嘉靖三十八年五月十九日
之寶

七

奉
天承運
皇帝制曰地官職總度
支天下財賦攸繫而

其列屬實分理之裕
國阜民爲任至重兩
都並設厥秩惟均自
非貞廉辦治之才未

一

可以輕授也爾南京
戶部江西清吏司員
外郎安如山發儁賢
科育英詞院外除州

牧而志操彌堅擢任
留曹而猷爲益練茲
特授爾階爲奉直大
夫爾其愈懋乃心無

二

替厥服務俾積儲之
有道不至費出之無
經其倚克副朕委寄
之意嗣有崇陟須爾

之成欽哉
初任裕州知州
二任今職
制曰人臣有勞於國朝

三

廷必恤其私肆惟伉
儷之賢亦被褒封之
命典章具在寵錫宜
加南京戶部江西清

四

吏司員外郎安如山
妻郭氏出自儒門嬪
於良士秉心溫惠毓
德柔嘉井臼之勤夙

親于家食蘋蘩之敬
克效于宗祊用賁光
榮式旌貞淑茲特封
爲宜人尚虔內助之

五

誠益迓休祥之至

制誥

嘉靖三十八年五月十九日

之寶

六

奉

天承運

皇帝制曰爲國以養士

爲先養士以厲節爲

一

本昔我

神祖野多遺賢蓋將鬱積

一時之材以爲子孫

百年之用如鳳麟之

服猛鷙若珠玉之茂
山川迨我新朝疇咨
故老或有淪沒余深
嘆焉爾原任南京吏

部驗封清吏司主事
安希范德行温文風
節凝遠抗章郎署力
陳社稷之言例籍編

氓固守丘園之貢窮
而譚道誠畢世以何
求退不忘君蓋没身
而後已方當名用竟

不假年睠彼遺民至
于今日風霜閱歷徒
知松柏之心節目磥
砢莫竟梓材之用爲

之一涕胡不百身是
特贈爾爲奉政大夫
光祿寺少卿錫之誥
命於戲考完節于生

前蓋棺始定表令名
于身後簡冊猶新尚
念我
祖百世之仁庶亦慰爾生

四

平之志靈其不昧服
此寵章

制誥
天啟二年五月二十九日
之寶

五

奉
天承運
皇帝制曰沛酬庸之慶
典茂對皇庥敷錫類

之殊恩曲成臣孝爾
安泉迺盛京工程處
監督兵部職方淸吏
司主事加一級紀錄

一

二次安詩之祖父箕
裘紹精詩禮垂聲詒
厥孫謀樹芳規於珂
里纘其祖武奏茂績

于彤廷茲以覃恩貤
贈爾爲奉直大夫兵
部職方司主事加一
級錫之誥命於戲開

二

堂構以培基德鍾家
慶沛綵綸而錫命澤
渥泉臺
制曰德門衍慶淵源早

裕夫孫謀盛世推恩
綸綍載揚夫母範爾
華氏迺盛京工程處
監督兵部職方清吏

三

司主事加一級紀錄
二次安詩之祖母高
門毓德華閨傳芳有
穀貽孫賴同心於內

助自天申命表異數
於中闈兹以覃恩貽
贈爾爲宜人於戲光
生禴翟常昭彤管之

四

輝德媲珩璜允著徽
章之色
制曰懋績孔昭國憲重
五章之命賢聲克纘

母儀流三世之祥爾
張氏迺盛京工程處
監督兵部職方清吏
司主事加一級紀錄

五

二次安詩之生祖母
婉嫕承徽柔嘉濟美
裕孫枝而式穀羣推
箴室之賢循內則以

無違用敉亢宗之彥
玆以覃恩貤贈爾爲
宜人於戲沐殊榮於
三錫懿德彌光集繁

六

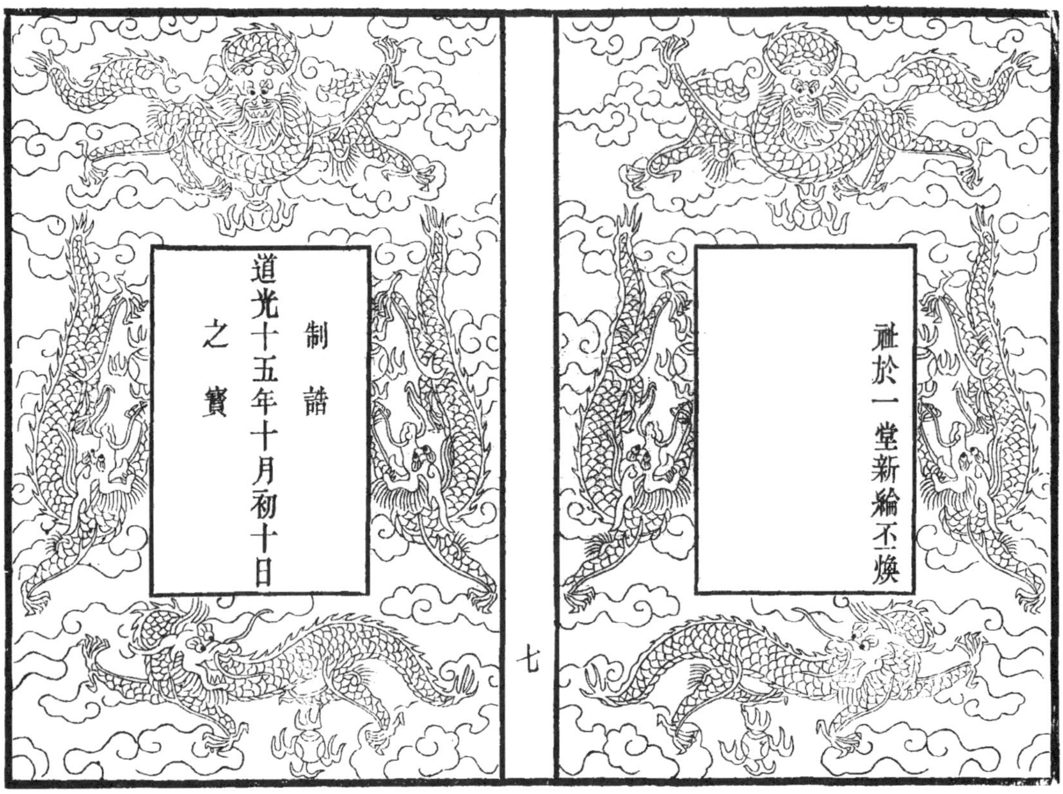
祉於一堂新綸丕煥

七

制誥
道光十五年十月初十日
之寶

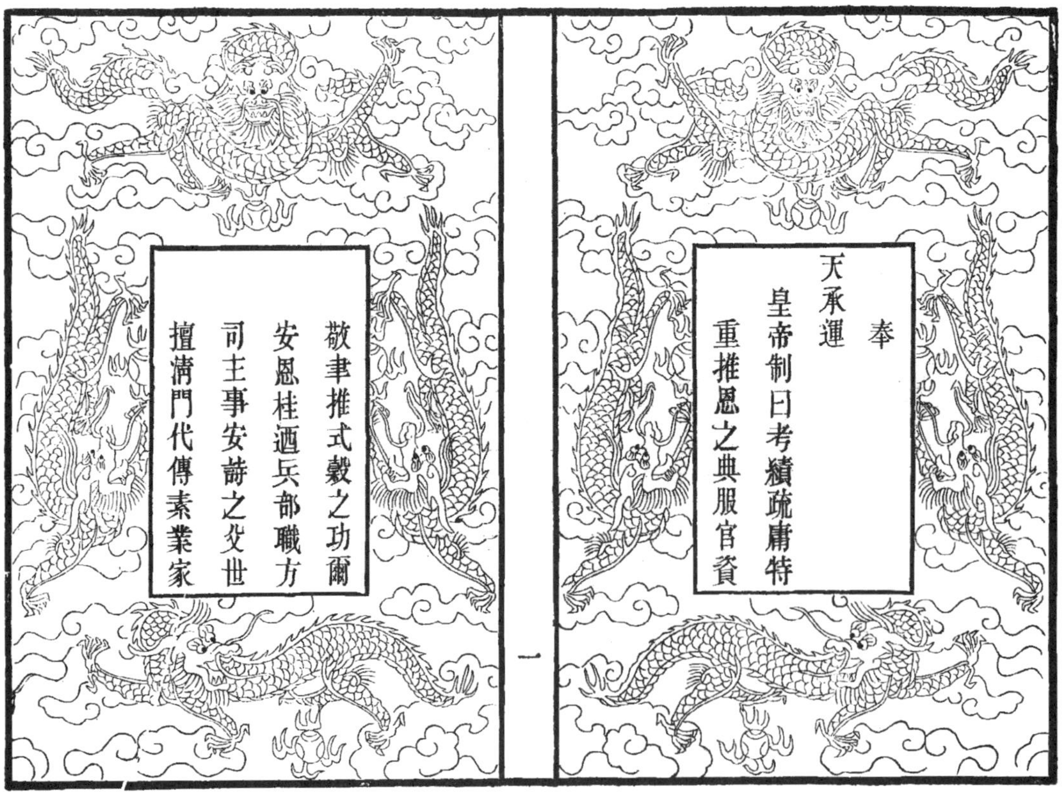
奉
天承運
皇帝制曰考績疏庸特
重推恩之典服官資
敬聿推式穀之功爾
安恩桂迺兵部職方
司主事安詩之父世
擅清門代傳素業家

一

風淳厚垂弓冶之良
模庭訓方嚴敬詩書
之令緒茲以覃恩贈
爾爲承德郎兵部職

二

方司主事錫之敕命
於戲薄籯金而示誨
世澤常延錫鞶帶以
加榮天庥勿替

制曰官學方成讀父書
而繼業受勞交備禀
母訓以揚名爾龔氏
迺兵部職方主事安

三

詩之母克樹芳型尤
多懋教著承筐之雅
範早知率禮無愆寓
徙宅之深心果見克

家有子茲以覃恩贈
爾爲安人於戲彤毫
灑潤爰推顧復之恩
彩翟流芳允荷寵綏
之典

四

敕命
道光十四年十月十九日
之寶

五

奉
天承運
皇帝制曰考績疏庸特
重推恩之典服官賁
敬事推式穀之功爾
前贈承德郎安恩桂
迺盛京工程處監督
兵部職方清吏司主

一

事加一級紀錄二次
安詩之父世擅清門
代傳素業家風淳厚
垂弓冶之良模庭訓
方嚴敬詩書之令緒
茲以覃恩晉贈爾為
奉直大夫兵部職方
司主事加一級錫之

二

誥命於戲薄籯金而
示誨世澤常延錫鞶
帶以加榮天庥勿替
制曰官學方成讀父書

而繼業受勞交備稟
母訓以揚名爾前贈
安人龔氏迺盛京工
程處監督兵部職方

三

淸吏司主事加一級
紀錄二次安詩之母
克樹芳型尤多慈教
著承筐之雅範早知

率禮無愆寓徙宅之
深心果見克家有子
茲以覃恩晉贈爾爲
宜人於戲彤毫灑潤

四

爰推顧復之恩彩翟
流芳允荷寵綏之典

制誥
道光十五年十月初十日
之寶

奉
天承運
皇帝制曰委質策名榮
既膺夫簪紱克家纘

緒光必逮乎門閭爾
安靖迺兵部職方司
主事安詩之兄道足
特躬情殷訓弟經傳

詩禮青緗揚雁序之
輝慶篤芝蘭丹綍燦
龍章之麗芳徽允懋
新典宜頒茲以覃恩

二

貤封爾爲承德郎兵
部職方司主事錫之
敕命於戲被章服以
增榮事顯友恭之義

承綍綸而無忝爾彰
善慶之風
制曰教佐義方內則允
彰夫懿範榮敷閨閫

三

朝恩宜體乎私情爾
倪氏迺兵部職方司
主事安詩之嫂貞淑
性成徽柔道協身嫻

姆訓聿備卓犖之材
志禀懿徽用衍熾昌
之緒丕昭淑慎特賁
綵綸茲以覃恩貤封
爾爲安人於戲龍章
式煥令儀著美於當
時象服欽承名德益
彰于奕葉

四

勅命
道光十四年十月十九日
之寶

五

奉
天承運
皇帝制曰誼篤靖共人
官必資於敵功歸誨

迪猶子亦教以忠爰
沛國恩用揚家訓爾
前封承德郎兵部職
方司主事安靖迺花

一

翎鹽運使銜道員用
候補知府山西澤州
府同知調署太原府
同知安頤之胞伯父

躬修士行代敵儒風
抱璞自珍克發圭璋
之秀儲材足用聿彰
杞梓之良茲以覃恩

二

晉貤贈爾爲中議大
夫花翎鹽運使銜道
員用候補知府山西
澤州府同知調署太
原府同知錫之誥命
於戲昭令問於經籯
書貽刻鵠佩徽章於
策府寵賁迴鸞茂典

三

丕成榮名益劭
制曰家有孝慈之範美
以相濟而成國崇褒
錫之文恩以並推而
厚爾前封安人倪氏
迺藍翎運候補知府
山西澤州府同知調
署太原府同知安頤

四

之伯母德可相夫教
能敬後一堂環珮和
音克著其慈祥五夜
機絲内治聿昭其柔
順兹以覃恩晉貤贈
爾爲淑人於戲晉一
體之榮施鸞章賁采
表同心於訓迪象服

五

分光

制誥
光緒元年正月二十日
之寶

六

奉
天承運
皇帝制曰求治在親民
之吏端重循良教忠
勵藎敬之忱聿隆褒
奬爾前授朝議大夫
廵察裕豐倉署吏科
掌印給事中刑科給

一

事中加一級紀錄三
次升任戶科掌印給
事中安詩迺藍翎運
同銜候補知府山西
澤州府同知調署太
原府同知安頤之父
禔躬純厚垂訓端嚴
業可開先式穀乃宣

二

猷之本澤堪啟後詒
謀裕作牧之方茲以
覃恩晉贈爾為朝議
大夫藍翎運同銜候

補知府山西澤州府
同知調署太原府同
知錫之誥命於戲克
承清白之風嘉茲報

三

政用慰顯揚之志昭
乃遺謨
制曰錫類揚庥恩不殊
於中外循陔追慕情

無間於後先爾前贈
恭人錢氏迺藍翎運
同銜候補知府山西
澤州府同知調署太

四

原府同知安頤之前
母家風肅穆內則嫺
明瑀佩猶存賟芳型
之未遠梧棬如故欣

慶典之方膺兹以覃
恩晉贈爾爲恭人於
戲圖史有聞欲報寸
心於宿草彝章丕煥

五

用寬厚澤於新綸
制曰朝廷重民社之司
功推循吏臣子凛冰
淵之操教本慈幃爾

前封恭人施氏廼藍
翎運同銜候補知府
山西澤州府同知調
署太原府同知安頤

六

之母淑慎其儀柔嘉
維則宣訓詞於朝夕
不忘育子之勤集慶
澤於門閭式被自天

之寵兹以覃恩晉贈
爾爲恭人於戲仰酬
顧復之恩勉思撫字
載煥絲綸之色允賁

幽潜

制誥
同治十一年十月初九日
之寶

奉
天承運
皇帝制曰誼篤靖共人
官必資於敬功歸誨
迪猶子亦教以忠爰
沛國恩用揚家訓爾
安禮迺藍翎運同銜
知府用山西澤州府

一

同知安頤之胞叔父
躬修士行代敬儒風
抱璞自珍克發圭璋
之秀儲材足用聿彰
杞梓之良茲以覃恩
貤贈爾爲朝議大夫
藍翎運同銜知府用
山西澤州府同知錫

二

勑

制曰家有孝慈之範美

以相濟而成國崇褒

錫之文恩以並推而

之誥命於戲昭令聞

於經籯書貽刻鵠佩

徽章於策府寵賁迴

鸞茂典丕承榮名益

厚爾稽氏迺藍翎運

同銜知府用山西澤

州府同知安頤之叔

母德可相夫教能敬

後一堂環珮和音克

著其慈祥五夜機絲

內治聿昭其柔順茲

以覃恩貤贈爾為恭

奉
天承運
皇帝制曰嘉謨垂奕葉
允昭世德之求殊寵

錫公朝益展曾孫之
孝祗承新渥用報曩
徽爾徐日和迺運同
銜加二級徐保梓之

人於戲溥一體之榮
施鸞章賁采表同心
於訓迪象服分光

制誥
同治十一年十月初九日
之寶

曾祖父敦修無斁垂
教有方種德開先堂
構益恢於來緒詒謀
裕後箕裘克紹於前

休懿矩攸彰恩施遂
逮玆以覃恩貤贈爾
爲中議大夫錫之誥
命於戲四世其昌久

二

聚德星之慶九原可
作永承褒命之榮國
典洊膺家風益振
制曰綏柔佐治寵既被

於外僚貞順垂休恩
聿推於內德特敷惠
澤用播徽音爾周顧氏
迺運同銜加二級徐

三

保梓之曾祖母肅雍
可範令善堪模樹慈
訓於後昆爰著鍾祥
之德傳素風於奕葉

式彰誥敎之謀允作
母儀肅昭國典茲以
覃恩貤贈爾爲淑人
於戲九重錫慶洊邀

四

鳳誥之榮四世承恩
益煥龍章之色勤宣
令聞用闡幽光

敕命
光緒二十年五月初十日
之寶

五

奉
天承運
皇帝制曰純臣報績爰
歸美於詒謀司士韶
功必遡原於繩武殊
榮洊被積代增華爾
徐學禮迺運同銜加
二級徐保梓之祖父

一

衍緒開先垂庥裕後
孫枝挺秀聿昭樹德
之符世業丕昌大啟
承家之學玆以覃恩
封爾爲中議大夫錫
之誥命於戲錫五章
而敷澤珂里流光推
三葉以承恩德門襲

二

慶祇膺茂典益劭嘉
名
制曰鴻恩錫類聿彰貽
穀之休令範宜家益

著含飴之懿式逢慶
典爰沛殊施爾王氏
迺運同銜二級徐保
梓之祖母虔叶珩璜

三

訓嫺圖史心莊體順
著壼範於中闈善積
慶餘表母儀於弈世
玆以覃恩封爾爲淑

人於戲播蘭陔之芳
澤寵被重闈揚芝檢
之徽音光流華冑榮
章溶逮令聞彌昭

四

敕命
光緒二十年五月初八日
之寶

五

奉
天承運
皇帝制曰求治在親民
之吏端重循良教忠
勵資敬之忱事隆褒
奬爾徐其耀廼同知
職銜加一級徐保梓
之父禔躬淳厚垂訓

一

端巖業可開先式穀
乃宣猷之本澤堪啟
後貽謀裕作牧之方
茲以覃恩封爾爲朝

議大夫錫之誥命於
戲克承清白之風嘉
茲報政用慰顯揚之
志畀以殊榮

二

制曰朝廷重民社之司
功推循吏臣子禀冰
淵之操教本慈闈爾
諸氏迺同知職銜加

一級徐保梓之母淑
慎其儀柔嘉維則宣
訓詞於朝夕不忘育
子之勤集慶澤於門

三

閫式被自天之寵茲
以覃恩封爾爲恭人
於戲仰酬顧復之恩
勉思撫字載煥絲綸
之色用慰劬勞

四

敕命
光緒二十年五月八日
之寶

五

奉
天承運
皇帝制曰夙夜宣勞事
君資於事父雲霄布
澤教孝實以教忠特
賁綵綸用光閥閱爾
徐其曜廼運同銜加
二級徐保梓之父操

一

修渻篤矩範嚴明術
在詩書克敬趨庭之
訓業恢堂構實開作
室之模玆以覃恩封
爾爲中議大夫錫之
誥命於戲錫天府之
徽章殊榮下逮際人
倫之盛美茂典欽承

二

祇服誥詞益勤勵翼
制曰家風昌大夙彰式
穀之休壼教賢明不
替樹諼之慕適逢上

慶用錫殊榮爾諸氏
迺運同銜加二級徐
保梓之母敦習禮規
恪循箴訓寢門治業

三

著恒德於貞心閨塾
授經寓慈風於雅範
茲以覃恩封爾為淑
人於戲恩能育子挻

杞梓之良材詹必稱
親祓笄珈之茂寵祇
承嘉獎益表芳儀

四

敕命
光緒二十年五月初八日
之寶

五

奉
天承運
皇帝制曰委質策名榮
旣膺夫簪紱克家纘
緒光必逮乎門閭爾
徐保楨廼同知職銜
加一級徐保梓之胞
兄道足持躬情殷訓

一

弟經傳詩禮青緗揚
鴈序之輝慶篤芝蘭
丹綍煥龍章之麗芳
徽允懋新典宜頒玆

以覃恩貤封爾爲朝
議大夫錫之誥命於
戲被章服以增榮聿
顯友恭之義承綵綸

二

而無忝彌彰善慶之
風
制曰教佐義方內則允
彰夫懿範榮敷閨閫

朝恩宜體乎私情爾
周氏迺同知職銜加
一級徐保梓之嫂貞
淑性成徽柔道協身

三

嫺姆訓聿儲卓犖之
材志禀慈徽用衍熾
昌之緒丕昭淑慎特
賁綵綸兹以覃恩貤
封爾爲恭人於戲寵
章式煥令儀著美於
當時象服欽承名德
並彰於奕葉

四

敕命
光緒二十年正月二十四日
之寶

五

安氏續修宗譜序

從來譜牒之重端在本追遠之忱睦聯宗之誼詒謀孫子垂示後人也古之宗譜以歐陽氏蘇氏二者最為完善後世宗之迨時代變遷體例不一竊謂舊譜之謹嚴固當取法新例之增減亦有所宗苟能斟酌乎新舊整定夫尊卑男女並重親疎不紊是即家乘之正軌一姓之信史矣吾邑安氏族大望重昔由蘇之懸珠里叔英黃公入贅於膠山長史安明善氏始從其姓自明以來代著令譽如處士桂坡先生高隱

絶俗名宦膠峯先生蒼生霖雨宿儒我素先生俎豆名山理學彙占先生講求性道類皆間世之英聲譽顯著者也子孫繁衍膠山一支尤稱望族宗譜之葺固已六修光緒間有東雲晉華兩先生擬為七修而經營既久乃兩先生遽歸道山而又中止民國光復東西兩分支一再公議於宗祠因政體變更認為譜事之不可緩西分推安君宗愈纂修之力任採訪編輯之艱辛經費籌措之支絀幾頻顛危中間又遇江浙搆兵奉方發難疊遭禍亂越八載有餘始得地方寧靜然後有告成之一日吁任事之不易族譜告成之尤見其難也鴻鑑則因之有感矣蓋以今日時勢之變遷親族之遠近往往上失先哲親親之義下悖世界血統之傳甚至瀆亂倫常背滅理義欲求得當戛乎其難况既任義務復困資財如宗愈君者豈獨一族之俊一鄉之善而已哉恐求之一邑一省亦為罕有之士矣所願安氏子孫襲餘蔭而誦先芬繼祖武而籌公益登膠山而望河渠水能安流皆安桂坡先生之遺澤也過安鎮而觀教育人多秀彥要知皆

膠南學校之拔萃也是以知安氏東西兩分支人才輩出要皆由先輩博施之源遠流長也宗愈君寓書鴻鑑囑為譜序鴻鑑不敏安敢妄有所撰述祇以鴻鑑年來對於鄉先哲遺著梓印叢刊見安氏先德之代有聞人尤當盡表彰之責藉闡幽光用敢不揣譾陋而為之序焉　時

中華民國二十年元月元旦邑子侯鴻鑑頓首拜撰

重建安我素先生祠堂記

清賜進士出身　誥授光禄大夫農工商部左侍郎署理尚書唐文治頓首拜撰

嗚呼氣節之在天下所以爲人倫之坊表者豈可一日而息哉往者文治蒐集有明一代名節最著之士遺書都數十種嘗得高忠憲别集爲表章而刊印之其中載有安我素先生狀謂與先生同黜於言事同錮於明時同學於東林朝夕二十九年迨其殁也爲作行狀則謂自吞之淚幾回入欲斷之腸他日見公

惟此一事不負知己其交情氣誼之篤蓋如此而邑中父老相傳忠憲殉節之後其眷屬避難安先生家幸得罔恙即今所謂安鎮者是也於是文治益景行行止於安先生不能置辛未春先生十一世孫宗愈君字涵養偕邑人高君涵叔以重建祠堂屬文治爲記初先哲嗣當明季時請建專祠既報可矣會鼎革罷先生玄孫諱曾發於清乾隆庚申始建祠於安鎮二百年來祠宇頹圮享祀就湮薦盥無所涵養君有恫於中爰於民國乙丑十月就祖遺賓娥臺舊址斬荆掃礫風雨攸除重建祠屋五楹奉先生栗主祀焉涵養君之孝思可謂至矣會重建高子水居亦於去歲落成後先輝映前賢之光采鬱而必發殆運會使然與當明萬曆之際逆璫肆虐毒痛士林時則鄂皖浙諸省有若左先生遺直楊先生文孺黄先生尊素魏先生廓園吾蘇則有周先生蓼洲繆先生當時吾邑則有高顧諸先生相繼並起殺身成仁氣節之盛彪炳寰區而抑知前乎此者已有不忤權貴直聲震朝野如安先生其人者乎語曰莫爲之先雖美弗彰

豈偶然哉且夫乾坤之所以不息者正氣凝之也君子之所以維持正氣者正學植之也昔我宣聖論儒者之道適弗逢世上弗援下弗推身可危而志不可奪文治每誦其言往復留咨以爲千古師表人倫端在儒行安先生幼時依母吳孺人居仳離困苦有非人世所能堪者後舉進士官行人又以母秉家不願北遂告南怡怡膝下色養以終此其孝行之篤可爲師表人倫者一也迨行人報滿當晉臺省以年未及格或勸先生稍羸其算先生曰是欺君也則不試先

宗之變先生驚悼痛憤椎心頓足題詩曰祇餘一掬孤臣淚中夜潛然落枕邊後世傳誦往往為之歌泣此其忠愛之忱可為師表人倫者二也然其大本大原則更有在考高忠憲與先生論求放心之法謂覺其放者乾知也乾知大始在於幾直養者坤能也坤作成物在於守蓋易簡而天下之理得矣至其品隲先生謂藝不苦習而工學不窮研而信性命微言與他人言不能解與先生言不俟辭之畢也嗚呼斯豈出於夙慧與方其泛舸五湖翩然高舉衆賓歎羨以為神仙中人庸詎知其皓月氷壺朗然在抱濁世塵埃泥而不滓惟其藏諸內心者潔白而精微所以坊表人論者光大而久遠也文文山先生所謂天地有正氣凜烈萬古存意在斯人與夫一鄉有矜式而一鄉興一國有矜式而一國定其正氣之充塞而彌綸者頑夫廉懦夫有立志非夫講明正學綱紀人倫之君子其孰能與於此文治爰大書之俾後世之聞風興起者咸是則而是傚云後學唐文治再拜敬撰

膠山安黃氏宗譜卷二中

像贊目錄

明贈奉政大夫七府君像讃
明邑庠生太學少峯公像讃
明文學一鑑公像讃
明郵贈光祿寺少卿我素公像贊
明邑庠生太學硯亭公像贊
明賜進士欽授知縣廓菴公像贊
明邑廩生退翁公像贊
清邑廩生潔園公像贊
明邑庠生大已公像贊

清處士濟園公像贊
清孝廉肇錫公像贊
清陝西候補知縣培風公像贊
清貤贈文林郎信翁公像贊
清邑庠生繼勳公像贊
清恩賜九品銜累賜粟帛仙巖公像贊
清誥贈奉政大夫候選訓導春臺公像贊
清太學蘭巖公像贊
清恩科經元候補知縣古琴公像贊

清佾庠生樂亭公像贊
清恩賜八品銜太學霽堂公像贊
清處士耐菴公像贊
清授奉政大夫府知事歗石公像贊
清誥封朝議大夫給諫芝卿公像贊
清授奉政大夫世襲雲騎尉碩卿公像贊
清山西蒲州府知府護理雁平兵備道則久公像贊
清誥封朝議大夫鄉飲大賓靄亭公像贊
清河南歸德府通判而敬公像贊

安氏列祖遺像叙

人處宇宙閒渺然一身而已身以心為主心之官則思思則得之思之所由來則以耳目為媒介蓋必有所接觸而後思有所定向耳司聽目司視各有所職皆不能思者也無端而用其思若非耳先有所聞必目先有所見執二者以為衡當以目之感召動人為尤力孝子仁人之對於祖宗以一本之維繫必於邈不可接之時常致其愾慕之意於是圖寫狀貌歲時伏臘如親色笑當時之觸於目者尚有漠然無所動

於其中者乎然則目見深切著明可以不言而喻矣吾友安君涵養重修宗譜將觀厥成以其元代遷錫始祖元卿公暨金華倅明善公及東西宗之分支祖以後凡有光於祖有功於宗者各遺像不惜重資用玻璃版縮印宗譜常留笑貌以垂久遠推念涵養之志無非欲後世子孫瞻先人之像讀先人之譜各有無窮之思此則孝子用心肫摯詩所為錫類而不匱也當明清鼎革時其祖孟公先生將西宗分支始祖叔英公以下及各房祖像羅集一處命哲嗣澹園公

避難帶至陽湖寄藏於薛方山公之崇正堂故家中書籍畫冊散佚迨盡惟祖像保存無缺惟元卿公明善公宏大公等神像當由東宗支嫡裔珍藏失於明季至道光閒其族祖芬齋公在吳中舊家見之出重貲購歸始得璧合珠聯嗣經洪楊之難其曾伯叔祖等復將裱像去幹由各房後裔擕像奔避藏匿散處事平歸檢查亦無殘缺民國甲子江浙起釁生靈塗炭惶悚無及忽至殘冬齊軍兵退城郭烽火滿天哭聲震野孤城被圍焚搶擄掠十七市鄉潰兵遍地竊

搜安鎮適當其衝幸秋間涵養將遺像預為檢藏鵞湖華氏始得無恙至丙寅冬擕歸目覩近日人心不古世道變遷恐後日一旦失墜豈非先人幾百年保守之苦心化於烏有幸宗譜七修尚未告成故急將遺像添印譜牒庶幾列祖之音容永著千秋並垂不朽也又族伯祖給諫芝慶公伯祖雁平道則久公等神像其裔遊宦在豫擕藏汴寓亦函促照像寄歸惟東宗分支祖楚雄衛指揮宏遠公歿於滇長子以式公遂占籍楚雄像留於滇次子以文公後裔未能瞻

拜公像為憾令諸叔氏情深追遠特為補摩印入譜
牒以盡孝思竊念世變滄桑世家大族寶貴珍物經
兵燹而蕩為劫灰者不可僂指數獨安氏後人能於
其列祖肖像珍藏保護視若生命不但丸京靈爽實
式憑之此中蓋有天意存焉而子孫賢不肖之相去
又可以相提並論哉余嘉涵養善承先志而知所以
啟其後令詳記其所述亦欲安氏後昆識前人經歷
之苦心世世珍視寶不可以一日忘也

民國二十年五月　涇里世愚弟秦寶瓚謹敘

跋安氏譜牒像後

世以譜傳而不能以像傳能並以傳者必先人勳業
著于當時道德鳴于一世乃留于像上凡權容雖盛
不久夫亦無譜之故也安氏譜像燦然可傳千百世
而不替子孫瞻先人之像讀先人之譜而不興仰止
之心未之有也

康熙七年戊申中秋　通家弟金之俊拜跋

先遷錫始祖元卿公像

元處士明贈奉直大夫安元卿先生像贊

安陽苗裔樞密家嗣祥符還錫恪承先志膠山隱
逸孝弟力田志在羲皇無懷葛天半耕半讀希聖
希賢屹然道貌則古稱先義方教子裕後光前我
公遺澤瓜瓞緜綿

錦樹山人錢允昇拜題

明金華府同知明善公像

明誥授奉政大夫浙江金華府同知明善安公像贊
錫邑名儒金華賢守學濬淵源名崇山斗拯黎庶於
沍塗育英才於文藪一心礪冰蘗而瑩秋月於鯨鯢萬
井沸絃歌而盎春風於花柳是蓋培深積厚而獲傳
胤嗣于無窮實大深宏而播聲華于不朽也
國子監助教王達拜題

明府軍使儀正宏大公像

安宏大先生像贊
凶懲氣象淵海胷襟詩詞炳
燿武藝文欽抱剛方之操存
忠國之心威武不能屈者非
先生其誰與歸方孝儒敬題

明楚雄衛指揮宏遠公像

三世祖宏遠公像贊

懿歟我公萬里從戎一腔忠愛氣吐如
虹追隨沐國平填有功威鎮夷夏澤及
哀鴻敕封宣武詔頒九重壽登大耋五
福考終丹青尺幅追寫儀容子孫瞻拜
敬止必恭　十八世孫榮光拜題

明贈清逸處士炳英公像

明贈清逸處士炳英先生像贊

大江之南膠山之麓有美一人隱處盤谷採山釣水
翛然絕俗徵名不仕葛巾儒服吁嗟先生君子慎默
恤患救災里民獲福是宜百世之馨香開兩姓之巨
族　光祿大夫柱國少師兵部尚書兼華蓋殿大學
士國史總裁同知經筵事盧陵楊士奇拜題

明太學近仁公像

明太學近仁安處士像贊

心懸市朝樂寓山林事游衍則躡乎東西之屐遣意趣則鼓乎南薰之琴崇尚志節恒居今而樂古磨礱仁義無幾粟而揮麈斯人也蓋亦貧賤不能移富貴不能淫者歟

同邑修敬弟秦旭拜題

明鄉耆處靜公像

明鄉耆處靜安太翁像贊

靜以養身儉以惜息思親肫摯顏之堂額惟孝而遠尔類永錫大義所在鄉里必折昌其後昆厚其福澤天佑善人永無既極

姻世侄邵寶拜題

明承事郎友菊公像

明承事郎友菊安先生像贊
五柳先生以縣尹辭東籬植菊
徽公之孫安先生如之後世之
菊友比之宗謙謙高風於晚節
遠以報似之　仲安生守人植題

明逸士友蓮先生像

明處士友蓮安隱君之像贊
挹其容溫如玉抒其懷虛若谷倫紀克
敦友于是篤經史窮探衣冠整肅南
郭同心東橋卜築晚歲怡情詩荷自
樂蓋惟君子乃與君子契兮高風直追
大周茂叔
林屋山人西山蔡羽敬題

明承事郎寧齋公像

明承事郎寧齋安公像贊

生而穎秀神怡性曠長更英明志雄氣朗說禮敦書蔚為人望孝敬友恭德推家長繼志掌稅惠洽鄉黨有司稱賢屢加獎賞寵勉從公劬勞督餉精力殫疲風塵鞅掌憯哉我公年僅曰壯

通家弟談絅拜題

明徵君贈戶部員外郎桂坡公像

明徵君誥贈奉直大夫戶部員外郎安桂坡先生之像贊

郭解任俠原思屢空惟我先生富甲吳中敦書說禮下士謙恭撫孤贍族賑貧郵窮南遊淮海北謁岱宗襟懷瀟落風起雲湧開濟白茆擘畫崇閎萬民利賴鐘鼎銘功瞻拜遺像肅肅雍雍頑廉懦立百世可風

通家年姪唐順之頓首拜題

明徵君誥封奉直大夫江西布政司參議桂坡安公像贊

於惟先生明代隱君質貌魁梧禀氣肅靈坡山之幽桂樹叢生
養廉教子養志娱親濬河靖海功在朝廷賑飢助餉德在軍
民山川周覽治亂博聞賢豪折節郡邑流芬尊賢尚德行
著鄉評鄉賢崇祀有司潔誠瞻拜遺像百世清芬

後學秦蕙田敬題

明楚府引禮舍人茶坡公像

明楚府引禮舍人茶坡公像贊

雍雍禮度采丰神機械不作能變自循
優優帝則皞皞天命恭承嘗以事乎
先祖力畊鑿以遺乎後人此其所以
不羈乎塵繼而恒樂乎性真也

世姪皇甫濤拜題

明四川按察司僉事膠峰公像

明誥授奉直大夫四川雲南按察司
僉事江西布政司參議安膠峯先生
像贊
一麾出守治媲中牟兩莅裕州兒童
觀歌僉事雲南夷獠輯和榮膺遷轉
仇者中阻萬里歸棹林下優遊不較
錙銖我公之度　王世貞拜題

明鴻臚寺署丞膠泉公像

明鴻臚寺署丞邑庠生入太學膠泉安公像贊
東膠峻拔靈秀所鍾我公秉奇氣度雍容讀
書惟勤為文則雄聲馳學校名傳黌宮品如霽月
貌若光風嶺彼逵贇式我儒彤顯敏特達實惟允
宗　琴川通家姪趙用賢頓首拜題

明邑庠生入太學膠陽公像

明邑庠生太學膠陽安公像贊
温温其恭彬彬其表含咀英華優游芹藻師唐荊川傳薪克紹慕柳下惠介石是操倜儻丰裁風和日曉
姻愚弟華察拜題

明邑庠生入太學五峰公像

明邑庠生太學五峰安先生像贊
少年負氣頗踏界鄙狂歲激揚嗢彼垂老窮困不遷侫諛不喜高亢性成公其庶幾
姻世弟楊成頓首拜題

明太學滕崖公像

明太學生滕崖先生像贊

秉性孝友則方植品學詳慎謹奉祀孝慎承順典型孝友無較量代先庭質子辯論志嘗從師授徒于風雅於揚工吟詩于慕李杜嗜古文于學歐陽何彼蒼不祐于遽召修文郎

姻世侄周子義拜題

明例贈奉政大夫子寘公像

明例贈奉政大夫光祿寺少卿子寘安府君像贊

貌清癯性穎悟好讀書多雅度嗣舅氏遠恃怙情甫冠備作故譜嗣君為我素周淫叢祥璞村雜祖事豈人為哉有天助然則君雖不壽乎直與令嗣令名而壽世於終古

姻世弟顧憲成拜題

明贈儒林郎庠生少峯公像

明太學安長君少峯先生像贊

豪俠好義之風人咸重之聖賢不取者以其行不軌於中正而罹禍速也然晚近之世錙銖必較毫髮必計親戚往求反顏若不相識欲求一焚券如馮煖者焉得而遇之長君雖幾罹於法而其輕財仗義拯人之危濟人之急不誠足多哉嗚呼長君而在為之執鞭所忻慕焉

後學虞文元拜撰

明文學一鑑公像

明文學安一鑑先生像贊

一生志節兩晉風流胸懷伉爽情緣優游箕裘克紹譜牒勤修敦宗族誼裕子孫謀淵源是考祖業長留後有作者毋忘公休

世愚弟嚴一鵬拜題

明邵贈光祿寺少卿南京吏部驗封司主事我素安公生像
陸緗曾洋題

明邵贈光祿寺少卿安我素先生像贊
上書削籍幾觸君相之怒歸田講學幾奪聖賢之座
負介直而不以氣憑陵養澄泓而不同時折挫圖史自怡林
泉高卧靜則閉泯嘿之門動則由恭順之路身後贈光祿顯
生前未獲為王者佐吾所以咨嗟嘆息而不敢賀也
白石山樵陳繼儒拜題

安我素先生像贊
玉樹臨風手神映帶出入經史能
見其大直道不容掛冠早歲眉拂
煙霞裳攜薜荔
愚甥鄒期楨拜題

司封我素安公行狀

公姓安氏名希范字小范别號我素家無錫之膠山其先黄姓蘇州玄珠里人洪武中有茂者贅於安明善故以安姓茂生以恕以恕生公俊公俊生祚祚生封戸部員外郎國足迹徧名山交遊徧海內所謂桂坡翁也生膠峯公如山舉嘉靖己丑進士選入中秘以同官忤權貴外補嵇州均州田民德之祀爲名宦卒官貴州僉憲所至有廉靖聲配郭宜人宜人舉一子而性奇妒抱衾裯者絕矣乃不意吳孺人娠公即戒曰女則育子則否

一

膠峯曰不然即子吾弗子也有周涇之麥在吾何憂焉使吾弟鬼而餒也蓋公有族弟某卒而無子鄒孺人寡而居周涇公生而瀕殆者屢矣吳孺人即如厠必襁公於懷得不死踰月鄒孺人抱之周涇後七年膠峯公與郭宜人後先卒鄒孺人亦卒宜人子少峯公名希堯者以膠峯公遺命歸公於膠山無何少峯公亦卒少峯公兩子復令吳孺人攜公居周涇人以爲此無論非膠峯公指抑非少峯公指也孺人泣曰天乎兒賢何必有先世貲兒不賢何能有先世貲吾以兒一絲命爭耶遂之

周涇敗屋頽垣母子相弔外侮官徭蠹攻臺螫以日爲年而公以壬午補諸生乙酉舉南闈丙戌成進士生二十三年耳是年官行人丁亥奉使歸里有族人售其居者公買而奉吳孺人復歸膠山人曰公歸矣能恬然於膠峯公遺箸乎公絕口不言人又曰即不言遺箸能恬然於養廉田乎公又絕口不言養廉田膠峯公成進士桂坡翁給腴田三百膠峯公拓其畝千貯以別墅記以碑曰吾子孫仕者與之養廉毋以賦辱吾家聲人即能以出繼不與公遺產不能以出仕不與公廉田然田竟

二

不與也公歸膠山與兩姪交歡甚吳孺人拮据治生產不輕以一錢給公公又好客好精廬舍蓄古書名畫終日婆娑於明窗棐几鉛槧圖史間纖悉取之稱貸棄所當得如敝屣人以此不測公汪度行人報滿當晉臺省公年未及格或勸公稍贏其算公曰是欺君也不入試就禮部膳司吳孺人以秉家不願之長安邸公即告南授南司封會婁江相當國盡除異已者不恤天下心公乃上疏爭之嚴旨逮問旋得釋削仕籍歸杜門杜口不涉朝事內奉吳孺人曲承其歡外與一二同志徜徉林

臯爲娛樂而已甲辰吳孺人棄養凡附身附棺竭其誠敬既服闋適東林精舍成公別埽一室欄竹砌花讀書會友於中庚申九月東林會中聞光宗皇帝之變公驚迷痛憤槌手頓足者終日作詩有執簡定應書趙盾弒朝誰討陳恒之句除夕詩云明日新開天啟歷今宵猶是泰昌年祗餘一掬孤臣淚中夜潸然落枕邊公於是不勝悲也公卽不以一字通長安不以一事干郡邑至聞中朝進一正人未嘗不躍然喜地方有一不善事未嘗不戚然憂中心達面目顧叔時先生所謂安小范

三

不失赤子心是也公豐準秀目玉標霞舉恬夷坦蕩質任自然好讀書書喜理學之有益身心者及經濟之有益政事者詩文默符作者不事雕鏤浩浩曠懷翩翩逸興遇山水清幽竹木森聳風月輝朗趣輒溢發意復斐亹曳杖孤遊把杯細賞移日落月不能自禁婚嫁稍畢益思肥遯樂吳興之勝買山武康有竹百畝築室其中製一小艇顏曰五湖一舸左右圖書往來披對以爲良友公郞素封乎依然貧士也吳孺人屬纊始以耕織之儲畀公公勤儉守之衣贍而質食腆而簡室精而不鶩

於多器備而不濫於用族自高祖而下老病孀孤歲有贍親朋之生無養死無送者人有助於其兩姪力持其門戶教掖其後人無纖芥焉人尤以爲難余每察公蓋夙慧也藝不苦習而工學不窮研而信性命微言與他人言不解爲何等語與公言不俟詞之畢也其胸中實有咀嚼實有滋味故夷猶自在生平無皺眉之事城府不設世上無切齒之人此豈塵寰中人耶嗟嗟斯人一腔忠義滿腹經綸使司風紀力能振揚委以政事更精綜核竟以錮死也已實不負國而人遺之公無齎恨君

四

實有休命而下格之深足追悼矣攀龍與公同黜於言事同錮於明時同學於東林朝夕者二十有九年公之力壯於攀龍者倍公之才敏於攀龍者倍乃公獨不得承三朝之恩一日立於今皇帝清明之世攀龍自吞之淚幾回入欲斷之腸又以拙陋無文僅貌公形似而不得其神理所冀大君子一闡其幽光賜之鴻文以不朽斯人攀龍他日得藉手九原見公惟此一事爲不負知己也

賜同進士出身謫廣揭陽尉前行人司行人奉　詔起

用陞授光祿寺少卿通家姻弟高攀龍頓拜撰

五

明邑庠生入太學研亭公像

芑庠生太學硯亭安先生像贊

逸情雲上，文彩風流，芹芹早擷，俊士稱尤。棘闈屢戰，壯志莫酬，乃偕伴以肆志，亦瀟灑以優游。工詩則伴青年而結社，樂酒則呼紅友以爲酬。儀表似鷄羣鶴立亡壺，慕蓋領虎頭，著芳艸諸集以聞世，潤西林詩景以尋幽。或邀二鄉之賞，倘或與名士而句芻而逍遙，不自適者，較勝夫翶翔三徑范蠡扁舟。

從化黎民表拜題

明邑庠生太學寶變鄉先生像贊

子達之中孝廣之所以雜奉闈慶歎不獲登雲奇實大義凜然登舉五子天德其意

姻弟吳宗孫拜篆題

明賜進士欽授知縣鄺蓉公像

賜進士鄺蓉大令親家像贊

公之天資，秀外慧中；公之才學，肆外閎中。揣摹東洛，妥屈南宮；陳情瀝血，疏奏以功；濬河賑饑，桿禦歲凶，彼吏治或我家風。無何世變，寧丁戕躬；官奄禍作，君子道窮。神京岌岌，朝夜洶洶；呼天搶地，錐心搥胸；憂憤成疾，高朗令終。固膠山之名士，亦草莽之孤忠。

姻世弟薛信辰拜題

賜進士欽授知縣廓菴安先生像贊

天降喪亂社稷沉淪
思廟云亡痛哭填膺
感深知遇嘔血數升
從容就義史乘揚芬

姻世姪趙甲喬拜題

明邑庠生退翁先生之像

清故邑庠生安退翁先生像贊

不落塵世想不羨軒冕榮樂琴書以消遣借山水以怡情花香鳥語喜奏新聲吟風弄月時遣墨兵李白樂府詞寓于滑稽生自樂其樂可止可行所以安於恬退謝絕逢迎

姻世弟高世泰拜題

清邑庠生潔園公像

清句吳文學安孟公先生像贊
先生之詩名一旹先生之畫傳千古
雲門十子第五人不事王侯高異志
愛業姻姪劉綸頓首拜題

明邑庠生安大已先生像

明邑庠生安大已先生像贊
頭角嶄然志氣昂然讀書則大旨洞然工書詩
則逸興超然傷國祚於心嘅然舉義旗立志卓
然慕靖節遺風悠然恤孤忠隱念惻然捩村名
裔大義昭然木瀆移家遠引飄然
世弟嚴繩孫題

清處士澹園先生之像

清故處士安澹園先生像贊

古屋幽棲寒燈獨曉愛失常華情傷
集寥展我塋修茲祭掃但式先型何
須自表澹然忘機蕭然娛老頭胡白
早心緣血少半生塊礧一杯潦倒

姻世姪泰道然拜題

清故孝廉肇錫公像

清故孝廉安肇錫先生諱嘉像贊

顏淵克己　子貢躬行　先生懷抱
賢士性情　年逾象舞　宴與鹿鳴
欽我祖德　為世曾榮　仇讐誓服
義利分明　吁嗟長逝　仰止先生

受業門人稽曾筠百拜題

清陝西候補知縣培風公像

清授奉政大夫賞戴花翎陝西候補知縣培風安公像贊

文章自富，知略稱雄。家聲遠紹，舉業苦攻。遭時不偶，阨遇多窮。驅騎古蜀，策馬臨潼。奔馳馬道，險歷蠶叢。簿書是寄，氐羌與同。池塘春草，庭院秋風。音書遙達，魂夢相通。身登仕版，心繫家中。拯友急難，恤母尸饔。於乎墜馬，太息賓鴻。

蒼涵叔氏璿敬題

清貤贈文林郎信翁公像

清貤贈文林郎太學信翁安太翁像贊

剛而不愎，和而不流。守以待後，尊祖收族。師儒敬禮，今之古人歟，古之古人歟。

響泉劉光旭敬題

清邑庠生安繼勳先生像贊
少年好學弱冠能文潛心百氏貫
志三墳藏修晷晝業精於勤肆
紫陽試報冠軍名公共賞多
士傳聞胡甯倖榮遜爾遐非
同邑鄒奐孝題

清贈文林郎庠生繼勳公像

清贈文林郎累賜[illegible]嚴寅公像

清貤贈文林郎恩賜九品銜累賜粟
帛儁岩安公像贊
公之行高，公之志舒，公性剛正，公貌
謙和。善守家業，能讀父書，胸懷磊落，
道德涵濡。採覽邑志，則稱重節義；慕
入家乘，則搜括蠹魚。規制祠祭，則永
言孝思；禁欒強暴，則歸復邱墟。石梁
改建，津河濬汙，實心寔力，終始不渝。
緬公名蹟，識公步趨，族之競爽，家之
充閭。
世姪錢泳拜題

清誥封奉政大夫候選訓導春臺安公像

安春臺先生像贊
期功同胙，范氏是則。
溫溫其恭，昭昭其德。
洵膠庠之耆舊，為後
賢之楷式。
後學虞文元拜題

清太學蘭巖先生像

清太學生安蘭巖先生像贊
孟子曰古之人脩其天爵以要人爵今之人既
得人爵而棄其天爵此古今人之分也先生文學
鶚起不獲青其一衿然天性純篤孝友稱於里
黨非以爲人爵貴者歟賑饑一策行之一鄉推之
天下後世亦王者養民之政也小用小効大用大效
先生其有焉　通家齊彥槐拜題

清授文林郎候補知縣古琴公像

清文林郎候補知縣古琴安公像贊
猗歟先生承安鶚鳴公車報罷漢學
研精辨正儀禮攷訂許鄭經師人師
百代典型
莆田郭尚先題

清佾庠生樂亭公像

清佾庠生樂亭安先生像贊

溫恭內蘊俊秀外發彬行卓卓玉立亭亭淨几明窗吟詩酌酒帖括惟工清修自守凜嚴父訓禮敬鯉趨侍繼母疾情切鳴哺進取何須科名何必且自幽閒況有潔癖日誦黃庭則淨因庵時攻青簡則綠蔭園吾行吾素我心實獲樂其所樂此樂何極

特用知縣原任金匱儒學訓導望江張立本拜題

清恩賜八品銜太學霽堂公像

清授修職郎八品銜太學霽堂安公像贊

慎終追遠民德歸厚敬宗收族百世不替老世譽慕詳錄齊贊天爵畀年八十有奇

世愚姪杜紹祁拜題

清授修職郎 恩賜八品銜太學霽堂安公像贊

膠峯挺秀信瀆流光維我安公鄉國族望秉性
孝友忠恂里黨遍豪士之高風品誼端方衍先人之舊
德積厚流長尊祖敬宗祀祭牧識收歸墓粮規復
祖堂義方式訓清芬克承桑梓篤議宗族推仁
言坊行表嘉謨敷陳德隆望重榮寵綠綸優
游林履順衷性真廉寧福壽德善可覘耆英
流社澈國精神益莊大耋遐哀老人巋巋嵩標
雲物淒清緬惟德乾鄉國典型

世愚姪呂耀斗拜題

清處士耐菴先生像

清逸士耐庵夫子大人遺像
懿歟先生奕奕其神靈鍾膠麓棲里隱
君春風披拂桃李成陰尤篤宗枋庥寰
撫困精研濂絲求香盈門棵里修志攷
訂詳明積善成德邁絕等倫怡情泉石
子孫麟振式瞻遺範千古不泯
受業華翼綸百拜敬題

清知州銜候選府知事敖石安公像

知州銜候選府知事敖石安公像贊

英雄造時勢時勢造英雄生財必有用弥歎造化工公志何其大公運何其窮歲寒知松柏盤錯方見功嗟彼碌碌者草木將毋同吾生恨太晚仰止溯清風

姻世侄林祖述拜題

清朝議大夫給諫芝慶公像

給諫安芝慶先生像贊

公生聰穎迴不猶人祖宗積善世德常新入則孝子出則忠臣立朝謇謇正笏垂紳敬瞻道貌和見先民傳名不朽允式群倫

通家年姪曾國荃拜題

世襲雲騎尉碩卿安公之像

清世襲雲騎尉碩卿安公像贊

少亦勤學宜有所成天胡阨運不青一衿為親殺賊立志堅貞崇德好義排難解紛當道重其品鄉黨知其名立身如若此足以慰平生

世愚弟秦臻拜題

清山西雁平兵備道則久公像

山西蒲州府知府護理雁平道則久安先生像贊

有福在家可靜坐無事出門且遠游男兒夙抱封侯志何與弟硯相為儔濡毛一旦順風飆天表翱翔雲四要高蹟高尊二千石蒲州今有去思碑

通家弟陳寔禎首拜題

鏡庭先生之像贊

維家之誼，弋翰之文。譽靄巍然，惟此遺容。懿於嘉言，亦壽如丙。蘇得贊言，余見其立。忘年相交，倩像惠厚。像如松濃，厚如醴酒。耿余懷慕，聲余曰：五福全歸，大朗已矣。今展公像，袁淋禁下乎？靈爽在天，餘蔭在後。

嫻譜姪華鴻模拜題

清中議大夫鄉飲大賓鏡庭公像

清河南歸德府經歷亦戩公像

安而敬先生像贊

阿兄早成名阿弟更不弱同
有潤濟才奮起亦相若襄獻
太守尊意氣犀倫邁於今賢
子孫恩澤承先賴治河在豫
中利濟功還大仰止肅清風
遺像抒誠拜

同邑後學秦寶瓚謹拜題

膠山安黃氏宗譜卷二下

譜序目錄

奏疏目錄

安氏續修宗譜序

家乘之設非僅以編名紀氏誌一族之盛而已也實支派雖繁淵源則一使後世子孫披圖流覽之餘知孰爲大宗孰爲小宗孰爲親孰爲疎孰爲孱而無倚者思有以振之孰爲貧而無藉者思有以助之孰爲賢而思有以取法之孰爲不肖而思有以誥戒之雖品類不齊而自祖宗視之則皆其子若孫也於是敦之以仁和之以義惕然動一本之懷而講親睦族以厚風俗家乘之所係不綦重歟吾族自桂坡公行義

起家素封其後僉憲膠峯公勳卿我素公忠節廓菴公文學研亭潔圃二公炳炳麟麟代有聞人實爲江南望族固無人不知之也歷年既久子孫繁衍輯譜之志祖宗首創之修譜之舉尤賴後人善承之庶幾綱舉目張秩序井然足以信今而傳後此宗愈於續修宗譜之事不能不昕夕兢兢者也猶憶咸豐己未東分葵伯公西分我曾叔祖歡石公曾經重加修葺適值洪楊俶擾急於裝訂散發時譜局附設義莊印成之譜悉爲團勇拋棄淨盡以致通族無一善本光緒丁亥叔祖晉華東雲兩公有志修譜會同通族共議循義莊詳章照咸豐己未之例仍歸義莊開支議雖勉允方事開辦即有遷建始祖樞寄公祠之舉議以祠成而後續修祠成後不幸兩公俱歸道山續修譜事竟成子虛至丁未屆計忽忽已五十餘載矣其間人事變遷丁口繁衍昭穆之支派既紛出不窮如再因循更散漫無紀益難稽攷必將同族爲途人矣故吾族支譜之欲修而不克修者久矣遂與諸長老及弟姪輩數人即於二月春祭始祖叔英公祠安黄

兩支族衆咸集倡議捐資續修衆皆踴躍以宗愈爲董理辭不獲命任事以後不避勞怨遂與堂弟贊勳躬自採訪雖窮鄉僻壤女戶單丁亦必抉剔碑文摩挲木主凡屬生卒名諱必求翔實而後稿將成嗣以諸多掣肘又形停頓於是族譜事惟有閣置而不敢問津矣民國壬戌春東分族中長老荷生與存麟書卓卿鹿苹等會同我西分諸尊長建議各自集款分修分訂議雖勉允而東分或纂修或校對或訪稿人才濟濟均能熱心任事惟西分特余一人力任其鉅

承乏以後潛心參考將昔年檢得聽之公潔園公譜稿六卷有譜序誌傳及宋元總系並累葉之以詩名世諸公著作多所未刻今急急增入彼後人有所考核不致湮沒無問其餘旁搜墜緒博採遺文有奇必彰無徵不信紀載必求實錄體例悉遵前人不敢稍有更張兼籌款值時勢之艱難人情之涼薄苦心籌措竭力募捐廢寢忘食經寒暑四易未存推諉之心譜將告成忽爲齊盧戰爭所阻既而人事變遷未竟全工忽已六載宗愈日夜憂思功虧一簣殊爲可惜

於今春仍與卓卿鹿苹籌措款項爰再繼續和衷進行得以結速完成斯譜私心殊覺快慰雖此次續修譜牒自慚疏陋勉竭心力而纂葺之然人經數易歲經數更宗愈可對於同宗而亦可告於先祖之靈者也嗚呼各支子姓盛衰無常盛於昔者未必盛於今盛於今者未必盛於後吾望同宗後啟賢者昔能獨立建樹而徵文考獻詳述記載俾後之從事斯役者由合而分由分而合以求不背乎敬宗收族之初衷亦尚何有畛域之見存於其間哉此次宗譜依散後

族人宜各自保存以備後人之稽考凡譜中未及刊入者所有生卒年月嫁娶姓字尤宜隨時記載以備後日之纂修此則今人不能不望諸後人後人又不能不望諸後嗣子孫者也

中華民國十九年庚午孟冬十七世孫宗愈謹序

家譜序

譜胡爲而修也以有裨於宗法而修也蓋先王建侯樹屏以藩王室必錫姓命氏立其宗法以維其本支然大小宗之禮有非士庶之家所得而悉行則其次莫先於修譜譜修而宗法默寓於中矣自隋唐以來人尙譜牒官有簿狀家有譜系而恩愛興焉馴至五季則譜牒之存亦千百之一二耳雖士大夫家各譜其族以辨别親疎使子孫有所考而倫理以明也而其斷斷乎不誣於世者則惟蘇氏歐陽氏而已然若

此者亦有賴於賢子孫也豈庸人所能與哉錫之右族夙稱安氏而安實本縣珠黄氏國初有叔英公者贅於膠山長史安明善氏命名曰實明善公晚年得子二曰宇曰宙後叔英公命長孫曰庠仍黄姓次孫曰棱後於安而膠峯僉憲以雋譜殘缺世次莫考後昆繁衍昭穆宜詳迺合安黄三支而共譜之以序徵於予予惟三支宗族之隆子孫之衆才者有之賢者有之仕而通者有之隱而高者工於文詞而富於著述者亦有之其於譜牒之修詎容已乎僉憲惓惓以是爲重卒克付梓以壽其傳其爲宗法慮不亦遠乎

嘉靖甲子春王望日

賜進士出身左春坊太子左贊善兼翰林院修撰邑人浦應麒書

家乘序

余自髫齔時卽聞吾族系出懸珠黃氏已慨然有復姓之心顧出入中外因循未决蓋耿耿於中亦既有年矣乃嘉靖乙丑秋庠友章一泉氏手一編示余曰此貴族小齋黃君所梓家乘也文實任校緝之余披而閱之則見世次秩然其有倫也紀序燦然其有文也簡而不畧贍而不蕪乃稽首謝曰成吾志者非子與小齋耶第懸珠之源流未究終非完譜如之何一泉子卽偕壂賓月湖朱子駕舟踪跡之始知懸珠村

實坐落蘇之長洲縣習義鄉二十二都十七圖懸珠里其村左枕洋澄右枕沙湖三面距水如珠懸則鏡中故以懸珠名風氣所會要爲奧區神皋無惑乎懸珠黃氏之聲稱籍籍在大江之南也而歲久業荒村之居民僅櫛比成聚黃氏族姓俱星散於吾錫之方橋鴻山膠山常熟之廣濟橋鯰魚口軍墩村黃涇溪址小東門橋等處其在懸珠者祇㝠然一故壠耳余既悲且喜謂章子曰吾族之源流在是矣家乘可缺乎亟爲續緝之以成完書顧不偉歟余惟譜之作匪徒稽古實於已往實欲寓勸懲於將來嘗考諸古先哲之作譜其稱良者曰歐蘇氏爲最其在歐譜則云余幼孤不得備聞祖考之遺德然傳於其家者以忠事君以孝事親以廉爲吏以學立身吾先君諸父之所以行於其躬教於其子弟者獲承其一二矣其在老泉族譜亭記則云凡在此者死必赴冠娶必告少而孤則老者字之貧而無歸則富者收之而不然者族人之所共誚讓也余三復二老之名言乃申告吾族之人曰吾人立身立家之龜鑑不越此矣余何加

爲佩服之要惟當以心地爲主吾心苟存百行具美守而不失謂之賢父兄謂之佳子弟否則險躁刻薄貪狠乖戾少陵長下犯上惟利是圖以自陷於不肖以是敗其身家適爲此譜之玷耳一泉子瞿然整容曰公之言足以訓矣請書之譜以示後之人遂書之

嘉靖乙丑十月吉旦　膠山六世孫如山拜撰

膠山安氏家乘後序

於戲天下事安有可知者哉吾之先實長洲縣珠里黄氏自叔英公來贅於梁溪之膠山安明善氏遂居膠山始安其姓再傳爲以恕三傳爲處士公彦仍黄姓祭酒公俊後於安家業始微而後盛榮有思親之堂處靜之室没有遺像葬有誌銘卓然成家爲其葬叔英公暨近仁公也遂得吉兆於膠山之南原合形家金鈎挂月之勝後之福澤咸推本於是四傳爲友菊公籍先人之業益廓而大之其介壽也念非章服

不光與二子一孫俱受恩詔拜承事郎處成宏盛治四代一堂四紳可不爲榮焉五傳爲奉直大夫六傳爲朝列大夫七傳爲奉政大夫八傳爲欽選大令俱以甲科顯餘如鴻臚丞光祿丞亦與垂紳正笏濟美一時而爲袁廣漢石季倫末矣進而循吏必奏龔黄之積退而學道大闡朱程之遺文才盧駱貞節共姜門高閥閱地重名流郎瑣瑣姻婭或中山臨淮之勳裔或文恪文貞端文忠憲之淑女自洪武迄今血食者六百春秋世守者十千維耦當叔英公椒聊一條孱爲遠寄安知以一贅旒開基而緜遠昌熾迺至是乎於戲天下事安有可知者哉而更有不可知者觀列祖之詒謀所以燕翼其子孫者無弗至矣千秋萬世魂魄猶思榮固安知有凌夷衰微委世澤於草莽乎而廢箸者如此廢讀者如彼貧賤難久鬱鬱皆是是豈埛興者所豫料哉出今之衰可謂極矣安知後之視今不由今之視昔於戲天下事安有可知者哉雖然問嘗計之兄弟三十人子姪七十人姪孫八十人曾姪孫四十人倘二百六十餘人人人力耕思逢

年力學思逢時疆善而垂裕人定而勝天其不可知者皆在必可知之中矣於戲盛衰易往觀覽常新國史家乘由來重矣安氏之譜刻於嘉靖乙丑者畧而弗詳鈔於萬歷崇禎者缺而未備祖德宗功湮没已多後有待散佚彌甚敬爲修輯於其成也因論可知不可知之數而爲後嗣儆

康熙戊申八月二十有四日膠山九世孫安璿百拜

謹序

續修宗譜序

族之有譜何也序昭穆定尊卑辨長幼昭穆之次尊卑之等長幼之分非家乘無以辨孰昭而孰穆無以明孰尊而孰卑無以別孰長而孰幼曰何以知曰以五服揆之知其然也況乎一本所生歷久而散亂無序則族也爲途人矣吾族自先王父潔園公於康熙壬寅續修前稿兩載始克成帙墳墓誌傳無不詳悉備載一族之文獻爲後係傳信之書惜未付梓登之茂陵遺草藏諸篋笥迄今九十年未修甚致五服未

絕而面不相識名不相諱祠墓不相祭不親不睦鬩爭曰起秦越相視有反不如途人者矣嗚呼吾族宗譜不可不急修也修之又不易也曾發老矣年逾六旬而力不繼勿勝其任因與族內敘議續修欣然以爲美舉者什且九爲及見之實事樂於從事者惟從兄碩臣姪孫天祿二三人矣餘則更有逆料不成而嗤爲無益者有嗣立之間觀望猶豫難於卒定者有不應入譜而曲爲阻撓以倖其不成者抑又有難形於辭難泚於筆默默隱衷抑又願全籍無譜以免指摘者聚蚊集蠅幾以修譜之人爲怨故曰譜不可以不修也而修之又不易也然及今修之故老尚有存焉猶口碑難滅耳目難掩若再遲之則此輩肆其無忌鹿馬無辨矣余爰自乾隆壬申四月爲始訪之各支考本尋源有遠而未及者懸之以待補入附而實非者斥之以防亂宗稍存不濫不漏之意所恨生質椎魯無以表章文獻將潔園公存本付梓不敢妄爲增損其存後者據管見稍增一二以備續修主其任者潤色之然是舉也究不能公之族黨亦僅爲一家

之私記而已敢云修譜哉

乾隆甲戌春王堠村七府君支後裔曾發謹記

膠山安氏黃氏宗譜合鈔自序

古者天子胙土命氏諸侯以字爲族此天下士大夫保姓受氏之始也乃若祝融之後八姓曾三桓鄭七穆往往同祖而分姓焉又有臣從君姓如漢唐賜姓子從母姓如劉宋漢姓姓之分合無定自古然矣而敬宗收族不以分姓而殊我安氏黃氏同宗世爲兄弟伯叔不相婚姻是以二姓合譜此近世所無而亦猶行古之道也按舊譜載我膠山安氏從宋高宗南渡自汴京遷無錫蓋宋樞密副使諱熹之裔胄也自

元以前世次[illegible]可考譜輯於明季耕讀心雪二公定其可知者有元處士元卿公爲第一世生明金華貳守明善公爲第二世膠山之安至明善公而始著傳長子宏大公居懷仁爲一支次子宏遠公謫籍雲南爲一支宏達公少子以文公留無錫守邱墓世居芙蓉澤上爲一支此耕讀公之所輯也爲澤上譜惜乎歲久散軼中間頗爲作僞者所亂又按黃氏鴻山譜載叔英公嗣于安明善氏自長洲遷無錫之膠山其後長孫公彥復黃姓幼孫公俊從安姓此安黃合族之始也公彥曾孫西軒黃公與鴻山黃氏通譜纂入公俊安氏一支此安黃同譜之始也公俊元孫一鑑公以鴻山譜疎畧重輯于萬歷癸巳我高祖孟公先生續修于國初康熙戊申以叔英公爲始遷祖爲膠山譜所載一支行義忠孝理學文章墓圖祠記粲然可觀其後陵夷衰微祠墓荒落我大父信翁起而與宗族建祠修譜修于乾隆壬申嗟乎戊申譜其盛壬申譜其衰迄今嘉慶辛酉又五十年矣五十年中宗族之盛衰不齊吉年已逾艾而無所成恐歲不吾與

委此心于草莽也乃合兩姓舊譜彙編同校澤上譜正其錯亂膠山譜增其世系詳其祠墓俾後嗣子孫有所考信爲是述累世纂修之苦心傳流之得失并論古來姓氏之分合而爲序

嘉慶六年冬十月裔孫安吉謹譔

膠山安黄氏合修家譜記

丁未新正偶偕予姪輩泛論修譜事而黄氏諸姪適來相敘愚謂譜之修也必有才識有斧資有堅志三者不可缺一乃能集事然無才尚可聘請無資亦可開捐若無志則終不可爲也矣是三者之中志尤尚爲第有其志卽有搖惑其志者或以旁支挿入賠許謝儀以亂宗規見利卽動者匪志或以繼嗣已定藉此翻覆借勢訟奪見難生畏者匪志或以妬忌成功無理取鬧諸多掣肘遇事退縮者匪志苟當局內間

無慚百折不回如能和衷共濟登之梨棗以光通族克成厥志者伏讀家乘從前之有志竟成者有由來矣膠峯公刱刻於前明嘉靖乙丑公及侍御朱紘太史浦應麒皆有序重輯於萬歷癸巳一鑑公有序聽之公再修於崇禎之季逮孟公修於康熙壬寅已云從前之譜率皆殘缺失次竟無完書更兼嘉靖間鴻山黄小齋欲聯譜誼篡入我祖一支以我祖自懸珠村分出懸珠村由鴻山分出雖存而不論反滋後世之疑孟公悉宗歐式以一世至五世而五服明自五

世之九世而九族顯孟公有序現存譜稿二本皆係孟公手澤可證信翁公修於乾隆壬申古琴公輯於嘉慶辛酉免世系之煩複改用蘇式以一世至五世爲一圖以六世至十世爲一圖擇有志有力者集資而成現捐簿舊譜尚存第譜未散而不戒於火譜之完全者四圍皆已焦黑矣前循揆伯公猷石公修於咸豐己未不開丁捐招集族内書寫於義莊照詳章開支適值紅巾唱亂採訪未周急於告成校對未切裝訂未散爲鄉團作鐵甲之襯所存全者十無二三

是兩次之修通族罕有完全者迄今又五十年矣則譜之修可猥謂後人任哉前光緒十三年晉華東雲兩叔有志修譜會同通族欲循咸豐己未之例仍向義莊開支議雖勉允而訪稿將成後急於遷建宗祠議以祠成後再行續修不幸兩叔遂捐棺舍竟成子虚古琴公序云戊申譜其盛壬申譜其衰今則衰之衰者也汝等欲修此譜須四五人先定厥志不藉咸豐年間所修之例方成男兒之志且不但採訪世系須加詳細抑且搜羅祖先手澤尤爲迫切也蓋此刻

之後雖厚奎通族之英俊炎炎日起而天時人事有非愚魯所能逆睹也於是遂初姪搜出孟公所定之譜稿二本序傳及宋元總系並列祖藝文多所未刻凡例亦有不同因思此二卷必當古琴公所未見者不然以搜羅祖澤之古琴公安有孟公之手筆不登之譜上也或者古琴公時從前之譜歷歷猶存故僅刻古琴公序一篇亦未可知今則雖見咸嘉兩譜從前之譜概不能見一見孟公之吉光片羽手不忍釋若不登之再歇數十年并此底本亦將散失矣故不憚卷帙之多急急增入即凡例重者删之缺者增之必須者添之以成完書此物此志質之諸長當亦笑愚者千慮之一得也

光緒三十三年歲次丁未春三月

十六世孫鼎奎謹記

清康熙起歷屆續修紀名表

康熙壬寅 西分裔孫璿纂修

乾隆壬申 西分裔孫曾發纂修
東分裔孫汝佃編輯
西分裔孫經傳敬梓

嘉慶辛酉 東分裔孫汝諧敬梓
東分裔孫謙編輯
西分裔孫吉編輯
西分裔孫祥校對

咸豐己未 東分裔孫元勳敬梓
西分裔孫俊編輯
西分裔孫揚名校對

民國壬戌 東分裔孫榮光編輯
東分裔孫麟書 達源校對
西分裔孫宗愈編輯

奏疏

御批

賜新除知樞密院事安燾

恩命不允斷來章批答

表具之　德稱其服臣主俱榮食浮於人上下　臣
交病朕之爲天下慮甚於卿之自爲謀也思而
後行有出無反朕命不再卿毋復斷所乞宜不
允仍斷來章

無起控

賜新除知樞密院事安燾辭

恩命不許斷來章批答

表具之　論材考德聖人所以公天下難進易　臣
退君子所以善一身權之以義孰爲輕重訓兵
論將威懷戎狄卿以是事上豈不賢於逡巡退
避也哉所請宜不許仍斷來章

無起控

賜正議大夫同知樞密院事安燾乞退不允詔

臣　上

褒顯耆舊取其宿望養育俊乂待其成材
庶前後相繼朝不乏人則堂陛自隆國有所恃
方今在廷之士孰非華髮之良而卿以康強之
年爲遠引之計於義未可盡曲難從所請宜不
允故玆詔示想宜知悉

勅安燾省所劄子奏乞解政事退守便州事具悉
卿之屢請固非矯激朕之留行亦豈空文內之

樞機之謀外之疆埸之議責既身任義難家詞
夫飾小行競小廉務爲難進易退此疏遠小臣
事非朕所望於卿也亟還厥官毋煩朕命所請
宜不允故玆詔示想宜知悉

又

省表具之　卿向自西樞出殿藩服頃由近輔
入侍燕閒昔有未識之思今乃日聞其語既見
君子無踰老臣當益勵於初心尚何嗣於新命
所請宜不允仍斷來章

奏疏

重請誥命疏

原任四川按察司僉事今致仕臣安如山謹奏爲
比例陳情懇乞
天恩補給
誥命事臣係直隸常州府無錫縣人由嘉靖八年進
士歷陞南京戶部江西清吏司員外郎十七年十
一月二十一日欽奉
詔書內一欵兩京文職在任未及三年考滿俱與應
得誥敕署職試職者俱與實授仍與應得誥敕欽
此欽遵
十八年六月二十二日蒙吏部題擬臣授奉直大
夫妻郭氏封宜人故父安國贈奉直大夫南京戶
部江西清吏司員外郎母周氏封太宜人本月二
十四日奉
聖旨是欽此隨蒙頒給
誥命二軸捧回珍藏以爲世寶不意于三十三年五
月初五日忽被倭賊突入本家燒劫此時臣等驚

惶失措飛竄逃命家財房屋并前
誥命二軸俱遭燒毀一空痛燹伍內無以自存已經
本縣勘實查得先年延平府知府廖紀刑部陝西
清吏司主事熊景南京刑部山東清吏司署郎中
事主事李輔原請
誥敕亦被宸濠等故劫燒各亦重復題
請俱蒙補給竊思臣與廖紀熊景李輔事體相同伏
望
皇上開天地好生之德闡日月普照之明一視同仁
乞
敕吏部查例補給不獨臣等荷戴無任則故父感激
於九泉而子孫光榮於萬代矣爲此具本令男安
龍抱齎謹具奏
聞
吏部驗封清吏司爲比例陳情懇乞
天恩補給
誥命事奉本部送吏科抄出原任四川按察司僉事
今致仕安如山奏前事等因該本部查例覆題奉

聖旨准給與欽此又該本部具題本月十八日奉
聖旨是欽此欽遵除行翰林院撰文中書舍人關軸
書寫外合用手本前去欽遵施行須至手本者
計重撰給
誥命二軸
從五品
南京戶部江西淸吏司員外郎安如山該
授奉直大夫
妻郭氏該封宜人

以上共一軸
嘉靖三十八年五月十九日重給

疏

請命改南迎養疏 萬歷二十年
禮部精膳司主事臣安希范謹
奏爲省親例有陳情苦節尤宜俯恤懇乞
天恩改秩南曹以忠職分以便迎養事臣直隸常州
府無錫縣人由萬歷十四年進士初任行人司
行人陞授禮部精膳司主事竊念先臣原任四
川按察司僉事安如山生臣之日已逾六袠襁
褓之中見棄嫡母生母吳氏寢起食飲抱不去

肘束懷如厠備極荼苦甫及七齡先臣見背煢
煢在疚形影相弔至於成立無非吳氏勞薪拮
据之所致亦無非母子痌瘝相關之朝夕也自
膺
簡命歷賦皇華既切每懷靡及之感茲叨
榮轉蠲吉爲饎盆與將母來諗之慨前服春闈執
事驚聞風露之憂曾奈皇事靡盬未遂凊溫之
願陟屺情牽吳會卑官乏迎養之貲倚閭盼斷
長安老病憚馳驅之苦臣之私計實爲維谷伏

惟
皇上孝開天下
慈聖問安靡間寒暑天家垂拱尙勤萊綵之歡藝臑
劬勞奚免伶仃之痛若得子臣終養身付報劉
乃所深願更念筮仕方新
國恩未報不敢遽請或
命該部查得南曹缺員量移陪署雖
天顏暫違咫尺瞻首竊有難安而去家僅四百里則
迎親就祿早沾浩蕩之恩況心懸

魏闕原無南北之分身近慈闈實藉舟車之便出
供乃職入奉母儀豈敢望忠孝之兩全庶幾求
子臣之各致猥以疏劣方慚任使烏鳥私情又
干
聖德極知冒昧甘蹈斧鉞祇以吳氏一生苦節既佀
依於爲命之年忍自睽於半通之後伏乞
勅下該部驗臣別無假托容令改圖庶稱兩盡自今
以往祿養兼蒙誥
聖孝之無涯拜
天恩之再造矣臣無任迫切懸企之至奉
聖旨該部議覆改授南京吏部驗封司主事

黜姦閹防亂政疏 萬曆二十一年

南京吏部驗封司主事臣安希范謹

奏爲姦邪閹臣盜竊威權挾私修隙驚惑人心伏

乞

聖明亟加屏黜以防亂政之漸事臣竊見御史楊鎬

原任刑部郎中王明時近因奸人欒新爐等辭

連奉

聖旨降俸調用夫人臣職司風紀而果狎暱羣邪狥

私枉法即被屏逐亦所甘心况棠

恩薄罰哉然臣讀吏部覆本內開楊鎬王明時事

情據都察院刑部各勘明回覆與欒新爐等原

無干涉亦無枉法狥私之事猥以單辭竟遭顯

黜是信姦人一面之詞棄大臣勘覆之疏臣竊

謂不足以服二臣之心而墮奸人攀害之計似

於政體有傷然其爲害猶小也臣又竊聞人言

藉藉咸謂二臣之事部臣查覆既屬無干閣臣

票擬止於降俸而調用之

旨忽從中出非

皇上之有意於罪二臣而司禮監太監張誠之假托

以釋其私憾也蓋當審熟之時司禮太監奉

勅宣

諭法司大臣公同審錄舊用御史一員往請及至法

司獨設高座居中高坐而法司大臣反左右列

坐相傳此陋規起於王振擅權之日因襲至今

楊鎬以御史

朝廷風紀之官不當屈跡閹寺不屑往請張誠聞而

憾之原任刑部郎中王大謨曾上疏請徹司禮

居中之坐奉

聖旨俾居上今司禮與法司大臣俱列坐左右疏雖

不行而張誠之恨益深故乘奸人之辭連欲黜

二臣以釋其憤而王明時則以事偶相涉因而

遷怒者也夫刑獄天下之重事法司

朝廷之綱紀大臣

天子之股肱御史

天子之耳目乃使閹人得據其權而肆然凌侮諸臣

之上不亦辱

朝廷而羞當世之士乎此楊鎬所以不屑往請而王
大謨所以憤激而陳言者也張誠乃敢逞其胸
臆之怒而乘機降黜以快其私心何其敢於竊
弄
君權蔑視廷臣之若是乎夫使二臣罪果當黜降調
外果出
聖斷非因左右之言而使外廷諸臣妄意揣摩更相
傳播猶足以張閹宦之威而奪羣臣之氣設使
事果有因則張誠之假托

威權快心逞志其爲計甚狡而其漸甚不可長也
蓋自古宦官之竊弄威福常始於細微出於人
情之所忽以嘗試之其後潛移默奪姦黨既成
虐燄漸侈始而出匪究且貽毒痡瘠紳傷敗
害類禍患蔓延莫知所止故二臣薄降事若細
微人但知其無辜被黜之可惜而臣之所最惜
且懼者則在於釀閹宦擅權亂政之禍也伏乞
皇上俯察狂愚如果人言有據卽將張誠嚴加屏斥
以杜亂原哀憐二臣無辜准令復職倘言出妄

傳事由
聖斷亦乞降
明旨之釋羣疑使左右近習之姦不得憑依城社
以作威福今後人臣黜涉公論付之部院
票疑聽之閣臣卽或事違
聖斷亦當面召閣部大臣更相參酌無使閹寺口銜
天語乘機竊弄則夤緣絕而邪謀屏息黜陟當而人
心允服
君權肅而隱禍永消矣臣竊見自古閹臣專權之禍

爲
國家釀亂最深且大故願
皇上防微杜漸折其邪萌不避越職之罪輒敢干冒
天威臣不勝憤激戰慄之至

惜人才廣言路疏 萬歷二十一年

南京吏部驗封司主事臣安希范謹

奏爲人才當惜衆論當容懇乞

聖明宥愚忠以廣言路事臣近接邸報見陳泰來一

本爲京察大公中外悚服一二糾摘迹涉承

旨懇乞

聖明洞察以扶世道以正人心事奉

聖旨將陳泰來降極邊雜職賈巖薛敷教于孔兼顧

允成張納陛降三級調外任臣等捧誦

聖旨不勝過計夫臣之建言不同其效忠則一苟效

忠即或意見之偏風聞之誤亦當虛懷容納以

養士氣未有論救一事而諸臣相繼貶斥者近

者京察拾遺交論虞淳熙楊于庭袁黃等去留

雖由部議可否取自

聖裁

皇上獨斷果以三臣不肖吏部專權當時處分則情

事明白誰敢胡言今吏部之初覆也虞淳熙楊

于庭俱奉

旨留用繼劉道隆復論而吏部回話也則虞淳熙楊

于庭及吏部官復奉

旨罰治貶擿旬日而前後殊

旨一事而予奪異法不知者謂

皇上獨斷處分何以獨斷於終而不斷於始事有

票

旨而行者陳泰來等亦據常迹疑之豈知明

皇獨斷處佯作不知而誣賴輔臣哉言雖出位心實

效忠

皇上以其誣賴輔臣盡行貶斥臣等竊以爲罰且濫

矣

皇上之斥諸臣將以重輔臣也臣等謂今日以此重

輔臣之權適以此甚後日輔臣之過自昔輔臣

過譴類以喜諛惡直專權自恣權者輔臣之所

有而實輔臣之所當避也且權之重輕惟係上

之疑信而上之疑信惟視輔臣之公私如輔臣

進退賢否賞罰功罪公之以天下國家之心而

皇上勿二勿三惟和惟一重之以股肱腹心之托則

在廷諸臣自將同心共濟協恭和衷共承君相休德輔臣雖欲引嫌避權其權自不能不重今
皇上特起輔臣託以國家豈曰無權乃輔臣入朝之始中外顒顒以爲
册立盛典一言可定今
儲位竟違出震之期輔臣莫效回天之力且謂其不肯擔當又戒其黨激惱是外有信任之名而中無信任之寔輔臣之權
皇上實輕之今陳泰來等論及輔臣

明主則曰因人言愈深託似又欲重相權故抑衆論第臣等不知
皇上之所託謂何今不以宗社之公權託輔臣而以愛憎之私權託輔臣蓋輕其所當重重其所當輕矣異日者以權招尤人言或入則陳泰來之被斥也在今日則曰
皇上塞讒間以重輔臣在後日將曰輔臣箝衆口以張威福逐一臣即增一戾輔臣雖家置萬喙何以自明昔之論張居正申時行者或貶或乏皆是
皇上處分今中外沸沸皆以爲二臣之咎此非已事明鏡哉臣等故曰今所以重輔臣之權正後日所以甚輔臣之過也且今公道大明在
廷諸臣孰敢結黨趨南星之貶諸臣非有黨於南星也特以時事不平則羣起而救之救而不效則又羣起而諍之偶以臭味之投不覺其聲氣之合無非爲國家愛惜人才培植元氣迹雖近黨而心寔無黨者

皇上始以黨衆激惱者戒輔臣而今又以結黨亂政者疑諸臣疑竇一開則人人皆黨將人人自危漢唐宋黨錮諸賢厥鑒不遠所係非細故矣陳泰來等六人伏乞
皇上察其中心宥其狂態毋疑其黨而斥之則始而譏斥人將曰
皇上之重輔臣如此繼而留人將曰
皇上之容小臣如此不測恩威俱由獨斷則
皇上不失爲任相之誠輔臣得以避攬權之議而諸

臣亦得以白無黨之心君臣之間將始終兩全
矣如謂陳泰來前者屢屢恣肆狂悖則宜處分
於昔而不當處分於今君之於臣猶父之於子
父子天性豈宜藏怒宿怨待時而發哉夫拾遺
所論者止虞淳熙等三人而今論救趙南星栢
繼被斥者大人臣等恐救者不已則譎者不置
行將舉戇直之臣一舉而空之後皆動色相戒
箝口結舌即有重大事情誰復爲
皇上言者此非
國之福也非
皇上與輔臣之心也臣等與陳泰來等南北異官非
敢結黨以惑衆且係輔臣所舉非敢背本以要
名第事君勿欺事師無隱今日權黨二字係邪
正消長之機言路通塞之會後日輔臣禍福之
端臣等有不忍且隱者伏惟
皇上俯采蕘言將陳泰來等特賜矜宥則不惟陳泰
來等罄涓埃而輔臣亦得完名節
聖眷可終相權可重士氣可壯而上理可臻至矣臣

等不勝激切祈懇之至

糾輔臣明邪正疏萬歷二十一年

南京吏部驗封司主事臣安希范謹

奏為輔臣假托

威權輕縱姦回斥逐異己伏乞

聖明洞察以清

聖政事臣竊惟古今治亂之關進賢退不肖兩端而已伏覩近年以來正直老成之臣不安于位敢言秉正之士削跡于

朝讒邪諂媚之徒接踵于

國私憂過計不忍以一身利害得失之故不一效

忠于

皇上者夫趙南星孟化鯉銓臣之秉公持正非若劉希孟謝庭寀諸人依阿納賂輿論稱賢者舉亦第屏黜天下共惜而疑之趙用賢悔昏一事雖出于絕惡之過然其人品之正天下皆知其賢止以吳鎮豎子一疏一請而歸使楊應宿鄭材得竊意指交疏攻擊天下又共惜而疑之至如孫鑨之清修公正李世達之練達剛明李楨之孤介廉方雖才品不同皆部院諸臣中所指為正人君子者鑨與世達先後去國楨不堪小人罵詈累疏乞休天下又共惜而疑之夫天下共惜者惜諸臣之賢而不能竟其用也天下共疑者疑閣臣之妒使不得竟其用也近見行人高攀龍一疏深惜諸賢之去斥破陰邪之謀正直和平竊以為此

皇上之忠臣亦輔臣之諍友可冀

皇上霽威而從諫閣臣革面而回心及見應宿辨疏塗面喪心黨邪害正盧詞橫詆盛氣盈牘借忌

諱之名以激

皇上之怒為一網之計以結閣臣之心瘈狗孽狐無復人理參之公論無不切齒竊謂

國是所重寔而衆棠

明旨着部科勘問臣尤竊計或者

皇上欲以舉

朝公論明正應宿之罪使奸狀昭著明白以服其心以杜其黨耳續接邸報見部院覆疏雖不

能不是攀龍不斥應宿而議處之間人情殊未
痛快伏讀
明旨則應宿僅從薄謫攀龍反蒙重斥至是而人心
公論不能不疑且惜不能無責備于閣臣矣夫
閣臣之職輔
皇上以宰制天下天下之事孰大于進賢退不肖今
賢者以其異己而必欲斥之不肖者以其媚己
而必曲宥之塞衆正之途開羣枉之路誤
國不忠無大于此者閣臣之自文必曰諸臣處分

皆出
明旨無論閣臣以票
旨爲職不能欺天下之共知即出
宸斷獨裁閣臣受腹心之託獨不能效回
天之力乎以爲出自
聖裁則閣臣坐視
皇上之過已乏弼違補袞之忠果出于票擬則閣臣
挾票
旨之權陰快私忿而歸過

君父不忠之尤者也雖或降黜之後陰爲申救欲以
愚天下之耳目而不知肺肝之露昭昭睹聞誰
可欺乎
皇上威福之權爲閣臣假借一至于此臣恐將來奸
黨盤結正士屏跡國家之禍不可勝言虎豹九
閽誰復肯爲
皇上明言利害顯斥奸回乎臣目擊心憂盜不勝痛
哭而流涕矣
明旨又謂目今時事艱難民生困苦建言者何不講

求理財足兵等項實政乃專闘是非夫大學論
平天下之道惓惓辨別于有容娼疾之臣以爲
子孫黎民利殆之本而理財之末深著用小人
之禍至于菑害並至雖有善者無如之何豈不
以天下之禍成于小人之得志起于正士之遠
跡正士之遠跡由于大臣之娼嫉深切著明千
古龜鑑是非不明舉錯失當小人朋與用以理
財則借口于不加賦之說而剝民脂膏用以足
兵則僥倖于不可必之功而塗民肝腦釀禍積

害必至于不可收拾豈有是非不明而可用人豈有用人不當而可足食足兵者乎臣以必是非明而後邪不得害正大臣無所容其私而小人不得行其媚然後擇廉貞之士以理財則苞苴不入于權門而國賦自充民生不困擇廉勇之將以治兵則賄賂不交于政府而軍餉不尅民力自强臣以爲理財足兵亦係于閣臣一念公私之間豈必青苗變法熙河奏績哉再照吳弘濟一疏辨別君子小人洞悉肺腑明于蓍素乃不蒙採納反遭斥逐總之觸閣臣之忿恨成

皇上之過舉耳夫攀龍弘濟相繼得罪臣一言出其罪豈出二臣之下但臣之所惜不爲二臣直恐忠直蒙辜天下之君子相率而退讒邪輕縱天下之小人相率而進夫君子皆退小人皆進誰爲受其禍也哉臣之所以冒罪而願效愚忠者以此伏乞

皇上將楊應宿例藉并斥鄭材以爲小人媚竈之戒

攀龍弘濟復其原職以奬忠賢并乞

嚴諭閣臣王錫爵等無挾私心無植私黨無以直言而逆耳無以媚已而悅心秉公效忠斥邪扶正

則

聖德光于日月久安長治可翹首跂足而待矣天下

幸甚臣愚幸甚干冒

天威臣不勝戰慄之至奉

聖旨高攀龍等事情乃朕親自裁決安希范掇詞謗摔湜臆瀆奏顯然與譚一召朋奸亂政心懷救陳泰來疏留中不發故結黨逞刁疑誣輔政蔑覩君上好生欺侮可惡本當扭解來京究問姑看元輔等具揭申救着革了職爲民不許朦朧推用吏部知道

請卹疏
原任南京吏部驗封司主事已故安希范嫡男
生員廣居爲屢奉
明詔備倣成例懇乞
天恩俯
賜卹錄以慰孤忠事居父希范係直隸常州府無錫
縣人中萬歷丙戌進士授行人司行人陞禮部
精膳司主事改南京吏部驗封司主事本年十
二月因疏論輔臣假託威權輕縱奸回斥逐異
已致干神宗皇帝聖怒奉旨逮問閣臣揭救得

革職爲民于四十八年奉神宗皇帝遺詔內開
一欵建言廢棄諸臣酌量起用于泰昌元年又
奉光宗皇帝登極詔內開一欵建言廢棄諸臣
已奉遺詔酌量起用其有沉錮沒身者吏部作
速查名分別奏請召用卹錄天啟元年又伏讀
我
皇上登極詔內開一欵建言廢棄諸臣已經
皇祖遺詔酌量起用有未盡者吏部陞擢題補欽此
欽遵大哉
王言廣天地一視之仁溥矣
聖恩垂日月並照之德生者得矢素志于清朝死者
亦揚遺節于盛世誠三朝廣典千載奇逢也而
居父未及召用已溘先朝露矣居父歷蒙應天
巡撫都御史朱鴻謨曹時聘周孔教王應麟等
疏薦又經蘇松等處巡按御史劉日梧何熊祥
馬從聘房壯麗薛貞等疏薦又經吏部歷年疏
請起廢推擢數次近自我

皇上御極以來前任刑部侍郎鄒元標與河南道御
史張捷又經屢疏開薦然則居父鄉評素徵于
薦剡
朝論並著于交章在建言廢棄之條生應召用沉
錮沒身之例死應卹錄固已上符
明旨下協公心矣居痛念父以丙戌策名以癸巳削
籍七年奉職兩疏批鱗目擊邪正之混淆心憂
用舍之倒置披肝瀝膽扶正觸邪自削籍以來
杜門絕迹惟孜孜問學究身心性命之微更戚

戚時艱切愛國忠君之念特以天年不祿孤貞
未舒于末路猶幸
皇恩浩蕩異數必洊于九原居乂伏覩萬歷年間御
史劉臺論劾元輔張居正遣戍身故後復原官
贈光祿寺少卿蔭一子劉孟銑入監讀書又伏
覩我
皇上臨御以來准原任刑部主事建言忤旨降典史
已故孫如法妻史氏奏贈如法光祿寺少卿蔭
一子入監讀書又准原任刑部郎中建言忤旨

謫外任已故馬德澧男馬嘉柱奏贈德澧太常
寺少卿又准原任山東青州府益都縣知縣建
言忤旨爲民已故吳宗堯男吳之麟奏贈宗堯
光祿寺少卿
明詔炳如日星成例昭于衡鑑當衆正獲伸之日豈
孤忠獨抑之時此居所以瀝血籲天而不能自
已者也伏乞
皇上鑒居乂之忠義憐居乂之錮歿
敕下該部查居乂建言廢棄果與召用䘏錄諸臣事
例相合一體贈䘏俾地下之遺直得沾天上之
温綸則居乂雖死猶生居無任刳心隕越激切候命
之至
天啟二年六月初五日吏部一本題爲開讀事内開
安希范南直無錫人任南京吏部驗封司主事
萬歷二十一年因論輔臣革職爲民擬贈光祿
寺少卿奉
聖旨准依擬行

郵贈揭帖

在京鄉官翰林院侍讀學士兼禮部右侍郎張
邦紀詹事府少詹事兼翰林院侍讀學士周炳
謨通政使司右通政陳于庭光祿寺少卿高攀
龍翰林院檢討繆昌期戸部雲南清吏司郎中
徐紹沆兵部職方清吏司郎中董承詔禮部祠
祭清吏司員外郎莊廷臣戸部福建清吏司主
事陸卿任山東清吏司主事白貽清湖廣清吏
司主事張瑋兵部職方清吏司主事惲厥初大

理寺評事秦之垣張邦經國子監博士王永圖
吏部司務孫學詩陳廷策留部原任吉安府推
官沈應時福建歸化縣知縣秦廷烝嘉興縣知
縣蔣允儀新任陝西西安府知府鄒嘉生新中
進士徐申懋秦堈湯敵熄吳鳴虞王永吉鄭鄤
吳柔思張定志盧祥昇賈明佺顧一讓華允誠
楊兆升張有譽邵名世謹

揭爲闡孤忠昭輿論以維世道人心事切見故
鄉已故原任南京吏部驗封司主事安希范初
任行人繼官膳部臺省者世情豔視本官以本
年未及格不忍飾詞而自謝考選南北者世眼
岐視本官以不便將母席未及煖而遽請南晉
直言觸
神祖雷霆始嚴逮問在宥沐堯天雨露旋倒編氓譚
笑挂冠兩忘寵辱逍遥曳杖一任馬牛家有祖
遺業數萬毋逼令出繼族母之婺者竟不授一
椽本官既夷然不較更有養廉田千畝祖父特
給子孫之登第者竟不與一畝本官亦恬然不

言及本官再以勤儉起家兩房反以陵夷挫箸
特爲免戸徭以振衰宗復爲設義田以贍貧族
不但無芥蔕之迹且多施卵翼之恩似此大節
迥絶凡流至于居鄉堅持素操寸楮不入都門
永絶功名之想扁舟往來湖上惟甘泉石之怡
問學孜孜經史與身心並究憂時汲汲邊籌與
國本同殷誠哉行藏俱卓忠孝兩純者也獨廢
棄遺忠尙淹林壑夜臺奄矣朝露溘焉伊嗣廣
居比例乞陳

明旨業檄下部第見聞必徵里黨公論原本鄉評歷
本官生平始終豪無玷隙伏覩
神宗皇帝遺詔建言廢棄諸臣酌量起用再奉
光宗皇帝登極恩詔建言廢棄諸臣已奉遺詔酌量
起用其有永錮没身者吏部查名作速分别奏
請召用䘏錄
皇上御極恩詔相同是本官建言廢棄之條生應召
用于永錮没身之例死宜䘏錄紀等非關桑梓
之私情實舉朝廷之公議不辭瑣屑冒昧共陳

伏冀台憲詳核本官朝端大節俯採士紳協一
公評所請贈祭䘏典破格優復則齒德彰而忠
義之氣奮公論協而闔邑之情申世道人心豈
曰小補爲此具揭須至揭者
天啟二年三月　日

辭薦舉孝廉方正狀

竊惟漢舉賢良方正昉於孝文二年舉孝廉昉於孝
武元光元年自時厥後歷代相沿不廢而合孝廉方
正爲一科則自　本朝始道光紀元奉行是典意必
有明體達用之才應
聖天子明詔而後國家收得人之效使寓内之士知
所鄉方乃執事以詩舉充是選處非其據聞命慚悚
夫漢之賢良對策見於史者董仲舒最醇非公孫宏
曲學阿世者比孝廉之舉亦由仲舒發之晁錯受眷

於太子家令乃諄復於五帝神聖之説故論者以爲
不如賈山也杜欽谷永附王氏不足道杜鄴能指陳
外戚譏刺丁傅若王吉貢禹之正大朱雲何武之剛
方以及魏相何武荀淑必多讜論惜不見箸錄晋武
策摯虞阮种用漢武故事唐牛僧孺皇甫湜李宗閔
裴度栁公綽以直言稱劉蕡策三事譏及文宗謇隆
宰輔切詆宦寺韋處厚等拒之而不敢伸同對李郃
至抗表讓官於蕡宋蘇轍亦因此降等而富弼胡銓
言皆忠鯁不媿方正之名者也漢詔議不舉孝廉者

罪後得蕭望之龔勝鮑宣王尊平當左雄袁安李固
杜喬陳蕃李膺范滂諸人唐宗宋祖竝舉行之理宗
時仿漢詔下有司明初李希明劉敏舉孝廉李德成
麥志德鄭沂權謹舉孝行寵之華秩或入臺閣與晁
家令遷中大夫董博士爲江都相公孫博士致位丞
相等誠重之也斯事體大備詳史乘豈可以過情之
聲聞濫厠其間哉且士人立身行己自有本末一出
一處詎容苟違乎道詩自束髮受書先君子教以義
方未嘗不矢顯揚之願爺先君子巳矣儼然憂服之

中而幸邀曠典其謂之何解之者曰子偏親在堂獨
不聞毛義奉檄之事乎不知喪制止於三年而人子
之心則無有終極任昉所云衣裳外除心負内疚茹
慼肌膚沈痛創鉅者是也惟當蹴影菰廬盎加砥鑛
於立身行己之道踐氷追淵不致有玷先人爲志士
所僇笑所以報執事者卽在於此伏祈俯鑒自來制
科之重與詩陳情欵欵之愚立寢濫言收回薦牘無
任戰慄屛營之至謹奉狀以聞

再辭薦舉孝廉方正啟

洪惟
聖朝道開瑶牒光啟璇圖絡野籠山頓紘設網衆材
翕集羣士譽臻正薄植以抱慚敢殊榮之妄冀乃執
事以詩爲孝廉方正舉備召用辱邀逾格之施猥荷
非常之遇形神震怖寤寐驚疑飭經上狀請免未蒙
允許用再竭區區之忱惟執事垂督焉詩粱水先生
膠山蕞品本緈蕭而食苦亦須提以栖貧趨庭受教
傍馬磨以周旋負笈從師取牛衣而枕藉詠張華勵

志之詩研經有素誦江總修心之賦息阪無時懷鉛
握槧曾出游於翰墨之場截柳編蒲偶見重於文章
之伯逮飢驅而菽水勦懽且客投則晨昏廢節門徒
昔酒暫駐親顏博士餐錢聊供食指故薛瑩雖知處
己而子野不免詒人事與願違名因實戾行藏似退
飛之鶂歲月同赴壑之蛇曲學既不安於心直道又
難容於世顯揚莫遂田生何以致親聲聞過情子若
尙猶未信豈可副大賢之甄錄應鉅典之旁求而況
循陔之敬多虧陟岵之悲遽至痛深何怙閔遘終天

皋褒方屆誓無逸少之文銜恤不追奉乏毛生之檄養志忝於所生尸饔惻乎有母罹愍少狀殘殤可憐孰料署行義年作充庭選印千潭之月金心在中與四岳之雲銀手如斷其爲銜結曷既鋪棻然而版承虎爪山公從此拔人書下鶴頭鍾君何獨識我伏懇舍茲菅蒯購彼楩柟俯徇哀忻追收寵命庶幾沐陶鞠之仁得免素冠之刺戴振獻之德已踰華袞之褒縱知己難酬不僅以文章華國而感恩必報終須以經濟致身矢厥鄙衷期諸異日無任崩迫之情謹具啟事陳聞

膠山安黃氏宗譜卷二

從祀錄

我素公從祀東林道南祠緣起

天啟丙寅二月仲丁忠憲高公祭告龜山先生楊文靖公曰惟先生學道則承程門之正傳衛道則闢王氏之邪說理學氣節參和不偏故在宋室既培養羣哲在我朝亦與起多賢如毘陵一郡涇陽顧子涇凡顧子啟新錢子元臺薛子我素安子本孺劉子進則正言直諫于朝退則明善淑人于野丹心矢竭于少壯素節不改于暮齡皆先生南來千四百年之眞傳東林一十八載之遺教也今日講壇既毀恐歲久事湮謹奉六子配享神靈於以明天地一時生才之非偶聖賢千古傳心之不磨俯饗

勳卿公崇祀錄

常州府知府陳瑄呈爲正學宜崇精忠宜饗懇恩批
發入府縣鄉賢祠以禮先賢以維名教事案蒙
欽差整飭常鎮兵備兼理糧儲水利湖廣提刑按察
使徐　批發常州府無錫縣兩學生員劉浣王玉汝
黄鐘亮等呈詞稱伏覩吏部主事　詔贈光禄寺少
卿安希范兩間正氣一代眞儒孝弟喻于家庭忠信
孚于寰宇氣節空千萬人之儕偶道脉接五百載之
源流萬卷圖書紹憲藩之家學一腔忠赤裏神廟之

雍熙稟兩疏以回天肅萃邪而見晛理學眞源殆伊
川晦菴之未死文章餘緒亦南豐盧阜之復生道儷
羹墻志匪温飽篤於自信麗以同人顧端文闢社東
林同心崇正鄒忠介登壇江右合志清修高總憲之
名理引爲夜月冰壺之助劉光禄之直節用作秋霜
烈日之箴切磋既久獨證彌深會瘗玉之咄嗟遂賜
環之未及千秋齎志多士拊心祀典未隆人情久鬱
同儕以鱗次而進業已生俎豆之光一賢以綴舉而
遺猶然爲草莽之委况既蒙夫　鄖典亦何疑於入

祠恭週
太宗師老大人崇正闢邪重濂洛關閩之學闡幽拔
滯採名節忠孝之眞仰賜甯行俯憑月旦非獨旌常
論定三不朽堪著千秋抑且桑梓情孚兩不負足垂
百世爲此連名激切等情蒙批仰府速查報又蒙
欽差提督學政巡按直隸蘇松等府監察御史倪
批發生員劉浣等呈詞前事仰府查報等因到府轉行
無錫縣察勘去後續據該縣申稱遵依牒行儒學教
諭楊汝翼訓導李同春會同廩增附生鄒期相等結

稱爲一代眞儒三朝元老　鄖典已定輿論久孚俎
豆宜崇聿光大典事故宦安希范箕裘家學筆橐世
臣綺歲聯登忘情於利達早年入仕矢志乎忠貞咨
諏增重皇華寅直贊裏典禮力辭考選寧濟不入趨
趨速請南曹孝養眞同色喜抗疏爭國是雖削籍編
氓已落羣邪之膽批鱗犯天威寧投林没齒不渝致
主之忱廿年家食跡虚言偃之庭半畝山居交絶深
源之味痛厥妣不逮養號慕終身傷猶子弗永年保
孤成立弘施煢獨人受挾纊之恩樂育英才門多譽

毫之選風可世師遠接邵文莊正脉道先民覺近聯
高忠憲心傳若夫光廟賓天獨洒丹誠之淚迨於
先皇馭宇共推耆碩之宗奈箕尾先歸遂 賜環無
及然丹書遂降於雲霄喜錫命垂光於泉壤公論不
磨孤忠自白惟是賢祠薦馨黌宮附饗脩業學院倪
兵道徐 批准生員劉浣等呈詞仰府速報輿情踴
躍士庶歡騰採茟於朝 郵典光而祀典未光方悵
忠魂久鬱覩風於野公議定而享議未定更嗟仰止
何憑伏乞師臺重道崇儒以磨礪世風爲首旌賢表

直以主持名教爲先於本官之遺芳借舉一與風百
懇賜轉申俾得施行則東林諸賢並祀而一賢無獨
遺之嘆矣連名具結到署牒呈到縣取具官吏師生
及里隣人等結狀該署縣事本府通判繆正仕忝看
得本官白璧清標黃鍾宏韻蜚英綺歲一經綿韋氏
之遺振藻彤庭三策儼董生之對既著寅清於膳部
復精甄别於銓曹恥屋漏欺君甘辭柱史痛天涯離
母乞改陪都鳴鳳翽翽抗疏力扶社稷飛鴻冥冥投
閒丞貢丘園二十年跡寄東湖靑山一片三千里心

懸北闕白髮數莖採經濟於群言丹鉛常徹夜印精
微於隻字討論每窮年絶干謁以砥礪風塵生偃室
給薪水以蘇貧族春滿范宗憫猶子之亡撫孤邺寡
急友生之困推食解衣矢心白日青天接物惠風甘
雨當 光宗晏駕丹衷私攄乎哀詞迨熹廟御朝清
譽爭騰於薦剡方擬賜環旋驚瘞玉使斯人得展其
猷何難致聖明於三代及此際申崇厥典猶可風頑
懦於百年仰稽國憲俯採鄉評宜祀膠庠增光俎豆
於崇禎七年七月內具文申府因本官嫡子舉人安

廣居赴京會試未便置主入祠今據該縣具申前情
該本府知府陳瑨黎看得本官天球氣韵日斧華才
抗疏廟廊忠貞不愧長孺味道林泉恬退有同司馬
採濂洛之宗旨作鄉邦之楷模勵衛讀書身是九霄
鳳翮傳經論史士推一代龍門既經恩邺以褒崇宜
與諸賢而並祀亟崇俎豆增煥宮墻緣蒙 批仰查
報事理本府未敢擅便擬合備由呈請伏乞照詳轉
達明示施行須至呈者
崇禎十三年六月 日具

常州府推官陳之煌爲祠成將禮叩憲察行事蒙
巡按蘇松等處監察御史任　批發無錫縣舉人安
廣居呈詞前事呈稱先父吏部主政安希范　欽贈
光祿寺少卿孤忠自矢危言不避雷霆理脉心符正
學直傳洙泗不愧一代儀型無忝千秋俎豆向經道
學具呈請祀今堂搆已捐私帑築盛不費官錢察有
顧端文公例春秋自備祭品縣官依次經臨歷蒙縣
府道俯賜㕘褒粘同合邑鄉紳結狀具詳伏乞卽察
批行等情批刑官議報蒙此隨行無錫縣察議去後

今據該縣知縣麗昌胤申稱崇禎七年八月先據本
縣儒學廩增附生員鄒期相等呈爲正學宜崇等事
呈稱本宦箕裘家學筆槖世臣抗疏而爭國是批鱗
以犯天威風可世師道先民覺眞忠孝雙純行藏並
卓者也伏乞准照顧端文公例建祠崇祠等情具呈
前院祁蒙批安宦學有本源行堪模範建祠准行仰
該縣具結申詳遵行間有生員鍾璠耆老丁宇等追
思本宦德業各願捐貲建祠已經擇地惠山消吉於
本年十月敢造今榱棟已成祭享未議隨據生員王

玉汝等具呈爲崇祀先賢以愜輿情事呈稱本宦乾
坤正氣山岳高風片言定國是紛紜七尺爲世波砥
柱林居三十載絕意清華厲行五十年不欺衾影選
名山而建祠雖蒙前院之宏仁列公祭以薦馨未沐
憲天之特眷伏乞轉申察照顧端文事例一體公祭
等情到縣㕘看得本宦朝宁儀型儒林山斗批鱗抗
疏精忠補袞九重翼聖闡微道脉昭囘千古今祠宇
落成於士庶已徵好懿之公若奠饗弗撤諸縣官未
盡德功之報合應倣顧端文事例春秋並祭於公粘

同合邑紳衿公結具申到職緣蒙批仰議報擬合具
由呈請伏乞照詳明示施行須至呈者
常州府署府事同知張　爲祠成將禮等事蒙
欽差常鎮兵備李　憲票該蒙
巡按御史任　批據常州府理刑陳呈詳無錫縣故
宦安希范建祠已成請詳致祭緣由蒙批道覆勘報
爲此行府仰照抄詳卽察本宦爲官實績居鄉素履
特祠致祭與論是否事干大典愼勿輕率爲此仰無
錫縣立刻察確取具官吏師生人等各結狀一樣二

本具由申府轉詳
崇禎十四年三月初十日吏芮雲翔承
無錫縣知縣麗爲祠成將禮等事蒙
本府署府同知張　信票該蒙
欽差常鎮兵備道李　憲牌該蒙
巡按御史任　批准安故宦忠諫立朝理學淑世與
顧端文事例相附允宜與顧端文同躋俎豆並列烝
嘗一體公祭
仰府縣具結申詳以憑彙報大部查考須至牒者

安希范號我素江蘇無錫人原任吏部驗封司主事
贈奉政大夫光祿寺少卿
崇禎十四年四月二十一日
江南舊爲直隸督學重任特簡侍御彈壓體統最尊
故凡崇祀大典必從監司上達而其緩急由之
先大夫鄉賢之舉業蒙　學院倪　兵備道徐
批府查報崇禎七年具文申府因先孝廉赴京會試
未便置主入祠於崇禎辛巳本府陳瑄復備由呈請
蒙　本府署府事同知張　兵備道李　巡按御史
任　批准安故宦忠諫立朝理學淑世與顧端文事
例相附允宜與顧端文同躋俎豆並列烝嘗一體公
祭正議編入崇祀祭典而祠宇前奉祁直指彪批安
宦學有本源行堪模範建祠准行遂捐貲一百六十
金置惠山擊秀閣一座改建俟會試歸即行置主入
祠至癸未春闈歸後遇國變先孝廉殉節諸叔并棄
擊秀與公處至今不得與顧高兩公並饗二泉之上
子孫之罪何可逭乎

冢孫瑃百拜恭記

天啟元年四月刑部侍郎鄒元標上疏於起廢條內歷薦諸賢曰有十年太僕正卿一眞自如之葉茂才力障狂瀾進賢斥奸之趙南星恬養邃學三十餘年獨行之高攀龍白華濯濯天眞自如之安希范單瓢陋巷樂道安貧屢進危言磊磊落落之岳元聲此皆國之名賢也先生是月寢疾卒于明年長子廣居陳情援例請卹具疏在京鄉官張邦紀等具揭鄒元標特疏請卹五月念九日給誥命卹贈光祿寺少卿

我素公從祀延陵先賢祠緣起

常州府呈爲懇請增祀先賢以光俎豆事奉
提督江南學政內閣學士禮部侍郎李諱振裕
批發武進縣儒學廩膳生員錢養浩呈稱郡城
之內武進縣治東有先賢祠係萬歷間郡守歐

賜宜諸公請之各憲於鄉賢中遴其尤者另建此祠春秋崇祀以式國人先祀六十九賢讀歐陽公原序云大者敦倫砥節翼聖闡眞次亦抜鱗犯顏偏介獨行之士由是言之苟有合於四者卽宜並登此堂六十年來僅增入數賢殊缺人望以翼聖闡眞而言如無錫安吏部我素諸先生至今未祀仰祈及此右文稽古之

盛時舉行脩禮尙賢之鉅典于人心風俗豈槩小補爲此具呈批仰常州府淸查速報奪遵行屬縣

今據無錫縣申稱牒行儒學開稟增附生員高愈等呈爲遵查回覆事按原呈當補祀先賢祠者錫邑計得十人葢錫山雖處常郡下流實爲東林首地遠而泰伯端委肇啟文明近則龜山寓居顯承濂洛惟其淵源有自所以賢哲鍾生玆所推列皆顧端文高忠憲同堂之執友與授受之門人也前丙戌進士吏部驗封司主事贈光祿寺少卿安諱希范世胄好脩急流勇退救諫官而忤柄臣甘心三黜之辱感時事而題詩史壁謝四皓之招此原呈所謂翼聖闡眞者也志書歷據朝野僉孚然非躋先賢之班何以標一郡之望敢求立賜華袞追揚幽懿庶幾大節昭垂凡江左之衣冠是則是傚行見斯文增煥偕道南之俎豆不濫不疏矣據此該學任文煒方將看得安諱希范披瀝逢千尤得力於學海翼聖闡眞又何疑焉是近分端文忠憲之源流道合文靖文莊之宗派允宜補列先賢一席以式後進於千秋備具册結牒呈到縣該縣徐永

言看得原呈翼聖闡眞安光祿亮節貞操江湖抱道允宜侑享郡祠良足裨益名教今具儒學師生結狀加粘縣結并事實册備申到府擬合轉請伏乞照詳施行等

學憲批據詳十賢題以敦倫砥節翼聖闡眞允爲無媿且以本郡之賢入本郡之祠尤屬相符仰卽照例舉行以副輿望繳册結存

康熙二十六年九月初七日知府祖進朝

我素公從祀府鄉賢祠緣起

常州府爲府學賢祠新建未祀諸賢宜補等事
奉　提督學院李諱振裕　憲牌内開據該府學
教授許庠訓導劉雷恒詳前事併應祀諸賢姓
名册一本到部院爲照學校祀典俎豆先賢表
式來世所關甚重冐濫固傷風教遺漏亦遏幽
光毘陵夙稱名郡英賢接武或世代脫遥或子
孫凌替莫爲揚舉漸就湮没此留心
聖化者之責也且查各邑竟有知名而未崇邑祠者
分别忠節理學直諫經濟四科籍列姓名自漢

至明共八十四人本部復加確核得五十人皆
係品節不苟言行可傳事功表著内有已入縣
祠而丰標尤異應併躋府祀者有未入縣祠而
遺模益顯應補享縣祠者合即粘單發行爲此
仰府照票内事理併單開姓名分别檄行各學
遵依逐一置主入祠仍取具各遵依報查蒙此
擬合就行仰學官吏即傳令諸賢後裔置主送
入鄉賢祠報府以憑彚報　部院查考須至牌
者

明安希范號我素無錫人原任吏部驗封司主
事贈奉政大夫光祿寺少卿
右祀府學
康熙二十七年三月初八日知府祖進朝
我素公從祀縣鄉賢祠緣起
常州府無錫縣爲郡祠已崇邑祠宜饗謹請補
列聿光大典事竊照本縣所有各先賢應入賢
祠者俱經開册詳請　憲示置主入祠尚有先
賢安諱希范中萬歷丙戌進士歷任吏部主事

卹贈光祿寺少卿英年筮仕因高忠憲公降尉
揭陽上疏忤君相削籍編氓從顧端文公手闢
東林同心崇正學没祀道南祠延陵先賢祠今
列府祠雖品地並稱卓越允耀羹墻而本縣賢
祠猶虛將享相應補位以妥忠靈爲此據例具
由另備書册謹請伏乞照詳施行須至申者奉
提督學院李批故安光祿忠諫立朝理學淑世
既祀郡庠未配邑庠允爲闕典前已據常府學
詳批行該府檄行補祀矣仰即遵照置主入祠

徼

康熙二十七年四月日知縣徐永言

具呈紳士原任直隸甯晉縣知縣進士蔡培河南候補知縣舉人秦大光華鼎奎鄒鳴鶴貢生秦廷標廩增附生員秦國楠楊因培黄湘等呈爲先賢久闕祀典公籲詳請從祀事伏查惠山向有

尊賢祠漢梁鴻以下唐宋元明暨

國朝諸先賢茲有明徵君誥贈奉直大夫南京戸部員外郎安國英標魁岸奇氣遑識名蹟表鄉邦列孝友行義隱逸潛德之傳芳徽播金石著築城捄荒濬河平海之勞建李忠定公祠身受馨香之報修張睢陽王廟心崇保障之勳親爲祭酒徑開樂菊之圃子入詞垣書滿照秦之閣勞業四方成名一代格言佩作官箴塊視三山杯觀五湖佳什編吟稿繙顏魯公集活字之板猶新勒邵文莊銘温硯之爐自古山分金焦之勝繪東林南林西林之圖池開趵突之泉鑿東游西游北游之記洵矣千秋志士誠哉一代偉人其曾孫太學生安紹芳襲簪纓之世自爲風雅

之替人西林福地名振二京南國騷壇才雄七
子文在咸陽西京以上詩出開元大歷之問書
法則洛神曹娥繪事則元鎮公望千尋劍氣種
天上之白榆六代詞華拾人間之芳草事蹟詳
文苑之傳姓氏登獨行之書祖喪備禮浹旬成
墨瘠之容父疾籲天中夜習莚尊之禱贍族同
叔父之志析筋奉毋氏之規肝膽相孚時倒友
人之牘經綸自許力陳宰相之言凡至情至性
之眞悉可泣可歌之行一家濟美奕世傳芳是

宜並列儿筵同伸將享爲此連名具呈伏乞
師臺具文申詳
學憲批准檄行則俎豆有光梓桑增色矣上呈
計呈　志傳畧蹟
本學正堂師臺　案下　施行
候據情轉詳各給附
嘉慶二十二年七月初六日呈

常州府無錫縣學　呈詳先賢安國安紹芳等
請入尊賢祠從祀册結由
嘉慶二十二年七月十七到
江蘇常州府無錫縣儒學爲先賢久闕祀典公
籲詳請從祀事據紳士原任直隸甯晉縣知縣
進士蔡培河南候補知縣舉人秦大光華鼎奎
鄒鳴鶴貢生秦廷標廪增附生員秦國楠楊因
培黄湘等呈稱伏查惠山向有
尊賢祠祀漢梁鴻以下唐宋元明暨

諸先賢玆有明徵君誥贈奉直大夫南京戶部
員外郎安國英標魁岸奇氣遠識名蹟表鄉邦
列孝友行義隱逸潛德之傳芳徽播金石著築
城捍荒濬河平海之勞建李忠定公祠身受馨
香之報修張睢陽王廟心崇保障之勳親爲祭
酒徑開樂菊之園子入詞垣書滿照藜之閣勞
業四方成名一代格言佩作官箴塊硯三山杯
觀五湖佳什編成吟稿繙顏魯公集活字之板
猗新勒邵文莊銘温硯之爐自古山分金焦之

勝繪東林南林西林之圖池開趵突之泉纂東
游西游北游之記洵矣千秋志士誠哉一代偉
人其曾孫明太學生安紹芳襲贊纓之世胄爲
風雅之替人西林稱地名振二京南國騷壇才
雄七子文在咸陽西京以上詩出開元太歷之
間書法則洛神曹娥繪事則元鎮公望千尋劍
氣種天上之白榆六代詞華拾人間之芳草事
蹟詳文苑之傳姓氏登獨行之書祖喪備禮淚
句成壘瘠之容父疾籲天中夜習筵篿之禱贈

族同叔父之志析筋奉毋氏之規肝膽相孚時
俩友人之牘經綸自許力陳宰相之言凡至情
至性之眞悉可泣可歌之行一家濟美奕葉傳
芳是宜並列凡筵同伸將享爲此連名具呈伏
乞具文申詳
憲臺批准檄行則俎豆有光梓桑增色矣上呈
等情並遞各志傳畧及事實前來據此隨經詢
明復再核查無異該 卑職 看得明徵君諱贈奉
直大夫南京戸部員外郎安國望重鄉邦築郡

城而修學校動登廊廟平海寇而濬白茆出粟
以賑歲祲輸財以助邊餉博聞治亂周覽山川
祀李忠定於膠山尊賢尚德友邵文莊于惠麓
重道重儒其曾孫明太學生安紹芳孝友聞于
早歲道義篤于平生割析筋之産以饋貧分養
廉之田而贍族人欽圭璧品仰斗山振南國之
騷壇開西林之福地踔躒於黃公望倪元鎮之
上才著二京趑趄於李臨淮王元美之間名高
七子允宜同躋俎豆並列烝嘗合爲詳請以協

輿情爲此備造各先賢志傳事實淸册所具里
鄰親族結狀加印結詳請伏候
憲臺鑒核批示遵行爲此具由謹申伏乞
照詳施行須至申者

計詳送

志傳事實册結各壹套

右 申

欽命 上書房行走禮部右侍郎提督江蘇全
省學政湯

嘉慶二十二年七月十四日教諭郭一臨
欽命禮部右侍郎提督江蘇全省學政湯　批
仰無錫縣致送入祠具報繳册結存

禮房許邦興等謹
禀
老爺備學呈詳故宦安國安紹芳請入尊賢祠一

案奉
學憲批仰無錫縣致送入祠具報繳册結存等
因本月十五日據該故宦之後裔安詩紳士蔡
培等來房云稱于八月初七日已將故宦安國
安紹芳木主送入尊賢祠內乞　恩具報等語
相應備具報稿現在伏候
老爺電核上禀
九月十九日
悉稿核判着仍移學嗣後務須並牒縣備案不

得徑詳致奉批飭無案可稽也

署理無錫縣王榮光爲報明送祠日期事蒙
憲臺批卑縣備學呈詳故宦安國安紹芳等請
入尊賢祠一案奉批仰無錫縣致送入祠具報
繳册結存等因到縣奉此卑職遵再諮訪無異
玆據該故宦後裔安詩及紳士蔡培等擇于嘉
慶二十二年八月初七日遵批將故宦安國安
紹芳木主送入尊賢祠內緣奉批飭理合具文

報明仰祈
憲臺電鑒備查爲此
一　申
學　憲
嘉慶二十二年九月　十九　日許邦興呈
正堂王　行

具呈原任翰林院編修俞肯堂直隸甯晉縣知
縣進士蔡培舉人李曜何景堂秦大治趙藩鄒
鈞王步雲貢生華守謨秦廷標康堉附生員秦
國楠侯斌黄鳳翥黄湘嵇載颺等
呈爲先賢久闕祀典公籲詳請從祀事恭讀
欽定勝朝殉節諸臣錄中有徵官末秩及未通仕籍
者許入祀所在忠義祠無錫惠山舊有
報忠祠祀歷代忠義諸賢兹查得明崇禎癸酉
舉人癸未特賜進士授知縣安廣居氣宇盤深

風期踔躒侍坐東林衍薪傳於鹿洞陳情北闕
邀鄭瞻之龍章蘐忠憲之覆巢修光祿之折檻
榮叨一第待綰墨綬之銅符慟極三春遽遘滄
桑之國變志存討賊服衰絰而訴同仇淚盡攀
髯正髮膚而申大義擬馬文肅之號鵑不媿衣
冠世族同孫南宮之聞雁何慚艸莽孤忠邑乘
闕其幽光野史傳其軼事以之配享　報忠祠
實屬士林公論伏乞
師臺具文申詳

學憲批准檄行則綱常名教賴以匡扶而世道
人心允堪砥礪上呈
計呈　志傳事實
本學正堂師臺大人　案下　施行
准　具　文　申　詳　各　結　附
嘉慶二十四年六月二十日呈

具結常州府金匱縣紳士原任翰林院編修俞肯堂
直隸寧晉縣知縣進士蔡培舉人李曜何景堂秦大
治趙藩鄒筠王步雲貢生華守謨秦廷標廩增附生
員秦國楠侯烒黃鳳翥黃湘嵇載颺等今於
與結狀爲先賢久闕祀典公籲詳請從祀事實結得
明崇禎癸酉舉人癸未特賜進士授知縣安廣居爲
安光祿之喆嗣高忠憲之佳壻幼即侍講於東林長
乃陳情于北闕開甲科之門第綿忠孝之家聲甫舉
春闈遽遭國難縗麻長在身慟哭祈死勺飲不入口

慷慨捐生事蹟旣彰於志乘烝嘗宜報以春秋允宜
祔祀例合詳請中間不致扶捏具結是實
嘉慶二十四年六月二十日具結狀紳士俞肯堂
蔡培 李曜 何景堂
秦大治 趙藩 鄒筠
王步雲 華守謨 秦廷標
廩增附生員秦國楠 侯烒 黃鳳翥
黃湘 嵇載颺

江蘇常州府金匱縣儒學爲先賢久闕祀典公籲詳
請從祀事據紳士原任翰林院編修俞肯堂直隸甯
晉縣知縣進士蔡培舉人李曜何景堂秦大治趙藩
鄒筠王步雲貢生華守謨秦廷標廩增附生員秦國
楠侯烒黃鳳翥黃湘嵇載颺等呈稱恭讀
欽定勝朝殉節諸臣錄中有微官末秩及未通仕籍
者許入祀所在忠義祠無錫惠山舊有
報忠祠祀歷代忠義諸賢茲查明崇禎癸酉舉人癸
未特賜進士授知縣安廣居氣宇盤深夙期踔躒侍

坐東林衍薪傳於鹿洞陳情北闕邀郎睠之龍章護
忠憲之覆巢修光祿之折檻勞叨一第待綰望紫之
銅符慟極三春遽遭滄桑之國變志在討賊服衰絰
而訴同仇淚盡攀髯正髮膚而申大義擬馬文肅之
嘵鵑不媿衣冠世族同孫南宮之聞雁何慚艸莽孤
忠邑乘闡其幽光野史傳其軼事以之配享報忠祠
實屬士林公論伏乞
師臺具文申詳
學憲批准檄行則綱常名教賴以匡扶而世道人心

允堪砥礪上呈等情又據本縣懷仁鄉四十四都二
圖里鄰親族張大烈等具結前來據此隨傳詢明復
再諮訪無異該儒學訓導張立本看得明進士安廣
居係安光祿之冢子高忠憲之佳婿髫齡陪講東林
壯歲乃陳情北闕甫通籍於癸未遽殉難於甲申此
孫源文之喀血既慷慨而捐生擬許習之待親更
從容而就義允宜配享報忠祠以光俎豆也爲此備
造該故宦事實册結加粘印結詳請伏候
憲臺鑒核批示遵行爲此備由謹申伏乞
照詳施行須至申者

計申送
志傳事實册各壹套
右　　申
欽命禮部右侍郎提督江蘇全省學政湯
嘉慶二十四年六月二十五日訓導張立本
欽命禮部右侍郎提督江蘇全省學政湯批
仰無錫縣致送入祠具報繳册結存

具結常州府金匱縣懷仁鄉四十四都二圖里鄰張
大烈汪樹標親屬倪維銓安恩桂等今於
與結狀爲先賢久闕祀典公籲詳請從祀事實結得
明崇禎癸酉舉人癸未特賜進士授知縣安廣居爲
安光祿之喆嗣高忠憲之佳婿幼即侍講於東林長
乃陳情于北闕開甲科之門第綿忠孝之家聲甫舉
春闈遽遭國難縗麻長在身慟哭祈死勺飲不入口
慷慨捐生事蹟既彰於志乘烝嘗宜報以春秋允宜
從祀例合詳請中間不致扶捏具結是實

嘉慶二十四年　月　日具結狀鄰里張大烈
汪樹標
親族倪維銓
安恩桂

金匱縣儒學　爲先賢久闕祀典公籲詳請從祀事
據紳士原任翰林院編修俞肯堂等廪增附生員秦
國楠等呈稱恭讀
欽定勝朝殉節諸臣錄中有微官末秩及未通仕籍
者許入祀所在忠義祠茲查得明崇禎癸酉舉人癸
未特賜進士授知縣安廣居氣宇盤深夙期踔躒
全敘等情又據本縣懷仁鄉四十四都二圖里鄰
親族張大烈等遞結前來據此隨傳詢明再諮訪無
異該儒學訓導張　看得明進士安廣居係安光祿
之冢子高忠憲之子婿髫齡即陪講東林壯歲乃陳
情北闕甫通籍於癸未遽殉難於甲申服衰絰以哭
君完髮膚而見志比孫源文之駱血既慷慨以捐生
擬許習之之侍親更從容而就義允宜配享報忠祠
以光俎豆也爲此備造該故宦事實冊結加粘印結
詳請伏候
憲臺鑒核批示遵行爲此具由謹申伏乞
照詳施行須至申者
計申送　志傳事實冊結各壹套

一　申
欽命禮部右侍郎學院湯
嘉慶二十四年六月二十二日
正堂張行
嘉慶二十四年六月二十九日到
金匱縣儒學　呈詳明故宦安廣居請入報忠祠由

志傳事實册

無錫縣志 與父希范合傳　希范明史有傳

明安希范字小范父如山別有傳希范萬歷十四年進士授行人歷南京吏部主事當是時王錫爵秉政多斥異已者希范上言近年以來正直老成之臣敢言之士多不安於位如趙用賢孟化鯉人皆知其剛正而次第屏黜孫鑨李世達李楨雖材品不同而先後去國行人高攀龍一疏實皇上之忠臣亦輔臣之諍友而反蒙重斥夫閣臣之

職輔皇上以進賢退不肖今賢者以異已黜而不肖者以媚已進誤國不忠莫大於此疏入削籍歸東林書院成希范別構一室雜植花卉讀書其中所居膠山多清川長薄又樂吳興山水晚而卜築武康天啟初贈光祿少卿子廣居字無曠高忠憲攀龍壻也從遊東林被服忠孝忠憲赴止水家禍且不測廣居力護持之登崇禎癸酉賢書癸未中會試乙榜是歲通榜皆予特用廣居得縣令甲申春都城陷慟哭祈死早卒

江蘇常州府金匱縣儒學今於與印結爲先賢久闕祀典公籲詳請從祀事實結得明崇禎癸酉舉人癸未特賜進士授知縣安廣居爲安光祿之喆嗣高忠憲之佳壻幼郎侍講於東林長乃陳情于北闕開甲科之門第綿忠孝之家聲甫舉春闈遽遭國難縗麻長在身慟哭祈死勺飲不入口慷慨捐生事蹟既彰於志乘烝嘗宜報以春秋允宜從祀例合詳請中間不致扶捏印結是實

嘉慶二十四年六月二十日訓導張立本

沈鳴鶴謹

稟

老爺金邑儒學呈明故官安廣居請入報忠祠一案

本年七月初六日奉

學憲批開仰無錫縣致送入祠具報繳册結存等

因身經抄批致該後裔擇吉送祠去後今據安祥

安詩等語相應稟明伏候

老爺電鑒示遵上稟

候轉報

八月二十九日

無錫縣爲報明送祠日期事案准金匱縣儒學呈詳

明故官

安廣居請入報忠祠一案嘉慶二十四年七月初六

日奉

憲臺批開仰無錫縣致送入祠具報繳册結存等因

到縣奉此遵卽致送去後今據該後裔安祥安詩擇

於本年八月初九日將牌位迎送入祠報明轉報等

情前來理合具文報明伏祈

憲臺電鑒備案爲此

一　申

學　憲

嘉慶二十四年九月初一日禮三科承

正堂韓行

九月初二日發舖

旌節錄

憲旌安節婦黃氏帖

直隸常州府無錫縣爲出闕文奉

巡按直隸蘇松等處監察御史憲牌內開照得節
孝爲風化之源表揚乃磨礪之典倘蔀屋窮簷
而幽光不闡將何以重彝倫而昭激勸也故本
院採風所至凡有堅操自矢婦德聿修離裏屬
毛子職克盡此皆於風勵之所宜亟者茲據查
縣官開報該縣節婦孝子前來本復恐有貧家

眞節眞孝一時因保舉無人或有遺漏又經行
縣許里排報各花名今據申送在案一併核實
獎賞爲此仰縣官吏即將單開節孝姓名每名
給賞備用銀伍錢匾額壹座取各領狀繳查不
許隱匿遺漏其未入憲綱者仍取師生糧里結
勘陸續詳報以便批行入册聽候題
旌等因查得節婦黃氏係故民安廷訓妻案查先據
景雲鄉里排蔡池等呈爲公舉苦節堅貞特重
表揚以植世風事公舉本婦守節事實到縣將

原呈申報外今奉前因隨經牒學查勘去後准
儒學牒呈開稱會同廩增附生員顧煜泰域等
從公結得節婦黃氏貞節緣繇到學備牒呈縣
又經覆勘查核無異參看得節婦黃氏信義本
於性生敲金戛玉貞節由於天植貫日淩霜夫
病籲解婚經百折而不轉父命決辭聘矢之死
而靡他凜凜數行至義昭於千古兢兢六袠大
節凜以終身當姑老夫危拮据受半生荼苦迨
生前死後勤劬劾畢世艱辛還安族之贍田克

持廉介立夫君之繼嗣雅重倫常誠閫闈之全
德宜旌表之獨崇取具結狀備文詳報外復蒙
憲牌亦爲前事內開該縣申詳節孝緣繇到院已
經查閱明白相因通行仰縣即照單開事理未
經本院獎勵者該縣經行給匾已獎者不必再
給未經報入憲綱者准與造入已入者不必再
造等因蒙此遵依查照單開節婦黃氏故民安
廷訓妻除外遵經註册訖　合給匾獎勵爲此
合行帖給本婦匾額上書貞節二字以示憲獎

激勸之意須至給帖者

右帖給節婦黃氏准此

崇禎七年十月二十四日司吏王道　承

帖押

奉

旨詔旌安節婦吳氏帖

金匱縣正堂加三級紀錄二次田　爲彙題

旌表事蒙

本府正堂董　憲行前事內開奉

布政司安　憲牌開奉

蘇撫部院陳　案行乾隆九年正月初六日准

禮部咨儀制司案呈禮科抄出本部彙題各省

節孝一案乾隆八年十二月初四日題本月初

六日奉

旨依議吳長姑着加恩旌表欽此欽遵到部相應抄

錄原題移咨該撫欽遵奉

旨內事理施行可也等因到院行司轉府行縣奉此

合就轉行爲此帖給節婦安高發羅妻吳氏後

裔遵照　憲行奉

旨內事理卽便一體欽遵具領建坊銀叁拾兩聽其

自行建坊其節孝祠內設位題坊刻碑之處俱

恭照

恩詔定例遵行毋違須至帖者
右帖給節婦安高發妻吳氏後裔准此
乾隆九年三月初十日禮房承
帖押

具呈歲貢生虞文元增生楊鍾琳附貢生安鑑
塏爲三傳節孝叩請移詳 題
旌事竊以飲冰茹蘗一門之清節可風承顔三代之
孝思足式查有懷仁鄉四四二圖已故節婦安司
馬氏媳安季氏孫媳安華氏等幼出名門風嫻姆
教長歸望族咸仰懿行事姑則孝敬有加教子則
義方垂訓不意門衰祚薄既姑媳之相憐別鵠離
鸞又祖孫之同病或對黄泉而設誓地下相從或
白水以盟心人言無間斯皆巾幗之完人宜邀

褒揚盛典 生 同居里閈聞見誠詳爲此造具事實册
結叩請
老師臺大人移 縣詳 憲具 題
旌表庶幾榮生綽楔彰潛德於九原敬式鄉閭垂休
風於千古公恩兩便謹呈
計呈事實切結
光緒三十三年九月 日具
本學正堂沈核看得已故節婦安司馬氏並媳烈婦
安季氏孫媳已故節婦安華氏等一門節烈三

代同風或矢志以守節或舍生而取義洵屬柏
舟自勵清操足式宜沐
褒揚之典以端風之原
金匱縣儒學正堂沈　爲
給本事據歲貢生虞文元等呈報已故節婦安
司馬氏伊媳烈婦安季氏孫媳已故節婦安華
氏取具守節年歲事實切結乞請核辦前來據
此除逕移　縣通詳
督撫學三憲具

題請
旌外合行抄案給執須至本者
媳已故烈婦安季氏
右給已故節婦安司馬氏家屬准此
孫媳已故節婦安華氏

膠山安黃氏宗譜卷三目錄

膠山安黃氏宗譜卷三

澤上誌傳

元處士應春公墓版文 第一世

賜進士出身嘉議大夫太子賓客經筵講官兼國史副總裁青城王汝玉譔

應春安公諱元卿其先汴人扈宋高宗南遷占籍常州之無錫世爲上福鄉詩禮名族至應春以遭元季兵燹以韜晦爲心好讀書史至忠臣義士傳則慨然思自奮曰此丈夫豪雄事也豈可橐干將利器以自沈匿耶然卒以時弗我利竟席珍弗售遇親朋携酒肴拉壇社者輒登涉名勝以自適有勸之仕者則麾手謝之去而弗顧年七十餘乃逝子汝德以人才舉于國初仕至金華貳守鄉人以爲公有後克紹其家學云

明金華府倅明善安公墓誌銘 第二世

賜進士出身嘉議大夫太子賓客經筵講官兼國史副總裁青城王汝玉譔

公姓安氏諱汝德字明善應春公之長嗣也明善生而有穎質少就師塾誦讀經史洞闡義理若宿學碩儒前輩見者多器重焉至壯歲郡邑以才諝辟入銓曹欽擢爲浙江金華府同知既下車即展其經濟約煩劇于簡要嘗曰爲政務在養民養民莫先于治田里田里治則民有養有養則禮義興而國用足三代之治不過此也由是率民開墾兵燹以來荒穢原隰悉成膏腴上充國稅下足民食闔郡沾棠蔭之澤上聞而嘉之賜詔褒美爲時名臣爲老致政歸故山日與宗戚故舊嘯傲溪山花竹間見者以爲風塵外人物生子二宇宙皆慷慨激厲士節有紹述芳譽云公卒之年宇等奉柩祔葬于應春處士兆次銘曰公之出也遇眞龍以自試公之處也託冥鴻以遠逝公蓋無將無迎不求不忮藐大塊如逆旅擬浮生如偶寄者乎

謹按春秋之法信以傳信疑以傳疑應春公墓
板文明善公墓誌銘俱無年月日無地名蓋舊
譜不戒于火右二篇傳疑也

宏大府君傳第三世

府君諱宇字宏大金華守明善公長子以詩鳴于無
錫閤學錢溥選其詩于詩律鉤元中蓋送弟宏遠之
雲南作也其詩曰獨携琴劍向南馳迢遞關山不憚
疲報國正當年壯日辭家應喜子成時廣通月落鷄
鳴早峨嵊雲深馬度遲此去定知多好興看花重上
碧雞祠世遠事湮公之德行不可考矣誦其詩可以
想見其人云

養拙府君傳 第三世

府君諱宙字宏遠號養拙金華貳守明善公次子也與兄宏大皆以詩鳴于錫山洪武中兄以事累戍雲南府君代戍卒于戍所著有親居吟集邑之文學陳先生稐爲序皆與滇人倡和之作也而今失傳僅存序文一首序不及代戍事代戍之說見于府君之孫秋潭公行狀中其信然耶則府君保其兄而泯其迹較諸蘇子由爲兄下獄上書班昭句兄餘年疏其用心爲尤苦今日想見萬里赴滇舍田園之樂冒烟瘴之險老死異鄉而不悔其友愛之性羈旅之況山川之奇必有見于親居吟集中惜乎不可得見也

以忠公傳 第四世

公字以忠名失傳宏大公之子行誼無考子孫世居無錫懷仁之小橋頭及上沿頭與養拙公之子以式以文雁序分支爲三以式從戍雲南以文世居無錫之芙蓉澤上而以忠公後爲長

以文府君傳 第四世

府君諱彧字以文宏遠公少子也宏遠公代兄戍滇南府君方在襁褓留無錫依伯氏以長少離父母之懷日夜思親弱冠即尋親于萬里之外而得相見其後再往雲南始有文人學士以詩贈行三往而以詩贈行者益多陳先生翕爲之序公之孝行著于鄉黨令聞施于其身其爲一時盛事可知也及得先公親居吟集以歸請陳先生爲序我先人世德淸芬及諸名士之詠歌又爲一時盛事可知也訖今隻字無有存者惟有孝行不可磨滅數百年後文殘獻逸乃于敝篋廢紙之中得陳先生逸詩遺文豈非有神物護持耶是據陳先生詩而爲家傳即以爲先生詩文小引

有禎公傳 第五世

府君諱禎字有禎以文公長子大父宏遠公謫雲南父以文公嘗三至雲南省親有禎公相繼往雲南省祖無少懈陳先生翕有詩送行可謂能繼志矣其後雲南支世序不棄載無錫膠山譜豈非以文公有禎公兩世往來雲南不絕世世音問相通之故歟宏遠公之代戍雲南友其兄也以文公之三至雲南思其親也有禎公之繼往雲南念其祖也至于世世音問相通譜系不爽雖宗族也我安氏先人爲兄爲親爲祖爲族不遠萬里以相求家風如是如是以視夫生長一鄉一邑世亦不相知老死不相往來者豈可同日語哉唐棣之詩曰豈不爾思室是遠而子曰未之思也夫何遠之有

螢雪安先生墓誌銘 第六世

賜進士第承德郎兵部主事邑人華山譔

螢雪先生氏安諱愷字宗悌其先自汴遷錫至五世祖曰應春公業日以大高祖明善公仕至國朝金華貳守德政尤著偉績曾祖宏大祖以忠父諡母顧氏先生生而器宇岐嶷才高意廣好以文墨自豪嘗歎曰人生不能徧讀古人書何以爲奇男子由是效車允孫康故事夏則囊螢冬則映雪竟成宿學碩儒而從之者日益以衆講授之餘輙取宏達公所遺蘭居

吟集朗吟以自娛其于勢利紛華了不介意娶華氏子男三貴旦晝皆業儒以耕讀紹先業貴娶顧氏旦娶董氏晝娶蔣氏孫男七銘曰紹祖業儒成已成物承先啟後貽謀燕翼爲鄉縉紳竦族翹楚銘以旌之垂譽千古

明處士秋潭公行狀 第六世　馬寶

公諱宗正字廷綱秋潭其號也安自宋樞密使熹若干傳至明善公國朝仕金華倅以廉能稱生子宏大宏達俱以詩鳴于時與鄉達倪雲林王耐軒諸公倡和爲莫逆交著有蘭居吟集時宏大當戍滇南宏達代行鄉人義之長子以式從仲子以文依伯父成業生禎祥祺禧禨公禨出也貲稟純慤祗遹祖業以勤儉自勵與人不妄交所與交者愛敬弗衰處宗族以恩每徭役所需族有不能辦者則曰無閟于恤視已

力可完者爲完之無德色家歲有祀事每舉必用牲拴公謂其無益而費不貲也乃具薄物告神曰祀具必稱家有無吾上世昌阜故祭必腆今不能也神其鑒之嗣是歲以薄祭爲常是誠可爲破產黷祀者鑒當隆冬日宅西有二操舟者墜水汲不能出衆懼禍乃趨避公獨拯之舁至家燠體周至既死得蘇爲易衣給食而去義之所在雖禍患不能惕也鄉里有不平事來質必以義善慰之鄉人莫不敬服晚歲預營菟裘怡老日優遊于膠陽溪山花竹間秋高氣淸則

㳷水盡潭淸之句以滌塵襟因自號秋潭逸叟訓子
孫且耕且讀延師親友必誠必敬仲子岩學將成而
天人皆恤之今年春冢孫邊策應童子試督學侍御
章公拔補邑庠弟子員公時已有疾喜曰國家造士
必由學校吾老恐不及見汝大就今遊庠序入仕有
基吾死瞑目矣是年秋公疾漸篤穀不納以後事囑
子孫甚悉所遺服用召子婦面爲給散雖緦麻衰服
亦經目分之甲子八月五日終于正寢無亂命其令
終若是積善之驗也距其生天順丁丑三月二十七

日享年七十有四曾祖宏遠祖以文考禨妣張氏配
華氏先卒子男四長山娶顧氏繼張氏次嵛娶華氏
次巖娶吳氏次峯娶蔡氏女一適錢介孫男六長邊
策娶華氏次邊才娶華氏次邊用聘巫氏餘孫尚幼
未娶孫女七長適華炎次適周殷次適華子忠次受
席漢長子聘餘未受聘山卜以葬之年冬十二月二
十八日于走馬塘祖塋之次啟其先妣兆而合葬焉
寶于公爲姻契其冢孫邊策從予遊最久知公爲深
謹狀其行如右

秋潭府君墓誌銘

安公姓也宗正名延倜字也秋潭叟鄉人尊稱之也
宏遠曾大考以文大考禨考也宋樞密使肅國初金
華倅明善公系之顯者也常之無錫公貫也房耶張
氏公母家也前山曰膠左澤曰芙蓉公所居也業之
饒公所拓也寡言笑重交遊樸而不陋訦而不葸直
而不狡此公之持身也宏遠之代兄戍滇南子以式
從于公爲伯祖也公鬱鬱葱葱斧屋宅繩繩蟄蟄來
耳傳

心雪府君傳

府君諱晝字仲午號心雪明善公之六世孫螢雪公之少子也螢雪公好讀書效車允囊螢孫康映雪故號螢雪府君思親繼志故自號心雪詩曰明發不寐有懷二人又曰夙興夜寐無忝爾所生府君有焉嘗念安氏自汴遷居無錫已閱數百年元末兵燹譜牒失傳乃與族弟耕讀公同輯家譜遠及宏遠公遷雲南支詳其世次名字不遺于萬里之外其序居無錫者至詳且備可知也而歲久失其原編豈不惜哉然府君敦宗睦族之心與思親繼志之心則千載可仰云

耕讀府君傳

府君諱山字汝進號耕讀秋潭逸士之長子而以文公之曾孫也以文公第五子諱禮號古菴生宗正是爲秋潭逸士逸士勤于課子府君且耕且讀以成父志故自號耕讀與心雪公同修家譜今雖失其原編而十世以上釐然可考府君之遺也

膠東府君傳

府君諱邊策字延錫號膠東無錫諸生少與族兄膠峯公同學以文章相契膠峯公成進士府君攻制舉益勤膠峯公致仕延府君爲西席以賓師禮之膠峯公没府君爲文祭之嗚呼府君遺文失傳今存祭膠峯公文一首讀之猶可想見宗族之盛斯文之誼與一家兄弟相爲師友之古風也

南鴻府君傳

府君諱大新字道通號南鴻膠東公仲子少事舉業困於小試而力學不倦年高德劭見重于搢紳先生六十稱觴孫殿元百潭先生序其壽族弟司封公我素先生族子太學茂卿多以辭章歸美之子志賢爲名諸生志文工詩可以知府君之所積矣

鳳西府君傳

府君諱大治字道明號鳳西膠東公少子好學工文與從子全宇公皆以古文著於鄉黨介壽賓筵得府君文以爲重三冬文史足用時與知已尊酒論文不倦惜遺文不傳也

全宇府君傳

府君諱志文字全宇南鴻公少子與族兄無曠孝廉爲文字交工詩文而不務名所著古文詩歌散佚族裔經德檢古簏得府君遺稿一卷因感吾家世工詩學遺稿鮮有存者養拙公蕭居吟不可得見得見府君詩豈非幸歟謹錄家乘以訓子孫

雲鄉安處士傳

賜進士出身翰林院庶吉士誥授奉直大夫刑部山東司主事加一級武進李瑞岡譔

余自秋曹歸里告養家居雖梁溪咫尺間未嘗屢至歲丁未金匱安君南金過訪携其先光祿卿我素先生文集示余因述其大父雲鄉處士之德乞余爲傳余乃知安氏爲梁溪望族閱世多而不能無盛衰升降之殊雲鄉處積衰之後復振其業其德有過人者遂諾南金請作處士傳處士諱承宗字雲鄉金匱之

芙蓉澤人也金匱爲無錫分縣明初金華倅明善公世居無錫膠山之堠村再傳爲以文公居芙蓉澤又八傳爲君仁公諱可光年幾艾而生處士未耆而没處士九歲而孤妣陸孺人鞠之弱冠即能承母教理家政稽田築室拓其先業或易而侮之竊其梁木以小易大處士覺而不校人始服其雅量族有盜處士高祖墓木毀兆域者公力保之而隱其惡家世耕讀教其子習舉業兼力田長子汝恒始理男事有豪右欲任以土地處士訶而却之蓋鄉人受豪右之田爲之耕輒被其漁奪兼并且奴隸使之傾其家而辱其身者比比也處士教其子遠惡人汝恒秉處士庭訓終身不畏强禦亦不侮鰥寡處士有妻弟朱某早卒遺業爲勢家所據公起而直之養其女爲之嫁親族之子不能自立者處士爲之耕或教之治生俾各有成業而後即安鄉里畏疫一人病則衆皆走避其染也病者莫與扶持十無一生處士遇族人疫獨往存問爲之醫藥而全活之其爲人如此故其子孫日益昌熾鄉黨咸推厚德之報云處士生于康熙己卯四

月二十日卒於乾隆甲戌正月二十九日年五十有六配朱孺人能事姑相處士爲善生丈夫子三人汝恒汝賢汝諧善繼述守處士遺教不衰

論曰古稱厚德之人爲長者然畏强禦而慎而無禮而於煢獨鰥寡則侮之非長者之所爲也安處士不報無道而又見義必爲其古之所謂長者乎此其中有所挾持非苟然也故次其傳以爲其後嗣觀

聖基公家傳

公姓安氏諱汝恒字聖基號碧軒金匱人世居芙蓉澤以耕讀教家考諱承宗妣朱孺人生公曁季三人公爲長公生而謙謹如周柱史之守雌少習舉業會歲旱戈以力田病喘欲絶醫曰必山羊血可救公購得之和以醇酒進之而瘳自是以甾畬堂構爲繼志里之黠者漁獵之公百折不撓外侮喙息或愧悔反惡讐爲婚媾稍自立邑中推爲司社社倉古以惠民久而弊生吏以爲利司社者苦之或規避或壅積公

慨然任而發之其發也對貧民如見大賓開門布席烹茶以禮之謙光以下之痌瘝相關之意以親之俟衆集則屬保長角斗甬衆曰公然後用之及量多寡既盈而復溢之衆曰止然後與之於是地保貧民男婦老幼欣然同辭而言曰司社如此而可負乎故其秋償不速而至如是者有年公不累民感德剕揚產美材公貿遷爲恭奉皇上南巡道路爲臺爲門爲館舍庀材無算公事畢自領之公以美材應役而取其朽折者讓其美者當是時民商從役者皆在有司監之或爭或控有司苦囂莫能決見公不爭而讓指謂衆曰此獨無美材乎胡取朽折者公對曰百姓終身沐聖上之恩而偶供一日之役愧不足報也敢惜區區乎且天下無不弊之物亦無無用之物敢擇美惡乎有司嘉之自擇美材嵩仟謝之有奸民盜木賤直嘗公公立請有司法之諸商感激江南饑歲奸民易動乙巳大饑公里獨穏有藉口求賑煽衆刼公者公應之曰無故聚衆爾爲盜無故養民我爲亂有國法在不可犯也蓋去者半謂家人曰里中皆吾親故必

不爲此也乘屋審視之蓋去者又半其桀驁者猶悍然曰年飢君饒國鄉捐賑吾儕當作餓殍耶公曰求賑則地有保縣有官告地保註冊呈縣核貧發賑有縣官在不可專也乃屬地保書名計口見有業者亦在衆中地保叱之公曰一例書名縣核有業助賑可也於是衆退公之應變如此公貌奇偉氣冲和而辭駿厲侍公不可妄語操心危慮患深雖至狎不苟言雖善類不輕訐吾習見公謂其用心太過及入世而知公之不輕以君子許人有以也執禮過卑雖愚賤

不敢慢近于足恭及寻以率直忤知交而知公之不以徑直待人有以也余年逾艾而閣於世故疏於防奸以爲恨事欲求公一言之教而不得及爲人謀忠而見疑如韓非稱宋人墻壞鄰人曰弗築且有盜卽疑鄰人物情如此乃知公之不輕發人智慧有以也公生於憂患擴祖業保邱墓皆從謙謹守雌中得之隱居里閈深藏其智不侮鰥寡不畏彊禦嗟乎世之不能自立者弱肉强食能自立者又逞其智力以凌人皆公之所不爲也又有不識時務而從非救人志

廣術疎而爲人所用者觀於公可以翻然悔矣公生於康熙己亥卒於乾隆癸丑享年七十有五子男南金若金如林孫男七人皆耕讀守業吉聞公之教子曰爲人須隨地謹愼害人之心不可有防人之心不可無此可以知公矣使其出而用世必能折衝禦侮於外防微杜漸於內有裨軍國而售全功名如范少伯之亞惜乎隱於農賈不及有所建樹也

嘉慶甲子堠村支族姪吉頓首拜撰

明經春臺安公改葬墓誌銘

賜進士出身誥授奉政大夫福建臺灣府淡水同知前福建鳳山縣知縣軍功隨帶加三級尋常加二級世愚姪杜紹祁頓首拜譔

春臺安公既葬之七年其子察等以公墓有水乃載卜吉壤于懷仁鄉安鎮蘇家橋之新阡於道光十一年辛卯冬十月二十五日改葬禮也按狀公姓安氏諱汝諧字聖和號春臺系出宋觀文殿大學士知樞密院諱燾後宋南渡時占籍無錫代有聞人曾祖考

達先公諱邦潮祖考君成公諱可光考雲卿公諱承宗妣朱太孺人繼妣呂太孺人世有隱德雲卿公生子三人公其季也幼有至性九歲侍朱太孺人疾法用河水煎藥公親汲諸河幾至危殆見者異之十歲就學卽能通曉大義丁朱太孺人憂卒哭就塾讀李令伯陳情表不覺痛哭失聲不能卒讀業師起敬令暫輟業論者比之王裒之廢蓼莪焉年二十二丁雲卿公憂遺命以建宗祠置義田爲屬公卽以身任之然是時公所受田止十七畝而已自是無日不以克

成先志爲念乃謹身節用勤於治生比至中年家遂隆起嘉慶八年癸亥乃獨義田三百畝建義莊奉達先公以下三代栗主祀焉復建宗祠修祖墓歸古墓墓根復墓道修刊家譜倡獨祭田一切敬宗收族之事次第舉行道光三年癸未復續獨義田五百餘畝義莊屋四十間又以安鎮市房一百七十六間取其租息獨入義莊由是經費充裕乃采元和范氏華亭張氏沈氏昭文歸氏長洲吳氏同邑華氏秦氏義莊之法而增損之月給之外衆寒無具者製棉衣死不

克殮者助棺木掩柩者助葬費又獨置葬地一區以待貧族按世次序葬又于義莊中和堂立課程舉文會無力應試者自縣府至鄉會試皆有資助孝友貞節者爲之表章單丁無力授室及孤女無依者資其嫁娶又裒族中先賢祠墓列其界址字號達於戶部總歲賦之額皆取給于義莊又立纂修家譜之法每歲春秋祭日族姓咸備丁册詳具名字行次婚嫁氏族生卒葬所送莊編訂屆十年則修刊一次著於莊約永爲世法規條既定乃請當事題咨給帖遵守蓋

自受雲卿公遺命後七十年來所念念不忘者至是乃卒成其志焉公既篤於宗族而於一切善舉復力行不怠統計生平凡修聖廟一修泰伯墓一修祠廟寺觀五修復古蹟一建橋梁二十有二修古道一濬河三助建鄰屋一施棉衣一給佃戶錢米五獨賑三施粥一平糶五又每遇歉歲必擕錢行里黨中見貧苦者即給之不使人知此則其志雲卿公之志而推廣于無窮者也公生於雍正十一年癸丑十一月二十七日酉時卒於道光四年甲申八月十三日戌時

享年九十有二貢生例投修職郎候選儒學訓導嘉慶十九年獨賑出力有司請奬奉旨議敘主簿職銜嘉慶二十四年恭遇萬壽覃恩欽賜粟帛道光元年今上登極恩賜八品職銜道光四年奉旨旌義給帑建樂善好施坊於墓道元配張孺人繼配張孺人均例贈孺人皆艮臣公諱永達女婉順有婦德勤儉相夫克成公志子五人長謙國學生先卒次恕國學生恩授登仕郎議敘縣佐後公二年卒均於是日祔葬昭穆元配張孺人出次察國學生次和邑庠生次拱

國學生恩授登仕郎議叙主簿銜沓繼配張孺人出女二人長適陳清漣安豐公諱立山長子元配張孺人出次適舉人候選知縣張煜例贈文林郎自南公諱薰仲子繼配張孺人出孫男十三人孫女十一人曾孫男二十三人曾孫女十二人元孫男一人元孫女二人銘曰

受命贍族時方食貧銖積寸累克儉克勤宏規大起有志竟成惟公有子事死如生載卜吉壤乃啟松扃營于新阡鬱鬱佳城建坊墓道大義常存既安既固宜爾子孫

先君惠山馬鞍塢之墓營葬於道光四年甲申冬十月二十七日叢憑顧稀堂所卜者也一穴三壙背負山阜面臨水宕形勢逼仄心本有慊既葬之後家多迍邅仲嫂仲兄相繼謝世嗣侍地師三復謂上有淋頭下爲深壑穴當水脈本非佳兆知爲前人所悮急宜改葬於是延訪青烏遍經相度憑方紹成先生卜得附近蘇家橋之原坐落令字一百十七八九等號其地寬暢北有通津即信義瀆西水屈曲而東逆沙關鍵兩腋支浜匯水團聚南有過峽度其形勢坤轉離龍兩水夾出左右沙水層層迴抱有疊瓣蓮花之象葬法坐實剪虛用午子向兼丁癸三分庚午庚子分金主穴一塚三壙石磉三披合盤壙牆用石疊起三層連環鉤鎖俗所謂連三疊牆是也羅城環石甬道墓門規制得宜奉旨建樂善好施坊於墓道於道光十一年辛卯冬十月二十五日安葬伯兄子鏡仲兄方平昭穆祔

焉乞杜司馬少京誌墓中之石備載先君之行事足以信於今而傳於後世世子孫感且不朽茲復刊入家乘爰附改葬始末以備攷

男和百拜謹識

議敘主簿安公春臺傳略

賜進士出身誥授榮祿大夫文淵閣直閣事內閣學士兼禮部侍郎加三級海鹽朱方增拜撰

賜進士及第欽點翰林院修撰加一級朱昌頤拜書

嘉慶十有九年歲在甲戌江南饑邦之人獨貲助賑數至鉅萬而錫金兩邑尤多事已當道聞於上賜爵有差而金匱安公汝諧與焉得縣主簿銜其子拱亦主簿寻在都下聞其名意邦人之好善者也後十年道光甲申識公之婿張煜而公已下世矣讀所爲行

述太息良久始知公爲篤行君子向所謂好善樂施者殆不足以知之張君煜因以傳請余不能文辭不獲已爰敘其略公諱汝諧字聖和别字春臺系出朱觀文殿大學士知樞密院諱熹之後居金匱縣之芙蓉澤公幼有至性事父雲卿公諱承宗母朱孺人以孝聞稍長讀書通大義不屑屑於章句見古人嘉言懿行必手錄之年十七丁母憂既卒哭讀李密陳情表至嗚咽不能自勝服闋娶同里張氏父命與諸兄弟析箸投田十七畝有畸公既耕且讀歲獲常倍二十二歲父病且篤心知其能屬以後事因謂公曰吾兒勤儉質樸家計必豐顧吾所望於汝者敬宗收族次第而施諸人所謂積而能散也公泣受命乾隆丙午值歲大饑公悉己貲出以助賑先是鄉城設廠煮粥道遠就食不能歸者露宿野外多死遂日給錢公乃諗於有司曰貧民枵腹而來日領十錢飢軀勞頓死亦不免曷若十日一給俾得安息且得另覓工作以佽活計乎有司然其言使各鄉效之無不稱便以後遇有賑務率以爲常至嘉慶甲戌公已悉力充公

復出千緡爲渟糜俾近鄉窮餓者得食故自冬十一月以至次年麥秋其所全活者尤眾公篤於氣誼凡宗族之貧乏者悉周之嘉慶甲子諸子皆長乃各投以田宅自以贍田三百畝爲義田越歲癸未續獨至八百四十餘畝營義莊屋四十間又獨市房二百餘間將租息所入以備經費其自月給之外凡嫁娶喪葬諸事力不能舉者皆取辦於義莊酌定規條請諸當事題咨給帖俾可永守蓋公見善必爲爲之必力故凡遇一事必精心擘畫以歸至當使便於當時可

行於後世則公雖不樂仕進實有經世才徒謂公爲篤行君子亦殊不能相知也故公之懿行不可勝紀綜而計之凡修黌宮一泰伯墓一修祠廟寺觀者五修復古蹟一修建橋梁者二十有二修古道一濬河者三建宗祠者二餘如救災卹貧給人錢米者歲以萬計口未嘗言多有子孫所不知者至名滿於鄉邑事聞於朝廷旁人以爲榮而豈公之志哉公以貢監生累受榖帛之賜嘗舉鄉飲賓固辭不就其善自韜晦可知也已公壽九十有二卒於道光四年八月十三日娶張氏繼娶亦氏張皆先公卒丈夫子五謙恕察祀拱女子子二孫十四孫女十二曾孫九曾孫女六元孫女一謙恕察俱國學生祀入邑庠爲諸生有聲

論曰世之好施與者都不善治生而善治生者又厚自封殖以故嗇者多富而好施者常貧世遂疑爲仁之不富也觀公於當日受田不及餘夫家固不富而孳孳於爲善家亦不貧以知貧富固自有命仁與不仁惟人所自爲爾且公非但不貧而又克享大年子孫蕃衍則天之報施善人理自不爽而世之心樂於爲善者其亦可以恍然於天人之際也夫

膠山安黃氏宗譜 卷三 春臺公傳略 圭 中和堂

安春臺先生傳

賜進士出身欽點翰林院編修國史館協修功臣館
纂修世愚姪呂耀斗頓首拜撰

周官大司徒以鄉三物教萬民而目之以六行曰孝友睦婣任恤於鄉遂之大夫則使書其孝弟睦婣有學者書其敬敏任恤者而行人之職又主邦國之治康樂和親安平爲一書所以敦教化勵風俗也若安君春臺者其在所書之列矣君諱汝諧世居金匱之膠山鄉以謹身節用贍其家自其父析產時所受田

僅十餘畝終其世蓋不啻什伯倍之他產稱是於是推其田若干畝市廛若干肆又構屋若干楹爲安氏義莊以贍其族人所以恤孤矜寡賑貧勸學之法一取諸吳郡范氏嗚呼自敬宗收族之義不行而世風之不古若久矣古之時有大宗有小宗小宗自王父母以下大功之親皆異居而同財有餘則歸之宗不足則資之宗而大宗百世不遷則收族蓋及百世後世宗法既弛而同財者蓋寡於是賢士大夫始通其制爲義莊義莊者收族及百世而兼大功同財之義也顧非孝友敦睦其人而又大有力者莫能勝其任今安君以不及中人之產自儉約以致富而獨不吝於財以敬宗爲己任厚捐其資而成之是能備鄉三物之六行而康樂和親安平之治庶幾其復見者歟足以風世矣君爲人寬厚平易其他行事多類此以雍正癸丑年十一月二十七日生道光甲申年八月十三日卒享年九十有二子五諭恕察租拱孫十三炳宸炳旭炳中炳曦炳台起炳晗元勳建勳廷勳策勳鴻勳樹勳曾孫二十九人元孫二十二人來孫一

人咸豐五年以元勳捐貲助軍餉援例贈君奉政大夫鴻勳從予遊已遊庠讀書精進不倦所以志顯揚而光泉壤者方未已也因其請而悃舉梗概以爲之傳

子鏡弟傳　　族兄吉

子鏡名謙爲春臺叔父長子勤學過人困於小試嘗受知江蘇學使胡公以額溢見遺乃遵例入監將北游而春臺叔年七十傳家時叔捐義田贍族子鏡篤於收族與余同纂家譜余與弟熊占纂叔英公支子鏡纂宏大公宏遠公支宏大公以事挂誤謫戍雲南楚雄宏遠公代戍友于之誼也子鏡作宏遠公傳以表彰之勤勤懇懇手不停披蓋澤上舊譜自耕讀公心雪公始輯若金兄枝錄子鏡續修之得前明文學

陳先生齋贈宏遠公詩集序送以文公雲南省親詩又得全宇公詩稿及膠東公南濤公鳳西公累世詩文彙編成帙今叔刊定家譜而子鏡已長逝矣嗚呼傷哉聖基伯父倡建始祖宋樞密厚卿公祠堂子鏡議祭儀撰祝文同南金兄請武進刑部主政李公瑞岡譔樞密公祠堂記又請爲雲卿公傳請錫邑宰儁公潤爲義田記述族母倪孺人守節狀請金邑訓導趙公基爲倪節母傳嗚呼此皆子鏡數年用心勞意承父兄尊祖敬宗之志也遠祖金事公古墓久迷失

子鏡與余同心謀修復之余作古墓考今余本生父仙岩公歸墓糧於義莊議遵光祿公時東西分各半辦糧保守而子鏡亡矣其將卒時猶諄諄屬諸兄弟以復古墓爲未了之事子鏡一心追遠如此嗚呼傷哉叔父勇於尙義助建橋梁若鳴城山𡼖等處不一又獨建慶安橋又修宛湖之大成橋子鏡蚤夜督工風雨跋涉不辭飢渴勞頓又助余楷字印花樣簿易箴線簿余著夏時考刻首卷夏小正子鏡首捐資印行凡余筆墨若大學中庸講義尙書讀法及會試薦

卷皆手鈔而珍藏之叔父析產子鏡雖處順境而惡奢靡力遵唐風勤儉事無小大必躬親之不假手童僕心力交瘁而卒嗚呼傷哉子鏡生於乾隆二十七年八月初三日卒於嘉慶十三年九月初四日年四十有七長男炳宸舉業將成而早世次男炳旭炳中炳巘炳台女二人孫男景崧登岱步皐

論曰昔賢稱佳子弟如芝蘭玉樹余家多佳子弟而不永年此吾族傷心事也余胞弟同年十八殤蘭生八歲殤族子繼言年未三十卒皆有文行余就傳時

繼言常以族替爲憂遺書勉余振起家聲當如顏子之竭才無若冉有之自畫學曾子一日三省希子路不恥緼袍若子鏡之爲人假令繼言而在亦其所殷殷屬望者也故余傳子鏡而及之余悲子鏡念佳子弟之短折不勝悲云

耀金安君傳

賜進士出身誥授資政大夫吏部左侍郎提督江蘇學政加三級紀錄二次歸安姚文田撰

人必有可傳之實而後有可傳之名名以實傳彰矣若安君者非歟君諱如林字耀金金匱國學生恩授登仕郎爲聖基安公少子君少英敏習舉業長理家政置產千七百畝有奇稽田築室艱苦備嘗復古墓捐祭田慷慨無吝色跡其方畧磊落激昂似不欲僅以報本追遠爲能事而即此已足重於時他若捐修

文廟力賑歲饑及橋梁傾圮與里黨一切告乏者類無不應所行蓋無非善舉焉如君者其可及哉而尤好讀書延一時知名士課其子懃懃懇懇禮意有加固非世俗之號稱重傳者可比即凡晉接斯文亦莫不忠誠且敬如春風之煦物藹乎可親居平寬厚淳樸常有惠澤及人人至今猶穆然長懷稱道不置其度量相越過人遠矣且又嘗與懷義學栽培後進時往來於心而不能忘顧乃志焉未逮是豈造物者豐其運而嗇其遇耶抑事之廢興有成數耶迄今安君

雖沒而不沒者固自有在彼世之封殖一時而泯泯以死遂與草木俱盡者何可勝道而君獨有異於是因述其遺踪撮其大旨獨得想像其聲音笑貌於篇什間爲之傳而恍乎遇之君生於乾隆癸酉七月初七日卒於道光辛巳十二月二十日享年六十有九配陳孺人繼配陸孺人側室蔣氏周氏子男燦霞燦襄湘燦明孫男十二人皆耕讀守業此以知天之報施善人昭然不爽若君之陰行善道宜其子孫繩繩而德澤之綿衍也夫

論曰安君芙蓉澤人其先代有爲金華府倅明善者卓卓有政績可記厥後以文省親滇南三至以孝行聞而君以孝友傳家淳謹立德有忠厚長者之風豈可謂非克紹前徽者歟脫令其用於時展其智畧當必有所建樹與先輩明善以文諸公或均不沒於世云

伯祖方平公傳

嘗讀孔子家語曰倮蟲三百有六十人爲之長又讀論語有曰君子疾沒世而名不稱焉竊歎人生世上有其實必有其名非可苟焉已也按伯祖方平公諱恕國學生議敘分縣曾祖春臺公之子兄弟五人伯祖居次因先有姊行在第二遂相傳爲三房云考之伯祖與兄弟輩均容貌秀偉眉宇軒昂幼讀書亦皆聰穎過人好學不倦伯祖尤長於吟詠嘗刊有清異編珠惜遇咸豐庚申之變避難遷徙遺失無存焉嗚

呼如伯祖一生之行事亦可謂卓然不朽矣曾祖春臺公好義之心行善之事始則贊其力而爲之繼則如其願以償之如修 聖廟建橋梁復古墓輯宗譜以及設粥廠以濟民建義莊而贍族迄今昭昭在人耳目間彼時長兄伯祖子鏡公年逾四旬先經逝世舉凡曾祖之善無不爲爲無不成者皆賴伯祖同諸弟輩贊成之力督率之功俾得有以畢乃事完厥志也至伯祖之孝於父母友於兄弟持躬以節儉待人以忠厚是尤出於天性本諸父訓者矣今年春其曾

孫麟書協修宗譜率同玄孫協清協華星樓耀斗並來孫文新等意欲表揚祖德意氣懃懃懇懇泰生也晚不獲親見伯祖之丰裁而得之父老之傳聞歎其爲人之名實相符不敢安於譾陋也是爲傳

民國十一年歲在壬戌夏歷十一月姪孫泰來拜撰

鑑平安公傳

姚光斗撰

鑑平安公諱察號省齋世居舊金匱縣北延鄉中澤兄弟同居融洽無間和藹之氣充盈一門鄉黨稱之而公又生性孝友勤儉持家忠恕待人大有長者風爲當世士大夫所敬重會吾邑聖廟年久失修廟貌損煥士林恥之公乃建議當道請撥帑銀倡導與修所以昭崇敬而光邑邦合邑士紳重鼎之鳩工之日合請公任督修之役公復矢勤矢慎不辭勞瘁及竣絶無隕越羣嘉其賢勞而公乃謙不自居其奉職誠敬可知其爲人也亦可知至奉命董理義莊尤能恪承先人艱難手創之遺志賙邺宗族飢溺爲懷常以處此生寡食衆之境時有難乎爲繼之勢乃竟熱心竭慮不少懈怠終至增置義田克慰先靈於地下當時合族頌之受無愧也嗣公以義莊固爲邺族之本而公祠又屬敬宗之地以是繼董莊務之餘力籌建設旌義公祠者原以爲崇祀先賢仁人而設實寓激勵後起勉成善義之旨此亦慎終追遠之義用意深遐盍見苦孤甚且樂善不倦對於地方凡百公益無

不肖先解囊早觀厥成例如獨力築路也倡建橋梁也一若應負之責任而引爲己事謀民利便無不其極地方人士以故莫不尊之爲領袖奉之爲典型者迨至七十壽終之月猶有頓失老成喪我長者之痛其感人之深者有如此公一生不競名利而勇於爲善事跡昭著清廷授公爲奉政大夫妻張宜人係生母之侄女爲配者生一子名元勳郎負有大江南北盛大之信譽主宰棉業之鉅商也經日聿昌厥後公其積德累仁之徵歟然哉

清贈奉政大夫五品銜邑庠生蓉溪安公行略

公姓安諱昶字叶琴號蓉溪又號薌林居士系出宋觀文殿大學士諱燾後父汝諧貤封奉政大夫候選府同知母張氏繼母張氏均貤封宜人兄弟五人公居四幼有至性事父母至孝垂髫時即知服勞嘗爲母澣衣失足落水移時救出身已僵百方救之不得生母泣而置之旁越宿而甦身安無恙獨嬉戲於檐下鄰里見者咸驚奇之詢以被溺故答不知識者謂其有夙根殆天佑之也及長入邑庠力持忠厚傳家

之訓待昆弟能讓遇尊長能敬處家庭則忍和待鄉里則仁厚交接樸誠宅心方正平生尤好染翰耽吟詠屢試秋闈不第遂棄舉子業專攻臨池雖寒暑無間始好右軍楷法中好歐米晚嗜長史懷素草書每一揮翰極風馳雨驟鸞舞蛇驚之致凡當代名流過惠麓見者必敂門求之門庭斷斷閾限幾破然公性益虛每當潑墨淋漓輒排列碑帖滿堂滿室一一遍觀不勝慚恧謂余書如塗鴉何以應人之求臨摹益力矻矻終身年近七十尚臨摹不稍懈迹其所臨墨

蹟有十七帖聖教序圭峯碑樂毅論九成宮靈飛經
米南宮諸帖董文敏諸帖懷素諸帖以及草書要訣
四集俱能確肖其神然皆自視爲無可存者每被人
携去不自惜所存僅一二全璧餘皆斷簡殘編而已
又以餘力學與可竹石筆意蒼古爲識者所貴至其
詩文有鄰林居士草亦多散失存者僅吉光片羽耳
公與三兄鑑平尤爲篤好每同承父志嘉慶間春臺
公有建義莊意未決詢諸兒輩公與三兄鑑平進曰
爲善最樂東平王言洵可法也吾父一生賑貧民建

橋梁復古聖賢蹟亦既無善不爲正宜贍族以廣善
舉春臺公志遂決迄今族人須德往往稱父及子也
嘉慶十年奉父命督修學宮鳩工庀材煥數仞之宮
牆邑候齊梅麓先生見之嘆爲有澹臺滅明之風公
之立品可知矣春臺公壽至大耋而終猶哀痛不已
孺慕彌深嘗思擴充善舉以繼父志道光十五年公
與三兄鑑平增廣義莊屋一進中奉父像祀之後復
增置義田數百畝三兄鑑平臨終公與之互相携手
哀咽不忍捨歿後忽忽若有所失其篤於友于之誼

如此公承父之業雖薄有貲産然儉約自持不穿華
服年七十不稱慶是年正月抱病二月中旬病篤夢
覺呼集兒輩而語之曰余夢神告以三日後逝世汝
等須以儉約治喪體余素志又曰古人謂兄弟和其
中自樂子孫賢此外何求斯言也余有厚望於汝等
爲越一日又呼四子鴻勳語曰余守一衿未能顯親
揚名以慰父志終身引爲遺憾汝當奮志上進慰余
賫志言罷復挺然起坐曰余有自輓一聯云直道枉
行一世素風清苦半生額曰如斯而已急取筆來余

自書之歿後爲余懸之靈前時氣息僅存勸之再三
始止又越一日而果逝鄉黨聞之無不泣下公於道
光季年歲饑出貲賑濟得恩授八品銜同治四年誥
贈奉政大夫葢四子鴻勳援例請封者也公生於乾
隆四十四年五月二十四日卒於道光二十八年二
月十八日享年七十元配濮氏誥封宜人同邑象明
公女生於乾隆四十四年八月二十九日卒於道光
十三年十一月二十五日享年五十有五側室鄒氏
誥封宜人生於嘉慶三年四月初八日卒於道光三

十年十一月十九日享年五十有三子策勳河南候補縣佐六品軍功濮出菊初錫慶能讀書殤鴻勳藍翎五品銜附貢生樹勳議敘縣佐鄒出女八濮出者五鄒出者三孫十一孫女九鴻勳等受教養之恩愧未能顯揚於萬一爰述其畧冀當世立言君子採而傳之幸甚

四男鴻勳百拜謹述

安蓉溪先生傳

太上立德其次立功其次立言斯三者皆足以不朽若夫窮巷之儒布衣蔬食槁死戶牖季思原憲而外傳後世而垂無窮者有幾人哉蓉溪先生則不然先生姓安氏名昶別字叶琴無錫北上鄉人也年少力學補博士弟子員屢赴秋闈不第遂棄舉子業專肆力於臨池之學於古大家諸帖無不臨摹摹無不肖晚年尤得力於長史懷素諸體揮毫落紙若走龍蛇變化夭矯神妙莫測近代書家無有出其右者尤工詩著有鄉林遺草喜繪竹石疎勁蕭拔得與可風天性純篤於父子兄弟之間孝敬推讓人無間言父春臺公以貲雄於鄉欲建義莊而未果先生與兄鑑平力贊成之至今一族利賴晚近士紳喜交結有司出入衙署先生奉父命督修學宮朝夕從事廟貌聿新公餘之暇未嘗一謁縣署邑尊齊公梅麓重其行謂爲今之澹臺滅明平居自奉儉約里有善舉無不盡力以助故鄉里有善人之目年七十以壽卒於家同治三年江南肅清以子鴻勳功追贈奉政大夫同知

銜嗚呼先生之表見於世者行述載之詳矣吾於先生獨深有契焉易曰積善之家必有餘慶以先生之才雖不獲大顯於世而其子若孫皆能以詩書世其家今其曾孫輩或策名仕途或振聲學界後起之興正未有艾非先生之盛德曷克至此先生其不朽哉
宣統三年歲在辛亥春三月鄉貢進士姻再姪虞文元拜撰

安君亦莊傳

敕授徵仕郎晉階儒林郎道光乙未科恩貢進士候選直隸州州判欽加直隸州州同銜世愚弟竇承焯拜撰

安君亦莊余同硯友蓉溪之胞弟也獨記五十年前秦步三業師設帳余家亦莊至城謽來省其兄於步三業師亦執弟子禮因知君曾負笈門下故亦莊與余爲同門友斯時春臺世丈命君經理家務早棄舉業每與余談論古今臧否人物無不切中窾要性極豪爽能慷慨任事又精於工作嘉慶丙子重修文廟兩邑尊延請董理故住宿尊經閣數月與余晨夕過從見匠工百餘人無不聽其指揮工堅而料實數十年來宮牆不致大興土木者君之力也咸豐丁巳君之子建勳持君行畧請作家傳余雖不文與君相契甚深不敢以不文辭按狀君諱拱字容肅號亦莊議敘主簿系出宋觀文殿大學士諱壽後明初金華倅諱汝德始占籍無錫東鄉之芙蓉澤上傳至誥贈奉政大夫春臺公諱汝諧生子五人君爲最少幼有至

性讀書甚聰穎比長精神强固體格脩偉屢應童子試不遇春臺公剏膏腴田千畝於族中創建義莊一所遂命君等任其事邑中善舉君皆任之嘉慶甲戌歲旱秋冬間君承春臺公之命于里中設廠施粥民賴以生迨二十年青黃不接時君目擊心傷特倡捐錢米凡道遠貧民不分畛域自春徂夏全活無算君能實心實盡絕無伐善喜功之念春臺公年逾九旬一生行善實君之先意承志之力居多至君之事父母以孝待諸兄以恭其天性有過人者凡親友以緩

急告無不得所欲而去而并不告諸人鄉黨中排難解紛得君一言皆心悅誠服此固人所難能而君則忠信素孚于平時明決能行于臨事故無所往而不利自無所施而不當也是爲傳至生卒年月子女之屬詳伊族姪起東行畧中茲不贅

堂伯父春陽公墓誌銘

姪泰來

昔曾子固感歐陽文忠公銘其祖父寄書致謝有曰非畜道德而能文章者無以爲也今年春吾族纂修宗譜春陽公曾孫者香囑余爲銘誌余媿道德之不明文章之不成然竊聞先輩之立心制行有非可安於謭陋任其湮没者按伯父春陽公諱炳中曾祖春臺公之孫伯祖子鏡公之子也兄弟五人伯父居三體質修偉性情樸實幼讀書聰穎過人因蚤年喪父見背長兄正陽公又舉業將成而早世遂棄詩書而

任家政其治家一本先人勤儉之風尤賴母氏朱伯祖母賢而有德主持内政而伯父又能孝以事親友于兄弟故一時宗族鄉黨間稱道弗衰焉烏虖如伯父平生之處境亦可謂至順而又至難矣伯祖輩兄弟五人伯父輩亦兄弟五人伯父之膝下又兄弟五人人口愈多析産愈少彼時仰事俯畜將何以免不足之憂乎而伯父身後卒能瓜瓞綿綿隆隆日起者皆由伯父之克勤克儉又朱伯祖母相助爲理之力居多也伯父年五十以咸豐庚申年十二月壬午葬

誠字一千三百八十一二三四等號其長子嘯峯兄等倡助護墳田以備墳丁口粮之需至光緒年間其孫亦周篆雲建侯少蓮晉康姪及耆香等復倡議造墳堂栽松柏迄今春秋祭掃子孫繁衍詎非蘇長公所云仁者必有後之明証歟至伯母許氏亦能孝以事姑敬以事夫儉以持躬此又伯父之得力於內助者也銘曰

烏虖休哉維彼伯父儉德可師子孫繩繩弗替引之烏虖休哉

恩授修職郎例封承德郎議敘縣佐太學生芬齋府君行述

府君姓安氏諱燦揚字廷德號芬齋系明金華府同知明善公第十五世孫先大父若金公之幼子也大父德配周太孺人生子二女二爲府君伯仲兄姊繼配司馬太孺人無出繼配胡太孺人生子二女二爲府君及府君之三兄與妹也先大父業孺隱居不仕課子姪攻讀世父俱承庭訓爲通儒逮生府君年且衰矣府君生而幼慧大父嘗語人曰此兒非諸子比

吾家興廢在是惜老病不及教之耳府君九齡失怙從兄學讀書過目成誦行年十三祖母胡病久生瘍膿水不出醫莫能治府君持麥莖跪而吸之膿盡得愈旋患糞結時病篤已甚醫藥無所施而太孺人頗以爲苦府君取温水潤洗以指甲剔之數日始盡太孺人欣然曰吾今則死無憾矣若侍奉湯藥數月不解帶猶其餘事其天性之厚如此未幾祖母病歿喪葬畢兄弟析居而府君同母兄又相繼夭殂妹俱幼因寄食仲兄而自謀生理遂棄學業務農勤儉持家

家稍裕援例入太學旋爲二妹營嫁已連喪偶家中落又習商家道始隆隆起然不私自擁有餘恒資貧乏親鄰孤寡歲給錢米他人有急輒周之雖屢屢告未嘗處所求而遇寒士必厚贈之敬禮如神道光己酉患水災米價騰貴貧戶不聊生官令就地平糶時近族應入貧戶冊者已多府君不令入冊招向已糶照官價而加廉焉間有無知者糶而販賣且曰彼懼刼搶故如此府君聞而喟然曰吾念吾祖有孫爲捐戶固榮而衆孫墮貧戶羅難爲情耳吾長物幾何豈

慮動匪人心耶卒自若不以爲嫌咸豐丙辰歲旱繼之以蝗大饑明年奉憲賑濟府君竭力助賑當途以其名聞於朝賜爵如制而近族仍賴府君以不飢且平居緩急靡不貸之貸後並不索不但孤寡之厚以鄖也其事兄如事父仲兄老而無子嗣猶子孺懦府君經理家事必先兄而後己資用乏不待言而與之兄意或不安必慰之曰向弟幼恃兄以長今兄老弟自當報之且手足固同一體何分爾與我耶時府君祗一子得之已晚仲兄愛之不忍拂也爰帶己產而

爲之後更有幼姪兄歿無依爲之撫養成婚並謀其生理其餘一門酬應獨任不辭而友愛又如此爲至祖宗祠墓尤爲加意凡修葺必親監之墓無碑者立之碑祖例入祠者送之入有始遷祖像明季失之後有人在吳中舊家見之其像故有御題及名公題詠見者知爲安氏祖走告府君府君哭而往出重貲購歸晚年歸祖基創建新宇歲時懸於堂自題其堂曰知本蓋自道其生平也府君多口才言中人意而行卻剛正閭里悅而服之每有紛爭府君至屏息待剖

府君力爲排解必兩造冰釋乃已故事經府君未嘗有成訟者而教子特嚴厲一有失必大怒數日不假以辭色責令爲學必曰余少讀書流爲商賈恨終身汝等雖愚下必讀書以副吾志吾見亦多矣惟耕與讀傳家最久耳此府君閱歷之言小子識之不敢忘至其治家措置裕如內外整潔每早必令兒曹灑掃拂拭几榻無纖屑塵垢性嗜茶暇時每持杯茶與子姪言善惡之報及人家興廢之理道之津津能令聽者忘倦其教誨後人意深且遠又如此府君生於乾

隆五十六年四月二十五日卒於咸豐八年七月二十三日享年六十八歲德配張孺人生於乾隆五十五年九月初四日卒於嘉慶二十年六月二十六日在年二十六歲生女一適同里顧大昌繼配汪孺人生於乾隆六十年五月二十三日卒於嘉慶二十四年八月十八日在年二十五歲無出繼配嚴孺人性柔順無疾言遽色少而母瞽撫育二弟主中饋善體親心于歸後家道方嗇勤紡績茹苦相夫自奉以粗糲而精者食人故舊親戚至茶酒畢具不少留連與

府君得倡隨之意焉其字姪猶子而製衣履必先之子女六人皆自乳中年因得嗽逆之疾值厨下熏炙氣嗽吐便不止然帶疾操作家既豐而孺人仍以勤儉中饋事雖有婢僕必親主之卒以其疾羸瘦而終兹因府君而附叙及此感激涕淋爲之輟筆孺人生於嘉慶四年十二月二十三日卒於道光二十八年二月初一日享年五十歲生子三長議敘主簿晉階出嗣亥議敘主簿雲階三軍功六品銜邑庠生卽小子升階也生女三長適江陰東鄉赤岸方德輿亥適同邑邑增生錢嶸駿三殤晚納吳氏無出餘不贅小子升愧不才不能顯揚府君惟念府君之懿行不可湮沒謹序而述之伏乞當代名公賜之傳銘以光泉壤則升階等世世子孫感且不朽

同治十一年歲在壬申春三月升階謹述

賜進士出身翰林院編修咸豐戊午陜甘副考官姻世教弟呂耀斗頓首拜塡諱

安芬齋公傳

距吾渠五里而羸地曰芙蓉澤安氏世居於此蓋數百年矣桂坡先生生當明之中葉雄於財而負經濟才膠山之陽田高仰常苦旱值歲大祲民嗸嗸無以爲生乃大出倉粟令鑿渠廣逾百畝日役千夫起其泥塡膠峯之缺爲壽城未數月渠與塋皆成因規爲圃一舉而饑者飽枯者潤蕪者治其子與孫皆登甲科爲名臣邸第園林之勝冠一邑里西南村聚人呼爲安家門前以其姓名鎭其盛可想矣　芬齋翁

者其族也諱燦揚字廷德先世皆業儒有潛德多通人翁性敏慧而不克竟於學昆弟四人翁生最晚九歲喪父尋至輟讀就耕事母孝母病晨夕不離側燠寒疴癢抑搔扶持煩冗穢瑣事必躬親幾如萬石君之滌牏瘦子員之嘗糞人咸以爲難家貧慮甘旨無以供乃貿遷有無權十一才本優長加以勤奮獲利恆倍於人居數年益鍊習人棄我取人取我與賤入而貴出家業因是隆起雖以艱苦致豐亨而用財無少慳內治婚嫁外賙親黨於近族之無告者寒士之失所者尤厚焉道光乙酉水潦咸豐丙辰旱蝗皆竭力賑助例賑之外繼以平糶同族則不令入冊自給之名假貸而實不責償忌者或造爲讕言如弗聞也當事上其名得優獎其宅心仁厚類如是幼時嘗寄食於仲兄兄老無子事之如父凡事必先兄而後及己祖宗祠墓與公家事之未辦者胥視爲切己之事必妥協而後安其篤於本根又如是用是信義孚於鄉黨遇事忿爭必就翁平曲直翁抑強扶弱片言出無不悅服一鄉無公庭之訟自以髫年失學終身抱

憾常自誦曰惟耕與讀可久可大庶幾在是是以課子極嚴讀書稍懈怠必大怒數日不怡諸子皆凜凜向學以咸豐戊午卒年六十又八厥後子若孫次第蜚聲庠序爲時名師其孫榮光字與春設帳吾渠近二十年予子姪皆從受業出其尊人　晉華先生所撰行述命爲詮次雖不文誼不敢辭謹最其大者書之其他懿行及世系詳行述者不復贅

論曰予究觀天人之際凡利澤及人者天必報之以福所得大小厚薄遲速久暫悉視所施爲準絲毫弗

爽也貽害於人者報亦如是昧者不察但知利之可以專於己而人之害則漠視焉絕不一動其心是實辭福而就禍也不亦傎乎翁奮起孤寒克復舊物固孝弟之效而好行其德根自性天視前人之利濟一時澤流後世者雖大小有殊而饑溺猶己胞與同人之懷抱則一也然則翁之施於身以昌其後者不卜可知矣

光緒辛丑春三月

附貢生候選訓導世晚生秦芝濟沐手謹譔

堂伯父藝甫公傳

藝甫公曾祖春臺公之孫伯祖方平公之子也兄弟二人藝甫公居長春臺公生子五五房兄弟孫輩十三人或好讀書或工書法或工畫靡不彬彬爾雅克紹前徽按藝甫公名起諱炳泰字道南一字芹香國學生體質剛强情性温和幼讀書悟貧聰穎弱冠斐然成章應試十三次數奇輒躓絕無怨尤性嗜酒時與兄弟輩把酒論文備極怡怡之樂其素性之高淡有如此者厥後生子五生女三常引帝堯多男多累

之訓以爲箴導之以節儉教之以義方其究也或爲儒或爲醫類皆規矩循循克自成立其治家之嚴肅有如此者至居恒之立品行事一切外務概不與聞而好義之心根於至性間遇有急來求者必慷慨周全之有事來訴者必委曲勸解之故宗族鄉黨閒無不帖然悦服翕然稱頌其待人之寬厚和平有如此者嗚呼如伯父一生之處境亦不數數覯矣少時在重慶具慶之下舉凡祖父之一話一言一舉一動皆得目覩之親炙之及長兄輩趨庭講論先祖之旌義

先父之善行尤能有味乎其言之斯眞天倫之至樂人生之最難得者也迄於今其孫曾玄孫輩皆隆隆日起克振家聲詩云子子孫孫弗替引之姪爲伯父傳姪更爲伯父詠焉

民國十一年歲在壬戌　姪泰來拜撰

安揆伯先生傳

姚光斗撰

粤稽古之士大夫建大業成大事聲聞遠播令譽卓絶不羣自集不令而奉者固肇基於才智而究其業之所以建事之所以成厥道維何要曰誠信我以信示人人以信仰我爲政在信爲商則尤有重焉觀夫揆伯先生之棄儒就商經營棉業稱雄於大江南北而主宰其間繫於誠信益知商之於信其爲重且要也明矣先生安氏諱元勳字功敷揆伯其號係舊金匱縣北延鄉人也其先德鑑平公承繼祖武齊族於

鄉之芙蓉滹中居爲先生少聰穎有大志爲其先德所鍾愛及長克承孝友忠恕之訓勤儉自持和易近人事事出之於誠信早爲族黨所推重惟不屑拘迂於帖括制義之文而自人無用之途好事心於岐黃之學以爲壽人益身之用復精究於靑烏之術以探地理人事之奧見解超凡心地豁達已勝常人多多矣乃又淡泊功名不求仕進顧於貨殖之傳陶朱之方則莫不殫心力學擘劃綢繆毅然有追踪古人樹幟當世之概而又深明夫民生日用要需不容或缺

者食之外惟衣衣爲棉所成人非棉不暖非衣不蔽民用之繁無逾於此故有創商棉業之决心於此先生之大志可覘矣嗣先生以棉産於大江之北爲多江之南居民胥仰求於彼先生當以貿易之術而經營其間設分莊於産地吸其所有轉輸諸於大江之南以利吾民而吾民無虞不衣遺貧於大江之北以裕其民而産地無憂貧瘠一轉移間大江南北之人民交互便利胥賴先生之調劑實利均沾而先生之營業又以是而卓立矣蒸蒸日上矣先生復以信義

通商誠信相孚之旨昭著於時年復一年範圍逐漸擴大分莊隨地增多業務計日發展致産地人民同業商人無不知有先生其人且又無不信仰於先生者而先生主宰總攬莫不歸而奉之無敢抗庭雄名冠絶於大江南北有南面不啻之豪煊燿當世洵吾邑之光耶抑先生之榮也然則此尤不足以爲先生榮而先生猶有更榮光無上者在各地金融之樞紐錢業操之專務實利不尚空頭獨對於先生分設之數十收棉莊輒以能與貸貲爲幸倘經先生一字之

介一章之蓋則百千萬億元立予不稍吝反之則分厘絲毫不予爲此種特例在錢業夙號勢利小人錙銖必較之流而竟一反其本予先生以獨享既無第二人得此特權利益嘖嘖稱奇咸謂破紀錄之創聞謂非先生榮光無上而何其實此乃先生誠信相孚之代價也豈倖致哉先生嘗於經商之餘督理其先德所手創之義莊數十年中慘淡經營故能增置義田數百畝始免生寡食衆之虞合族以是而感服其重視宗族急公好義之心不以商業所繫而稍具懈

念殊爲難得且又不戀戀於利祿凡百公益無不首先慨予解囊以成善舉例如獨貲修葺宗譜修建橋梁倡築通鎮道路事跡昭著無一而非出諸於誠信甚矣先生誠當世篤行君子也猗歟盛哉先生由國學生授府同知候選享年六十歲妻汪宜人布政司理問若干公女先卒簉室侯宜人及徐王二孺人子寶壽侯出

曾大父芍亭公述畧

曾大父姓安氏諱策勳字鐵生號芍亭别號少溪散人系出宋觀文殿大學士厚卿公後明金華府同知明善公十三世孫淸貤封奉政大夫春臺封公諱汝諧之孫贈奉政大夫五品銜邑庠生蓉溪封公諱昶之子也母濮氏庶母鄒氏均誥封宜人兄弟三人曾大父居長幼秉異性及長昂藏有大志早歲應試不售遂棄帖括不爲而專力於臨池時高祖蓉溪公方以擅絕書法爲當代名流所重曾大父承家學既無

所不臨摹而尤致力於董王諸帖弟愛棠公諱鴻勳秉父兄教亦以善書鳴幼弟振寰公諱樹勳更工繪翎毛花卉一門父子兄弟擅書畫學不減米家書畫船風味也論者謂蓉溪公書蒼古凝練渣滓盡去擬之聖愛棠公書如其父而意度稍遜擬之賢惟曾大父筆端有逸氣遒勁秀麗别成一格擬之仙云又好爲吟咏著有薇紅偎館詩稿詞意淸奇而負氣節惜不自矜重稿多散失又嘗習銘章篆刻凡父子兄弟所用印章無慮百數十枚以及竹製文房器物所刻花卉人物多出曾大父手又潛心岐黃精喉科求診者不計值貧苦之人更贈以藥物雖所費不貲曾不少吝蓋志於行善初不爲市道計也性剛直氣度豪邁强者不吐弱亦不茹爲人排難解紛片言立決里有善舉莫不倡之盡力親友遇患難傾囊相助必解免乃已以是頌聲四起莫不謂有古俠士風咸豐庚申洪楊擾亂烽煙四起曾大父奮然起曰志士報國此其時矣遂與其弟愛棠公等團練鄉民以禦劇寇賊鋒爲之稍挫惜以憤激過甚疽發於背創重身殉

時咸豐十一年三月初八日也距生於嘉慶二十三年正月初九日享年四十有四亂平大吏奏請於朝敘六品軍功賞雲騎尉世職振寰公亦於是年憤髮軍蹂躪哭泣而卒年三十有三援例投登仕郎議敘縣佐愛棠公敘五品軍功賞戴藍翎曾大父本係附貢生河南候補縣佐將赴任矣遽以賊發死難卒之日遠近皆嗟痛泣下謂地方折一柱石矣德配王氏太學生安瀾公五女生於嘉慶二十年九月二十一日卒於咸豐二年二月初八日享年三十有八繼配

沈氏國學生蘅香公女道光辛巳恩科順天舉人河南閿鄉縣知縣秋苑公孫女生於道光七年五月初二日卒於光緒二十七年十二月初十日享年七十有五子四駿壻殤繩祖附貢生王出耀壻元壻殤沈出女三長適嘯傲涇議敘從九錢震駒次適安鎮國學生司馬騰王出三適后橋國學生王瑞元沈出孫女二孫男一卽劍平父也名學箕字荎岵歷辦晉省釐務財賑調查暨陝省署監獄官等職筮仕在外已十六年茲値族尊長修輯家乘以曾大父之學行不

可聽其淹沒謹述如上至其詳情軼事以年代久遠長老無傳則亦不可得聞已倘蒙

當代立言君子採而傳之不勝至幸也

曾孫劍平謹述

曾大父芍亭公述畧

曾大父姓安氏諱策勳字鐵生號芍亭別號少溪散人系出宋觀文殿大學士厚卿先生後明金華府同知明善公十三世孫清貤封奉政大夫春臺封公諱汝諧之孫贈奉政大夫五品銜邑庠生蓉溪封公諱昶之子也母濮氏庶母鄒氏均貤封宜人兄弟五人曾大父居長幼秉異性及長昂藏有大志早歲應試不售遂棄帖括不爲而專力於臨池書名噪一時時父蓉溪公方以擅絕書學爲當世名流所重始好右

軍楷法中好歐米晚嗜長史懷素草書曾大父承家學旣無所不臨摹而尤致力於行草諸帖弟燮棠公諱鴻勳秉父兄教亦以善書鳴幼弟振寰公諱樹勳更工繪翎毛花卉一門父子兄弟擅書畫學不減米家書畫船風味矣而論者輒謂蓉溪公字蒼古凝練渣滓盡去剩得筋骨擬之聖燮棠公字如其父而意度稍不及擬之賢惟曾大父筆端有奇逸氣勁遒秀麗別成一格擬之仙云又好爲吟咏著有薇紅偎館詩稿詞意清奇而負氣節惜自謂不足與其墨寶類

多散失存者寥寥嘗習鐫銘術凡父子兄弟所用印章無慮百數十口以及製文房器物所刻之花卉人物莫不與自曾大父手曾大父既以藝術見重當時而於翰墨之暇更潛心岐黃精喉科求診者不計値於貧苦之人更貼以藥餌資即强酬之亦不受也蓋曾大父藉以爲行善初非爲餬口計也性剛直氣度豪邁昂藏有大志爲人排難解紛片言立決而人之爭者得其一言事亦寢矣里有善舉倡之惟恐不力親友有急難者必盡力解免傾囊以助無吝色以是

譽聲四起頌者至稱爲有古俠士風咸豐庚申洪楊擾亂烽煙四起曾大父奮然起曰志士報國時矣與其弟鴻勳樹勳團練鄉民以禦賊鋒爲之稍挫卒於咸豐十一年三月初八日以敵賊憤激疽發背而亡享年四十有四大吏奏於朝敘六品軍功賞給雲騎尉弟樹勳亦於是年憤髮軍蹂躪哭泣而亡年三十三清例投登仕郎議敘縣佐也鴻勳得敘六品軍功賞戴藍翎曾大父河南候補縣佐將赴任矣遽以賊發死於難嗚呼烈矣生於嘉慶二十三年正月初九日德配王氏太學生安瀾公第五女生於嘉慶二十年九月二十一日卒於咸豐二年二月初八日享年三十有八繼配沈氏國學生蘅香公女生於道光七年五月初二日卒於光緒二十七年十二月初十日享年七十有五子四駿塏殤緝祖附貢生王氏出耀塏元塏殤沈出女三長適嘯傲涇議敘從九錢震駒次適安鎮國學生司馬騰王出三適后橋國學生王瑞元沈出孫一錫和即吾父也孫女三俱適綜曾大父一生行事類可誌者謹述之如上使後世子孫飲

水思源至其詳情軼事迺以年代久遠長老無述則亦不可聞已倘蒙

當代立言君子採而傳之幸甚

曾孫劍平謹述

安芍亭先生傳

壬戌秋無錫安生叙平來請曰尹父恆羈旅今之楡關且數載矣久不得音耗尹小子又勝衣就傳居家日淺祖德之述未遑事也今吾族方修輯家乘而先祖以上之嘉言懿行不少述一二垂示後昆於心忍乎故以我曾祖之大節爲族黨間所時相告語者述諸先生乞爲傳語雖不詳猶愈於無傳也况自有足以傳者在先生其許之乎余曰居試言之安生曰尹之曾祖諱策勳字芍亭號鐵生晚號少溪散人高祖

蓉溪公長子也蓉溪公工書法遠近求者踵相接曾祖與我曾叔祖鴻勳公侍於旁耳濡目染於腕之運用筆之使轉曲能得其意偶爾染翰犄有矩矱識者咸謂淵源所自不可誣也公性聰慧薄舉子業不屑爲應試不售卽棄去曰功名非我志也吾惟從吾之所好而已乃出晉唐諸帖恣意臨模於是公書益得古人意而名亦日噪一門之內翰墨輝映過者竊比之山陰王氏云公自書法外兼精篆刻凡父子昆季間所用印章大小無慮百數皆公爲之奏刀下而文

房雜品無不手自鐫刻花卉人物咸臻神妙是公之藝術足以傳矣公雅好吟咏詞意淸奇得昌谷神髓顧隨作隨棄不自掇拾有惜之者則曰春庚秋蟀純乎天也吾之詩亦猶庚蟀之鳴耳甯欲以是炫後世哉故今所存諸薇紅仙館詩稿者十不三四也公爲人剛直與人交見有不可輒面諍之無難色人有爭者得公一言曲直立見而事卽寢庚申之亂警耗四迫公與地方人士團練鄉勇以爲捍衛卒以衆寡不敵及於難時咸豐十一年三月初八日也年僅四十

有四嗚呼烈矣大吏以公死事聞於上贈如例是公之氣節不尤足以傳乎公配王爲同邑安瀾公女繼配沈同邑蘅香公女生子四惟次子繩祖得成立餘俱殤繩祖生之大父也女三俱適人曾祖一生行誼所可述者止此他則非所知也先生其許我求乎余曰諾是可傳矣遂詮次其語以爲傳

薛鳳昌曰自來藝術之傳於後者不惟其藝惟其人人不足傳藝亦卑矣孟頫以一身兼三絶而卒不免爲人齒冷傳靑主徐俟齋諸人槁項黄馘貧窮没世

而風流文采照曜千秋近如身殉耤䢄之戴文節其翰墨之珍重亦不亞於傳徐諸人此不獨藝術之足以傳也其懷仁抱義風節凜然蓋亦有足多者今安生所述芍亭公之行誼殆亦文節之流亞歟如徒以藝術重之亦淺之乎視之也

安芍亭先生傳

芍亭先生諱策勳字鐵生嘗自署少溪散人無錫安氏系出宋觀文殿大學士諱燾後而由明乞清中葉尤最多聞人蓋吾鄉之著族也先生當清道光季年遭時清晏有承平餘風父昶以擅書法稱於時先生幼秉異質能承家學自少卓犖有大志一應省試不售卽棄去旣屏帖括業則益致力八法於古法帖模臨殆遍究其所得與明董文敏爲近弟鴻勳亦工書樹勳又能畫一門父子兄弟皆有聲藝苑當代榮之論者或謂先生父書蒼古凝鍊盡去渣滓擬之聖先生弟書如其父顧意度差遜擬之賢獨先生書豪端有逸氣遒勁秀麗別成一格可擬之仙云先生後通歧黃術最精喉科有求診者初不計値勇於爲善里有善舉族姻有患難靡不竭力以赴一鄉稱道不衰咸豐庚申粵匪犯無錫先生偕弟鴻勳等團練鄉民禦之賊鋒爲少挫乃先生積勞憤怛竟疽發背卒年甫四十有四先生係候補河南縣佐末之官至是大吏請於朝晉階六品予雲騎尉世職所著有薇紅仙

館詩稿藏於家待刊
徐彥寬曰芳亭先生盛負文采制行高潔不苟卒以執干戈捍桑梓殉其身其尼山所許仁必有勇者歟安氏累代有名德若先生昆季者洵能不墜其家聲矣先生曾孫劍平爲江蘇省立第三師校高材生彥寬舊嘗見所作文字友人錢君潛廬主斯校講席亦告彥寬劍平甚劬於學殆今日青年中知自奮立者彥寬敬識之今年春劍平屢以書來乞爲先生傳意至懇摯彥寬遂不得固辭古訓有之善人之後必昌

以劍平之賢知先生之流澤未艾也願劍平善勉旃
民國十二年五月　無錫薇生徐彥寬拜撰

安芳亭先生擷香先生傳
邑後學錢基博撰
先生安氏諱策勳芳亭其字一字鐵生又號少溪山人無錫安鎮人也安氏世爲無錫聞家自明朝桂坡先生我素先生繼代擅大名多聚書以招延四方之士而先生能傳其父蓉溪公之學尤工書蓉溪公諱昶生子三人先生其伯也仲鴻勳亦能書父子兄弟一門擅書學論者謂王氏羲之獻之以善書世濟其美視安氏不足道也顧先生之書又有不同於蓉溪

公者蓋蓉溪公作書渾穆簡靜不矜聲色而意度自遠人擬之聖鴻勳數父書極意波發而遜其堅凝擬之賢獨先生出以駿發而烟飛露結筆端有逸氣又別成一格擬之仙又工彫刻仿秦漢瓦當文刻玉石章百餘見者歎爲篆勢分韵自餘器用什物輒鐫以花鳥人物生動妙肖罔不精絕會太平軍起無錫陷沒先生憤發投淮軍自効以軍功給六品階咸豐十一年三月初八日戰死詔給雲騎尉世襲子繩祖襲職即所謂擷香先生也先生既以父𧆞襲武職顧自奮

於文學補邑諸生倡爲松風閣文社以文會友與同
縣秦茝風孝廉趙伯仁明經交尤篤赴鄉舉再薦弗
得第援例入貢以眾望推爲北延鄉董持正不撓爲
鄉人嚴重歲之正月鄉俗例唱灘簧褻雜子女姦聲
以濫聽者忘倦然而終先生之世北延鄉男女禮順
無唱灘簧者蓋賢者之於其鄉有裨風化如此而惜
乎年之不永也不然久道化成必有可以勵世垂後
者卒年四十

贊曰安生劍平擷香先生之孫也嘗事余學爲文章

謹述先生父子行實以乞傳於余曰幸先生不朽之
也余嘗著錫金識小錄祿補載桂坡先生佚事文采
風流心嚮往之今觀先生父子所爲流風餘澤庶幾
未沫詩曰無念爾祖聿修厥德先生勉之矣

予師子潛先生富於研究長於著述文章追窮六
經學術近融一代誠當世之大哲吾黨之泰山也
孟子曰當今天下舍我其誰也予觀於夫子亦云

劍平奉　和笙叔祖命謹誌

皇清敕授承德郎晉階奉直大夫藍翎五品銜附貢
生燮棠府君行略

府君姓安氏諱鴻勳字小琴號燮棠系出宋觀文殿
學士厚卿先生後明金華府同知明善公第十三世
孫旌義貢生春臺封公之孫邑庠生蓉溪封公之子
也嫡母太宜人濮生母太宜人鄒兄弟三人次第二
初生母病失乳未覓代乳口哺以長故自幼多病少
瘥帶疾攻讀志續書香寒暑一編不輟卒成名諸生
蓉溪公精書法名盛一時求書者門若市府君承家

學善眞草兼工漢隸書名不遜前人弱冠後遭父喪
哀毀盡禮時兄以嫡出早折居次府君同母弟妹食
指繁生計細家庭多故鄒太宜人憂鬱多疾府君曲
慰母心庀家政撫字弟妹措置米鹽不令堂上知其
善分親憂類如此父服闋鄒太宜人又謝世府君痛
不欲生者久之既乃順變節哀居喪如制承遺命擇
地營葬又爲諸妹以次營嫁靡不盡力孝友性成也
應試運多舛年三十二始遊庠業師呂太史奇其文
目爲遠到才乃數奇歷應南北闈試未獲售咸豐庚

申粤匪擾境府君團練鄉民以拒賊江蘇巡撫薛中丞廉知勞績給予六品軍功越三年爲同治元載大軍恢復蘇常札委府君辦理文報事竣後李爵相時爲江蘇巡撫奏請給予五品職銜賞戴藍翎府君遂援例請封其父母府君雖不得顯庸於朝其抱負於此亦可見一班矣至其接物罔不推誠不解修飾辭貌尊顯者不趨附而褐寬博者未嘗傲之故有初相見或疑其慢者久則共服其誠遂爲深交咸人以德不以語言而惠人無德色至遺鰥窮顔貌温和雖家

人莫知其有所憂者其氣度深沈又如此性又樂爲善遇有善舉既倡行之又諄諄勸人不怠置家弗顧必既濟乃已如助賑濟卹煢獨修建橋梁祠宇以及施棺木衣藥之類難以枚舉人有事如己事遇有危急救之惟恐後雖累及身不恤鄰里紛爭不決必訴府君府君必爲排解如家事焉而判决是非動中情僞長吏有疑事必密詢之一鄉倚爲柱石歿之日聞者莫不墮淚府君生於道光四年又七月十四日卒於光緒六年二月初四日享年五十有七德配徐恭

人同邑邑庠生諱耀金之長女性賢能巾幗有丈夫畧府君中年頗得内助之力焉生於道光二年五月二十六日卒於同治二年十月二十三日在年四十有二繼配徐恭人同邑鄉飲大賓歲貢生諱耀文之季女生於道光二十一年十二月初四日卒於光緒九年十月十九日在年四十有三男子七人長榮塏天殂次候選府同知桐塏娶徐氏三金塏殤四附貢生鑑塏娶朱氏繼華氏均元配出五鳴盛業儒娶華氏繼周氏六蓮生七蘭生俱幼殤女子三人長殤元

配出次適同邑知廣東陽春等縣事趙起鵬之子友宜三適同邑國學生徐襄和均繼出孫男女十餘人錚日本警視廳畢業生歷任福州蘇州警察廳行政及總務科長事桐塏出鍾淦鍾奇鍾傑鍾英鑑塏出鍾祥鍾瑞鍾秀鍾俊鳴盛出孫女三人蕙秀錠秀桐塏出早夭蕊仙鑑塏出適同邑錢菊甫之子叔琛升階從府君學既久又時得親左右習見府君之行事如此爰撮其梗概而謹述之以俟立言君子採而傳爲庶懿行嘉言共垂不朽則幸甚

光緒十三年春三月

爱業堂姪升階百拜謹述

安愛棠先生家傳

先生氏安諱鴻勳字小琴一字愛棠系出宋觀文殿學士諱燾明同知金華府諱汝德者居官有聲遷居無錫之安鎮十三傳至祖諱汝諧貢生以義行有司旌其閭考諱昶書名徧大江南北嫡母氏濮生母氏鄒兄弟三人先生其仲也生而母病失乳口哺以成人體故羸弱好學出天性髫年寒暑一編午夜不輟卒以文章名承家學工書自大小篆隸以下無不精楷法出入昔唐以顏太師爲宗參以右軍譽望藉藉

惜遺墨不多寺觀樓額間一覯之渾樸古茂如其爲人猶令人想見興酣落筆時也弱冠失恃盡哀盡禮兄以嫡出析爨去母夫人憂之且致疾先生偕同母弟妹竭蹶奉菽水曲慰母心未幾母歿先生痛不欲生念弟妹幼勉進粥飲營窀穸以次教養男女弟而婚嫁之人稱孝友焉年三十有二始補博士弟子員屢試秋闈不第咸豐庚申洪楊亂作先團鄉民以拒之有功撫蘇使者薛中丞廉知其勞以軍功奬覲六品越三年爲同治改元大軍克蘇常合肥李文忠公

檄董文報治官文書上其績擢職五品加藍翎先生
請援例誥封考妣不自居可謂終身慕父母者矣從
此淡於仕進以樂善倡鄉里助振卹寡施棺木衣藥
諸大端力行不倦急人患難若身受鄰里紛爭不決
者片言解之稱其情誠信素爲鄉黨重也歿之日無
識與不識莫不曰天亡善人天亡善人噫是可傳矣
先生生道光四年閏七月十四日卒光緒六年二月
四日春秋五十有七元配氏徐繼配氏徐皆賢淑爲
鄉黨稱男子七榮塏桐圭金塏鑑塏鳴盛蓮生蘭生

女子四
論曰洪楊之役以諸生從戎官監司督撫者不可一
二數獨先生與施君叔隅並佐合肥李公幕皆功成
身退饒恬淡之風所謂不事王侯高尚其志者非歟
知之者少不得與施君並傳可惜也特摭其事而傳
之俾治邑聞者有述焉

同邑後學鄧楫謹撰

先考振寰公先妣曹太孺人行畧

先考諱樹勳字振寰號味根例授文林郎議敘縣佐
先祖蓉溪公之幼子也兄弟五人二三俱幼殤先祖
與大伯父芍亭公四伯父燮棠公皆工於書先考獨
工於畫少時即喜怡情於山水花鳥之間讀書之暇
輒翻閱前人名畫弄筆墨以自娛及長於花卉翎毛
尤爲設色鮮妍超逸有致一門父子兄弟書畫獨絕
時稱不滅米家書畫船風味矣性好善家境雖不寛
每逢除夕輒命族姪小龍賫係農人中之最誠實者

攜帶錢文訪問有極貧而無以過年者給錢數百令
其赴鎮辦些魚肉錢粮以過年此非一時之慷慨年
年以爲常例也後遇咸豐庚申之變家貲什物搶掠
一空先考因之心緒惡劣又兼避難倉皇遂致一病
不起時男僅四歲胞兄六歲兩姊一十二歲一八歲
先妣又患遍體瘡毒寸步難行不得已出門撐兩竹
率領兒女四人東馳西奔號泣長途幸許紹庭姻伯
避難在鄉不忘親誼尤賴顧氏姻伯母賢而有德時
加照顧因此數年大難得慶生還按先妣係太學曲

江曹公之長女體貿素强情性高昂于歸先考十二年共六產三男三女長男幼女俱殤自先考見背於兵燹之時艱辛備歷承平後囊無一錢家徒四壁男與胞兄正當就傳先妣率同兩姊日夜紡績以爲就傳之資間有一日不得食有一日僅得一餐者斯時也義莊無籽粒開支先妣守一貧如洗當極困極難之際復得心痛病幾瀕於危先妣立志耐苦從未嘗低眉以求人守至男弱冠後見男入學回家輒不禁轉喜爲悲放聲而哭彼時道喜者踵門勸慰而猝不

得止則十餘年撫養之難望子之切可知也自兹以往先妣之境亦稍順先妣之心亦稍慰先妣之病亦大愈春暉彈指垂二十年處境雖寬先妣仍安於儉約蓋不忘昔日饔飧莫繼之苦也見人之阨先妣必曲爲矜全蓋不忘昔日告訴無門之苦也壽臻七十有三而人之得其便益者指不勝屈嗚呼如先妣之爲人願後之守寡撫孤者引以爲鑑焉

民國十一年冬十二月　男　泰來百拜謹述

膠山安黃氏宗譜卷三目錄

澤上支楚雄大理支誌傳下

堂兄嘯峯公傳

弟泰來

兄字嘯峯諱步皐太學生春暘公之長子也氣體剛强容貌雄偉幼讀書聲音洪亮悟性聰穎後因慈父見背家務紛繁遂棄舉子業兄弟五人兄居長父歿之後督率諸弟不避勞怨一秉至公待幼弟鑑齋晴峯兩兄尤爲切實懇至蓋一因兩弟年少失怙一因同出宅三家村與兄最隣近也兄性情豪爽鄉里有事來訴不少假借判決如流兵燹時襄辦文報尤能洞悉時變因應咸宜後造保舉册局董外兄名首列

上僅獎一董同事者皆不免憤憤而兄則淡然絶不介意也於戲兄一生之處境亦云盛矣出宅後勤儉起家膏腴日進闕有承分田三畝荒蕪已久人勸其出送兌得賠粮兄瞿然曰余一生不願落賣字於人區區賠粮何足算哉其立志之高卓類如此子四長亦樓蚤年出世卽能承父之志代父之職故晚年一切外務悉託付與亦樓時胞伯父爕棠公在義莊設立仙壇兄與爕棠公叔姪最相投契故一時同爲壇弟子每遇聖誕必備香燭誦皇經以致敬尤可矜式

者愛棠公董理莊務兄爲司事應入者隨時收藏應出者隨時給付銀錢貨物歲有積儲以備荒歉間有作擾莊房者必面斥而不情借用莊物者必檢點而毋失終年坐鎮人皆敬畏而不敢肆眞有功於祖宗可爲法於後世者也古稀後亦樓先卒兄猶鬱鬱不樂然長孫者香已成立亦能繩祖武振家聲詎非兄一生處境之順歟

雲巖堂兄傳

弟泰來

堂兄字雲巖諱步青國學生子鏡公之孫春陽公之子也兄弟五人兄居三少時出嗣於叔朝陽公後朝陽公遺產僅敷事畜之資兄性剛強而重義氣出嗣後持躬以儉治家以勤因此家業隆隆日起後遇咸豐庚申之變一時豪強用事輒擇家稱富饒者勒捐錢數百千不遵則受苦受辱無所不爲兄亦與焉彼時兄受盡嘔氣出錢數百千而事遂寢旋遇地方強暴之徒結黨成羣號曰青頭勢甚猖獗兄見大戸人家均難保全遂倡捐設法殄滅之地方賴以少一大患至同治三年世際承平兄仍克勤克儉積置膏腴因見義莊經理不善爲算賬決裂出頭具控由縣署府署以至藩署批准飭府清算所費錢鈔不下千金而兄絕無吝色蓋兄之志不在爭奪權利而在顧全義莊大局也迨至光緒年間一切莊務由兄主任而兄則絕無私見有事必邀集各房會同公議後念各房拮据者多寬裕者少遂議定每年給發丁米由莊開支並極貧而無以爲殮者酌給喪費至今各房賴

之泰來嘗與復會謀請金邑學師陂公如珠來莊督課一見器重囑令代爲督率回署後輒給年高德邵匾額與泰來信函中必盛稱兄之有德甚有識見也兄壽七十有八得子亦晚而猶得親見瓜瓞緜緜桐孫秀發嗚呼此以知天之報施善人昭然不爽者矣

鑑齋公傳

距安鎮芙蓉澤不半里曰三家村鑑齋安公里居也公考子鏡公子鏡生子五遷移新宅者三三家相聚而居因以名村國學生鑑齋公其一也公諱步瀛號鑑齋秉性孝友里黨無間言遇事勇敢見義必爲咸豐庚申洪楊之亂合境騷擾人民驚惶失措公與堂叔愛棠公堂弟晉華公襄理團防文報捍衛一方其所保全者甚衆是皆公與叔輩之力居多嗚呼如公者以忠勇報國以勤儉創業以耕讀傳家以義方訓

子建功當代垂裕後昆卓然自立洵不愧爲人中傑晚近世能有幾人哉公生於嘉慶己卯九月十日卒於光緒七年正月十二日享壽六十三歲配王氏繼華氏子三履和履端王出履穀殤華出孫男三寶球寶康保滋歲壬子榮解組歸籍文孫馳函乞傳榮不文烏能傳公然誼關戚好分不能辭且嘉其志不忍沒其行用撮其大者詮次書之而爲之傳

清附貢生文官考試錄取巡檢司實投浙江餘杭縣典史姻世晚華榮光拜撰

顯考晉華府君行述

府君諱升階字小齋號晉華又號慕陶世居金匱縣
上福鄉芙蓉滹上始祖開封人朱樞密副使安厚卿
先生諱燾自明初金華府倅明善公諱汝德占籍無
錫爰有吾族傳十六世　恩授修職郎例封承德郎
議敘縣佐國學生券齋公諱燦揚生府君昆季三府
君居幼少讀書過目成誦十三握管未周歲即成篇
及長工正草書及傳序旁通卜筮數術童年應試屢
列前茅奈艱於遇始困於丁憂繼困於兵亂故年三

十六而始遊庠也府君形體豐肥聲音雄壯貌不修
辭不飾不怒自威人望見之莫不肅然起敬而自安
樸素不事紛華富貴不趨附貧賤不輕慢事長以敬
御下以慈待人以忠交友以信自奉以儉祭祀以誠
人有事如己事人有涉訟未成者必反覆開導勸之
使息己訟則弗聞也家居課徒不計修脯口講指畫
諄諄不倦嚴師之稱人無間言地方有善舉無不踴
躍以赴咸豐庚申粤匪擾境吾鄉設局團防府君枕
戈待旦夙夜從公賊鋒爲之一挫越三年同治癸亥

大軍恢復蘇常府君偕族叔燮棠辦理文報事竣後
李爵相時巡撫江蘇酬功勞績賞尋六品軍功府君
不以爲喜矢志不懈十赴棘闈未獲一薦而遇試必
應費出硯田不惜每試必曰富貴於我如浮雲我之
求名爲我祖我父求之我不忍聽祖父之子孫微賤
耳言畢無不涕出此皆府君以孝存心在在見於語
言之際不特春露秋霜之下展厥孝思已也所最難
没者吾族宗譜自倡始後定例歸安氏義莊三十年
一修迄今其數過遠而莊內斯費仍難開支府君恐

世愈遠枝愈繁統緒愈棼子孫散居四方者雖同氣
連枝模糊若不通譜爰集族人議捐修譜府君作捐
序訂捐簿乃捐簿甫就族中殷實者知欲出錢陽奉
陰違暗遣無知之徒乘其酒興輒將捐簿扯碎反以
府君爲多事府君欲其事成抑其憤而不發仍怡然
與語善其辭以勸之無如頑梗之人善言不入終不
肯樂從其事府君知眾心難挽因偕一二同志自備
資用先行探訪近則步行遠則買棹每至一處訪問
必切雖萬語千言唇焦舌疲弗明弗措冒雨披星身

受寒暑凍餒不怨也期年譜稿成正欲籌資付刻復以宗祠久已失修傾在旦暮視之益覺懔然因念譜事雖未成草稿已齊不妨暫緩權將急者先之族人咸以為可府君度其時購其材鳩其工經營其事匍勸捐不辭途遠族雖有助理者皆為其易而不為其難為其暫而不為其常府君則始終如一風雨霜雪不辭疾病饑寒不顧昧爽而出昏黄而歸食不安席寢不安寐勞苦不肯少休者是非誠孝烏能如此哉迄今睹譜牒秩然祠宇煥然莫不歎府君之心力

瘁焉府君性好植菊心慕陶公雖詞章不著而菊譜一卷時為參訂每歲多栽名菊兼植佳卉奇花暇時常以娛目頗得陶公逸趣因題其號曰慕陶蓋自名其本性也府君生於道光十六年四月十六日卒於光緒十九年五月十二日享年五十八歲配朱氏子三不孝榮光縣學生國光大光業儒女二長適東亭陳次適甘露朱孫男七孫女五不孝等愚昧無知未能窺見府君底蘊僅舉平日所知者粗述一二伏乞大人先生賜之傳銘以光泉壤不孝等世世子孫感且不朽

不孝榮國大光泣識

光緒二十年歲在甲午春三月

恩貢生受業堂弟泰來頓首百拜塡諱

安晉華公傳

君諱升階字晉華號小齋亦號慕陶又芬齋邑諸生
昆仲三 君爲季世居安鎮宅上安故著姓與余寨
門巖皆聚族居南北相去十餘里世爲婣婭余幼常
隨任浙中在家少弱冠歸試始識 君於郡城一見
如舊竊其舉止談論不與衆少年同益心折爲時金
陵久被粤匪踞爲巢穴七萬大軍圍攻六七年適其
下竄庚申春霖雨彌月大營壘坍竈圮士卒不能炊
三月二十九日城賊傾巢出衝大軍潰賊席捲而東

下游郡邑不半月全省俱陷鄉人驚惶失措 君獨
鎮靜謀之堂叔愛棠告於衆曰吾鄉週百里介金江
常昭間賊趨浙杭當孔道束手而斃與轉徙而斃均
斃也曷若結團禦賊生則保家死亦報國鄉人壯之
舉義旂我北里十餘鎮義團同時響應四月望部署
粗定賊大至鏖門於芙蓉山嵝山膠山祝塘鎮鳴蕩
圩等處凡三閱月斬獲甚夥賊披靡保全無算後人
論常熟之後亡於各邑全賴鄉團力不知 君與其
叔愛棠實首功也余躬預其事故知之悉八月三日
常熟附勢孤援絶衆不支余間關趨浙軍 君羈家
累不能從洒泪而別時咸豐十年九月二十二日事
也事平李文忠投 君六品軍功 君勿措意應童
試入邑庠同治九年余於甘南營次丁祖母艱奔喪
歸晤 君於其第見即謂余鬢肩非昔比含淚悵然
者久之蓋參商已十年矣明年延之訓子弟 君性
高介與人落落難合獨於余慨然樂就相處兩年朝
夕談心夜闌燈炧恒娓娓不倦性愛菊喜吟咏詩宗
淵明瀟逸一派夏秋手栽名菊百本躬親培溉盆盎

滿庭客至碍步履視隙而蹈 君爲失笑人疑其陶
靖節後身由此慕陶名益噪其天性近似也余服闋
應左文襄公招從征塞外間亦因公過里門 君不
果來會聞 君葺族譜修宗祠十年間心力交瘁無
暇晷族人始畏其難繼感其義卒成其志今安氏譜
秩然祠巍然 君之力也君十躓棘闈志勿懈余謂
君名心淡胡獨樂此人曰是其先德有遺言囑不
得科名毋仕宦 君常涕泣道之故孜孜焉非熱中
也余益重之屈指二十年中未嘗一面甲午東隣開

畔余在遼藩軍中偶遇鄉人道及　君亡一年矣聞
君有三子長榮光縣學生餘亦能讀父書竊喜故
人有後而又悲夫瑰奇磊落如　君者而竟以一衿
老牖下也人才之遇不遇固如是哉今余陳臬秦中
榮光馳函爲　君徵傳蓋　君愛余文且謂余能知
君也而余年已七十矣白頭舊雨宿草已封回思
往事能弗灑然

光緒三十年歲次甲辰孟夏

誥授資政大夫特授陝西延榆綏兵備道調署按察

使司按察使姻世愚弟紫卿嚴金清頓首拜撰

堂兄載泰公傳

弟泰來

兄字載泰號厲堂諱增榮鄉飲介賓耀金公之孫望
衡公之子也兄弟四人兄居四幼讀書悟性聰敏師
鍾愛之因早年失怙時遭兵燹隨母與諸兄弟遷徙
避難歷盡艱苦遂不獲從事詩書時平後兄入商界
先與成姓合爲酒業挂復興牌號不數年虧耗甚鉅
成姓甘心閉歇而兄能立志獨任艱鉅遂將成姓賬
股如數算楚仍舊復興牌號獨力開張數年間商業
日興財源日盛又幸其子芸階成立一切辦理店務

往來進行靡不絲絲入扣遇事占勝因遂擴充商務
舉凡桑葉繭壳等行爲時尙所推重者無一不爲無
一不利以此置膏腴權子母家運日見隆隆尤可敬
服者兄素性好義遇富也不諂貧者不欺晚年身爲
族長凡鄰里族鄙有事來訴者無不悉心排解務使
各得平允而後止光緒年間泰來與堂兄晉華師議
定遷建宗祠舉辦後諸多掣肘兄代爲收捐暨區處
一切實心實力以至落成眞吾族之功臣也花甲後
患病彌留猶諄諄託付泰來惜芸階亦患損症不數

年卽行逝世泰來嘗與堂兄誦芬堂弟鈺生等邀集
闔族議以二房鏡昌三子渭元係兄存時所篤愛者
爲芸階嗣以慰兄九原觖望之心焉茲値吾族纂修
宗譜竊念兄之行誼篤摯不忍聽其湮没謹備述其
厓畧而爲之傳

安擷香先生傳

先生姓安諱繩祖字近蟾擷香其別號也曾祖汝諧
積善族義貢生祖昶邑庠生均以昶子兄弟軍功封
贈奉政大夫五品銜父策勳河南候補縣佐清咸豐
十年粤寇陷無錫公贊白頭軍事屢率鄉團擊賊創
重身殉事平大府奏給雲騎尉世職先生性敦敏母
王宜人早卒繼母沈宜人視先生如己出先生亦母
沈宜人如母宜人痛其夫之以殺賊死也哭之慟先
生故作孺子容慰母備至時人稱先生於是乎知禮

先生承母教幼而好學讀書輒夜分罷歷寒暑無間
安氏故無錫望族居距城三十里之東北鄉鄉人稱
之曰安鎮以其族大子孫多也自明季安我素先生
去官歸與顧端文高忠憲劉玉珍葉茂才諸先哲講
學東林稱東林八君子迄遜清道光朝安詩復以名
進士崛起先生祖若父一門父子昆弟俱著行義又
皆能書工詩善丹青有名於時繼此則稍稍衰歇焉
先生憂之爰結社於安氏義莊之松風閣以切磨制
舉業號召羣從子姓賓則歷以講學遠近至者率數

百人我素先生之遺風賴以不墜同治辛未先生與族兄升階同補博士弟子員越數年從弟泰來鑑墉亦同時爲督學使者林天齡所識拔二人皆嘗受業於先生松風閣人才輩出噪聲黌序間先生倡導之力也先生工文藝顧不以自憙應秋試凡四均荐而弗售既貢成均敘候選州吏目邑令嵇其賢俾董北延鄉事鄉人好賭趨之若騖又喜於村落市集斂錢演唱花鼓聽者男女雜遝恆與賭緣而爲害尤甚於賭先生嫉二者如仇雖遇豪猾必鳴諸官置之法而

後已以是終先生之世鄉人相戒不敢犯焉先生董鄉事好學如故暇輒手一卷自娛邑中知名士如秦臻蓝風趙棨伯仁輩咸樂與訂文字交時巴江廖綸宰吾邑能賢禮士著循聲先生與季父鴻勳非公不至至則各以所長賦詩裁楹帖相投贈無虛日其見重於賢宰官也如此先生家素貧然里有善舉佽之惟恐不力董義莊數年粒粟寸縷無所私體羸多病旋得咯血症年四十卒於家配許宜人生丈夫子三用和錫釗俱早卒次男錫和廉直有父風中年喪偶者三乃棄詩書宦遊秦晉燕北輾轉塞外積年始一歸孫國寶畢業江蘇第三師範學校能以讀書世其家女二適顧適嚴先生初名鼎墉其族有鼎奎者先先生一年入庠先生妻父許翁聞之訛其名以爲女壻也趣舟赴賀入門翁爽然失先生惶恐謝益奮於學更名繩祖云

龔敬釗曰余於民國四五年間厠東林講席嘗得兩安生一爲先生季父鴻勳孫鍾瑞一即先生孫國寶兩生固叔侄行皆恂恂非禮法不行詢其家世知生

之淵源於家學者有素也余生也晚不及瞻先生丰采然聞國寶言益欽先生爲人先生侘傺不得志鬱鬱以諸生終而弼世匡俗之功則視居高位者有加焉其有賢子孫也宜哉

中華民國十一年十月

姻世愚姪龔敬釗伯威甫謹撰

龔師伯威與許師少仙槭內兄弟也許師長東林學校時龔師教員皆著文名精算理爲邑人所重龔師尤精通英文誨學生諄諄不倦今者許師已

膺任縣署第三科長襲師掌教滬濱數年師生疎離已久今承題辭庶人生萍聚無常而精神永結於不敝已

劍平奉　和笙叔祖命謹誌

清候選州吏目附貢生擷香安公傳

公諱繩祖原名鼎塏字近蟾號擷香姓安氏世居無錫北延鄉之芙蓉澤系出宋觀文殿大學士諱憙後至明金華府同知明善公始遷無錫十三傳至公曾祖汝諧候選府同知祖昶附貢生以子鴻勳職封奉政大夫父策勳河南候補縣丞六品軍功殉粵匪難郵贈雲騎尉母王氏繼沈氏兄弟四人伯叔季早卒公次居仲性好學讀書至深夜不輟年十四五應童子試已列前茅會遭粵匪亂又遭家變洎同治辛未

始以第一人隸學宫弟子籍維時芙蓉澤安氏之松風閣與蕩口華氏之懷芬社均以詩文會課四鄉人士分試生童優其供膳厚其獎給月舉一次舟車輳洎至者恒百數十人公掉鞅其間每試輒冠其曹深爲琴川曾君表內翰學師殷還甫廣文所激賞旣以四試秋闈兩薦不售援例入貢成均以州吏目候銓將由卑官循仕途洊售其經世之才而封公殉節繼母沈太宜人年老多病己亦孱弱不任勞苦不果行邑令欽其廉正委任北延鄉董力辭不獲奮袂起曰

是豈不足以爲政乎因以維持風化挽回習俗爲己任公機警善斷鄉里雀鼠之爭經公排解胥得情理之平地方賴以無訟新正多暇村俗輒喜爲花鼓戲男女雜遝其音靡靡公深嫉之懲其首事此風頓絕鄉曲游民向設賭攤誘人入彀串騙錢財鄉愚無知恒於賣繭糶米之後持銀而往數月辛勤付諸一擲室人交謫竈突無烟坐是輕生者時有所聞公尤嚴禁之故終公之世凡有乖風化之事絕不復見偶逢歉歲則出貲首倡竭力賑卹徧其鄉無患饑者至於

建橋梁修道路濬河渠積社穀無利不興至今猶食其福安氏義莊爲同知公獨建公經理莊務一秉至公寸縑粒米無所私故鄉望族情靡不信仰翕服公天性孝友篤於交誼秦茝風趙伯仁諸先輩咸折輩行與交巴州廖養泉大令綸宰金邑有循聲以善書名與公及季父燮棠先生鴻勳雅相投契於公尤爲莫逆卒以研精學業兼營世務精力日耗得咯血疾光緒十年甲申十月初九日卒距生於道光二十五年乙巳二月十二日年才四十天不佑善享年未永

平生志行百不一償嗣戚者旨趣不同鄉里遂以多事聞者莫不傷之配許氏敦素篤惠敬莊一節事姑尤以孝著生子三長用和早卒次錫和一名學賓國學生歷襄三晉榷務任陝西監獄官次錫釗生有異徵儀表秀偉天姿聰俊外祖林少筠觀察祖述見之驚爲千里駒年十三遽以毀卒重闈傷悼族鄰僉歎爲天道之無知也女二長適國學生顧春旂次適翰林院待詔嚴宗浚孫一劍平一名國寶有儁才孫女一論曰才之生以爲時也當於用而才之非其時則

非所用而莫之知此申耆李先生之言也諒哉公才不逢時而世亦莫由知之不知則沒沒焉耳已才於何有然始役於科舉終羈於病困小試於鄉而成效乃章章耳目間小用之而小效大用之而大效措施彌廣推暨益宏詎非肇端於此哉而不永其年若或尼之造物生才之意固如斯乎宜其鬱鬱以終也世有好自表襮雖閭里族黨不惜恣睢自逞藉尺寸之柄而甘爲蠹蝥者是豈特斗筲之不足算哉以視安公度量之相越何如是遼耶具偉抱而莫竟其緒產

令子而天又奪之殆造物之果無意乎學箕方廓其四方之志劍平又美秀能文吾知垂裕之終未有艾已中華民國十一年歲次壬戌秋九月表姪嚴懋功頓首拜撰

安誦芬先生傳

姚光斗撰

先生諱寶善字少揆又名曾祥世居邑之東鄉芙蓉澤中吾友安子樂道國醫覽其仲弟一天法官之先祖大人也比者安氏續修宗譜樂道昆仲承嚴君協塤封翁意以先祖父一生行誼足爲鄉黨所矜式者允宜傳諸於世以彰先德丐走爲之文得以列入家乘照垂不朽而走對於安氏家世平日又習聞安子之言熟之諳矣且誦芬先生之德行至今雖代遠年湮猶爲人所稱道勿替樹楷後世有口皆碑是已不傳而傳之於世矣走何敢不文辭爲就其犖犖不磨者識其梗概俾世之稱頌於先生者將以此爲信史焉可耳先生係創商棉業大江南北奔之爲一業主宰之揆伯先生哲嗣也處豪華之家歷豐厚之境驕縱所爲理勢必然世不爲怪縱繫之於禮教使之潛默移化則得一守己之人已屬難能而可貴重之於世矣若以誦芬先生之境地之所同行爲之所異而能事親以孝治事以誠治家以儉待人以寬承孝友之家訓而益加謹嚴守忠恕之遺教而深自愼篤潛

心於古今名賢之文章之手蹟沉浸於碑版之中羅集於翰墨之林久之則融貫而化得其神髓偶現色相試之筆端寸楮尺縑得之如珍璧貴重一時其風雅輒可想像而得乃又性甘淡泊不競功名方之李學士無多讓情自幽逸氣絕驕矜倫之鮑參軍無不及與世無爭與人無忤本豪家之驕子成鄉黨之完人贖視古今得與先生相伯仲者實寥寥不數覯咸謂安氏積德累仁之徵聿昌厥後其或然歟然則此僅先生之小節也先生猶有足傳千古而已爲世傳

者二事在當先生董理祖若父艱難手創之義莊也嚴潔自持一秉大公實惠均沾族衆翕服至今猶莫不道溯其德惠而爲之歌誦者可見久而敬之公道自在也此屬於公益之事者一也至先生自幼而長自長而老無內外無老少不論親疏不分貴賤言必謙抑貌必和藹躬自謹飭而恕諸於人數十年如一日縱親如家人卑賤如僕婢夫卒絕無疾言加人厲色示人之一日以故代遠至今音容固渺而遺範尙昭地方故老且資爲談乘譜爲美德常以先生之言

行爲師表勗勉子弟其感動於人而迄未少替者有如此此屬於私德者又一也綜之前者爲先生之忠於公益也然僅限於一宗族後者寔在私德也且遍及於鄉里先生誠千古不朽矣清廷授先生爲奉政大夫以府同知候選終於里第享壽五十有九歲德配諸宜人布政司經歷猗亭季女子一長卽協塤封翁亥名韻箎吾友安予樂道爲先生之長房長孫也論者曰忠恕爲立身之本盡治公以忠則公治立己以恕則己立觀乎蒲芬先生之致力敬宗卹族之義

莊遺愛在人忠於治事之果也畢生無疾言厲色加人之一日鄉人至今奉爲模範者以恕立人之徵也語曰夫子之道忠恕而已矣然則先生誠力行忠恕之道者於此也信矣

堂兄朝江府君傳

古之所謂傳者傳其人之眞也故人有艱貞之行諳篤厚之性情爲子孫者靡不樂稱道之表揚之思有以傳其眞於後世今歲春堂姪麟書協修宗譜屬余爲其父朝江兄之傳余愧不能文而其志切其意堅不克以不文辭謹按兄諱海宗字漢階號朝江議敘縣佐太醫院吏目例授登仕郎素性率直不與外務祖方平公父藝甫公兄弟五人而兄最少蚤年失怙賴生母王氏以養以教至於成人兄少習醫尤長於

外科及其行世人有求之無不立應至酬謝之有無多寡非惟貧病者不與計較卽富有之家亦未嘗以計較聞也咸豐庚申之變時兄年甫少避難遠徙者僉以家用要據爲隨兄獨攜帶宗譜一部及其歸也人皆以宗譜散失不全爲憾兄獨完全無損蓋素志敦本有如此於戲歷溯兄一生遭遇亦云艱矣幼而無父旋遭兵燹之災孀母同居備極零丁之苦況復中年顛沛喪亡相繼應門無五尺之童炊爨僅十齡之女以致中懷鬱結肝風之瘤疾將成於斯時也門祚衰微後嗣亦岌岌乎其殆哉而兄則矢志承啓杜門養病者期年卒能病體就痊後起有望迄於今子成立孫慧讀繼室嫂氏年雖高猶能主持內政家風丕振日見隆隆詎非兄一生有志之大效明驗歟且兄當亂離之時兄弟分析恒產無多其始事畜之資甫虞不足而兄惟恪守先人勤儉之風終身不敢卒能積置膏腴擴充先業迨歿後嫂氏猶能培植孤兒經營田宅而未嘗稍形拮据者皆賴兄克勤克儉之所由來也至兄生卒之年月日暨妻室子女輩悉詳

於世系表中茲不贅

中華民國十一年八月 弟泰來謹撰

清附貢生鈺生先公事畧

先公姓安氏諱鑑堃字鈺生自號浣花主人旌義貢生春臺公曾孫邑庠生蓉溪封公孫藍翎五品銜附貢生燮棠公仲子也生母太恭人徐繼母太恭人徐世居無錫安鎮之芙蓉澤上性和易爲人正直好讀書寒暑不輟雄於文尤工詩鄉里好詩文者咸樂與遊名噪當時早年遭燮棠公及生母喪哀毁盡禮居恒有大志光緒癸未投筆嘆曰埋頭鄉里豈大丈夫用武地乎因促裝赴汴就長兄學幕思爲國治民以

逞素願學既成遭繼母喪長兄曾以回錫整理家務先公既痛家庭慘變又嘆懷才莫用終以此抱無涯之戚焉遜清覆國民國肇建十餘年來世事擾攘外侮紛至內訌迭生國危于亡民苦于生先公覩國事不可爲一改壯年態度日與溷濁世而無所表見不如守我清貧酌酒賦詩陶冶鄉民之爲得也先公好靜效陶靖節之愛菊蒔書餘暇輒視爲良伴且喜手植今其遺蹟猶環繞書齋左右也　不孝鍾英忝列教職先公常誡　不孝曰任事當以心術作中心曩予在汴治官書同事中有好事者輒喜定人死讞予力否之苟求生有得恒盡力解釋得其生而後止汝掌教猶是也兒童天資個别當諄諄引誘毋稍懈莫與貽誤人家子弟者較汝其誌之　不孝敬諾不敢忘蓋先公之爲人如此先公著有浣花草堂詩稿然自謂謭陋不足傳世生前删削所存祇二卷耳先公卒時鄉里咸悲　不孝方任職北下得病訊星夜奔歸已不得生見撫牀浩哭太夫人告之曰汝毋悲汝父臨終有囑囑汝處世以謙待人以誠勤汝業儉汝身好自爲

之毋貽父醜汝能如此則汝父雖死猶生吾不能教汝此汝父之終囑也勉之　不孝泣而誌之不敢忘先公係光緒四年入邑庠援例入成均生於清咸豐八年十一月二十二日卒於民國十二年三月十七日即夏歷二月初二日享年六十有六配朱夫人琴川庠生耕畬朱公長女生於清咸豐七年二月二十一日卒於光緒十九年十月二十四日享年三十有七繼配華夫人　不孝生母也同邑國學生星齋華公諱福田長女恭儉仁愛先公晚年助力不少生於清同

治七年閏四月初六日子五長鍾淦娶過氏元配出次鍾奇娶畢氏繼陳氏三鍾傑四即不孝鍾英五默保殤繼配出女二長慧仙適同邑錢氏元配出次小保殤繼配出孫應祥禎祥孫女秀蓉鍾淦出不孝隨侍先公左右日聞訓誨敬撮其要者而泣誌之倘蒙當代立言君子採而傳之則嘉言懿行永垂不朽是先公之幸也

民國十二年歲在癸亥春二月

不孝四男鍾英百拜泣述

安君鈺生傳

安君鈺生名鑑塏余至友也年六十有六以壽卒於家季子鍾英持行狀乞傳於余余閱之爲之撫然者再因將其生平之崖畧一白於天下鈺生系出宋樞密使安公燾之後世居無錫北上鄉曾祖汝諧積資起家祖昶父鴻勳皆名諸生以書法雄於世兄弟有三鈺生其仲也清光緒四年督學使者福建林公錫三按臨常郡取古學入邑庠文章詞賦妙絶一時下筆千言有不可一世之概惜乎時運不齊屢困場屋

卒不得志於有司鼎革後怡情詩酒時與二三知己放懷山水視塵世事無當意者性氣耿介傲岸卓絶不與俗流爲伍故鄉里之間有敬之者有非之者鈺生不顧也晚年多病又困於貧常懷悒悒民國十二年夏歷二月初二日卒有子四人長鍾淦次鍾奇三鍾傑四鍾英均能自食其力孫二人長應祥次禎祥俱幼嗟乎鈺生與余交最久以彼之才不難取青紫如拾芥而乃懷奇負異抱屈以終豈不甚可痛哉雖然孔子曰邦有道貧且賤焉恥也邦無道富且貴焉

恥也鈺生之安於貧者意在斯乎意在斯乎先民有
言江南多隱君子余於鈺生見之矣
民國十二年歲在癸亥夏歷二月
通家弟　虞文元拜譔

堂姪亦樓傳　叔泰來

亦樓諱履階國學生春陽公之孫嘯峯公之子也兄
弟四人姪居長蚤年出世民情利弊洞悉胸中待諸
弟友愛爲懷備極家庭怡怡之樂故嘯峯公篤愛之
一切家政悉付託焉咸豐庚申之變曾被賊夜間掠
去賊索銀姪答以避難在此並無有銀遂帶至義莊
賊見春臺公遺像曰此妖以鎗挑其頂帽姪曰此建
義莊者之像也賊遂止旋又帶至慶安橋賊曰此地
可通無錫乎姪曰通賊曰爾避難在此何以知通無

錫姪曰此地亦有上無錫者賊奇其口辯定欲帶往
營內姪不願從至天將黎明在蘇家橋乘間脫身逃
回後隨嘯峯公襄辦文報局事亦靡不因應咸宜承
平後隨同嘯峯公治家克儉克勤不數年家業隆隆
日臻順境間適有急來求者必周之有事來訴者必
解之且隣里族鄰間凡有婚喪喜慶等事人必邀請
商辦邀之卽至至則盡心籌畫無不豐儉得中嗚呼
其一生便益於人亦多矣哉晚年隨同嘯峯公爲壇
弟子每逢聖誕胞伯父燮棠公必邀請誦皇經以致

敬姪無不與焉惜年逾五旬天不假年臨歿時猶諄
諄囑付諸弟自以未得侍奉老父以終身爲憾迄於
今諸弟門祚衰微姪爲長房獨能瓜瓞綿綿桐孫秀
發則天之報施洵不爽矣今年春續修宗譜其子耆
香特來請余爲之傳余故就余所深知而目覩者爲
之述其行敘其事聊以見其大概云

清故處士建侯安君傳

君姓安氏諱履福號建侯國子監生無錫縣人世居
芙蓉澤上其先有義聲搠里巷建莊贍族甄采入邑
乘爲世宗仰者曰春臺公君高祖也君性鯁直義所
不可怫然形於詞色人以急難告輒鋭身任之茹剛
吐柔退遜翕服精醫理求者無不應雖盛暑嚴寒霜
天月夕聞召立至貧寒之家卒不受酬往返徒步十
數里未嘗陸乘車水乘舟也又儉約長於治生當兄
弟析箸時家計窘迫齎田數十畝粗給饘粥房屋狹

小差堪容膝君辛勤創造二十年家道隆隆起贏亘
田構巨宅以富厚稱人服其有綜核之才事親絶孝
其母錢太宜人喪明君日侍左右寒暖衣食調護維
謹天溽暑迎歸新宅沍寒返舊第遵老人指也時遜
清光緒年間南橫塘河灘隴畝間祖墓所在村稀寥
落地瘠野曠栽種松柏竊伐堪虞於是邀集諸從弟
倡造墓廬修葺塋域出鉅貲督工程惟君之力最多
鄉人咸稱道之君娶唐氏生子一女二子錫蕃早夭
女俱出閣繼妻嚴氏余之伯姊幼時即知禮不妄言

笑工針黹佐先繼妣理內政整飭有條故余兄弟姊妹凡六人獨伯姊最爲先府君所愛年三十始歸君事姑敬事夫順處娣姒間尤婉約以和視唐氏所出之子女如同己出從未有怒厲聲兩女出閣主持妝奩無吝色人皆爭賢之君出診往往深夜歸伯姊獨守門戶篝燈治女紅無倦態日以爲常子二長兆第業醫克承家學次兆采業儒後改業商孫一嶄然見頭角伯姊年僅四十三以操家勞瘁卒後十一年君卒春秋六十有九是年孟夏君之仲子兆采錫來告

乞傳先人之行實以列家乘余不文已而思之誼不容辭遂謹按其行略而爲之傳云

贊曰余與君爲戚好又爲君課子前後館芙蓉澤上者五年知君綦詳每聞君言達則利濟天下窮則利濟一鄉古人所謂不作良相當爲良醫也君之以術活人不受貧者酬其宅心與古人同宜其有後矣

中華民國十一年歲次壬戌秋七月眷弟嚴壬培頓首拜撰

少蓮公傳

人有理亂不知榮辱不問株守田園於焉終老此類隱逸者流余所不取也國學生少蓮安公者諱履端字正始秉性溫厚與世無爭殆世所謂忠厚長者非耶夫忠厚者庸碌之統稱而余竊窺公德行超儕輩智識侔神明決非庸碌者流所能幾其萬一姑無論其他觀其處事平順而不阿非和而不同之君子乎見利思義而不貪非淸廉公正之君子乎待人謙恭而有禮非尊賢容衆之君子乎治家則井井非就緒暇

時好讀醫書頗知醫理旁通星命數術於舉子業則不屑爲曰功名非吾志我行我素足矣顯揚奚爲哉是故目公爲忠厚人者皆皮相公者也公生於道光己酉五月三日卒於民國元年十月十一日享壽六十有四配張氏繼華氏子保滋女一適蔣榮與安氏累代戚好於公之言行愧未得其詳差喜善人有後箕裘克紹勤儉家風綿綿不絕良足慰公於在天矣

淸附貢生文官考試錄取巡檢司實授浙江餘杭縣典史姻愚弟華榮光拜撰

堂姪亦周傳　　叔泰來

古人稱立德立功立言爲三不朽立德最難立功如蕭曹房杜輩立言如馬班韓歐輩古今曾有幾人然則後之人遂將湮没無聞歟曰非也人生世上凡一生之行事與處境之順逆爲子孫者懼後世之不知則必爲之傳而見之亦周一字瑞周諱履旋國學生兄弟四人亦周年最少幼讀書畧識大意好從事西疇父嘯峯公因三子亦臣力爲培植文理斐然縣府試曾拔列前茅而不獲售又不幸蚤卒以此心灰於

幼子亦加嚴責亦周性情豪爽與嘯峯公相髣髴及長好與地方有名望者相往還遇有地方公益事靡不樂爲贊成雅慕讀書子二長子乳名巧寶年適就傳即令負笈從遊於余盡發子敬師之道欵待忠而且敬不十年文將通試將應詎成婚後即行逝世彼時亦子先已夭殤從此亦周心志鬱鬱杜門不出家務而外概不與聞覘中年之行事如同隔世然猶恪守先人勤儉之風日事農桑無少懈故晚年來心雖抑鬱處境裕如詩云優哉游哉聊以卒歲斯可爲吾姪詠之矣臨終時議定以長房亦姪意香幼子爲嗣孫即爲巧寶之嗣子今春修宗譜其大姪者香有不忍死其叔之心特來請余爲之傳余故爲之敘其事述其行俾後人亦可想見其爲人

安處士任卿傳

東甌顧景鴻

處士姓安諱士標字錫泉號任卿秋濤先生子居金匱縣懷仁鄉安鎮東北隅芙蓉溪前澤幼讀書頗岐嶷長躬耕南畝遇事有膽識眞有高談雄辯驚四筵之概年未四旬遘疾喘症不堪任綵野事爲梓里童子師訓廸勤懇嘗謂子弟當卯角時如玉在璞雖未必皆連城璧亦非盡珷玞也苟不加磨礱置諸瓦礫間與燕石何異誠能切磋而琢磨之視其方圓大小以爲器何物不成璜琥碧環哉今坐皐比者儼然擁

百城作南面王心戚戀偷羊覩童子若兒戲句讀倒置聾不聞帝虎魯魚盲不睹甚且以蹲鴟爲烏更或讀晉史而三豕渡河焉此皆爲師者罪漫施夏楚甚無謂也後與余別十易葛裘遇於楊氏塢樂疇堂窺其貌殊蒼勁態更龍鍾背病僂余笑曰將贈君郭槖駝傳矣相與噱堂因把余袂云子好讀古人文思乘風破浪虎躍龍驤二十年來仍璧返澠池不將同蓬蒿槁乎鼠婦鹿韭場耶計左矣然士君子居鄉不必文黼虎武汗馬蹻蹤頭登蟻陛爲宗族交游光寵果克樹德庇乎閭閻藉翰墨牖啟顓蒙使聾者振聵者覺爲善者日益廣强梁頑梗及鼠竊雞鳴者漸而化亦猶綰墨綬操銅章而爲政耳學者務此而已矣爲心志丕妄希金谷富玉堂貴乎余聞此顏厚有忸怩又二年處士歸其廬曰脩吉堂病健始猶杖而起繼乃卧簟莫能興易簀日呼二子長汝霖次汝明詔曰爾兄若弟學無他長讀書莫爲穢穢才力田莫使其禽饔我貽子孫惟此兩事金華治櫝楓窗鴻猷望後世蓄德毓材者繼之言訖目遂瞑與室王氏同壙宅

南蕪長涇河北新阡因念處士與余相知畢世其踐履篤規均足爲後人楷法不忍聽其湮没爰綴敘顛末而爲之傳

堂姪薌林傳　　叔泰來

從來有福之人必先上有先人之庇蔭下有兒孫之繼繩非可僥倖得者也按堂姪薌林諱桂森國學生雲巖兄之子體質强固性情溫和嗣祖朝陽公父雲巖公皆以勤儉起家薌林亦崇尙樸實克紹前徽叔姪間與余最相投契凡置得田房靡不與余商其可否辦理外務靡不與余議以同行迹其生平行事爲人謀以忠與人交以信間有受人屈抑被人虧折槪不與爭蓋其度量過人孟子所謂善於養氣者也性

嗜酒時與舉杯以爲樂好葉子戲時與對壘以爲娛余於姪輩中最爲器重者因見其處境雖寬裕而持躬仍儉約言語雖寡默而見地極分明故經營義莊銀錢十餘年不徇情無私見應入應出一秉至公族中無不翕然信服之奈天不假年壽至四十有六而長逝余不勝爲之悲迄於今其長子錫甫次子鳳岡皆足以自立而其孫輩亦皆頭角嶄然讀書有望眞所謂芝蘭玉樹生於庭階者也余又不勝爲之喜云

楚雄誌傳

明誥封奉直大夫應所安公行狀

先君姓安氏諱貞吉字子吉別號應所世爲江蘇常州府無錫縣上福鄉東膠山下西堠村人居楚雄自祖宏遠公名宙元隱士始宏遠生以式公名式以式生有定公名靜有定生文淸公名旻文淸生栁溪公名鏞栁溪生蒙泉名若山國子監生蒙泉生子二次節享長即先君也先君生而惇信不爲羣兒嬉戲舞象時栁祖授以鍾王楷輒肖栁祖見而喜曰兒異日

當大吾門也以明經遊南安庠累試皆儁秉文衡抑齋龍崖趙公深奇之嘉靖乙卯舉於鄉戊午貢於朝初選訓蜀之新都六年而擢新津諭又擢任貴州宣慰司學教授在在淑人靡纖芥出位之思萬歷辛巳祚媳歸自京師經貴筑先君得偕歸凡九載己丑祚報江油政循例請封蒙恩封先君爲文林郎又六年課祚全州績加封奉直大夫己亥祚乞養先君尙健辛丑秋杪偶謂祚曰栁祖八旬有餘其爲人余何能跂萬一今謬多二齒顧精神非嚮昔比言已色動祚

從旁解曰啇而壽錄來刻自抑損天必以遐齡益之
况兒齒皆壽徵耶先君黯然壬寅正月初八未時以
疾終於正寢是日雷雪交作越大日伯兄行奔自京
甫詣殯位函爲之慟乃覺先君若有前知焉先君鬚
眉豐凖隆耳潤厚左睫常合末年猶作細楷天資嚴
重事無鉅細咸攝之以豫早失怙依槲祖居孝友恭
儉悉由性生對人不輕出一語晝日焚香內觀與到
或彈琴自娛里人罕覩其面配袁氏承德郎袁之女
封太宜人生子三伯行訓導季胤府學生仲郎祚也

女三長適百戶鮑應科次適楚雄縣學生許君聘季
適南安州學生鞠英儒孫男五擢秀自修肇修敏修
愼修孫女十有一以卒之歲閏二月初九日卯時葬
於日落村西阿坡隴後之象山申山寅向堪輿家以
草木茂爲氣淑云

男 祚謹述

錫中安老親臺墓誌銘

欽賜國子監學政文林郎吏部揀選知縣年家姻眷
弟張維焯頓首拜撰

嘗論云善人吾不得而見之矣又云善人是富則所
稱善人者生前固有令譽歿後亦被榮施如我姻兄
安天賜字錫中者非其選歟安氏世居無錫自宏逵
公來楚代出偉人至十三世而親翁間出綜計生平
樂善佈施居家孝友品正行端無一不備年冲幼先
太親翁郎世親翁事太親母也定省晨昏承歡菽水

五十餘載始終不倦所謂誠孝非耶當大親母仙逝
時大雪紛紜草木山川莫不爲之墮淚此亦一時難
遘之奇遇也且數十年齋戒繡佛增修寺院創建宗
祠恤寡矜孤施棺濟困不可殫述迥非沽名要譽以
視夫古君子側身修行不求聞達而善果克周使後
世歷覩遺蹟猶想見其爲人低徊留之不能去蓋先
世台行成名立丕振家聲亥郎繼起英姿卓犖兼孫
枝五桂皆度越尋常才堪華國異日榮封紫誥嚌不

謂積厚流光者定獲報於後耶煒誼屬姻婭間隔里
居恨未能盡傳其軼事今因修墓世臺以誌銘來請
雖謭陋曷敢以不文辭謹畧誌其蹟并爲之銘曰
貌恭而淳氣肅而温淑身善士幹濟出塵孝友足式
善人是稱賢者有後將在來昆

錫中德配安母段鞠二孺人合墓誌

賜進士候選訓導姻侄李用美頓首拜撰

聞之人必德同志同心同而後可云合甚哉合之難
言也睽卦家人以二女同居其志不同行爲慮彼堯
之以二女妻舜亦以表英皇之賢也若二孺人則無
慮此矣段孺人之嬪於錫中二兄也以姨母之女爲
表兄之配家道尚艱窘也顧孺人與二兄同心共濟
雞鳴而起夜半而息歷之鞠孺人而其勤亦猶是是
其相夫同也晚年生子教之詩書惟恐其不克成家

凡修齋積善濟貧拔苦無事不虔段母然鞠母亦無
不然是其教子同也今家道昌矣二子先後成名嫡
長子長媳先二母而去世表表長孫者眞不愧洛下
之賈生斯人而遇世則率諸子以取青紫二孺人之
食報豈可量哉今雖未克取皇封紫誥以爲二母榮
然繞膝皆玉樹列坐盡芝蘭於此皆見善人之可爲
而勤苦之宜世守也因援筆而爲之誌

自如安大姻兄暨尊嫂丁太君合誌銘

賜進士候選訓導通家眷弟李用粢頓首拜撰

古無碑誌爲文者有之自韓昌黎與柳子厚始余於古人無能爲役奚從鋪張揚厲爲泉壤光惟余舌耕之初年即公今所遷移之處也其諸子弟俱受業於余茲以文請詎難辭謝特爲之紀載焉公諱泰字自如先世江蘇常州府無錫縣人自宏達公以宣武將軍從沐國公來滇遂家於楚忠孝鄉賢中代有其人後此科第聯綿載在志乘至公已歷十四世早歲遊

泮宮歷世家計清寒先人皆刻勵勤儉公即從事生殖不欲以後此斗斛之粟貽親以終歲之勞因是銖積寸累財產漸裕信非夫人之力不至此其生平斂華就實古道照人特立獨行不阿世好較之與世浮沉者相去萬萬因是有裨於宗族閭黨凡義所當爲者無不倡率而力行之但云樂善好施猶其淺焉者也夫士君子立身涉世必欲以驚世駭俗謂負異於衆而居心不堪問者良多如公行己無虧修身體道全受全歸可以無愧矣公娶丁氏系出名門克稱賢

助生五子二女諸賢契弱冠能文類皆卓犖不羈之士裁以荻丸令範未始不蔚爲國華非盛德有以致此歟至於克振自拔揚名顯親是在二三子之篤志有爲云爾爲之銘曰

惟公賢哲秉性端莊事親純孝教子義方驕矜悉化不涉乖張克勤克儉俾熾而昌適配懿範四德不忘才華內斂和氣慈祥象賢多士奕葉芬芳褒揚有光大啟青箱

定先安姻伯大人墓誌

誥授中憲大夫知貴州思州府事加三級紀錄七次

姻愚侄周錫綸頓首拜撰

姻伯名豫字定先號立齋鹿郡孝友文逸士先世宏遠公由江南無錫縣從黔守王平滇以武功授世職遂家威楚厥從鏞公孝友可風林泉適志守宰有式廬之思亦越有常公於正統年間麓州兵役捐穀以助軍需勅免徭役鄉里呈請以賢事之數傳而至錫中公即立翁父也少食失怙善事孀母兄歿遠方聞

訃遄往負骸歸葬姊因夫故無依迎歸以伴母迨家稍裕則建祠以篤宗族建房以棲貧老施棺濟困周給送衣印經文修寺院總爲母所壽耳實行實事詳邑誌爲天鑒厥德遲暮乃誕立翁昆仲而立翁賦性穎異敎兄信友厥聲華崇儉樸勵志詩書英年入泮凡一切善舉無不繼先人而力行之居恒義方垂訓閉戶教子復於姪子姪孫無不循循善誘家庭內法肅詞嚴處己待人敦禮協義有隱君子風蓋自遊庠後早不以科第浮名易其天倫樂事且孝廉之薦鄉賓之舉俱堅辭不允謂非蓄英華於若子若孫者耶故膝下彬彬四矣悉聲成金石字挾風霜異日蔚爲國華登龍門題雁塔豈但目前之食餼黌宮哉惟立翁止慈止孝從實黜浮至今年近大旬宛然壯歲康強矍鑠含飴訓孫覩斑彩之舞點問安之額金章紫綬將咸膺於頤養保和之餘矣孝友之遐齡又何異山阜岡陵之固歟茲因壽域宏開屬敘於綸忝在姻誼聊舉大畧特爲謹誌

德配朱孺人安老姻太墓誌

恩進士候選直隸分州改選教諭通家姻愚弟李學寬頓首拜撰

孺人立齋姻兄元配也係朱徵渭先生長女鍾毓名家性柔嘉嫻禮節斂華就實有大家風歸我姻兄年尙幼稚時太親翁已仙逝太親母已高年矣而孺人愛日舒誠奉萱堂而始終盡孝生子女各三孺人郎早逝豈非天命難測哉今伯子仲叔子連枝競秀遊庠後俱屢試冠軍英年食餼繼配姻嫂劉孺人亦賢

淑慈惠生鳳詔幼負夙慧器宇不凡將來金昆玉友重徵甲第以蟬聯紫誥丹書疊沛辰章於牛卧乃知天之榮孺人於歿後較之榮於生前懸殊矣孺人生當乾隆己丑五月朔終嘉慶己巳九月朔茲因重築佳城徵文於余余與姻兄係總角之交復結絲蘿之雅諸郎君俱誼屬師生敢撮舉其要以誌不朽云

繼配劉孺人安姑岳母墓誌

辛丑科鄉進士候選知縣侄婿卜濱頓首拜撰

誌也者記也所以記其人之實行俾之信今而傳後也竊念濱生也晚未悉孺人生平事迨姻分黍光眷屬禹族遂舉孺人之芳徽懿德知之甚深爲之景仰而稱道焉蓋姑岳母劉孺人者乃太岳宇乙先公女岳父字順齋妹也幼嫻壼訓長習禮儀溫和成性言笑不輕頗有大家風太岳既逝太岳父以明經振鐸濱雲外肅師範而內庭闈如姑岳母隨任一切內政

無不經心迨太岳父任滿辭歸優游林下姑岳母及笄待字遂適立齋爲先立翁元配朱孺人辭世晉遺三子三女俱在幼稺姑岳母撫育教誨切於親生至今翊庭舅兄伯仲叔均皆食餼懷玉待沽三女俱柔嘉雍則于歸名門而所生之四舅弟悉器宇非常成名在郎且於花蕚庭前彬彬禮讓式好無尤難兄難弟具四美焉知其淑德之熏陶深萱幃之教育者至矣況其舉案堪欽中饋叶吉於宗族戚里之眷屬毫無間然乎殆歐柳之型也陶孟之風也敬姜桓少之

遺也將見積厚者流光根深者實茂後昆之登金步
玉膺綬錫綸而孺人奭黃墓頂矣辛卯季冬鶴馭天
衢越壬辰歸窆安厝完固佳城屬敘於 濆 固以不敏
辭而未能却遂述其畧泐諸瑱珉以誌不朽云

勅授武德將軍安文秀公暨王宜人合墓誌

賜進士出身勅授文林郎前江南太平府繁昌縣尹
補楚雄府知府紀錄八次年家眷晚生許 平頓首
拜撰

公文秀字廣譽其先江南人也世習武功先朝曾授
指揮使因祖平滇著績遂宦鹿城而家焉公生而穎
異志勇超羣年甫七齡嚴父棄世既無伯叔終鮮兄
弟惟寡母是依年十四即善騎射作右營百夫長公
丕承先志時沅普新平逆賊猖獗公奮勇軍前爭先
破敵論功紀績遂陞爲正標千總之職其居家事母

至孝爰率宜人王氏潔旨承色依依侍奉數十年不
衰至於慷慨好施豪俠義氣譽伍中沐其恩者更僕
難數常聞其訓子曰人生大倫惟忠惟孝汝曹誌之
勿忘嗚呼公可謂知本矣宜人生自茔族嫻於德門
公生平義勇皆內助之力居多而動容中規中矩慈
和逮下尤爲巾幗所難能宜其鞠子之賢也公舉二
子長曰寀克遵家訓劬力戎行深悉韜畧次曰榮上
爲聖朝出力下爲前人纘緒非黜省苗種不靖榮經

敷仗戰勝攻克經畧褒功敷奏朝庭先予分汛正標普栅此皆公偕宜人庭訓有法不顯於身而顯於子者也况今聖人御宇覃恩中外指日墓項褒封食報正未艾耳前宜人抱恙榮割股奉毋天鑒其衷愈三年而始卒今公患病普邑榮夫婦復割股療公楚郡紳民以其實獻諸朝廷特旌其閭記曰君子之事親孝故忠可移於君將來鵲卿高懸龍章遠播榮之報公以報天子甯有涯耶公今逍遥天上榮等克盡孝思移柩回籍與宜人合葬西山之陽屬銘於余爰濡筆而爲之誌云

翙庭安年兄墓誌

勅授文林郎知浙江衢州府常山縣事加三級紀錄

六亥友生方秉均拜撰

安年兄諱鳳翥字翙庭吾契友立齋公長子也早歲遊庠英年食餼承義方之訓敦孝友之倫余向者司鐸是邑朝夕相親恂恂可愛慕其文金和玉節慕其字鐵畫銀鉤而且尚廉恥嗜經書工詩賦試輒高等諸學校皆器重余嘗賀尊甫曰令郎才德如此巍科定然早占也迨余京都候選每遇鄉試遂傾心期望乃以數奇不遇竟屢困秋闈或者大器其晚成乎今春余出宰常山忽然聞訃猶幸象賢有子彬彬玉立亦可見天之報施不爽矣享年五十而卒爰及耒所見聞畧序其生平云

國學生履泰安老姻兄墓誌銘

恩進士候選直隸分州改選儒學世弟李學寬頓首拜撰

蓋聞積善之家必有餘慶，源之遠者流自長，根之深者實自茂。人生不必聲稱洋溢名譽光昭，使足見功於當世也，但能孝友傳家忠厚培本，其所以篤祜及身克昌厥後者，得斂福及於無窮焉。此其故吾於姻兄得之。姻兄名鳳儀，字履泰，行四。先世由江蘇入滇，以武功授世職，遂家威楚，代出偉人，其間發巍科篤

孝義祀鄉賢，郡邑誌中彰彰可考。越數世而生魁公，其嚴父也。德配劉孺人，生子四：伯鳳翔，仲鳳翥，叔鳳來，季即履泰姻兄也。幼失怙，以髫齡貿易川中，艱辛備歷，為人信義忠直，人以無欺，是以誠恪相孚，川嶽現瑞，遂副乎善人是富之則。既而束裝歸里，以尊祖敬宗為心，樂善好施為念，修街葺歧，施棺濟困，完諸姪婚娶，一切善舉無不實力奉行，蓋不但奉貞朝斗而已也。噫！公之種福田培心地，其植根之厚如此，況有內助之力哉。配孺人喬氏，係喬公樑材長女、漢昭之胞妹也，嫻姆訓，慎容止，克勤克儉，竭髓奉姑，爽膏課子，家庭之內事無大小，孺人諮度而行之。不獨送其姑而哀戚備至，奉事孀居外母曲盡孝道焉。宜其齊眉舉案，與君子偕老也。孺人賢乎哉！生子一世輔，畢婚娶，將來瓜瓞雲礽，螽麟衍慶，介壽稱觴之餘，獲福應有加無已也，謂非積善之所致歟？余以兩世知交，忝列姻誼，茲因壽域宏開，屬文於余，聊誌梗概以垂不朽云。為之銘曰：

南崗之脉秀而瑩，北浦之泉漣且清。五福加增為嶽

降，三多聚慶應嵩生。松環域相繞城，綿綿奕葉兮金同固而石同貞。

鼎貴安公傳畧

公鼎貴字湧泉祖澤溥庠生父廣昆弟四公居三先世爲江蘇常州府無錫東膠山西堠村人自三世祖宏遠公代戍雲南遂隸籍於楚至十四世上選公物色山川賞大理之勝於康熙中徙居於此遂家焉公禀姿聰慧警穎邁衆及成童益自淬勵早歲補博士弟子員書香一脈淵源克繼家聲用是益振公精命理易象善相卜又精算學而於開方求積尤爲見長嗟乎以公之才不難取青紫登巍科而卒艱於遇以一衿老也惜哉晚年購斜陽峯金姓地自定窆所其知識加人一等矣配張氏繼配楊氏均有閫範子二在朝在廷女二孫男二福林源清福林在朝出殉難源清在廷出平杜逆得奬賞六品銜儘先補用把總敕授武畧騎尉家聲由是隆起孫女四朝出一廷出三廷季女適本村修職郎周光國此女性賢淑能割股療翁近又守節咸以節孝稱噫一閨中婦乃能知大體如此其足以表正風俗爲足嘉矣民國壬戌我族續修宗譜雲南以式公支與我以文公支一脈相

傳兩處世系傳稿於是年冬均已刊刻舒齊癸亥春公裔懷仁函告因前稿先人事蹟脫畧者多擬於歷履欄下再行補註公之技能及孫女節孝情形無奈前稿早已刊就補註爲難榮再四思維爲公畧擬傳稿將函中須添註者一一載入庶公之懿行及孫女之節孝不致湮沒不彰也至生卒年月日錄於世系中茲不載

民國十二年歲次癸亥夏四月

以文公支族弟榮光撰

跋

蓋聞物本乎天人本乎祖我安氏世爲江蘇常州府無錫縣膠山堠村人自始遷祖宏遠公於明洪武十六年從黔寧王平滇以武功著績世襲指揮之職遂居威楚其後子孫蕃盛代出偉人遂稱望族故源遠者流必長根深者實必茂斯言信非誣也其間擢高科取青紫篤忠信敦孝友郡邑誌中歷歷可考五世祖有常公於正統年間捐穀助軍需輯譜建宗祠創立祖令垂訓子孫至十數傳自清咸豐庚申猖逆拒

楚紅白二旗兵戈擾攘洒海銀山之地變爲荒煙蔓草之區悲聲震野慘不忍聞人民殉難流離者十有八九迨至承平之後房屋樓舍盡屬瓦礫之場宗譜契據沒於灰燼之地迫於衣食比戶皆然而我氏之先祖事蹟歷代之世系幾茫乎無所考墓有碑碣者十之二三則我祖我宗之善行著蹟行將湮沒天乎天乎爲之奈何欣値我族續修宗譜特將世系大畧附梓俾後世子孫飲水知源耳

楚雄二十一世孫學仁謹識

膠山安黃氏宗譜卷四

堠村誌傳目錄

膠山安黃氏宗譜卷四

堠村誌傳

明故清逸處士私謚貞敏先生叔英公墓誌銘

翰林院編修進侍讀學士前國子監助教王達拜撰

梁溪之東有信義瀆在東膠山之南麓中間有堠村里者山水清淑風俗醇厚是吾友叔英先生之高隱處也先生本姓黃原諱仲茂號叔英原籍長洲縣懸珠里人考諱德麟字孟信孟信公雅重文墨以富而好禮爲元營田提舉司暨刑部員外郎鍾秀公諱嵩

後裔因元末兵燹奉父命始遷來錫遂贅於膠山長史安明善氏竟以爲嗣始從其姓更名實字宏毅定居堠村里焉先生勤儉持家處世謙恭篤於孝友事親色養友愛叔季人無間言析產有推梨讓棗之風中歲長史公謝世居喪盡禮侍奉慈幃益加誠敬後家道日隆輕財重義歲以爲常而雅好文學尤博古與弟廣交吳下名流談經修行與世無爭當道薦於朝辭不就贈清逸處士晚年居鄉維風易俗布袍蔬食不入城市不謁長官凡廿年如一日七旬預辭賓

朋誕期惟邀山野村老舉酒爲壽一日盡歡而散然亦異矣生平端方自勵仁惠爲懷鄉里德之故我吳中學者私謚曰貞敏先生疾革時遺訓井井脩然化去此所爲生順歿寧者也德配安氏性醇篤淑婉和順治家有範訓子姪以勤儉爲本恒樂善好施隱行其德後年登大耋孫曾繞膝無疾而終鄉人咸爲孺人積厚流長云合葬膠南堠村里壙園碣書明故叔英黃公暨配安孺人之墓子以恕配同邑許氏孫庠序學校俞庠歸宗承黃姓俞校後於安膠山一宗世

序昭穆而有安黃兩姓由先生始也

銘曰猗歟先生膠山始祖國初生民高朗令終墓道斯徵廓乎遐哉水源木本子孫保之垂裕後昆

太學近仁先生傳

敕授儒林郎戊子科舉人京學教授典試福建主考欽授知新鄉縣事內弟許道中拜撰

管子有言曰倉廩實而知禮節衣食足而知榮辱四維不張國乃滅亡旨哉言乎於國如此於家亦何獨不然祖宗積累之厚其子孫能慎守固有家風不墜者必有性情篤厚彬彬謹飭之士如近仁君者卽曾子所云知禮節知榮辱者也其保世滋大也固宜君諱以恕字近仁號有忍考字宏毅號叔英明累徵明

經不就贈清逸處士學者私謚貞敏先生先生本黃姓長洲縣縣珠里人來贅膠山長史安明善氏始從其姓隨居堠村里焉君生而純厚賁質明敏爲父母所鍾愛君亦依依膝下不忍一刻離及長先意順旨以孝恭稱研經肄史勤學不輟日與里中諸前輩遊虛心請益爲文精勤入微動與古會屢試不售援例入太學絕意進取或着行屐入寺尋詩或泛小舟臨流載酒無懷葛天高致誠不可及性好施與樂善不倦隣里急難撫郵備至不使人知巨室子弟往往競

事紛沓以居第服用相矜詡者比比而是獨君不染紈袴習氣人每歎爲佳子弟先君尤亟賞之故於君有館甥之誼先姊幼嫻靜能習勞自嬪君後有淑德爲內助賢子四庠序學校庠歸宗復黃姓校承安後

論曰人生世上亦視其志何如耳少年讀書志在功名如不得志於有司惟有隱居以求其志而已卑躬屈節以就功名將士尙志之謂何舉世混濁而我獨清如君者不廊廟即江湖孟子所謂窮則獨善其身達則兼善天下者君其庶幾乎然而君之志不可及矣

明故處士處靜安公墓表銘

浙江紹興府儒學訓導長洲戴冠撰

處靜安公卒葬已三十八年墓地無餘穴公子祚恐後不可祔乃別營壽藏於膠山之陽後祚卒祚次子國極力營葬不惜禮幣多求名人之文以表誌之又追思世德之源獨痛祖墓有誌無表乃來請予文刻諸墓道之石予未知公安敢題公墓然觀僉憲鄭先生觀誌墓之文則公之爲人可想見矣按誌公諱校字公俊處靜其號也世居膠山之族村曾大父孟信大父仲茂父近仁公剛介直義勵于俗勤儉孝友化于家誠慤禮意下于士邑之聞人也公世業始微而後盛而父母俱早世每有希文親不在矣之嘆因扁其堂曰思親示終身不敢忘也以身嘗起於單窶故恒念人之貧匱患難者輒周邺之不吝未嘗覬人之報也人有紛爭不直者以公剛正不撓輒來求直退無後言遂舉爲一鄉之長鄉人相戒曰各修乃行愼毋爲安公所短邑大夫高其行凡有政則進公于庭而咨訪之衆益敬服而公愈謹飭出是求正者踵廬

而返不待公面折也公自以少務農失學每見儒紳輒曲意下之曲盡欵洽禮意士林亦多與之與其爲善人也雖貲產充拓實本力作勤儉所致畧無意于侵牟故今子孫益隆而不替者公之餘慶也晚年以家事委諸子闢一室以自養名曰處靜作者多以詞章歸美之配包氏子男三人祚祐祉孫男三人邦國鎭曾孫男三人榮郎如崇梁榮即如山祚與邦國及榮俱以恩詔拜散官公之餘澤也嗚呼公之慶澤及後富而好義者四世相繼是豈掊尅之徒朝榮暮瘁者比

也宜爲之銘銘曰

恩親者將求其孝正俗者將求其道下賢者將求其教三世子孫拜恩詔謂非公所積之報

明鄉祭酒處靜安公傳

賜進士中憲大夫前南京刑部主事廣信府知府談綱撰

安公諱校字公俊號處靜祖叔英公諱實字宏毅少警穎邁衆長端方自勵故學者私諡貞敏先生本姓黃姑蘇長洲縣懸珠里人出贅無錫膠山金華倅安明善氏始蒙安姓父近仁公諱以恕生子四仲叔早卒伯曰庠字公彥承祖志歸本宗安黃合族是爲始爲季即公公生永樂末禀剛介直義勵於俗勤儉孝

友化於家誠愨禮意下於士邑之聞人也痛父早世扁其堂曰思親示終身之慕家業始微而後盛故恒念人之貧困周䘏之而不望報里有紛爭者以公剛正就直退無後言遂舉鄉祭酒鄉人每相戒曰各修乃行愼毋爲安太翁所短邑侯高其行嘗進於廷咨訪政事晚年以家事委諸子闢一室曰處靜以修仁壽學者多以詞章歸美之配華氏繼配包氏子三長祚授承事郎娶司馬氏諱逵女次祐娶徐氏三祉娶許氏孫三邦國鎭俱以恩詔授散官皆公之餘澤也

明故處士友菊安公暨司馬孺人合葬誌

榮祿大夫柱國太子太保吏部尚書前奉敕參贊機務南京兵部尚書太原喬宇撰

宏治乙丑九月十一日安處士以疾卒越十三年爲正德戊寅七月二十八日其配司馬孺人亦卒合窆于膠山之南原葬焉丞子國懼世德弗傳爰礱石所誌壙首按狀處士諱祚字天錫別號友菊其先姓黃氏父梭繼于安乃宋樞密使燾之裔爲國朝金華倅明善公孫處士生而秀敏弱冠能綜畫家政凡黍稌

粱稻灌溉種樹之候不爽蚤暮既壯掌賦于鄉公廪私蓄事若蝟集躬覽其要而區別其細罔有遺缺勤不過勞儉不傷嗇官務畢理民無怨尤邑令丞恒待之有加禮處士雅愛文事日與騷人墨客觴詠山亭水榭間樹菊幾千百本餐英咀華與之相忘遂以友菊稱平生義事甚多若脩宋李忠定公祠作城隅官舍則尤著者臨終語子孫曰爲汝等創吾家當愼守之能已人宿負則所得多矣聞者以爲有識孺人姓司馬氏宋温國文正公所分族無錫景雲派也曾祖孝忠祖怡父逵孺人天性聰慧靜淑動循禮則及笄歸處士有內助上下宜之居常紡績織紝罔肯自暇賓祭則備豆脩內事則飭矩範處士沒教其子國暨孫榮脩文習禮益大其業乃手紉衾裯襚歛之具及疾革自出諸篋仍以餘貲命子國班諸姻族故孺人沒有遺惠焉處士生於正統丙寅七月十三日得年六十孺人生於正統乙丑闕文日得年七十有四子男二人長邦娶秦氏早卒次國娶周氏女一人適華枰孫男五人長榮德府引禮舍人娶鄒氏梁娶蔡氏如

山邑庠生娶郭氏如磐娶葛氏如石聘華氏孫女四長適劉玘次適華魯次二人尚幼曾孫男二人長金郎希灝聘朱氏䰠郎希皐尚幼女二人長受夏氏聘次幼余恒歎世道日降江南巨室往往競事紛奢以居第服用相矜詡靡然成風無驕者已爲難得況知所謂好禮者哉若處士者不逐時尚能與花之逸者爲友是其心敦務本實濟然惟以晚節自勵可謂知所重者矣宜其親賢樂善所行多義舉也余故誌之俾其子孫守爲

明承事郎友菊安公傳

賜進士出身中憲大夫湖廣布政使參議前南京兵部郎中媚世姪華山頓首撰

嘗論人不可無才尤不可無行有行無才則迂有才無行則肆然迂者不能有爲肆者不能有守余自通籍後得交當世士大夫欽爲才行兼優者固不乏人而鄉黨姻族中惟於安公倍深敬慕焉公諱祚字天錫其先黃姓曾祖叔英公出繼於膠山長史安則善氏爲後遂業安姓乃宋樞密使諱熹之裔也祖諱以

恕父諱校字公俊生子二長即公公生而秀敏弱冠綜家政凡黍稌粱稻灌溉種樹之候不爽早暮既壯掌賦於邦公廉私蓄事若蝟集能攬其要而性嗜篤實惟節儉成家蓄志敦厚樂善不厭如育嬰貌背施衣藥修道梁賑饑施粟公無不爲爲之未嘗形德色故邑中皆稱之公久經世務洞人情爲人排難解紛咸昭平允而民無怨尤邑令丞恒待之有加禮爲公晚年雅愛文士日與騷人墨客觴咏山亭樹菊千百本餐英咀華與之相忘以友菊自號平生義事甚多如修李忠定公祠作城隅官舍其他善舉更僕難數也則尤著者當奉恩詔授承事郎令終語子孫曰吾爲汝等創吾家當愼守之能巳人宿負則所得多矣爾曹毋忘讀書以求爲君子乎嗚呼豈非才行兼優者歟噫以公精明强固之才加以敦倫飭紀樂善不倦之行奚止鄉黨姻族歌功頌德也哉公今往矣公生於正統丙寅七月十三日卒於弘治乙丑九月十一日享年六十歲德配司馬氏溫國文正公後無錫景雲派曾祖孝忠祖怡父達孺人卒於正德戊寅七

月二十八日公自封壽藏於膠山南麓廉憲邵國賢爲壽藏銘是年冬次子國奉公與孺人合葬焉會葬者五千人甲科聯葉請太原冢宰喬公宇爲合葬誌餘姚侍御王公守仁爲墓表書墓額曰安壽山生子二長邦授承事郎娶秦氏繼板村蔡氏次國授承事郎娶周氏女一適華枰孫男五邦出者二長榮授承事郎楚府禮舍人娶鄒氏次梁任長洲醫學正娶蔡氏國出者三長如山邑庠生娶郭氏次如磐娶葛氏如石聘本邑華雲女孫女四長適常州劉玘次適本

邑華曾餘幼未字曾孫男二長金郎希灝聘朱氏次
鵷郎希皐尚幼曾孫女二長受夏氏聘次幼未字國
賢銘曰漢重力田有科以庸本之行誼醇樸承風東
膠之山南接讓里風氣所鍾孕玆善士君惟漢民惟
股惟周或加仕服與時同流君作壽藏擬古達者我
銘碣陰表於東野

明處士安友蓮先生傳　　西村史　鑑

粱溪安友蓮先生者系出國初金華倅明善公之裔
孫父鄉祭酒處靜安太翁之仲子也自幼與余同受
知於徐武功吳文定兩公之門先生博覽經史篤學
不倦能詩好客教授鄉里不欲仕進事父兄雖盛暑
必肅衣冠迎候事無巨細必稟明而後行與兄慷慨
樂施周邺貧困遠近均沾實惠鄉里咸德之承父命
築室東橋同邑王芾書額曰東橋草堂晚年養性怡
情濬山涇搆池蒔荷嘗與一二兄弟徜徉其間或觴

或咏怡然自樂著有東橋餘韻人稱東橋先生年古
稀無疾而終先生諱祉字天賚德配同里許氏有閫
儀卒祔葬於家圃掛月墓祖塋之穆穴子一鎮孫二
長如堂次如室俱能耕能讀兄愛弟敬不辭勞苦教
授鄉里有祖父之遺風焉

明故承事郎甯齋安公墓表銘

賜進士出身資善大夫太子太保刑部尚書嘉禾屠勳撰文

賜進士出身中憲大夫都察院左僉都御史東吳文森書丹

甯齋安君諱邦字民本宋樞密使燾之裔孫也其先居闕文四世祖孟信避元末兵燹始遷於無錫膠山之堠村以耕讀起家及元祉既屋生產滋殖爲鄉巨族高祖仲茂曾祖近仁祖公俊父天錫世繼其美家聲益振以詩禮望於三吳之間他族罕及焉母司馬氏出宋温國文正公後天界貞淑克相天錫有關雎麟趾之風故甯齋之生秀穎邁衆及成童益淬勵問學篤倫理事父母曲盡孝敬與其弟民泰自少連業輒更相琢磨各底於成識者謂爲安氏雙璧宏治間歲飢當道檄君應輸粟受散官之命卽捐粟投承事郎爵如其父父嘗掌鄉稅有深惠于人君起而繼之亦錫邁代輸至傾橐弗吝有司賢之屢加獎勞君年向壯而氣雄志朗當庶務蝟集于庭據理析之悉中

肯綮人莫敢欺其有窘匱及婚喪不能舉事者告助於君君卽慨然周之人以爲君之仁民亦愛親之所推也君司賦既久且憊念國計至重不敢委人卒以督餉勞困抵家病泄而卒實宏治癸亥正月二十五日也享年僅三十九娶秦氏繼板村蔡氏子男二長榮恩授德府引禮舍人娶徐塘鄒氏次梁韺出娶毋族女女一適常州劉秋官孫男一長金聘文林朱氏孫女二長受習禮夏氏聘次受進士同邑楊氏聘榮以禮葬君於膠山南麓之新阡邑之鄉大夫誠憲章誌君墓謂君公勤于公孝友于家眞實錄也余因榮請表其墓遂敘其潛德之梗概如右仍係之以銘銘曰

在公勤儉在家孝友鄉國稱之闃然諱卻人或嗛其不壽我獨喜其有後後世克昌厥聞不朽

明故安處士墓表

賜進士及第榮祿大夫太子少保武英殿大學士禮
部尚書掌詹事府事奉敕參贊機務前翰林院修撰
文淵閣大學士吳郡崑山顧鼎臣撰文
賜進士出身中憲大夫大理寺少卿前監察御史海
虞吳堂書丹

江之南有遺佚卓行之士常州無錫堠村里安君嘉
靖十三年閏二月癸丑終于里第明年三月乙酉葬
於膠山葬之日四方來觀駢軫接艫溢于塗川子裕

州大夫遣使告哀乞辭留都於是琢石紀德揭于新
阡云君諱國字民泰其先黃姓高祖叔英來贅于安
明善氏則是族之本也父諱祚娶司馬氏温國文正
公十五世孫達之女也是生君體質豐碩儀止詳華
開朗之識發乎髫丱年弱冠爲州閭所服兼覽羣籍
靡不曉暢恭己飾行愛衆親仁微密儉清晦而不耀
由是月旦高于鄉評究其所立可謂好禮尚志偉出
不羣者矣君初承世基夙號殷裕既自崛起大振原
田膴膴庾廩殖殖錫川之稼如茨如梁父歿後不數

年家累千金矣然君志軌先民而不規近俗之陋氣
凌物表而希播百世之風是故知貴勤以食力也君
考林澤省農時佃夫穡人出不息之米以相其役知
捐財以植義也故君恤惸嫠賑窮乏焚券蠲租
萬餘石養無告之老知禮義以阜俗也故君闢門延
師號曰義塾以教里之子弟知景行以從哲也故君
飭李忠定張中丞之祠知利濟以廣惠也故君甃通
商之磴鑿溉旱之渠發濬塘之粟知篤親以尚厚也
故君撫猶子之孤賑舅氏之落賙業師之葬其他美

行義舉不可殫述初尚書西蜀李公巡撫東南講求
水利時浚白茅塘方牽作舍之謀屢怵盈庭之議及
得君指畫方畧舉措合宜勸懲有法民湧趨事迄于
成功公大喜恨相見之晚冠發海島中丞伍公延君
至幕下策多咨焉事平伍公言于朝君爰有銀牌之
錫君雅負經畧志存烝人俾獲用世厥所建立又豈
少哉君嘗言曰昔人足跡半天下而吾不出環堵亦
吳人已爾乃北游燕薊攀銀山望天壽抵居庸觀日
岱宗覘禮孔林已而泛大江躡匡廬循襄漢以憩于

武當又道荆溪登龍池涉震澤窮搜天目諸山乃東
至海上掠錢塘探禹穴窺天台鴈宕而還遊記繪圖
紀之詩君所爲詩郎事暢懷高遠清逸自成一家言
然則遺物超俗可覩於斯矣君嚳聞遐邇所至達官
巨卿虚館投粲文人騷士雲附景從或以爲江南大
豪不知深悉樂易敬讓以得也方將攀逸駕於洪厓
騁遐轡于闗洛凌宇宙以高挹跨烟雲以長遨享齡
五十有四遘病而卒聞者咨嗟慨惜焉君有子七人
如山舉進士甲科入選中秘出領方州寝階華顯如
磐如石如京如岡如陵劝曰如岳皆競爽雋茂過庭
受試學有造就予以歲丙戌典教國庠如山來立館
下温敏而有文雖長膏紈不見盈侈之色雍雍恂恂
甚足異也因撫之嘆曰蘭生謝庭玉產崑圃其有自
乎已而覩故相邃翁太宰龍灣廖公尙書二泉邵公
鳳山泰公往與君相善咸有論譔炳炳可考於是慨
然痛君以遠志卓行溘然淪亡徽美弗述後將曷傳
緬懷高蹤式表幽隧用貽于後之有識者云爾
銘曰於惟安君稟氣淑靈含和匿耀避迹巖扃耽藝

樂術貫究典墳振展雲嶽弭棹蘭津坡山之幽桂樹
叢生婆娑謳吟怡忽世纓鳴瑟在御談扇猶新鴻儀
零謝覿德無因懷哉永思刻石紀文身歿名流億載
永芬

明承事郎桂坡安徵君墓誌銘
賜進士出身資德大夫正治上卿太子少保工部尚
書侍經筵前奉敕參贊機務歷兩京戶禮兵四部尚
書邑人秦金撰
嘉靖甲午歲閏二月十六日吾錫桂坡安君卒其子
嵇州守如山聞訃匍匐奔歸卜以卒之明年乙未三
月二十五日葬君于膠山之新阡前期具書專伻捧
其師張秋官康甫狀來丐予銘予與桂坡雅相善而
如山爲予門人銘奚忍辭按狀君諱國字民泰桂坡

其所自號錫之膠山嵝村里人高祖茂出自姑蘇黃
氏洪武中來贅於安遂爲安姓茂生以恕以恕生公
俊俱隱德弗耀鄉稱偉人公俊生祚配司馬氏實生
君君體貌俊雅生資警敏弱冠即承父命幹蠱于家
家益饒裕食指數千內外井井不紊弘治間嘗輸財
助邊例授承事郎非其志也家後闢園疊山華時速
客觴詠以娛其父事其母先意承順疾則湯藥必嘗
居二喪哀毀踰禮人稱其孝兄民本早世字其遺孤
曲加保護以逮外侮人稱其悌乃若舅氏中衰業師

誼篤則克盡生養死葬之道至於贍宗黨惠鄉人置
別墅以教里之俊秀罔不究心正德己卯歲祲道殣
相望君出粟若干石賑之損瘠者舉欣欣然有生意
先是郡城圮所司計費修且中止君大捐私帑爲郡
民倡工乃告成膠山李忠定公祠歲久將圮君爲之
撤敝易新割田歲祀以垂永久文莊邵公寶爲之記
人咸稱其義君素有謀畧動中機宜巡撫梧山李公
白茅濬河之役伍中丞松月海寇之平君皆與有力
爲君好涉獵史籍能言古今治亂興衰之故灑灑可

聽又嗜古書名畫商彝周鼎一見輒辯眞贋嘗曰積
金詒愚積書詒明故多購異書以至充棟及刻顏魯
公笲集鑄活字銅版印諸秘書以廣其傳延名師教
諸子俾各占一經用是咸底成立如山竟舉進士改
翰林院庶吉士出知嵇州君每遺書戒勉之如山益
自砥礪綽有廉幹聲觀風使屢薦于朝封典將及君
而君不待矣嗚呼傷哉君中歲謝累好游曰吾豈一
邱一壑者耶於是北走京師攀銀山望天壽抵居庸
而還已而東躋岱嶽陟龜蒙謁孔林鄒魯之墟足迹

殆遍乃西泛大江躡匡廬瞰瀑布登武當南復渡錢
塘探禹穴窺天台歷鴈宕極東海普陀之孤峻談奇
紀勝意豁如也君與人交推誠任眞克善終始故人
多歸之元老鉅卿如遂菴楊公龍灣廖公輩咸有稱
述遺之君生於成化辛丑十月二十六日享年五十
有四配周氏子男七長卽如山娶郭如磐太學生娶
葛如石邑庠生娶華如京聘周如岡聘王如陵聘鄒
如岳尚幼女二華曾鄭相其婿也孫男一希堯如山
出聘王孫女三婚字皆名族嗚呼桂坡倜儻多逸氣

壯志不欲與草木同朽腐屬纊之際遺訓諸子及經
紀後事甚悉了無戁詞戚容若君者誠可謂曠達士
矣是宜銘銘曰
猗與桂坡人中之特維事之弘維家之克多蓄好施
義聞四馳親悅其孝衆感其私冲心勞勞中歲乃佚
花圃長春壺觴洽客名山覽勝異境探幽曠懷千古
豈曰漫游年方踰艾胡遽觀化帝寵無涯天休可迓
欝欝膠峯雲深土厚百世斯徵我銘不朽

明故桂坡安徵君墓碑銘

賜進士出身資德大夫兵部尚書兼都察院左都御
史儀封王廷相撰

君姓安氏名國字民泰別號桂坡常之無錫膠山族
村里人也其先有茂者本縣珠舊裔孟信之子洪武
中來繼于安明善氏是爲君之高祖生以恕以恕生
公俊直行儻言爲邑聞人公俊生祚號友菊剛方不
阿動循禮則事親以孝謹稱教子姓先行而後文安
氏世業雖裕而大其門者則自友菊翁始配司馬温

國文正公十五世孫達之女生二子長邦字民本次
卽君生而體貌魁梧資性堅定通朗有識度料事輒
中機宜兄卒時友菊翁老矣門戶單弱百侮紛至君
方弱冠卽綜理家務井井有條而處物周恕欣欣無
忤若老練于世故者宗戚咸加嘆賞曰安氏有子矣
友菊翁生平悅在山水間君乃刻意承順嘗曰大人
日暮無以樂其心豈子所以養志乃於居隙爲園圃
構亭池集竹石蒔花卉時而速客觴詠備極爲樂之
具亹亹不憚煩友菊翁陶然遂其桑榆之樂者皆君

克養致之葢大孝之遺芬而澆俗之僅見者也兄與其子如崇（即榮）皆早逝君撫其遺孤爲之禦外侮助徭差導之禮義俾之自樹無間己子毗陵城圮當道議修之奢于費君首捐私帑爲郡民先歲祲吳民饑君輸粟若干石爲諸大家倡自毗陵及旁郡賴以全活者甚衆宗黨之貧與鄉之父老皆月有給歲有贍死不能葬者君多給之棺斂負無所償者折其券書其仁及鄉黨義先官府多類此白茅水利之役巡撫梧山李公方以艱大爲憂詢方畧于君君乃逃督理之

宜疏導之次勸懲之法若千事上公由是官有程式民樂趨事迄於底績海寇竊發殺人攘貨大爲居民患中丞松月伍公仗鉞臨江將往平之命邑大夫致君幕下時議欲以官軍直擣其穴君曰左矣賊恃海爲亂出没鯨波若履平地此輩長技我軍涉險而戰非所素習自顧不暇安能致勝莫若誘其黨與使自執其渠魁易破也公從之寇遂平君平生好讀温公通鑑朱子綱目等書故于往古治亂興衰之跡世運汙隆之辨靡不歷歷如指諸掌作詩未嘗規步古人

而矢口成詠有晚唐諸人所不能道者嘗於友菊翁菊樂園後築樂菊園以廣先志暇則挾友徜徉其間時而酒酣興劇乃取李白遠别離蜀道難等篇蘇長公赤壁諸賦歌之音調清遠流風灑灑四座悄然傾聽如神遊崑閬不自知其在塵宇也嘗云足跡不出門戶不能大觀遠覽以廣其志意爲天下士終齷齪吳儂死耳乃北走京師循太行抵恒嶽躋岱宗謁孔林以觀闕里之聖蹟已而泛大江躡匡廬陟武當游于洞庭之野冀聞軒皇奏樂之音復道荆溪而南登

龍池窮天目涉震澤訪蘇臺以弔闔閭閭没而悲子胥之狂忠又自錢塘而東上會稽探禹穴凌天台歷雁宕望東海之洋以求安期生羨門之傳返而喟然曰昔人謂塊視三山杯觀五湖兹游信哉嗟乎謂非振古之豪能之乎嘉靖甲午正月忽覯疾醫弗奏功遂不起是閏二月十六日也生于成化辛丑十月二十六日享年五十有四配周氏男子七人長如山登嘉靖己丑進士改翰林院庶吉士未幾改知裕州如磐太學生如石邑庠諸生如京如岡如陵如嶽女子

二長適興道華督先卒次適武進邑庠生鄭相孫男一希堯孫女三俱𭂑以卒之明年三月二十五日葬於膠山之新阡如山及諸孤泣血奉狀走介請銘以表隧石浚川子曰余往在南都時君來謁余乃下榻與語稍及時事君憤然高論舉能究其所以始而逆料其終如辨黑白不爽雖古通達政體者不能過余已駭其非山藪之士矣及按狀見其遺裕州書云官無內外清劇以稱職爲賢當道成汝故以艱劇投汝汝惟守道俟時可也民有隱弗恤則怨能體其好惡

則悅悅則得民心得民則得上賢者勞於四方之業而成一代之名其道固有然爾矣汝惟慎哉由是觀之豈非明練成務濟時之器乎使君登進辟命於朝推素所負於政必大有可觀然竟止于草野疎散之豪惜哉惜哉銘曰

俁俁徵君履道敦倫厚及宗黨率禮施仁偉哉曠逸末俗拘鄙非君之豪爲覩高上車良馬習足以馳坂世不及用賢者攸嘆七子蕃蕃玉璞珠淵裕州崛起龍翔鳳騫不顯於身顯及後昆非君之仁何昌厥源佳城巍巍膠山之阿坤靈禁訶日星不磨

明故桂坡安徵君墓碣銘

賜進士出身資政大夫南京禮部尚書前國子祭酒
翰林侍讀兼修國史經筵講官增城湛若水撰

常之無錫人安裕州如山初舉進士嘗從甘泉子于金臺嘉靖甲午閏二月十六日喪其家君國民泰旣歸奔將以明年三月二十五日葬于膠山之新阡遣其弟太學生如磐介談生一貫告墓碣之銘于甘泉子甘泉子曰碣也者揭也墓碣也者揭其大者于墓也揭曷爲大志爲大曷志爲大揭仕者以事揭隱者

以志若夫行實存乎表誌世系存乎家譜則又奚揭焉志曷爲大志其大者爲大冢宰龍灣公賢之曰安桂坡志存行義此其大矣乎夫志奚揭矣揭諸狀是故於其先意承志居喪克禮而知善養孝親之志於其樂爲義舉賙急死貧館穀士人而知其濟物之志於其出粟賑饑活及旁發而知恤難之志於其捐助毘陵城設策白茅港而知其治事奉公之志於其料事中機而知其謀慮圖揆之志於其海寇作禍獻策中丞畫其直擣海濤之難謀以渠魁誘執之易克受銀牌之賜而知其戡亂禦侮之志於其新廢祠于李忠定辱賀蘭於張中丞而知崇正嫉邪之志於其攀銀山望天壽躋岱宗越龜嶧謁孔林有北游記於其泛大江躡匡廬觀瀑布陟武當有西游記於其道荆溪涉震澤窮天目有南游記於其至海上渡錢塘探禹穴窺天台歷鴈宕有東海奇觀記而知其四方之志此八志者足以揭其人品之大都以其所存以聞于鄉人以稀于后昆矣夫以桂坡之志如彼其才識顧其隱焉獨與雲山爲伍鹿豕同游耳向使遭時嚮

用出其志所抱負其事業可量哉蓄而不發委祉于后昆今裕州之治得非繼其志者歟乃爲揭于碣而銘之桂坡配周氏賢子七人卽如山如磐次庠生如石次如京次如岡次如陵次如岳考曰祚妣司馬氏祖曰公俊曾祖曰以恕高祖曰茂銘曰

匣也不可以語劍之用箱也不可以語車之用于發于硎于乘于周行后觀厥生眎此碣銘

桂坡子安民泰傳

賜進士及第南京太常寺少卿前翰林院修撰經筵
講官兼修國史高陵呂柟撰

安民泰名國號桂坡子常州無錫縣膠山嵊村里人前翰林院庶吉士今嵇州知州如山之父也君生而貿貌魁梧資性堅定長益廣博開朗被服儒術涉獵書紀身通資治通鑑綱目言詩發藻逈出儔行性躭山水園林蓋嘗爲父友菊翁築菊樂園以怡其情迺又於其園之後作重園以廣之暇則速友徜徉浩歌

李白蘇軾之詩遐相逸踪思其翱翔既而嘆曰昔人足跡半天下而國不出環堵誠吳人也遂走京師攀躋銀山展觀天壽乃抵居庸越龜蒙凫繹以謁孔林於是有北遊記已而還泛大江躡匡廬觀瀑布沿入武當於是有西遊記已又南遊荊溪登龍池涉震澤窮搜天目諸山遂東至海上渡錢塘江以探禹穴窺天台鴈宕之奇皆有記記各有圖圖各有詩而太宰龍灣廖公及大參崔東洲都諫俞國昌諸君皆爲之序其事則君固塊視三山梧觀五湖當其志與若有人導之雖以登東山亦肯學而往也嗟乎壯哉初正德辛巳間巡撫梧山李公欲行白茅水利延訪君君詳列方畧兼著勸懲法民樂趨事登於成功李公至恨相見之晚禮遇優厚嘉靖乙酉海寇摽發橫爲民患中丞松月伍公聞君才名檄爲幕賓時議皆欲擣賊巢穴君曰計左計左夫賊恃海爲亂出没波濤若我軍冒險先褫魂魄莫若以賊攻賊誘執其渠魁耳從之賊平伍公疏其事於朝君獲有銀牌之錫則君故懷才挾策明時之逸民託與於山水者乎君毗陵

之富室也然未嘗規規於計然贏縮之謀而高貲雄於吳中又喜爲義舉積而能散蓋嘗捐金倡郡民以築毗陵之城正德己卯歲祲則又發穀數千石以救毗陵及旁郡之饑所全活者甚衆則其周戚黨之貧事業師蔡葯室之厚養舅氏之有終待兄邦遺孤子孫之得所可云難矣蓋君天性孝友或速客觴詠以樂父心或迎醫辯藥以瘳母疾或祇忠信無所塗飾宜其於宗戚鄉黨者如是也則夫吟詠於山間水邊者豈徒然乎君先世本姓黃氏有孟信者生子茂字

叔英洪武中來繼於安明善氏茂生以恕字近仁以恕生公俊號處靜直行讜言爲邑聞人公俊生祚郎友菊翁剛方閑禮度事親孝謹配司馬文正公十五世孫逵之女是生君者也安氏蓄之累世者固將於君乎振哉君配周氏生七子分授以五經遍速明儒以爲師承長郎如山中嘉靖己丑進士勵志古學爲君案傳誠篤至過自遜稱以懲予則發君之祥而廣其未究之志者不在茲乎娶江陰陳墅郭文祥氏次如磐太學生娶參政葛志貞氏次如石娶鄉進士華

從龍氏如京聘江陰周汝學氏如岡聘常熟副使王子澤氏如陵聘太學鄒子問氏如岳幼未聘女二人長適與道華晉次適武進庠生鄭相孫男一希堯如山子聘蘇州王文恪公孫女孫女子三人則君之福履可知其振且懋也君生卒年月暨文行之詳語在少保鳳山秦公宗伯甘泉湛公碑表志中所著四遊記及游唫稿數十卷皆藏於家

論曰嘗聞之貧富在天不可力移世有晝策夜籌焦心白首然終不能長尺寸或并其故者而失之乃有起業販繒芻牧之間後其富可敵侯王今觀桂坡子益驗哉彼桂坡子遨遊山水吟詠詩賦何嘗握觚坐肆如壟斷人乎然而富自若是也士惑於貧富之間而操持不堅者觀此可以定志矣且桂坡子俊才有畧懿行秀文又若是也乃落魄於江湖林石之間不能沾一命榮而世之齷齪自足才不逮乎中庸數至貴顯此其窮達又何辯也故士無怨尤之心方可以得道有混於取舍之分者其違仁也遠矣孔子曰富而可求也雖執鞭之士吾亦爲之如不可求從吾所

好予因桂坡子再告云

桂坡安徵君傳

五嶽山人吳郡黃省曾撰

安徵君名國字民泰無錫膠山族村里人也其先黃孟信者生子茂出贅安明善氏故遂爲安姓云茂生以恕以恕生公俊公俊生祚家世善富矣復折節力田增累高貲又孝弟滔謹享其温羨祚生邦暨徵君徵君容度魁岸性質堅定悃愊儼靜不涉嬉弄學於蔡葯室氏治經爲文又長於宋司馬氏朱氏二史以是聰畧日開好談古今當事料决如響未幾邦卒徵

君爲單子翁且衰年人以寡子覲有撲獵乃日構瑕設險中之徵君方弱冠奮然作曰彼以少穉弗任易之耶乃請翁攝代家理翁曰奈廢學何徵君泣曰學而遇仕求安親爾國求安親爾矣何必乎鉛槧之間旣爲家卽察機覯會條禦衆侮以綜殖業出荅公役無不周集庯蓄益廣鄉人卽翕翕畏矣其翁果得康拱暮老一切無關焉翁好菊處士卽四方求奇本錯藝成圃深秋英華繁開爲之招邀良朋與翁爲壽凡就養志意多若此翁與夫人司馬氏之歿也處士哀而有禮且推體父母篤愛樹其兄之遺孤旁及宗人舅氏蔡師皆生贍死葬之鄉曲耆舊子弟亦歲月助恤不疲江南人以田成富卽埒王侯矣且奴用佃夫其散徙溝壑弗閔也處士田旣闢佃夫千家每時其農勤發廩散貸而捐之息有貧最者亦遂折劵棄逋故民皆樂爲徵君耕人徵君雖在韋素而好義喜施以公家爲心若毘陵城圮郡藏適歉首助緡錢爲倡築事用登正德己卯歲饑出粟若干石賑而生之名行稍稍顯見辛巳中丞西蜀李公治水於吳白茅塘

者西受昆承李墓諸水以注於江也永樂景泰弘治間凡三浚之尋復湮阻徵君思其要領往謁李公曰河身淺則土滑善崩奈何弗爲釜形乎可以不壅公從之且檄而董焉民皆鼓踴趨事迄於今宣洩疏利乙酉海盜浮游鈔畧時中丞伍公建節江上延徵君問計參佐皆欲直擣徵君獨曰不可公曰如何徵君曰賊人以海爲家在長濤怒波間運帆楫如馳馬淇茫瀰漭何以嚮道往必不利如用間其黨腹心而誘致之可旦夕破也公曰善以其言奏功乃上於朝得

銀牌之賜膠山故有李僕射綱廢祠處士曰嗟乎忠定可使無魚菽耶乃新之且捐田若干畝爲祀供大宗伯文莊邵公碑其事後遊錫山謁張中丞廟悵然憤賀蘭之不忠而傷中丞之遭厄乃鑄進明肖像折彞庭下且以表見不忠之臣雖百世邈遠猶誅斥之也君子皆高徵君之義徵君多男子於其髫齡即聘致名儒分經教焉故皆綴學有成選爲諸生國子徵君曰吾可息之遊矣乃治裝命友北渡大江謁孔林登岱宗上歌風臺遵於北都攀銀山望天壽歷居庸

闕西山諸刹冢宰東光廖公時在位素善徵君乃序送其歸歸家三年徵君長子如山以戊子秋舉於京師乙丑初春徵君自錢塘過子陵祠入南昌宴滕王閣躡匡廬三月至武昌登黃鶴樓道襄陽謁參議海門崔公崔公爲之賦嘉月之篇時如山試禮部遂登進士徵君在遊未之知也崔公故翰林是以會錄早傳襄陽崔公知如山徵君子也乃出錄觀焉同遊友人謂徵君曰可以遄歸受慶乎徵君曰兒子第固可喜然佳興未已也竟從樊城往窮武當之勝至四月

暮乃歸人皆達之如山初選翰林院庶吉士未幾改知嵇州徵君乃遺書勉諭之嵇州者爲燕秦楚蜀五衝之地是多流民冠盜嵇州君仁愛百姓嚴次什伍而奠居其離遷者且均其算賦俾有獻程民皆宜而頌之由是嵇州大治嵇州君奉迎徵君遊中原徵君曰吾何勤館人爲哉壬辰七月復出姑蘇入浙凡西湖禹穴天台鴈宕奇絕無不躋覽癸巳二月迺探善權張公二洞揚帆太湖取道巴陽安吉往登天目刻名仙丈峯焉所至郡縣又多嵇州君同榜士爲倅令

有輿從觴餞貲相其遊覩昔加適每遊輒有篇詠爲記越二年甲午徵君迺疾其子如磐如石遍召列郡名醫案發苑秘夙夜方藥徵君知勿瘥矣乃速所厚馬君惟賢入中寢從容權處諸子事分金賓族授田於家僮之多功者無出侍媵悉遣歸之家務縷縷囑也遺言治喪勿庸浮屠竟以閏二月癸丑卒病力時鄉人德處士者私相封羊釃酒爲神禱聞其歿也又復輟舂罷業咨嗟涕洟而纂思之配周氏生男子七人長如山今嵇州知州爲名牧次如磐太學生次如

石縣諸生皆以文學著所締婣多閥舊華姻云
汝南黃生曰世之富人率窮僭驕詡布衣所亨如邦
君故子弟化之多落魄無檢爲能若安君者躬蹈禮
義教其子爲賢臣良士以表異於俗者乎彼戔戔數
金之產直不能朝夕出庭闈而富如安君乃飄然不
慮道數千里周遊名山又何其志見高越脫然物外
如此也然則公卿大夫羨而難之也豈偶然哉

明故四川按察司僉事進階朝列大夫膠峯安公墓
誌銘
賜進士出身光祿大夫太子太保吏部尚書武英殿
大學士知制誥大典大誌總裁官吳郡嚴訥撰
賜進士出身文林郎行人司行人眷生長洲韓國楨
篆額　友人吳郡周天球書丹
嗚呼余與公交世再矣先宮保公棄不肖公奠而哭
之以文曰如山締交於門下三十年每晤未嘗不謂
余中無他腸而余亦未嘗不敬公爲寬夷長者然則
公正余先宮保之所喜而公之知先公亦甚矣越數

年余過錫山謁公之廬余太夫人喪也而公已疾棘
余就寢問公公言不了了而意若有屬者余別之出
有頃而公逝悲夫公子希堯卜乙亥十二月二十一
日葬公膠山之新阡持其女甥諫議前翰林秦君燿
之狀來乞銘余惻然者久之而諾焉爲撰次其事公
黃氏諱如山字子靜號膠峯世爲常之無錫人國初
公有高祖諱茂壻于安故今稱安氏父國字民泰號
桂坡氣俠志雄海內游士握瑜彈鋏造謁者皆收館

之又以文雅游于其鄉大老邵文莊秦端敏諸公之間其聞揚甚生丈夫子七人公其冢器少奇穎年十三挂籍校官業令肄家塾遂蚤成例升北太學試嘗在高等少師楊文襄公見其作有千里駒之許秦端敏公使其子與學每入朝過其門公書聲徹之端敏以起太早爲訝而不知公之讀每達曙也歲戊子以臺試第一人中鄉闈先是司馬宛洛韓公爲御史監院已擬公文優列而簾輟果預君子以韓爲知人明年己丑試禮部主者爲閣學羅峯張公宫詹渭厓霍

公二公在壜屋其所釐革弊覘曩時較審公文入彀士或不能釋然于公譁語聞霍公所霍公笑曰闡棘中他可斷節我可關節耶自是士貼服及賜第在二甲旋又被選爲翰林庶吉士會同選者以盛氣忤執政一時坐俱罷除外公乃得知河南裕州裕故楚境屈完所謂方城者也地嶮巇爲奸盜窟穴其原野磽确賦不均逄出四封置郵傳故民多貧徙公至拊循之咨詢其疾若而更張之會戶部括天下田公喜以爲裕之賦儆久非此不可澄民亦非此不可牧卽董

役出履畝而量之功方興戶部有畋令公持之不爲止役成果利民事見公同年中丞唐荆川公所爲記中庚寅蝗食河南稼逼部內公令民撲之得蝗斗者與粟斗於是蝗不入辛卯河決公築重隄幾十里于城下而水不入皆積之卓然者裕民方德公公適以外艱歸則相與走吏部請復守于其服之闋吏部許之公再牧裕耄稚迎迓車下公勞若如家人令出民孰之不煩呵而治由是其課高中州遷南京戶部員外郎公治事素畏謹官歷錢穀益兢兢出納慎其防

大司徒錢公已識引薦而一部僚與公有宿隙搆之遂左遷公浙之紹興府通判公在紹聽決有神明稱推署旁縣民又卽輯和于旬月故當路者終不得留滯公而量移公知高唐州州小武備夙弛時屬虜大入寇公先爲修城浚隍又議五事以上之民賴不聳先是州稅法輸者一戶而典輸者輒數人且米斗以石輸金錢以兩輸輸者鉗結不敢訴其害公廉得之卽釐以周文襄定江南輸法民害始得免遷同知金華府公周知其土風人情而施設一因之爲競絿上

下用是不咈一日忽自郡僚遠徙公爲雲南按察僉事其所領道則金滄公謂金滄瀕西南夷民與猓雜居而性獷黠最難馭擾之則生變故政務緩輯而民乃馴金齒衛者滇重地也故無城公奏築之而兵有衛是時公之歇歷久勞績多有詔擢公江西布政司左參議或又因覬媒孽公落公參籓調四川按察僉事公性故淡泊其始爲遷客于滇時已有退志及西蜀報至遂歸穆皇帝即位有詔加恩臣屬左遷者公于是就家得致其仕又進其階爲朝列大夫公家雖

擊鐘而官邸所至皆凉約無豪侈之奉無私橐之營身處劇會而政事外猶斂于掄才在汴籓日場屋嘗一預外簾而浙中則承文臺校卷之檄皆號得士若前殿魁諸君大緩省解沈君東高君鶴是其選也公之爲吏廉且才如此退而從其鄉田父游與客飲不拘拘將迎以率其性他日避兵于邑其家舍館園池皆被燼公歸葺之游適如故或羣諸孫而課之人爭其達公與人交幅貌古心言輒倒底裏復能容人之負貲其居體也恭其養福也靜其爲人也惴惴小心

臨淵而履谷故賢者狎而遷不肖者藐而侮之余先公之所謂寛夷長者非耶公生于宏治癸亥年七月廿四日卒于隆慶庚午年三月十八日壽六十有八桂坡翁以公貴封南京戸部員外郎母周封太宜人配郭亦封宜人子希堯太學生娶少傅王文恪公子中書林屋公女希范側出聘邑庠生談信余女鴻臚序班明陽公孫女也爲叔如陵後女一幼未字孫男紹祖紹芳太學生紹祖娶中山武寧王嗣孫錦衣與齋公女紹芳娶武進吳太史後菴公女孫女二長壻

即秦諫議燿狀公事行者其次嫁少司成周懺菴公子邑庠生炳文曾孫女一出紹祖葤南京吏部主事施勵菴公子學源銘曰

蚤歲翩翩麗藻科甲豹炳而見其奇入官直巳方古夙夜委蛇而世目公迂執排而抳之治狀屢奏心事杲曦玉闕佳原我勅厥詞著公生平慰公訣時或者持以考公公其庶幾漢太邱氏爵不酎德而將食其報于後而

四川按察司僉事膠峯安公傳

賜進士中奉大夫四川等處承宣布政使司右布政使吳郡陳鎏撰

嘉靖壬子予以僉事按蜀無錫安公以同官至相與數月吾蘇與錫爲鄰郡萬里同客卿情益殷由是知公後二十年公卒其子希堯持秦吉士狀請爲公作傳義不可辭傳曰

僉事安公名如山字子靜嘗讀書膠山之麓因號膠峯其先蘇之懸珠人姓黃氏國初有諱茂者來贅錫

山安明善遂襲安姓茂生以恕以恕生公俊公俊生祚祚生國國生如山祚善治生以素封甲大江之南國亦善繼父業知大體尤篤於教子於是膠峯以進士起家公穎異所志不凡總角出應試督學文安張公選隸邑庠爲弟子員以年幼許依親讀書公得肆志墳典游諸名賢間藉藉有聲又借時例升太學友天下士於是聞見益廣學益進每試太學輒第一秦端敏公鄉先進也遣子與游楊文襄公交於安氏嘗封題寄試稱不容口戊子遂舉於鄉己丑舉進士或謂公富家宜引嫌時霍文敏公主試毅然曰吾知其文耳不問其家卒錄之又選爲庶吉士輩中有忤當道意者遍出爲州縣公得裕州裕爲諸縣之衝公惠凋瘵奠流移又履畝均田定徭平賦貧富宜之荆川唐中丞嘗記其事裕之人至今德之會父歿奔喪後三年政聲猶昨復補裕甫三月遷戶部員外郎公夙夜惟寅度支罔缺壬寅年忽改判紹興人不知其由然才名固在也上司委署鄰郡屬邑政教旁敷聲益起量移高唐守同知金華府尋陞按察司僉事分巡

雲南之金滄金滄古哀牢地夷習獷黠易生變詐公築金齒城宣諭朝命夷不敢傲擾歲餘陞江西參議甫報至復改四川官如故公歇歷久事益練川中事且簡公蒞事數月但隨事應酬無弗宜民暇則與同寮談詩論文而已時闕學官方推署學校而竟不理於多口遂解組歸公性率眞不立城府無億逆無游言雖出自富室而雅素如寒儒食不兼味服不御華其不諧於俗屢陟而屢踣者亦由於此歸未幾倭夷入寇直抵其家燒刼殆盡寇退掇拾煨燼復建堂三

楹顔其楣曰逸老左右圖書觴詠其間丁卯今上御極恤賢之詔兩下既明其致仕復進之階喜盛世之遺逢冀逍遥於物外而抑厭不遂年六十八終於家陳鎣曰後漢劉昆少習容禮受易於沛人戴賓從遊者五百餘人文士也屢辟不就教授江陵遂除爲江陵令江陵火災昆能降雨止風後守弘農虎不爲害異政炳炳而文之名掩矣故范曄蔚宗傳循吏不及昆而儒林傳則首稱之微顯闡幽之意也然文章政事本相爲用文而非政不免腐儒政而不文終爲俗

吏膠峯公少有異才弱冠郎受知諸名賢庶吉士天下選也公與焉故其爲裕州爲高唐爲紹興殊方絶域所至卓有異政甚至作法鄰郡至今遵行不衰蓋有本云及其仕優課士往往得人今如禮侍南明諸公一見知其爲公輔器非藻鑑過人何以得此邃於學兼優於吏事政而文者也

四川按察司僉事進階朝列大夫膠峯安公行狀

賜進士第刑科給事中前翰林院庶吉士孫婿秦燿

頓首拜撰

公諱如山字子靜姓安氏世家無錫之膠山少嘗讀書膠山中學者稱爲膠峯先生云公之先本黃姓蘇州縣珠里人也洪武中有諱茂者贅於安明善氏明善卒里中仍呼其姓而茂亦因以安易黃是爲公之高祖茂生以恕以恕生公俊公俊生祚娶司馬氏生國國字民泰大江以南所稱桂坡居士者也由公貴

贈戸部員外郎戸部公性倜儻好義樂施結納名流雅遊王公貴人間四方之賓日造其廬有貧不能舉火者挾一藝以謁者各俾足其欲以去蓋以一布衣聲藉藉動朝野者幾三十年公之父也公生而岐嶷不羣年十三補校官弟子員初督學御史張公鰲山號嚴明得公卷復見其年最少不欲以升散困之爲命依親肄業由是戸部公教之益嚴公亦砥礪自修丁亥奉例入國學大司成一見其文稱佳士每試置高等會燿曾叔祖端敏公官大司空聞公名召見大

器之留公與其仲子姚安守叔祖文山公同學公讀
書每達曙不寐端敏公趨朝時聞公書聲謂安生起
何早不知其猶未寐也少師楊文襄公與戸部公善
每見公所試文輒謂安氏千里駒也於是文聲又日
起都下矣戊子當鄉試公歷事都察院院試第一人
人爭誦其文是秋尚書宛洛韓公時監文院偶閱公
卷稱賞不置比撤棘公果上第明年己丑會試中式
禮部廷試賜二甲進士當是時上方右文詔試庶吉
士公復在選中諸吉士謁一貴人貴人不時出有少

俊不堪久俟者譁於衆一時散去貴人遂遍銜之各
得外補公除裕州守裕當燕楚之交奸宄竊伏民貧
而賦繁號稱難治公到官爲之設法禁緝首稽方册
周歷四境思所以爲民久利者會司徒尚書議括天
下田檄郡縣覈其實公喜曰此吾志也即躬督父老
履畝丈量民不敢售其奸無何部檄且止公不顧力
竟其事於是裕人貧富上下俱稱便事載唐太史撰
均田記中庚寅河南大蝗公祝天且諭民捕之獲斗
蝗則易以斗粟用期殄滅而蝗竟不入裕境大參劉

公臨其地見而異焉辛卯河決公爲築重堤禦之民
賴以安秋當大比公充受卷官得士獨多遭戸部公
喪奔還民德公至有謀走天官請復任者服闋部尚
書不忍奪公於裕俾終慰父老心亦異數也公再任
益與民親語舊事若家人然裕爲大治監司上其治
行爲河南最擢南京戸部員外郎公既官度支出納
惟寅司徒錢公將疏其名於朝矣同官某向嘗令錫
與公夙隙潛媒孽之遂出判紹興府輿論咸不平爲
紹爲浙東劇郡公至即稱神明署旁縣篆民用輯和

提學按郡檄公校士今贈禮部尚書南明公時猶在
諸生列公得其卷大奇之指爲台輔器又沈囿卿東
高給諫鶴方浮沈衆中公爲拔置前列兩君皆先後
發解其知人類如此量移高唐州守北虜入寇公建
五策預修城堡防禦民爲安堵州民困於輸稅一戸
之稅數人析而收之至斗米倍石錢銀倍兩奸豪私
利其羡而民罔可告訴公遂用周文襄公撫江南時
法惟本折二項擇里老公正者一人主之高民稱便
方伯陳公嘉之以其法徧行他邑遷同知金華府公

因其土宜酌其輿情上下安之進陞雲南按察司僉
事奉敕分巡金滄金滄古哀牢也瀕西南夷民雜夷
獠性獷黠易生變詐公按其地宜諭朝命綏和布柔
風刖不變金齒無城遇警人爲騷動公請於朝城之
至是益抵敉寧遷江西布政司左參議既行矣會大
計吏爲不𢙣者所傾復以前銜調四川按察僉事公
自初謫時謂人情叵測時事難爲雖志存戀國而與
已懷鄉至是間關入蜀意益倦游乃嘆曰田園未荒
足給饔飧奈何以一官勞七尺若是耶因投劾歸既

歸日與里巾頒白游無異田舍翁居常置酒堂上客
至與共飲飲醉散去不爲逢迎陶然樂也吳自甲寅
以後島夷不靖公廬舍圖書焚掠殆盡因僑居邑中
賊退始遷爲葺堂塾祠宇於煨燼之餘凡戶部公舊
所搆池舘山石遺兵燹未盡者稍稍理之建一閣題
曰逸老繁花在庭鼎彝在几公日徜徉其間暇則課
諸孫膝下無它營爲先皇帝御極公奉詔致其仕尋
進階朝列大夫人方期公出以展厥施乃竟不起嗚
呼惜哉公天性眞率任朴崇儉居官以廉介自持五

歷州郡再躋憲司一塵不染處家不事生殖與人交
不立城府不問貧賤皆推心置腹即其人負之終不
較公既席戶部公之遺斤斤以繩墨自督不爲豪舉
俠態由是交游媢黨豪粱之徒多起怨望且藐公爲
可欺肆其侵攘卒之前幾不免於羣不逞之手然竟
以此抑鬱成疾即藥石不可救豈不深可痛哉初戶
部公娶周夫人生三子又側室子三人公實爲長戶
部公卒時其家事悉仲弟所持公方官稀越在數千
里外公歸一不爲問惟遵戶部公遺命析其產爲六

或有謂公爲冢子且以明經起家榮及父母門戶震
耀安氏亢宗子也不當與羣季伍公泣曰先大夫棄
諸孤爲子者不及養生送死罪大矣況不肖得竊升
斗祿伏臘可供奈何計此錙銖也聞者義之卒之日
適養齋嚴相公過訪以公疾就卧榻執手永訣言吶
吶不能出口如以身後事屬之者養齋公尙飲堂中
而公已疾革矣公生弘治癸亥七月二十四日卒爲
隆慶庚午三月十八日享春秋六十有八配郭氏封
宜人江陰右族有淑行子男二希堯太學生配王氏

中書林屋公女少傅文恪公孫嫡出希范庶出聘庠彥談信佘女鴻臚序班明陽公之孫女也爲叔如陵後女一幼未字孫男二長紹祖太學生娶徐中山武甯王七代孫與齋公女次紹芳娶吳翰林檢討後菴公女孫女二長適燿次適邑學生周炯文南京國子監司業儆菴公子曾孫女一紹祖出諾南京吏部主事勵菴施公子學源十二月二十一日外舅奉公窆於膠山新阡先是手疏公事走書命燿曰先公襄事卜有日矣子其爲我狀之行且請銘於當代鉅公以

圖不朽燿不敢辭謹抆淚詮次其大都如右伏惟採擇而賜之一言則存歿幸甚謹狀

明鴻臚寺署丞仲弟膠泉行實

期服兄如山泣撰

嗚呼吾弟少兄四歲幼穎敏特達讀書多強記爲文雄暢有思致與人談論多經世大畧爲吾父母所鍾愛既遊黌校奮頭角自以爲乘風雲掇青紫倏忽可至而塲屋屢躓遂援例入胄監日與四方豪傑馳逐雄視一世以爲人咸莫己若也己丑兄登進士第授嵇州知州冀吾奮飛以光祖宗以慰吾父母之志而吾弟平昔高談經濟庶幾小試豈意命適仇謀變故

頻仍落落逾四十年竟以歿耶嗚呼傷哉吾弟當兄登第時季弟如石亦已長大吾父請各邑文學之士如今宰輔養齋嚴公少宰昆湖瞿公解元廻溪尤公論文講學於膠山之陽而吾弟之文最爲諸公所稱許癸卯順天鄉試得與中式爲讒忌黜落豈命之奇耶逮吾父捐館舍吾弟築塋域理家政揮霍獨運鄉里親戚稱爲能子事父母盡禮處師友有恩義鄉里姻戚助所不給既無吝色亦不望報待佃僕推誠寬恤人多德之特高亢之性不能與時俯仰視達貴則

藐之寔不能容耳承平數十年後遽值倭變徙家入邑城而鄉居財物爲之一空及倭難稍紓則忌嫉者遡至家釁一起而外侮乘之交構骨肉株連蔓引莫可如何乙丑春就選銓曹領鴻臚署丞非志也至丙寅冬十二月嬰中風疾又明年正月竟至不起嗚呼傷哉吾宗實黄姓曾祖公俊後膠山安氏遂從安姓爲無錫上福里人祖諱祚號友菊父諱國贈奉直大夫南京戶部員外郎號桂坡府君母封太宜人周氏吾父母生十子先吾父殤其四後吾父夭其三吾弟

其第二子也名如磐字子固先娶葛氏廣西參政石巖公之長女也繼夏氏生男十長升吉次裳吉太學生娶武進光祿監事鄭野洲女次元吉太學生娶吳江吳氏太僕少卿仰峯公女次廸吉娶姑蘇章氏四川副憲元峯公女次貞吉娶長洲庠生錢文女次隆吉聘華亭徐氏內翰鳳巖公女次習吉聘太學生浦繼山女次復吉聘李氏兵部正郎韋菴公女次謙吉撝吉俱未聘女五人長適四川副使王畋齋孫宗堯次適都憲夏稼軒孫生員旭俱江陰人次適武城縣尹吳滄溪子太學生鴽宜興人葛出次適光祿署丞顧洞泉子太學子道治同邑人次適雲南參政徐鳳竹子生員尙德常熟人夏出孫女一裳吉出孫男一承祖廸吉出吾弟生於正德丁卯九月二十九日卒於隆慶戊辰正月二十一日享年六十有二今命裳吉等於是年四月十八日遷葬於膠山麓北父塋之昭葛氏夏氏祔焉予不能文而裳吉等痛其父湮沒無傳也祈予述狀請太史氏大人長者念吾弟夙昔道誼垂仁朶備以垂不朽存没曷勝感德之至

太學生膠陽安君墓誌銘

賜進士及第嘉議大夫南京吏部右侍郎前太常寺卿管南京國子監祭酒事翰林院掌院侍讀學士大典總校官吳郡昆湖瞿景淳撰

余友太學生安君子介諱如石號膠陽其先本黄姓蘇之懸珠里人也元時千九公始徙無錫傳至叔英繼於安氏始從安姓叔英生近仁近仁生處靜處靜生友菊友菊生誥贈奉直大夫桂坡桂坡恢廓有大度以布衣游公卿間多折節與交有丈夫子七人各

授一經君行在三以春秋補邑庠生卒業太學桂坡以伯子既舉進士思益以文學恢其家延致四方名士與子介兄弟講習揚搉經史誾誾侃侃如也子介溫溫爲執禮甚恭以故諸名士多心與之深潛縝密學日益進歲癸卯挾策北上試順天文中式而有司引嫌竟黜落時余幸登第而荊川唐先生自春坊解官歸遂負笈從之荊川講學於梁溪子介未嘗不從荊川嘉其志意氣慥如也荊川多著述子介不遠千里求荊川故人遵巖王公序之鋟梓以傳荊川讀史每纂錄一篇成子介輒能悉其要海內名公以荊川故尤願交焉君好施予親戚故舊待以舉火者甚衆尤好以奇事自表見事關義舉人不及爲者率先爲之故賢聲藉于縉紳間子介亦自喜曰士固屈於不知己而申於知己吾身知於名公可矣父没終喪念母老不復北試人有勸入貲補官者泣曰先公誨不肖云何誠不忍背也後伯兄遘危疾子介已病積損猶朝夕候問其處父母兄弟之間可謂惇篤者矣子介素處豐豫中更倭寇之變委棄世業僅以身免屬

有小人交搆內外多故遂悒悒成疾逮甲子六月二十八日卒遡其生爲正德癸酉六月五日年僅五十有二悲夫悲夫余嘗讀柳子厚賀友人失火書心甚異之子厚非不情也傷公道之日遠而文士求舉者多以富累也子介之被黜若不幸類是而家毀于倭寇亦畧相當吾方意有司無所復嫌子介當終以文采自見乃天復奪其年傷哉子介配華氏南京刑部郎中補菴雲女後君年餘卒子男三長希禹邑庠生嫡出娶吳氏吳江太學生雲浦邦榮女次希稷娶王

氏姑蘇寺副林屋延哲女太傅守溪公孫女也次希
契娶馮氏萬全都司都事道南模女先卒繼聘陳懷
雲宮女稷契皆側出女三長適翰林院學士鴻山華
公察子伯貞次適翰林院編修堯衢王公立道子化
宏次諾太學徐少川熙績子聘河南道監察御史巨
川公冢孫也孫女二長諾工部郎中濂巨鄒公察子
點聘次未字希禹以伯父僉憲膠峯公命以公卒之
又明年丙寅十月十三日奉君暨華令人合葬於宛
湖昇平橋之新阡今改葬山南祖塋之穆乃具狀來

京請銘銘曰
人亦有言烈士狥名倜儻非常厥名乃成彬彬安君
心獨好修隆禮下士意傾南州一時名公多樂與游
維昔坡翁稱有奇氣君加以文遂華其繼進不及仕
令名則多我銘貞石千載不磨

明太學生五峯安君墓誌銘

袁州府儒學訓導長洲俞國振撰

安子名如京字子大號五峯贈奉直大夫戸部員外
郎桂坡先生國之子江西參議如山之諸弟也少負
氣不肯齷齪人下聞義則忻然羡慕以爲必可措之
行兒時知孝敬方習句讀穎敏不凡父喪哀毀瘠至
人不忍聞稍長聞見既廣便能審所習尙不屑屑隨
俗事諸兄如父田廬分受惟所命當桂坡先生時門
第赫奕聲動海內座客恒滿子大尙未弱冠聽議論

卑鄙無足重輕雖顯膺覸之蔑如也其麤麴靜正慷
慨激揚言或契合則煦煦出肺肝相覸雖有負弗校
爲嗚呼子大生長綺紈不喜佞諛不遺窮困不暱讒
忌而直欲成父兄之志使得裁以問學庶幾與父兄
接武上進豈高伉之性移於客氣卒汶汶以沒耶子
大從余游幾二十年每講經義多省發余嘗謂其氣
促質弱惟當潛修以養元神爾而子大承父之業既
以庠生援例入太學盈事宏拓無復斂藏而家漸落
矣戊申余自京師歸過子大見其三子而情多悒悒

癸丑返自袁則子大已卽世矣嗚呼子大余嘗望其可進而今已矣其眞命耶其所遺所處有所恨耶子大之亡今九年矣其子希夔奉其伯父少參君之命將葬子大於膠山祖塋之穆因述狀請銘子大之先姓黃氏爲姑蘇長洲縣珠里人五世祖茂徙居無錫之上福鄉繼于安氏子孫遂從其姓高祖以恕曾祖桉祖祚號友菊父卽桂坡先生以長子少參君貴故追贈爲母周氏封宜人生母謝氏子大配江陰周氏連陽君仕女生三子長希夔娶常熟錢氏錦衣千戶

會川君部女次希龍聘江陰蔣氏古岸應周女次希盈尙幼子大生于正德辛巳之四月二十九日卒於嘉靖庚戌之十一月二日享年三十銘曰

嗚呼匪志弗立惟力弗及匪善弗終惟道之窮天耶人耶而竟使其志乖耶嗚呼子大遺恨無涯亦既有家遺德未已亦既有子俾我銘此九原庶可慰爾也耶

明太學膠崖安君傳

俞寰 精峯

安君諱如岡字子高號膠崖世居無錫膠山大父承事郎友菊公諱祚父贈奉直大夫戶部員外郎桂坡公第六子性端方工詩及古文辭早年父没君哀號過慟遂染疾日深功名一路於是中輟入成均有令譽奉母承顏承歡析產厚薄一聽兄命守田氏之義平居與羣季有相勸之言無相競之隙時而敘述世德時而討論文字有謝家之風而仲兄外患突乘君年少代兄庭質辨論侃侃當事爲之心折遇事惟義

周恤親朋友愛兄弟雖傾囊無吝色恒以尊祖睦族爲心君之孝友非出於至性也哉而天不與壽閭里父老聞之均爲感泣予與君爲知心交最久故能悉君之詳而知君之深也畧述數言爲之傳配王氏副使舜漁公女子二長希顥聘華氏次希頤聘浦氏

子實府君家傳

府君諱如陵字子實明贈戸部員外桂坡公第七子形貌癯怯顓而多文爲舅氏燮江公後不有其產也去其家五里曰周涇自買田二十餘頃屋二百間居周涇讀書年十八而卒生卒俱在嘉靖中歲月莫詳也配鄒孺人遺腹生女適斗山陸雲崖鄒孺人守節十有九年而府君長兄膠峯公以庶子希范爲府君嗣是爲我素公孺人鞠子八年而没苦節未旌又八年而鄒孺人與府君合葬周涇之原又八年而子貴

待贈奂建言刱藉未邀一命嗟乎府君生當家門全盛諸兄皆食萬石享有富貴福澤而府君以出繼家産不及又無子而夭壽不永岌岌乎有斬祀之痛及有子且貴而封典不沾何其數之窮乎然嗇于身者昌于後我素公生而嫡母戒勿育藉府君之蔭而託命爲棠府君之業而成名爲自是大宗衰而府君之子孫保桂坡公祠墓以不墜家聲府君功在先人慶餘後昆豈不大哉豈不遠哉謹採譜傳而表府君之功德如是以示世世子孫不可忘

謹按府君生卒之年譜傳未詳或云年十七卒或云十八而亡鄒節母守節之年或云苦節二十六年或云苦節四十八年或云年僅四十有四將以何者爲據乎今據節母生卒之年考之節母生于嘉靖丁亥卒于隆慶庚午享年四十有四其云四十八年者非也年十七歸府君則嘉靖癸卯也十九而孀則嘉靖乙巳也由此觀之府君卒於嘉靖乙巳可知也孔子家語男子十六而化有爲人父之道國君十五而生子桂坡公冠婚以禮府君年

十六成婚可知也是歲歲在癸卯府君年十六則府君生於嘉靖戊子可知也生於嘉靖戊子卒於嘉靖丙午府君存年十八無疑也孺人以嘉靖丁亥生越十七年癸卯來歸又二年乙巳守節又十九年爲嘉靖甲子我素公生而孺人以爲己子又七年爲隆慶庚午孺人卒又十年爲萬歷己卯葬孺人于周涇之原我素公年十六又八年爲萬歷丙戌我素公年二十三成進士由此推之自乙巳至庚午守節二十六年府君生卒之年鄒節母守

節之年當以節母譜傳爲據但日月不可考耳

膠山安黃氏宗譜卷五

誌傳目錄

膠山安黄氏宗譜卷五

堠村誌傳

明國子生少峯安君墓誌銘

賜進士中大夫河南布政司右參政前督學陝西按察司副使翰林院國史修撰雲杜李維楨拜撰

錫之有安氏舊矣明興而蘇有懸珠里人黄茂者贅於膠山安明善氏因爲之後茂四傳而至國安氏之盛自國始也國長子如山成進士讀中秘書累官雲南僉憲司事如山生少峯君文采風流照映後先君

二子耤卿茂卿嫺古辭賦所往還多知名士而安氏滋顯江南少峯君諱希堯字勉仁幼智慧僉憲公置膝口授書成誦長治博士業斐然成章既隷諸生籍錫諸生多閎覽博物君子與君習而歡爲相爲引重後以例入太學交道益廣文益鋭進是時僉憲公歷宦齊魯滇蜀楚越家政一倚君辦君手籌量而口伊吾朝觚墨而夕觴勺卒卒無須臾間每奏其文一座盡傾而四試於有司輒不利會僉憲公致仕歸公好客本與君並君家距邑四十里而遠賓客造請履錯於道見君貴公子而才優龍摯酬應周旋不少倦人人喜君親己爭先締交無何宗人以事中君君詣闕上書自解太宰楊襄毅御史大夫葛端肅學士諸葛文懿數公稔君賢爲君剖白得稍解而僉憲公以憂君故寢疾君聞亟還走抵京口水涸舟膠不得渡徒步冰雪中令兩童子掖而行晝夜兼程足爲重繭僉憲公摩挲勞苦曰兒歸乎稍解頤進湯藥而病已浸深不可起矣僉憲公卒君慟幾絶又虞傷母郭宜人心入而掩袂拭淚佯爲嬉戲退而擗踊號泣如孺子

慕踰年郭宜人復卒而君哀可知也僉憲公有庶子希范甞後君叔父如陵君趣迎歸與共敀處歲時行脩經師俾以學行譁其家至今希范謂君兄也父我其内行之周浹有如此乙亥治兩尊人窀穸於膠山之陰乞墓誌於大冢宰嚴公訥居恒自責丈夫不能博功名以成親志又不善睦族而令螫我以貽親憂人將謂親實生我而以我奪生我何用生爲慘慘少樂嘔血者久之臨終召二子至前語之曰夫好學者不必酬志好善者不必食報然無以是有二心乃瞑

時萬歷丙子也距其生嘉靖癸未得年五十有四娶王秘書公延吉女太傅文恪公孫生子二長紹祖郎糯鄉光祿監事娶徐中山王孫纘勳女次紹芳郎懋卿國子生娶吳太史公可行女女二長適太常少卿秦懼太守公禾子次適國子生周炳文學士公子義子葬以甲申墓在華圩負酉抱卯君於文愛左氏讀之字爲漶滅於詩好陶韋王孟於書好趙承志奕奕有風骨不佞雅遊二卿間入其里而山負扆水掩辮林木蔚薈疆埸翼翼如也入其堂而棟宇榱桷言言

姼姼如也入其室而圖史几案琴尊壺矢瓌瑋好美之玩置次序秩秩如也問之則咸出君所創貽君同郡二三賢者善不佞每爲不佞言恨子不識二卿父性嗜飲德將無醉座客恒數十百人能使人人饜其意而內不失己奴僕廝養甚夥內外不言而肅給蓋才諝敏茂大有過人者乃不得試用於世工於文而未成其名篤於親而不免家人萋菲暱於客無能爲君一拯禍難卒鬱悼憒懣以死良可悲已二卿氏之言曰以不肖兄弟無似得幸於王司寇先君子墓下之石維司寇是冀而頃者復入關有筆札禁是役也舍子無適意不佞椎何可代大匠斲而深嘉君之志行有足述者不宜令沒沒也因爲采其倩秦奉常狀及所耳軼事於友人者而銘之曰

身名俱泰士之恒蹇産崔隤命所乘紛此內美重修能又何郵乎多口憎求全而毁毁乃稱以爲不信銘可徵

安長君傳

太原王穉登撰

余所善盡有安氏兩生云兩安生者緒卿茂卿也並以文起勾吳間稱二龍哉乃余故習其先子安長君休明甚盛矣王子曰夫兩生覩長君猶元方季方覩太邱然故因二卿之請作長君傳長君姓安氏名希堯字勉仁無錫膠山里人也其先本黃姓洪武中有諱茂者贅于安見姓爲後遂因之不復改又三傳而爲封員外郎國四傳而爲僉憲如山封公以富僉憲

以貴皆好古博雅爭相結客從之者座上恒滿多蓄古文金石汲邱科斗書周秦兩漢間敦彝靁鐏玉劍器天祿辟邪蚩尤之屬與晉唐人驁經馬圖罔不傾貲購求纍纍充溢丙舍所居膠山之麓高木淸流錯以臺榭大陂汪汪廣袤數十頃往往爲飛觀臨之上可望見百里而下可以浮千斛之舟日與賓客遨嬉其中由是海內無不稱封公父子豪長者哉長君藉二父之業生長紈綺而布衣折節修長者之行經術之暇於文好左丘明詩好彭澤襄陽右丞左司輩書好趙承旨觀者謂君皆得其髓不翅虎賁中郎而已僉憲公宦轍半天下以君當戶故無內顧憂迨致雲南政自萬里歸而長君從太學諸生中四上有司試不第父子皆倦游矣方是時君配王文恪公孫女長子又娶於中山王家咸號貴壻王侯將相之族姻戚往來車騎若流水安氏客於此愈盛長君內事僉憲與母郭宜人而外事客其交懽無間也客無論中外遠近凡一切告匱無不悉應焚劵者嘗十九矣蓋其天性好施云余交長君久與君晉灌灌露肝膽性醇

和簡淡風度穆然無少見喜慍長頤廣輔如河朔偉丈夫寡鬚眉又如老媼腹便便肥白如果然於相一不當死法乃不獲中壽以死其故誠難言之矣夫安氏自封公用計然起僉憲以公車進長君業儒術重赫然稱世家然富而不享其奉貴而不盡其施儒而不食其報造物者意將嗇之以大其後乎長君有二子曰紹祖紹芳以雕龍顯于時擅東南之美所謂緒卿茂卿也王先生曰余聞膠山故膠鬲之遺墟也其旁蓋有安氏塚云望之鬱鬱葱葱然其氣佳哉鬲不

得獨鍾厥美千載而下復發于安之子孫乎長君躬行仁義幾蹈虎口魚網之設鴻則罹之賴有天幸獲免不求報怨而怨者伏法則豈非爲德之效與然微二卿後者累碁矣

明贈光祿寺少卿我素安公墓表

賜進士出身光祿大夫柱國少保兼太子太傅戶部尚書武英殿大學士知制誥經筵總裁兩朝實錄通家眷弟朱國楨頓首拜撰

神皇自壬癸以後權相既殞勵精圖治一時志節之士競起持正議爭國事者毘陵爲最多匪直士甸本然抑亦趙吳二公奮起之餘烈也就中有安小范先生者貞而不亢勁而不觭光明磊落中有恬夷超脫之趣氣韻日益高學問日益密卒澤於君子之道醇

如也吁亦卓矣亦奇矣公名希范字小范號我素無錫之膠山人父膠峯公諱如山嘉靖己丑進士選中秘以同官忤權貴各以本品出授官得裕州知州母郭氏生母吳氏公生而瀕死者屢矣出後叔父如陵乃得免母子荼苦具矣孺人狀中殆不忍讀公天賦奇穎乙酉丙戌聯第年纔二十三耳官行人當入臺省格於年不赴授禮部主事迎母入京以方秉家不肯行告歸南司封時朝事初變當國者有忮心上疏謂近年以來正直老成之人不安於位敢言秉正之

士剏跡於朝議邪諂媚之徒接踵於國趙南星孟化
鯉銓臣之秉公持正者舉劾第屏黜天下共惜而疑
之趙用賢悔婚一事雖出於艷惡之過其人品之正
天下皆知楊應宿鄭材交疏攻擊天下又共惜而疑
之至如孫鑨之清修公正李世達之錬達剛明李禎
之孤介廉方先後去國又共惜而疑之共惜者惜諸
臣之賢不竟其用共疑者疑閣臣之姤使不得竟其
用也近見行人高攀龍一疏深惜諸賢之去斥破陰
邪之謀正直和平竊以爲皇上之忠臣亦輔臣之諍

友可冀皇上霽威而從諫閣臣革面而回心及見應
宿辯疏塗面喪心黨邪害正虛詞橫詆盛氣盈牘借
忌諱之名以激皇上之怒爲一網之計以結閣臣之
心瘈狗孽狐無復人理參之公論無不切齒蒙明旨
着部科勘問續見部院覆疏雖不能不是攀龍不斥
應宿議處之間人情殊未痛快伏讀明旨則應宿僅
從薄謫攀龍反蒙重斥至是而人心公論不能無責
備於閣臣矣塞衆正之途開羣枉之路誤國不忠無
大於此再惟吳宏濟一疏辯別君子小人洞悉肺腑

明於蒼素乃不蒙採納反遭斥逐總之觸閣臣之私
忿成皇上之過舉伏乞皇上將楊應宿削籍并斥鄭
材以爲小人媚竈之戒攀龍宏濟復其原職以獎忠
賢并乞嚴諭閣臣王錫爵等無挾私心無植私黨以
光聖德疏奏逮問旋得釋削籍歸杜門杜口不涉朝
事日奉母極歡而公乃得長享山林之樂矣築精舍
欄竹砌花讀書會友於中嘗余爲諸生遊梵刹中望
見公飄飄霞舉如神仙中人比涇陽先生主席東林
余謬側附因得謁公陶然薰人以和案上王夢澤一

集大有會心所謂非禪非玄非儒亦不入諸謔別有
一種天趣寄情詩酒寓意山川晚年慕茗中之勝貝
田菁山築室極林泉竹樹之美每過必經余門姑與
之飲酒徵察其志尚澄不淸淆不濁見公之性情爲
不揮霍而普遍不規矩而方圓見公之經濟爲不議
論而洞見窽窔不探索而能盡精微見公之學問爲
至光宗誶至痛憤累日有執簡定應書趙盾舉朝誰
請討陳恒之句此其忠憤激發根於天性而孝友慈
惠自父母而洽三黨者又居家常事不足侈爲美談

矣公既卒吉水南皐鄒先生特疏闡明得贈光祿少卿稍爲吐氣而鄒先生復爲之誌太僕景逸高公特爲之狀典而明核而有體且寓感慨淋漓之致余不佞特爲撮而表之曰此安小范先生之墓宮視老子稍遜而風流蘊藉不啻過之可以光千載矣

明南京吏部驗封司主事贈光祿寺少卿我素安公

墓誌銘

賜進士第資德大夫正治上卿都察院左都御史吏部左侍郎刑部右侍郎前詔起大理寺卿兩京吏禮兵刑四部郎中員外郎主事奉詔起用特授吏科給事中侍經筵官吉水通家侍生鄒元標頓首拜撰

今上卽位二年春庠生安廣居廣譽疏臣父希范在皇祖朝以覊廢𢋺落半生方幸天日開霽皇恩普及而臣父不待臣每泣罷輒不欲生也臣父自幼鞠於臣大母吳氏茹荼吞炭備受諸楚具載野史臣父䀚䀚欲少豎萬一以報君父而臣大母幽貞狀亦欲徼上恩綸以風閭里而今竟杳然此臣所以不欲生也上哀其情下部議僉謂三吳純懿士而惜天之不祚世也議上詔贈光祿寺少卿居譽捧而復泣以石上言屬予予初在白下一見公謂其人如玉遍以告諸君子後諸君子無不須予言然予以權倖眈眈當入計遂裹足家山矣意公爲衆正領袖而公亦感時觸事遂落職歸與予等同錮籍今不與予等同朝請每

與高存之太常談之短氣嗟乎寻忍銘公哉公名希范字小范學者稱爲我素先生憲伯膠峯公仲子起家乙酉舉人丙戌進士官大行人有偉望當入臺省而格於年有諷者曰增年可得給事御史公謝曰安生不以給事御史重也竟從選人授儀部主事人又以銓部郎推公念太夫人遂請南又有諷者曰其少竢公曰安生不以銓郎重也請而得南司封郎諸老慌而惜之曰咄咄安生都門一席地竟不能屈其高如此時里人在政府胥人逢迎臺諸端人如孫冢卿

鑨李總憲世達李司寇楨趙宗伯用賢趙少司空南星高太常攀龍吳侍御宏濟公起與之爭剖其邪正是非判若蒼素相不能堪曰故吾取士輒與我左諸胥人從中爲難擬旨逮巳而落公職里人相顧曰年方弱冠錚錚與天子宰相爭是非可否眞何必給事御史銓郎重也天佑貞母產此神駿錫山泉水隱然增高深矣公三十年間以一布袍依吳母膝下如孺子慕時以一小艇徜徉山水間不復問人間榮枯事翛然也顧叔時執牛耳爲東林盟主一時同儕人擬

聚星而間有不自戢者巉蜂起至于公無間言此可觀公矣寻嘗銘一玉磬云堅之温然卽之冷然扣之淵然此殊足以貌公百一而公雖痤重泉然精光當與星斗俱麗彼當時向貴人乞靈一時軒轟其榮悴今視公何如哉矧公有子居譽居然國器見子如見公天之報公無涯者在此公生嘉靖甲子正月十四日卒天啟辛酉四月十三日得年五十有八公世居無錫之膠山其先黃姓蘇州縣珠里人洪武中有茂者贅於安明書因以安姓四傳至國封戶部員外郎

足跡遍名山交游遍海內所謂桂坡翁也國生膠峯公如山舉嘉靖己丑進士選入中秘以同官忤權貴外補裕州均州田民德之祀名宦卒官雲南僉憲所至有廉靖聲配郭宜人宜人舉一子希堯先卒公出吳孺人公筮配談宜人爲太學生談公修女早卒繼配張宜人爲處士張公子達女兩宜人無出貳室陳令人生二子曰廣居邑庠生娶御史大夫高公攀龍女曰廣譽郡庠生聘太學生顧公與渟女繼太學生華公祺女繼太學生嚴公楷女幼廣成徐出聘侍御

凌公漢翀女次幼廣生陳出未聘女五長育從兄希
禹女適太學華與進次適故中丞沈公季文子時次
適內史嚴公澤子太學生機次育從兄謙吉女適太
學生秦公堣子鈺次字茂才倪公演子嘉禎孫男三
廣居出者一璞殤廣謩出者二長墪聘茂才秦公鈇
女次璽未聘孫女八廣居出者六長殤次字太學生
吳公琳子爌次殤次字茂才華公龢子映日次字茂
才秦公欽翼子永液次未字廣謩出者二長字楊世
謩次未字廣居等將以乙丑年三月廿五日癸酉奉

柩安厝於開化小稽山之新阡撲存之高公狀事贈
指確遂抆淚志之爰繫以銘辭銘曰
子孝子臣藎臣穆以清絕纖塵没而榮死而生示周
行此貞珉

明贈奉政大夫光祿寺少卿我素安公傳
賜同進士出身通議大夫太子賓客加二品服俸禮
部右侍郎兼翰林院侍讀學士協理詹事府事管理
誥敕纂修兩朝日錄經筵講官通家眷姪周炳謨頓
首拜撰
往余備編纂之役讀神祖朝封事蓋莫盛於吾錫比
二聖顯忠之典則亦莫盛於吾錫雖或用未竟其才
年未稱其德而名在國史行在鄉評猶令同志者有
蒹葭伊人之思如光祿少卿安公者可傳也公名希

范字小范別號我素爲僉憲膠峯公仲子生有夙慧
讀輒解於制義不苦習而工總角遊膠庠年二十二
舉賢書丙戌聯舉進士授官行人丁亥奉命爲荆溪
萬文恭公營葬事戊子秋報命明年奉詔起輔臣王
文端於山陰庚寅春冊封楚藩登岳陽樓俯瞰雲夢
尋乃祖桂坡公舊遊之勝放乎匡廬多所紀載嘗誦
朱文公語云知人採訪使臣要務余何敢虛此行輒
孜孜究心於將命外大有所得辛卯春再考望重臺
省格於年授主事禮部時議且以銓曹屬公而公不

以入意泊如也念母吳孺人春秋高請而南得南司封郎蓋吳母與公相爲命之日久遍籍後不遑將母至是服官白下乃得申板輿之養會是時正人多去國公意輔臣失於匡救乃上疏曰臣竊維古今治亂之關進賢退不肖兩端而已伏覩近年以來正直老成之臣不安於位敢言秉正之士削跡於朝如趙用賢趙南星孟化鯉人皆知其正而次第屏黜則天下疑又如孫鑨李世達李楨雖才品不同而先後去國則又疑近見行人高攀龍一疏竊以爲皇上之忠臣

亦輔臣之諍友而伏見閣臣票擬何事塞衆正之塗開羣枉之路誤國不忠無踰此者疏入削籍歸里時里中原任吏部顧涇陽先生亦在謫籍倡東林之會人疑信半而公於性命微言渙於冰雪多所闡發時局翻覆弋獲者或以東林爲的幾罣黨人之議獨公不激不隨免於評論人比之郭林宗黄叔度爲蓋旭日和風自其養素爲明哲也公性好山水皇華之節幾半天下歸田後以膠山爲菟裘以菁山爲別業藝石疏花依然輞川遺勝生平絕苞苴竿牘即應有之

世業視之澹然僉憲公別拓養廉田千畝籍記以待給子孫之仕者公即仕弗有也然比卿翼兩姪至有成立復倣范文正公義田凡族中羸弱孤嫠歲有賑邮即友生之急體悉獨至推同善會行之被潤甚衆前後按部至者累疏推轂公夷猶若無意春明門者而憂國愛君庚申秋兩聞國戚形之慨嘆間多閔事之作其詩有云執簡定應書趙盾舉朝誰請討陳恒又云受遺元老仍增秩進藥鴻臚也賜金公於詩無攢眉撚鬚態而抒外閔事關係若此今上遵遺詔錄

言事之廢棄者吾鄉公名第七余亟聞之當事者曰行及矣行及矣而公已弗能待公二子廣居廣馨伏闕請表先遺忠上特贈公今官一時諸老咸以公同謫籍不同棄征爲憾云

周生曰公之生而脫於險艱也顏其堂曰天全誠念其全之匪易也嗟乎士人隱見之際其遭際亦孰非天哉大抵衒鬻者每隔於數奇而抗節者或出於九死乃得顯當世而垂春秋跡公跨騰風雲纔弱冠耳非有薰莪之苦也而年逢矣聽章朝上而夕報罷優

游林泉者三十餘年有孤特之韻而紳士讓其標有蘊藉之美而拘儒讓其達英華道德軼然振拔豈非天賓全之哉余與公同爲諸生見公俄而傳也俄而名在諸公間如焱騰如雷厲莫不聞聲比其冥情於水雲林月之際又若杳然與人世隔可謂出處各極其致非耶論者多以不及竟用爲憾夫用之竟弗竟則子與氏所爲莫之爲而爲者也此余重有慨於天全之説也

明贈光禄寺少卿安小范先生傳

史官姚希孟

無錫在江南稱禮義之鄉自宋李伯紀錢觊陳敏之屬皆以直道不容於時又四百餘年而有明贈太常卿顧公憲成暨其弟贈尙寶丞允成光禄少卿劉公元珍今在位太常少卿高公攀龍在野南京太僕少卿葉公茂才諸君子後先上封事所侃侃指陳係正邪進退國運平陂雖忤時貴不免放逐廻翔林樾中幾被黨人之禍而其姓名猶與日月同揭則小范先生其一也先生在南司封因高公以昌言蒙譴遂慷慨上疏曰伏睹近年以來正直老成之臣不安於位敢言秉直之士側跡於朝趙南星孟化鯉銓臣之秉公持正者次第屏黜趙用賢天下皆知其品止以吴鎮豎子一疏而歸使楊應宿鄭材得窺意指交章攻擊至於孫鑨之清修公正李世達之練達剛明李楨之孤介廉方皆先後去國天下共惜諸臣之不用皆疑閣臣之妬使不得竟其用也近見行人高攀龍一疏正直和平竊以爲此皇上之忠臣亦輔臣之諍友

伏讀明旨則應宿僅從薄責攀龍反蒙重斥即曰諸
臣處分皆出明旨無論閣臣以票旨爲職卽宸斷獨
裁閣臣受腹心之托獨不能效回天之力乎吳宏濟
一疏辨剔君子小人洞悉肺腑乃與攀龍相繼得罪
臣之所惜不爲二臣正惡君子皆退小人皆進誰爲
受其禍者乞皇上將楊應宿削籍并斥鄭材以爲小
人媚竈之戒攀龍宏濟復其原職以奬忠賢并乞嚴
諭閣臣無挾私心無植私黨則聖德光於日月久安
長治可跂足待矣疏入聞皇上震怒將遣緹騎逮治

亡何怒解得削籍編齊氓所以逢上怒怒而旋霽霽
怒矣而奪其官復錮之終身其事秘莫能知也先生
歸而奉常顧先生方以名吏部棄官居家糾遠近同
志相與論學於東林冠蓋輻湊盛於鵝湖之講席先
生夷猶其中廓如也其耳目嗒如也是時顯皇帝屏
棄諸臣已深有所中而不可解環召之典非可歲月
覬而海内異己每不訾逐臣憂國之心疑諸君子所
聚族而譚者不皆性命要渺時有所陽秋臧否於橫
政大不便遂狺狺申詈不休先生椒蘭之好與諸君

子周旋靡間而其天姿近道頗類於古之陳仲弓郭
林宗人以此少寬之其遊泳於學也常以弄月吟風
之趣解其天弢蘇其理縛以歸休乎自得所居膠山
之麓喬木數百章碧流千頃一抵家輒數月不出出
則乘一畫舫列綺窗十二圖陶元亮張季鷹蘇端明
米南宮諸名賢於其上以爲五湖烟水之伴恣其所
之樂而忘返初以大行奉使入楚登岳陽樓觀匡山
瀑布歸田後其遊屐多在天目赤城太湖七十二峯
之間晚年卜居於湖州之菁山又卜岕之桐城塢茶

香筍茁時攜鐺罍就之有堯裘之志卽朝事變遷世
運往復三十年中直臣遺老皆出而被蒲輪之召總
付之不知獨鼎湖再賓普天下遏密常作四詩以志
感其痛激者勿論其婉語有云受遺元老仍增秩進
藥鴻臚也賜金可謂詩史矣先生蔗生當其甫娗及
生於蓐草瀕死數矣而不死既干犯聖怒霆轟飈擊
可死也然不遂以諫死而終以錮死至錮黨漸開推
轂者行次第及之而長瞑不待豈非命耶死之明年
遺孤廣譽齋其兄廣居之疏伏闕下白見遺忠今皇

帝愍之贈光祿少卿於是乎食讌言之報雖然使食報而盡若先生也讌言亦少沮哉先生生平奉親孝敦族厚析產讓入官恬俱章章可記而余獨摺其出處之大如此先生名希范字小范別號我素成萬歷十四年進士官行人以年少避華選授禮部精膳司主事將母乞南得吏部驗封上疏奪官以迄于老太史氏曰吾讀銓宰邸錄之疏多至七十五人而未錄者尚歷歷可數掩卷太息爲之泫然淚落也方其一鳴見斥亡所事事相與讀書談道以歌咏明主不殺之恩而躋踞要地醜直惡正者并其讀書談道而皆之然則忠臣去國何途之從耶嗚呼此江潭大夫三年被放而猶講于突梯滑脂之術也安先生固儒者然不斷斷洙泗而課花責鳥左圖右史以樂其餘年夫孟氏之訓孤臣也曰危且深先生之樂也非樂也其有憂患乎

安驗封傳

顧貞觀

安希范字小范無錫人家膠山祖國席貲鉅萬交遊遍海內世所稱桂坡翁也父如山官雲南僉事配郭宜人性奇妒小范媵吳氏出生五旬逐母抱子居周涇繼叔氏後僅而獲全長奇穎從邑中笥塘陳公受尚書笥塘名幼學東林諸君子之一也年十九拜涇陽先生庭下先生賞其文曰子旦夕售矣然無以一第自榮即令究心性學乙酉舉於鄉年二十二明年成進士授行人又明年奉使歸始迎母還膠山人曰君歸矣能恬然於遺箸乎小范絕不言人又曰遺箸即不問能恬然於養廉田乎小范亦不言養廉田者僉事成進士時桂坡翁給腴田貯以別墅曰吾子孫仕者與之養廉無以賦敗吾家聲也行人報滿當擢臺省因年少未及格或勸稍羸其算小范曰是欺君也不入試就禮部精膳司念母告南改南吏部驗封司時朝事初變諸賢相繼斥逐小范上疏言古今治亂之關進賢退不肖兩端而已銓臣趙南星孟化鯉秉公持正非若劉希孟謝廷宋諸人也次第屏黜天

下共惜而疑之大臣趙用賢孫鑨李世達李禎才品不同皆正人君子先後去國天下又共惜而疑之共惜者惜諸臣之不竟其用共疑者疑閣臣之使不得竟其用也近見行人高攀龍疏惜諸臣之去破楊應宿鄭材陰邪之謀正直和平而應宿辨疏借忌諱之名以激皇上之怒爲一網之計以結閣臣之心公論無不切齒乃明旨應宿僅從薄謫攀龍反蒙重譴至是而人不能無責備於閣臣矣夫閣臣之職輔皇上以進賢退不肖今賢者以其異己而必斥之不賢者

以其媚已而典宥之皇上威福之權爲閣臣假借一至於此臣恐將來國家之禍不可勝言明旨又謂建言者何不講求理財足兵等實政乃專闘是非夫大學論平天下之道惓惓辨别於有容媢嫉之臣以爲子孫黎民利殆之本而理財之末深著用小人之禍至於菑害並至豈有是非不明而可用人用人不當而可足食足兵者乎理財足兵係於閣臣一念公私之間豈必青苗變法熙河驥武哉伏乞皇上將楊應宿鄭材籍屏斥鄭材復攀龍原職嚴諭閣臣王錫爵等

無挾私心無植私黨秉公効忠斥邪扶正則聖德光於日月矣疏奏嚴旨逮問旋得釋免歸杜門杜口徜徉林泉而先業亦次第漸復會東林書院成别構一堂講書會友其中膠山去先生家近過從最密先生語人曰吾黨中品各不同若小范可謂不失赤子之心者也里居二十餘年不輕以一書通長安一事干郡邑至聞朝中進一正人未嘗不躍然喜地方有一不善事未嘗不戚然憂族自高祖而下老病孤孀歲有賙親友之生無養死無送者咸有卹小范風格頎

秀性坦適自號我素讀書喜理學之有益身心者經濟之有益政事者製小舟顏日五湖一舸窗間繪張季鷹米南宮諸名人事跡遊賞忘倦慕茗中山水之勝買田宅於武康將終老焉歸未及旬而卒爲天啟元年之四月得年五十有八著養心日劄讀書日牋居恒誦解大紳言處其心常在熙春麗日之間則天下無可怒之人即此便是仁體嘗曰士大夫託講學以爲名高飾聖賢之言文其奸僞即終身掩覆恐人非倖免天譴難逃昔賢所以願爲眞士夫不爲假道

學也深有感於建言廢棄諸公賜環再起或前後兩截以致晚節令人齒冷故堅卧不出高存之曰性命微言他人所不解爲何語者與小范言不俟辭之畢也其胸中實有咀嚼實有滋味故猶夷自在平生無皺眉之事城府不設世上無切齒之人此豈塵寰中人耶壬戌詔贈光祿寺少卿

安我素先生傳

澄江陳鼎撰

先生諱希范字小范無錫人幼有夙慧弱冠登萬歷丙戌進士官行人當入臺省而格於年有諷以增年者先生曰安生不以臺省重也遷儀部念母老請南言者曰盍少俟共以銓部擬之矣先生曰安生不以銓郎重也竟得南司封會王錫爵當日多斥異己者先生上言近年以來正直老成之臣敢言之士俱不安於位如趙南星趙用賢孟化鯉人皆知其剛正而次第屏黜孫鑨李世達李楨雖才品不同而先後去

國行人高攀龍一疏竊以爲皇上之忠臣亦輔臣之諍友而反蒙重斥於是人心公論不能無責備於閣臣願皇上嚴諭閣臣無植私黨疏入嚴旨逮問上怒解削籍歸居膠山之西林適顧端文集遠近同志講學東林忻然從之刜掃一室讀書其中泰昌改元起廢詔下直臣遺老半入啟事先生恬然不之問猝聞鼎湖再賓驚迷痛泣者終日即命駕之吳與菁山營菟裘矢終焉之志嘗作詩寄憤有曰執簡定應書趙盾舉朝誰請討陳恒又曰受遺元老仍增秩進藥鴻

臚也賜金一腔熱血見乎辭矣尋病卒年五十八天啓初贈光祿寺少卿學者稱我素先生平時與高忠憲講性命之學忠憲曰性命微言與他人言多不解與小范言輒解每好讀書論事謂六經文章之祖經世之謨外此則温公記事本末誠古今得失之林也後逆璫指爲攀龍同黨入東林黨人榜中昭告海內削其贈官崇禎立乃復著有養心日劄讀書日箋荒政撮要武備私考文獻通考删諸書藏於家

外史氏曰先生天資近道類於陳仲弓郭林宗其人幸薦剡將及而先瞑耳倘不即死而從諸賢以起則正色危言其有不從楊左周魏諸君子之後者乎

光祿寺署丞研泉安公暨配徐孺人墓誌銘

賜同進士出身亞中大夫太僕寺卿高攀龍撰

吾邑膠山安氏蓋有二研云長公研泉次公研亭吾友贈光祿少卿小范之姪也安自贈大夫桂坡公以素封大於時至僉憲膠峯公益大小范中興而振之二研適當其盛風華映帶稱東膠雙璧研泉公短嗣次公舉子亦晚研泉公没九年而次公乃稟命小范以其仲子珩爲公後又十四年而珩始爲其父及其母徐孺人卜葬焉手狀謁余以墓中石請曰珩不天

吾父即世八年而珩生臆揣之而不得其似珩入嗣七年而吾母即世稍憶之而漸失其眞是珩有父而無父有母而無母而吾父母有子而無子也言未訖涕汍瀾不能禁已復曰吾本生父母見背于方孩猶幸有從祖吏部翁在而吾堂構無恙不幸吾從祖復見背於丱角仰瞻又誰在乎而吾堂構幾頽是十八年無父而若有父無母而若有母而至於今吾父母終無子而不能有子也言未訖涕復汍瀾不能禁乎曰傷哉孝子之心微獨念其父若母也念其本生又

念其卵翼之從祖此則子之兩舅人無子而有子是可誌也按狀安之先本黃姓爲長洲之懸珠里人入明有叔英公贅堠村安明善氏遂襲安姓五傳而爲贈戶部員外郎桂坡公諱國生僉憲膠峯公諱如山膠峯公生太學生少峯公諱希堯配王孺人舉丈夫子二公其長也諱紹祖字緒卿別號研泉配徐孺人爲僉勳衛書少東公女中山武寧王七世孫公生而廣顙豐頤白晳如玉望之魁梧丈夫也十八補博士弟子員則有聲於博士已入都門都之人環而目之

曰非侯門安得此宅相遂進而爲成均弟子則有聲於成均方是時僉憲公宦遊歸且席贈公遺業榮華殷厚無兩重以王家姻婣百兩爲御饌玉服珠鮮不得意而公一稟祖父庭訓師名友勝切琢千春不朽之業其贄幣供張幾傾吳中大姓孺人實內佐之絕不露侯家侈溢態也不幸數奇試京兆屢蹶無何家難復作而僉憲公夫婦亦後先捐館於是棄符繻不就試而以未了之局責之次公期於纘僉憲公遺緒耳不必身貴也而不幸次公復中讒時與孺人相對

欷歔孺人慰藉百方而公殊不快也一日喟然嘆曰祚之衰也非簪紱何以扶之謁天官得光祿丞然而非其志也會次公含沙得白放曠詩酒間於是塡箎交奏騷人墨客屨滿戶外膠陽舊有陂池園林之勝古木壽籐奇峯怪石種種秀出公益加點綴歌臺舞榭曲水飛梁署曰人間三島相與婆娑其間嘲風賞月躪欄歃花以破其牢騷不平之氣而尤酷於嗜古夏殷敦彝以廿計秦漢環玦奇珍之玩以百計宋元及國初名流便面以千計玉軸牙籤緗函錦帙不可

勝計與同時好古之士終日摩娑欣賞以送日月謂一邱一壑擁圖書萬卷與孺人偕老足千古矣而孺人亦不知有翟茀之榮也會小范弱冠登第家聲大震也而小范以言事側籍歸歲時伏臘相過從無間每花晨月夜春山雪閣叔姪互爲賓主觴政縱橫大暢當年豪舉本色風氣遒上似可百年而公以西河之痛瘁矣丙申年才五十稱觴方罷一疾而卒而孺人於公卒也哀毀不欲生斤斤檢束聲不出梱外嗣其姪珩爲子一切奉命於叔氏及叔祖氏人以爲能

知大體七年亦卒公生於嘉靖丁未正月十二日卒於萬歷丙申六月初九日得年五十孺人生於嘉靖丙午八月十八日卒於萬歷庚戌二月二十七日得年六十有五子二長社臣殤次亦殤嗣珩國子生娶錢氏女二一適施學源太學生一適王永稔邑諸生側許出孫男一名治殤孫女一未字卜吉於天啟癸亥十二月初九日扶柩合葬於朱村祖塋之昭抑寻誌公而不勝低徊感慨也方公與孺人早歲安之盛幾甲三矣曾幾何時過其里聞其所爲朽於窖紅於

囷積於露者無幾矣登其堂問其所爲清齋供玩右書左圖種種秘惜之物烏有矣陟西林索其所爲三十二景當時之登眺游娛留連日夕者半頹謝矣獨是孝子之念其父若母念其本生又念其卵翼之從祖所爲無子而有子者此則公與孺人所留百世永久者也

銘曰仕而丞未爲蹋年而艾未爲速子而嗣未爲獨風情滿座詩情滿腔丰神奕奕山高水長朱村一坏松千章公與孺人偕永藏

明太學生研亭安公暨配吳孺人墓誌銘

賜同進士傳臚南京禮部儀制司主事前巡按直隸閱視宣大邊務兼督學校典河南鄉試內弟吳亮撰文

明興風雅莫盛於嘉隆靈秀獨鍾於吳會蓋自王司寇元美主盟詞壇一時薦紳學士若皇甫司勳子循劉僉憲子威文待詔徵仲祝京兆希哲胡侍御原荆鄒學憲彥吉王上舍百穀張先輩伯起葉山人茂長前輝後映而安君懋卿亦壇坫中一巨擘也懋卿捐

賓客十有八年矣其子玉瓚等始勝衣冠紹弓冶克襄大事介余弟親于來請誌銘余辭不忍按狀君姓安諱紹芳懋卿其字世居無錫之膠山山有濂研亭因號研亭而以懋卿知名於世云安之先本黃姓蘇郡懸珠里人有黃茂贅於安明善因爲之後黃之以安稱自茂始也茂四傳而爲國國有子如山登進士讀中秘書出守裕州僉憲雲南致仕懋卿爲僉憲文孫風流文采照耀江左安之以詞翰稱自懋卿始也懋卿於文燮咸陽西京於詩好開元大歷書法宗洛

神曹娥繪事倣元稹公望叔明諸名家揮灑盤礴無
一不妙天下十七補郡諸生試輒高等思與海內賢
豪長者游乃以例入太學交愈廣文日奇丁卯試棘
闈同舍生作奸捍罔波及懋卿懋卿牢騷歷落縱情
詩酒迷花醉月於烏衣白門之間以自舒其憤懣時
南大司馬劉公憲謙光祿張公肖甫結社徵詩英彥
咸集引懋卿爲忘年交廣筵刻燭分題授簡無不人
人心折也辛未走闕下上書訟冤當事者憐懋卿才
燭其枉事得白己酉復入北雍辛卯爲房考馮公主

考馮公賞識草榜列名八十一以同考周學博爭卷
甲乙遂兩置之及放榜知爲懋卿失一名士又無不
人人扼腕也所著有青萍芳艸二京諸集所居膠山
下有西林一區景凡三十二王元美爲之記客至命
鹿車載肴核嬉遊谿谷中或自度新聲調法部絲揚
肉馳飛白捲波竟夕忘倦望之若神仙中人噫嘻懋
卿亦足了此一生矣懋卿卒於萬歷乙巳距生於嘉
靖戊申得年五十有八配吳氏余世父太史後菴公
長女幽閑貞靜不苟嚬笑卽娣姒妯娌相見頭目盡

赤必俯首蔽其面性尤儉素衣不襲帛食無重肉與
懋卿白首相莊無褻容侍翁夔夔齋慄亦鮮愉色孤
子性成終其身無所出生於嘉靖戊申卒於萬歷戊
戌得年五十有一男五長殤次璜今名玉瓚補常熟
邑庠生側室吳出娶秦氏孝廉鴻一公女次珩太學
生側室唐出爲伯研泉公後次瑮吳出娶浦氏太學
生完赤公女次璐側室虔出娶吳氏衢州守求峯公
女女一唐出適太學生孫源平吏部侍郎柏潭公子
玉瓚等卜天啟壬戌合葬于朱村祖塋之穆禮也余

既誌而復系之以銘銘曰
大雅作嘉隆際此子才安其氏交代興軼元美竊四
始追六季抉二酉遊三昧老逢掖足名世惟不試故
多藝窮盃堅挫弗替馳兩都慳一第惜無祿幸有嗣
蛻已陳魄猶滯十八載乃襄事同所歸偕厥儷閟九
京甯千禩銘者誰舊柱史嘻茂卿瞑可矣

明太學生安研亭先生傳

華亭陳繼儒

安研亭先生無錫之膠山人也山有滌研亭自號研亭居士嘉靖間有膠峯公諱如山登己丑進士選庶常歷官雲南僉憲生太學少峯公諱希堯少峯公生子二長光祿署丞硯泉君次即先生也先生諱紹芳字懋卿自少眉目娟秀顧盼迎人舉體無凡雅有貴表僉憲授以詩句心開意明十歲工詞翰矣稍長讀書動以寸計當坐拈一題下筆衮衮氣吞名流而獨好有韻語不輟少峯公呵禁之局一室顧精公車言

遂與伯兄同褏青衿稱安氏雙璧云是時甫十七娶吳孺人孺人屏謝時世粧德素相勗先生不復展轉內顧刻苦下帷視一第如解衣會貴人子狡獪所穽波及先生廢書曼聲聊蕭不自得跳身金陵者久之聞少峯公罣家難疾趨歸內外之鬩立解而僉憲公與郭宜人後先捐館舍先生匍匐治喪壘瘠不能起見者傷之服闋入京都上書白寃狀拔刺巨公即陸平原謁張壯武王仲宣謁蔡中郎無以過也奏中南法曹首鼠者居半先生歎燕邸不可以久留還里門得視少峯公含殮奉母命析產肥瘠聽兄毫髮不以屑意家世有西林一片石多偉木壽藤公疏清泉累層臺搆傑閣結幽亭蒔松種竹分蘭藝菊時時命漁舠鹿車往來其中藥肉飛絲傾尊朴石雞號燭跋不聽客歸客擬之安陵食輞川莊詣門者蓁舄相嚙矣稍挾片長先生居停之推轂之甚則解衣授餐使得所願而去先生雖豪舉聞江東酒後耳熱勃勃若有礙膺者再上書走闕下賴劉侍御挺身直其寃乃歸措据葬父畢褱篋北雍乙酉戊子罷歸辛卯幾入格

會房考爭甲乙名兩報罷先生自此半耗雄心又苦艱子建白榆閣以祝多男連舉丈夫子五人稍稍喜見大宅形諸詠歌命次子珩嗣與亡兄告廟行禮第當喪母又喪婦笑不勝啼嚬嗽間咯咯失音形容憔悴竟不起春秋五十有八耳先生彌留之頃絕無詀戀撫瓚頂目瓚者再已而歎曰吾生平志慕高遠不屑屑齷齪問生產歷盡菀枯炎涼之感瀕死者數矣其幸不死者外眺有名山大川交游有文人才子內有叔父司封公肝膽相爭膝下雛眉目如畫又有醉

鄉詩社金石鼎彝破愁懷滌塵想故得延歲月至此先生豐頤廣額雙耳垂珠然諾不輕諧笑錯出親知以緩急告者未嘗以冷面相拒司封公創義田先生亦爲佐之處闈閤無褻容交貴游無諂骨暇卽枕漱百家六籍中過目成誦畢身不忘宇臨曹娥碑畫摹大痴懶瓚旁寫蘭竹別具一種清雋寄其蕭灑標韻郡大夫嘗以修志敦幣聘公志成有良史之法著詩名青萍集二京集芳草編西林纂行於世皇甫子循序其詩王元美爲西林記其他四方名公往來投贈者不勝書子五長殤次玉瓚珩琚璐皆孝謹嫻文章卓然有父風

陳子曰余屏山澤不獲交硯亭然時時聞之吾友徐長孺曰安公動無缺彝言無判德懍懍篤行君子哉獨以沉冤未洗榮名未立寄跡交游詩酒間以爽其胸中五岳而已假令及見顧叔時諸君子雍容紘誦必且虛席爲東林首座豈至偃蹇西林一片石也故有感而爲之傳

明邑庠生芸室公傳　魏禧

芸室公諱紹武字懋昭達泉公長子長身玉立舉止蹁躚爲諸生文藻蔚起兩試棘闈務罷不屑事管城侯而引麴先生爲友日沉冥其鄉人目之爲酒龍擺落俗緣縱心恬暢晚構一室禮空王其中置公晉人當亦在伯倫中散之間性至孝奉母喪居二十六年宛孌如孺子慕臨沒誦金剛偈者再年五十六配張氏卒葬埃村小八房本宅後子斗翔仲雪銘曰西埃之壤龍蓀一區於時立亭於時黃壚我行其野登高以盱思古人而不見哭伊人而累欷更千百歲後有取此土者勿詫爲鄭泉之頭顱也而漫挈以爲酒壺此蓋有明鼎族安氏之君子儒而特寓於酒國游於酒徒小宛之詩所謂温温恭人者歟

安正言先生傳

秦域

人有可傳而傳有不可得而傳而其人卒傳者吾得安正言一人正言居無錫之東膠屋不數椽飲酒賦詩從其兄懋卿先生後與諸名家倡酬飲可斗許詩多名言人以生計訊付一哂嗣後無事不哂酒酣耳熱歌竹枝輒長嘯向見眉公先生寄語云安得聞太玉長嘯耶太玉其號也正言爲桂坡先生之曾孫南屏公之仲子南屏貳室楊生正言又子于貳室儲父業中落毋有餘橐亦無以及正言養于張亦望族有

贈爲妻弟所負正言皆不問正言爲我素先生之猶子我素歸田時相過從詩酒倡酬人或以他事浼正言委曲者正言恒撫掌笑人亦不復干正言故正言蕭然一身俄而富俄而貧俄而倩于朱門俄而歸于蓬戶冷廢塲中幾歷年所處之泊如乙丑春以噎終病亟時無以供藥餌起視其貳室曰吾願汝爲黔婁妻守正而不足無邪而有餘其言足以傳矣迨易簀尋撫其手足無一語及後事其與戀戀香履者不啻霄壤矣正言諱廷謨東膠里人以東膠一名翠屏山故又號翠屏山樵爲人渾㬥善艸隸著有餬餅艸配張先卒貳室邱生子駿命文學有父風

仲開氏曰世傳三不朽正言不修德不立言不求名是以不可得而傳然其和而不流類柳下惠其窮類我明宋登春其品類孤山處士其不修德實不知有德亦不知有修不樹言而言謔述黔婁片語及詩歌不求名而止好名山水及名人詩善夫唐伯虎氏之言曰善亦嬾爲何況惡富非所望不憂貧其有以傳正言也夫

明處士安正言先生傳

丁大任

梁鴻溪去膠山可三十里山前之有安猶烏衣之有王謝也爲吾吳甲族具載夫子光祿公始定錄中正言夫子猶子也父南屏公羨於財奢費不貲故正言亦不知治家人業日縱酒賦詩笑咏自若家漸落猶結客少年擲黃金白雪聞人俠遊酒漿噴薄飛灑山麓蓋十年而中人十年而貧士矣至氣者如矯矯雲中鶴不知爲貧士也安夫子抗疏歸愼遊與獨倡和正言爲戚藉竹林之游如坐須公車王猷之須竹何可一日無也從兄懋卿得名中原生歷下弇州之次爲亞七子亦惟正言旗鼓自懋卿退遜夫子近攉嗟乎蓋在正言矣而以貧涸其海水斗酒耳熱輒胡盧大笑知正言者謂正言開口五鬼退舍信哉憂不傷人余始笑固寓言也間別間飲飲笑如昨而其病噎蓋甚於賈生之鵩矣今乙丑五月余問病胡床正言揮鶴羽披褐自得屢空宴如如平生撚枯髯強和余險韻七言立成大有解脫意在西歸矣九月卧去震旦之臘五十有六正言至性自孝友而外篤於錦瑟

如文君之誄相如者箸草隸著書立言有餘餅草具足不朽矣子駿命字聽之儒雅有父風將以膠山之陰爲陶家舉從云

大令廓菴安公墓誌銘

前進士鍾山年弟黃周星拜撰

崇禎庚午余游南雍時方舉積分之典六館中遴六人以貢於廷蓋復祖制擢眞才朝廷甚盛心也試之日雍士不下七千人兩日八義楷法必中程余倖奏名第二而錫山安廓菴第三因是得識廓菴後三載癸酉俱舉北闈則儼然稱同年矣至庚辰余始成進士癸未廓菴亦列名副牘獲邀特恩授大令以歸明年甲申遭國變廓菴呼憤祈死不半載而即世矣越

二十四年丁巳其子璿郵寄尺書乞余誌其墓遂拜手而誌之曰君諱廣居字無曠廓菴其號也其先長洲黃氏洪武中有叔英公者贅於錫山別爲安公明善家世爲無錫安氏焉四傳而生贈公國有高義卓行海內所稱桂坡翁者也國生如山嘉靖己丑進士繇庶常歷仕僉憲祀名宦學者稱爲膠峯先生如山生勳卿公希范萬歷丙戌進士繇行人晉吏部主政郵贈光祿卿没而祀於鄉郎君之父也君天資靜慧解悟過人壬子補博士弟子員辛酉以後守內外艱念其父孤忠未白瀝血陳情哀感九重得賜郵典咸謂勳卿有子不死也先是邑中顧端文公與高忠憲公輩講學東林居常侍父側忠憲雅品重之字以季女及丙寅奄禍作忠憲致命止水君爲扶服盡傷時人情洶洶忠憲子弟將有巢卵之患族姻多引嫌君奮爭於當事門戶賴以無恐癸酉挾策遊北雍登賢書甲戌下第歸値歲凶盜起倡議濬河賑饑講鄉約修保甲佐理郡邑輯寧里閭一切方畧確可施行者劄記纍纍冠蓋中原大宇鼎沸神京崩陷慟哭而逝

嗚呼此非所謂草莽孤忠者耶君丰神軒爽耆述閎深經術理學皆可以頡頏古人惜未少展尺寸是固君之不幸也獨有可私幸者卒于甲申之九月葬於乙酉之三月服制未更毛髮亡恙猶得岸幘正襟而見祖宗於地下豈非宇宙之完人乎後死者視此不能無愧矣敬系之銘曰

嗟我友之生兮蹇値世之多故幸我友之死兮免睹國之改步痛聖主之殉國兮隨九天而遐舉留片石於千秋兮斯爲眞孝廉之墓

明賜進士欽授知縣安廓菴先生傳

日講官起居注右春坊右中允兼翰林院編修通家眷姪嚴繩孫頓首拜撰

先生諱廣居字無曠廓菴其號也世居無錫之東膠山曾祖諱國多智畧有貲風義聞於時以子貴贈戶部員外郎祖諱如山明嘉靖進士授翰林院庶吉士累遷江西布政使參議父諱希范明神宗朝進士官南京吏部主事痛輔臣阮塞賢路抗疏削籍歸卒䘏贈光祿寺少卿母氏談繼母氏張皆贈宜人生母陳

氏先生光祿公冢子也當癸巳初生時光祿公服官舊京以高忠憲公秉政去國上書忤君相直聲震天下禍且不測公慨然曰吾有呱呱兒衍宗祧死復何憂蓋已知先生不凡矣先生天資靜慧解悟過人受業於師七載著有講義揆一鏤板問世壬子補博士弟子員屢試不售辛酉以後相繼守內外艱辟踊哀號苦由毀瘠幾不勝喪且不獨所生爲然其事嫡母張宜人亦必誠必信勿之有悔宗黨皆稱其孝更念勳卿孤忠未白瀝血陳情哀感九重特賜䘏典咸謂

勳卿有子不死也先生是顧端文公與高忠憲公輩講學東林先生嘗侍父側忠憲雅器重之字以季女及丙寅奄禍作忠憲致命止水先生爲扶服盡傷時人情洶洶忠憲子弟將有巢卵之患族媚多引嫌先生奮爭於當事門戶賴以無恐後有負先生者置弗問癸酉挾策遊北雍登賢書甲戌下第歸値歲凶盜起倡議濬河賑饑講鄉約修保甲佐理郡邑輯寧里閭一切方畧確可施行者劄記累累似有期待人以是卜異日經濟焉先生旣數困公車癸未之役闈牘入

劉文正公手極賞其古奧高華當與上駟竝驅惜得之較晚憖置副車先生慨然太息曰此天亡我非戰之罪也然虞仲翔有言一人知己可以不憾吾何憾哉適寇躪中原六宇蜩沸當宁側席求才一榜盡賜簡擢先生不敢上負主知因赴所司就選格然終以不堪吏職竟自免歸甲申春神京崩陷撫膺慟哭遂不欲生子璿爲跽勸解乃呼而前曰萬一闖賊南下汝曹將奚策璿漫應曰從衆先生正色呵之謂汝可從衆吾不可也日惟憤恨求死至季秋而溘然逝矣

嗚呼此非所謂草莽孤忠者耶先生丰神軒爽質任自然寡言笑好讀書愛山水花木竹石怡情詩酒其著述閎深書法精妙爲士林所推又賦性孤高不治家人生産仕籍多親串不屑以片楮通殷勤齋居匡坐惟筆床茶竈南面擁書而已以故名日起家日落人稱眞孝廉云性篤友于介弟才類相如忽有臨邛之遇其傖父欲從而甘心事已橫決不憚傾身排難馬文肅公嘗謂先生鴒原之雅不讓前賢洵篤論也前進士鍾山年弟黃周星曰大抵先生之一生文章

行誼經術理學皆可以頡頏古人惜生也不辰未得少展尺寸是固君之不幸而亦斯世斯民之不幸也獨有可私幸者卒於甲申之九月葬於乙酉之三月服制未更毛髮亡恙全受全歸猶得岸幘正襟見祖宗於地下豈非宇宙之完人乎後死者視此不能無愧矣

明進士廓菴安先生傳

錫秦　沅頓拜譔

先生諱廣居字無曠號廓菴光祿勳我素安公嫡子也神廟時光祿勳不以卑位守緘默發憤上書中當事要害直聲震天下先是沅先外王父高忠憲公與執政爭得失不可勝先後拂衣歸里相得甚歡光祿勳以先生屬忠憲先生露頭角擅文譽忠憲器之與吾父先後壻于高未幾光祿懷忠謝世先生瀝血陳言蒙俞旨鄖贈咸謂勳卿有子不死矣忠憲被璫禍

從屈大夫遊子弟如巢卵親黨莫不鼠竄先生挺身與黨事力爭賴以不潰先生兩試金門遭鎩羽癸酉賓興思鳴冀北果奪其標而余父亦售于北先生目擊時艱留心經術癸未上燕畿黃巾白馬充徧中原與子璿訣曰此行得遇以身許國矣榜發誤中副車本房劉文正公得之恨晚評有上駟並驅之語思廟奇之賜進士歸里而甲申聞變先生慟哭曰神聖之朝遘此鞠凶不能提一旅向闕奮志殺賊廼望草莽間求活耶鬱鬱得心疾不起甲申之九月十日也嗚

呼先生當先帝英明威武之時思以文章報國殫精研慮必成進士爲忠憲光祿伸其志乃以十年遲暮未能早列朝廊以展抱負迫膺思廟殊恩而天降喪亂君死社稷而亦死之能毋抱憤呼天而含淚于泉壤乎先生性凝重好讀書走筆爲文風馳電掣著有衆香閣制義率意吟行世書法鍾王人爭購之登賢書十年非邑中利弊事未嘗一履公庭生平不爲生產計營故易簀時牀頭無積金嗚呼先生以故國衣冠見忠憲光祿于地下先生之大節著矣秦沅曰謝

疊山言忼慨赴死易從容就義難先生以痛憤祈死其死類晉范文子可謂從容就義者矣沅恐艸澤孤忠湮没不彰也敬書先生行蹟而爲傳

安退翁傳

逸史沈 顥

梁溪安銓部我素先生節義甚高優游退處講學談道垂三十年生丈夫子如河東九苞長公無曠博學登賢書先咎其叔子別號退翁韶秀俊拔翩翩有佳公子風未弱冠補博士弟子員蜚英掩時髦銓部公寶憐愛之不減膝上文度其染翰泚筆字追稽米書法倪黃郎寥寥古文詞亦不失爲歐蘇故武其性極淡宕不屑家人生產居恒歎曰吾人生不能五侯封又不能五嶽游其惟第五車儲五經腹笥次或工五

言長城驅錢劉而壓元白踏壁走甕隻字千金甫覺茗風蘭雪逐其姿璚葩玉葉逐其巧捉金戛瑝逐其鏗鏘火龍山虱逐其黼黻鼉叢鳥道逐其峻險一時騷人墨卿爲之東向三讓不敢對壘矣嘗手葺翠深堂耕煙墅逼白閣迷靚闥管領花香鳥語之供退翁栖硯北呼虎僕遣墨兵嘲風弄月抽黃對白優游於蟬香蠹粉之間覺卷帙指甲痕非雪娘校書郎銀鹿小史與嘲字鶴解語花終日周旋無倦色也時而剝啄徑開香車珠履已襍沓戶外把臂披襟尋分郱莒

或清言揚搉或雅謔賡酬葬馬漆城不免哄堂一笑落豐陽耳時而琲筵列布少長咸集果核阜陳壺觴淝瀉銀絲薦鱠玉杵成羹鼎娥庖史追法錬珍品易評牙侈豐臛鳳或藏鉤射覆之戲或彈箏咽管之娛或趙舞齊歌驚塵振樾或沉魚落鴈絕纓墮釵蘭膏再跋而投轄方殷我醉欲眠君亦枕股矣昔人云有酒須澆趙州土又云未知肝膽向誰是令人却憶平原君則知退翁以前無有如退翁者退翁以後更無有繼退翁者以其俠骨文心天生無兩非尋常游閒

公子比也予與退翁交有年乙未冬遊琴川於二十四桐樓覩其遺墨不勝山陽之感因爲之立傳以應文錫嚴晉公之請翁詩帙甚富惜爲灰燼聞尙有煙餘草數十章老腕雖拙屋梁落月夜夜思得而序之

逸史氏沈顯曰嘗念司馬相如具不世才落落無所遇時惟文君以眞知己自見使臨卭犢鼻裩邊現五色筆花傾動人主然靑州鶻突衫易着而難脫退翁寸縿不掛非所及矣自謂翠深不深退隱南林鏡花水月曾無粘滞非千載有心人不可得而知也

孟公先生傳

周宏

先生諱瑃字孟公號蒼涵一號潔園明贈光祿寺少卿我素先生之冢孫癸酉舉人廓菴公諱廣居之冢子甲申之變廓菴公慟不欲生時先生年十六跪而解慰不可得廓菴卒既葬閉戶讀書年二十二補吳縣諸生食餼膠庠掉鞅名埒與同邑秦對岩松齡嚴蕅漁繩孫顧粱汾貞觀諸君子結詩社于慧山同社十人號雲門十子公有篆章曰雲門弟五人一時名士如睢州湯孔伯斌吳門汪苕文琬蕙溪姜西銘宸

英咸來赴焉年四十三丁母艱中遭死喪家變游燕齊大梁不肯曳裾侯門不遇而歸坐卧罨畫樓賦詩自娛間寫山水世以先生畫配華商源書又以先生書配鄒黎眉畫公意不在書畫也故詩稿曰孟公不在茲集公意不在詩也念我素先生未祀鄉賢呈請補祀受大宗元吧翁璜命修安氏宗譜秉著有續丙丁龜鑑蒼涵外史膠東山水志書畫禪述高顧之學著待菴獨語輯先賢語錄傳載邑志文苑晚與黃守中先生爲鄉里典型兩先生没而小人無忌憚矣先生

生於崇禎己巳八月二十四日卒於康熙癸未三月初二日墓在家園學士顧仔題墓石曰句吳文學安孟公先生墓木主曰安孟公先生神主子三人伯仲早卒季子紹傑孫男高發曾發

蒼崖公傳

華長發

公諱興孝字叔先晚號蒼崖大令廓菴府君庶子孟公先生之季弟也以地理擅名守祖居膠里我素公宅之東偏顏其堂曰秀野新安吳棠作記謂取前賢花竹秀而野之句然而春秋國語云野處而不匿其秀秀野之堂安知非公自寓乎又題一椽曰依蒹蘆漪子李譚爲小序寫獨坐幽篁之趣然而衛風歌蒹竹思君子也杜陵咏翠袖依倚竹賦佳人也依蒹之意安知公非以佳人自命而不忘君子乎自著蒼崖

詩稿一卷中有送孟公北上詩及題費翁小翠深之作家庭倡和有惠連康樂之風

天石安公傳

原任內閣學士兼禮部侍郎予告加一級紀錄四次

年姻家眷弟鄒一桂頓首拜撰

吾邑之安氏世居膠山前明時有以博雅見稱者諱國贈戶部員外郎嗣後代有聞人至明神宗時則有我素先生諱希范爲東林大儒逮入本朝安之雲礽或工文章敦行誼皆潛德弗耀如天石公其一也公諱定字天石其先世本姓黃氏居吳之長洲明洪武中有諱茂者來繼於無錫安明善氏遂從其姓公居

邑之江陂橋父有康公生二子公其仲也公有至性終身孺慕不衰常授徒於鐵山寺距所居二十里母遘危疾公晨則赴館夜必歸視湯藥會值雷雨挾電光跣足泥濘中母病中偶思鯽而其地無漁者公攜箕于溝畔求之即得數尾歸常以修脯所得預付居門以供父餐自奉則惟粗糲又曲體父母意厚於同氣與伯兄同居兄遠館於外家事獨任之姊嫁于楊氏家道中落公時加周恤歲丙子邑大饑公念諸姊妹皆貧并其子女攜之至家鬻膏腴以供饘粥語其子掌綸曰與其保先世所遺之產曷若保先世所遺之人丁丑又大疫而公家無一人在簀者里人皆謂公盛德所致祖宗墳墓竭力保護春秋祭掃必躬必親少工舉業數奇不一遇遂旁究方書通秦越人術遇貧乏者必盡力醫療兼與藥餌飲食至病痊而止故遠近皆有善人之目而公初不以此自名亦不以此取利也公生於康熙丁丑十二月初九日辰時卒於乾隆庚寅十二月初十日寅時得年七十有四配蘇氏學博濤源公女子一掌綸孫男三孫女一

論曰予自歸田後謬爲當事所推主東林講席見安生掌綸謹厚能文每課拔之於稠人之中因詢其家世得其尊人之行事甚悉知生之文行皆公義方之教也語云爲善者必有後公於科名既不得於其身且食報於後吾於生乎望之

信翁先生傳

敕授修職郎天常縣儒學訓導年通家眷弟半湖馬景成頓首拜撰

信翁者吾邑金匱之膠里人也歲甲戌余游膠山翁遣子經禮問字於余因得與翁交挹其丰采廉隅峭厲之中仍覺和易近人與之上下其議論則古今得失瞭如指掌余心儀焉以爲今之古人也自是往還者二十餘年丙申七月朔翁卒得年八十有三其孤經言捧其所述行狀請傳於余余與翁交深不忍辭

按狀翁姓安氏諱會發字天任東林先賢我素先生之元孫也性耿介剛直里之人咸敬憚焉一生以紹述先祖爲事翁少時我素先生故第爲族黨不肖者寓居翁從容遣散綢繆牖戶顧瞻廬先生謂翁與薛茂叔皆善守先賢遺業茂叔保方山公崇正堂翁保我素先生天全堂翁母薛氏與茂叔中表故云翁有伯兄艱嗣早世翁立其嗣者再以長子經傳爲兄之子教之爲名諸生又以長孫吉爲兄之孫教之爲名孝廉以植我素先生之大宗授之以天全堂傳之以

古鉢取禪家衣鉢相傳之意又爲寡嫂吳孺人請旌没祀惠山貞節祠又念遠祖贈戸部桂坡公行義著于江南嘗建李忠定公祠于膠山捐田奉祀康熙中李氏建祠惠山欲攫此田翁出而呈縣前令尹王公喬林批飭祭田安氏捐在膠山不得挪移别用于是李氏覲文玉琦康侯等并請以桂坡先生配食忠定庚戌之秋翁偕李氏奉縣祀桂坡先生于李公祠明正德中桂坡公建安氏祠堂廢于康熙壬戌翁欲重建會族人建祠未成翁起而成之祀其始祖及分

支祖以此尊祖即以此收族己巳續修安氏宗譜族之貧者周之無力應試者資之又桂坡于膠山建元武祠于膠里建關聖廟翁皆修葺莊嚴以承先志翁有家園闢于先貞母吳太宜人自課農圃翁于其中爲祖父邱壟保其松楸植百果百蔬以供祭享先世手植嘉卉天全堂丹桂古梅紅杏罨畵樓玉蘭方竹牡丹四時名花瑞草怪石玲瓏翁封殖灌溉無荒落者先人手澤遺像法書畫册東林君子書札雲門詩社翰墨寶加球圖裝潢什襲無殘缺者先世古碑祠

記墓銘石刻累累翁珍藏無失亦者歲時伏獵祭先祭神威儀秩秩籩豆有楚遵東林家禮無愆忘者翁不講學而重師儒是時吾邑易學如父貧黃子理學如北莊楊子江陰仲明是子朔望來謁我素先生遺像及高景逸先生像講約會文古文之學如鶴峯秦子校錄我素先生天全堂集課文如箬舫秦子巽亭陳子及余輩詩狂酒徒時相過從是非翁之姻亞則翁子之師友翁之戚族子弟也翁皆敬禮如父兄馨膳潔羞焚香烹泉殷勤欵洽終歲不倦無簡慢者登其堂自題聯曰學傳五世愧無此道之能天假數年冀得斯文之與其室聯曰豈曰矯情不過寒儒行素位但期適意敢云狂士樂天眞翁之自道也如此余見翁之守先待後如此論曰世有世爲顯宦以富貴利達爲紹述廣田宅美宮室自足其欲而已于先世何補翁爲貧士家有餘夫之田身任宗族之事保奕世之業不墜故家遺風可謂善述矣

安先生傳

誥授榮祿大夫

尋告刑部右侍郎前兵部左右侍郎內閣學士兼禮部右侍郎總督倉塲戶部右侍郎都察院左副都御史順天府府尹秦瀛撰文

先生姓安氏名經傳字繼勛金匱諸生明萬歷中有南京吏部主事贈光祿寺少卿諱希范者世稱我素先生以建言名著東林事具明史光祿公子廣居崇禎癸酉舉人癸未乙榜應得縣令自免歸甲申之變痛憤卒孫璿諸生尚志節以詩畫名於時傳載邑志文苑又三傳而至先生先生少好學居邑東膠山之麓晝樓晝夜勤讀年十六通春秋三傳尤長於左氏爲巡撫祁陽陳文肅公所知檄送紫陽書院肄業課輒冠軍所爲制義幽異奧邃孤詣所至戛戛獨造如詩中之有盆郊山長虞山王御史峻亟賞之母吳貞苦節先生請於有司得 詔旨旌門如故事吳孺人病先生日侍湯藥遽罷省試爲文告天祈以身代孺人既不起先生哀毀得羸疾免喪年餘遂歿年三十

有二悲夫先生既早世著述皆未就所遺制義其子孝廉吉刊行之

論曰予嘗讀光祿天全堂集知光祿當勝國神廟時閣訟方興變亂黑白光祿一再抗疏卒以廢斥爲之三歎集爲先生所校定先生有志正學將由東林以上溯濂洛之傳而天厄其年可惜也聞先生病既革語其弟曰亡後但日誦經書古文於帷前毋作佛事即是可見先生之篤於學焉

仙巖安公傳

乾隆己酉科舉人大挑二等

敕授修職郎太湖縣訓導愚表姪秦雄濤拜譔

無錫安氏自桂坡先生以行義起家科甲聯縣如膠峯先生之名宦我素先生之理學廓菴先生之殉難孟公先生之尚志後時異世殊極盛難繼有能爲政於家以德行維持風教鄉黨中奉爲儀型者誰歟其惟仙巖太翁歟翁諱經德字詒芬號仙巖世居膠山桂坡先生八世孫也祖考濬園考信翁俱有隱德翁

早年受業家箸舫先生又隨兄繼勳肄業紫陽書院素推筆力雄健後兄入邑庠力學成疾翁常侍湯藥兄卒信翁悲傷成目疾翁即棄舉業支持門戶培植子弟思振家聲時宗祠草創翁漸次落成即倡捐祭田以定春秋祭祀規制祖先大墓八所保護侵削修理坍頹歸復祖塋傍地栽種樹木蔭庇先靈房族有踞佔宅中或折毀或轉售并引匪人博奕喧擾翁獨禁禦羣小不避强暴歸全舊第支撑大厦妥先靈保先業雖慘淡經營而翁以爲分內事乾隆庚午修志

翁將祖先事蹟及里黨中忠孝節義先賢古跡之有
關者送大總裁浦二田先生載入邑志族有先世著
作散逸偶檢得遺墨數紙吉光片羽載入家乘至今
有可考信族有苦節無後被不肖者售屋毀額翁集
分立主送入惠山貞節祠翁之表微闡幽表彰前人
以勵風俗如此桂坡先生建膠山李忠定公祠捐田
奉春秋祭後李氏懈怠不修祠不時祭翁寓書於祠
董董而振理之承先人之尊賢尚德也至於橋梁坍
倒河津淤塞無不勸捐修造開濬木橋改石梁以永

久利濟或曰君家風水攸關翁曰地理不如天理利
一家何如利衆人乎翁之長子秉占乾隆己亥
恩科春秋房首荐翁作歌勉之云勿以科名重貴不
忝前人至禮闈屢薦巳登草榜額滿見遺翁亦無慍
色惟秉占得子翁曰吾以長子繼兄後今大宗得孫
吾心慰矣翁之居心爲何如哉翁性剛正忠直恭儉
厚重樂善存仁有助以殯葬者有助以完姻者有孤
弱遷居異地爲之禦侮者凡親戚族黨勉其向善戒
其游惰或爭鬬口角來質成於翁翁必諭導勸解剖

斷公平俾信服而後去平生布衣蔬食八旬外猶舌
耕鄉里性嗜酒而招飲苟非其人雖盛饌勿赴也守
其薄業而歲時祭祀仰事俯畜待賓客延師傅以及
婚嫁考試事未嘗或闕好博覽經史手不釋卷寒暑
無間至老目力不衰以故洞悉古今盛衰得失娓娓
而談不倦輯讀史桑梓錄著有膠山吟餘二卷小草多
傷今弔古不忍先賢古蹟之泯沒翁之母雄濤之族
祖姑歲己未雄濤館於汪君若千家若千之母翁之
妹雄濤之表姑翁命孫亦問字於余翁時來談論今

古攜所作詩古文辭來示輿致勃發精神矍鑠以是
知翁乃務本之君子一生德化不矜功不伐善不羨
紛華其有裨於世道人心也深矣又何愧爲東林後
裔乎七旬外遇　今上登極　恩賜九品職八旬外
遇　萬壽又邀　恩賜晚年共推翁達尊宜應賓興
典翁仍以不德辭嗟乎翁以不德辭益見翁之德之
靡涯矣翁生於雍正三年己巳十一月十六日卒於
嘉慶十八年十一月十二日享年八十有九配華孺
人先翁卒長子吉孝廉出繼兄後次子治孫起東郎

問字於余者曾孫桂森甫生

論曰昔楊城居晉之鄙薰其德而善良者幾千人翁在鄉黨中敦古道障時流能使人日遷於善而不自知日革其非而不自覺八九十年中翁一人爲風化所關豈淺鮮哉晚年見世風漸漓人心不古感慨係之而其百折不回之志老而彌堅非所謂有道之君子歟是烏可不傳

太學蘭岩安君傳

賜進士及第日講起居注官翰林院侍讀前國子監司業提督貴州學政翰林院修撰愚表姪顧皐頓首拜撰

太學安君名全字二勛號蘭岩世爲無錫人七世祖國多智畧有貲風義聞于時以子如山貴贈戶部員外郎如山明嘉靖進士由庶吉士出知稽州歷雲南四川僉事所至多廉明聲僉事生希范明神宗朝由進士官南京吏部主事痛輔臣阻塞賢路抗疏削籍

歸卒贈光祿卿光祿生廣居舉崇禎癸酉孝廉癸未明通進士殉甲申難是爲君高祖廣居生吳縣庠生璿璿生紹傑號淡圃與余曾祖康熙戊戌進士累官翰林院侍講學士諱仔有譚邢之戚淡圃生曾發號信翁有子五人君齒居四幼頴異讀書數行下窮究載籍尤好太史公書爲文有英氣南昌彭文勤公來典學試古藝激賞之然不克青其衿既而入北雍文譽日起亦卒無所遇爲人天性湻篤順親而恭兄閭黨稱孝友爲所與交皆樸茂積學之士華縟弗尙也

喜任鄖親故有事芬粘必盡力爲之解鄉里善舉輒首倡之乾隆乙巳邑饑當事議賑募富民出錢粟旣書𥳑于簿將輸諸縣城而官爲之發君以爲鄉城就食路隔且人情不屬情不屬富者且恡不樂輸而所濟少不若鄉遴幹事殷戸使各募其鄉富民出貲或人日給糧或爲淖糜以食村墅設局而納放焉則情誼聯比虛實難掩富不能自匿貧不得冒領矣白諸官悉如議行事稱便先世祠墓有郎湮廢者樹碣表之設田以祭力不逮弗計也嗚呼君倘所謂敦善行

而不怠者乎年六十九卒于家娶陳氏生禎繼妻張氏生祥祥太學生敦本好善能續先業郎丐余作傳者

論曰古昔通碩之士論王者養民之政必制定于一鄉其事便其民悅然後行之一郡一郡之事便而民悅矣然後行之天下夫天下何異于鄉郡哉君之議賑雖僅給濟一隅然所經擘固有大焉者矣

安彙占先生傳　　秦瀛

吾邑自楊文靖講學東林前明如顧高諸君子類皆篤信程朱講求義理性命之旨近百年來漢儒訓詁之學盛於時繇是著述家爭主張許叔重鄭康成之書邑之以經師稱者後先相望如安君彙占亦其人歟彙占名吉號古琴無錫人析隸金匱明南京吏部主事贈光祿少卿我素先生其七世祖也父經德生彙占甫四歲後世父經傳稍長事其所後母及本生父母俱至孝年二十三補博士弟子員家貧刻苦力

學郎以窮經爲務讀書揭伏生原篇闢晉梅頤宋姚方興之僞造割裂讀禮每惜儀禮不列五經而力辨小戴記中之僞經年三十三舉於鄉以春秋冠其儕副主試翁公方綱故北方學者極推重之屢應禮部試屢薦不售後以親老絕意進取杜門撰述所學益大進彙占師事余嘗與余論韻學指斥叶韻之非謂韻有古今古無不可通之韻無所用叶於顧寧人毛西河之外別有心得作韻徵又讀夏小正考夏時正古經之會通辨僞經之附會惜是書僅刻一卷其他

書多未刻余未及見而彙占沒矣嘉慶十六年余歸自京師方修縣志每樂與彙占商榷而彙占僻處遠鄉不獲與其宗漢學之苦心孤詣孳孳矻矻白首不倦又何可得哉彙占嘗刻我素先生天全堂集復刊安氏詩輯行於世所著尚有十二山人藁若干卷卒時年六十七

樂亭安公傳

賜進士出身承德郎刑部江西清吏司主事姻世姪顧鳳例頓首拜撰

公姓安氏諱禎字九峯號樂亭世居金匱之東膠山堠村里國初時雲門詩社第五人蒼涵外史諱璿能詩畫傳載邑志詩刻梁溪詩鈔潔園公之後也父蘭巖公諱全太學生著有左傳事類賦經笥樓詩文集若干卷俱貯經笥樓中母陳太孺人張太孺人周太孺人公陳出弟祥張出公甫五歲而生母陳太孺人以疾卒蘭巖公哀悼深切意不再娶盆悲提攜之子踵閔子蘆衣故事也已而自忖曰明年辛巳我兄弟當析箸則落落一身依依一子孰主中饋誰司內政且慼然於母之尸饔乏人奉事不幾無以爲家乎乃娶張太孺人孺人故名門女具有賢淑德歸公後理家則經紀綢繆事無偏廢撫子則鞠育顧復愈於己生公父於是乃大慰於心焉而公之秉性本篤孝少奉庭訓或督之過卽跪受責伺親色霽乃敢起長讀書過目成誦終身不忘年十三文理已就通順應童

子試邑尊見而奇之遂以書理問難應對無悞工帖括十七取佾生後屢試輒不售益究心於經史故一時搢紳先生見其著作輒心契之與堂兄孝廉彙占先生常涵濡先澤學問相與切磋時人稱之爲東膠二安云其爲人冲和誠慤於世無忤然亦不苟與人合蓋所謂卓卓有丈夫氣者戊戌五月繼母張太孺人卧病公跪奉飲食手調藥餌無日以怠至八月張母歿公悲號躃踊哀慟欲絕念弟幼弱日以爲憂服既闋陰請伯叔輩再三勸父再續藉以維持家計而

篤恩勤蘭巖公乃再續周太孺人周德尤賢而後內顧可以無憂矣公事二繼母俱克先意承志色養無違而讀書益力染疾實深遂棄帖括而絕意進取性耽靜有潔癖辰起至淨因菴（今城隍廟址）日誦黃庭經數卷以終其身居家門無俗客雖繩床棐儿而位置古彝鼎茗椀觚勺之屬必精必整好樹藝佳木異卉羅列堦除花時洒掃閒軒抽架上宋元明諸卷軸焚香展玩興至酌酒咏詩以爲樂故自號樂亭云或謂公負才積學無所表見藉此以自得也世俗之士剽經

典摘章句隨同附和幸而弋獲科名一有不振即感憤屯鬱或頽然自廢者有之遇使然耶要其中之無有也如公者可以風矣生平布衣蔬食絲粟無妄費好古求是不近名譽所著有綠蔭園集行世其生産不踰中人然常急人之急稱貸以應多嗇舉平居喜放生惜字𢿱恒勸人息訟與鄰里居横逆不較迹公行誼氣度優容胸襟卓犖殆所謂君子人歟弟祥太學生捐貲助賑恩賜八品銜嘉慶壬戌公父蘭巖公卒悲傷過甚舊病益深是年冬繼母周太孺人以家

務紛繁稟命嫡伯仙岩公遂命兄弟分析彼此均相推讓公曰張母歸時有奩田數十畝非吾分也理爲弟產親族俱樂贊成焉兄弟皆順母命怡怡一堂無間言公卒於嘉慶十一年丙寅正月初八日丑時距生於乾隆二十一年丙子閏九月初四日享年五十一歲配馬氏孺人太學文駿公諱時英女無出周太孺人命次子祥之長子道爲公嗣續蘭巖公冢孫禮也

贊曰公善事親愉色以悅公善處世潔身自樂讀書

養氣壯志不屈持已養心淡然寡欲友于兄弟推心置腹周濟困窮守約施博著述情長功名念薄晚節孤高終身磊落緬想我公恍聞伯夷之風可以淘汰合汙同流之俗

霽堂安先生傳

張步瀛

古者大司徒以本俗安萬民凡所謂族墳墓聯兄弟之義其意至美其制至周且悉而士大夫之家又各有大宗小宗之法以固之喪服傳曰有餘則歸之宗不足則資之宗蓋皆有人爲以典宗事而俾無替廢不舉之患所以萃末裔日渙之心而維之於一本此淑世之良軌也自宗法不行有宋范文正公變通之創立義田而于是族之衣食嫁娶凶葬各有贍後世亦取法焉然而規畫匪易族之窶貧者率不能爲賢

者於其間收拾補苴勤勤一世以爲子姓倡有力也或且感焉以起爲之襄其事不有其功而志亦未嘗不遂若我霽堂先生則可謂隱德之士已先生姓安氏諱祥字能占號霽堂常州金匱縣人世居縣之東偏懷仁鄉安鎮系出黄姓別祖贅於安遂姓安氏數傳至國明徵君崇祀尊賢祠有桂坡館刊本書行于世學者珍之國生如山嘉靖己丑進士授翰林院庶吉士累遷江西布政司參議祀名宦祠並有傳載府縣志如山生希范萬歷丙戌進士洊歷南京吏部主

事建言削籍與顧端文高忠憲講學東林世所稱我素先生者也事具明史本傳希范生廣居崇禎癸未進士甲申殉節祀忠孝報忠兩祠府縣志亦有傳先生高祖文學璿曾祖紹傑祖曾發父全茲潛曜里閈恪循世範母氏陳繼母氏張氏周先生張出也幼讀書知務本之學長披家乘識祖德肫然以敬宗收族爲念家素窶無中人產始祖墓壖地爲人所占議歸之主者索直絫倍族人無以應議且寢先生併當籍篋不足又貸之如其數以償而墓乃復舊遂更鳩徒

役具鏵鍫剔莽芟穢培隴治塲松楸成列瞻望一新墓當孔道過者咸歎息焉自徵君已下塋兆皆在膠山南北神道翁仲贔屭之制魁傑巨麗積久半毀先生陸續整葺仆者立缺者補地曠者樹之碑蝕者刻之被岡壓嶺肅肅有起色每歲清明鄉人于此山爲夃偫稼器之集遠近麕至先生率子弟墓祭奠獻拜跪贊禮祝嘏之聲剛徹林外環觀者千人百人僉曰安氏上塚也族或有怠放者先生必召而責之力薄者則左之乃買良田數畝爲春秋時事費凡家祠及

諸祖墓歲支帖祭銀五兩至一兩有差而身則粗布不掩骭甑時生塵不計也先生之敦於追遠也如此先生之遠族別居芙蓉澤上有耆宿爲諸父行厚德長者也以計然術積財前後復古墓修宗譜建義莊諸事皆先生[illegible]之而成族故繁有事輒仰先生平居教子弟必述先世舊德至再至三惟懼有誤暇或造親故亦覼縷文莫狀冀有感發往往移晷未已浮薄者至厭聞屢與而覩蔭而先生不爲變蓋始之終之唯此志也以壽終年八十有七元配司馬繼配程子

六長道司馬出爲兄後次俊有幹才魁庠生超章偉先卒皆程出孫十二曾孫六

論曰古偁太上立德次立功次立言而德莫大于孝友先生於世無所說惟敦本爲急內行有餘蓋亦立德之亞也噫人心不古世道日媮端愨樸塞者羣目爲迂且拙矣誠得如先生者數人楷模閭塾鼓舞後生庶幾三老教化之型于茲未墜豈非夫子所謂里仁者歟先生次子俊奉行狀來匃爲傳步瀛時奉慈諱居廬讀禮推詳先生之用心行事動有合於周官

儀禮而樂爲吾黨告也于是乎書

安君景林傳

呂耀斗

君諱念祖字小補號景林世居無錫之膠山今析隸金匱爲金匱縣人其先有桂坡先生者當前明嘉靖中以行義起家傳四川按察使僉事膠峯先生有仁聲宦望又傳爲明南京吏部主事我素先生以直言削籍名著東林又傳爲明崇禎癸未乙榜進士廓菴先生殉甲申之難又五傳而至君之考乾隆己亥恩科舉人古琴先生古琴先生篤學嗜古著有夏時考韻徵文譜諸書及十二山人古文藁君夙承家學

自幼卽穎異讀書具心得不屑屑傳注顧困於童子試年四十餘始補博士弟子員又七應鄉試不售君乃無抑塞意恬退自守名利無所營而獨致力於古音韻之學始李登聲類呂靜韻集皆以五音命字分篇至周彥倫撰四聲切韻一變登靜之舊我 朝亭林顧氏諸大儒出起而辯正之學者始識本音知四聲之非古古琴先生之爲韻徵也一掃四聲之說而歸之五音殆聲類韻集之書復見焉君更卽所未備者而蒐而析之櫛而比之爲古韻溯源其漢人之治

經累世爲之而益精者歟又著孝經證爾雅誤字辨輯高子遺書補編各若干卷工詩樸實近理昌黎香山之閒善屬文多闡揚忠孝節義事有關世道之作又善鑒別書畫吳中諸藏弆家咸求君之題識以爲重比爲泉香閣詩文稿共若干卷大抵君於學無所不窺而尤精於音韻盡淵源乎庭訓故生平所致力者尤專也先是桂坡廓菴兩先生猶未列春秋崇祀君乃言之當道請於　朝進桂坡先生尊賢祠進廓菴先生報忠祠我素先生家祠堂寢本私所分產君

乃推而公之族人又校訂本生高祖瀞園先生所編我素先生年譜而梓行之及校刻古琴先生遺書若干種剞劂之費皆積館穀謀於同志而成之終以十二山人古文稿未刻爲憾嗚呼可謂善繼人之志善述人之事者矣君之生逮事大母自幼大母撫教之即先意承志如成人其居喪哀毀輒過禮君之孝其厚於天者耶君以乾隆四十五年三月二十四日生以道光二十三年七月十四日卒享年六十有四配司馬氏繼配錢氏子四人溶淳燊寶融寶融幼殤孫八人煥楣芝楣溶所生學琴詠琴仲琴企琴淳所生仲燊瞻燊燊所生曾孫通貴溶之子煥楣所生君所著書惟古韻溯源君之里人華君某爲刻之餘俱未刻耀斗與安氏爲世交古琴先生十二山人古文稿曾大父嘗爲序之今耀斗丁母憂家居館於君邑時與嗣君輩相過從因其詮次行述以請而爲之傳

清太學安進修先生傳

鄉貢進士虞文元拜撰

先生諱道字進修號覺齋太學蘭巖公諱全之冢孫也蘭巖公以詩鳴于時著有經笥樓詩文集蓋膠山安氏自膠峯公以御試擣砧歌得承上旨入侍内翰後代有詩名誦之者咸道其有慷慨悲壯具有抱負不凡之氣節固不獨以陶情寫景爲能事耳而蘭巖公亦安氏傳薪之一份子也父諱祥字霽堂有隱德俱以詩名於時生兄弟有六先生居長胞伯份庠生

諱貞無出立以爲嗣而爲蘭巖公之冢孫先生之生也甫三齡而生母司馬孺人先卒祖母周太孺人具有賢德另襲撫之恐蹈蘆衣之阨耳先生幼年讀書穎悟力學下筆千言有不可一世之概而秉性誠樸存心懇摯不趨於浮澆暴淚之流故生平謹信自持然不輕所謂君子誠之爲貴者先生庶幾近之惟不善治生產家計日落無設險心故也屢試輒不利因奮然曰丈夫志在四方豈得吚唔呫嗶終此身乎彼班超投筆桑維翰不用毛錐其所寄托者固有在也

乃往浙游幕冀得以文章展經濟之用尤藉薪資敷事畜之需爲學識計并爲家境計也馳驅千里往返五湖先生亦良苦矣嘉慶乙丑十月嗣父病篤得魚書束裝歸里見嗣父樂亭公形容憔悴已屬可危即典質行囊以進藥餌孰意嗣父已不救矣即於丙寅正月長逝先生抱痛欲絕愴然曰生既遠離不能侍奉其何以爲人子乎遂不惜割膏腴以營葬事而盡子職於是先生知高堂多衰老而不敢遠遊矣却掃清聲閣課弟授徒仍肆力於六經諸子服闋後援例

納粟以赴省試非徒爲功名念也夫以一男子而無所樹立其與蜉蝣斯世者將毋同此先生之素志畢生不渝者也詎知文章憎命又不獲遇遂憂憤成咯血之疾嗚呼先生樂道安貧而苦於境苦於讀又苦於功名其苦志爲何如也夫文家於心力交瘁精神會齊之處閱其文必譽之曰何嘔心血先生之病其苦志也歟竟於己巳九月初五日以咯血終其身年二十有五吁可慨已配司馬氏有淑德以節孝旌於朝子二長素屏早卒次素留以先生卒之明年生也

今民國甲子曾孫宗僉主住塽村修譜事以先生畢生勤苦宜先表揚因爲余道其梗概請余爲之傳爰不揣固陋而書以授之

虞子曰科舉之制行士之欲置身通顯者雖屢試屢蹶終其身而不悔先生既困於場屋幕遊兩浙亦無所遇其境亦可謂苦矣然閱世數十年後之人猶稱道弗衰以先生篤行力學之君子也仲尼曰篤信好學守死善道先生其有以哉

清授奉直大夫五品銜候選府知事歗石安公傳

賜進士出身浙江即用道署理湖州府衢州府知府姻世姪林祖述頓首拜撰

山川清淑之氣祖宗積累之厚皆所以培養人材者也惟其人之境遇有通有塞故其人之材有大小之分耳安甥壽彭持其先祖歗石公之行狀求傳於余歗石公者余表姐之翁也余雖未及見而聞公之行誼甚詳知公懷才不遇然齎志泯沒無聞者已不可以道里計矣按狀公諱平原諱俊字彥伯號歗石安

氏自我素先生爲東林先賢海內知名世爲望族閎七傳而生公考壽堂公生公昆季六人長道嗣公伯父諱貞後公其季也公生時頭角崢嶸啼聲宏遠弱不好弄見者已驚異之早歲從名孝廉堂伯枲占堂兄南薰兩先生受業資質聰穎性尤豪邁於書無所不覽工書法近蘇黃好吟咏似陸劍南應縣府試屢冠其曹名噪甚願數奇院試輒不利艱於一衿贈援例納粟議敘八品銜府知事非其志也公既運蹇才不爲世用乃於城鄉地方公益事罔不精心籌劃規

諸久違人亦重其才無不傾折心服嘉慶甲戌邑大旱饑民載道公集衆捐貲設粥廠以濟鄉民莨莠不齊不肖者嘯聚肆擾劫掠鄉村盜伐墓木比比皆是公奉檄團練鄉民晝夜梭巡各村各墓賴以保護鄉里德之道光壬辰族叔鑑平邀公勷辦莊務自公措手後開源節流至葵伯董理止續置義田五伯餘畝終以未詳爲憾至今尚利賴之庚子大潦江水內灌芙蓉圩一片汪洋圩岸淹潰隨李邑侯彭齡籌立規條勘驗築堤得以無患壬寅英嘆滋事波及東南謠

諑四起驚信日傳不一民心惶惶以水災旱災連年飢困道殣相望有岌岌不終日之勢當道檄公籌餉籌賑公惻然傾身從事團練鄉民躬自勸募不足則亟請有司籌平糶施衣粥謀其善全此公之勇於赴義也金邑漕糧向爲有力者把持朱秋舫大令履任知公有幹材委任兌理大倉漕務衆皆帖然我邑田糧自乾嘉後異常紊亂紛爭不已邑署設立淸丈局委公佐理一切章程由公訂定民皆感德丙辰江南大營潰常鎭道喬公松年檄公等籌餉軍錢一萬五

千緡旬日而集旋以團防及留養難民出力大吏奏奬敘知州銜是時軍書旁午營差絡繹公與表弟顧孝亭先生昕夕趨公不遑寢食卒能措置裕如公力爲多庚申蘇常加嚴賊勢又滋漫時公年已垂老當道又檄公籌餉團練以衛里閈安鎭爲錫常衝要隨與同人等從事設局由公巋然坐鎭指示進行以爲東南保彰此皆公之大者至佐鄒壯節革除現年深弊爭定恤釐錢額創設紅衣船除蠹役詐擾復歛路孝佐邑宰修理城防者再其他水旱災年籌賑撫者

五辦團保衛治安者四督修文廟經修祠墓續修宗譜憐貧惜老治橋梁濬河道等善舉更不能屈指數爲人排難解紛必喻以至理動以至情不假絲毫權力人日遷善遠罪而不自知雖頑梗一經受教改行終身有反噬以保彰鄉里者所爲以德化人者也平居事親最孝承顏養志到老不衰父母離公不歡公亦違侍父母不樂霽堂公享壽八十有七生母程太孺人享壽六十有六屢叙稱慶依依孺慕人以爲榮晚年更精大小篆著有彈鋏草喜書先孺語錄及祖

訓格言以示子孫身外無長物以節儉自奉布衣疏食終其身信然兵荒之後難民驟聚各鄉露宿飢寒蕩析慘目公惻然籌賑設廠治饘粥食鄉民之無告者指顧籌畫恒漏夜不休公之精力瘁矣於同治甲子八月十一日積勞成疾卒享壽六十有八卒之日無論識與不識無不失聲痛哭嗚呼如公者可以傳矣

論曰天地之生才不偶而有能理天下國家之才有能理一鄉一邑之才相提並論將疑造物生才之有

厚薄矣不知積鄉邑而成天下國家凡有所表見不隨俗而苟同者皆造物之所以成其才烏得以其小焉而輕之古之所為鄉先生歿而可祭於社者非公其誰與歸

恩旌忠義世襲雲騎尉邑庠生星齋安先生傳

賜進士出身

誥授中憲大夫前通州知州署任順天府治中加一級通家弟蔣大鏞頓首拜撰

無錫在江南為大邑安氏在錫邑為甲族自勝公戸部員外以布衣起家雄於貲偉度宏識風義名震其後代有聞人如膠峯先生以名宦稱我素先生以理學著他如廓菴先生之忠烈孟公先生之志節皆足照耀古今極盛難繼至於或工文章或敦行誼更指

不勝屈而得恩旌忠義享祀千秋如予同學友星齋先生者尤後起之賢庸中佼佼者也先生諱魁字冠英星齋其號祖太學生靄堂公諱祥著有清聲閣詩集父太學生蘭巖公諱全有經笥樓詩文草生兄弟六人先生居季幼好靜默穎悟過人晝夜勤讀不輟道光己丑始擷芹香三戰南闈兩薦不售仍攻苦不稍懈蓋當省試時父必諳然命之故先生終以無意為戒也至後嘆夷滋擾奸民乘間肆掠四鄉騷然草木皆兵先生與兄歎石辦理團防為鄉里衛規畫井

并悉有成效戊申己酉間邑中連被水災復與兄勸捐協賑仁風廣被賴以全活者甚衆壬子秋間亢旱川澤生塵先生奉父命協里紳役工疏濬兇瘁不辭霽堂公八秩稱慶兄前弟後率諸孫萊綵承歡愉如也父以宗祠風霜剝蝕恐難悠久必亟修葺先生遂協族人勤慎將事克成父志兩邑尊奉李撫憲命訪革現年當役之弊舉董設局先生昆季列席悉計皆獲采用凡遇地方公益大舉歡石倡於前先生步於後相輔而行無不舉辦當時咸以二難目之咸豐庚申蘇常戒嚴賊氛張甚先生自以名列膠庠榮叨一命義不可以受辱常以一劍自隨一日猝與賊值卒以身殉其劍猶手握也時先生子碩卿趨公團局聞耗心痛團勇亦無不眥裂碩卿率衆追勦殲賊十餘得復親仇賊鋒頓挫足見此役之關係非細也至李爵督任蘇撫時始以先生死事奏請於朝得恩旌忠義入祠昭忠祠並給雲騎尉世職嗚呼如先生者非所謂大節不渝草莽孤忠者耶配呂宜人安貧茹苦主持中饋以節儉助先生終其身無失德無失容人

以謂有晉郤缺相敬如賓之風云

贊曰生而穎異敏達過人秉承庭訓銳志功名文譽鵲起獲青其衿棘闈兩薦惜阻鵬程庚申之季賊勢縱横殉身報國雖死猶生恩旌忠義炳如日星下風仰企瞻拜傾忱

清誥授中憲大夫給諫芝慶安公傳

士君子養氣讀書卓然克自樹立及其學成致用上致君下澤民人則孝友出則忠貞無不遐邇鄉向慕仰望節概而其流風餘韻閱時改歲仍足以耀後世而垂無窮此必賴有賢子孫追念前烈爲之詳焉記載纂述成書庶幾聲光昭示永無旣極豈不偉歟老友達初安氏之亢宗子也家況寒素於續修家乘兢兢有年常以不克告成爲懼民國己巳正月余以達初花甲初週來晉一觴談及譜事力邀勷助並以先

伯祖給諫公傳稿委重詮敘余不敢以不文辭遂據行狀撰次之公諱詩字博齋號仲依別號芝慶安氏始爲無錫望族其先有叔英公諱茂者本黃姓蘇之懸珠里人洪武中來贅膠山安明齋氏始從安姓五傳至桂坡公諱國氣俠志豪多智略有貲風義問於時傳膠峯公諱如山始以科第起家蟬聯弗替傳少峯公諱希堯弟卽我素公諱希范我素公與高忠憲攀龍顧端文憲成弟允成等講學東林當時推爲理學名儒東南領袖又閱七傳至公考景坡公諱恩桂

以公貴誥贈奉直大夫公妣龔太宜人鳳儀公諱啟源女太宜人性嚴重來歸奉直公後整以率下儉以律已終身行之未稍懈公家本素封於前明爲鼎盛至公祖惠生公時稍中落僅屋數十椽田數十畝家無長物常以施予爲心率能發名成業爲世聞人奉直公潛心經史之學竟委窮源洞見根柢終日整襟危坐儼對大賓主靜之功尤爲邃密書法宗蘇黃人以得尺幅爲榮公亦童而習之得識音韻及運腕法坐臥元覽閣中摩娑古瓷蒔花種竹閒作小詩寄情

邱壑著有元覽閣集行世公以立學成名所受庭訓爲多幼時奉直公有五雲捧日出句公對以隻手挽天回奉直公聞之而喜知公抱負不凡後日必能光大門閭也公生而聰穎誦讀倍常兒少補博士弟子員旋食廩餼又以先世多祀名宦鄉賢東林道南延陵先賢祠惟惠山尊賢祠未崇俎豆遂以桂坡研亭兩公事蹟請當道得奉兩栗主與邑中耆宿高紫超則經愈同日入祠廊菴公廣居爲我素公長子殉明甲申之難者公亦以死事呈請得祀報忠祠澤上義

用先由春臺公獨置當以措理未善成立數年迄未
領到部帖公以難垂久遠遂以叔祖霽堂公精心籌
劃另詳規條方得邀准給帑建坊此皆公承先啟後
之大者道光紀元鄭中尊光偉舉爲孝廉方正以奉
直公諱陳狀固辭乙酉登賢書龔太宜人勗之曰我
素公以乙酉捷棘闈爲東林名臣今汝亦以乙酉獲
雋適三週甲子遥遥相對此汝祖父積善之報也汝
其勉之至癸巳會試領魁薦殿試二甲進士籤分兵
部歷官職方車駕清吏司主事欽派盛京工程處監

督以供職勤慎賢勞卓著升任山西道及貴州道京
畿道監察御史繼升刑科禮科給事中戶科吏科掌
印給事中公居諫院久直聲載道疏陳時政得失動
中肯綮能持大體其切中時弊者皆邀采納特詔褒
嘉朝野有得人之慶性嚴正敢言彈劾權貴罔知顧
忌一時有冰心鐵面之稱天下仰望豐采道光甲辰
等科順天鄉試乙巳等科會試同考官又充乙巳順
天武闈監試官所得士皆有名於世公以養志事親
先意順志得堂上歡奉直公得腳痛風症公衣不解

帶藥必先嘗歷載餘扶持調護無倦容奉直公卒後
食指繁多家益艱窘時公座主劉司寇彬士撫浙挈
以行因館衢州凡得修脯必奉母無所私公任京秩
多年潔已奉公清風兩袖泊如也然公境遇雖貧乏
而著述頗富有居臺諫時仿宋諫院題名體例著有
漢御史題名碑記刻石都察院著有柏臺諫議祠嚴
義正爲時傳誦外有飛香圖詩文全集飛香圖試四
松堂雜著全集出風入雅一代作手均堪壽世其餘
政績昭昭在人耳目間者更不可僂指數後以積勞

致病卒於官誥授中憲大夫晉贈通奉大夫一時賢
士以公未竟所用皆痛惜之循吏儒林道可兼席無
媿色也配錢宜人例封奉直大夫若澍公女繼施氏
川沙守備瑶階公女秉承禮法均有母儀足式子二
長則久山西雁平兵備道亥而敬河南補用知府孫
四人均入仕籍

論曰古者諫無官上自公卿大夫下及庶士百工皆
可以諫漢興設有諫議大夫專官歷代相沿無所變
更或折檻或折齒風憲凜然尤卓卓者公之御史題

名記及柏臺諫議字挾風霜如見之事實郎折檻折齒之風易地皆然也孔子有言曰君子疾没世而名不稱焉如公者官守言責兩無所負足以千古矣

同邑涇里後學秦寶瓘敬撰

國學生會輪安君傳

故家遺族幸得一佳子弟足以承先啟後豈不甚善似天已有意予之矣然往往有才不遇其尤甚者更不使之永年天又若有意靳之此中盈虛消長之理不可推測茫茫四顧直欲掩首問之如會輪君者予更不能無感焉君安姓諱揚名字子顯又字聲叶號會輪安氏自桂坡翁以來世爲鼎族海內引重閱十三傳至彝堂公復墓田修宗祠兢兢以光復祖德爲念者是爲君祖彝堂公之仲子諱平遭遇世亂在城

在鄉均恃以無恐者是爲君父君少有英姿雋秀○貢才氣賦質聰穎經史子集能過目不忘精四體書各有心得寸縑尺幅人爭寶貴之詩才敏捷秋月春花招集同志結社分題以爲常爲父大氣盤旋不拘拘繩尺入課平江書院常列○拔茅名舉隆起而小試輒不利幼從蓮洲張先生遊嘗謂之曰君作氣盛言宜每從大處落墨如入闈鏖戰勝可操券倘欲青一衿尚須斂絃易轍後卒如先生言已援例入國學思求一試而君不及待矣惜哉君雖不成名而負幹才如

其父遇有紛糾片言立解人亦心服並以其餘力庀理家政上承重闈下撫諸弟莊重不佻悉有條理道光丁未君五叔子蘊及五嬸母先後卒家寒素又無所出君以繼續爲重自請承祧祖與父均爲色喜堂兄素留先生夫婦相繼歿其子承家尚在襁褓君念藐孤無依經理其家者有年絲毫無所私君又以近族子姪林列讀既不成深恐無事蕩廢因之列肆開張俾先人習終其身有所執業深謀遠慮宗族悉器重之至立約靖蕩車之爭厲禁除賭風之害見義勇

爲周郵貧乏軼事更夥迄今里黨尙稱道之嗟乎以君之卓識宏量雖有乃祖乃父之風乎所謂佳子弟者非耶使不長吉早亡必能扶傾振衰弛光祖業其所設施奚可限量而僅二十有九即赴修文之召天可必乎歿之日三黨痛惜蓮洲先生哭之尤慟檢其遺篋著有聲叶韻稿數卷配張氏浙江即補府經歷冠山先生諱履吉長女恭儉有淑德子一壽彭

贊曰前不見故人今我心惻惻既儲遠到才如何早摧折阨運不逢辰君亦居其一因念福庸庸天意似難測然而沒不稱草木無區別吁嗟乎君到于今尙有名以彼例此何悲切

民國十有八年己巳正月涇里秦寶瑾敬撰

清授奉政大夫五品銜世襲雲騎尉碩卿安公傳

獻石安公遺際時變城鄉倚重凡有表見皆卓卓人所難能而公晚年於子姪中所最器重者獨姪碩卿一人碩卿公亦不負所知卒能克自樹立於此可見求才實難知人亦更不易也公諱朝標字碩卿號企蘭係出明徵君誥封奉直大夫戶部員外郎桂坡公諱國後祖太學霽堂公考邑庠生星齋公生子女六人公最長家本寒素少從華題蓉先生受學精繪事蘭竹又擅長皆師授也於經史靡不畢究爲文自成

一家言試屢前列然數奇終不青衿食指繁多謀生計拙因館穀於外以濟其家妣呂太宜人拮据茹荼以憂鬱致疾卒公哀毀盡禮念父在堂不敢過傷厥後庀理家政米鹽瑣屑不使父知其善體親心如此閱數載弟婚妹嫁無不盡力人以爲難咸豐庚申粤匪擾境公棄舉業隨侍其伯父獻石公襄理團防異常出力多事之際食息不遑忽星齋公倉猝遇賊仗劍禦侮卒以身殉公聞變痛心遂親率團勇奮力追勦獲匪數十殲焉賊鋒甚鋭惟此役則爲一挫時咸

豐三年八月五日事也蘇撫薛中丞錄其勞奏奬給予六品銜越三年大軍恢復蘇常公勷辦文報局郭軍門子美大營駐棃㟥山時一見公知其能訂爲生死交遂親爲大營前敵導所嚮克捷大橋角等處後隨大營委辦文案事宜其後克復常州公在營次以家務繁冗不克久覊而返復奉檄佐辦善後事宜甲子二月賊竄邑境公被圍在城同諸邑紳畫守固計而處之以堅忍事卒合肥李爵相撫江蘇將以公父星齋公捐軀殉難奏請於朝奬給五品銜雲騎尉世

襲罔替恩旌忠義入祀忠義祠公雖不獲顯揚以酬罔極而得享祀千秋垂名不朽子心亦可稍慰乙亥金邑侯倪公咸生履新以懷仁鄉公事委積辦理鈌如邑中故老知公幹才推公爲懷仁鄉扇董邑尊亦材公咸推公策辦善後事宜鉅細必相咨而後行如左右手也自公任職以來地方靜謐措置裕如頓改舊觀又以邑尊因公到鄉儒學履講鄉約應接無一妥善公處卽將武聖廟後餘地籌建廳堂四楹名曰尚義爲地方辦公應接之處武聖廟者卽在家鎮昔

桂坡公所建也而鎭上施棺施衣向有集善同善兩堂開支惟給養四窮無着深以爲慮隨倡議捐助獲田數十畝名曰恒善以周鰥寡孤獨之無養者公器宇宏遠宅心公正性好施與鄉里以急告者無弗應族黨有大事恒慷慨任之由是益爲遠近推服先是始遷祖叔英公宗祠歲久失修幾至頽廢公偕族人葺而新之至於修橋梁濬河道和鄉黨睦隣里敬老慈幼親賢遠小排難解紛以爲分内事也平居寛宏大度待人平恕不設城府其言吶吶如難出口一遇事變剖析毫釐曲直無不各當人亦退無後言長老均爲折服與人交和靄可親自言忍字是處世第一要著能忍卽絶他患有以非禮加之者恒笑受之故一生與人無忤卽忤公者以公之能容多自愧悔輒復善公吁公之爲人可以見矣公生於清道光癸巳十月十五日卒於光緒丙戌八月二十九日年五十有四配曹宜人爲本鎭太醫院吏目竹林公之第五女性婉和順常以儉約爲公内助賢淑昭著自公卒後辦理地方公益繼起之才不能多覯至今父老茶

餘飯後談公遺事猶惋惜不置云

秦寶璂曰安氏天全堂者我素先生登第後親題之堂也閲三百餘年遺址尚存故家喬木無不仰望民國己巳正月達初延予來館於堂之西院院有經笥樓其額明上舍王穉登所題尚巋然可登方知是樓亦我素先生藏書處又爲碩卿公先人所分得予爲公擬傳稿時其孫坤祺自城回方面大耳氣度靜穆予一見心折達初爲予紹介始知坤祺現正經商滬上雲蒸霞蔚方興未艾所謂天之報施善人不於其身必於其子孫益心而可徵坤祺勉之然而公不死矣

誥授中議大夫晉授通奉大夫運使銜陞用道山西
蒲州府知府護理雁平兵備道安公則久傳
賜進士出身協理資政院事務前陜西廵撫翰林院
修撰濰縣曹鴻勳譔
公諱頤字則久姓安氏無錫人也無錫山明水秀代
有聞人而其東鄉有地名安鎮者距城數十里遠離
塵囂多彬彬文學之士風氣醇樸居其地者類世澤
綿延父作子述而安氏尤爲望族云公生而岐嶷讀
書資性過人不屑屑於章句潛心經史少有用世之

志公之先人諱詩者給諫於朝退食之暇常喜與公
談論天下事公既受師教又於趨庭之訓領悟者多
有時且參預奏議機密之事給諫公甚愛之識者固
早知其爲公輔器矣公嘗以國學生應京兆試然非
其好也榜發不售遂棄舉子業援例報捐佐雜爲進
身之階常曰吾小試行道期有益於民耳當是時粵
捻各匪相繼爲亂師武臣之力祇在掃蕩賊氛而撫
循完善之地精心擘畫以裕餉原而利前敵者尤不
可少公服官晉省歷襄諸帥防營幕府運籌幃幄動

中窾要大吏知公可大用公亦慷慨勇於任事旋復
加捐同知未幾即奉保以知府用而以公熟悉晉省
情形委辦清釐晉省攤捐公既建議更革又着手清
查積案歷五年之久始克蕆事上下稱便其後辦理
全省軍需報銷亦如之皆他人所憚爲者經公之手
而事始竣光緒丁丑戊寅晉省亢旱成災湘鄉曾沅
甫奉命撫晉下車伊始即委公襄理賑務公日夜焦
思眠食俱廢是役告成全活甚衆而公遂拜以道員
用之命又以善後出力保加鹽運使銜旋即署理蒲

州府篆時大祲之後地方凋敝公於墾復荒田招集
流亡善後諸政次第舉辦並覩餓殍遍野捐廉掩埋
屍骨無算嗣又以清查晉省庫欵大吏特奏設清源
局以公爲總辦公參稽考核詳立章程自道光二十
八年起至光緒八年止閱時三十三年數逾一萬五
千萬備極艱辛悉行核正僅一年而畢事蓋公之才
長於理財而上官亦知人善任俾得有功一省之財
政至於如此公洞達治理一生精力瘁於服官其所
著則總纂晉政輯要四十卷其歷官則一署蒲州府

事一權太原府事一護理雁平道事皆有惠政及民而其殁也彌留之際猶以晉省政務爲囑語不及私云

舊史氏曰公之始出仕也有栁下不卑小官之風而卒之一身有功於晉省所關甚重公初任事爲奉委解送湖北軍餉出入賊巢餉銀被刼身陷危境者數矣而卒之未試公事且如履坦途焉嗚呼有志天下者觀於公可以興矣

宣統二年春正月

誥授中議大夫晉授通奉大夫運使銜陞用道山西蒲州府知府護理雁平兵備道則久安公傳

公諱頤字則久給諫芝慶公長哲嗣也幼聰穎未冠入庠習舉子業屢薦不售援例加捐同知分發山西補澤州府東治同知調任太原府清軍同知所至政績卓然循聲丕著上憲廉其能委賫晉局要差兩逢大計皆保薦卓異循良報最公無愧焉嗣因辦理河防出力奏保以知府在任候補上游器重委署蒲州府知府又調太原府知府太原爲晉省首郡政務紛繁

獄訟頻興非有精幹才動形掣肘公持以勤慎以簡御繁以德化爭故能措置皆宜昔漢宣帝謂政平訟理唯良二千石其公之謂與公之未守蒲州也曾隨聯參贊在甘肅大營繼隨陳廉訪在晉防大營兩次襄辦軍務幃幄運籌二公得其臂助甚多後以軍功歷保賞戴藍翎賞換花翎欽加鹽運使銜二品頂戴特保清慎勤廉才堪大用奉旨署雁平兵備道該處地屬邊防界連蒙疆民俗獷悍素號難治公以老成穩健坐鎮其間故能捍衛邊圉爲朔方保障厥功偉

矣後致仕歸里民有去後思迄今猶稱道弗衰云誥授中議大夫晉授通奉大夫德配金氏蘇州吳縣道光戊子科舉人丙申恩科進士翰林院編修道銜山西潞安府知府心畬公諱金善女誥封淑人晉封夫人子一肇綖清中書科中書山西即補府經歷五品銜賞戴藍翎配武進盛氏提舉銜山西候補知縣解州直隸州州判曉人公諱銳善第四女署浙江按察使旭人公諱康姪女女二長適如皐山西補用知縣蒲州府經歷汪崇南次適陝西進士河南杞縣知縣在任候補直隸州劉愈

論曰公服官後兩次從戎運籌畫策功績卓著由郡守洊擢監司才略超越古循良不是過也至宦雁平道時捍衛邊圉功德在民雁平紳民果追念賢觀察之治績請于有司臚其事以聞崇祀名宦祠以伸其報饗如朱邑桐鄉故事庶足慰公之志耳

商水王炳揚拜撰

清誥授朝議大夫安而敬太守傳

大總統頒給鄉里矜式匾額文廟奉祀官優貢生商水王炳揚拜撰

安君諱顯號而敬給諫芝慶公次哲嗣也幼聰慧讀書過目成誦十餘歲能文章鄉先輩見其文奇之赴秋闈兩膺鶚薦未獲入彀既而幡然改日士欲建功立業以勳名顯不必盡由科第進身因遵例報捐通判分發河南甫到省即奉　欽派督辦甘肅慶陽糧臺兼防守事務楊公奏調隨營總辦文牘公兼諸兵

略運籌畫策動合機宜事竣專摺奏保回原省歸候補班儘先補用署汝寧府汝南埠通判該處商賈雲集俗尚浮華公措置有方民俗亦返質樸奉委清理南陽全屬積案疑獄多所平反民頌神明題補歸德府分防薛家湖糧捕通判涖任後清廉自矢勤慎任事嘗曰先正謂清慎勤是居官三字箴吾謹守之晉賑移獎案內　欽加同知銜光緒元年辦理江蘇代賑資遣局得還原籍者數千人被德之民頌聲載道撤局後不邀獎敘豫賑出力奏保以直隸州在任候

補督辦光緒六年分部碩　欽加知府銜生平廉潔自守遊宦多年依然寒素後以時艱棘手心力俱瘁卒於官至今民猶稱頌焉德配孔恭人浙江蕭山縣籍在任候補道山西太原府知府潋山公之長女生長詩禮之族趨庭之訓佩爲女箴又工詩書著有登翠樓詩稿選入吟林綴語詩集中現今壽逾八旬猶康彊異常坤德之厚宜享遐齡矣哲嗣六長炎讀書有才名未冠夭折四殤三印灛字怡生清五品銜河南候補縣民國免試縣知事歷署臨漳柘城縣知

事五印湜字符生清候補巡檢需次東河六印濤字朱生遊幕中州爲會計主任孫九人長炎殤餘均誦讀

論曰兩漢循吏治行各異公之疑獄平反與傳不疑引經斷獄同貸贖貧遣流民歸籍與韓韶發倉賑濟外縣流民同至若贊襄軍務克奏武功方之虞詡平朝歌克羌衆何多讓焉若公者堪與兩漢循吏比美矣

膠山安黃氏宗譜卷六

傳誌目錄

膠山安黄氏宗譜卷六

家乘傳述序

天下有傳人而後有傳文亦有傳文而後有傳人是二者之相須亦甚殷也然往往相遇之疎此千古才德文章所爲歎息痛恨於湮没者也士人讀書懷古憾不能舉宇宙不傳之人與文而悉表之俾九原可作而潛德幽光無遺蘊焉况人在一家文裒累葉事則所見所聞所傳聞家珍可約畧而數者乎而甘自廢棄之不類甚矣故於授經餘暇追維始祖以下家楨國幹允堪繼述者列著小傳而圖其不朽若奕代之名賢淑媛所立之誌傳皆名世之文有力則可備國史采輯無力亦旣與梛子厚貞曜先生等誌散載名集詎敢自底不類不具鈔於家乘中私維私家三百年一綫足徵之文獻哉庶幾其文傳其人益傳其人傳其文益傳千古之才德文章不致歎息痛恨於一家亦讀書懷古先見之蒿矢也所可慨者宗族之斯文盡矣而璿之子又孱而不文廢棄斯文者毋論已卽能收藏以貽來世口實亦似不可得而終之於

不傳也斯文不朽抑亦難矣蠛蠓下臣豈有回天之力乎盡心爲而已

康熙辛酉清和朔吉遷膠山雲孫安璿著涵氏百拜

謹書於晉陵學舍

堠村誌述

一鑑公家傳　再姪　璿

公諱希夔字和甫號一鑑五峯公長子伉爽負氣有晉人滑稽之風中歲輯家乘自爲序曰萬歷壬辰秋從弟希范以膳部郎請養移南司封明年正月自留都貽書於其兄希夔請輯家譜夔幼聞鴻山宗叔小齋修譜請於吾伯父僉憲公公曰吾宗實出懸珠黄氏自叔英公來贅於膠山安明善氏從安姓今譜不宗懸珠而宗鴻山何也於是走懸珠訪聞草草增入

一支以懸珠爲並出鴻山夔竊疑焉夔生也晚不能追踪前輩細討論之復不敢因前輩之成强爲附會故於叔英公而上姑仍其舊無所損益叔英公而下墳墓宗枝在在皆明敬爲輯之嗟乎懸珠之黄膠山之安其來舊矣向固泯泯自吾祖以好禮崇義名重東南伯父以明經取甲科通金閨籍海內始知吾家爲著姓願吾弟姪子孫惇孝友睦宗族尚仁義遠勢利務以人重姓勿以姓重人其庶乎不負吾兄弟修輯之初心乎序言若此孟公曰後人得稍聞先世典故公之力也孟公爲膠山譜蓋原本於此今錄公譜序于公傳俾後嗣子孫知安氏敬宗收族始于一鑑公云

明太學源泉公家傳　璿

源泉公諱廸吉字紹徵鴻臚公叔子丰儀秋肅笑語春温處世則不頁人怒亦不受人憐禔躬則昭昭不飾復冥冥不惰以有餘還造物以知足訓後昆其殆淡然無營而超然無累者乎得年四十有九舅氏冬官大夫陽東章公爲贊配章氏姑蘇四川憲副元峯公女子二長紹成次象琮象琮長洲縣庠生嗣與太醫院吏目惠泉公諱隆吉後

贊曰生長擁金貂無貪戀誇張之想戚屬多台鼎絶

攀緣附托之私去泰變盈猶兮若畏處錞讓畔喈爲若忘置玄史而友玄眞一生遊於樊外藐陶朱而使陶令萬事釋於杯巾悠哉不愧皇風久矣堪聯逸駕

明邑庠生太學南屏公家傳 璿

南屏公諱希禹字紹勤太學膠陽公長子弱冠遊庠試必高等入成均先後凡六試棘闈不售絕意進取惟豪邁不事生産中歲業旁落而施予無靳里人至今稱疎財仗義者必推公云公於倫理之間事親孝待弟友崇師厚御下和齊家政析遺産均克全其美者也壽六十有三娶吳江吳氏雲浦公諱邦榮女嚴州守春塘公孫女刑部尙書立齋公曾孫女子八廷讃廷謨廷訓廷諭廷議廷計廷謨廷諍

玉屏公家傳 璿

玉屏公諱希稷字紹周膠陽公次子豐頤白晳氣度雄偉且姿性豁達輕財好施人多德之得年三十三歲配姑蘇王氏大理寺右寺林屋公諱延喆女子廷諫

九屏公家傳 璿

九屏公諱希契字紹商膠陽公季子質稟温厚人與之交煦煦然如坐春風中以恬退自處早年遂棄舉子業日與同志茗椀棋枰以終天年壽七十九配馮

氏萬全都司道南公女繼陳氏懷雲公女子泰舒錦

太乙公家傳 璿

太乙公諱象琮鴻臚公孫源泉公子穎異好學補長洲諸生舉業之外無他嗜伊唔講習無間寒暑周甲後尙以制義質先大令評有較梁狀元尙少二十歲當自奮勵之語公爲之解頤問作五七言亦俊逸可風年過古稀燈下猶作蠅頭簡子輯能書先公逝孫甫垂髫隨逝丁酉八十考終葬膠山友菊公之次穆孟公琢石誌之銘曰高山蒼蒼哲人之藏咨爾玄孫

永依其旁

玄氷公家傳　　璿

玄氷公諱紹德字懿卿太學仲泉公次子博學好古依渭陽之戚僑松陵游南雍所交多知名士生於隆慶丁卯配吳江孫氏卒葬姑蘇吳縣扶禮橋南鳳凰山大墩頭子上士松林諸生配顧氏孫一夏

懷玉公家傳　　璿

懷玉公諱廷諫字君從膠陽公之孫紹周公之子也少岐嶷授書成誦援筆成文司封公特爲賞識以千

里駒目之痛父罹史遷之禍發憤下帷負笈從孫姚江夏携李兩先生之門壬寅入黌序司封公歸田每左提右挈之司封沒公遂有廢斤輟絃之歎神情實喪忽忽五載遘疾而終年五十有四自爲銘曰一生坎壈命也何窮半百觥觴時也非通黃卷弗逢青衿屢空把嵩鴻以垂老枕翠屏以將終有何恐怖撒髯而從自今已往識嚴君之面傍慈母之宮作孺子之慕追隨乎千秋萬禩之長松配鄒氏繼陸氏子四人暐昕曦暉

天孫公家傳　　璿

天孫公諱錦九屏公次子幼孤家貧里族侮之杜門力學益侮之去而習武善鐵箸左右手持卻數十勇悍不敢近里族服之公遂匿其術終其身不一試粥粥儒雅攻青氈業惟勤年二十八補吳縣諸生出入經史皐比於馬橋錢氏十九年及門百人別時泣涕如失父母後移絳帳於嵩山西溪在在敬愛如馬橋卒以教授致癆疾嗚呼此足以觀公矣卒年五十有九康熙戊申九月也恬恒無謔言無墮容讀書之外

無他好硜硜一衿時抱陽越之恐故不愧爲醇儒云所攜制義最富詩文儁逸亦多可傳子沁濂業農

家史曰故之治軍皆卿大夫主之迨漢而下始有隋陸無武絳灌無文之誚先輩王新建能經畧庶幾近古天孫叔氏實具兼材不遇命也余獨服其去文就武以定內難時志何其決氣何其勇也及內難既定斂武攻文被服儒雅不露一毫雄佐之色恂恂如學道人有新建投戈講學之風視經畧以鹵莽取禍遠矣

退翁家傳　　璿

退翁諱廣譽字無咎我素先生之仲子少警敏善詩文書畫年十八補邑諸生掉鞅名場我素先生卒翁代兄上書闕下求卹典贈光祿少卿又部署天全堂集乞序於晉江何喬遠及李本甯先生陳眉公諸君子以不墜我素先生遺詩思宗即位逆璫魏忠賢伏誅而東林黨禍息退翁與修復東林居邑之翠深堂古樹清池左圖右史與海內縉紳先生文酒相歡意氣相激有平原孟嘗之目癸酉鄉試入彀而遺拔劍

然才名日盛士女之以才見者皆傾心焉有文君委慕奔相如由此聲名大壞荆溪吳問卿豪傑士也愛其尺楮寸縑如連城趙璧聞是舉也付諸一炬翁因蕭騷不聊乙酉除夕詩有筆例一時歸野史才名千古誤浮生之句此翁悔過之言蓋實錄也邑志方伎傳云文采宕逸不自繩檢爲千古定評鼎革後退隱南林碧流千頃喬木千章沃壤精廬焚香却埽優游世外畫益蒼秀詩益傳逸此退翁之所由自號也生明萬歷丙申卒於國朝順治庚寅葬鳴城我素先生墓穆穴遺詩不戒于火存數十篇曰烟餘艸沈顥與翁交最久乙未冬見翁遺墨于二十四桐樓不勝山陽之感作退翁傳傳文酒流連而未傳翁之報本于少年悔過于晚節故述退翁軼事作家傳子淑字荀公有父風通古音作聲譜二卷

無爲公家傳　　璿

無爲公諱廣成勳卿公少子九歲而孤締婚於吳門凌御史挈而之蘇凌孺人賢而多才公得杜門却埽雍容文酒三十年如一日皆內助也弱冠補吳郡諸生結交知名士文譽鵲起三試棘闈不售益專精帖括雖顛毛早白世局屢遷而咿唔不輟嗚呼公竟齎志而没矣公痛早孤朔望忌辰歲時祭掃必誠必敬遠近出入必謁必告兄弟叔姪間言語婣婣情意懇篤僑居吳會以千金買五柳庄古木清池極郡城之

勝既還故里置南林别墅及簡暢書屋饒有山水花木之致爐香茗椀到處相隨曳杖孤遊怡然自適生明萬歷癸丑卒于國朝康熙壬寅子三在典在初凌出在德側室朱出

無傾公家傳

璿

無傾公諱廣生勳卿公季子三歲失怙依先大令以長頭角英英自負不凡屢試有司數奇不偶鼎革後寄興詩酒流連於騷壇吟社二十年詩類晚唐自先大令暨仲叔兩叔相繼修文親族望之巍然魯靈光顧髮早白時懷遺世之想甲辰獻春示微疾遽作辭世偈有弱水三千去不回之句擲筆長逝生萬歷己未配呂氏生子儀儼庶子侃

季聲公家傳

璿

季聲公諱璐後更名超宗硯亭公少子襁褓中硯亭公即捐舘舍勳卿公撫之成立世業故厚又益以吳瞿州嫁貲第宅田園之樂金玉綺羅之飾鼎彝圖籍之藏擬於公侯而公謹守繩尺毫不自逞隸邑庠將卒業太學中格於例遂決策謝功名時年甫三十也乃杜門却埽處家律身悉以和平罕見喜愠亦罕常服布衣蕭帽不啻晏嬰一狐裘三十年也七子二女孫曾十五六人視之泊然若無關切者杜聯書曰一

悟寂爲樂與世澹無爭蓋實錄云萬歷乙巳生康熙丙辰卒子崙嶔崶岑崧嵩峇

家史曰吾觀季公不可謂非收成令子也以襁褓遺孤保有世業年過古稀規模不敢非惟天時亦人謀也伯氏易簀時撫墜緒之茫茫豈意及此苟其有知當含笑於九京也已

周涇三老家傳

璿

我素公發祥于周涇後歸膠山與南屏公易地而居南屏公遷周涇不能世其業涼堂燠室爲有力者負之而趨所存數楹左右前後不相屬中界竹林菜地南屏君有八子而諸孫之老於周涇者僅三人曰開禧曰功遠曰功茂三老者處左右前後之間爲穀農圃自給每開花滿逕兄弟三人各出床頭醪以酣飲爲樂凡東阡北陌杖履往來即與之飲酒酒後耳熱輒作詩詩亦多可采以故三老之名藉盛於周涇嗟

乎青門種瓜人舊日東陵侯如三老者何愧於古人哉

聽之公傳

璿

太玉公晚年得子曰聽之愛之不忍勞幾廢學弱冠太玉公歿所遺田二畝屋八九間圖書數卷而已聽之自傷孤立無可成就遂勤學問習禮明詩凡織悉治生稍擴南畝布蔬自給而其丰神雋朗笑語温雅綽有名士風流所住古香齋棐几湘榻案有翰墨地無纖塵客至清譚如坐春風飲醇酒令人依依不欲去閒圖小景疏秀有逸致書法趙文敏柔媚可喜鐫篆彷彿文三橋一室之中有以自娛悠然世外及遇

盤根錯節每能用其智畧出奇制勝幾幾魯仲連不受爵祿而能爲人排難解紛也年未五十無子而終名駿命別號瀟湘所著有古香齋詩草一卷

習之公家傳

璿

習之公諱時百二公長子畧通青烏家言而弗以爲業家世貧所有者古屋三楹圍田十畝而已自壯至老不識城市不識行旅春冬則衣一布褐徘徊里閭夏則科跣偃仰一室若農圃若貿易若以錙銖營什一俱得欵綮無經營之勞優爲游焉如無所事者獨注意種魚釀酒晚歲家稍裕增市屋數廛栽花木數本日烹魚羹飲醇醪以爲樂子宮代治門内弟昭代任戸外愈覺優游自適年七十餘示微疾泊然而逝

家史曰世有古今而人無古今世有古今者末季之不復爲唐虞也人無古今者末季之世未始無唐虞之人也如公者豈非所謂日出而作日入而息鑿井而飲耕田而食帝力何有於我者哉

昭之公家傳

璿

公諱昭字昭之百二公次子五峯公曾孫也生而渾樸不事雕飾幼家貧即事農圃勤耕力作調畫精當中歲以後阡陌稍廣而渾樸如故然雅尚文墨家有廢圃雜蒔花竹花朝月夕每携二三儒雅把酒流連與兄習之白首怡怡獨任門戸不以煩兄也尤好濟人之急有則出諸牀頭無吝色無則代爲委曲以應充其經營之量萬金可立致祖墓樵竊挺身持正捐私帑種植以補之嘗欲捐良田百畝贍族謀屬孟公

經理其敦大義識大體如此而半生攻苦僅僅有家一困於劇役再困於无妄三困於代人償逋易簀之夕猶有甯人負我無我負人之語嗚呼如公者非所謂善信人耶卒於甲辰六月得年六十有三子二寅宏皆能耕讀

大巳先生傳　　璿

國朝定鼎之初我無錫殉節之臣若龔中書廷祥華吏部允誠太學顧杲諸生孫元文過俊民諸君子皆荷
高宗純皇帝賜謚予祠見
御製勝國殉節錄中而草莽孤忠慕陶靖節謝疊山之遺風者吾族有二人焉其一曰黃守中先生庭袖鐵如意擊石磬服道人衣冠隱居無錫之膠山其二曰安大巳先生夏從文文肅公子乘起義文乘死大巳撫其遺孤能以女妻之終其身如父子同處隱居

吳縣之木瀆先生原籍無錫人安桂坡公六世孫也貌似桂坡爲桂坡仲子明鴻臚寺丞膠泉公派膠泉諸子居無錫膠山堠村之西偏太學仲泉公元吉娶吳江吳氏生太學元冰公紹德贅吳江孫氏始居吳江爲先生大父生材甫公上士補吳江諸生没葬吳江是生先生先生生長吳江避地吳縣之木瀆與高僧名士倘佯于烟山雲水間見靈岩荒落倡諸宰官耆士迎國淸老和尙卓錫靈岩遂成大叢林推吳郡第一既以有功靈岩欲自遣乃徙跨塘精舍買田自給讀書談道感懷賦詩詩格仿東坡號九龍山樵集今失傳僅見諸選本及與其族叔孟公倡和詩多感慨明亡禍亂當孟公修譜時先生不欲以名自見往往言之氣塞悲文乘之敗不避險難保勝國遺忠之子孫至于老死不貳可謂壯哉幸荷
聖朝不殺之恩以成其保孤之志其不爲殉節錄中人者幾希矣年六十四生子智潮六十八卒卒於康熙戊午有辭世詩四章智潮五歲而孤其後改名吳

繆補吳縣諸生

大士公暨配顧節母傳　元孫念祖述

公姓安氏諱孫謀字大士明贈光祿少卿我素公嫡曾孫賜進士鄘菴公之長孫文學潔園公之長子也弱冠趨庭未嘗廢遠應童子試制藝通達讀書病嗽常以爲憂康熙丙辰娶毘陵顧氏繼母王孺人卒公與弟大啟佽飼喪葬顧孺人事翁翁頗稱其承順丁巳備周涇鴨城墓祭佐父經理弟之畢姻家有田租百石聽父分授雖得子不育而潔園公喜其嶄然頭角長子承家豈意成婚五年羸疾不起顧孺人慟不欲生鬱結成疾守節六月而亡公卒於康熙庚申正月二十二日申時孺人卒於六月二十七日辰時潔園公痛念冢子冢婦早亡豈不思異日次子得孫當立爲其後乎是歲次媳范亦卒越四年繼娶於薛又十有一年癸酉潔園公得孫命名高發慶我素公有嫡元孫郎喜長子有子矣越明年又得一孫則次子亦有子矣大士公辭世十三年而西河之抱痛每不忘於夢寐之閒時潔園公年六十有六特書長孫預囑分撥糧田三十五畝無何本生母薛又卒祖孫不

忍違離爲之飲食衣著就傳合婚喜其岐嶷憂其疾痛愛冢孫一如愛冢子不使冢子冢婦之早夭節烈孤魂無主含淚九京潔園公恩勤顧復之情可謂生死篤摯矣然則大士公之有後天理人情鑿鑿可謂當時未立木主以待有子承祧潔園公之痛心潔園公之蓄心也豈以無木主而疑莫爲之後乎公生年月日載潔園公甲寅前二十九年日誌已付祖龍無考公卒之年弟大啟公年十九公年長不過一二歲耳與孺人合葬鴨城動卿公墓之東偏念祖爲大士公元孫於嘉慶間追寫神像補立木主以奉祀今按潔園公日誌而補傳以告修譜之後賢

先曾祖澹圃處士家傳　曾孫吉述

曾祖諱紹傑字大啟號澹圃潔園公季子母劉孺人六歲喪母失愛於兄嫂兄嫂又早亡無子處士娶范孺人又無出而先卒年十九連遭四喪僅存父子二人孟公鬱鬱不得志出游燕齊大梁處士孑然獨居上憂門祚下痛死喪古屋悲風寒燈獨夜回首當年有餘哀也再娶薛孺人而又失愛于後母故至老無歡顏然處士所日夜憂心者先世邱墓無田奉祀故于壽山謝湖祖塋各墾墓旁隙地命守冢者深耕之

以供祭掃守先人遺書而珍藏之常自恨無以紹先人也屬子孫曰我死勿作傳誌蓋不欲自表見而未堪家多難爲親者諱也公之用心可以爲法矣然由此而公之行誼弗彰吉以祖父傳聞及讀公日記想見生平檢公所藏先世翰墨得公六十自壽詩其一曰蕭然天地一間身落落羊腸六十春課子有書延世澤點金無術療長貧圃荒尚喜松筠在屋古常憂風雨辰事未息肩驚老大箕裘還望後來人其二曰兀對遺編又一年回看身世兩茫然浮雲變幻寒窗外明月淒涼孤枕邊身爲愁多頭早白心緣血少夜無眠半生塊磊難消遣且上春江載酒船嗚呼此公之自序也公生於順治己亥六月初五日卒於雍正癸丑八月初五日享年七十有五子二人高發曾發皆薛孺人出女二一適庠生司馬穀一適太學生陳珦

處士君芬姪家傳　璿

吾宗自長洲來隸無錫歷四世至友菊翁始昌大其業爲邑著姓生丈夫子二長守齋承事次卽予高祖戶部公戶部公以卓犖重宇內承事以勤慎孝友稱於鄉考家乘嘖嘖友菊翁蔗境以有承事戶部塤篪承志人目爲安氏雙璧云自承事而下一拜引禮舍人又歷六世皆有隱德至君芬名稍籍予自髫齡侍先大令杖履間造君芬所宅幽勢阻勝擬盤谷君芬晤對淳樸之概擬於康衢擊壤迄今垂二十餘年予

且鬚眉如戟君芬亦優游稱六十翁矣其古貌古心雖世有變遷君芬則渾然如一日即日處塵襍必斟酌自娛醒時嬉嬉醉時憨憨澄之不淸淆之不濁悠然自適邇盌婆娑於煙巒雲樹課諸子修業而息之猗歟君芬何以得此於天哉竊以爲承事之澤遠也里中耆舊謀進康爵屬予辭以爲侑因舉韓子之言曰飲且食兮壽而康無不足兮奚所望耆舊聞之咸曰善乎頌君芬也毋何遘疾而逝距其稱觴僅兩載嗟乎賀者在門弔者在道哀樂相循古今同悼況宗黨式微復不慭遺一老俯仰歎絕聊脫是稿

肇錫先生傳

璿

先生姓安氏諱嘉字肇錫康熙丁卯舉人世爲無錫膠山人安桂坡公七世孫也桂坡生膠峯膠峯生少峯少峯生緒卿茂卿茂卿長子璜字元旵元旵生亦治亦弓亦弓長子即先生緒卿無子元旵宜嗣亦治無子先生宜嗣立長禮也而皆舍長立次孟公曰據宗法孝廉實桂坡公之大宗也克己厲行守繩尺不踰痛父以悍僕抵觸恚而卒呼天誓復父讐年二十六舉于鄉赴公車不第歸而祖母錢母鮑相繼歿哀

毀卒卒于康熙己巳距生于康熙癸丑年僅二十有八先生少時大父元旵翁屬弟孟公纂修安氏家乘翁撫先生頂而嘆曰異日成立無忘繼述至是先生無祿孟公一切部署頭白汗靑無可與言者孟公曰吾宗自桂坡公以布衣名重賢豪間敦詩說禮承先啟後規模宏遠爲安氏不祧之祖而廟祧廢于不肖子孫方擬復構孝廉以大宗領祀事不幸短命眞欲問天而無從也先生少時族賣墓石獨却分金奔號墓下曰是可忍孰不可忍我素公崇祀延陵先賢祠

先生鑿氷遠送孟公爲之慰藉先生曰王父元㫖公少孤津津我素公撫孤事敢忘諸耶是可已無所不已先生每懷不忘先人可謂孝矣先生之存没關宗族之盛衰宗祀之興廢孟公能無痛乎

培風公傳 璿

公諱防改名榮字培風國學生桂坡公六世孫也能文章多智畧少與從弟肇錫同攻制舉業年十九補順天諸生督學爲毘陵吳耕方一時冒籍傳者七人干物議放還歸狀元憐其才爲之援例入監讀書試北闈不售值吳門汪某筮仕秦中聘往鞏昌公有妻父崑山俞某原任洮岷府同知身故錢糧虧折培風力爲清楚家眷得回且匹馬送至潼關留鞏昌數載有寄孟公叔祖書其畧曰孫落寞饑驅因人出塞命之不造所遇多窮此行之難險異常蓋名雖入秦而界實在蜀過西安三百里便從寶雞入山一路天梯石棧忽行鬼域忽入仙境捫崖涉澗附葛攀藤如此者十五日而至縣縣之四圍皆山山以太白爲門戶即蜀道難所謂西當太白有鳥道是也西即玉壘關中夾川江一道即工部所謂錦江春色玉壘浮雲是也沿江鳥言彝面者十數家環拱斗大一城此即古文州是也一切政治俱在蓁莽欲扶而披之簿書甚冗以其民盡氐羌從不知有法故耳且地寒不甚産

物食苦不得瓜蔬夜復爲江聲侵擾孫刻刻有去志奈主人一聞此言便欷歔泣下孫又以不忍而止無補於彼而徒爲余苦也當此朔風悽楚四山木脱哀猿夜鳴秋日瑟瑟遥睇南雲泪涔涔下矣因念遠情悲偶作感懷叔祖詩二首云鬓畫樓邊菊未殘葛巾無恙布袍寛盟要蘭芷人俱徤氣挾風霜孁獨安自有性情涵宇宙不將肝膽媚衣冠遥知此夜懷榮意惆悵應吟蜀道難玉壘關前夜氣寒江聲蕭颯角聲酸四山風雨悲秋急一室蛩螿咏夜闌孁隔晨昏帷

有泪恩深寄托獨留肝何年方得棲廡下報答平生色笑覺詩不盡意聊以志銜感耳道道走候殊愧空函客邸秋風臨械哽咽讀公書可以知公之才知公之遇又知託妻子于孟公宅如父母之相依也其後念母歸省經理家事復往鞏昌蓮幕清風一時籍籍遂得援例候補知縣康熙辛巳母壽七十正擬南歸稱觴爲急友難飛騎往返秦川墜馬而亡生於順治己亥卒於康熙己巳年僅四十有一孟公曰培鳳鞏錫文行忠信頗稱兼擅振家聲延祖德庶有望乎而

俱以天亡哀哉

先祖天柱府君述

孫男吉

嗚呼吾家自桂坡公以親親尊賢起家建安氏祠堂及李忠定公祠表處靜公墓而生膠峯公爲名宦贈桂坡公爲戶部員外膠峯公建崇親祠祀桂坡公周太宜人而生我素公爲鄉賢我素公建七府君鄉節母祠修桂坡公墓著贍族議而生廓菴公爲名孝廉癸未會試乙榜特賜進士此我安氏之昌也崇親祠廢而研泉無子蚤世研亭五十無子安氏祠堂廢而英先兄弟十人斬嗣此安氏大宗之衰也鞏錫孝廉

培鳳太學皆負起衰之才中興之望而不永年曾伯祖大士公不祀七府君鄉節母祀主廢墓而嫡冢三世夭折無子此安氏小宗之衰也吾祖吾父皆有起衰之才中興之望而不永年嗚呼此欲述吾祖而言之痛心也吾祖爲我素公之嫡冢元孫廓菴曾孫孟公冢孫濟國公長子生多禎祥孟公賦詩志喜名吾祖曰高發當如高祖我素公之發祥也字吾祖曰天柱夢天全堂易柱而生也生于康熙癸酉正月二十四日前癸酉爲廓菴公發解之歲也吾祖幼學卽博

雅工文與周魯石高南三兩長者論古應對如河决下流書法二王旁工篆刻秦汾贊引爲高弟叔祖信翁作譜傳如此也著有尙書讀法宗伏生二十八篇以古文爲汲冢周書同類闢毛奇齡古文尙書寃辭闢姚方興僞撰舜典二十八字據孟子史記辨孔氏太甲以孫繼祖之說據春秋辨蔡氏商周不改月之說嗚呼以吾祖之好學豈不可以復我素公之業痛遺閔凶年二十九卒卒於康熙庚子九月二十四日兩祖母生男不育元配張孺人有治內才年二十四

卒生于康熙辛未六月八日卒于甲午九月二十三日葬壽山東有女適薛繼祖妣乾隆甲子

詔旌節孝吳孺人祀惠山貞節祠生于康熙三十一年壬申九月二十八日卒于　旌節之歲九月二十五日與府君合葬北園孟公墓之穆穴有女適王以叔祖長子爲嗣即吾父繼動先生補金匱諸生年三十二卒孫男吉乾隆己亥

恩科江寧春秋房首薦揀選知縣曾孫小補祀七府君而生也元孫鄒生立鄒太宜人墓碑而生也先八

世世重祭專重所生而忘所繼禮多闕畧詩云蔦與女蘿施于松柏又曰螟蛉有子蜾蠃負之我素公見棄嫡母出嗣七府君後襲七府君業有田二十頃藉以讀書成名此蜾蠃之負也我素公有母而弗敢子賴有守節十九年待嗣之鄒太宜人保之生死之交鞠之襁褓之中以此徘生以不墜桂坡公家聲此蜾蠃之負也我素公少孤見擯于兄子恃外舅談信余公調護之教誨之成進士爲名臣此松柏之施也由此觀之七府君鄒太宜人談宜人之墓在周涇不可

忘也其主不可祧也我素公不倒籍當有封典不邀封而請旌當有旌典當表墓立傳纂入郡邑志我素公五十八卒皆未之逮傳曰葛藟猶能庇其根本叔祖信翁復建叔英公祠以七府君從祀而吾父游庠命吉復周涇墓祭而先祖有曾元歐陽子曰盛衰之理雖曰天命豈非人事哉人事莫大于親親尊賢禍莫大于蔽賢罪莫大于忘本善莫大于節義守節待嗣如鄒太宜人德莫厚焉不妬忌而賣妾廣嗣如研亭公副室褚孺人畜三姬生四男桂坡公大宗有後

不墜宗祀功莫大焉諸子知生毋而不毋稽毋又懟之毀之死不奉祀不知其墓薇賢之甚者也忘本之甚者也吉旣補周涇祖又補稽毋傳勉其子孫補祀之今述吾祖而明吾家盛衰之故願世世無忘本無薇賢

族祖寶賢先生傳　　　　　　僉祖

先生諱惠原名掌綸字寶賢明贈戶部桂坡安公八世孫桂坡第三子膠陽公派也由膠山遷居江陂橋祖有康公諱世械考天石公諱定有孝行先生幼能黙識大歲就傳讀書過目不忘外祖學博淸源蘇公嘗指而歎曰此兒穎悟過人可造也稍長受業於蘇公由離經辨志以至知類通達先生好學不倦不負外祖教育之功天石公抱沈疴日者推之謂必不愈先生每夕稽首北辰黙禱以身代父不逾旬乃瘳居恒朝稽夕考手不停披願獲一衿以慰父望父以壽終毀不欲生免喪踰年舉業不怠受知學使彭芸楣先生拔以冠多士時少宗伯小山鄒公爲東林山長先生乞鄒公爲父立傳東林課期風雨必赴行文典麗深醇鄒公賞之後佐鄒公許閱課藝一邑文士無不歎服志在顯親卒以棘闈屢困力學成疾而卒卒於　年　月　日生於　年　月　日年五十有二配毛氏紫苑公女生丈夫子三麟槐鳳梧蟾桂道光庚子長孫宏志手其所述乞余爲傳

僉祖曰周書武王有疾周公祈以身代精忠之愛君純孝之愛親至性奮激知有君親而不知有其身也寶賢先生以身代父非擬周公之迹實本周公之心忠孝無二致皆原乎天性尤信讀聖賢書足以培其心性也夫

蘭巖公家傳

姪　吉

五叔父諱全字二勛晚號蘭巖太學生先祖信翁嫡出季子祖妣秦孺人鍾愛之吾父繼勛先生嚴課之而亟稱之有詩云吾弟文心可探源盍期以遠到也而困於小試以古學知名於督學曹地山彭芸楣兩先生當時經解詩賦兩場分試各擅一長必得雋叔兼擅其長爲八邑冠而艱於一衿悲吾叔之不遇痛吾父之不假年也叔少從廣文馬半湖先生游先生游武林姑蘇卽景賦詩吾家多古木奇花隨時詠物

如青蓮敏捷叔援筆立和工力悉敵皆以敏捷自喜先生老於廣文叔自年十三擅文譽有百戰百勝之氣至五十而輟業可慨也夫叔生於乾隆甲寅卒於嘉慶壬戌享年六十有九儉約自守葺先人古屋居我家公宅之西偏配陳孺人生男禎繼配張孺人生男祥太學生祥竭力保先人祠墓繼祖志立墓碑收墓檟歸墓地擴祭田供世世先塋及祠堂春秋祭享族人賴之補叔之所不逮叔可謂有子矣孫男六人曾孫二人

敬亭公家傳

姪念祖

公諱治字敬亭號春圃仙巖公幼子桂城公九世孫也天性誠樸一生謹愼不苟言笑有先進遺風攻制舉業困於小試家居事親課子姪敝緼不耻疏水自甘惟以不得甘旨奉親爲歉有笑其偃蹇者公若不覺有誣其忠厚者公亦不與較往往讓功於人而不自居其名若愚若昧而其心昭昭如明鏡悉辨賢奸後鄉黨中慕公者教爭延課徒授經老守青氈無慍色至祖先祠墓分內事雖力不足無不盡心勉力廓

菴公殉甲申難泯沒不彰公與同志幾人請於當道送主入惠山報忠祠永享官祭常以公事艱難子孫有志有力者少欲定章程以爲永遠計每爲私心悞見者阻撓深爲慨嘆然而恪守先人矩矱不敢失墜詩云不愆不忘率由舊章其公之謂歟

族兄惠生公傳

弟吉彙占

兄諱泉字鳳林號惠生姓安氏世居無錫膠山嵊村九世祖明贈戶部員外郎桂坡公以行義起家名滿天下生嘉靖己丑進士四川按察僉事膠峯公祀裕州名宦膠峯公生太學少峯公爲吉七世祖贈光祿卿崇祀鄉賢我素先生伯兄也少峯公生光祿丞緒卿公及太學懋卿公懋卿公以詩畫名於時又四傳爲兄考堂膠公諱育馨遷居城東母鮑氏生子二兄其長也時家中落兄讀書期有用於世試不利乃究

靈樞素問之書以濟人爲念邑中有奇疾兄輒奏功求治者盈門貧者必施以藥既愈且給貲以令治生至今人誦其德吉幼時見兄來膠山里第爍吉祖母秦孺人頭瘍諸父以家藏惜華仕女圖贈兄珍玩有倪瓚張雨諸名人題識兄好古鼎彝法書名畫尤不忘先人手澤嘗購得我素公贈鄒公帾書扇及懋卿公畫而寶愛之乾隆戊戌吉刊我素公天全堂集兄談先人往事未嘗不悲憤交集也兄姿警敏繙閱經史過目成誦著有開顏集一卷如百忍歌訓和也晨雞篇訓勤也皆可爲家範所居飛香圃自植嘉卉錯置樹石俱得天趣其寄興淸遠如此己亥八月吉有白門之役兄已臥病執手欲獻謂必掇科名以紹先業是秋吉領鄉薦而兄不及見也悲夫兄以乾隆己亥八月八日卒享年六十有三配華孺人勤儉知大體兄年四十未有嗣置側室張氏陳氏連舉四男恩桂承桂宮桂益桂孫三人靖詩禮

論曰我安氏錫山望族也兄克樹立不墜大宗世德可以爲賢也今兄有子世業而能讓產於弟宗鄒稱

之諸孫皆有文行庶可綿延先澤慰兄生平未竟之志也歟

族子咸傳

吉衆占

族兄士文季子曰咸五峯公九世孫也公與吾祖膠峯公子實公同出桂坡公以讀書行義起家後皆陵夷衰微然而遺澤流風至今未泯猶時有砥礪廉隅束脩自好者出其間而又往往夭死不成立如咸者可悲也咸少與余同學天資不足勤學過人爲古文時藝皆可觀善輒相勵過輒相規余敬畏之若嚴師及余就外傳遺書勉余曰當如顏子之竭才無若冉有之自畫服膺子一日三省之行希子路敝緼不恥

之風昔吾先人修仁行義代有聞人村夫孺子莫不知之今子孫不肖豈所謂極盛難繼耶抑亦振興者無其人耳吾叔美質讀書砥行當慨然奮發踵武前人舉宗族凌替之人而振起之咸之勉余若此嗚呼言猶在耳人不可追忽忽十餘年各以舌耕散處伏臘歲時無幾相見忽焉病歿嗚呼傷哉亡吾益友矣家貧未娶亦無爲之後者既爲詩哭之重念昔日之勤懇以期吾遠大者尙未克副且恐久而忘之也故誌其書而爲之傳云

清恩授登仕郎累賜職銜太學生霽堂府君行述

嗚呼痛哉府君竟棄不孝等而長逝耶府君年逾八旬精神矍鑠視聽不衰每日曳杖鄉里與鄰朋親族諄諄坐論數典不忘凡報本溯源之事悉以啟廸後輩居恒不嗜酒不喜茶起居動靜不改常度里人咸謂府君敦宗睦族允宜壽考而不孝等亦謂愛日方長期頤可卜孰意去年秋季偶患脾洩之疾不孝等延醫調治漸覺病除奈眞陽已衰胃氣已弱迨今春正月飲食

漸減病勢日增不孝等呼籲莫應醫藥罔效竟於二十二日溘然而逝嗚呼痛哉此皆不孝等侍奉無狀所致尙可以爲人乎顧念府君一生行誼有不可沒者倘不及時追述恐日久漸湮是不孝等之罪彌重用敢濡血和墨畧陳梗概惟冀　當代大人先生垂覽焉府君姓安氏諱祥字能占號霽堂無錫人分隸金匱世居安鎮膠山之陽系出姑蘇縣珠里孝友私謚貞敏黃叔英公後叔英公贅于長史安明善公遂蒙安

姓四傳明徵君桂坡公諱贈奉直大夫戶部員外郎崇祀尊賢祠傳載郡邑志諱國五傳膠峯公嘉靖己丑進士選翰林院庶吉士知裕州入爲南京戶部員外郎復知高堂州判紹興府同知金華府知府超遷四川雲南按察司僉事江西布政司參議晉階朝列大夫崇祀裕州名宦祠傳載郡邑志諱如山六傳我素公係膠峯公亥子出嗣于例贈奉政大夫光祿寺少卿子寶公諱如陵後萬歷丙戌進士授行人歷任禮部主事南京吏部主事建言削籍與顧高諸君子講學東林天啟二年壬戌郵贈奉政大夫光祿寺少卿崇祀延陵先賢祠郡邑鄉賢祠東林道南祠傳載明史郡邑志諱希范七傳鄘菴公崇禎癸未進士欽授知縣甲申殉節崇祀嚳宮忠孝祠惠山報忠祠傳載郡邑志諱廣居八傳潔園公邑庠生工書畫喜吟詠結雲門詩社名齊十子傳載邑志諱璿高祖文學濟園公諱紹傑曾祖文學信翁公例贈文林郎諱曾發祖國學

生蘭巖公著有經笥樓稿諱全祖妣陳太孺人邑庠生野園公女順天舉人諱心公胞妹繼祖妣張太孺人太學生艮臣公女又繼祖妣周太孺人文學尙友公女子二人長爲先伯父樂亭公諱禎陳太孺人出次即府君張太孺人出府君生而聰慧就傳後解悟過人見祖先誌傳便慨然有志曰吾縱不克耀祖榮宗當卽尊祖敬宗力行公事乾隆庚子先大母張太孺人辭世府君年十四而至性獨摯哭泣不已幾廢飲食逾年先大父繼娶周太孺人府君事之惟謹能得堂上歡癸卯先妣司馬太孺人來歸丙午春司馬太孺人辭世丁未程太孺人來歸府君念家庭多故宗族式微篤志追先復舊始祖墓東埄地墓西塲地早被族人契與鄰里轉輾相售久爲園圃而墓形殘缺不勝怏怏乾隆乙卯秋奉先大父命約通族議歸而族人多貧乏不能出貲相助且云欲歸墓地非十倍前價無以取贖但族內既無公項可提又無私蓄可捐族人

袖手何力舉行而府君卻不顧家寒遂傾囊資六十金贖之作歸墓地記垂諸家乘即掃除墓旁積穢重開墓道濬河築埄栽松種柏乞今鬱鬱葱葱望之如車蓋森立焉墓前塲地升息以供祠祭又捐置糧田七畝七分五釐爲世墓祭費每年八月提祠祭銀五兩又復世墓清明祭掃歲提銀三兩周涇鄒節母墓祭銀二兩族祖墳在廟山灣久已廢祭致被他姓侵占牛羊踐踏府君爲之整理俾嫡裔復祀歲提銀一兩助

之膠山南北祖塋規模宏敞上至山巔下及平坦喬木千章山粮二百餘畝族人附葬者塚已纍纍銀漕始由各房分辦零星四散糧書從中作弊府君出而盡收之立世墓戶完納有年凡墓有隙地時爲補種樹木墓碑悉爲重立并於三黨之墓亦爲勒碑以誌之壬戌春先大父謝世府君哀毀骨立勉力治喪權爲停柩非敢緩也蓋有待也甲子夏五服闋援例入成均擬赴省試緣族事繁多時倚府君剖畫遂棄舉子業

不果山壩莊族人有家菴爲之整頓捐修菴前有三壩橋經董募貲重建府君捐助銀兩鴨城橋光祿公墓丙舍傾圮出貲修復橋古復建因附近於墓未免助修亦捐銀兩凡攸關宗族祠墓者無不勉力爲之府君之用心如此己丑復祭膠山李忠定公祠祠爲先徵君桂坡公所建捐田致祭邵文莊公爲碑文記其事以尚德也田歸寺僧既廢中革先僉憲膠峯公復之有碑記嗣後李氏經管人更世易未免懈怠致失祭

祀府君出而規之曰舊章不可忘舊德不可沒申理再三由是愧謝即以其田交李鳳池接管辦理而膠山之祠祭遂復時事修葺己巳先明經伯祖春臺公纘修宗譜府君與先伯父孝廉彙占公實董其役凡族之遷徙遠方者必根查尋訪閱數年而成辛未議復古墓墓在宅東糧册載安汝德墓系金華府同知明善公也世遠年湮踪跡幾渺先光祿我素公栽培樹木期爲世守族有覬覦者康熙己巳先文學潔園公請

邑尊徐公永言給示諭禁並立安氏古墓匾額乾隆辛未不戒於火幸此匾尚存墓門基爲姚姓房屋府君說先伯祖誦芬公暨先伯父彙占公捐墓東屋基并基粮歸入義莊倡澤上本支裔孫復其墓建墓門享堂時有靈芝產墓顏其堂曰瑞芝甲戌家志卿力學在家府君招之古里俾與不孝等件讀互相獲益是年大旱民饑府君偕請同人編勸有力者捐貲賑濟給發不敷請於當道諭鄰境協撥閱數月井井有條鄉

人賴之時有奸民盜伐墳樹府君率族人及墓鄰之裔力爲防護獲其首送官究治請給示諭勒石永禁各墓賴以保全膠山南靈泉菴有泉曰靈趵先贈公開鑿年久廢湮府君濬復重修建小亭翼之始遷祖墓後環河圩塞鳩工疏濬建小石橋以通往來名曰永安戊寅府君偕志卿奉憲牒送先徵君桂坡公暨太學茂卿公栗主入惠山尊賢祠己卯又奉憲牒送先大令鄘菴公入學宮忠孝祠惠山報忠祠道光癸未府

君緣先伯祖建莊贍族多年既有成效將行咨部爰偕芝慶同酌規條朵各義莊之法而損益之府君收歷代先賢名墓糧彙入義莊戶完辦規條既定乃請當事題咨給帖遵守丙戌府君年六十謂不孝等曰余方逮事繼母不敢稱觴惟以報本追遠爲當躬之急務己丑不孝魁入邑庠是年先大母病劇府君百計藥治衣不解帶者數旬卒無效府君哀毀如前治喪盡禮遂扶先大父及先大母兩柩附葬於先高祖墓塋

之西偏啟先祖妣陳太孺人張太孺人之兆合焉并舉先伯父樂亭公暨先伯母馬孺人之柩附於墓昭先兄進修附於墓穆先妣司馬太孺人權厝於旁先是吏部侍郎表伯顧晴芬先生爲先大父作傳刊入家乘迨送葬時又爲題墓碑庚寅府君命不孝等扶先妣司馬太孺人柩附葬於謝硋湖先貞母吳太宜人之墓穆辛卯先母程太孺人卒府君自爲哀辭家芝慶撰行畧癸巳家芝慶捷南宮選兵部主事告假旋里

府君謂之曰爾今釋褐登朝固宜移孝作忠而祠墓有事尙期相助芝慶曰詩蒙祖先餘蔭幸博科第理宜圖報奈材同樗朽尙不逮叔祖於萬一况京官之用不敷所用恐難如望而酬也且叔祖年雖高而精力尙强諸叔志方殷而蓬瀛可望則凡事所當爲者均惟叔祖是賴耳甲午命不孝魁應江南鄉試諭之曰功名遲速是有命焉但期敦本修行勿懈厥志以故每逢省試必諄然以命之雖屢薦不售終以無怠爲戒

丙申府君年七十作自壽詩八章云云壬寅嘆夷滋事奸民乘間爲暴排闥肆掠府君不忍鄰里之罹禍急命不孝等力勸各戶捐貲團練以衛鄉里而四境賴之以安丙午府君年八十恭遇

聖母萬壽慶典恩賜九品職銜是年府君見宗祠已古雖時爲修葺恐難悠久爰命不孝等協族人輸貲重構兩邑箅奉撫憲李公訪革現年當役之弊舉董設局屬府君共襄厥事府君雖辭以衰老難任而陰爲籌畫命不孝等赴局聯參末議時獲采用戊申己酉邑中連被水災命不孝等協董勸捐以濟饑民庚戌補種墓樹辛亥恭遇

聖上登極覃恩累賜職銜壬子秋八月亢旱河渠水淺舟楫難行命不孝命協同里傭工疏濬癸丑正月抱恙在床而時以奉先思孝垂諭彌留之際猶嗚嗚然若有所欲白揣其意祇望後人讀爲繼述云嗚呼痛忍言哉府君生于乾隆三十

二年十一月初六日未時卒於咸豐三年正月二十二日未時享年八十有七刑部主事顧廳亭先生輓聯云尊祖敬宗享祀九旬儀不忒守先待後榮恩三沐澤長綿司馬杜少京先生輓聯云舊德先疇守二百年東林遺範光天化日荷八十載北闕隆恩廣文張蓮洲先生輓聯云木有本水有源祖德欽聞靈運述言可坊行可表鄉評咸帖少游稱元配先妣司馬太孺人文學文翰公女繼配先妣程太孺人太學生一峯

公女謹擇於四年甲寅十月十二日扶府君暨
程太孺人之柩啟謝湖先塋司馬太孺人兆合
爲甲山庚向兼寅申三分子六長道司馬太孺
人出娶司馬氏素書公女嗣于先伯樂亭公後
程太孺人出者五長郎不孝俊議敘府知事娶
周氏恩賜八品銜炳臣公女次超佾庠生娶潘
氏鄉飲賓長德公女俱先殁次郎不孝魁邑庠
生娶呂氏文學慶亭公女次章娶過氏邑庠生
雲倬君胞妹俱先殁次偉先殁娶單氏文學維
三公女女一適議敘八品職銜徐珩孫十二道
出者二長吳慶殤次芳階娶季氏太學星槎公
女不孝俊出者二長揚鑣娶張氏太學企唐公
女俱先卒次聯鑣娶張氏候選府經歷冠山公
女超出者三長錦標娶華氏邑庠生贈騎尉步
蟾公女繼許氏鑑堂公女次雲標娶喬氏觀爛
公女次廷標殤不孝魁出者三長朝標娶曹氏
竹林公女次榮恩錫恩幼章出者一梅馥殤偉
出者一人荷恩聘朱氏孫女八俊出者二一適

議敘縣佐顧家琦震茂公次子一適佾庠生華
元吉霽峯公長子超出者一適范廸汝太學生
雲瞻公第三子魁出者三一適華鍔霽峯公第
三子餘幼未字偉出者二一適柳芳辰公
長子一字張杲曾孫六長承家次振家降服孫
芳階出履泰恒泰雲標出太和錦標出壽彭聯
標出曾孫女一錦標出幼未字不孝等苦塊昏
迷語無倫次漫陳大畧伏冀俯賜采擇錫之傳
誌用光家乘世世子孫感且不朽

不孝孤哀子安俊魁泣血稽顙謹述

賜進士出身
誥授承德郎刑部江西清吏司主事姻世姪顧鳳仞
頓首拜塡諱

清敕贈承德郎　誥贈奉直大夫盛京欽工處監督
兵部職方清吏司主事加一級紀錄二次顯考景坡
安府君暨　敕贈安人　誥贈宜人顯妣龔太宜人
行狀
於虖痛哉府君棄養已歷歲年而詮次府君行實搦
管輒心痛以是輒止不孝等亡狀何敢援歐文忠有
待之語用自解免然苟稍克樹立藉慰先人未始非
爲子者之至願迺怵露悽霜嬛嬛在疚而吾母又復
長逝儻不及時詮次使府君與吾母行實終就湮没

不孝等之罪更難擢髮數謹忍痛吮墨麤陳梗概諗
諸當代立言君子府君姓安氏諱恩桂字敬修號景
坡系出宋觀文殿大學士知樞密院厚卿公燾傳載
宋史名列元祐黨籍其後扈蹕南渡居無錫今析縣
金匱傳至元卿公應眘太子賓客青城王汝玉稱公
遭元季兵燹不仕傳明訾公汝德明洪武初以人材
辟銓曹同知金華府有治績賜詔褒美傳叔英公茂
本姓黄墓上生連理木爲安黄合族之祥傳近仁公
以恕傳公俊公棪鄉祭酒傳友菊公祚承事郎修膠

山寶乳泉復宋翁考功挺名蹟邵文莊寶爲生壙志
傳桂坡公國宏治間輸財助邊正德間賑郵有功兩
拜恩命有旨徵召嘉靖間贈奉直大夫志稱贍宗族
惠鄉里迺至濬白茅禦海寇皆有力爲殳喪會葬者
五千人築郡城建養廉莊歲饑大出粟課民鑿膠山
渠全活無算石田爲沃壤留二墩曰金焦分勝卽研
亭公紹券闢爲西林者也詳王職方永積錫山景物
畧製温研爐邵文莊銘邢江方西疇士達得之
本朝乾隆丙戌用官檄送歸惠山聽松菴與王舍人

紱竹茶爐竝貯鋟活字銅版翁閣學方綱購蘇文忠
集及家藏徐堅初學記皆銅版印行者閣學撫公像
裝池册首藏蘇齋著東游西游北游記游吟小槀傳
膠峯公如山嘉靖戊子舉人己丑進士改庶吉士知
裕州入爲南京戸部員外郎復知高唐州判紹興府
同知金華府四川雲南按察司僉事江西布政司參
議穆宗卽位進階朝列大夫修紹興禹陵廟立岣嶁
碑築高唐州城見我素公希范天全堂集築雲南金
齒城著方城均田志同年唐襄文順之爲記祠裕州

名宦見孫之益國史實錄其均田也綱以麗目毋以
權子詳盱江鄧元錫函史采入
御纂淵鑒類函建崇親祠濬滌研泉皆有記勒石入
碧山吟社結五老社與華學士察談巾丞愷顧憲副
可久王僉事問爲林下游傳少峯公希堯邑庠入太
學其弟郎我素公也萬歷丙戌進士授行人禮部吏
部主事以疏抹高忠憲攀龍削籍與忠憲顧端文憲
成首闢東林傳載明史實錄載槳畫舫綺窗十二圖
陶靖節張季鷹蘇文忠米南宮諸賢于上顏曰萍隱

名列東林盔柄夥幼時公實撫之女夫湖廣巡撫秦
舜峯燿爲行狀傳研泉公紹祖光祿寺丞忠憲志其
墓以弟太學研亭公子嗣爲元白公珩太學舉鄉飲
賓研亭公闢西林三十二景王司寇世貞爲記張元
春復爲圖著西林集吳郡王甫司勳汸張幼于獻翼
王百谷穉登俞羡長安期同邑俞參政憲鄒提學廸
光葉茂長之芳爲序武功父邱夫冉生甯都魏叉叔
禧爲後序名列後八子羨長後八子詠叉叔後序竝
及之傳載無聲詩史志稱畫得黃公望法府君購山

水一幀道光癸巳家茂才念祖亦以公畫贈藏元覽
閣傳有功公敏恩貢生府君高祖也傳英先公鋘府
君曾祖也以弟其先公鎮子嗣爲望膠公育馨府君
祖也考　貤贈奉直大夫惠生公泉妣　貤贈宜人
華太宜人生妣　貤贈宜人張太宜人庶母陳太宜
人王父有子四人女二人而府君爲長王父四十四
歲舉府君爲王母華太宜人所鞠育先意承旨得堂
上驩心王父曰此吾家亢宗子也就塾勤佔畢不爲
嬉戲學曰進家文學定爲茂才惠父鄒宗伯一桂嘗

爲作傳王父延之最久亦最器府君王父性慷慨多
知畧隱于醫而陰行其善邑士夫交相引重年踰耆
謂府君曰汝能繼吾志以家政付汝矣既而王父病
府君衣不解帶目不交睫者兩月餘王父屏食飲府
君奉以請必進勺水於虖府君事王父如此不孝等
事府君者安在哉吾家鼎盛于前明後中落至王父
無一瓦之覆一隴之植卒能發名成業爲世聞人不
以封殖爲心而以施予爲事定居邑城第五箭河屋
數十椽薄田數十畝無長物也華太宜人以王父之

變哀不自持越數月卒府君固爲華太宜人所鞠育臨没檢鍼黹紛纉所銖積寸絫者並田券數紙授府君府君泣受卒出之不以自私自吾母龔太宜人來歸二叔娶叔母侯三叔四叔皆幼長姑次姑皆未字親串多寄食於家舉襄之事既已不支加以食指孔繁幾幾有一髮引千鈞之勢於是有議析筯者非府君志也王父所居飛香圃有存仁堂二叔欲之府君則與之而移飛香圃額牓其居爲趙凡夫宧光所書艸篆中表秦少寇瀛贈府君句所謂過橋綠樹斜通

徑隔屋明流曲抱城者也逮生祖妣庶祖母相繼卒三叔四叔皆未娶卒長姑嫁於丁而次姑亦卒府君與吾母痛怙恃之蚤失傷骨肉之多殘爲不孝等述之未嘗不欷歔泣下也二叔不問家人生產出遊有所遇復困而歸叔母時不得其平府君無幾微見於顏色賙薪米終其身二叔病日餫饔飧後同殯之祖塋王父之殁也家孝廉吉爲作傳秦少寇表其墓凌兵部鳴喈爲之志潛德之流傳人口者迺益彰著府君心始慰先世多祀名宦鄉賢東林道南延陵先賢

祠而惠山尊賢祠未崇祖桓酒命不孝詩以桂坡公研亭公名蹟諗當道奉臬主薦蘋藻焉高紫超明經愈邑尊宿也同日入祀崇禎癸未賜特用出身鄺菴公廣居爲我素公子殉甲申難命不孝詩表事祀報忠祠此承先啟後之大者也府君爲桂坡公大宗族人以公事鳩貲無不應嘉慶甲戌大旱斥產供祭膠山祠墓距邑城四十里而瀛河道龜坼命不孝墉等親足往堂伯邑庠鼎台蚤世堂兄洽食貧養母當祭皆府君任之府君曾祖已下墳塋在家鎮菊樂園前

爲膠峯公風憲坊隙地有侵占者命不孝墉等以次清釐歸其值輯家乘家太學祥同不孝詩至蘇州紅橋訪大巳公夏後勵有存者公與文文肅震孟子乘起義者也再直訪亦生公期後已無傳其女以節著載甫里志錄小傳及小松辭歸府君以二公後皆零落淚爲歎惜家主簿汝諧蠲義田府君曰桂坡公置養廉莊三百畝膠峯公擴至千畝後三百畝歸我素公以贍族在鳴城橋築公墓而莊廢今澤上所蠲未須部帖當邪許成之以垂永久家太學祥同不孝詩

爲詳定規條循例呈請得給帑建坊府君潛心經史
儒先語錄纘王父業尤熟復靈樞素問諸書不孝等
幼讀循循誘之爲不孝等延師及出就外傳昕夕仍
督課不倦不孝等讀書倍常兒以方言啟牖擬之雛
雛啅粒久則滿腹又擬之單蓬過江雙蓬過江云又
稱朱韋齋松詩危紅數點藏深綠須作春風爛熳看
即呂司寇坤胸中情景要看得春不是繁華夏不是
發暢秋不是寥落冬不是枯槁方爲我境之義又嘗
以五雲扶日出句命屬不孝詩以隻手挽天回對府

君喜吾母機杼之聲與爲龢畬李詩分類補註杜詩
集千家註繙閱殆徧間作小詩自遣即元覽閣集也
元覽閣研亭公所居府君構一室家孝廉爲書此額
坐卧其中以爲樂因以名集如惟期翠柏霜逾健莫
羨緋桃雨更妍諸什見府君之志節爲坐隅羅古瓷
植嘉卉有石一方規爲池背鐫辭云有水若無水髣
髴董家物誰人置片峯細浪輕風拂尺寸作大觀蓬
萊海中屹王父手澤猶存府君勤加拂拭疊石作層
巒剪裁花木參錯其間以寄情邱壑書法宗蘇黃乞

者不拒不孝等童而習之畧識音韻及運腕法皆府
君以身教者也己巳府君五十不孝詩以經義詩賦
受知文宗玉文恭麟補博士弟子員旋食廩餼舉優
行屢冠其軍府君期之者甚至而省門試佹得復失
乙酉幸獲有名府君不及見矣至癸巳捷南宮吾母
又不及見矣於虖痛哉己卯府君六十吾母弱一歲
文宗湯協揆金釗贈句云壽寓耆儒膺錫祏經帷才
子看成名齊中尊彥槐云高風可繼梁鴻案愛日常
留孔鯉庭張司訓立本云孝子知年常愛日仁人無

月不春風秦少逸云杖履梁溪新歲月簪纓膠麓舊
人家不孝詩門人張姚錫云庭前愛日靈椿茂堂上
春暉瑞竹妍張姚錫成乙未進士爲西山令同人多
以詩文壽者長妹聓凌堃序曰自堃得親色笑言論
說經硜硜洞見根柢察其行已淡泊寡營與人接藹
然以龢終日整襟危坐儼對大賓主靜之學爲東林
的派實錄也府君沒多哀挽者于中奐殿章方丁外
艱臨府君喪哭失聲王明經芝林云有子作通儒想
見義方身教久無人不感舊從知陰德耳鳴多於虖

可以觀府君矣府君亟義問與王父同人以事相質
必委曲成全而後已夙負不能償者府君亦忘之有
鄰媪老而無依月給以錢爲人無城府未嘗見人短
或反以此見侮從不與校下至臧獲無呵叱聲教不
孝等以喫虧兩字受用不盡又曰晋幾分心退一步
想又曰知足常樂能忍自安又曰古人以處家比搏
沙我惟知固元氣耳王父開顏集中晨鷄篇百忍歌
時時誦之病革猶詷龥氣致多如意事之何於虖府
君處困心衡慮之境戰兢惕厲無有失德迺年不臻

耄耋未受不孝等一日之養此則不孝等拄顙無門
者也於虖痛哉府君甲戌秋患滯下成脚痛風症乙
亥春始愈庚辰秋復患滯下止之復成脚痛風十一
月吾母六十生日賓朋讌至吳縣王教授兆辰親以
詩二章來祝不孝等扶府君坐堂中府君爲解顏然
投藥罔效至臘杪遂不斟府君聞爆竹聲問曰何日
立春不孝詩謹對曰道光元年正月初二日府君迺
朗誦月令先立春三日一節豈知立春後一日卽棄
不孝等也府君蓋知之矣於虖痛哉府君生乾隆二

十五年庚辰七月初九日未時卒道光元年辛巳正
月初三日戌時年六十有二道光三年癸未八月二
十四日辰時虞葬菊樂園祖塋之次菊樂園者卽桂
坡公嘉蔭園以娛友菊公者也故又曰樂菊山池河
其遺址也甲午十月十九日
策立皇后覃恩　敕贈承德郎乙未十月初十日
皇太后六旬萬壽覃恩　誥贈奉直大夫盛京欽工
處監督兵部職方清吏司主事加一級紀錄二次吾
母龔太宜人　例贈奉直大夫鳳儀公啟源女崇禎

癸未進士授行人乾隆丙申　賜謚節愍佩潛公廷
祥從元孫女外王母張太宜人年十九歸府君動必
以禮王母稱其賢家中人見吾母皆起敬少習便安
懼爲吾母知也連遭大喪倉皇無據外侮內訌乘隙
蝨集府君與吾母并志一心搘拄其間得以不隊家
聲嘗脫簪珥償公家逋負長姑嫁奩具未備取所有
爲贈華茂才維新引我素公諳爲吾母六十序曰君
子修身成德卓然立於汙俗之表豈獨尊賢取友盍
壺德之助實多卽教子何莫不然太宜人讓授產弭

家難出奩嫁其姑分食餔其叔又能整以率下儉以持身一秉佩潛公家法亦實錄也爲不孝等授室及嫁淩氏妹龔氏妹吾母經理胥中肯綮不孝靖生子培芝保芝府君含飴提抱口授培芝四子書自忘其勞淩氏妹歸寧以疾卒府君悼之有一念不忘依戀日寸心未了惜芳春之句柩厝烏程晟舍不孝等送之吾母淚隨聲墮踰年命不孝等眂其處龔氏妹居陽湖雪堰橋帶水屬舟往來無間吾母安之不孝詩爲鄭中尊光偉舉孝廉方正大府列薦以奉府君諱

陳狀固辭與中尊未相識也服闋來爲吾母壽令諸子受業於門偕培芝輩同研席讀書令其子紹志中丁酉鄉魁而前于中尊之子志瀛亦嘗受業以丁酉拔萃科廷試優等爲直隸令皆嘉話也吾母性嚴重不孝等既授室猶肅若朝廷然見不孝等解人緩急則喜曰能如是始無忝汝祖父也有涉他事者必諄諄諭以大義於虖吾母之杜漸防微所以爲不孝等立身計者蓋至深遠也居家不常御紈綺飲食甘菲薄不孝等幼時衣履悉自爲之刺繡練麻皆有程度

不孝等得脩脯奉吾母省穡而用米鹽瑣屑躬自料檢不孝等以爲請吾母曰吾亦欲息肩帷恐新婦不習耳不孝等方以外王母張太宜人壽九十有四及見不孝詩領鄉薦吾母之年儻與相埒不孝等侍奉之日正長也孰意病未浹旬巳棄不孝等也吾母疾作不孝靖以埽墓留家鎮不孝詩館淛之衢州不孝禮接仲妹挈龔汾及妹來促不孝靖亟歸而別遣專足至淛不孝靖僅得眂含斂不孝詩星夜兼程行并不得眂含斂於虖痛哉中路嬰兒而失其母尚可以

爲人子哉不孝詩丙戌正月公車北上吾母曰我素公登乙酉賢書爲東林名臣汝亦以乙酉獲售鄉之人皆謂汝祖父積善之報必思所以負荷之試事巳踆僑寄淩妹挈寓座主陳少宗伯用光招往太乙舟房師張大令家欆自安徽寄書至加之慰藉座主劉司寇彬士復招之去十一月撫浙挈以行丁亥元日抵家見吾母即赴浙閏五月歸省以萩水多歎重槩高堂不得巳復出門齧指痛心至於此極不孝等所以搶地呼天慟不欲生也吾母嘗病嗽及喘後不復

發戊子三月中旬龔氏妹歸甯偕其諸姑來吾母殊
神王啖金橘數枚曰吾卌年不嘗此矣未數日而疾
作醫言得汗可解彊之汗疾轉劇日望不孝等歸而
亟不得至既彌留頻呼不孝等不止不孝禮以郎至
告而毋不待矣於虖痛哉吾母乾隆二十六年辛巳
十一月初五日寅時卒道光八年戊子三月二十九
日丑時年六十有八道光十三年癸巳十二月十二
日午時合葬府君之兆甲午　敕贈安人乙未　誥
贈宜人子三人不孝靖　貤封承德郎娶倪氏鄉飲

賓維銓女知陸涼州雝梧元孫女不孝詩金匱縣學
優廩生乙酉江南解試榜舉人壬辰揀選知縣癸巳
會試領魁薦　保和殿覆試一等十二名　殿試二
甲進士觀政樞部　盛京　欽工處監督娶錢氏
例封奉直大夫若澍女繼施氏蘇松鎮標千總署川
沙守備瑶階女判徽江府行簡曾孫女知肇慶府上
治元孫女不孝禮娶嵇氏甘肅通判文沅女壬辰中
正榜總督河南山東河道承志孫女淮安裏河揚河
江防守備國斌曾孫女女二人珠適辛卯　恩科順

天舉人布政司理問凌埜壬戌會魁兵部員外郎鳴
喈子　誥贈奉政大夫大璋孫玥適庠生龔汾長蘆
嚴鎮鹽場大使鈺子知朔州詒安孫己巳會魁內閣
學士兼禮部侍郎銜鏜胞姪孫七人培芝保芝引芝
不孝靖出引芝殤元芝順芝顯芝不孝詩出元芝殤
瑞芝不孝禮出殤俱未聘孫女八人廣龢秀芝不孝
靖出廣龢殤新六更生蘇芝京芝味芝八芝不孝詩
出新六八芝殤俱未字不孝等荒落弗文滋多挂漏
惟不敢飾辭以誣先德伏祈俯賜采擇錫之碑版世

世子孫感且不朽敬摭穎以請不孝孤哀子安詩謹
狀

誥授朝議大夫知府銜歸德府分防薛家湖通判而敬府君行述

府君諱顯字而敬齠齡失怙恃依兄嫂成立賦質敏捷體氣羸弱十餘歲能文章鄉先輩見所作多奇之屢應鄉試兩邀房薦未獲中式援例捐通判分發河南常以異途入仕爲遺憾投筆從戎蒙欽派甘肅慶陽糧台兼防守事宜楊奏調大營總辦文案幃幄運籌爲楊公所依重事竣事摺奏保歸候補班儘先補用仍回原省署理汝寧府汝南埠通判與水利勤捕

務民歌來暮清理南陽府全屬積案平反疑獄咸號神明嗣題補歸德府分防薛家湖通判治理悉如任汝南埠時晉賑移奬案內欽加同知銜光緒初年河南大荒逃難出豫境者不能以數計當道因有江蘇代贖資遣局之設歸德適當其衝特委府君任其事年餘得歸原籍者達萬人施衣藥勤撫恤躬自查詢吏不忍欺事畢撤局不邀奬敘以桑梓父老子女乃分內應盡義務也上憲俯從之後於豫賑案內奏請以直隸州在任候補督辦光緒六年分部硝欽加知府銜加一級誥授朝議大夫生平重然諾篤交友僚同寅有急需告貸多門迄無所得向府君訴苦況慨然允諾即室中無餘資至家慈典衣以付之全不望其歸償以積勞卒於官兩袖清風一心坦白至今人民猶稱頌焉府君生於道光二十年庚子卒於光緒十二年丙戌享年四十有七母氏孔恭人浙江蕭山縣籍在任候補道山西太原府知府諱廣泉號潄山長女淑慎有德工詩善書著有疊翠樓詩稿選入吟林綴語詩集中子六長肇祥次肇原四肇煇皆聰穎

未冠歿三瀾娶許氏林氏孫七文俊文傑好讀弱冠歿文倓文儼文倬文倪文儁俱誦讀女孫二長適浙江陳氏次待字五湜娶葉氏吳氏女孫二均待字六濤娶鄭氏傅氏孫二文偉娶周氏女曾孫一幼文傑誦讀女孫一幼讀

不孝男濤敬述

板橋支誌傳

敕贈儒林郎國學生日和公傳

賜進士出身刑部江西清吏司主事年家姻愚姪顧

鳳份頓首拜撰

君諱雲翔字日和邑之板橋人祖廣成公本膠南安氏繼板橋覺先徐公遂蒙徐姓生子三次爲　恩錫登仕郎嘉德公諱秉恒君之考也君幼岐嶷性淳厚知稼穡之艱難好讀書務求實踐因無他弟昆棄舉業佐嘉德公庀家事内外有條理嘉德公春秋高君色養兼至出入扶持必謹承歡笑備甘旨數十年如一日遇事毅然有爲擬建覺先公祠而未果也會有以修族譜告者君念本宗無後悉力贊成之既復彙廣成公以下纂入膠南譜中日吾祖若父之所極不能忘者也惠麓建祖祠君出百金助其役事以畢舉族人以此益重君君好施與歲必出其積以賙鄰里鄉黨有施與之實而不居施與之名里中爭競者君一二言排解之莫不相說釋憾以去至今猶有能道其事者晚年行愈力年屆古稀諸子欲爲君稱觴

君不許曰吾嗣先業常以不克負荷爲憂力行儉約以有今日皆先世積德之所畱貽也知自奉而忘祖吾弗爲也今而後吾行吾志矣乃卜吉於爽塏之地建屋前後三楹自經始以迄落成率躬親焉祠既成中奉覺先公配以廣成公嘉德公報本也識者知君意之所在矣繼置祭田二十畝以善祠春秋享祀無闕禮君既幸其志之成遂日往來於其間朔望率子若孫瞻拜畢必述古嘉言懿行以爲勸明信義講廉節尤於敬宗收族之道三致意焉暇則手一編以課孫蒔花栽竹以自娛十餘年不少倦長子學謙力學早卒冢孫沛時尚幼君飲食必親教之比長有祖風君生於乾隆甲戌卒於道光癸巳享年八十元配顧繼配周有淑德子三長例貤贈修職郎學謙次太學生學敬次敕贈儒林郎太學生學禮孫五人太學沛議敘縣佐其曜其最著者也丙辰歲大饑余在籍襄賑務沛其曜率先捐輸以爲一鄉倡其曜出粟尤多是鄉饑而不害當道將爲之　奏請加級而君得邀贈典爲因太學沛書君事畧而爲之傳

論曰余昔聞徐君篤行士今觀其行事想見其爲人詩曰無念爾祖事修厥德又曰詒厥孫謀以燕翼子徐君有爲余以是知徐氏之福未有艾也

待旌節孝徐母顧孺人傳

癸巳會魁賜進士出身奉直大夫盛京工程處監督兵部職方清吏司主事加一級紀錄二次同宗安詩撰

余自幼時即聞板橋徐氏吾宗也及閱家乘始知族曾叔祖廣成公出繼板橋徐氏遂蒙徐姓廣成公一傳而爲登仕郎嘉德公諱秉恒再傳而爲例貤贈修職佐郎日和公諱雲翔日和公生三子長學謙次太學生學敎次例贈修職佐郎太學生學禮日和公務

本創業敦詩悅禮建徐氏宗祠擴田廬而克振家聲於是邑中知膠山之有安黃者復知有安徐焉道光乙未冬予自盛京差旋京師日和公冢孫太學徐沛以其母顧孺人苦節手狀郵予予讀而歎曰非此母不生此子斯言信矣以孺人秉風清節安得不有如沛也孺人姓顧氏端文先生裔胄也性莊謹不苟言笑幼嫻閨訓父母珍重之年及笄歸族兄徐學謙事舅姑謹而盡誠姑例貤贈孺人顧即孺人從姑也以姑姪而爲姑婦旣相得又盡禮以是得舅姑歡未幾

顧太孺人以重疾不起季甫五歲以季屬孺人孺人含淚受命提攜過於所生戚黨是以稱其孝且賢也既而翁繼姑周而孺人事之一如前妯娌化之無後言翁歎曰媳眞名家女不媿婦德矣學謙有大志鋭意力學不得志抑鬱而歿遺孤沛纔三歲孺人年二十九擗踊號泣誓不欲生翁曰死烈難植孤尤難汝明婦道當衡其輕重曩者顧姑之囑謂何而忍令襁褓兒遽失怙恃耶孺人太息曰婦敬聞命矣爲節哀視息孤稍長即命就傅愛而知勞不爲姑息故沛得

勤學善書法文譽駸起孺人之教也曰和翁雖有所分授而孺人覗曰和公産尙不及三之一耳而孺人經紀其家課耕紡織有魯敬姜風焉蓋其生平奉甘脆也竭誠而自奉也極約其於賓客欵待一如翁之素而不少怠其於周恤困乏則脫簪珥而無難色其於臧獲則莊涖慈畜不肅而嚴故上下咸宜内外整肅翁得賴以安者子亦得享其成顧其生長華胄而捋茶蓄租辛苦備嘗難已婦兼子職母兼父道抑又悲矣沛既婚孺人忽寢疾及疾革辭翁姑曰婦不及

終事翁姑矣未亡人得見兒成立足矣歿之日閭里咸爲之歎息且感泣數行下也孺人生於乾隆癸巳二月十一日卒於道光壬午九月二十日得年五十歲守節二十一年嗟乎我安氏自桂坡先生以來忠孝廉節代不乏人名宦鄉賢行義貞節歷歷昭人耳目而分姓索居亦復光遠有耀固國家風化所陶淑而未始非先澤之所留遺也顧中之苦節者多而力未能請於

當道類湮沒而弗彰寻故詮次沛姪之所述而爲傳

且以勉沛之請旌焉

論曰詩詠柏舟尙矣而易曰苦節不可貞蓋難之也從來孀子無成半繇祗犢相悞若孺人撫孤成立報所天於地下殆所謂安節之亨歟凜凜冰霜攸關名教孔子云歲寒然知松柏之後彫有以夫

道光二十一年奉　詔旌入節孝祠

新邑志載小傳

學謙卒顧侍奉孝敬翁姑忘失子之戚撫孤教養備至家庭内外整肅守節二十餘年

例贈修職郎太學生謹軒公傳

賜進士出身
誥授朝議大夫吏科掌印給事中加一級前戶科給
事中京畿道監察御史兵部車駕司郎中職方司
員外郎　盛京工程處監督武會試受卷官　欽
點主事同宗弟　詩頓首拜撰

歲丙午余官　京師板橋徐藹亭以其父謹軒太學
狀郵余余素知族曾叔祖廣成公出繼徐氏遂蒙徐
姓實同宗也後裔各書姓而序輩行廣成公再傳爲

例贈修職郎曰和公諱雲翔曰和公生三子長學謙
次學敬次例贈修職郎太學生諱學禮即謹軒也謹
軒性和厚胸有經緯以佐曰和公理家務棄舉業洞
明世務練達人情與人相接無不和易近情而介然
不苟處斷不肯狥人枉己以故世共欽之鄉里中諸
善舉量力以助無吝色及曰和公析箸後操持家政
惟勤惟儉無過無不及分當取者取之分當與者與
之有條有理知明處當由是家道日隆舊業日廓輓
承分舊產加數倍焉知其家之豐裕由勤儉務本來
鄉黨中推爲仁厚君子良有以也太史公傳貨殖則
曰人富而仁義附信乎言之足徵也以視世之重財
利輕錙銖日積月累刻薄以自豐者相去爲何如哉
世之慕榮華席華膴飫鮮肥於他人之緩急漠不相
關雖至戚亦秦越相視如謹軒者可以風矣謹軒生
於乾隆五十六年十二月二十四日卒於道光十二
年三月初二日存年四十有二配王夫人賢而多才
子其曜即藹亭也嗟乎謹軒壯年謝世未享其榮使
天假之年以經營數十載不更熾昌其業有所建立

於世乎

論曰世俗榮華相尚有家子弟多納粟拜爵服官
強仕高車駟馬揚揚自得者謹軒獨幽居鄉里行
素位恬然無仕宦情其素性然與抑蒙徐姓繼南
州高士之風與

謹軒公暨德配王太宜人事畧

世愚姪賓士鏞拜撰

先生金匱徐氏諱學禮謹軒其字也先世本安姓有諱紹宗者出繼舅後遂姓徐氏紹宗子秉恒字嘉德是爲先生祖秉恒子雲翔字曰和是爲先生考世居邑東鄉板橋自紹宗公以下敦本務農潛德弗耀至日和公尤勤樸善治生先生承之昆季各有田數百畝乃就板橋古居擴其基址輪焉奐焉駸駸乎廣大矣而先生勤躬苦思恒若不足上事日和公舉必稟

命出必隨事日和公顧而樂之遂以家事委先生先生更推事父母之孝以厚其昆弟及其族人恤其鄉黨僚友有以急難求助者輒應如響且爲區處周詳使各饜所欲而去附近數十里間錐刀之競簞豆之爭得先生一言其事立解徐氏之閒譽昌熾蓋自先生父子始矣娶王太宜人孝友慈惠一如先生先生嘗謂曰吾與若煖衣飽食恂恂一堂而無所患苦皆累傳祖父之所貽也然吾祖之後自吾家而外子姓亦頗蕃衍其顛連困苦鰥寡廢疾而無可告者豈少也哉顧吾力未逮耳如能多積歲月俾吾得撥田若干畝仿吳中范氏成法置爲義莊以奉祭祀以贍宗族俾羣從子弟稍得賴以資生不至失墜是則吾之願焉矣然後知先生之岌岌焉如不足者蓋有所爲也以道光十二年三月初二日卒年四十有二卒之日宗黨鄉里皆行哭失聲後以子其曜官贈奉政大夫子一其曜女五適王適席適過適周適畢

王太宜人父武揚公所居王岸圩與板橋四五里而近歸謹軒先生時舅曰和公在堂太宜人怡愉應對

先意承志後日和公漸老家事悉委子婦太宜人御下有程度裁冗緝匱內外井井其處躬也作苦茹澹痛自節嗇有餘則以周戚黨之貧苦者至再至三未嘗厭倦謹軒先生慷慨好義屢倡義舉太宜人力贊之逮謹軒先生之卒遺孤其曜年僅十四逾年而曰和公又卒時迭遭家難太宜人煢煢一身搘拄內外凡所以治喪紀供賓戚者靡纖毫缺失太宜人儉約善治生謹軒先生之卒也家本中人產居數年而積產轉盈於其舊其曜漸長投室諸氏孝敬能任內政

太宜人如釋重負其曜者即今贈中議大夫靄庭君也好施濟具有家法會歲屢祲賑貸以千百計他若修隄成橋施舍醫藥殆無虛歲太宜人聞之益喜謂曰汝家故貧也汝父雖甚刻苦而賑災邺貧耗費不可貲數然吾自入門以來田增粟笥增帛統計所入沛然若有餘裕知豐嗇自有定數富在勤慎不在吝也初徐氏世有彝訓待農佃尤厚歉則減其租急則邺以錢貧民皆樂佃徐氏田俄而粵匪擾鄉里靄庭君奉太宜人轉輾徙避并貲給親族之無依者俾得

遠徙亂定歸家觸目殘毁而徐氏家獨完蓋衆佃素感其惠賊甫退而即共守護故也至是而太宜人之言乃益驗太宜人既漸衰老益勉靄庭君籌建義莊以竟先志靄庭君摒擋積累又十有餘年而莊成太宜人已不及見矣惜哉太宜人生於乾隆五十八年四月初十日卒於同治二年七月十八日得年七十有一太宜人歿後家益隆孫輩接踵遊庠靄庭君受崇封登上壽繼繼繩繩其蕃祉蓋未有艾也在天之靈殆亦可深慰云

光緒二十五年己亥十月

雨村公事畧　同邑後學世愚侄潘錦拜撰

雨村先生諱沛太學生别號半耕人世居金匱板橋村祖諱雲翔字日和儒林郎貤贈布政司理問父諱學謙字益齋修職郎母卽顧孺人欽旌節孝者也先生少有至性益齋公歿甫三歲而哀毁有若成人自以早失怙無他昆弟事母尤謹居恒先意承志能得母歡心稍長就外傳讀書目數行下塾師講解閒涉五經大義輒領悟試爲文下筆立就尤工書規模二王得者咸珍藏爲然先生雖穎悟厲志刻苦恒倍常

兒年十六將應童子試而顧太孺人以年老多病不能理家政先生乃棄制舉業督率臧獲輩男授耕女授織措拄內外井井有條而家業亦隆隆起顧先生治家儉約而性好施與凡里人有急輒不惜傾囊贈咸豐丙辰歲大饑先生出錢數百緡助賑其尤著也平居恂恂言若不能出口及遇事故别黑白判是非則又義形於色以故附近數十里間有錐刀之爭者得先生一言無不釋然以去世以此重先生而先生亦以此聞於人也嗟夫如先生者苟或邀天幸而母

夫人以康强逢吉年登上壽先生必有所成就卽不然而有若兄與弟代庀家政則發憤自勵使先生得專其力以靳至遠大亦甚易易而乃天蹇其遇卒以摒擋家務早棄舉業不獲昌大其門閭至以半耕人自居蓋先生之寓意微而其志亦因以可見矣配錢孺人有淑德事姑恪盡婦道爲族黨所矜式子男三人長男杲字曉山議敘縣佐次男臬字穀甫議敘縣佐幼男棨字近三國學生女一適諸孫男五人炳煥燦燿炯俱幼讀曾孫男一人肇基同治壬戌歲余設

帳於曉山徐君家曉山將祖母顧孺人節孝傳并先生事畧囑余文捧讀之餘不勝感慨余雖不敏曷敢以不文辭卽曉山所書先生事畧而爲之序

同治歲次壬戌仲春

藹庭公事畧　　常熟後學世愚姪席彬拜撰

君諱其耀字藹庭係出金匱膠南安氏廣成公出繼板橋舅氏徐覺先公後遂蒙徐姓始爲安徐云曾祖秉彝諱嘉德祖曰和諱雲翔父謹軒諱學禮世居邑東鄉之板橋同族四五家皆富而好施而以君祖父爲尤著歲壬辰父謹軒先生卒適年祖曰和先生亦卒適歲大祲母王太宜人出錢叁百貳拾緡以賑貧乏乃謂君曰曩者爾父性慷慨每欲有所匡濟天限之年不竟其志今吾母子賴先人餘蔭得具饘粥倘

不能體爾父之志曷以慰亡者於九原耶君泣而敬誌之故其後所賑貸累千百計未嘗稍吝道光戊申里西北新塘橋圯橋北石隄綿亘數十百丈水嚙隤剝不可行民多病涉君乃倡議修復度丈尺計徒庸慮財用書餱糧躬親課督不避艱苦凡二閱月而工竣過者稱便明年夏大水禾稼盡沒芙蓉圩被災尤劇全活甚衆咸豐丙辰大旱蝗民皆乏食君又捐錢四百餘緡官吏議賑君以母命先後捐錢千二百餘緡而復就鄉設廠煮粥以食餓者庚申兵燹米升百

錢民相食賑亦如之先後所費至三千金之多皆傾囊以濟節衣縮食弗惜也其餘若修神廟橋梁施藥施棺周卹孤寡事繁費鉅瑣不勝書至避亂遷徙凡親族貧窶無依者皆資之行葢君寬仁慈愛非惟母訓亦由性生故造次顛沛而不渝如此有仲姊適席氏者居相近壻夭撫孤守節尤爲王太宜人所憐愛君朝夕顧視貲給尤厚以慰母心方君之孤也年甫十四就外傅讀太宜人治家勤夜則課子晝則督婢僕操作先衆手而作後羣動而息人無廢弃事無棄

遺故以孤孀持家而家日以裕君見太宜人之勞也遇事輒欲相代太宜人驅令就塾不肯怒以色乃去巳而復來太宜人憐之母子每相向泣以故君早棄舉業未冠即以家務自承誠不忍母氏之劬也嘗夏日食瓜君必剜瓜心奉母太宜人轉命君食不食改命婦婦亦然太宜人尚節儉家人上下日僅食二瓜往往反置瓜心不食太宜人嘗謂君曰吾家先世本安姓自高祖廣成公育於舅氏因蒙徐姓今兩族子姓日多而貧困者亦日衆爾父母欲置田贍族而絀

於力爾他日宜成之故君於光緒九年割己產并先
世祭田共千餘畝請於官置義莊一區變通成法以
周兩姓爲久遠計歲戊子君年七十戒子孫毋得稱
觴因計所費重葺新塘橋岸俾無廢前功生平勇於
爲善惟恐不及其行事多類此君生於嘉慶二十四
年己卯十一月初五日午時卒於光緒十五年己丑
八月初一日子時享年七十有一由國子生布政司
理問加同知職銜舉鄉飲大賓誥贈兩代配諸宜人
嫻於詩禮孝謹仁愛每食必以精者奉姑而自奉甚
儉布衣蔬食暇則稱古義以教子婦數十年如一日
先君卒妾二人呂氏周氏子三人葆楨附貢生同知
銜試用訓導葆樹附貢生候選訓導俱能文有聲庠
序間葆梓國子生州同職銜沉靜善治生三子皆能
繼君志君之後蓋寖以昌矣彬與君居同里閈尤習
於君諸子知君行事爲詳人第見君輕財好施以君
爲古任俠者流而抑知其篤於天性所以稟母教以
成父志者固非尋常富室之所可及用敢備敘一二
并徵以鄉里宗族之所聞粗具梗概俾當世知言之

君子論定焉
光緒十七年辛卯嘉平月吉日

誥封奉政大夫同知銜布政司理問鄉飲大賓靄亭

公墓志銘

癸酉科經魁大挑教諭世愚弟竇士鏞拜撰

君諱其曜字靄亭世居無錫析縣爲金匱人本姓安氏居安鎮爲邑望族其祖有諱紹宗者徐出也乞養於舅遂寄舅後爲今東北鄉板橋徐氏君祖曰和諱雲翔考謹軒諱學禮俱贈奉政大夫妣王太宜人君少而峻整性特和厚髫齔之年卽善承重闈意旨君之字蓋祖所命也初曰和先生善治生以勤樸節嗇

起家晚年有宅一區田數百畝徐氏族祇四五家皆好善而先生爲最凡貧人來貸米者不得取重息子弟男女各有職業無敢暇逸迨君之生家裕矣劬躬操作不異寒素居無何曰和先生與謹軒先生先後卽世君年甫十四有世父二人産析爲三既遭大喪値歲洊饑王太宜人出錢數百緡以濟貧乏且謂君曰爾祖若父之志君於是恪遵遺訓歲入或有所餘卽以與親族之不給者道光二十八年捐修新塘橋石堤其明年大水君以母命先後捐錢至千二百緡

咸豐丙辰大旱蝗既捐錢四百餘緡而復設厰煮粥饑民賴以存活咸豐庚申粤匪陷城旁躪鄉里君携眷出走時値大亂凡富人避地輒被刦掠惟君家獨完葢受君惠者共爲君防護而不使君知耳大難初平百物騰貴君獨與其鄉人力穡服賈以情相結以義相勗前後六七年間所增幾什倍矣以是知善之果可爲而人情之猶不薄也君既饒於貲乃益以濟物爲務偶遇偏災捐金錢惟恐不贍給衣施藥惟恐不周分田千餘畝捐建義莊以贍宗族晉豫大旱獨

捐巨貲事聞議敘以布政司理問加同知銜於光緒十五年八月初一日卒春秋七十有一配諸宜人幼習詩禮有閫德前君七年卒妾呂氏周氏子葆楨附貢生同知銜候選訓導葆樹附貢生候選訓導俱能繼君志以能文著聲庠序間葆梓候選州同沉靜幹練能佐父理家務女三適過適王適楊男孫三人俱業儒女孫三曾孫一葆楨葆樹從余遊將以光緒十六年十月之吉用甲山庚向葬君於猶字號之新阡來請誌墓之文余不敏知君最悉不敢以不文辭謹

泚筆而志并系銘曰貌碩以莊量寬以容煬和抱德
麗者綏豐聰聽彛訓亦士亦農泰以贍族約以持躬
慶延累葉隱隱隆隆安且吉兮閟此幽宮
光緒十八年壬辰仲春吉日

諸太淑人墓表

姻譜姪華鴻模拜撰

誥贈中議大夫靄亭徐君之配贈太淑人諸氏以光
緒八年壬午三月初一日酉時終於內寢既窆既樹
其子保樹恒思母教不忘來請追爲墓道之文余雖
不敏而既關通家之誼並結兒女之姻於太淑人一
生行事知之綦詳故不敢以不文辭謹按太淑人姓
諸氏父承顯公居邑東鄉楊亭世爲望族太淑人生
而淵靜慧敏喜讀書旁及卜筮星命家言靡不通曉
父母愛悅之逾於他子女年二十一歸於徐舅已前

卒姑王淑人在堂以嚴儉持家見淑人布素操作動
必以禮則大喜自慶謂有婦矣久之盡以內政委淑
人嘗暑月食瓜淑人先以瓜心奉姑而夫婦退食其
餘姑知而憐之命以餘甘餉婦淑人終不敢食反致
棄置慈孝之篤多類此里有悍婦逆其姑淑人招之
至家留數日見母子姑婦之間怡愉婉摯遂涕泣悔
悟卒以孝聞道光戊申里西南新塘橋石堤壞陊剝
數十丈行者苦之淑人亟勸靄亭君出貲修復工費
甚鉅其明年水災靄亭君捐貲千二百餘緡助賑咸

豐丙辰大旱多蝗靄庭君捐貲尤多全活尤眾靄亭君敦仁尙義出自天性而淑人贊襄勸勉之力亦甚宏伉儷一心樂善不倦雖至減服用撤簪珥所不計也淑人教子嚴而御下甚寬臧獲婢媼偶有過誤未甞呵斥母事後教戒之或轉爲掩飾其人輒感悟愧悔生平不喜華靡不佞佛求福端靜正肅人莫窺其喜愠一家之中秩然以清雍然以和皆淑人之化也淑人先靄亭君七年卒享年六十有四以光緒十六年十月之吉與靄亭君合葬於本鄉猶字號之新阡

子三葆楨縣學生同知銜葆樹縣學生候選訓導葆梓知府銜三品封典女三人適過適王適楊孫三人世勳世烈世杰皆葆樹出太淑人葬後數年葆楨葆梓先後卒無子以勳嗣楨後杰嗣梓後孫女三人曾孫二人念曾紹鳳此皆靄亭君墓誌所未備也例得補書於阡

光緒二十五年己亥十月

敕封奉政大夫貤贈朝議大夫同知銜候選訓導附貢生幹卿公墓誌銘

友生寶士鏞曉湘氏撰

光緒壬辰之秋余與幹卿約以九月間下榻余齋爲蟹菊之讌已而久不至有言其病者命舟往視之疾甚越宿疾有間余返舟歸城巳久又無訊一日余自外歸見案有譽宣所寄書亟發視之則幹卿卒矣悲夫幹卿幼穎悟讀書目數行下從錢亦樓先生授經先生故宿儒熟於經史訓詁之學每以暇日指授幹卿幹卿輒復領悟稍長學爲文先生見之則大喜日

夕奬勉年十四應童子試幾獲雋矣忽得重疾殆而後愈父母鍾愛禁不許苦讀遲之又久見人入試輒心喜乃復爲文沛然以充淵然以客視勤苦於學者亦無以加也期年受知於瑞安黃漱蘭學使補博士弟子員應江南省試會丁其父靄亭君憂哀毀幾滅性服闋益以勍勵期復入試而已不及待矣幹卿生有高識遠韻家故豐田廬所入薄歛而厚施所餘錙銖奇零之數不復省視故鄉人共德之與人交坦然無町畦不爲矯激之言崖異之行始學爲詞賦又學

爲小品古文又爲篆隷及圖繪花卉鳥獸之屬一見輒肖肖則輒復棄去舉凡富貴逸樂流俗嗜好之事無所歆羡時或反以爲耻獨至鄉里諸善舉及宗族戚黨貧乏不能自存者不惜殫竭心力以拯其難必至得當而後已蓋其天性然也其家義莊之側有曠地大可數畝近歲屢言欲於其中引泉累石雜蒔花竹以爲讀書娛息之地卒未就嗟呼以幹卿之才分境地使不遽死或者就其學之所至乘時運而獲名位亦足以爲福於民而退庇其里閭卽不然而徜徉

泉石據圖書花竹之勝優游以臻耆壽如仲長統樂志論之所云其事亦絕可嘆羡何以其竟止於是也悲夫幹卿徐氏名葆楨縣學生同知銜候選訓導生於咸豐元年辛亥二月二十六日子時卒於光緒十八年十月初五日戌時得年四十二歲曾祖雲翔字日和祖學禮字謹軒父其曜字靄庭世居金匱東鄉板橋弟二人葆樹譽宣葆梓少勤靄庭君承先志捐建義莊幹卿與兩弟實贊成之娶周氏妾張氏子世勳孫念曾幹卿受業於余其卒也余慘怛不能爲懷乃及其葬而爲之銘

銘曰夷曠高邁志絕塵性行敦善淑且均苟際風雲澤我民不爾亦是神仙人胡不永年遽返眞佳城鬱鬱楊湖濱土厚水深奠爾神世世逢吉如貞珉

光緒二十五年十月

鶴亭公暨德配諸太安人六旬同慶壽序

世愚弟竇士鏞拜撰

居積以致富服食以希壽進取以求榮其果得也理歟不居積而富不服食而壽不進取而榮其能得也命歟莊子有言名也者相軋也智也者爭之器也君子不炫智不市名爲所得爲而澤施於人迨所積者厚而休和純固之氣乃與之會然則其不求而自得者理所宜然不得謂之命也然而能者寡矣歲甲戌余自京師歸將館於

世丈鶴亭徐君之家邑中賢士大夫多有言徐君生平者曰君少失怙事母　王太安人性至孝寢門之内訢如也宗族之間怡如也經理家政井如也既長益承於義邑東鄉新塘橋官道壞瀕於水每溺人君倡脩之費數千金而道成後水暴至無溺者自粵匪之來吾鄉游騎四出蹂躪君獨支吾其間凡鄉之老者幼者飢者貧不能存者君視其力之所能而貸之全活無算同治之初官軍新復城邑道殣相望君傾貲賑救爲食於路全活又無算其間歉而貸荒而賑

固不可以更僕計故逃難之餘奸宄蠭起獨於君之田里相戒保守無少犯固人心之未泯歟抑亦其德之足以致之也蓋余之所聞如此迨余主於君家舉向之所謂賢士大夫者問之則曰不識也余心異之入其門見其內外秩然有書盈架子弟能文章習禮讓矣而時有農人負耒耜之屬雜於其旁詢之君曰余有薄田數畝督臧獲自種之使後世習於勤苦知衣食之所由余益心異之噫所謂施而不伐有功而不德者歟所謂維土物愛厥心臧用彝訓以教子孫

者歟以余所見證余所聞益信君少羸疾既壯而後而貌日以豐不事商賈不問有無而境日以隆不炫德不求名而遐邇敬慕證衆口而相同夫古之君子所積者厚而休和純固之氣與之會者意在斯乎意在斯乎配諸安人賢而才孝行純摯一如君教公子三幹卿譽宣從余遊好學多識爲文軼儕類蘄以正月之吉爲君舉六十觴乞言於余君信人也不敢以華詞進即余所見聞直書之以爲君壽

光緒四年春王正月

靄亭公七秩壽序

通家姪侯瑋森頓首拜撰

翳夫風清粧嶺曾吹子晉之笙春滿瑶臺快把浮邱之袖故九五福曰壽箕範先徵以八千歲爲春椿陰特茂自來碩德必享脩齡宜乎亥數呈祥壬林誌喜矣惟我

靄亭世伯大人系出華宗夙推英物本梁溪之族望振孝穆之家聲蕃楊常懸儉帷早下惟堂構宜承先緒而詩書豈戀浮名闢謝氏之園亭幽懷自適治鄧

侯之田宅儉德堪師家號素封千畝之稻粱已足門多翠靄四圍之桑柘適濃豹隱一方鳳翔千仞而乃仁心惻惻俠骨稜稜待而舉火者數十家沾其餘潤者幾百里設黔敖之粥豈曰嗟來綴白傳之裘漸能廣被囘天有術饋藥餌於遐方布地成金通津梁於遠道雖身經浩劫不聞室毁鴟鴞而世積陰功旋卜門容駟馬矣且夫金籯滿室何如衣鉢傳家支粟十年孰若擁書萬卷於是謀深燕翼訓著鯉庭鏘鏘聽雛鳳之音昂昂有家駒之概茁芝蘭於階砌三樹爭榮採芹藻於宮牆一黌競爽所由伯歌季舞代有青晴左酒右漿羣歌黄髮也兹當慶衍蟠桃恰値禮隆杖國看綺筵之宏啟欣綵服之承歡舒麗景於西神春回杖履覽祥輝於南極樂滿壺觴從今純嘏綿延鶴算卜期頤之慶際此條風噓拂兕觥賡介壽之詩

光緒十四年

膠山安黃宗譜卷七

內傳目錄

膠山安黃氏宗譜卷七

内傳

明誥封奉直大夫桂坡安公元配誥封太宜人周太宜人墓誌銘

賜進士及第光祿大夫柱國少保兼太子太傅禮部尚書武英殿大學士知制誥華亭徐堦撰

上卽位之八年有司遵文皇帝故事選進士改翰林庶吉士讀中秘書旣而大臣議罷諸選者實多海內名士錫山安君如山其一也予時在翰林始識君居久之君歷官四川僉事謝政歸喪其母周太宜人自爲狀走幣京師乞銘於予予義不得辭按狀太宜人諱貞字淑貞世居常之無錫曾大父諱正氏大父諱餘德父諱襄連三世不仕宦而以貲雄里中太宜人自少淑婉儉素父母愛之及笄歸贈戶部員外郎桂坡安公逮事其舅友菊翁安氏故饒於財至翁益盛錫川之稼或或家僮食指千貲重務煩太宜人入門綜理調雜巨細井井友菊翁因得自逸時節具酒食招致賓友相宴樂閱若干年乃終而戶部公負氣慕

奇節數游諸名山至不遠數千里李中丞興白茅水利求可與議者衆推戶部居其間海寇竊發伍大夫仗鉞討之致戶部幕用其策當是戶部十九在外家事悉以屬太宜人凡太宜人所處無不當戶部意者又數出所蓄積佐戶部爲施予自宗族鄉閭交游故舊旁及海內之貧士雖甚疏逖苟自造請莫不滿其欲戶部名乃益彰戶部有子七人人使各治一經延致師友盡吳中俊豪然其四子庶也太宜人待之一如己出旦夕供饋豐潔必均諸子遂相繼有成立而僉憲君袞然舉進士自翰林出知裕州遷戶部員外郎太宜人夫婦並拜封命食其報焉僉憲君每宦游著聲稱太宜人聞之不色喜曰毀譽何常之有及謝歸亦無愠容諸子或於異母弟有間言輒怒曰兄失敎也其所見異於恒情又如此於乎若太宜人者爲婦爲母皆足爲世法矣太宜人生於成化庚子八月初四日歿于嘉靖丙辰三月十四日享年七十有七子三人長卽僉憲娶江陰郭氏封宜人次如磐娶葛參政恒女先卒繼夏氏次如石娶華郎中雲女皆太

學生其庶出者如京太學生娶周氏如岡太學生娶王副使舜漁女如陵娶鄒氏早卒如嶽娶周氏女二長適華魯亥適太學生鄭相孫男十六人希堯太學生娶王大理延詰女希禹邑庠生娶吳太學邦榮女希夔娶錢錦衣部女希稷亦娶王大理女希灝娶華氏希龍娶蔣氏希契聘馮氏希頤娶浦氏希益聘薛氏裳吉聘鄭氏元吉聘吳郎中邦楨女廸吉聘章副使美中女貞吉隆吉習吉復吉謙吉撝吉俱未聘孫女八適王宗堯夏旭華伯貞吳鶚王化宏餘聘顧道

洽徐尚德曾孫男二紹祖聘徐錦衣纘勳女紹芳聘吳檢討可行女曾孫女二一許秦耀一幼凡子女婚嫁皆名族而如磐之子隆吉尹弟光祿少卿子明所許妻以孫女者也僉憲卜葬得亥年十二月二十七日丙午遂奉太宜人合祔戶部於膠山之阡銘曰

易賛六四富家吉詩詠鳲鳩美均一於惟宜人德誰匹老壽蕃祉天可必我文明之示後式

明四川按察司僉事膠峯安公元配誥封宜人郭宜人墓誌銘

賜進士出身資善大夫吏部尚書同郡劉光濟撰

宜人姓郭氏四川按察司僉事膠峯安公如山配也郭之先沛人宋時有諱廷堅者舉進士授廸功郎占籍江陰七傳至彥貞徙居邑之陳墅又四傳至諱鳳者號秋岡娶於趙生宜人宜人故名家女而安氏族方大僉憲公父曰桂坡翁爲僉事擇配婦得郭氏女遂委禽焉宜人年十七嫁僉事公公方爲諸生從遊

諸先達之門授經講業日夜孳孳宜人處閨閤中有雞鳴交儆之風公登嘉靖己丑進士被選入翰林爲庶吉士復自翰林出守裕州已而陞南京戶部員外郎又自員外郎落職歷州郡佐後陞雲南按察司僉事再改四川免歸閱歷中外幾二十年遭讒與忌屢蹶屢起宜人咸從於官其蹶也不爲戚其起也不爲競凡官常名義與夫進退大節宜人了了有丈夫之識初公以戶部員外郎推封其父桂坡翁如其官母周及妻皆爲宜人戶部公既貴盛而家益饒賓客結

軺於門宜人典中饋羃酒漿内事舅姑外應賓客執婦道惟謹珠璣綺縠取給左右而宜人治麻枲計米鹽以儉率之不爲侈也翟冠翠翹揚帔曳裾命服在躬而宜人處諸姑姒婦間婉容柔氣以禮下之不爲驕也以故安氏族愈大而閨門雍睦子孫弗替表於里中宜人之賢足徵矣宜人生于宏治甲子十月二十日卒於隆慶辛未十月十五日得年六十有八子男二人長希堯太學生宜人出次希范爲叔如陵後女一皆側出孫男紹祖紹芳女適秦燿周炳文宜人

之卒也僉事公方在殯希堯卜以乙亥十二月二十一日合葬於膠山之新阡宜人中表弟兵部郎中趙君與治爲之狀而請余銘其墓僉憲公在先達中稱長者雅善余而宜人又余邑中名家女也乃爲之銘曰

孰爲之先曰惟迪功毓德發祥厥惟名宗嬪於大閥服茲寵榮生者並貴殁也同封制詞孔赫永賁爾宮佳哉新阡鬱鬱葱葱

明故安母郭宜人行實

賜進士出身奉政大夫

南京兵部武選司郎中眷弟趙與治謹狀

宜人者四川僉事無錫安公諱如山之妻封戸部員外桂坡公諱國之冢婦也姓郭氏郭之先汴人宋時有諱庭堅者舉進士第授廸功郎始占籍江陰凡七傳至彦眞遂徙邑之陳墅居焉自彦眞四傳而至鳳宇文祥别號秋岡娶趙氏女而生宜人則余從姑也宜人爲人聰敏剛正有經緯遇事不疾不徐容止儀

度卓卓然如鴻鵠在燕雀之羣望之人知其有能也方其爲兒時即知愛敬其父母秋岡公鍾愛之難其偶而戸部公亦爲其子愼選配聞宜人之賢遂委禽焉宜人年十七而來歸時戸部公與周宜人咸在堂戸部公倜儻豪縱御家政嚴肅而交遊賓客不絶如市宜人典中饋羃酒漿候其喜怒時其盈縮殫心竭力以事之無弗當其意而僉事公亦時爲諸生方就外傅遊學於諸先達之門宜人不暱燕私惟日夜詗寒暑候起居以助其勤闈中之事一不以煩其慮故

僉事公得優游肆力於學問以有成者宜人實相之也未幾僉事公舉進士爲翰林庶吉士出守裕州陞南京戸部員外獲封其親與妻既又落職爲州郡吏歷紹興高唐金華卒陞雲南四川兩省僉事歷中外幾二十年然多齟齬於時或憤懣無聊不平有動於心及遇刑獄操縱與夫官常名義出處之所關有所疑而未決於中者必咨於宜人宜人爲之商利害剖是非計算籌畫每中肯綮有丈夫所不能及者然尤素儉約身常衣疏布澣衣錦繡紈綺之飾非賓祭

不御其在官邸未嘗廢織紝絲麻委積米鹽醯醢之類靡不經意非所當用雖寸絲尺帛亦不以妄費人謂宜人嫁官人爲富家婦以承藉寵渥宜無弗滿意者而宜人惟辛勤以生業爲事初不知其爲富且貴也宜人性固方嚴至於處諸姑伯姊與諸娣婦又極其和且易不立標幟無憑恃偃蹇之態下至媵妾及臧獲輩雖不輕假辭色愼守禮法然處之悉有恩意不事苛刻故家人無內外大小皆銜而戴之僉事公晚年生庶子女二人宜人撫而愛之視其母與諸妾

異視諸孫亦如其子有不率多方教之有疾則憂形於色寢食爲之不寧初不知其爲庶生與其非已出也然性惟不喜奉佛終身不御齋素之事世之兒女子惑左道鞠躬稽首昧昧焉以求福田利益者宜人不爲也嗚呼若宜人者可謂婦人而有女士之行者矣宜人生於弘治甲子十月二十日卒於隆慶辛未十月十五日享年六十有八子男二長曰希堯太學生娶王氏宜人出次曰希范聘談氏爲亡叔如陵嗣女一未字皆庶出孫男二太學生長曰紹祖娶徐氏

次曰紹芳娶吳氏孫女二長適秦燿次適周炳文皆希堯出曾孫女一字施學源宜人之卒也去僉事公未逾年僉事公卒宜人爲之哀慟垂絕者數四後以一指之瘵竟以不起至是越三載而宜人之子希堯卜以乙亥十二月廿一日合葬於膠山之新阡而圖所以不朽者乃先以行實委余夫余於宜人固中表兄弟也余之舉於鄉僉事公又嘗館余於其家與其子希堯從事於筆硯者彌年則知宜人之賢且淑非一日矣故粗述其梗槩以俟立言君子採擇焉若其

闈中之懿非耳目所及者不得而盡述也

長嫂王孺人行畧 明太學少峯安公元配

降緦服弟范拭淚謹述

長嫂王孺人以萬歷辛丑卒於今七年所矣伯子紹祖先朝露仲子紹芳好青烏家言歲覔善地不可得久之纔物所有四三藐孤煢煢未足比數人子卜葬未能也不肖范身肩兩世左支右吾日夕冀諸孤之立以襄大事邇屬里中不戒於火震鄰滋懼因思先伯兄少峯公朱村之阡久虛其右以待孺人與其倈諸孤於數年之後從容備禮而葬孰與倉卒就簡窀

穸蚤歸俾不肖范得釋慮於死者即簡率何恨因擇今年丁未十月二十五日甲申攜諸孤奉孺人柩啟先伯兄兆合焉惟是孺人生平懿行有不可泯者而不肖范生後伯兄四十年侗焉在孩知為孺人所憐惜而不知其他長通仕籍日益遠迨放歸田里而孺人業謝家政老矣聞德種種無能殫述第就耳目所聞見與宗黨之所傳說聊次梗概以備太史先生採擇孺人王姓世為蘇州吳縣鼎族文恪守溪公文章德業前世無比孺人祖也文恪生大理寺右寺副林

屋公延喆娶貳顧孺人而生孺人行居三孺人生而秀慧異他女絶爲大理公所奇愛不輕以字先子會當先大夫席大父桂坡府君之餘業又舉進士有聲伯兄器宇凝重稱其家兒遂得委禽爲年十九歸伯兄執婦道惟謹兄讀則砥之讀兄廢讀則砥之行時吾嫡母郭宜人以嚴持其家左右日用凛凛孺人卒不失其歡心先大父與郭宜人相繼殁孺人相伯兄含斂喪葬一如禮伯兄雅好客門外長者轍恒滿孺人能曲承之不闕雜佩之遺比伯兄遺家難無歲不

有鼠牙雀角之訟思得而甘心者屬耳孺人輙潛爲杜釁防微令齮齕者屏息而無敢逞訓其子紹祖紹芳歲延四方名士飾張具臏脩脯切切箕裘是望祖姪有聲上舍拜官光祿芳姪文彩風流籍籍人口孺人之力居多爲宗戚交往禮意綢繆待王氏諸昆特厚歲時問遺曲爲周恤而文湖公以同母故愛尤篤至文湖公至今念之語及淚蘇蘇泣數行下也閨處不聞疾言不覩遽色馭諸臧獲不忍無故加詬辱家之人亦銜孺人之恩不敢忘范猶憶數歲時周旋伯兄之側孺人輙手爲撫摩玩弄若所生范亦瞻戀孺人不翅若慈母尋徙周涇時一歸謁情誼藹然未嘗不以骨肉視也既成進士奉使還拜孺人堂上孺人之色喜可知已甲午罷官歸問奉孺人起居而孺人猶相慰勞其視范猶子哉范何能無悲於孺人之逝也先是丙子歲伯兄以一疾暴亡孺人撫膺椎胸慟不欲生已稍稍告瘁又兩姪艱於嗣祖姪晚得子而痘殤孺人哭之爲輟眠食亡何祖姪以無嗣終哀傷憂懣遂病目眚戊戌芳舉一子孺人雖卧起床褥間

猶沾沾喜曰吾夫婦庶幾不至爲若敖已而芳連舉三子祖且無嗣而有嗣而孺人竟病瘵以卒不及覩矣悲夫孺人生嘉靖甲申五月十一日卒萬歷辛丑四月念二日享年七十有八配爲余伯兄國子生少峯公希堯生二子長紹祖光祿寺署丞娶錦衣衛僉書少東徐公女中山武甯王裔孫次紹芳太學生娶翰林院檢討後菴吳公女女二長適湖廣巡撫右副都御史秦燿永昌郡守文橋公子次適都察院都事周炳文大宗伯儆菴先生子孫男五長社臣聘刑部

主政晴宇華公女卽紹祖出而殤於痘者璜珩琚瑢紹芳出璜聘鄉進士馮一秦公女珩後於祖未聘琚未聘瑢聘合州守求峯吳公女孫女四紹祖出者三一適太學生施學源太僕寺卿勵菴公子一字吳江顧慶畬提學副使衡宇公子女殤一字王永稔湛盧公子紹芳出者一字孫源平少宰柏潭公子嗟乎余范追述孺人生平而不能無動於中也當孺人廟見之日王當鼎盛吾安亦代興榮華赫奕夫誰望者中歲二子翺翔國學俠傾吳下秦壻以少年高第歷顯

官周壻以宗伯之廕敘翩然鳳毛而孺人適遭其會其爲福澤可勝道哉迨晚家稍不振無論兩姓凋謝豪華已非而琴瑟之歡奪於垂老伯兄忽見背矣斑斕之色銷於甫艾嫡冢旋捐養矣卽孺人天性恬夷今昔一視而廿載未亡人終於鬱鬱以死死未幾而仲子相繼呱呱黃口大者垂髫小者提抱僅延不絕之脉其能無動於中耶所藉惟范又力綿材薄負荷弗戡上念及逝者而不能代爲之子下念及生者而不能代爲之父有惻惻負慝而已廿年卵翼伯兄如在儻令孺人之德復湮滅而弗彰異時何以見伯兄於地下惟太史先生以世講兼通家之誼必能哀而賜之志若銘也故不憚修途顓一介以請其自甆諸孤璜等以下實世世藉以不朽

亡女墓誌銘

明贈光祿少卿我素安公元配談宜人太學信余談公諱修女

降服父修拔淚撰

嗚呼余女之天而亡亡而湯藥弗及也永訣無親也遭此不辰艮可扼腕余於首虞先爲文哭之矣顧其生平閫德卽年僅逾笄多可稱述不忍其泯泯弗彰也思以志其墓中石每抽筆慟而輟者再三玆窀穸有期洒拔淚而志之如左談之先汴人自壽齋府君扈宋南渡因家於錫入國朝數傳至樂善府君以季子貴贈監察御史樂善生封奉政大夫刑部郎采芝

府君采芝生曾大父萊州守秋雲府君秋雲生太邑令鶴林府君曾大父暨大父俱以世父中丞公考績贈如其官大父生余父鴻臚府君娶余母秦孺人生余余年十九娶內子吳氏六年間舉女者四不育者三余母素多病慮不及見余有子也爲余娶貳室范氏卽女生母也女生時手足微動而無嗚嗚聲內子謂予曰是女也性必淑愼當是賢媛無疑因育之若己出居嘗撫摩疾而醫禱長而訓誨嫁而治裝與己女無異內外家政余固綜攬不移然非斯女也素得

母歡爲保無纖毫二心耶女稍長羣諸女兄弟中習女誡勤女紅自旦達暮自少至長雍雍睦睦未嘗有幾微相尤態形諸顏辭閒諸女兄弟忘其非同胞也女亦忘諸兄弟非同胞也歲戊辰余大母王太淑人壽屆九十余稱觴爲壽延致戚里故知先滇南僉憲膠峯安公在座酒酣舉觴前席壽余曰不佞熟左師觸讋之計而預有司馬徽之鑑竊有請於先生幸先生毋辭余聞而訝之曰公奈何而言若是膠峯公曰不佞旦暮之人也有少子希范方在孩抱不佞哀如

陵弟寡妻鄒碩人貞而子立欲其無奪志也業已爲之嗣矣以穉弱委孤㷀猶几上肉耳所室是子者非其人不佞一旦捐館舍是子將不有其家且不有其身不佞心計可托死生者無出先生右得交二族之歡幸之幸矣余難之時外父問竹吳翁亦在座悉心慫慂因定盟焉居無何膠峯公暨鄒碩人相繼卒希范嗣產悉聽其同父兄少峯君主之歷八載而少峯君亦卒安甥彷徨無依攜其本生母吳歸周涇執嗣產奉鄒碩人柩以居四壁蕭然形影相弔里中有弱

而侮之者希范煢煢一身末由控訴余聞之拊膺憤憤數年來凡所爲康屯計者甯任怨弗惜不忍負廖峯公之鑑也歲庚辰女將適安余慮其少不更事不可以踔遠且甥也才而處荒僻將孤陋寡聞無以世其美因令治衣舍於邑中之里與余家接比相望是歲仲冬女適希范泣蘇蘇不止曰從夫爲婦而不及事舅姑奚以婦爲已而謁其夫生母乃收淚曰大人在婦道可執也以姑事之數數導其夫攜之同居便奉養顧希范生母性不茹葷就昣啜稱便竟弗允所

請女念子母婦姑天各一方則色養已違而問寒温羞飲食不可以遣廢者旦晚起居訊者相望於道闈闈中果蓏菜茹廉得鮮美必多方致之而過責日甚則曰大人養子娶婦冀承膝下之歡大人鄉居婦城居定省之禮尙缺責也宜然第吾能竭情盡敬亹亹忘劬當得其懽縱有所不堪惟飲泣而已不以聞余也事嫡母克共女職常語夫曰吾嫡母賢母也吾非母出而母視吾無異己出卽亶力事之尙不能酬其萬一每得甘脆必以遺之未嘗旬日間也事生母曲體其情常忿言於夫曰吾母恨不生男吾卽男也勿使觖望吾願畢矣卽少所烹飪亦以遺之每獻歲屬其夫拜之堂下不拜歸不樂也安甥夙遭閔凶時時有南阮憂女謂之曰若胡憂貧吾爲若憂憂學無成耳白屋起家自古及今更僕未易數也矧若有田數畝足以備饘粥屋數椽足以蔽風雨布衣疏食足以聊生若果殖學能置身青雲之上則黃金屋千鍾粟何羨彼田舍翁爲以故希范晝而講習必潔盤餐供之勿使分志夜讀書則親鍼紉相之不夜分不息也

余每月終旬集子壻輩分題面試以程進退嘗品藻希范女沾沾喜不勝或過爲謟讓亦竊自幸曰吾夫少失恃恃吾父庭訓不翅從此奮志將從此檢身庶幾不落人後歲壬午希范得備邑弟子員喜溢眉宇且謂之曰此士人進身第一階耳脫自怠學將日落吾不知其所終能益自淬礪期勿墜先人之業是吾所望於若者也奈二三惡少有導其夫閧者有導其夫飲食游戲者輒憤然怒俟夫入正色語之曰吾父布腹心展四體屬耳目於若者以大器期若也若爾

若負吾父多矣語竟不復語者久之希范恒若創痏而猶然一佳公子者女之力也胡此輩聞變覩輒然而咍其死彼蝠蚍其心者奚足置之齒牙間而有識者固交口而譽謂閨中少婦乃能知大體有如此也生平言笑不苟未嘗聲聞閫外衹身布素不輕衣綺縠居然一田里婦也目不知書而謀慮措置多與內則女訓諸篇暗合其得諸天性者固然哉御下無譙呵無鞭朴而事亦井井就緒歿之日無卑尊幼長以至臧獲下隸莫不拊膺慟哭非尋女懿行素孚能感

人如斯乎生於嘉靖壬戌六月二十一日丑時卒於萬歷癸未三月初十日丑時年僅二十有二女一甫三月未字希范以卒之年四月初十日葬於周涇祠父母新阡之次余不敢飾狀言以阿所好直志其實而爲之銘銘曰生也鞠汝嫁也遁汝卒也殮汝葬也封汝所可知者致愛於汝百歲之後或同穴汝或孤塚汝所不可知彼方寸間厚薄於汝

明故勳卿小范安公繼配張宜人墓誌銘

賜進士出身資善大夫南京禮部尚書前本部右侍郎大常寺卿分陝右丞督學使者翰林修撰國史官京山李維楨撰

安僉憲公舉小范公晚而失愛於適母又早失怙其生母吳太宜人鬻子之閔倍萬恒情小范元配談宜人早亡而繼以張宜人宜人爲女父授女訓誦之不忘言動有準則既歸事姑甚謹姑督課子嚴宜人篝燈刀尺機杼佐讀恒以宵分就寢雞鳴而起猶恐內

顧分心與姑處周涇慫臾公之膠山風樹樓專精修業姑未食不嘗食溫凊如子禮宜人父無子而母鮑居嫠起居之使相屬於道婦也女也而兼子矣公應留都試宜人有吉夢白姑姑曰未亡人冀子有成耳果捷上南宮公念母不忍別母曰吾有媳汝勿繫念春闈復捷母與宜人喜可知矣筮仕行人不遑將母公欲扶母之京母不可宜人執勞作苦以供婦職公當除北部念母乞得南司封迎母與宜人入留都齋廚索然如諸生時公上書論事恐上意不測令宜人

奉母還家治產膠山明年再上書忤旨母大驚宜人慰藉無恐公削籍還里隱居膠山之麓宜人益自儉約召家人勤課耕董婢媵勤織作伯子仲子簉出也愛如己出後徐陳二媵又舉二子子之如一諸子母無不卽敘而姑與公樂可知也公好客歲入不足供宜人應諾立辦問所從來皆節嗇自奉之物也姑病不起宜人慟哭不已言輒泣數行下公講學東林從顧涇陽先生究身心之學好遊奚與山水一切家政宜人終代成之年五十諸子婦爲壽宜人色不豫曰

吾憶吾之壽若大母時也不及見若輩命兩婦分主中饋稍就閒諸子以甘旨服飾進却弗御而屏居一室御下不加訶譴以理諭之而已幼穉必體其情疏遠必周其乏宜人年六十而公以五十八病歿宜人悲號不欲生爲諸子析箸自製身後事無一不具甲子元旦強櫛沐延見宗親如永訣越三日不語而逝生以嘉靖壬戌七月四日距卒之年六十有三後小范公贈爵例得稱宜人子四廣居廣譽廣成廣生其娶嫁詳公墓誌小范公與余季弟同成進士余締交久知小范外舅爲澄泉公子達澄泉公兄爲參知政事公子仁禮部尚書諱彝元後家範所由來遠矣廣居爲狀介其姊夫華太學與進乞余志按狀宜人在家爲孝女于歸爲賢婦愛子爲慈母非無美而稱之者銘曰

詩歌婦德不妒爲先抑稱任只溫惠塞淵此六行者疇克備旃維張宜人得秉其全無子有子將毋諡焉爰作斯銘與詩俱傳

明贈光祿寺少卿我素安公繼配張宜人傳

賜進士及第翰林院脩撰國史官文震孟撰

自余垂髫時則已知錫山有安吏部先生風流氣節爲人士宗又知先生居家不問生產而家不甚衰落經畫井井每汎舟五湖流連山水天目赤城菁山桐塢經時累月而不煩內顧則皆賢配內助之力也蓋先生繼配爲張宜人云先生坐黨錮三十餘年以天啟元年卒卒而始贈光祿少卿後三年宜人亦卒於是其孤手狀宜人事實請余爲傳而廣謩來言曰宜

人蓋諸孤之嫡母也而諸孤不知母之爲嫡母也惟母亦不知諸孤之非母出也則又泣而言曰孤先君以直道擯於時實未被半通之綸褘翟揄珈惟母氏亦缺爲榮光之未錫卽從先人贈爵稱宜人猶非王命也因泣不能仰視曰孤先人歿而諸孤視息人間猶幸有老母老母在庶幾先君音容寄焉茲母復棄諸孤母復棄諸孤是諸孤棄於天也余聞其語而悲之因覽其狀宜人之爲女也父澄泉公早世無子獨呱呱與母鮑孺人居鮑賴以安從父鴻臚定宇公無

子亦以宜人爲子從父復賴以安自爲安氏婦而周旋子舍弗替也則孝女也宜人二十四而歸安爲繼室雖繼安室齒乃稍長於光祿公姑吳孺人性嚴重宜人順之姑治家肅而整宜人佐之姑婦相倚猶左右手也則賢婦也吳孺人舉光祿公時壓於嫡艱苦百罹宜人體其意字諸夫人撫愛備至引與均禮卽婢媵或有違言終不與較愛諸夫人子如己子諸子所爲語而泣也則慈母也爲女孝爲婦賢爲母慈斯足傳矣哉顧宜人尤知大體其明識洞達恒出尋常

眉睫之外當光祿公試京兆試禮部輒先期語姑策其必捷而自司封南都上書觸時相幾逮矣闔門皇怖且啼宜人獨慰其姑曰姑不憶抱子時乎荼毒酸楚鬼泣於幽天實鑒之矣當無大恐既而果然光祿公削籍爲編氓宜人復迎慰之曰君之身今乃爲阿家有也得常相守田畝歲時伏臘可亡以身行殆爲阿家憂幸矣乃益精勤爲生計田疇力作與婢僕同甘苦韓蕭絣辮洗靡不盡力光祿公好賓客盤飧咄嗟立辦雞猪魚羊菜菓蔬荳水陸之鮮無弗畢具具

無弗畢出宜人心手不一鬻諸市中自奉極約大布之衣屢經浣濯食不兼味飲不三爵勤且儉若此而施予不倦凡宗祊里黨婚喪朝夕皆倚宜人爲外府皈心竺乾而門絶師尼足無招提之跡斯又皆其生平卓然可爲女師閨範者矣宜人父澄泉公諱達禮部尚書籌元後世爲梁溪著姓子四人廣居廣譽皆諸生皆出誡室陳令人廣成廣生尚幼女五人生卒娶嫁具狀中而安氏世系載光祿公碑志茲不詳蓋傳體也山史氏曰余於安光祿小范先生曩稱忘年

交云先生名希范字小范没而子譽走京師上書天子白父忠得贈今官天下謂先生有子矣宜人於諸子爲嫡母而諸子悲哀如所生述母生平使人悽然不忍讀也宜人誠賢乎乃爲人子者如是亦庶乎其可哉一門兩世爲臣忠爲母慈爲子孝嗚呼余之傳張宜人也蓋所傳者廣矣

太學懋卿安君側室吳氏墓誌銘

前進士開封守薛宷撰文

隆萬間宇內山川翰墨之勝萃於吾吳其以探奇至者遊錫山必過膠山謁王元美皇甫子循兄弟必過安懋卿懋卿輒掃西林藥肉飛縑娱之時稱安陵食輞川莊閨中故媵御環侍元配吳孺人吾郡子言太史女閑靜高簡佐鍮釜者不乏人若秀外慧中兼優理劇余友元图太學生母吳氏也吳氏家居江上父吳翁有心計當懋卿名噪時江上劉大司馬與締爾

汝交隔江朱光祿在明意氣相許故懋卿時往來春申浦先世別業在江滸者委吳翁營泉石蒔花竹意愜則勸之市義立捐數千金散盡懋卿笑曰此吾馮煖也旋聞其女賢簡置篋室爲變蘭計先是懋卿爲諸生避地秦淮納褚姬辛卯北雍幾舉而復墜雄心漸耗又苦艱嗣建白榆閣祈禱甚後納吳氏實褚姬之意也母王太君尚在堂曠期有識曰此子必宜男而載福果生璜郎元图也方元图在妊吳孺人侍太君湯藥積勞成疾疾革呼吳氏曰産得男吾目其瞑

乎嫡庶詎篤如此一時名士貽篇什慶懋卿㒹斯者必須吳孺人樛木而期吳氏爲燕姞顧吳氏初未嘗以有子自詡也懋卿外侮内戚侘傺日久刑神儽苶乙巳棄世吳氏號慟不欲生念孤璜甫八齡爲節哀視息念褚姬招納之恩視褚如兄弟褚秉管鑰吳氏安之惟元㕛補弟子員拜母而忘褚母褚不悅而諸姬亦不安懋卿嫡叔光祿我素公爲謀析箸吳氏母子斜陽蠨闥寂歷共甘褚病革而吳氏不忍離潸潸淚下褚姬合掌稱謝而瞑元㕛婦秦賢而殀又墮僉

膠山安黃氏宗譜　卷七　吳氏墓誌銘　二　中和天全堂

人穽匍匐訟庭者二年吳氏曲意慰解年七十辭不稱壽茹蔬素禮佛以終生萬歷甲戌九月初九日卒崇禎甲申八月初五日年七十有一子二長璜太學生次瑀卜以癸巳十一月二十八日祔葬朱村祖塋之次穆乞余誌墓余少即耳懋卿名未及見見光祿公丹顏素髯與先尙賓貌甚似不特同講壇譎籍尙賓謂不肖言過西林見懋卿柱間所懸少陵絕壁疎松句與小范捬掌絕倒小范者光祿字也後從六館識元㕛兹因其子而詳其母之懿淑矐然爲誌而銘之銘曰

隆萬際英碩萃琅琊儁懋卿氏滌研亭淑媛侍大小吳允女士有不競蔭孫子有祖風世厥美子也才騷雅嗣膠山隈松濤沸讀書聲梵唱儷朱村墓千億禩

膠山安黃氏宗譜　卷七　吳氏墓誌銘　三　中和天全堂

太學懋卿安君側室唐氏傳

前進士南京國子監博士馬瑞撰

吾邑懋卿安君慶歷間偉人也家有圜圃臺榭購異書名畫古器實其中其子弟優如龍鳳懋卿兄弟風韻遒上芥視一第小不售即發憤遊名山川走兩都諸公卿更置邸延之握麈尾辨說揮霍歸而爲文章著西林集能自出機杼其知友皆天下名士也日與之文詠唱酬飲酒歌舞詼謔醉呼日夜不厭閒嘗從王司冦席與諸賓客隷事奪其巾箱几案雜服飾幾

盡復散諸賓客司冦謂懋卿可止馬横槊下馬談論矣余未與懋卿接不得詳今覽元白太學生母唐氏餘事而知懋卿之行誼也唐氏毘陵農家女及笄爲懋卿側室事王太君及吳孺人肅恭誠摯吳孺人委以管鑰當懋卿兄研泉謝世而未有子懋卿視其旁已有抱子者獨吳孺人旦夕覘唐氏室有弧矢繼且不箠而生元白其抱子者亦更殤乳故元白始期卽爲研泉公後嫡母徐孺人帶礪名閨錡釜間鮮當意者一見如娣姒而唐氏亦婉孌有志操能傾徐孺人心是時懋卿以篇章麴蘖搜古敦彝環玦故產不能無措諸所需皆仰給於唐氏唐氏歲計寢邱之入及舉質所餘者相灌輸綜理徵密勾駁省便如家之少府歲不益產而家用饒見懋卿屢蹟省門不得抒胸懷放曠詩酒輒曲意承歡王太君吳孺人相繼歿酒脯不向口每至生平故處輒流涕未幾侍懋卿公疾膳飲湯藥必口嘗其歿也矢志不食死懋卿叔光祿公勸慰曰此呱呱泣者誰氏子耶無母則無子乃强起就食力舉三喪葢棺窆穸刻木講客種種無憾而

後卽安析居故廬母子棲於影堂朝晡上食至丙夜篝燈視兒斬斬熟矣擁榻且吁入門檢先世捲握物無一存者乃出其釜庾之儲以給逋責繼而元白遭內訌外搆僞生節目幾事加誣唐氏終身未能猝寧謀徙城南爲緘縢扃鐍計囘思盛年層簹聯綺燕寢華堂皆落莫恍惚若夢中事私自悼惜不能久於兹矣辛卯夏疾革怛無荒語如有道者四月初十日卒年八十有三

論曰古者於閨帷之間擅嫡專家之訓辨之詳矣然

增室備胤家之經也而能支傾起衰尤古所重焉是以楚國之姬不以禽湯沐執巾櫛振衽席爲賢而能不蔽衆美使沈令尹聞之舉叔敖以成楚國之霸楚史援筆而書之曰楚之伯樊姬之力也鍾會所生母喪議者以爲公侯有夫人有世婦有妻有妾所謂外婦也依春秋成風定姒之義宜崇典禮稱成侯命婦則婦人之貴顧其自立及子之成否何如耳安氏榮緒華宗中更墜落能引一綫以繫千鈞俾若沈者浮若瘁者敷其誰之功歟且厥子既往而承之而又推燥就濕分肥養氣以至成人在此有戴媯莊姜之稱在彼奚止班族乳虎之鮑嗚呼可不謂賢哉

安母高孺人傳

孺人姓高氏諱淑貞前崇禎癸未乙榜特賜進士授大令安公廓菴元配萬歷丙戌進士吏部主事贈光祿卿我素公冢婦嘉靖己丑進士庶吉士歷仕僉事膠峯公孫婦也父萬歷己丑進士官至都察院左都御史贈宮保尚書謚忠憲公母王夫人王父靜逸公本生王父繼成公曾王父靜成公高王父雪樓公四世贈宮保尚書如忠憲官世常州無錫人忠憲中進士之三年而孺人生明年以建言謫尉揭陽是時光祿以迎養改吏部南曹上書爲天子辨護是非奉嚴譴罷歸光祿之罷以忠憲之謫兩公各自得不以相累爲嫌以相摩切爲道義相好也比忠憲光祿創東林書院講學其家童孺婦子耳濡目染不離典訓之內以故孺人二十歲來爲安氏婦則已嫻婦道如姆師荆釵裙布拜光祿與兩姑退子舍攻苦食淡如受教於賢父母側時然光祿方與海內正人服古稱先客舍常滿悉問所需於孺人充都養之役不以有無解光祿喜曰此眞景逸家兒矣景逸忠憲號也光祿

久罷而歿忠憲始起爲御史大夫既白駕掛孺人闔門送之而愀然也昔者吾父之謫也則吾舅以罷今者吾父之廢而再起也則吾舅以隕均以身報國而志有弗遂爲其家兒能無慟乎蓋以兩公之心爲心菀枯之集不在私門已岌岌乎人之云亡邦國殄瘁之痛爲無何而奄禍作士大夫括髮關械忠憲亦已歸第歎曰吾大臣不可辱也從容整衣赴水從屈平冀以屍諫奄黨詰責漏泄詔書當是時親鄙悔懼謂奄人所指東林必連安氏孺人麻衣往哭忠憲尉藉

安氏無恐但妾當受難苟灌緹縈有愧古人耳會緹騎出吳門吳人手瓦石胥擊之奄慮動搖東南不深竟得無株連而安氏竟無恙孺人私謂大令君曰從是殆矣家難彝國禍深矣自時厥後誰爲國家折衝厭難者天意已可知妾得死夫子之手不逮淪胥板蕩下見兩家公爲厚幸其賢孺人者謂爲東林過計其迂孺人者此巢知風穴知雨無故而痛麟獲憂鵩啼也忠憲歿後之八年而大令始舉京闈孺人不以鹿鳴燕喜曰所謂退尺進寸終何補於先人大令之

下第也進曰聞之吾父吾舅云學必治其有用者今何如哉抱虛求進希世用事非所望於兩家子壻於是大令究心水利救荒講鄉約保甲團練征繕有成書赴選人得令將敘第施其所素具者而時方迂濶東林子弟不可用大令焚其書而歸歸而有甲申之變憤懣疾浸加不能自還而卒孺人哭曰曩者吾舅死吾父死吾固知有今日今吾夫子又死先歌板蕩詩報兩家公地下惟諸孤未成立吾不可以死於是收淚屬其家人而訓之曰爾無死我先夫無寡寡婦

無藐藐諸孤又合其宗黨而告之曰無死我先夫無寡寡婦無藐藐諸孤不膴先人之敝田廬吾自撑拄之賊之所生不難死吾夫且死齮齕吾者咸應曰不敢於是孺人教其子爲名茂才晨夕告誡其婦及其女之嫁而以時歸省者必曰吾舅云吾父云居卑尊間無不順適蓄租揆茶儉勤厥家凡二十八年辛亥春秋八十吉祥而逝孺人少爲忠憲孝女自二十爲光祿孝婦爲大令賢妻又二十八年爲壽母逼六十年間家恩國邺杞天周緯其志意較然不欺固非婦

人女子所知卒廼身閱滄桑備嘗艱辛立孤遂長有幹有年易曰地道也妻道也臣道也地道无成而代有終也不愧爲東林女東林婦矧孺人生四女爲大令置蓮孺人卽叉先舉茂材璿而側舉二子孺人撫之視璿加等人以爲難然皆賢哲婦人所克勉爲不足爲孺人道孺人卒璿已前諸其舅學憲諱世泰志其墓而乞傳於余曰將以附諸家乘云余惟孺人一身其於國家之故死生存亡隆替備矣書其大者止是餘例不具

贊曰余讀離騷悲平屈之忠一姊女嬃嬋媛而詈予謂直節不可以免於世甚矣其不見諒於家之人也如孺人者女子自爲知己矣自勝國國是否黨論敗人皆以東林爲諱忠憲光祿東林之質的也其家之女子猶卓卓如是蹤其生平與忠憲所自湛水同其潔淸可以傳矣

鄉進士虞山錢陸燦拜撰

安母高太君傳

前進士除禮部主事授湖廣提學僉事從弟高世泰拜撰

康熙辛亥十二月初九日世泰三姊安太君無疾而逝距其生萬歷壬辰享年八十矣吾姊爲吾伯父忠憲公第三女於安爲勳卿公長媳爲孝廉大令公正配大令艱於得子後得長子璿自吾姊出子復有子可謂遘人倫之完美矣卽其脩然假寐以考終是人生終日顧天而不可必者吾姊非甚盛德何以得天

之厚福如此乃余聞諸余季兄稱吾姊所遭有四大阨類皆俯仰左右間吾姊一以溫順之德謹厚之禮周旋順氣不使齮齕者有失言失色之加夫以吾姊所處之閫所棣之家上之無持籌握算之煩下亦不至有操作勤渠之務所愼持者侈儉之關所謹守者淸白之風所調劑者喜愠之意而已乃方不可以入圓氷不可以附熱有如情日摯而不能達理未直而曲爲承此中默不可告之緒惟堂上翁深體而嘉服之謂非忠憲家教之純粹安得有此賢良之息耶此

皆安甥狀中所未及余徵於吾兄之娓娓而信抑甥狀更有不盡言者大令爲祈嗣廣置篷固吾姊小星之貽也可奈大都耦國性人人殊家督一無所聞吾姊卵翼其非己出子每過於己子懷抱之愛毋論已曾有以豆觴側弁開釁爲余所親歷竊歎爲母道當然然有我之見誰則能忘於嫡庶間而婉曲排難幾見發於蘐堂之北甥雖闇畧不言吾姊令德播溢於媚黨嘖嘖未已也余更有感者嫡長之謂冢孫不以齒此天秩也宗法也世所遵行奈何有異議者循流俗苟且之爲害至於承訛習舛譸亂啟爭余聞長甥之克讓而嘉之然可讓者錙銖不可讓者名義昔陽羨許武掜廉自免以顯厥弟之名君子譏其釣譽不足稱若迺董子所詮天經曰父之所生其子長之父之所長其子養之父之所養其子成之信非夸語堪繹思至於甥之抱痛惐惐謂未有以榮親固孝思之無窮而非其實也韓退之答陳生曰君子榮親以誠不待於外汲汲科名以爲孝者惑也余觀箕疇五福天人交致並無爵位之文豈非以得自人者必不如

得自天者之難乎甥羨慕乞人者皆人之事不知乞人之羨慕乎汝母者爲得天之福也繼自今甥其惟修身潔行以求令聞久而不匱不曰誰母之子乎經德秉禮以薦嘉譽遠而彌光不曰誰子之母乎斯則所以永思成余以告吾甥皆自黽勉而不逮者也

凌孺人傳

凌孺人無爲公配高太君嘗稱其精細公寓吳郡五柳莊結交名士酒漿縞紵悉出孺人旨公享其成而已足不踰閫至辨別往來判若蒼素金閶門外遊女如雲而孺人不屑也終日凝粧端坐漪瀾堂領花香鳥語之供四十而亡吳敬生外翰偕諸名士爲文以祭之頗能道其實自孺人歿而公之素封頓墮乃知其操家之才爲不可及已舉襄時張大司農靜涵題神主而送之望齊門外蓋重之也

錢孺人傳

錢孺人元白公配爲新婦見家承故習一切瑣屑俱有分司主公主母拱手挫食即歎曰中饋婦責也如是則黽勉有無之謂何遂總持家鑰一手握定纖悉弗漏以迄倉囷園莊之出入無不會計如法初業中落已而大振戊子盜發移家城南盆置膏腴捐貲爲諸子援例井井治家與元豐伯氏相爲表裏亦並壽八袠餘眞研亭公之佳兒佳婦也自元豐歿而先世之圖籍一散若孺人歿而先世之寶玉又一散矣贈公之澤五世而斬其如數何哉

范孺人傳　薛孺人傳

范孺人濟園公元配世居常熟釣渚渡鄉文正公派也玉宇公女十八來歸姑已去世奉翁惟謹伯姒秉家政日事嗃嗃孺人悉以婉娩受之晝紡織康熙十八年大荒疋布僅易米五升備嘗荼苦十九年卒年僅一十九無出生康熙壬寅四月初五日卒康熙庚申七月廿八日葬鴨城祖塋之傍

薛孺人濟園公繼配康熙辛酉舉人諱渭英公女年十九公贅爲兩家正當衰落聘禮裝奩皆從儉孺人

不以爲意曰貧士之常也人貴自立耳奚必祖業乎治家井井翁性難悅孺人能承順之一言一語無不當意者後姑撫有前女情不相合孺人調度之使之無釁可乘識見有大過人者撫字臧獲一如子女翁之姊爲秦職方夫人善評品小輩不顧人面赤一年兩度歸鄉孺人接待之見卽極口稱贊曰眞大家女也能知大體如此生康熙甲辰八月十一日卒丙子五月十四日年僅三十三歲生子二女二合濟園公兆於墳園

繼室張氏傳　蘭岩

庚辰孟冬余喪婦陳氏恐子爲孝已伯奇也誓不再娶辛巳分爨莫主中饋慼然於毋之尸饔遂娶張氏考諱允達有長者風婦幼喪毋自學女工善事其繼毋與庶毋知無毋之苦必能憐吾喪毋之子也故娶之年二十三來歸余年三十自傷旣壯無成薄產不供饘粥敝廬不蔽風雨憂形於色婦曰貧不足慮子訓蒙吾紡織壞屋可脩鞠子奉舅姑之暇機杼聲徹夜蓬首惡食操作不休積十五年而買田五十畝戊

戌之秋余方鳩工葺牆屋而婦病歿年僅三十有八與陳氏合兆於家園之曾祖墓西子祥十二歲女二幼公甫文伯之毋日寢門之內婦人治其業爲婦職固宜盡也然忘寢食以操作積勞傷生亦太自苦矣易曰家人嗃嗃悔厲吉吾婦之謂歟

張孺人傳

孺人張氏亘臣公長女爲候補訓導春臺安先生之元配安氏張氏錫山望族世爲婚媾明初鴻臚卿張存姊歸安處士劝劝早卒張氏守節居梅里鴻臚殉建文君之難姊爲墓誌署曰安劝寡妻張氏者是也春臺世業耕讀其考雲卿公有隱德尙品節不事封殖分田十餘畝不足供饘粥勤儉治生孺人歸於安有奩贈然荆釵布裙安於儒素有德曜之風操井臼治機絲餉耕納稼躬親其勞不辭瘁也教子讀書不

慢賓師順於舅姑和於妯娌無間言也佐春臺創業方始而遽謝世今其家繼長增高什伯於前夫孰非孺人昔年拮据旨蓄實始基之乎孺人生於雍正十二年八月十五日卒於乾隆三十七年十月初八日年僅三十有九生男謙恕皆國子生女一適陳清蓮長子謙勤學能文與余善思母氏劬勞不年乞余爲傳余雖言之不詳而孺人之德可知矣

贊曰余讀元徵之悼亡詩有落葉添薪仰古槐之句爲寒士之妻勞苦可想見於詩中張孺人之始歸安氏共勤家類是乎福詒後昆俾熾而昌亦足慰孺人於在天矣

金匱儒學訓導吳江年家弟趙基頓首拜撰

皇清例贈孺人張太孺人行畧

歲辛未外舅春臺翁命灝讀書安氏義莊且課其諸孫時義莊工竣安氏家乘新鐫告成外舅不朽之業成於耄年宗族將以爲賀而我外姑張太孺人卒外舅愴然心悲泣而言曰余以徒手成家天實助之而相吾家成吾志者吾婦張氏之力也命子婿灝草行畧付彙占先生纂入家乘灝不能文又不敢辭乃述所知以備采錄謹按外舅春臺翁元配張孺人吾族艮臣公長女生伯子謙仲子恕長女一而孺人卒事

見趙葯亭師諱基所作傳中外舅不忘孺人娶其娣爲繼室繼室張孺人艮臣公季女屈柔自下善處人骨肉撫前孺人二男一女如己出恩勤有加自就傅至婚嫁孺人盡心爲凡爲婦爲母爲姑一以寬裕慈惠而無偏黨或以後婦後母俗情忖度孺人孺人益自謹而不尤人外舅至今念之曰婦之始歸也吾慮前子女之著蘆花也吾幾寃吾婦也外舅勤於治生築室稽田歲無虛日賓客之往來者田夫鄰人族子及百工之趨事者日凡幾輩孺人持籌司出納具酒食什伯人之出入飲食勤惰勞逸孺人知之而供億之雖繁劇而心焉數之不爽毫髮外舅至今念之曰婦之操家也吾慮其治絲而棼之也不知其能用心也外舅延師教子命灝同學課族子弟灝亦與焉彙占先生講授行文之法常置前列幸博青衿孺人始一開顏蓋灝少遭閔凶早失怙而家貧孺人常以爲憂也今孺人往矣灝愧無以慰孺人且無以報德也孺人知親戚之貧故見外舅捐腴田贍族孺人無吝色歲給孤寡孺人無德色家由儉而豐孺人無驕泰

之色義莊土木之工曠年孺人夙興夜寐無倦色居恒遇不如意事隱而弗言不形於色卑幼有不順者和顏化之無慍色外舅至今念之曰吾婦之有忍也吾疑其藏怒也今乃知其有容也孺人柔順中正暗合坤道如此宜享大年明年外舅壽八十孺人不待同受慶祝而長往也外舅之心傷親朋之所共惜也孺人生於乾隆十二年七月十三日卒於嘉慶十六年九月十六日享年六十有四生男三察棨拱察拱國子生生女一即灝婦也嗚呼吾前後兩外姑相吾

外舅擴其業以至贍宗族刋家乘可以爲後嗣觀矣
國風尙女德漢劉向作列女傳婦道無成而代有終
亦不可湮没哉外舅自題張孺人哀辭曰
非德不偶惟年不延嗟我結髮念之涕漣姊從伯姊
能奮其後不逮偕老別我黃耇吾宗敎長朋酒斯饗
我酌兕觥維以永傷闕我衣裳有能補之宜我室家
莫能助之成我多男長我諸女和我內外無怨無惡
有惡隱之有辱忍之以全雍睦勿替引之爾詒介福
子孫享之營齋營奠爾豈嘗之一生無逸今得小康

寫爾勞心永懷勿忘

功服子婿張灝稽首百拜謹述

壽母周太孺人傳 歗石公配

男子治外女子治內夫婦正而後家道成嗚呼豈易
言哉歗石安公以孝恭端慤之行果毅貞壹之力度
量品概卓越儕輩其型於家式於鄉有利於邦國閭
里者犖犖諸大端永足表率桑梓垂範後昆矣而其
內助之賢如周太孺人蒼松勁柏老而彌古其生平
行事規模宏遠實有勝於鬚眉丈夫之所爲者此則
巾幗偉人足與歗石公相爲表裏不可以不傳者也
太孺人系出新塘橋周氏恩賜八品銜太學炳臣公

第四女少亢爽出言有章人己知其不凡年二十一
來歸歗石公時值君舅霽堂公家門鼎盛諸子共爨
太孺人上事翁姑下和妯娌旁撫羣從子女有條不
紊翕然無間言厥後分箸田各數畝諸叔姒均引爲
憂太孺人曰人在能自立而已需祖產何爲時歗石
公設帳僻鄉館穀微薄太孺人以紡織彌匱乏鉅細
井井除薪米外日限百錢銖累寸積後以其餘置田
數十畝其勤儉勞苦有非常人所能堪者平居衣無
羅綺食不珍饈然自奉儉約而事舅姑則誠敬生二

子長聲華亦會輪又生二女晝則在塾夜則太孺人督課之機聲與書聲時相和也防其驕惰不事姑息歷有年所婚嫁方完不幸聲華夫婦相繼歿母子相關未免暗泣而於二老前則多方勸慰恐傷其心也至乙卯會輪生子壽彭方一破涕爲笑胞姪素留夫婦又先後逝世太孺人既佐舅氏經紀其喪復竭心力教養孤子至於成人仁慈之懷可以風世不意家門多故又遭會輪之喪厥配張孺人憂思身殉太孺人以大義相責方得勉撫遺孤以延一綫粤匪倣擾

大江南北烽烟匝地歒石公爲保衛鄉閭計籌餉辦團不遺餘力者有年嗣以兩抱西河之痛意趣索然太孺人謂之曰兒不壽命也孫存可繼宗祧現方倚君爲長城萬勿萌退志以辜民望公乃勉任其難隱爲決策焉太孺人臨事多機智當蘇常戒嚴時力勸備舟預載神像栗主並祖遺各物及合家老幼避難琴川公留在家任地方事越在草莽未與賊遇古物得以保存太孺人之力也同治甲子大難初敉甫旋里廬完聚而公以迭經喪亂日益憔悴不支竟於是

年八月壽終正寢時太孺人年已古稀雖哀毀骨立而神智不衰命諸姪經理喪葬均如禮由是息肩以家政付諸媳已則仍事紡績晚課孫讀以爲常或集家人團坐講解女訓等有用之書居恒破除迷信最不喜持齋諷經等事歲時祭祀必豐必備元旦日祀天敬祖後必詳言某祖某宗各事跡津津樂道無倦容性最慈貧困無告者必佽助人有忿爭必設法排解治安律已常嚴御下則寬一門上下無有不愛戴者享壽八十有六神識湛然無疾而終太孺人以一

女子身具此美德稟此卓識宜其福澤綿延期頤稱慶有本有源非尋常閨閫中人所能望其項背也可不謂賢歟

論曰昔敬姜魯之賢母也以命婦之尊至老紡織而對其子文伯論勞與逸詳晰精理可爲家法孔子之嘉予贊美有以夫周太孺人以世祿之家儉德昭著跡其行事直可與敬姜後先輝映近世風俗浮薄以尊重自由提倡女學而其所躬行者實逸出家庭道德範圍之外聞太孺人之風能無滋媿乎

同邑涇里秦寶瓘拜撰

荆室胡宜人事畧

宜人姓胡氏系出宋文昭公後父燮蓮公母張孺人以宜人幼而明敏比長通曉大義處分事務條理井然故視若掌珍頗鍾愛之年二十三來歸時余境遇清寒家無儋石且怙恃早失蔭翳無憑致負債累累宜人不以爲憂轉以滿損謙益古有明訓成業起家貴從平地等詞勗勉斟酌緩急脫簪珥典衣襦而償之無吝色無怨言余出外經營宜人主理家政井臼躬操紡織自樂機聲每午夜不息撫兩女育蠶桑賴

以無闕戚鄰咸以克盡婦道多之會有族人私伐墓木爲余偵知其人責令將樹留作公用宜人既惡其無狀又憫其同宗質衣物而隱佽之并使人而謂曰族規不可不整失德及應痛戒也墓木得已保存胞姊適華氏卒無以殮遺孤尚幼宜人助余盡力摒擋以喪葬之撫甥如子輒留果餌以畀哺之不幸未及兩載亦殤爲之痛惜者累月此宜人解衣推食之仁慈油然流露於事實者豈恒人所能哉當始遷祖墓瀆河墊土築埭時余抱病在床宜人內外兼顧躬親

督理迨營造新宅余適又病宜人規劃纂詳支配合度考勤惰明賞罰雖竹頭木屑之微皆愛惜檢置無廢材無曠時葺工翕服吾族宗譜不能遵大修小修之祖訓依期續纂宜人曰家之有乘國之有史也若代遠年湮失於修輯得無祖宗之生卒墳墓難稽子姓之尊卑長幼無序何以詔來茲而敦敬宗睦族之道乎是以余首發起雖中經停頓終底於成迄今思之未始非懍然於宜人之一言啟其緒耳宜人茹荼不知其苦作事能識大體雖無盛德偉業足以垂於

世而節儉操持佐余起家其行誼要不可泯宜人病篤彌留之際尚執手嗚咽曰吾不能相夫子以終老遺兩女育養子以累君咎淚滋深請好爲之無以我爲念言畢目遂瞑嗚呼抑何其言之沉痛若此也宜人生於清同治戊辰七月初七日　時卒於中華民國癸丑七月二十四日酉時年四十有六養子一尚烈女二長字甘露鎮北湖橋華文英次字大墻門鎮楊召伯

民國三年甲寅春二月　期服夫宗愈稽首謹述

膠山安黃氏宗譜卷八

貞節傳誌目錄

膠山安黃氏宗譜卷八

貞節傳

安節母吳孺人墓誌銘

賜進士出身資政大夫禮部尚書兼翰林院學士前經筵講官國史副總裁官知起居注東阿于慎行撰

吳孺人者故僉憲膠峯安公之室而司封希范母也安公諱如山世無錫人起家嘉靖己丑進士由翰林庶吉士仕至今官而孺人之先爲吳縣人父華母范生而多病育於隣媪十五而適公室公巳及耆矣元配郭宜人操諸姬頗嚴孺人最少而嫕且敏能以其意柔之樿櫳盥櫛頤指輒辦郎有燕訶亦巽承無後言宜人歡且任之然防東亦不爲解有娠七月匿不敢言間屈公指以告宜人聞恚曰女也育之男必勿舉已而男也孺人襆之胕庖湢以之謀所置而未獲先是公有少弟早世無子婦鄒寡居久未有當嗣者至是公曰爲弟後者孺子乎五旬而脫諸懷襁而付之鄒母公居膠山鄒居周涇相違四十里母子不復覿也又舉一女則聽鞠之遂避不當夕矣久之公捐

館舍郭鄉皆相繼没司封生方七歲委命守舍之僕孺人年二十有六稱未亡人煢煢獨與女居思子而隕者數也公之伯子當室憐而召還少弟以畀孺人孺人撫之而泣曰天乎兒乃今爲吾子也亦獨何辜而不得與於先大夫哭泣之列又藐然孤矣且奈何而公之捐館遺命伯子有所推分於弟無何伯子暴卒諸姪匿不忍與則曰季故周涇嗣也衆謂當直之官孺人謝曰兒孱然俎上肉耳衆方操刀而忍趣之且兒也材甯必食先世之餘遂攜之周涇居至則頹

垣敗屋田蕪不治橐佃竄食其中踐更徭發蹂躪萬狀孺人日夜拮据以持門戶司封亦不知也而久之司封長成營鄉母之葬受室者再辟珥田廬捐且半矣司封學既有成冠而舉進士官行人奉使過里拜孺人堂下則又撫之泣曰天乎鄉者襁中兒乃有今日安氏故右族也大父桂坡公嘗選腴田三百命曰養廉子孫仕者畀之僉憲公第而受田拓其畝千至是司封當受兒子又不忍寻孺人太息曰孺子幸沾一命徼先公寵靈多矣廉自力而何養爲司封敬受

命不敢問田則請孺人就養孺人不從而留自課耕織以寬司封於仕司封既再最行人考當得臺諫而年不及格受牒部郎即乞改南將母得吏部騐封司主事故稱司封至而激於時事抗書直言有旨逮問尋得釋爲編氓孺人勞曰休乎此時見爾不異自周涇歸矣司封既仕復自置第膠山至是遂隱其中讀書談道若將忘其出處而孺人代視生産老益不倦居十餘年以天壽終也孺人天性儉樸奉佛繙經終身蔬素日食纔一盂菜一衣或至十年司封有所加

篋不甘也進紈綺檳而藏之司封跽曰大人艮苦人皆有食子而兒獨食母者何孺人笑曰兒不聞魯敬姜之以勤訓與性好拯人之急分廩徹餐壺內外無虛日從子貧而多息命司封育其一女奩幌資裝如所自出撫子女雖憐愛而約飭甚嚴稍不馴必面數必改乃已司封自言往小范有過聞母召如對廷尉簿也而今巳矣孺人生嘉靖乙巳十一月二十八日卒萬歷甲辰十二月十二日得年六十一子一即司封萬歷丙戌進士娶談氏信余公女繼張氏澄泉公

女女一適庠生王心一早卒孫男二廣居聘行人高君景逸女廣書聘庠生顧君東垣女孫女三長節育從子者女適太學生華與進亥字吳江中丞沈公太素子同時亥字常熟中書舍人嚴君開宇子機司封尹門人也常相爲家人語而曰方母之娠范也先大夫業有兩庶子而伯兄亦有壯子二人故宜人不欲多庶已而先大夫殁伯兄繼之仲叔皆殤伯兄之二子又折惟遺孫四人僅髫齔耳而孤從襁褓餘生庶幾成立以奉先祖父之祀則母豈惟有造於范其自

先大夫以下如綫之精咸藉以不墜悲夫吾母之於安氏也予聞其言咨嗟異焉以爲膠峯公枯楊之稊能植本而榮華使五旬襁中兒承祧衍祚爲代名流微天之賜不及此矣令甲民間貞婦皆得請褒命婦則否今孺人未受賜也郡使誠以時請先奉表閭之詔以爲盛年矢天愛勞成子者報乎司封端亮儁朗卓然不羣方其滿考値選差一歲或謂可且調歸待也司封踧然曰奈何以一日之資而涉於嫌避如歎君何予聞甚服其言他時建樹此可槪矣孺人之光啟安氏豈惟一圭綖足大其閭哉孺人以考公地狹別營佳城於謝埭之原以丙午十月二十日奉孺人宮焉而介大行高君狀請銘銘曰

誰謂稊也華彼穠誰謂蘗也亢厥宗鞭赤螭兮探驪龍手排閶闔氣成虹緊臣有母教臣忠之死靡慝臣節同白雲縹緲蕙帳空如坊如斧馬鬣封沒而異室魂則從壁千秋兮貫日虹

節母吳孺人墓表

賜進士第中憲大夫南京太僕寺少卿前尚寶司卿
南京吏部郎中通家子廬陵劉日升頓首拜撰

劉子頃承乏南司封郎幸從安小范同舍莫逆業耳熟小范生高門少當坎壈又習吳孺人賢智拮据危困卒成其子爲聞人竊壯其事而心悲其難謂天祚安氏乃有聖善若斯蓋十年有慨於心耿耿焉至是孺人捐養二年有奇小范將有事窀穸謄謝球之原自錫山使使者走滁陽投簡劉子示所述孺人行畧

及高景逸先生所詮次狀屬劉子表孺人之墓余甚媿文弗嫺然誼不可以辭也按狀孺人吳姓其先吳縣人父諱華母范孺人少多病吳翁困多子女食貧遂用術者言育於鄉家姚媪孺人歸僉憲膠峯安公時年才十五而公老及耆矣公之原配郭宜人性嚴重一切用嗃嗃諸媵股慄不敢仰視獨孺人有智精力強能嚮其意少所訶譴即訶譴能輯柔順頤指愈無懈事推諸媵逸者自肩勞者宜人亦稍稍解頤撫之諸賓客餼饎惟孺人辦治稱善及有娠而膠峯公病甚孺人避人飲泣曰天乎命之窮矣無何公病亟已孺人私屈公指告娠期公密投意家人媪治襁褓蓐具宜人廉知恚甚曰公奈何髮種種有茲庶孽耶陰投孺人指娠而女也育之男則弗育孺人唯唯不敢言及娩而男則小范生也先是公之少弟蚤世鄉孺人稱未亡人者垂二十年而未有嗣人至是公無如宜人何思惟有爲人子可全吾子故公舉小范甫五旬挈以授鄉孺人俾爲之子居周涇里則公之智也乃孺人顧深自護五旬中寢起食飲抱兒不去肘

即如廁必束之懷備極荼苦鄉孺人一旦奪而有之而又知有鄉孺人兒乃不害此其難有不可以告語人也者閨閤至情往往令聞者酸鼻此類是已是後孺人復有娠宜人戒如初暨舉女則宜人以無女故女之時公年益高孺人遜謝不敢當夕至歲庚午公捐館舍孺人時年二十六小范生七年矣其秋鄉孺人亦卒明年宜人卒孺人煢煢與一二遺媵之老者形影相弔矢死靡它小范猶居周涇里守繐帷逾年壬申始以伯兄少峯君之命歸依孺人蓋母子離去

九年而復合而後悲喜可知也安氏自膠峯公尊人
贈戶部員外郎桂坡公起布衣雄於貲有遠度以五
經分課諸子署臚原三百餘畝爲養廉田以待子孫
之賢而仕者膠峯公既仕受而益拓其畝千磬别墅
貯之爲文以識夫膠峯公擅素封豈獨有所靳於少
子倉卒從襁中付兒婺婦徒以郭宜人故非其本志
故公卒有遺命少峯君心知之趣弟自周涇歸意自
有待至歲丙子少峯君暴卒諸子俱長自行意始謂
小范無所得先人田廬趣歸周涇親黨諷以大義不

顧蓋安氏昆弟高誼從中變矣孺人至是復大困踉
蹌挈小范歸周涇嗣業故薄所居風雨不蔽而又臧
獲侵漁邑賦繁夥黠族猾胥交煽釁至孺人勞薪拮
据幸襄鄰孺人事小范授室就外傅學一切倚辦此
有丈夫所竭蹶弗任者孺人賢而才故足法也小范
韶秀穎異束髮摛藻有文譽壬午補邑諸生乙酉舉
南闈丙戌成進士明年以大行奉使從間道歸拜孺
人堂下是時小范少年驟顯內外費遂日廣而前所
謂養廉田以授賢而仕者卒不給予小范器識凝遠

竟置不言孺人喜甚顧謂小范曰嗟乎往孺子俎上
肉耳嗣業之弗能有而養廉爲哉今者有天幸惟是
東西南北麇麇奉氷蘖養廉在孀母十指間矣孺子
能毋言吾故喜戊子小范奉孺人移家膠山是秋報
命願奉孺人偕行弗許己丑復使塞上弗獲歸里時
東南薦饑斛米千錢漕渠流絕而膠山故最高地孺
人率丙夜起身先家人婦具饘糜飽食諸傭桔橰涓
滴用能有穫饑而不害以是得寬小范小范既再考
報最當得給事御史故事給事御史有年格小范少

未及格授膳部會聞孺人病伏枕請改南移南司封
主事癸巳迎孺人邸中居無何顧謂小范曰田廬蕪
矣吾故無所需甘毳而茲蕭然者安所給糗食指吾
豈能兀兀坐需五斗會小范上書論事懼旦夕不測
震驚孺人故孺人得先歸膠山及再上書有旨逮問
尋得釋歸孺人第相見勞苦而已蓋閶闔中諸人臣
致身之義乎小范奉驩逾十年陟屺無憾考槃自寬
膠山饒園林竹樹陂池魚鳥而又兒女滿前定省膝
下至適也小范好讀書客至命觴抵掌賦詩娛情山

水不問家人生業而孺人精力素王砣砣操家秉一切機杼孳牧農田蔬圃酒漿菹醢凡卒歲計有田家健婦所遜謝弗能兼者不憚殫晨夜爲之小范愳數數長跽諷孺人少自休暇輒搖首曰兒勿復言吾自堪之孺人性簡澹每食不二簋方娠小范時持戒茹素四十年一日也小范大懼數數長跽諷孺人加匕箸輒復搖首曰兒勿復言吾自甘之孺人卽纖儉手好施予周族里窮困賓客佐餕不趨而辦小范有從兄南屏君食貧育其女嫁名家子孺人辦裝如己出

孺人父母家故匱乏婚嫁死喪周郵爲常至今小范奉遺教其人待安氏以舉火者如孺人之存孺人歿於萬歷甲辰十二月十二日距其生嘉靖乙巳十一月二十八日享年六十臨卒神明炯炯無怖戒禱祀喪祭無用牲牷令侍媪環坐持佛號及索所莊嚴佛座一視而瞑蓋有善根夙果者非耶今天子詔起直臣小范方嚮用孺人譽命鼎來身後之榮未艾也子一卽小范諱希范娶談太學生信余公女蚤卒繼娶張故處士懷泉公女女一適邑庠生王心一蚤卒孫男二廣居廣譽孫女三聘字許字皆名家具誌狀嗟乎小范當膠峯公存歿之際難言之矣當日者伯氏稱家督有兩壯子有庶兄弟二人安氏支榮而本亦固矣此其人烏睹安氏之昌熾惟賴一呱呱襁中子哉俛仰二十餘年景光非故嚮所稱榮且固者幾盡而獨遭閔瀕危之小范居則亢宗出則名世令安氏自封翁上下巋然九鼎子輿氏稱孤孽能達夫多難多智常惟人理有然天道翕張之故蓋可窺也然微孺人有夙慧堅忍克讓豈有幸乎余故謂天祚安氏

乃有孺人孺人之有造於安氏甚大嗣茲子姓綿且鉅正未有量其世世無忘孺人余故書其大者表諸墓門之隧

節母吳孺人行狀

賜同進士出身誥廣東揭陽尉前行人司行人姻晚生高攀龍頓首拜撰

故僉憲膠峯安公有最少子曰小范其生母曰吳孺人膠峯公之元配郭宜人嚴一切用嗃嗃治侍媵不寒而栗孺人生十五年來歸則公已及耆矣郭宜人罕所寬假獨孺人有智精力強能鄉其意所便少訶譴卽柔顏承之愈自不懈推諸媵逸者自肩勞者宜人心奇之所任非孺人弗任也卽宰一餌屬孺人宰

矣已有身會膠峯公病甚孺人泣曰天乎命之窮矣而公病良已孺人私屈公指告娠期公隱治襁褓宜人廉之恚曰公髮種種奈何以庶孽自愚耶則令孺人曰女也育之子男也勿育及産得子男先是公有少弟早世鄒孺人稱未亡人者二十年矣及小范生公曰此可以後吾弟於是小范生五旬而鄒孺人抱之襁中孺人泣曰兒命一襁耳吾襁之起襁之寢襁之食飲襁之庖湢廁五旬而不敢使去吾肘也今以相托矣久之孺人復娠一女遂避弗當夕庚午膠峯公捐舘舍小范生七年矣其秋鄒孺人亦卒明年郭宜人卒鄒孺人故居周涇里去膠峯公居四十里遥公之冢君曰少峯君念曰孺子無父無母奚周涇之居乃令復歸孺人蓋自出襁中幾十年所始歸而後母子喜可知也又五年丙子少峯君亦卒當是時安氏自膠峯公尊人桂坡公以來稱素封膠峯公以郭宜人故倉卒出小范襁中少峯君又倉卒不起諸子俱長自行意謂小范無所得先人田廬旦夕且壯當有口語趣孺人之周涇居客有聞膠峯公遺命者曰

奈何以公之子而不有其一椽一簏耶孺人則復泣謂小范曰孺子勉之人卽匿公遺言有養廉田在盍養廉田者桂坡公所界膴原三百佐子若孫仕者之祿膠峯公第而受之盈其畝千豐其屋庀其儲爲文志之俟得傳者輒挈授之也於是相携之周涇居則風雨蝕其敗屋水旱蝕其囷積豪佃蝕其田租強宗黠胥乘而蝕之役賦孺人拮据捄之不給則置簪珥質庫矣壬午小范補諸生癸未所娶婦談氏卒乙酉再娶婦張其秋小范舉南闈明年成進士當孺人甇

然毋子相弔也坎壈相仍也支鄉孺人葬支娶婦娶而喪支再娶支脩脯支小范負笈遊學岌岌乎殆矣及小范少年驟顯內外費遂益廣而前所謂養廉田者卒不給與小范卒不言於是孺人仰天太息曰嘻乎往吾兒祖上肉耳嗣業之弗能守而養廉爲哉今者有天幸惟是兒東西南北廩廩奉水蘗從事養廉在老人十指間矣卒亦不言小范既拜官行人丁亥奉命治萬文恭公窀穸以間歸拜孺人請孺人之京邸養孺人曰有先人故里在得棲遲一廛足矣且吾

從兒兒貧斧安出小范乃買居徙孺人膠山小范報命再使塞上己丑東南大饑斛米千錢漕渠流絶而膠山又最高地孺人率夜半起飽食諸傭浥涓滴沃苗卒有穫老農家謝不及也以是得寬小范小范既再考報最當得給事御史故事給事御史有年格小范年未及格或曰贏報可俛得小范曰奈何欺君竟不赴部考既授膳部則又曰奈何忘親卽乞改南部得主封司事迎孺人邸中無何孺人曰田廬蕪矣吾不安坐也會小范上書論事忤上意不測怛孺人則

奉孺人歸其明年再上書論事嚴旨逮問尋得釋例仕籍編氓歸孺人笑謂曰往吾得嚴旨不異兒出襁中時痛也今吾又不異兒自周涇歸時喜也休毋子相朝夕樂矣以是益寬小范膠山饒園林竹樹陂塘魚鳥小范喜讀書幽討客至輒命酒宴談終日矣孺人矻矻陸字蹄角以百計水蘗魚鱉以石計圃治果窳芥蔬以畝計山治黍稷稉秫以頃計治醯醬酒菹豉以歲計治醯醢饔飧以日計質明盥櫛坐寢堂臧獲千指旅見各課執業日中省之日夕會之時其饑

渴賚罰其勤惰無休時而孺人自養甚菲娠小范卽不肉食終日一盂菜十年一緼衣小范進二簋不甘也進鮮衣不御也小范跽曰大人甚勞苦令兒作閒遊子不已悖乎孺人曰吾自安之若不堪此徒敗而媪事無盬孺人卽纖儉出納乎以禮用不色吝奉師保必虔奉賓客必腆施宗黨窶者必時於父母家生事死葬男女婚嫁必備小范從兄南屏君窘子女鬻多孺人令小范育其女嫁名族必覘巳撫其一子一女嘔嘔相勞苦憐愛也稍不馴輒扶治之卽小范巳

服官恒數之曰吾面數若者人腹誹若矣及孺人歿而小范痛曰往者吾有小過聞毋召如赴廷尉對簿巳矣不可復得矣吾未能見其過矣孺人生以嘉靖乙巳十一月二十八日卒以萬歷甲辰十二月十二日得年六十其先吳縣人也父諱華母范氏家貧孺人少又善病以術者言育於鄰媪姚氏而歸膠峯公生子一卽小范名希范娶談氏太學生信余公女繼娶張氏故處士懷泉公女生女一嫁邑庠生王心一故太學生寬溟公子卒於產孫男四存者二廣居聘

攀龍女廣輿聘邑庠生顧東垣公女女孫五存者三長卽所育南屏公女嫁太學生華輿進故邑庠賡虞公子次許吳江中丞沈太素公子同次許常熟中翰嚴開宇公子機小范將以丙午歲十月二十日葬孺人於謝埭之原而謁攀龍通家子能悉孺人令狀其事攀龍不佞以所論孺人嘗膠峯公存沒之際斯不亦一髮引九鼎哉非其智足以藏身義足以貞志豈有幸乎及其治生一黍一縷必衡必度至纖悉矣然灑然於得失又若芥視千金屣視三公者卽士大夫

抱獨行君子之意何以加焉嗟乎夫人自有美子死之而能生也賤之而能貴也貧之而能富也世人猥以其私爭衡造物竟何益哉然亦膠峯公植本厚枯楊之梯最榮卒庇其宗支豈非天與伏惟大君子采擇而錫之志若銘令後世得以觀覽焉

生母吳孺人行畧

萬歷甲辰十二月十二日不孝孤希范之生母吳孺人卒爰及丙午歲倏三易日月遄邁哀愴彌深惟歲之冬將營窀窆之役以先大夫塋域偪側懼遺魄震動不敢上祔别卜一丘於謝埭之原惟是墓中片石所以闡揚潛懿者敢徼惠於名世鉅公以圖不朽追念遺事忍痛含毫以述大畧哀悰忽忽語不詳亦懼不足以備采擇念不孝生平逼家姻好無若吾兄曩賜哀辭具悉母氏劬勞之德敢乞裁擇爲狀將藉手

以請生母吳孺人吳縣人也父諱華母范氏有隱德而貧母生而穎慧稍長舉止不苟數歲時善病術者言宜爲他姓子吳翁亦苦多兒女家貧不能共生活鄰有姚氏媼者其家富賈也見母異凡兒因育爲女己未來歸先大夫廖峯府君年甫十五時先大夫年將及耆嫡母郭宜人性嚴重御下嗃嗃諸媵侍鮮得當意母年最少獨能善事宜人宜人待之稍異諸媵卽宜人小有譴訶母雖瞿瞿而輒柔侍側益不敢懈處儕輩和而不狎推逸肩勞逡巡退讓儕輩久而信

重卽果餌微物必屬母爲宰衆乃服癸亥娠孤時先大夫適負沉痾居鄉累月母從宜人晋邑中先大夫方病時不知母有娠母亦畏宜人不敢言聞先大夫病篤輒避人飲泣迨先大夫病起入邑時孤已娠七月母私屈先大夫指以計娠期先大夫始密令家人嫗治襁褓具於外宜人知之恚甚念先君衰病之餘不欲以幼子遺顧復之累陰受母指脫生女也育之生男也勿育母唯唯計無復之及孤產先大夫意不忍棄捐而又難拂宜人意日夜圖所以保全孤者

念第七叔早亡無子孀嬸鄒孺人守節垂二十年應立嗣而久未定乃告之宗老甫五旬卽以孤爲亡叔後而撫育於鄒孺人母育孤五旬而遽奪諸懷痛可知也而又不敢言盎飲泣不自勝孤兒時聞之家人嫗孤在五旬之內母兢兢保護不敢頃刻離侍者憚宜人不敢近襁褓悉手自澣濯卽如厠必束之懷而行備極荼苦孤聞之第灑泣而不忍終聽長亦不忍更述也戊辰再娠宜人戒如初幸生女則宜人以無女故頗憐愛之時先大夫年益衰母遂遜避不復當

夕庚午先大夫捐館舍從宜人歸於鄉時年二十有六呼號痛哭幾不欲生事宜人於衰絰中益篤恭謹宜人亦改容撫之踰年而宜人亦歿毋益㷀㷀失所依與一二遺媵之年老者屏處厠室相泣相憐矣死靡慝先是鄒孺人亦以庚午七月卒孤尙守繐帷於周涇里居未及歸依吾母壬申歲伯兄少峯公念孺子棄遠在外子爲無依始命歸依吾毋孤自五旬而離母之懷賴鄒孺人鞠育備至孺子何知固未諳離毋之苦而毋獨攜亡妹以居凄凄惶惶不勝遺孤之

念盍有子而弗得子有母而弗得母者八九年至是母始得朝夕提攜而子之且悲且慰丙子冬伯兄暴病亡不及遵先大夫遺命以區畫吾子母皇皇然撫藐孤而日夜啼泣誰因誰極無所於控丁丑春兩姪以私指出吾母子歸周涇親友有與聞先大夫遺命者咸籍籍不平婦翁信余談公尤爲扼腕至移書讓之竟置不報間有勸以訟者毋弗爲動第私泣曰吾兒孱然俎上肉耳與其爭遺業以危吾兒無甯保吾兒以捐遺業且兒賢也豈必食先世之餘不肖也卽

嗣業懼不守盍又何爲遂徙居周涇頹垣敗屋風雨不蔽左支右撐僅有甯宇嗣業故薄佃者侮孤寡孱弱不以時輸比值歲凶生計益窘毋悉脫簪珥出入貸庫經營拮据常苦不支嗣母未葬則爲棄產營葬家日益困兩經編審長賦之役族人桀黠者與區中猾胥交相煽脅索鏹不已母念藐焉孤力不任役期功之戚無可庇藉不得已出簪珥賄之不足復割餬口之資以飽壬人之橐鄉里無賴子復羣起肆侮杜門咋舌不敢與校四五年中覯閔孔多受侮不少孤

方有童心不知戶外事悲愁抑鬱悉母獨嘗至今追念飲痛何極庚辰冬爲孤娶談氏婦命孤以親師友便受廛邑居而毋留周涇課耕織以給脩脯壬午孤補邑弟子員外侮稍息母亦稍稍慰癸未春談氏婦以産亡母復爲稱貸經紀殮葬旋棄邑屋以償逋孤復依母居周涇乙酉春爲納張氏婦秋孤舉於鄉丙戌徵一第授行人職在奔走不遑將母丁亥夏孤奉命爲荊溪萬丈恭公營葬便道歸始得具衣冠拜母於堂母而後喜可知也而兢兢然以慆心溢志爲戒

是年冬治裝嫁王氏妹妹所受兩姪嫁資故薄又不以時給母悉力營辦僅得成禮初大父贈員外郎桂坡翁起布衣雄於貲弘度道識倜儻邁倫以五經分課諸父署臚原三百餘畝爲養廉田曰諸子有仕者給之以勸清白先大夫登第遂以歸後先大夫繼述先蹟拓其畝千營別墅貯之爲文以記其事以俟子若孫之仕者迨孤徵第還人有謂母言者母曰固也甯令彼念先澤以來歸無令兒負先志而弋獲竟置不言戊子春移家故里秋七月孤當報命還朝欲奉

母行母曰爾之職在道路吾豈能僕僕從爾於車塵馬足間吾第居家課耕織以佐爾邸中費以無忘先世養廉之訓爾勿吾念己丑孤以使塞上不得歸里中歲大旱斗米二百錢四郊如赭逼川塵起母課家僮尙種稉秫數十畝五鼓輒具饘糜餅餌以飽諸傭浥涓滴於垂絕之流以沃槁苗僅得穫以給百指卽老農猶難之母不爲瘁辛卯春孤再使還朝計期當量移未卜何職故不敢奉母行秋得補膳曹欲迎母念數千里跋踄無可護行者計猶豫而家報至母方

拖病伏枕且累月益憂念計欲謝病歸會初入署而卽有棘闈供膳之役業已受事故未敢請壬辰春竣事卽具疏改南以便迎養七月始得補南司封八月初鮮闕下潞河十月抵廣陵聞母病亦良已而程期已迫不敢歸里以躬御母行遂先抵任癸巳正月迎母至官舍幸已加匕無恙居無何母曰爾官舍蕭然俸入不足以贍吾出而田國荒蕪爾邸中數口將安取給吾歸矣吾不能默默坐此靡爾祿養也孤強留再三不可會孤時有所論劾恐旦夕奉嚴旨不測以

震驚母遂以五月送母還甲午春孤蒙恩放歸母第相見勞苦而已自孤歸田十年朝夕依母膝下雖不能以祿養而母怡然安之曾無幾微見顏色知孤性懶且疎闊不能治生故操家秉雖盡瘁而不忍釋孤念母日衰時時婉謂母兒卽不能問家人生産度不至饑困使母任勞而兒享其逸兒則何忍間屬諸嫂及老嫗輩委曲勸諭竟不肯釋母精神素王一切勞苦之事有田家健婦不能堪者母獨不憚身爲之昧爽輒起呼集臧獲分理衆務內督紡織外課耕作灌

園治圃以逮養鷄牧豕靡不綜理織悉周密舍旁稍
有隙地輒課種蔬果桑苧木棉日一周視卒歲之計
多取給焉母性樸儉天植年十七即蔬素終身不復
肉食每飯不過菜一盂間進兼味輒攢眉令徹去衣
累歲不新製一敝緼數十年紉補纍纍不厭孤即間
進一幣第篋藏之或孤有所贈遺輒出以應孤強再
進不復納即製一衣歲時僅一再御旋已襲之數年
不渝朵劑量出入纖嗇必慎然務持大體禮用色不
少吝尤急貧好施宗族窘乏者歲時饋問必勤有饋

必倍讐之從兄南屏公既老而貧多子女力不能營
婚嫁母爲育其一女爲孤女甲午冬爲治裝將嫁於
華劇盜入室盡掠所辦裝母復拮据營辦不啻若己
出外家故食貧母當窘戹時已悉迎歸居則授室養
則授餐生事死葬男女婚嫁靡不曲爲周給迄今孤
遵遺命給田以養不敢從其薄待孤與亡妹雖備極
慈愛而又極嚴孤輩自幼言動稍不馴輒譴訶甚則
加朴焉即孤長而成名有過輒面責不少貸曰爾有
過吾不爾責吾懼人之譏於面而謗於背者不爾貰

也孤每自覺有過聞母召心常凜凜痛哉母之亡也
而孤罪日積矣何以逭御下嚴而有恩媼婢朝夕侍
左右者不得出一妄語服妝稍炫飾者必面斥之至
饑寒勞瘁必爲軫恤周至僮僕有勞者讐之必當間
一督責之亦銜夙惠無怨言也生平敬信西方教晚
而益切朝夕焚香誦經膜拜寒暑不輟孤入侍及諸
孫從學舍歸則開梵笑問字默記馴至成誦輒自喜
甲辰春母春秋六十豫戒孤曰吾生平蔬素今不欲
以親友稱觴故而滋殺業爾其固謝即不得謝必無

受一牲客至吾第飣園蔬以供一飯耳孤唯唯不敢
違獻歲率婦子具衣冠奉觴介壽母喜強爲三釂賓
客幸臨者母時時戒庖人具素饌必腆曰兒既以我
故不能擊鮮待客無令滋罪自春徂夏母幸健七箸
無恙秋七月忽患氣上逆大減七箸迎醫調治月餘
幸少差醫謂不節勞省煩病不得除孤復懇勸母且
置家務勿自苦母雖強聽而心不能釋冬月歲事攘
攘母復操管鑰從事孤力勸不允心切憂之而病復
發益遑急迎醫治之竟以不起痛哉痛哉母雖病困

中神明炯炯了無憂怖未卒數日啟篋檢遺服僅數
襲分贈諸弟婦及左右侍疾勞苦者撫王氏兩外孫
女曰吾生平不製簪珥不製紈綺今無以贈汝指謂
孤異日嫁時其各予五十金孤唯唯嚴諭不得以病
故殺牲禱祀卽我死不得受親友牲牷之祭喪事中
亦不得擊鮮享客病革時絕而復甦諭孤等勿哭令
諸媼環坐誦佛號先是命工製一佛座未畢至此猶
索視首肯遂轉身向裏右脇側臥孤與婦子輩立帷
旁靜俟以爲幸復甦少頃屬耳於帷不聞息聲啟帷

撫視則已逝矣嗚呼痛哉母生於嘉靖乙巳十一月
二十八日距其卒得年僅六十子男一卽孤希范先
娶談氏太學生信余公女繼娶張氏故處士澄泉公
女女一嫁邑庠生王心一太學生寬溟公子丁酉卒
於產孫男四存者二長廣居聘高讁揭陽尉前行人
司行人景逸公女次廣輿聘顧邑庠生東垣公女孫
女五存者三長卽所育南屛兄女嫁太學生華與進
故邑庠生賡虞公子次字松陵沈同時河南巡撫中
丞太素公子次字琴川嚴機中書舍人開宇公子傷

哉母氏自少至壯身日窘枳棘之叢口日耽荼蓼之
味孀母孤兒伶仃相倚生人艱苦靡不饜嘗迨孤稍
有成立旋卽廢棄竟不得沾一命以譽母德蒿又捋
荼蓄租口瘏羽譙沒身不忘曾不能享一日安閒之
樂嗚呼痛哉嗟乎當孤之生也先大夫尙有庶子兩
人而伯兄亦已有壯子兩人故先宜人謂子孫業已
振振不無支繁本撥之慮孺子益贅瘤耳賴先大夫
曲圖以爲人後雖母子之恩割於襁褓而孤幸以全
迨先大夫歿未幾而兩庶子俱殤長姪及艾而卒而

竟無子仲姪踰艾生子長者未髫幼者猶在襁褓亦
竟奄歿而不得庇其孤先大夫之後幾於如綫卽王
父之後亦俱陵夷衰微而孤以椒聊遠條不卽摧敗
以稍庇其本皆母氏之德之所貽也則豈惟孤實受
之其有功於先大夫先王父不啻厚矣嗚呼壼儀母
德世若以爲生人庸行類忽而不談易至湮滅然人
子之私無不欲其親永有終譽況若母之於孤又遭
母子之窮而母德崎隆者哉第肝摧腸裂方寸憒憒
不能掇拾遺懿之萬一何敢飾一浮艷之語以愧幽

明也葬之日擬在孟冬之月之二十日即欲乞銘於
座師大宗伯于公暨表若傳於諸名公宗匠伏惟兄
早賜之狀以徵信焉謹稽顙百拜以請
不孝男希范泣血謹述

先姊安節母周孺人墓誌銘

功服弟周恒抆淚拜撰

嗚呼吾姊之亡余同氣之親少一人矣念吾姊長余一歲吾姊不幸良人早喪提攜孤幼備歷艱辛而余亦困頓靑氈蹉跎白首每自計將來稍得解脫塵鞅當迎吾姊歸敝廬與家君相左右則旣可慰老懷而吾姊亦得舒眉於一饘一粥之間優游暮年倘有日也豈意遽哭吾姊而復忍銘其葬耶嗚呼哀哉吾姊姓周氏諱淑靜世居江陰之顧山爲吾祖中書舍人

慕菴公能之孫吾父連陽先生仕吾母華孺人之仲女生而持重不輕笑言長而端靜閑於女則吾父特鍾愛之年二十歸於太學生無錫五峯安君如京安素饒於貲以好禮聞吳下五峯父爲封君桂坡公國而伯兄膠峯先生如山以明經進士官至江西參議吾姊之歸已不逮事其舅而能順於姑惠於夫子宜於室人宗黨咸稱其賢於是五峯習經史嗜文墨所交皆一時名流而上有三兄門墻鼎盛皆喜延致賓客以是賓客之來安氏無虛時至則必五峯五峯則

治具欵留盡日夜不厭吾姊旦夕入厨下周視膳饈檢點炮炙皆令芳潔以旨人謂五峯好客爲最故客尤爲之盡歡而不知吾姊有以成之也五峯志意廣大不問生業有無見家事漸落意悒悒不自聊甫及壯年得疾而殁當是時内則嬰幼悲啼外則誅求繼踵吾姊身遭屯難悼死憐孤朝夕哭泣不能止乃勤身約己屏遠紛華減節諸費之浮冗不急者十餘年間支傾補敝公私舊逋旋亦輸納而門庭責負之迹漸稀撫育諸子愛而知勞不爲姑息以遂其過故諸

子能解文義識禮法吾姊之教也自數年來謡役糾紛生計日殫吾姊嘆且泣曰吾之力止於是吾不能爲之矣乃擕婢子二退居一室不復與家事晨興晏寢躬勤紡績無故足迹不踰戶閾之間獨蜡臘時擕一兩孫來省家君與諸弟輩共話往昔嬰幼繞膝嬉戲喧爭吾姊爲之破顔一笑率經旬乃歸歸則家君黯然無歡者累日去年冬吾姊以余自都下還猶一歸省筋力尙完固無恙也豈意僅踰半年遂永隔也卯嗚呼哀哉比聞吾姊病劇倉忙趨視則已不能言

矣實萬歷乙亥八月二十日也溯其生爲正德庚辰六月二十日享年五十有六子男三長曰希夔娶常熟錢氏贈光祿卿雲江公泮之孫錦衣千戶會川君郚之女次曰希龍娶江陰蔣氏泗水尹九川公偉之孫古岸君應周之女先卒繼娶常熟吳氏次曰希益娶同邑薛氏仲山君玉之孫鳳岐君之女孫男一人曰九有孫女五人五峯之殁今二十六年値時事多艱未及安厝希夔卜以是年十二月二十六日奉吾姊及五峯之柩據禮合葬於膠山先塋之穆先期希

夔來請銘家君泣而呼恒曰小子宜銘以志吾哀恒不能銘而情不可不銘矧家君命之乃抆淚而爲之銘銘曰

姊昔于歸家正豐溢曾不踰旬而逢其厄重屏晝掩孤燈夜績撫柩擕嬰支傾補隙一節始終嚴霜皎日胡壽考之未躋而遽返乎玄宅嗟嗟吾姊無慚簡策

明例贈太宜人未旌安節母鄒孺人補傳

裔孫 吉

我素公之爲完人實成于兩節母曰鄒孺人曰吳孺人吳孺人明四川僉憲膠峯公側室也鄒孺人膠峯公弟子實公配也鄒孺人十七來歸子實公十九而子實公卒孀居無子又十九年而撫膠峯公庶子某爲子是爲我素公卽吳孺人出也先是吳孺人生公嫡母郭宜人戒勿舉膠峯公乃命爲子實公後鄒孺人撫我素公七年而沒一生理內禦外荼苦備嘗嗚

呼我素公之得爲名臣爲碩儒爲亢宗子爲安氏祖宗綿幾百年血食爲安氏子孫垂幾百年德澤皆此七年鞠育之所致也孺人之德其可忘耶易曰苦節不可貞節均也而易著甘苦之別豈不以婦道之守節者有舅姑可奉有子成立可望有邱墓田廬可依而孺人無一焉蓋子實公爲桂坡公最少子出繼舅氏居周涇北膠山邸第之雄田廬之富圜圊之美彝器之藏俱無與焉兼以早世無嗣舅氏業有嗣子孺人此時守周涇陋巷窮廬孤燈繐帳何所恃而能守耶卒以精誠毅力默感回天於十九年之後使死者無子而有子離宗而歸宗抑亦僅矣孺人卒於隆慶庚午距生於嘉靖丁亥年僅四十有四孺人既沒時膠峯公亦捐館舍吳孺人自膠山之周涇守節撫我素公成立萬歷己卯鄒孺人與子實公合葬周涇之原則吳孺人之苦心經營也葬後八年而我素公成進士又八年而我素公以吏部郎建言削籍兩節母之苦節俱未獲覃恩亦未邀旌典然吳孺人之沒有若高忠憲公諸先輩爲行狀誌傳以彰苦節可以不

朽而鄒孺人闕焉嗟乎百餘年來先人典籍散軼多矣孺人之德之節 吉 懼後之湮沒不彰也感泣書此作補傳云

安節婦浦氏墓誌銘

賜進士第正議大夫浙江按察使司按察司前南京戶部廣西司郎中姻生龔勉撰

節婦姓浦氏太學浦君曉山文龍之孫女太學繼山承學之女鴻臚安君膠泉如磐之婦其七子習吉之妻也節婦年十五而歸安甫八月而夫夭十八而還其父家三十有六而遽亡斯亦可哀也已其父亥節婦行請銘於余余夙與繼山君交好曾同遊邑庠既而締爲姻親義不可辭遂許之銘夫浦之與安也在

錫最爲著姓而二姓婚姻則自節婦始節婦生而柔惠婉娩父母絕愛之方爲擇配而習吉亦卽秀有英姿於是遂締好焉居無何膠泉夫人夏氏病卒後歲餘公又卒節婦遂歸習吉比入門撫臧獲睦妯娌尊卑上下無一不宜安氏皆以爲得婦云甫八月習吉寢疾節婦躬視湯藥以身禱既弗愈痛盡幾殞於是煢煢一身經營喪葬鉅細如禮當是時膠泉既没而其弟十峯無子會以習吉爲嗣及十峯挂吏議并傾習吉所遺產節婦俯仰無依不得已而還父家與母氏及諸妹同寢食節婦性孝友端謹慈厚其事父母也潔茗精饌先意承歡其處諸昆弟也煦煦和柔怡然無競其褆躬不爲粉飾而侍女狎婢在側未嘗見其袒衣色笑其治家辛勤紝織而至周人之急則脫簪珥毫無難色其於族里雖襪襏藍縷之微待之未嘗不如富貴人其於姻戚雖派遠無可稽者歲時棗栗腶脯之間未嘗不如近姻故母馮氏疾節婦躬爲頮盥櫛沐扶抱吮摩旦焚香祝曰吾母子未婚女未嫁不可死妾乃未亡人請代之母病尋愈後歲甲申

家遭回祿凡節婦所留裝貲盡入煨燼母氏驚悼疾復發而亡節婦悲號絕氣久而始甦日抱二弟夔鯉夔德一妹泣曰吾無以饑寒愁苦貽若遂極力保護三豎不自覺其爲無母也平居遇夫忌誕及四時饋奠必躬滌濯羞殽烝竟日號泣聞者無不欷歔侍婢中淳謹者愛重之一有過舉卽逐去不復近守制二十一年足不出閨闥言不及非僻身不服艷麗耳不入淫哇蓋其貞烈出於天性然也時直指君按部廉訪貞節欲疏請旌表以風勵宇內父謂節婦曰如吾

女雪操冰心或者足以當此乎節婦進曰婦人而夫早亡命也夫亡而拖節以終分也女安分順命而豈博名高耶壬辰秋病篤父爲求醫節婦不可曰自吾夫不幸早世卽當從死所以不死者以事二大人故今母已逝父又兒孫滿前吾死瞑目矣何求生爲卒不服藥病三月而卒卒之日內外疎戚罔不咨嗟嘆息嗚呼節婦之完節令德此可稽矣惜也旣夭其夫又促其壽如天道何節婦生於嘉靖丁巳七月十有九日卒於萬歷壬辰十月二十一日今擇於十一月二十九日乙酉葬於膠山安氏祖塋之側而合亡夫之兆禮也銘曰

嗟彼淑女弗祐於天相夫八月孀居廿年雖居之艱雖節之完我銘斯石旣永且堅於以勸賢

節義褚姬傳

族裔吉

褚姬者族祖懋卿先生侍姬也艷而才誦毛詩慕關雎之不妬懋卿工詩畫褚姬亦間作略似趙子昂管夫人風韻家在無錫之膠山有西林自戶部桂坡公闢傳僉憲膠峯公爲宗子別業至懋卿益增勝搆三十二景景繫以詩葉之芳和之王世楨爲記張復爲圖褚姬捧筆硯如紅拂綠珠林居之樂雖王公無以易也及懋卿伯兄早卒嫂中山王孫女徐氏有遺腹生女待懋卿有子而承祧懋卿元配吳無出而先卒褚姬有寵而無孕懋卿少負才氣試不利又遭疑謗如唐六如憤甚乃問渡桃葉酬韻淸溪篷步者久之年五十而無子也褚姬曰嗟乎奈何使戶部高義僉憲名宦無宗子承宗廟乎出貲金購女有宜男相者畜之如期當夕於是連舉四男以其次爲兄後而安氏大宗有子至今傳八世矣褚姬之力也諸女以子貴抗褚姬而不恐懋卿卒率諸女守節植孤時我祖光祿公在謫籍講學東林懋卿之季父也褚姬請爲經紀其家析產與諸子委內政於諸女有子者退居

一室焚香禮佛以終

論曰褚姬所畜女吳氏唐氏有傳而褚姬之事弗彰豈非無子故耶然褚姬則有母道於諸子矣諸女之子褚姬之子也昔王陽明戚繼光皆以其夫人不容畜妾遂無嗣則褚姬之德可風也況委曲植孤從容守義丈夫所難閨媛優爲之尤有關名教哉故采遺聞而表之

節母黄孺人蔡孺人傳

南屏君生八子早亡而無嗣者二曰太朴曰雲壑太朴配黄氏工書屬文但以貞靜自期不事翰墨第於親族家爲女教授道範卓然二十而寡六十而歿室非懸磬生郎奉表閭之檄膝有嗣續死不虞若敖之餒雲壑配蔡氏僅有破屋三楹薄田三畝耕織爲生井臼親操飢寒困廹之死靡他二十而寡七十而歿較諸黄氏更難爲節例當旌表而家貧嗣絕族替時艱申請無力眞缺典也

武康公繼室吳氏守節傳

武康公者先大令郿菴公庶子仲合之子也大令嫡庶子三人三分㘭村我素公宅嫡子孟公居中庶子仲合居西偏叔先居東偏仲合傳天薇天薇傳武康而㘭村故宅廢遷居膠山之南林南林者我素公隱居之所也視西林稍遜而地以人重爲邑名園久矣我素公傳仲子旡咎旡咎無後仲合爲之後故武康居南林其時已失舊觀爲孤村窮巷矣武康年三十卒遺孤二人長曰奎生三歲次曰星聚二歲繼室吳

氏年二十四有田一畝半不給饘粥茅屋三間以紡織養二孤貿布易粟幼孤力不勝負米常忍饑臺地屋基賦稅無以供春畜一豚供春稅秋畜一豚供冬漕㘭村有古樓三間孟公業也仲合成婚于此孟公讓與仲合吳氏顧此樓守之不能棄之不忍朝攜木棉至㘭村暮歸南林顧二孤乃鬻其樓孤長而以供婚娶武康公有繼子傭工寄食而死吳氏命二子扶其櫬歸葬時方隆冬而其妻舍其赤子孩女于牀挈其被亡去吳氏急救之而女已凍絕吳氏命二子養其赤子至八歲吳氏卒年五十有四苦節三十年

論曰淫奔則子女不顧貞節則植孤而又能撫他人之孤婦之貞淫關門祚之絕續子女之死生如此此王政之所以重旌節也我安氏多苦節而未請 旌如族祖母吳氏使武康公門祚不絕子孫曾元四世矣豈非節母之德歟其孫惟仁述苦節狀故作傳以表之

安節母孫太孺人傳　　顧皐

皐中表兄安吉古琴嘗與皐言先世節母未旌又備述其嗣母孫太孺人之節孝故皐知表伯母之懿行亦知古琴之孝思也嘉慶癸酉歲皐方丁艱在籍而古琴辭世其子念祖以行述乞爲塡諱并以其祖母孫太孺人事略乞傳太孺人姓孫氏考太學生諱溥兄邑庠生諱佐乾吾邑舊族太孺人嫺婉識詩書年十九歸邑庠生繼勳安公諱經傳公之嗣父天柱公早卒嗣母吳苦節本生父天任公持其家繼勳公

力學肄業紫陽書院太孺人婦兼子職事姑吳節母至孝姑病持齋祈禱願減己年以延姑算姑没哀毁滅性勉繼勳公爲姑吳母呈請申詳　詔旌節孝繼勳公病太孺人脫釵環鬻田產以供蔘藥公卒年三十二太孺人年二十八絕粒十二晝夜願以身殉回念夫亡無子求嗣於本生翁以叔長子吉爲嗣保抱四歲孤兒而幸冢嫡有後日夜紡織母兼婦道以課教養既而天任公析產太孺人爲天柱公冢婦順從本生翁命惟奉天柱公宗祀長齋戒殺求子科名子吉以乾隆己亥　恩科舉於鄉往還燕遼齊豫者數十年爲奉養高堂之計太孺人春秋高辭不介壽謂未亡人有子孫足矣而何慶爲晚年講四子書義課孫念祖以娛老享年八十有四守節五十七年皐嘉念祖之孝故爲之傳以待采風

論曰吾見嫠婦處豐亨有翁姑有兒女而不改節者矣孫太孺人孤苦煢獨而能代翁立孫代夫求嗣爲姑旌節教子成名孔子曰歲寒然後知松柏之後凋孫太孺人之立節有如此夫

安節母華孺人傳

賜進士出身蘇州府學教授甥浦起龍頓首拜撰

乾隆十一年　詔旌安節母華孺人余母舅紹庭安公諱世榮之元配堯彩表兄之母也紹庭公懷才未試年二十二卒孺人時年二十念藐孤無依舅姑之柩在堂未卜葬地不敢遽死家貧藉十指拮据儲賚積血葬舅姑養孤子延師教子至于成婚皆出寸心經畫而孺人衰絰終身衣粗食糲數十年如一日足不踰戸閾内外整肅先母太孺人每言華孺人之賢

而悲其節之苦死者藉以安土生者藉以成立非特慰所天於地下而舅姑之靈亦得賢婦不絶享祀也起龍獨悲先太孺人長逝不及見華孺人　恩旌建坊從祀貞節祠一慰心勞但親見其茹荼而爲諸子詳言之也起龍敬卽聞于母氏者次其傳以應表兄之請孺人生於順治己亥六月十二日卒於雍正辛亥三月十五日享年七十有三守節五十餘年贊曰

禮稱從一詩詠靡他志不可奪名不可磨婦兼子職母兼父道事死養生足勵風教表里旌門千古流芳春秋享祀當道祼將贍拜邱墓松柏凌霜志遂同穴神歸帝鄉

待旌節孝安母倪孺人傳

安母倪孺人金匱安君起鳳之室元高士雲林先生瓚之裔也年二十三歸起鳳二十七舉子文益而起鳳卒起鳳病時孺人脫簪珥供湯藥歿無以殮遺赤子老父無以爲養藉十指拮据葬其夫事其舅鞠其子至于成立教之以禮舅終天年葬之以禮終身守閨範動必以禮年六十二卒卒於乾隆壬辰至于今三十有餘年矣我國家化民成俗忠孝節義有旌典有祀典婦之守節者年五十請　旌未五十而歿者

計其守節十五年概予　旌典此聖朝表揚節孝以勵風化之曠典也而窮巷苦節力不能請于有司往往湮没弗彰安節母之志幾湮没矣其族子太學安謙狀其事請予傳以待旌安太學能闡幽光不亦奢乎余獨念人情于生死之交所不能制者莫如父子夫婦之恩安起鳳没時豈不念老父顧赤子悲少婦伏枕含悲有懷而不能言也有言而無可告愬也假令孀婦改節翁與若子皆轉乎溝壑矣即慷慨赴死翁與若子亦皆轉乎溝壑矣倪孺人以一身關一門老幼之存亡門祚之絶續偷生不可徒死亦非勢處萬難終不奪志老其老幼其幼慰所天于地下豈非天理人情之至歟豈非死者所禱祀而求望之冥冥之天而不可必得歟以此扶閨門風化豈不有裨于鄉黨邦國歟故余樂傳其節以勉安生之請旌

論曰昔趙威后謂北宫之女養親不嫁是率民而出于孝情者也安節母代夫養親植孤不絶其祀可謂孝矣余秉鐸梁溪慕泰伯梁鴻之德與雲林之高潔過膠山安氏義莊見其士敦孀睦聞倪孺人節孝敎

其女尙志節想見前哲流風未艾云

嘉慶十有二年歲在丁卯孟春穀旦金匱儒學訓導

趙基撰

待旌節母倪孺人傳

孺人姓倪氏，高士雲林先生之裔胄也。性端謹，幼嫻閨訓，長更賢能。年二十三歸伯父起鳳公，以柔順稱。不及事姑，事翁雲華公盡禮盡誠，先意承志。翁曰：媳眞名家女，無愧婦德矣。乾隆丁巳二月生子文盈，八月起鳳公以力學成疾而歿。時孺人年二十七，擗踊號泣，以死自誓。翁曰：死易，立孤難，汝不爲其難，誰爲其難者？孺人曰：翁言道。遂以立節撫孤爲己任。家素貧，孺人先括衣飾爲參苓費，逮摒擋喪葬，盈形竭蹷。

以故仰事俯育，經營殊慘。當夏月機杼，霜天刀尺，每出遺經令文盈旁坐而嚴課之，至弱冠始令就外傳。終孺人之身，未嘗一日以孤子而姑息之也。閱廿年，翁歿，哭泣祭奠如禮，戚黨咸稱之。孺人事翁孝，育子慈，馭下更寬而有法。居常言語不輕發，偶出一言，使賢哲傾心。晚年猶勤紡績，有曾敬姜遺風。生康熙辛卯二月二十二日，卒乾隆壬辰八月二十六日，享年六十有二。嗟乎！謙猶憶少時自門塾歸，見孺人必問所讀書、所課文，雖柔顏霽色，別有一種蒼松勁柏氣味，使人敬憚。孺人既歿，聞諸父兄言孺人苦節狀，悲感而心欽。孺人不忍湮沒，欲爲請旌，忽忽數十年，有志未逮。姑以所聞長者之言，述孺人閫範，以待士林之闡揚，以備國家之採風焉。

乾隆癸丑仲夏　再從姪謙頓首拜撰

安節母朱氏傳

誥授文林郎知金匱縣事程光瑄撰文

治民之道以端風教敦倫常爲急務而風教起于閨門婦女敦倫砥節此率民而出于禮義廉恥者也故國家彰癉之典表厥宅里樹之風聲尚矣金匱北延安起龍妻朱氏以紫陽名門嬪于澤上古家起龍年三十卒氏年二十七撫遺孤楚寶教養成立擴其恒產子孫耕讀有家範乾隆二十二年節母年五十例得請旌學校之士以朱氏守節事呈學臚縣時余方知金匱事卽給匾優奬題曰筠竹心松以待上憲咨部請　旨恩旌乾隆三十年歲在乙酉十二月初七日節母卒享年五十有八其孤楚寶泣請爲傳余觀節母守節三十一年閨門整肅子孫其昌足以表正風俗故書其畧以畀其孤

安節母顧氏傳

節母顧孺人玉如公諱國治之繼配無出而玉如公卒孺人年二十七撫伯氏子時雍爲子愛之如己出既爲子成婚卽傳其家而自長齋禮佛終身不倦家事一稟于伯氏又爲諸孫完娶嫁其孫女不惜劬勞孺人識大體如是乾隆三十一年督學曹地山先生旌其門曰貞操勁節乾隆四十七年五月二十日卒距其生康熙六十年五月二十三日享年六十有二守節三十四年

清文學正陽安先生暨配節孝司馬孺人傳

傳者傳也人可傳則傳之太上立德次立功次立言爲之不朽古人所以不輕作傳者以其人之無可傳也忠孝節義彪炳史册皆可傳者也丈夫之可傳莫大乎忠孝女子之可傳莫大乎節一門節孝尤爲可傳爲我無錫分隸金匱東鄉有芙蓉澤安正陽先生諱炳宸者明金華府同知明善公十五世孫也祖貢生候選訓導誥封奉政大夫同知銜春臺公諱汝端修聖廟建橋樑賑貧民捐田贍族無善不爲載邑志

行義考太學子敬公諱謙敦宗睦族纂修宗譜母朱太夫人生兄弟五人先生居長爲祖父母所鍾愛幼而聰穎長而好學作詩文獨出已見不囿于俗人以國器目之配司馬氏文學世榮公女幼貞靜能得堂上歡心年十九來歸先生時先生雖家道隆隆然素以儉德著鄉里孺人來嬪卽仰體翁姑屛華飾提甕操勞舉凡米鹽中饋歲時往來諸事靡不躬親其難勉瘁自勵有古宋宣文孟德曜風其事祖翁姑飲食不假手僕婢尤爲誠敬凡內政不以瑣屑擾讀書心

于是先生能克苦自勵學遂大進至戊辰郡邑試輒列前茅及赴院試將覆而子敬公病在危篤先生得魚書星夜馳歸見公氣已奄奄不救矣先生撫膺擗踴號痛遵祖父母命盡禮喪葬守喪讀禮恒背祖父母爲孺子慕哭無時擗踴無節以致淚襟常濕至明年三月積哀成疾卒病革時呼弟東陽至榻前執手而囑曰吾正與弟等承訓黽勉爲負荷計不幸先父見背吾卽侍父於九泉矣今中道而輟內外碎務爾將獨肩之祖父母及慈母神明就衰憾弗克終人子

職惟願諸弟善事重闈則余不孝之罪庶少逭於地下嗚咽溘然而逝一時聞其言者莫不欷歔感歎焉孺人大痛不飲不食冀以一死報翁夫或責以仰事俯育諸大事始矍然起仍佐姑支持家政外款親朋內撫子女雞鳴而起斗轉而息訓子必以勤儉延名師教之恐恃愛廢學督之甚嚴雖未嘗加撻楚不假辭色厥後諸叔漸長以次授室家居狹窄營造新宅非孺人襄贊之力曷克臻此喪居後衣被縞素雖古樸必什襲藏之省嗇用之得新捐故之舉雖數十年

不一爲也凡飲食自奉極嗇糟糠不厭奉姑則甘毳雜陳昕夕所需無缺懿德純行稱於婣黨間者其畢生守節如此夫婦人之嫺閫範者恒不達世事孺人綜理內外務動輒中禮雖彤管揚輝上邀

旌門之典亦其報應爾方之丈夫行事誠有過之無不及者故孺人之壼範足與先生之孝思並垂不朽矣余愧不文徒以忝居戚末義不容辭姑述先生之孝孺人之節兩大端而爲之傳

咸豐九年歲次己未春王月

婣再姪汪海平頓首拜撰

詔旌節孝司馬太孺人暨節烈季太孺人合傳

司馬太孺人進修公配
季太孺人秉留公配

國家旌眘之典所以敦倫常端風化者也然而采風問俗或有所不及女子在窮鄉僻壤中無由發潛德之光其不與草木同腐者幾希是則其人之能傳豈不甚賴有賢子孫哉達初既以曾祖母司馬太孺人祖母季太孺人兩代節孝節烈得如所請旌表閭里矣茲以續修家乘告成在卽復將兩孺人行略見示諉誰作傳余以達初不忘先德實爲安氏子孫之賢者故樂成其志而以兩孺人之可爲世法者傳之太孺人司馬氏係宋溫國文公後橫塘太學秉書公仲女生而端凝秉承庭訓婉娩愔恭宗黨稱孝女年二十一來歸進修安公時公祖母尚在堂侍養庭闈孝敬純篤俱能得其歡心宗黨又稱孝婦安氏自桂坡翁以義俠起家本素封也至公中落而性豪爽不事生產試輒不利遂幕遊兩浙間太孺人躬理家政鉅細秩然乙丑九月長子秉屏生時君舅樂亭公已久病十月疾益劇速書促公歸百計療治卒無效太孺

人佐公治喪無不如禮服闋援例入太學應省試又不售歸而得咯血症太孺人親奉湯藥衣不解帶延至九月仍咯血數升卒悰遭大變已屢投繯諸叔姒趨救得免於是君姑諭之而若殉夫若爲一身計耳顧余與爾祖姑皆衰年若當爲二老計長孫尚在襁褓汝又有娠若又當爲孤兒計以一身關老幼之存亡門祚之絶續如何而可死太孺人始知徒死非計也因泣聽命忍痛治夫喪理家務如平日明年冬子素留生復名曰遺慶誌不忘也自是上事重闈下撫

兩孤太孺人心愈悲責愈重處境亦愈苦矣丙子君姑年六十治觴稱慶里黨賢之教兩孤以嚴歷數年未稍懈不幸家門多故長子素屏試方前列而遽没君姑患足疾久卧床四載抑搔調護未嘗有倦容甲申八月而又謝世未幾又遭繼祖母喪太孺人念七柩未葬昕夕悲惘遂卜吉孟公公墓右以妥先靈焉素留公既長屢試不得志太孺人謂之曰士不爲良相即爲良醫此范文正公之言也汝父在浙有友姚君爲醫之良汝盍敬圖往受業三年學成歸太孺人

物色得季氏女爲之成嘉禮季於長安橋爲望族季太孺人爲太學星槎公女端莊貞靜言笑不苟於孝有至性年十三母疾日夜涕泣願以身代司馬太孺人聞其賢而聘之來歸進修公後上和下睦無不咸宜宗黨以爲如其姑又無不爲慶得佳婦太孺人本出大家治身謹飭戚鄰來見必久久低首面赤不多言素留公以家居非久計仍赴浙以醫問世又值江浙歲饑所寄亦無幾辛丑生子承家家本屢空太孺人日以紡織彌匱乏嚴冬十指欲殭機聲嘗徹夜不

息有時更忍饑而織以爲常顧自奉儉約而進姑必精鑿一日者兒自塾歸以粗糲難下咽意欲分肥甘太孺人引至傍舍訓之曰汝年幼正咬菜根時祖母高年非此不飽汝忍分之乎言訖母泣兒亦泣壬子秋日素留公携空囊自浙歸太孺人謂之曰數年僕僕無所餘不如在家養母之爲得也如慮不足我有十指在庸何傷癸丑正月母壽七旬舉家欲稱慶以母命堅阻不果舉是歲七月無疾終太孺人哭之曰姑守節近五十年昔者連年喪葬男子尚難爲之姑

力盡矣今若此痛哉素留公治喪畢事亦遵遺命不外出踵門求診者皆應手瘥乙卯生孫子振家而公常念生我之恩哀思迫切是年冬頓發肝胃病痛不能寐太孺人終夜撫摩無已時復以屢藥無效籲天求身代竟於丙辰三月不起是時太孺人伏地哀號亦時其姑之喪所夫幾死者數戚族尊長悉來勸慰曰現今窆暫日亟況長兒年幼孫在抱汝死二雛將若何死者殮葬將若何乃銜痛承命謹治殮具并以謀地速葬請命夫叔獻石公公恐其有死志也即卜吉膠北僉憲公墓澗西以安窀穸時太孺人號哭躡下幸有送葬諸叔姒挽之觀者無不傷心歎其賢既抵家復叩謝獻石公前曰死者已矣兩孤孱弱可慮請顧復之大恩當圖報地下也言時淚與俱迸公不忍聽再三慰藉出而於是日始不越寢門外晝夜哭不絕聲勺水不入口至六月四日家中人晨起但聞呱呱聲撞門入內寢見太孺人淚痕在面衰麻在身兩兒伏尸嗚嗚哭蓋已絶粒殉矣計距夫葬時僅十有一日也嗚呼烈哉

民國十有八年己巳春王正月涇里秦寶瓚敬撰

子蘊安公暨德配詔旌節孝過孺人傳

安公諱章字子蘊號言薌恩賜八品銜太學壽堂公之第五子也少沉靜弱冠能文章好吟詠業師張曉亭伯兄慕林兩先生均器重之論君文氣鑄史鎔經縱橫千古且優於科學異日必成大器時東林南菁兩書院月課君連拔第一斯時聲名籍甚以爲雲霄振翮指日可期年逾二旬畢姻德配過孺人係出本邑八士橋爲宋郡馬孟玉過公後裔邑庠生雲倬君之胞妹秉性貞淑嫻于庭教於女工操作之暇略涉

書詩文理明達工書法精女紅于歸後爲姑任事調度有方閑則靜默寡言與一門長幼男女交相敬重厥後分爨子蘊公在家設帳授徒孺人則支持中饋具生徒膳食暇則代公評改生徒詩文子蘊公得專習科藝以爲常不三年生子梅馥深得堂上歡不意院試不售歸見梅馥已殤以致一病淹淹藥石無靈抱恨以終天意忙忙竟難逆料所爲英才長逝感慨何窮孺人號慟失聲曰使吾夫殤子殞命者妾也不速死何爲言訖投繯姑與伯姒趨救之翁含淚從容委曲開諭曰伊姪揚名爲汝繼嗣汝執意如二老何孺人泣聽命强自節哀當子蘊公之殁也遺產不給饘粥家無儲積孺人仍撫嗣男及諸姪輩日夜課讀憑針黹以爲生歲時展祭哀慕竟日閑來賦詩習字凡廿年如一日後以積勞成疾自知不起猶勉强支持不忍預傷翁心臨終謂揚名曰吾不獲終事汝祖是吾終天之恨也汝能善事祖父俾得其所吾與汝嗣父含笑於九泉矣卒年四十有六子蘊公之殁也時年二十有七著有歲寒吟稿二十卷終身不御膏

沐不服麗都見人輒避雖至戚比鄰有未識其面者不甚足以勵末俗垂壼範哉固足與子蘊公才藝之名並垂不朽矣鄉先生重其節孝具請三院彙題給帑建坊旌表嗚呼苦節廿年恩榮一旦誠所爲潛德有光無秘而不發者歟

姪婿華鍾駒拜撰

步雲先生暨德配　誥旌節孝單太孺人傳

己丑　恩科舉人朝考一等籤分浙江候補知縣世

愚姪華秉鈞頓首拜撰

先生諱偉字步雲號祝聖姓安氏系出明不仕贈清逸處士學者私謚貞敏先生叔英公後裔恩賜八品銜太學霽堂公再少子也幼敏慧好讀書銳志舉子業德配單太孺人琴川南范文學維三公女性醇篤淑婉和順于歸後親操井臼節儉安貧與先生相敬有梁孟風辛卯毋程太夫人病偕孺人殫心侍奉誠

禱於天及毋卒先生哀毀羸瘠痛不欲生又以霽堂公年老恐傷其心稍進粥糜與兄等克盡喪禮後諸兄各自爲業慨然曰吾不能顯揚先德矣敢不習一業以自愛乎乃習岐黃術潛心討究不遑暇日三年而業成乞之輒應不計酬饋惟濟人利人爲任暇則默坐無言興之所適高吟歌舞有陶然自得之概舉一子兩女癸卯先生寢疾謂孺人曰我死汝將何如曰從君耳先生曰不可汝徒死子女何恃孺人泣曰嘗聞死節易立孤難我欲爲其易者君今有命敢不以難者自任乎先生曰果耳幸甚及先生歿喪葬哭泣無不合禮先生家本貧至是益甚僉爲孺人危之孺人毅然不以爲意理家政井然有條紡織營生教養有禮命子荷恩輒讀就賈不數年子婚女嫁接踵而畢自是孺人之辛勤稍減不意洪逆起粵西據江寧陷蘇常烽火徹天挈子媳避亂流離道旁屢遭困阨寇氛甚惡計不能生囑子在途貿易以爲生及寇稍平播遷回里荷恩遂家設肆貿易孺人佐之經理事無大小皆中禮度後以家業漸裕晚境頗甘含飴

足樂迴思夙昔之孤苦艱難奚翅天壤故嘗訓其子曰業賈惟行素耳毋怠毋惰以廢業毋忘求而忘義知命樂天行素二字已一生用之不盡矣壬辰正月無疾而終享壽七十有八守節五十年姪朝標等列孺人節孝行具呈大吏彙題請

旌建坊崇祀惠山節孝祠用彰懿行爲風化勸嗟乎如孺人立心制行雖偉然丈夫猶未足以方其梗概也嘗聞嚴寒之後必有陽春苦節之家常有興者能無深望於其子若孫乎

安節母張孺人傳 聲華公配

王化之基始於閨門閫門之敎則以敦倫紀砥名節爲急務必能實踐躬行者始足爲家庭光而可以受國家彰善之典嗚呼尙矣歗石公有二子長曰聲華張孺人者聲華之德配也安與張皆望族世爲婚媾孺人爲國學生企唐公女幼失恃幽閒貞靜不苟言笑事父最孝少卽捺持家政秩然有條理父更愛憐之歗石公知其賢因文定爲長媳年十九來歸聲華時霽堂公尙在堂上侍重闈孝養備至相夫子尤恭

恪有禮聲華公少聰慧有大志風雨一編勤讀不輟越二年以心血耗損致疾卒孺人撫棺長慟誓以身殉嗣經其母舅畢蘿東先生委婉勸導始忍死視息苦志守節迨釋服後以父高年多病遂旋里操井臼荼苦拮据侍奉誠敬足不踰戶閾人以爲難咸豐壬子五月卒於家以胞姪壽彭嗣後數年以節旌九京有知孺人可以無憾矣

同邑楊殿奎拜撰

詔旌節孝安母張孺人傳 會輪公配

安氏有兩節母儒學殷公同日以事略請於朝並得同時邀旌典兩節母蓋妯娌也人生不幸作女子身更不幸而以節聞青天碧海夜夜傷心生人之趣盡矣而此無可奈何之境且經歷至數十年之久易曰苦節誠哉其苦也歗石公有仲子曰會輪孺人其配也君穎悟異常兒幼卽有神童稱孺人父冠山張公重其才欲得快婿故以長女許字之卽孺人也孺人性婉娩年十七來歸時夫兄聲華先生病在床蓐伯

姒親奉湯藥孺人潔甘旨承色笑深得堂上歡未幾夫兄卒伯姒迎養歸母家孺人上侍重闈中和妯娌下撫孳從子女以及中匱瑣屑無不各當乙卯子壽彭生己未又育一女是年秋會輪君試歸而病病又劇孺人藥必先嘗夜輒禱天以身代不幸操遭大變痛不欲生舅姑止之曰若殉夫撫弱之責將誰恃孺人因念兩大人年近七旬必老其老幼其幼庶可慰所天於地下乃勉節哀以婦道兼子職爲粤匪俶擾蘇常戒嚴孺人奉命移家播越獲免於難迨甲子旋

里君舅又見背哀痛之中兼慰孀姑而家事益繁冗悉勉力支撑之光緒己卯君姑以風燭殘年卧床不起者幾一載扶持調護始終不懈及庚辰姑年八十六壽終經紀喪葬罔不盡禮孺人自青年失偶以後晝則紡績佐日用夜則課子女誦讀以爲常每至人静猶焚香禮佛淚與聲俱諸叔姒勸稍息則曰吾亦知此於死者無益但聊作無謂之懺悔而已嗚呼何其痛哉居恒律己甚嚴御下最慈恕諸季中有忿爭事必爲排決人得一語亦無不涣然冰釋偶聽惡言必洗耳有許由之風此亦巾幗中所僅見者守節五十年無失禮無失容迄今後起蒸蒸皆孺人之遺澤也

世愚姪秦寶琨頓首拜撰

安節母華太夫人傳 十大世志先公配

誥授奉政大夫知州銜湖北補用州同知就職按察司經歷銓選訓導鄉貢進士同里虞文元拜撰

安君宗愈獲交於余者二十年甲子正月修輯宗譜爲余述其先太夫人事略求傳於余余不文敬編次其事之可以風世者而爲之傳太夫人姓華氏系出奇五支元清逸處士東湖先生後處士榮安公女生有至性事父母以孝聞年二十三來歸安公志先是時大亂初平家徒壁立太夫人處之泰然相夫事商業以資生計已則紡織助之通力合作業漸充餘太夫人仍敝衣霍食不改其素長子能源生而早殤庚午又生次子宗愈門祚衰薄得有兒息太夫人望子之心大慰公忽於壬申六月重患舊症太夫人躬侍湯藥衣不解帶者三閱月延至十月公知不起囑之曰宗愈年少汝善撫之汝母年高汝迎養之言訖而逝太夫人哀慟欲絶屢思身殉以戚族力勸而止治喪循例事後茹苦理家鉛華不御凡親族慶弔事從未以不至廢禮而筵宴則未嘗預席焉宗愈九歲染

病危篤太夫人日夜哭泣禱於宗祠竟獲痊可祖宗
血食相關蓋已默鑒之矣太夫人在昔奉有遺命卽
迎養毋氏至家孝敬備至歲時祭祀必豐必潔尤爲
誠敬自奉儉約待人寬厚惟教導子女則猛寬相濟
凡諸季中有疑難事悉就决有忿爭事悉排解故事
無大小人無論長幼苟得太夫人一言無不渙然冰
釋意見消融其恩德之感人深矣親戚往求無不如
願以去其於外家尤爲顧邺周至爲子聘婦胡氏胡
爲安定先生後裔閨訓綦嚴知能宜家故先抉擇文

定丙戌六月太夫人病篤日垂危卽請叔姑張太夫
人至榻前忍淚言曰此子年幼乞代爲訓誨庶他日
成立不負先夫之志死而有知當圖報耳時光緒十
二年六月十一日也後以丁未年始呈學牒申三院
彙題邀
恩旌表節孝今宗僉克守先業丕振家聲皆太夫人
遺教之所基也

文元曰千古婦人女子足以風當時傳後世者在
能守家庭禮法之範圍而已太夫人事親也摯柏
夫也莊教子也嚴跡其生平其遇堪悲其行誠可
則也時至叔季歐風東漸中國婦人女子貿重自
由考其所爲實有不堪問聞告人者其亦聞太夫
人之風而知愧乎詩曰庶幾夙夜以永終譽足爲
太夫人詠矣